Jan V. Wirth (Hrsg.)
Sozialarbeiter*innen und ihr professioneller Alltag

Jan V. Wirth (Hrsg.)

Sozialarbeiter*innen und ihr professioneller Alltag

Theorien, Konzepte, Methoden und Recht in der Praxis

Unter Mitarbeit von Johannes Mertens

BELTZ JUVENTA

MIX
Papier aus verantwortungsvollen Quellen
FSC® C089473

Dieses Buch ist erhältlich als:
ISBN 978-3-7799-6651-7 Print
ISBN 978-3-7799-6652-4 E-Book (PDF)

1. Auflage 2023

in der Verlagsgruppe Beltz · Weinheim Basel
Werderstraße 10, 69469 Weinheim

Herstellung: Myriam Frericks
Satz: Datagrafix, Berlin
Druck und Bindung: Beltz Grafische Betriebe, Bad Langensalza
Beltz Grafische Betriebe ist ein klimaneutrales Unternehmen (ID 15985-2104-100)
Printed in Germany

Weitere Informationen zu unseren Autor:innen und Titeln finden Sie unter: www.beltz.de

Inhalt

I. Danksagung des Herausgebers

„Es ist wichtiger, etwas im kleinen zu tun, als im großen darüber zu reden" (Willy Brandt).

Weder allgemeine noch besondere Turbulenzen des Welt- bzw. Regionalgeschehens inklusive Corona und Krieg in Europa konnten die hiermit vorgelegte weitere Vertiefung und Durchdringung vielfältiger Handlungsfelder der Sozialen Arbeit verhindern, wenn auch zeitlich behindern. Dieser zweite Band ist die von vornherein geplante Fortsetzung der Darstellung des Alltags und der Besonderheiten der Sozialen Arbeit in über 40 Praxisfeldern. Dankbar bin ich, dass die meisten Autorinnen und Autoren „aus den Hitzekammern des Maschinenraums Sozialer Arbeit" (so Konrad Bronberger) trotz der besonderen Belastungen dieser Jahre ihr Interesse und ihre Bereitschaft an der Mitarbeit an den insgesamt drei Bänden nicht verloren haben. Dafür mein herzlicher Dank Ihnen allen.

Weiterhin gilt mein besonderer Dank an Johannes Mertens, der mich in einer kritischen Phase der Begleitung des Bandes als Herausgeber wesentlich begleitet und unterstützt hat. Ohne seine Mitarbeit am Band selbst bzw. der Gewinnung von Autorinnen und Autoren für einzelne nicht besetzte Handlungsfelder wäre die Herausgabe ungeplanten Verzögerungen unterworfen gewesen.

Weiterhin möchte ich meiner liebevollen Familie danken, die es mir ermöglicht hat, zeitweilig von meinen familiären Pflichten etwas zurückzutreten und meiner Rolle als Herausgeber gerecht zu werden.

Wie bisher konnten sich alle Beteiligten stets auf den Verlag, seinen Fachlektor Konrad Bronberger und den Verlagsleiter Frank Engelhardt stützen. In jeder Phase des Projektes, das erst mit dem dritten Band enden wird, konnten wir uns auf die Hinweise und Unterstützung von Konrad Bronberger verlassen. Insbesondere danken wir für das ausführliche und sehr gewinnbringende Lektorat, das nochmals zur Qualitätssteigerung beigetragen hat.

Nun wünsche ich allen Leserinnen und Leserinnen viel Spannung, Freude und Interesse beim Lesen der Beiträge. Diejenigen, deren Erwartungen an die Beiträge nicht wie gewünscht in Erfüllung gehen, seien ermutigt, den Verlag oder mir dazu Rückmeldungen zu geben, damit wir gemeinsam noch besser werden können. All jene, die sich nach der subjektiven Beschreibung des Alltags (Band 1) und der fachlich-reflexiven Durchdringung des Praxisfeldes (der vorliegende Band 2) auch dafür interessieren, wie sich die jeweiligen Autorinnen und Autoren ihr Praxisfeld in, sagen wir, 20 Jahren wünschen, sei hiermit gesagt, dass dies genau die Aufgabe des dritten Bandes ist, an dem jetzt zu arbeiten begonnen wird und dessen Herausgabe für das Jahr 2024 geplant ist.

Meerbusch, Berlin im Jahre 2023 – Jan V. Wirth

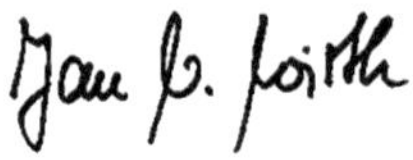

II. Einleitung

Der Erfolg des ersten Bandes hat uns, den Autorinnen, Autoren und dem Herausgeber, Mut gemacht, den einstmals geplanten Weg gemeinsam weiterzugehen. Zwei Jahre nach dem Erscheinen des ersten Bandes mit dem Titel „In Trouble“ erscheint nun der zweite von insgesamt drei Bänden.

Die dreibändige Reihe soll die Vielfalt der Handlungsfelder, Tätigkeitsprofile und Aufgabenbeschreibungen sowie die damit verbundenen subjektiven Ergebnisse im beruflichen Alltag aufzeigen und reflektieren. Im ersten Band ging es um die Darstellung eines gewöhnlichen Arbeitstages aus der subjektiven, durchaus emotional erhitzten bzw. nüchternen Perspektive einer sozialpädagogischen bzw. sozialarbeiterischen Fachkraft vom Arbeitsbeginn, ja sogar mit dem Aufstehen, bis hin zum Feierabend[1]. In diesem zweiten Band soll das jeweilige Praxisfeld entlang bestimmter Dimensionen und Kategorien dichter beschrieben werden.

Zunächst sind die Autorinnen und Autoren aus wieder über 40 Praxisfeldern dazu angehalten worden, ihr jeweiliges Praxisfeld in zwei bis drei Absätzen einer außenstehenden Person zu beschreiben. Sodann ist zu erläutern, auf welche Probleme der Lebensführung oder Lebensbewältigung der AdressatInnen das jeweilige sozialpädagogische Angebot reagieren soll. Dies sollte insbesondere von den betroffenen Menschen her gedacht und dargestellt werden. Daraufhin sollten die ethischen Zielhorizonte, d.h. die Ethiken, Wertegrundlagen oder Sozialphilosophie, benannt werden, die die Soziale Arbeit in diesem Feld anleiten.

Gefragt werden die Autorinnen und Autoren nach den Kennzeichen der Teilhabe der AdressatInnen ihrer Angebote, was beispielsweise Erwerbstätigkeit, Wohnung, Gesundheit, Familie etc. angehen. Handlungsfelder sind immer auch geprägt von den konkreten Strukturen von Leistungsträgern, über die ebenfalls entlang von bestimmten Kategorien wie staatlich, privat oder kommunal und den damit verbundenen Aufgaben Auskunft gegeben werden sollte. Die sozialrechtlichen bzw. leistungsrechtlichen Grundlagen in internationaler bzw. nationaler oder landesgesetzmäßiger Hinsicht sind zu benennen gewesen. Die Beiträge geben in unterschiedlicher Intensität Auskunft darüber, welche Verfahren und Methoden in Beratung, Gesprächsführung oder Kommunikation etc. alltäglich in diesem Handlungsfeld relevant sind. Es sind Hinweise zu geben gewesen, welche Verfahren zur Einschätzung des Hilfebedarfs und der Ressourcen, des Eingreifens bzw. der Maßnahmen und der Auswertung eingesetzt werden. So

1 Siehe https://www.beltz.de/fachmedien/sozialpaedagogik_soziale_arbeit/produkte/details/45288-in-trouble-ein-tag-im-leben-von-sozialarbeiterinnen-aus-44-praxisfeldern.html

vielgestaltig die Handlungsfelder sind, bei den Konzepten von Trägern lassen sich weitere wichtige Gemeinsamkeiten und Unterschiede markieren.

Der Herausgeber hat grundsätzlich wissen wollen, welche Rolle Forschung in dem konkreten Praxisfeld spielt. Über das Anforderungsprofil an Mitarbeitende in dem Praxisfeld sollte Auskunft gegeben werden, etwa entlang am Beispiel des Kompetenzmodells von Sozialkompetenz, Selbstkompetenz, Theoriekompetenz und Methodenkompetenz. Nicht unwichtig ist es für die Planung von Studien und Karriereverläufen, welche Vergütungen in dem jeweiligen Praxisfeld möglich sind. Außerdem sollte den Autorinnen und Autoren die Möglichkeit gegeben werden, ihren eigenen beruflichen Werdegang und die damit verbundene Kompetenzentwicklung zu reflektieren. Am Ende des Beitrags konnte eine Empfehlung für Interessentinnen des jeweiligen Praxisfeldes gegeben werden, etwa in Form einer Ermutigung oder Einladung zu bestimmten Schritten, um das Praxisfeld weiter und näher kennenzulernen und/oder dort erste berufspraktische Erfahrungen zu sammeln.

Die Gliederung aus dem ersten Band wurde weitestgehend beibehalten. Sie lehnt sich an eine systemtheoretisch intensiv erforschte Perspektive auf die primär funktional differenzierte Gesellschaft mit deren jeweiligen Funktionssystemen an. Erwartungsgemäß zeigt sich auf der Ebene einzelner Praxisfelder, Tätigkeitsformen und Funktionen ein Mix an symbolischen Kodierungen, die eine für jedermann nachvollziehbare Zuordnung erschweren. Nachgerade ist es ja eine Aufgabe der Sozialen Arbeit, zwischen den Funktionssystemen der Gesellschaft und ihren Individuen Kontakte herzustellen, Adressierung zu stabilisieren und bei Störungen zu vermitteln. Insofern kommt es hier folgerichtig zu hybriden, multifunktionalen Tätigkeitsformen. Die wie im Band 1 vorgenommene Zuordnung der Praxisfelder orientiert sich an den Funktionssystemen, die im Lebensverlauf und der Lebensführung in der unter dem Primat der funktionalen Differenzierung stehenden Gesellschaft besonders relevant sind. Entlang des Lebensverlaufes lässt sich zeigen, dass zunächst insbesondere die Familie, in Kindheit und Jugend das Erziehungssystem, im Erwachsenenalter das Wirtschaftssystem und im Alter das Gesundheitssystem eine für Inklusion und Exklusion maßgebliche Rolle spielen (Wirth 2014; Wirth/Kleve 2020).

Das bedeutet konkret: Erstens die Beiträge werden entlang ihrer primären Funktionen und Zielsetzungen einem bestimmten Funktionssystem zugeordnet, das entlang des Lebensverlaufes eine dominierende Rolle für die Lebensführung als Arrangement von Inklusion und Exklusion spielt. Soziale Arbeit und ihre Angebote für Personen, die als für längere Zeit beeinträchtigt oder behindert gelten, wurden dem Krankenversorgungssystem zugeschlagen. Zweitens und nachfolgend wird das Spektrum sogenannter „teilsystemisch querliegender Handlungsorientierungen", wie etwa Angebote der Sozialen Arbeit für Frauen und zugewanderte bzw. geflüchtete Personen, angegliedert.

Die sprachliche Gleichbehandlung der Geschlechter war den jeweiligen Autorinnen und Autoren in eigener Weise überlassen. Alle drei Bände dieser Reihe haben sich einem authentischen, einfachen und lebendigen Sprachstil verpflichtet. Zu passender Gelegenheit wurde den Autorinnen und Autoren stets mitgeteilt, dass der Erfolg der Bücher maßgeblich von der Echtheit, der Lesbarkeit und des Informationsgehalt des Beitrages und wohl nicht zuletzt von der Sympathie der Leserinnen abhängt. Insofern gehörte es auch zum Konzept des Herausgebers, keinerlei inhaltliche Änderungen oder Korrekturen in Schreibstil oder Grammatik von fremder Seite vornehmen zu lassen. Diese "Echtheit" erst ermöglicht es, die Texte als originäre, völlig eigenständige Hervorbringung von Theorie aus der Praxis zu betrachten und etwa zu tiefenhermeneutischen, inhaltsanalytischen oder sonstigen qualitativen Forschungen einzusetzen.

Trotz erheblicher Belastungen und Störungen aus der Umwelt (Krieg, Corona, Schulausfälle/-schließungen) und damit verbundener stark gestiegener Arbeitsbelastungen und/oder familiärer Verpflichtungen konnte weitestgehend weiter mit den gleichen Autorinnen und Autoren aus dem ersten Band zusammengearbeitet werden. Für den dritten Band ist von meiner Seite zu wünschen, dass die damit einhergehende Kontinuität an Beobachtungen des jeweiligen Handlungsfeldes in ihrer einzigartigen individuellen Ausprägung bestehen bleibt.

Quellen

Wirth, Jan V. (2014): Die Lebensführung der Gesellschaft. Grundriss einer allgemeinen Theorie. Heidelberg: Springer Research.

Wirth, Jan V./Kleve, Heiko (2020): Von der gespaltenen zur verbundenen Lebensführung. Systemische Wege für das alltägliche Leben. Göttingen: Vandenhoeck & Ruprecht.

III. Verwendete Abkürzungen

Abs.	Absatz
ABW	Ambulant betreutes Wohnen
AG	Arbeitsgemeinschaft
AGG	Allgemeines Gleichbehandlungsgesetz
AKS	München Arbeitskreis Kritische Soziale Arbeit – München
ALG	Arbeitslosengeld
Art.	Artikel
ASD	Allgemeiner Sozialer Dienst
AsylbLG	Asylbewerberleistungsgesetz
AsylG	Asylgesetz
AVR	Caritas Richtlinien für Arbeitsverträge in den Einrichtungen des Deutschen Caritasverbandes
AVR DD	Arbeitsvertragsrichtlinien der Diakonie Deutschland
BAGLJÄ	Bundesarbeitsgemeinschaft Landesjugendämter
BAG W	Bundesarbeitsgemeinschaft Wohnungslosenhilfe e. V.
BAMF	Bundesamt für Migration und Flüchtlinge
BAT-KF SD	Bundes-Angestellten-Tarifvertrag in kirchlicher Fassung, Entgeltgruppe Sozial- und Erziehungsdienst
BeWo	Betreutes Wohnen
BGB	Bürgerliches Gesetzbuch
BMFSFJ	Bundesministerium für Familie, Senioren, Frauen und Jugend
BNE	Bildung für Nachhaltige Entwicklung
BTHG	Bundesteilhabegesetz
bzw.	beziehungsweise
DBSH	Deutscher Berufsverband für Soziale Arbeit e. V.
DGCC	Deutsche Gesellschaft für Care und Case Management
DGSA	Deutsche Gesellschaft für Soziale Arbeit e. V.
DGsP	Deutsche Gesellschaft für systemische Pädagogik e. V.
DVSG	Deutsche Vereinigung für Soziale Arbeit im Gesundheitswesen e. V.
EEG	Elektroenzephalogramm
ebd.	ebenda
etc.	et cetera, und so weiter
EU	Europäische Union
e. V.	eingetragener Verein
FamFG	Gesetz über das Verfahren in Familiensachen und in den Angelegenheiten der freiwilligen Gerichtsbarkeit

FAQ	Frequently Asked Questions
FLS	Fachleistungsstunden
FlüAG	Flüchtlingsaufnahmegesetz
ff.	folgende
GEW	Gewerkschaft für Erziehung und Wissenschaft
GG	Grundgesetz
ggf.	gegebenenfalls
GL	Gemeinsames Lernen
IASSW	The International Association of Schools Of Social Work
ICF-CY	International Classification of Functioning, Disability and Health. Children and Youth Version of World Health Organisation (WHO)
i. d. R.	in der Regel
Imf	Institut für Mittelstandsforschung
Jg.	Jahrgang
JMD	Jugendmigrationsdienst
KiBiz	Kinderbildungsgesetz
KiTa	Kindertageseinrichtung
KJHG	Kinder- und Jugendhilfegesetz
KNVO	Kassenärztliche Vereinigung Nordrhein
MBE	Migrationsberatung für erwachsene Zuwanderer
MI	Methode des Motivational Interviews, in dt. Motivierende Gesprächsführung
MKJFGFI	Ministerium für Kinder, Jugend, Familie, Gleichstellung, Flucht und Integration des Landes Nordrhein-Westfalen
NRW	Nordrhein-Westfalen
LAG	Landesarbeitsgemeinschaft
LVR	Landschaftsverband Rheinland
LWL	Landschaftsverband Westfalen-Lippe
o. ä.	oder ähnlich
OKJA	Offene Kinder- und Jugendarbeit
ProstG	Prostitutionsgesetz
ProstSchG	Prostituiertenschutzgesetz
SEG-Zulage	Schmutz-Erschwernis-Gefahren-Zulage
SFK	Stütz- und Förderklasse
SGB	Sozialgesetzbuch
SPFH	Sozialpädagogische Familienhilfe
TVÖD SuE	Tarifvertrag für den Öffentlichen Dienst – Abschnitt Sozial- und Erziehungsdienst
TVÖD VKA	Tarifvertrag für den Öffentlichen Dienst – Bereich der Vereinigung der kommunalen Arbeitgeberverbände
UMA	Unbegleitete minderjährige Ausländer
UMF	Unbegleitete minderjährige Flüchtlinge

u. a.	unter anderem
u. ä.	und ähnlich
vgl.	Vergleiche
VVG	Versicherungsvertragsgesetz
z. B.	zum Beispiel
ZIF	Zentrale Informationsstelle Autonomer Frauenhäuser

IV. Familie und Soziale Arbeit

Soziale Arbeit in der Kindertagesstätte

Brigitte Neuß & Johanna Schophaus

Das allgemeine Praxisfeld der (inklusiven) Kindertageseinrichtungen ist geprägt von großen und kleinen Menschen, die um einen herumwuseln. Die kleinen Menschen erleben schöne Glücksmomente zwischen kleinen Stühlen und Tischen, viel pädagogischem Spielzeug und einem Ambiente innen und außen, was auf ihre Größe und ihre Bedürfnisse sowie Entwicklungsschritte angepasst ist. Demnach sind Kindertageseinrichtungen in der Regel individuell farblich materiell bunt gestaltet, aber ohne die Reize zu überfluten. Die großen Menschen erleben ebenso viele Glücksmomente. Nebenbei erleben sie aber auch einen enormen Zeitdruck (Eltern müssen zur Arbeit, klingendes Telefon), zu wenig Personal, einen vollen Schreibtisch und hin und wieder ein paar Tränen, wenn ein Abschied von Vater oder Mutter zu schnell geht, ein Streit um die Schaukel entsteht oder das Butterbrot den falschen Belag aufweist.

Die Kindertageseinrichtungen haben in den vergangenen 15 bis 20 Jahren einen enormen Wandel ihres grundlegenden Auftrages/Problembezuges erlebt. Lag der Fokus früher auf dem Betreuungsauftrag, so umfassen ihre Aufgaben mittlerweile auch einen Bildungs- und Erziehungsauftrag (zur Vertiefung: https://www.bildungsserver.de/Bildungsauftrag-2023-de.html). Zusätzlich sollen sie wesentlich zur Herstellung von Chancengerechtigkeit für alle Kinder (Ausgleich sozialer Benachteiligung) beitragen sowie die Vereinbarkeit von Familienleben, Care- und Erwerbsarbeit ermöglichen und unterstützen. Deutlich wird dies in den Rechtsansprüchen auf eine Betreuung. Seit dem 01.08.2013 gilt ein flächendeckender Rechtsanspruch auf eine Betreuung für Kinder zwischen 1 und 3 Jahren (gemäß SGB VIII). Für Kinder ab dem 4. Lebensjahr besteht bereits seit 1996 ein solcher Rechtsanspruch. Einen Anspruch auf die Wunsch-Kindertageseinrichtung enthält der Rechtsanspruch jedoch nicht, lediglich den Anspruch auf eine Mindestbetreuungszeit. Besonders relevant wird dies bei den Förderplätzen für Kinder mit einer (drohenden) Behinderung. Diese sind leider derzeit noch eher selten wohnortnah verfügbar. Durch die Einführung des BTHG werden die Plätze für Kinder mit Förderbedarf im Rahmen der Eingliederungshilfe durch die Landschaftsverbände finanziert. Das Ziel besteht unter anderem darin, jedem Kind, unabhängig von seinem individuellen Förderbedarf, eine wohnortnahe

Vergabe des Kita-Platzes zu sichern. Der oben beschriebene Rechtsanspruch auf einen Platz in der Kindertagesbetreuung gilt auch für Kinder mit (drohender) Behinderung, sodass prinzipiell alle Träger von Kindertageseinrichtungen Plätze für alle Kinder, egal ob mit oder ohne besonderem Förderbedarf, bereitstellen müssen. Diese Veränderung stellt sowohl die Träger (besonders im Hinblick auf Personaleinstellung, Abrechnungssystematiken und bauliche Rahmenbedingungen) als auch die Einrichtungen (hier mit dem Schwerpunkt der pädagogisch-konzeptionellen Sichtweise) vor aktuell neue Herausforderungen.

Als ein ethischer Zielhorizont für das Praxisfeld Kindertageseinrichtungen ist die Chancengleichheit zu nennen. Das bedeutet, dass alle Kinder unabhängig von Beeinträchtigungen (körperlich, psychisch, geistig), einer Hochbegabung, Kultur- oder Religionszugehörigkeit oder sonstige Besonderheiten, die Kindertageseinrichtungen besuchen können und so nach Möglichkeit die besten Entwicklungsvoraussetzungen geschaffen werden. Die Kindertageseinrichtungen passt sich demnach an die besonderen Bedürfnisse der Kinder an und hält keine definierte Normalität vor, heißt: der Heterogenität in einer inklusiven Kindertageseinrichtung wird wertschätzend und ressourcenorientiert begegnet. Demnach kann/sollte die Kindertageseinrichtung als Bildungseinrichtung eine Vorbildfunktion einnehmen und ein Verständnis von Diversität vermitteln, welches eine tolerante und inklusive Haltung beinhaltet, in der die Kinder mit ihren individuellen Eigenschaften wahr- und angenommen werden (vgl. Kindergarten.info 2022).

Seit 2022 hat Nordrhein-Westfalen das bundesweit stärkste Kinderschutzgesetz, um Kinder und Jugendliche noch besser vor Gefährdungen für ihr Wohl zu schützen. Dies ist auch für die Arbeit in Kindertageseinrichtungen von hoher Relevanz, um die Erfüllung des Schutzauftrages zu gewährleisten. Um im Falle einer Kindeswohlgefährdung handlungsfähig zu sein und zu bleiben, arbeiten die Kindertageseinrichtungen nach einem Kinderschutzleitfaden und nutzen spezielle Instrumente zur Risikoeinschätzung. Hilfreich ist hier eine Weiterbildung zur Kinderschutzfachkraft (insoweit erfahrene Fachkraft) nach § 8a SGB VIII, um professionell die Situation einzuschätzen und entsprechend vorzugehen (vgl. Kindergarten heute 2022; MKJFGFI 2022b).

Der Begriff der Partizipation ist in den vergangenen Jahren verstärkt in der Elementarpädagogik zum Tragen gekommen. Dabei geht es um mehr als die Kinder beliebig bei Entscheidungen einzubeziehen. Partizipation ist eine ethische Grundhaltung die Kinder als Expert*innen in eigener Sache zu sehen und anzunehmen und somit einen Teil der Macht als Erwachsene abzugeben. Für beide Seiten – Mitarbeitende und Kinder – ist dies ein Prozess: für die Kinder, die altersentsprechend über verschiedene Beteiligungsformen lernen, dass sie Macht haben und ihre Entscheidungen ernst genommen werden; für die Mitarbeitenden, ein Prozess des Vertrauens in die Kinder und des Loslassens (vgl. Hansen 2003; UN-Kinderrechtskonvention 2022).

Einen weiteren ethischen Zielhorizont stellt die Erziehungspartnerschaft mit den Erziehungsberechtigten dar. Diese beinhaltet die gemeinsame Verantwortung und partnerschaftliche Zusammenarbeit beider Parteien zum Wohle des Kindes. Hierzu benötigt es von der Familie als auch von den Mitarbeitenden der Kindertageseinrichtung Dialog und Kommunikation, um die Erziehungsvorstellungen und -ziele zu besprechen und zu vereinbaren (vgl. Vollmer 2012).

Der Besuch einer Kindertageseinrichtung ermöglicht den verschiedenen AdressatInnen unterschiedliche Formen der Teilhabe und Chancengerechtigkeit, etwa den Kindern eine Teilhabe an Bildungs- und Sozialisationsprozessen durch den Besuch einer ersten institutionellen Bildungsinstitution. Dies beinhaltet enorm gestiegene gesellschaftlichen und politische Erwartungen, Herausforderungen und Anforderungen an die Mitarbeitenden vor Ort, was Kinder erleben, erfahren und (er-)lernen sollen. Den Erziehungsberechtigten ist durch die Ganztagesbetreuung der Kinder eine erweiterte Teilhabe am Berufs- und Sozialleben möglich, sofern die angebotenen Betreuungsstunden konform sind mit den Arbeitszeiten.

Der hier vorgestellte Träger gehört zu einem großen Bundesverband, der insgesamt 16 Landesverbände und über 500 Ort- und Kreisvereinigungen umfasst. Der Verein hier vor Ort wurde von betroffenen Eltern gegründet und unterstützt Kinder, Jugendliche und Erwachsene, die in ihrer Entwicklung beeinträchtigt sind. Mitglieder sind Ehrenamtler und Menschen mit Handicap. Der Verein lebt vom Ehrenamt und bietet als Wahrnehmung von öffentlichen Aufgaben Angebote für Kinder, Jugendliche und Erwachsene mit Handicap an:

1. für Kinder die Interdisziplinäre Frühförderung mit mehreren Außenstellen sowie derzeit vier, demnächst fünf inklusive Kindertageseinrichtungen und
2. für Erwachsene verschiedene stationäre Wohnheime und ambulant-betreutes Wohnen,
3. außerdem den Familienentlastenden Dienst sowie Werkstätten für Menschen mit Behinderung.

Die Basis der (sozial)rechtlichen Grundlagen für die berufliche Tätigkeit in einer Kindertageseinrichtung sind im KiBiz und SGB VIII festgelegt. Das SGB VIII formuliert einen eigenständigen, ganzheitlichen, lebens- und sozialraumorientierten Bildungsauftrag (§§ 1 und 22 SGB VIII) sowie das Recht von Eltern auf Beteiligung in wesentlichen Angelegenheiten der Kindertageseinrichtung (§ 22a SGB VIII).

Als Ausführungsgesetz des Landes regelt das KiBiz die Grundlagen und die Finanzierung der Kindertagesbetreuung (Kindertageseinrichtung und Kindertagespflege) sowie die Rahmenbedingungen für die frühkindliche Bildung in Nordrhein-Westfalen. Zu den dort vereinbarten Regelungen gehören bspw.

Qualitätsentwicklung und Fachberatung, Zusammenarbeit mit Eltern, Gesundheitsvorsorge, Kooperationen und Gestaltung von Übergängen, Inhalte von frühkindlicher Bildung, Partizipation. Im Jahr 2011 fand eine erste Anpassung des KiBiz statt. Im Jahr 2019 wurde eine weitere Novelle des KiBiz verabschiedet, die zum 01. August 2020 in Kraft trat. Die zentralen Punkte des aktuellen Reformpaketes sind (vgl. MKJFGFI 2022a):

1. Bessere Rahmenbedingungen, mehr Qualität und Entlastung des Personals durch Finanzierung von mehr pädagogischen Kräften
2. Mehr Planungssicherheit für Träger und Personal durch Index für jährliche Refinanzierung der Kostensteigerungen
3. Mehr Chancen durch erhöhte finanzielle Unterstützung für Familienzentren, plusKITAs und Sprachförderung
4. Gesetzliche Verankerung/Absicherung von Leitungszeit
5. Zuschüsse für Fachberatung
6. Förderung von Ausbildung und Qualifikation
7. Verbesserung der Kindertagespflege
8. Weiteres elternbeitragsfreies Jahr
9. Platzausbaugarantie für jeden notwendigen Betreuungsplatz
10. Finanzielle Unterstützung, wo Flexibilisierung der Betreuungsangebote notwendig ist.

Für den Bereich der Inklusion bildet das SGB IX die Grundlage, hier vor allem der § 79 Heilpädagogische Leistungen, der beschreibt, wer heilpädagogische Leistungen erhält. Dies betrifft bspw. noch nicht eingeschulte Kinder, wenn nach fachlicher Erkenntnis zu erwarten ist, dass hierdurch eine drohende Behinderung abgewendet oder der fortschreitende Verlauf einer Behinderung verlangsamt wird oder die Folgen einer Behinderung beseitigt oder gemildert werden können. Heilpädagogische Leistungen umfassen dabei alle Maßnahmen, die zur Entwicklung des Kindes und zur Entfaltung seiner Persönlichkeit beitragen, einschließlich der jeweils erforderlichen nichtärztlichen therapeutischen, psychologischen, sonderpädagogischen, psychosozialen Leistungen und der Beratung der Erziehungsberechtigten.

Ein typisches Kernelement der Methoden oder Verfahren in einer Kindertageseinrichtung sind die Tür- und Angelgespräche mit den Erziehungsberechtigten in den Bring- und Abholphasen. Hier erfahren die Mitarbeitenden oft die wertvollsten Informationen über die Lebenssituation der Kinder und können die Erziehungspartnerschaft pflegen, da diese einen informellen Charakter aufweisen im Gegensatz zu den jährlichen Entwicklungsgesprächen. Zu beachten ist aber hierbei der Datenschutz, da diese Gespräche – wie der Name bereits aufweist – in keinem geschützten Raum stattfinden. Ebenso weisen Tür- und Angelgespräche Grenzen und Chancen auf: manchmal benötigen Eltern Grenzen aufgezeigt, da sie den Rahmen der Gespräche mit ihren Anliegen überfrachten. Andererseits sind diese Situationen gerade zu Beginn einer Betreuung ideal, um die Beziehung aufzubauen und zu pflegen (vgl. Vollmer 2012b).

Neben den Tür- und Angelgesprächen gibt es die jährlichen Entwicklungsgespräche. Sie weisen einen sehr viel formelleren Charakter auf, da Eltern sich dort mit den Mitarbeitenden strukturiert und zielgerichtet über die Entwicklung, die Interessen, die Stärken, das Selbstbild und vieles weitere des jeweiligen Kindes austauschen und evtl. Förderungen oder Erziehungsziele vereinbaren. In der Regel finden diese Gespräche ein- bis zweimal im Jahr statt. Abhängig von der Entwicklung der Kinder oder Schwierigkeit des Gesprächs können auch Kolleg*innen, Einrichtungsleitung, Mitarbeitende des Jugendamtes oder Therapeut*innen an den Gesprächen teilnehmen (Vollmer 2012a).

In der täglichen Arbeit in einer inklusiven Kindertageseinrichtung kommen als weiterführende Methoden oder auch Verfahren Gesprächsführung, Beobachtung, Verlaufsgespräche mit Therapeuten, Eltern- und Teamgespräche, Erstellung von Teilhabeplänen nach den Kriterien der ICF-CY zum Tragen (zur Erklärung und Vertiefung siehe: https://umsetzungsbegleitung-bthg.de/bthg-kompass/bk-bedarfsermittlung-icf/icf/fd1-1004/).

In der Kindertageseinrichtung, in der ich als stellvertretende Leitung angestellt bin, werden insgesamt 48 Kinder mit und ohne Förderbedarf betreut. Unsere konzeptionelle Ausrichtung baut auf drei Grundpfeilern auf:

1. Inklusion
2. Arbeit in einem teiloffenen Konzept
3. Montessori-Pädagogik

Der Träger der Kindertageseinrichtung ist wie bereits erwähnt ein Verein, der als Hauptaufgabe die Unterstützung von Menschen mit Behinderung verfolgt. Um jedem einzelnen Kind größtmögliche Teilhabe in allen Lebensbereichen zu ermöglichen, arbeiten wir in unserer Kindertageseinrichtung inklusiv. Ursprünglich war unsere Kindertageseinrichtung eine rein heilpädagogische Einrichtung, in der über viele Jahrzehnte lang ausschließlich Kinder mit Förderbedarf betreut wurden. Um den veränderten Rahmenbedingungen und den gesellschaftlichen Anforderungen an die Betreuung von Kindern mit und ohne Behinderung gerecht werden zu können, wurde die Einrichtung in den letzten Jahren umgebaut und erweitert, sodass nun ein Haus entstanden ist, in dem Kinder mit und ohne Behinderung gemeinsam spielen und lernen.

In der erweiterten Einrichtung bieten sich mehr Vielfalt, Flexibilität und Durchlässigkeit. Durch die Verschiedenartigkeit und die größere Anzahl der zu betreuenden Kinder erweitert sich das Spiel-, Lern- und Beschäftigungsangebot für alle Kinder. Die Kinder haben mehr Möglichkeiten bei der Auswahl von Spielpartnern und der Bildung von Peer-Groups. Die inklusive Betreuung beinhaltet für alle Beteiligten eine Vielzahl gewinnbringender Aspekte. Kinder und Erwachsene lernen Verschiedenartigkeit wahr- und anzunehmen, Bedürfnisse Anderer zu erkennen und einen gemeinsamen Alltag zu gestalten. Das frühzeitige Kennenlernen unterschiedlicher Voraussetzungen, Lebensbedingungen, Nationalitäten und Religionen hilft den Kindern sich eine offene Grundhaltung gegenüber allen Menschen zu bewahren. Auch für die Eltern schafft diese Vielfalt Möglichkeiten der Begegnung und des gegenseitigen Austauschs.

Zur Sicherstellung einer hohen Qualität des Angebotes für Kinder mit Behinderung hat sich mein Träger für das Modell der Gruppenstärkenabsenkung entschieden. Dies bedeutet, dass für jedes Kind mit Förderbedarf ein Regel-Platz reduziert wird. Durch die vorgenommenen Platzreduzierungen haben die Kinder die Möglichkeit, in kleineren Gruppensettings zu interagieren. Es ergeben sich mehr Möglichkeiten der individuellen und bedürfnisgerechten Raumgestaltung sowie der Schaffung von Rückzugsmöglichkeiten.

Damit eine fachlich fundierte Begleitung der Kinder mit besonderem Förderbedarf sichergestellt werden kann, sind in den Kindertageseinrichtungen auch Mitarbeitende tätig, die sich in besonderer Weise in ihrer Ausbildung oder im Rahmen von Zusatzqualifikationen mit den Themen der Heilpädagogik, Heilerziehungspflege und der inklusiven Bildung und Erziehung auseinandergesetzt haben. Die zuständigen Mitarbeitenden sind in der Entwicklung von Teilhabezielen gemäß der ICF-CY geschult. Diese Mitarbeitenden übernehmen die Aufgaben der Bezugsfachkraft.

Wir arbeiten in einem teiloffenen Konzept. Die Räumlichkeiten sind als Funktionsräume (bspw. Atelier, Bauraum, Forscherraum) eingerichtet, welche den Kindern einen hohen Aufforderungscharakter für die unterschiedlichsten Tätigkeiten und Interessen bieten und alle Bildungsbereiche abdecken. Die Kinder werden dabei jedoch weiterhin einer Kerngruppe zugeordnet. Jedes Kind hat eine Bezugsperson, die einen besonderen Blick auf das Kind hat und beispielweise auch die Elternarbeit übernimmt.

Ein weiterer wichtiger Baustein unserer konzeptionellen Ausrichtung ist die Montessori-Pädagogik. Maria Montessori vertritt eine an den Stärken des Kindes orientierte Pädagogik und einer ihrer Grundgedanken ist die Wahrnehmung jedes Kindes als eigenständige Persönlichkeit. Nicht jeder muss alles können, aber jeder sollte die Möglichkeit bekommen alle seine Fähigkeiten zu entfalten. Die Aufgabe der pädagogischen Fachkräfte ist es, die Umgebung für die Kinder reizvoll zu gestalten, damit die Kinder von ihr angesprochen werden und sich Lernprozesse ergeben („vorbereitete Umgebung"). Ausgehend von der Grundannahme, dass jedes Kind Begabungen und Fähigkeiten in sich trägt, die es weiterentwickeln will und kann, ist eine wesentliche Voraussetzung und Aufgabe der pädagogischen Mitarbeitenden die Beobachtung der Kinder.

Das Feld der Kindertageseinrichtung hat in der Forschung in den vergangenen Jahren eine enorme Beachtung gefunden. Beispielhaft wurde und wird zu den folgenden Themen geforscht:

1. Qualität in der Bildung und Betreuung von Kleinstkindern
2. Lehr- und Lernprozesse in der frühen Kindheit
3. Professionalisierung.

Durch die enorme Ausweitung der Forschung in diesen Bereichen, wurde der Prozess der Qualitätsentwicklung und Professionalisierung des Systems frühkindliche Bildung, Betreuung und Erziehung unterstützt. Zusätzlich benötigt es – neben der Wissensgenerierung – auch den Wissenstransfer in Praxis, Politik, Weiterbildung sowie Fachschul- und Hochschulqualifizierung, um eine Weiterentwicklung der Handlungskompetenzen der Mitarbeitenden zu ermöglichen und die an sie herangetragenen Herausforderungen und Anforderungen zu erfüllen bzw. entsprechend zu transformieren (vgl. nifbe 2022).

Bis vor wenigen Jahren war es noch üblich, dass in Kindertageseinrichtungen eine Abwesenheitsvertretung ernannt wird, die bei Abwesenheit der Leitung die wichtigsten Aufgaben, die im Alltag anfallen, übernimmt. Heutzutage ist es bei vielen Trägern üblich, dass jede Kindertageseinrichtung über eine ständige stellvertretende Leitung verfügt. Die Tätigkeit als ständige stellvertretende Leitung umfasst wesentlich mehr Aufgaben als die der Abwesenheitsvertretung. In meiner Stellenbeschreibung wird deutlich, dass ich als stellvertretende Leitung eine Mitverantwortung trage für die Organisation, fachliche Qualität und Wirtschaftlichkeit der Kindertageseinrichtung. Nahezu jegliche Aufgabe aus dem Aufgabenspektrum der Leitung kann mir übertragen werden. Gemeinsam mit der Leitung bin ich zuständig für die Planung und Durchführung der Bildung, Erziehung, Förderung und Pflege der Kinder in der Einrichtung. Ich wirke mit bei der Dienst- und Fachaufsicht für das Personal der Einrichtung. Um ein besseres Bild von meiner Tätigkeit zu vermitteln, erwähne ich nun einige Aufgaben, die zu meinem täglichen Geschäft gehören, in der Regel in Zusammenarbeit bzw. Absprache mit meiner Leitung:

- Organisation des Dienstplans, Dienstzeiten planen und ins Dienstzeiterfassungsprogramm einpflegen, Abstimmung von Urlaubszeiten, Fortbildungsplanung, Organisation von Krankheitsvertretungen
- Planen und Durchführen von Teamsitzungen, Mitarbeitenden-Gesprächen, Einbezug in herausfordernde Elterngespräche
- Teilnahme an interdisziplinären Fallbesprechungen
- Anleitung von Praktikanten (auch im Rahmen der praxisintegrierten Ausbildungsgänge) und Studierenden dualer Studiengänge

- Mitwirkung an der Fortschreibung der Konzeption oder dem Erstellen neuer Konzepte (aktuell bspw. Inklusionskonzept und einrichtungsbezogenes Kinderschutzkonzept)
- Einbindung der Kindertageseinrichtung in den Sozialraum, Aufbau und Vertiefung von Kooperationen.

Nur ein kleiner Teil der Stunden der ständigen Stellvertretung sind Leitungsfreistellungsstunden. Die restlichen Stunden werden für die Finanzierung der Stelle über den Gruppendienst berechnet – dies gibt das Finanzierungssystem KiBiz so vor. In meinem Falle wurden die zusätzlichen Fachkraftstunden, die den Kindern mit Förderbedarf im Rahmen der Basisleistung 1 (zur Erklärung siehe: https://www.bthg.lvr.de/de/kinder-jugendliche/kindertagesbetreuung/wie-sieht-die-basisleistung-i-der-regel-kita-aus/) zustehen, auf mich gebucht. Die bedeutet, dass ich entsprechend spezialisiert bin (zunächst die Ausbildung zur Heilerziehungspflegerin und anschließend das Studium absolviert habe, dann wurde ich geschult im Rahmen der ICF-CY) und neben der Übernahme der unmittelbaren pädagogischen Arbeit bin ich zuständig für die Beratung und Anleitung der Mitarbeitenden in der Kindertageseinrichtung im Hinblick auf inklusive Themen, die Sicherstellung der Fortschreibung der Teilhabeplanung, die Gestaltung der Elternarbeit sowie koordinative Aufgaben und die Zusammenarbeit mit weiteren Diensten und Einrichtungen.

In der Regel handhaben wir meinen Einsatz in der Kindertageseinrichtung bedarfsorientiert. Wie viel Zeit ich dann tatsächlich im Büro oder in der Gruppe bin, hängt von den Umständen ab und wird nicht immer entsprechend meinen gebuchten Stunden minutiös aufgegliedert. Sind viele Kolleg*innen in Urlaub oder erkrankt, unterstütze ich im Gruppendienst. Häufig bin ich auch zu bestimmten Zeiten, also beispielsweise an festgelegten Tagen oder z. B. während der Pausenzeiten, mit in der pädagogischen Arbeit. Ebenso unterstütze ich bei gezielten Angeboten oder Ausflügen, bspw. bei der Waldgruppe. Phasenweise bin ich jedoch auch sehr viel im Büro tätig und arbeite dort gemeinsam mit der Leitung an den bereits erwähnten Aufgaben. Diese Ausgestaltung meiner Stelle hat Vor- und Nachteile. Einerseits ist meine Tätigkeit sehr abwechslungsreich und ich komme in den Genuss, nahezu alle Kinder und Kolleg*innen mehr oder weniger regelmäßig zu erleben. So habe ich meist einen recht guten Überblick über die Kinder und auch über die Situation im Team. Ich erlebe mich als ein sinnvolles Bindeglied zwischen Team und Leitung. Andererseits ist es manchmal auch problematisch, denn sowohl in der pädagogischen als auch in der administrativen Arbeit sind stets genug Aufgaben zu erledigen, und manchmal ist es nicht so einfach abzuwägen, an welcher Stelle ich nun mehr gebraucht werde. Meistens ist es dann selbstverständlich so, dass ich mit im Gruppendienst bin und die mir zugeteilten Aufgaben im Büro liegen bleiben. In solchen Situationen und generell ist es hilfreich, wenn man gemeinsam mit dem Team und der Leitung Erwartungen und Aufgaben der stellvertretenden Leitung gut abspricht, damit die Position der Stellvertretung im Team möglichst eindeutig geklärt ist.

Fachwissen über die Entwicklung von Kindern und wenn es von der Norm sozusagen abweicht, Fachkompetenz über Teamprozesse, über Familiengefüge, Methoden – Kompetenzen zur Gesprächsführung – sich selber strukturieren, selbstständig arbeiten können aber auch gut ins Team einfügen können, Offenheit gegenüber anderen Wertevorstellungen und anderen Kulturen, Kommunikationsfähigkeit, Kompromissfähigkeit, Kritikfähigkeit, bereit sein Verantwortung zu übernehmen, Selbstbewusstsein/Selbstvertrauen und Entscheidungen zu treffen, die entsprechenden Gespräche zu führen – all dies sind Kompetenzen, die man zur Ausgestaltung seiner Tätigkeit als stellvertretende Leitung benötigt.

Die jeweilige Vergütung als Mitarbeitende in einer Kindertageseinrichtung ist träger- und aufgabenspezifisch. Öffentliche Träger von Kindertageseinrichtungen gruppieren ihre Mitarbeitende in das Vergütungssystem TVÖD SuE, S 8a ein, private Träger oder Wohlfahrtsverbände haben meist ihre eigenen Tarife, die sich in der Regel am TVÖD orientieren (zur Orientierung der Link zum Rechner: https://oeffentlicher-dienst.info/c/t/rechner/tvoed/sue?id=tvoed-sue-2022). In einer inklusiven Kindertageseinrichtung als ständige stellvertretende Leitung kann eine Eingruppierung in Anlehnung an TVÖD SuE S 8b oder S 9, abhängig von der in der Einrichtung betreuten Kinder, erfolgen.

In den letzten Jahren haben die Bildungsansprüche und die gestiegenen Anforderungen durch bspw. die erhöhte Anzahl der U3-Betreuung, gestiegene Dokumentations- und Verwaltungstätigkeit, die Änderungen des Kinderschutzes sowie das Thema Digitalisierung in der Kindertageseinrichtung, die Mitarbeitenden und Träger vor enorme Herausforderungen gestellt. Hinzu kommen die aktuellen gesellschaftlichen Entwicklungen wie bspw. der Krieg in der Ukraine, die anhaltende Pandemie mit der Umsetzung des Infektionsschutzgesetzes bei gleichzeitiger Sicherstellung der Kinderrechte, das Thema der Nachhaltigkeit/des Umweltschutzes, die anspruchsvolle Zusammenarbeit mit den Erziehungsberechtigten sowie die erforderliche pädagogische Ausgestaltung der Diversität (Inklusion, Migration, Transgender). Das Arbeitsfeld in einer Kindertageseinrichtung bietet und fordert demnach, gesellschaftliche Veränderungsprozesse und politische Entscheidungen/Entscheidungsprozessen in der beruflichen Tätigkeit zu reflektieren und auf die eigene professionelle Praxis zu transformieren. Das beinhaltet einerseits mögliche Zwiespalte/Dilemmata zwischen der privaten und beruflichen Person auszuhalten. Andererseits kann ein Zugewinn an Reflexionsfähigkeit und Weiterentwicklung der eigenen Person und der eigenen Werte zur Weiterentwicklung und Gestaltung der Gesellschaft und den folgenden Generationen erfolgen.

Demnach bietet das hier vorgestellte Praxisfeld der Kindertageseinrichtungen sich für ein Praktikum in der Sozialen Arbeit an. Die Tätigkeit als ständige stellvertretende Leitung enthält viele spannende Aspekte. Selbstverständlich wird man auf vielen Ebenen gefordert und darf sich selbst und die eigene Belastbarkeit nicht aus dem Blick verlieren. Hat man aber einmal Fuß gefasst bei einem Träger von Kindertageseinrichtungen, kann man einer vielfältigen und kreativen Tätigkeit nachgehen mit der Möglichkeit der persönlichen inhaltlichen Schwerpunktsetzung durch Fort- und Weiterbildungen.

Wie beschreibt der Beitrag das „teiloffene“ Konzept von Kindertageseinrichtungen und wie beurteilen Sie das Konzept in fachlicher Hinsicht?

Quellen

Hansen, Rüdiger (2003): Die Kinderstube der Demokratie – Partizipation in Kindertagesstätten (online unter: https://www.kindergartenpaedagogik.de/fachartikel/gruppenleitung-erzieherin-kind-beziehung-partizipation/mitbestimmung-der-kinder-partizipation/1087/).

Kindergarten heute (2022): Kinderschutz in der Kita (online unter: https://www.herder.de/kiga-heute/themen/kinderschutz-in-der-kita/).

Kindergarten.info (2022): Inklusion im Kindergarten (online unter: https://www.kindergarten.info/kita/inklusion).

MKJFGFI (2022a): Kinderbildungsgesetz NRW (online unter: https://www.mkffi.nrw/kinderbildungsgesetz).

MKJFGFI (2022b): „Meilenstein für den Kinderschutz“: Landtag verabschiedet Landeskinderschutzgesetz (online unter: https://www.mkffi.nrw/meilenstein-fuer-den-kinderschutz-landtag-verabschiedet-landeskinderschutzgesetz).

nifbe (2022): KiTas durch Forschung stärken! (online unter: https://www.nifbe.de/infoservice/aktuelles/2157-kitas-durch-forschung-staerken).

UN-Kinderrechtskonvention (2022): Übereinkommen über die Rechte des Kindes (online unter: https://www.kinderrechtskonvention.info/uebereinkommen-ueber-die-rechte-des-kindes-370/).

Vollmer, Knut (2012a): Erziehungspartnerschaft. In: Vollmer, Knut: Fachwörterbuch für Erzieherinnen und pädagogische Fachkräfte. Freiburg: Herder.

Vollmer, Knut (2012b): Tür-und-Angel-Gespräch. In: Vollmer, Knut: Fachwörterbuch für Erzieherinnen und pädagogische Fachkräfte. Freiburg: Herder.

Allgemeine Links zur thematischen Vertiefung

https://www.nifbe.de/
https://www.weiterbildungsinitiative.de/
https://www.nifbe.de/infoservice/aktuelles/2154-ein-armutszeugnis-fuer-das-ganze-kita-system
https://www.bildungsserver.de/Bildungsauftrag-2023-de.html
https://www.kinderrechtskonvention.info/
https://www.kindergartenpaedagogik.de/fachartikel/gruppenleitung-erzieherin-kind-beziehung-partizipation/mitbestimmung-der-kinder-partizipation/1087/
https://www.partizipation-und-bildung.de/kindertageseinrichtungen/die-kinderstube-der-demokratie/
https://www.kita.nrw.de/
https://umsetzungsbegleitung-bthg.de/bthg-kompass/bk-bedarfsermittlung-icf/icf/fd1-1004/
https://oeffentlicher-dienst.info/c/t/rechner/tvoed/sue?id=tvoed-sue-2022
https://www.bthg.lvr.de/de/kinder-jugendliche/kindertagesbetreuung/wie-sieht-die-basisleistung-i-der-regel-kita-aus/

Soziale Arbeit in der Fachberatung Kindertageseinrichtung

Judith Graaf

„Ist grade schwer bei euch in der KiTa, so mit Corona…?“ – „Mhm, ja schon, aber ich arbeite nicht mehr in der KiTa. Ich arbeite als Fachreferentin beim Caritasverband Aachen im Bereich Facharbeit und Sozialpolitik.“ Die Irritation bei meinem Gegenüber ist offensichtlich und wird mit „ah… und was macht du so den ganzen Tag?“ untermauert. „Ich berate Tageseinrichtungen für Kinder zu allen Fragen rund um KiTa Themen mit dem Schwerpunkt Pädagogik, Inklusion und Qualitätsentwicklung.“

So oder so ähnlich gestalten sich die Gespräche, wenn ich davon berichte, welcher Beschäftigung ich nachgehe. Zum Beginn meiner Arbeitslaufbahn stand ich mit Anfang zwanzig in einer Kindertagesstätte als frisch gebackene Erzieherin, und nun, rund zwanzig Jahre später, schaue ich von außen auf Strukturen, Rahmenbedingungen, deren Möglichkeiten und Grenzen. Insbesondere schaue ich auf das Potenzial von Pädagogen, die eine Tageseinrichtung für Kinder zu einem Ort werden lassen können, an dem Kindern mit echtem, aufrichtigem Interesse begegnet wird und deren nächster Schritt der Entwicklung im Fokus der Begleitung steht. Ich sehe Kinder, die neugierig und mit viel Zuversicht die Welt entdecken wollen. Zwischen damals und heute liegen nicht nur viele Berufsjahre, sondern auch vielfältige Weiterqualifizierungen, Fortbildungen, die Weiterentwicklung zur Einrichtungsleitung und nun zur Fachberaterin.

Vor allem mein ungebrochener Wille, für Kinder in den ersten Lebensjahren Rahmenbedingungen zu schaffen, die deren Bedürfnisse aufnehmen und die den pädagogischen Mitarbeitenden ermöglichen, diesen Kindern mit Warmherzigkeit, Empathie und echtem Interesse zu begegnen, motivierte mich, mich beim Caritasverband als Spitzenverband für die katholischen Kitas im Bistum Aachen zu bewerben und die Tätigkeit aufzunehmen. Besonders gut gefällt mir die Verzahnung von einer hohen Professionalisierung der katholischen Tageseinrichtungen für Kinder (KiTas) und die Haltung des christlichen Glaubens, dass jeder Mensch von Gott gewollt und so, wie er ist, angenommen wird. In der Bibel findet sich der Satz „Liebe den Nächsten wie dich selbst“ (*Markus 12, 28b-34)*, was für mich den Respekt vor jedem Individuum beschreibt und somit vor Gottes Schöpfung, die es gilt zu bewahren. In Bezug auf mein Schwerpunktthema „Inklusion“ konnte ich zu diesen Dimensionen eine große Schnittmenge erkennen. Aber dazu gleich mehr.

Aus meiner Tätigkeit in katholischen Kindertageseinrichtungen kannte ich die Aufgaben und die Rolle der Fachberatung, und doch hat sich auch das Aufgabenfeld verändert. Seit 2019 ist die Fachberatung im Kinderbildungsgesetz NRW (KiBiz) strukturell verankert. Im Kinderbildungsgesetz ab 2020 wird unter § 6 Qualitätsentwicklung und Fachberatung das Aufgabenprofil und unter § 47 die Landesförderung der Fachberatung beschrieben. So sind eine Vielzahl an Fachberaterstellen neu geschaffen worden, um die Qualität in Kindertagesstätten voranzutreiben. Gleichzeitig stellte sich die Fragen nach dem Aufgabenfeld oder einer Stellenbeschreibung dieser erstmalig gesetzlich verankerten Aufgaben.

Der Diözesancaritasverband Aachen blickt auf eine lange Tradition und Erfahrung zurück, sodass die neue Anforderung in bestehende Strukturen aufgenommen wurde. Die Fachberatung im Bistum Aachen ist für 342 katholische Tageseinrichtungen für Kinder, etwa 4500 Mitarbeiter:innen und 21.000 Kinder in verschiedenen katholischen Trägerschaften in den Regionen Krefeld und Meerbusch, Kreis Viersen, Mönchengladbach, Kreis Heinsberg, Stadt und Städteregion Aachen Stadt, Stadt und Kreis Düren sowie dem Großraum Nordeifel zuständig. Trotz der gesetzlich festgeschriebenen Aufgabe und der langjährigen Erfahrung des Diözesancaritasverbandes Aachen stellen sich nach wie vor zentrale Fragen an das Aufgabenfeld der Fachberatung:

1. Welche Bedeutung hat die Fachberatung im System der Kindertageseinrichtungen?
2. Welche Erwartungen werden an die Rolle an Fachberatung gestellt?
3. Wie kann die Fachberatung Einfluss auf die Qualität und den Professionalisierungsprozess der Bildung, Betreuung und Erziehung in der Kita nehmen?

Gleichzeitig stellt sich die Aufgabe, die Motivation aller Akteure im Feld der Tageseinrichtungen für Kinder hochzuhalten, vor allem im Zusammenhang mit einem stetig wachsenden Fachkräftemangel, der erst 2030 eine positive Wendung nehmen soll (vgl. Bertelsmann Studie). Eine weitere zentrale aktuelle Aufgabe besteht darin, die Inklusion entsprechend der UN-Konvention für die Rechte von Menschen mit Behinderung umzusetzen. Das bedeutet für die Tageseinrichtungen für Kinder konkret, dass seit 01.01.2020, mit Inkrafttreten des Bundesteilhabegesetz (BTHG), alle Kinder, unabhängig von Geschlecht, Alter oder Herkunft, von Religionszugehörigkeit oder Bildung, von eventuellen Behinderungen oder sonstigen individuellen Merkmalen (Geschlecht, Alter oder Herkunft) wohnortnah betreut werden (vgl. ebd.).

Anhand eines Tagesablaufes in meiner Aufgabe als Fachberatung gemäß Kinderbildungsgesetz NRW mit dem Schwerpunktthema Förderung der Inklusion beim Diözesancaritasverband Aachen e. V. möchte ich die vielfältigen, spannenden und bereichernden Facetten dieser Tätigkeit darstellen.

Kurz zum Hintergrund: Seit dem 01.08.2020 wird für Kinder mit (drohender) Behinderung / sonderpädagogischem Förderbedarf in NRW über die sog. „Basisleistung I" eine individuelle Leistung seitens des Landschaftsverbandes Rheinland (LVR) zur Verfügung gestellt. Zur Implementierung des Themas „Inklusion" arbeiten meine Kollegen und ich arbeitsteilig im Süd- und Nordbistum und bauen die Pädagogische Beratung zu diesem Schwerpunkt auf. Die Beratung umfasst: Beratung zum Antrags- und Vertragswesen, Kindbezogene Beratung, Beratung zur Erstellung der Inklusionspädagogischen Konzeption sowie Unterstützung bei der Erstellung der Förder- und Teilhabepläne u. v. m. Zudem ist die Fachberatung in der Pflicht, Stellungnahmen zu schreiben, insofern Kinder die Kindertageseinrichtung wechseln müssen, weil die bisherige Kindertageseinrichtung die Inklusion bzw. die Förderleistungen nicht erbringen kann.

„Frau Graaf, das Kind muss weg!" Oftmals starten Telefonate mit diesen Worten. Worte, die die Überforderung der Einrichtung deutlich werden lassen, in einem System, das zum Großteil gerade erst lernt, sich mit Kindern auseinanderzusetzen, die einen sonderpädagogischen Förderbedarf haben. Dies bedeutet, dass eine diagnostizierte Behinderung vorliegt oder das Kind von Behinderung bedroht ist (siehe § 35a SGB VIII). Die Überforderung bezieht sich auf das nötige, aber fehlende Fachwissen, die unzureichende Erfahrung, die Rahmenbedingungen und oftmals die eigenen Unsicherheiten. Die Zeiten, in denen Kinder mit (drohender) Behinderung ausschließlich in Tageseinrichtungen für Kinder betreut und gefördert wurden, die sich aus einer langjährigen Tradition dazu professionalisiert hatten, sind vorbei. Jede KiTa hat nun den Auftrag, alle Kinder zu betreuen.

Zeitgleich mit dem Ausdruck der Unsicherheit und der Überforderung erlebe ich allerdings in nahezu allen katholischen Kindertageseinrichtungen eine interessiert-positive Haltung Kindern gegenüber, die nicht in ein regelhaftes Entwicklungsprofil passen. Hier wird der gelebte christliche Glaube sichtbar. Alle Kinder werden angenommen, wie Gott sie erschaffen und gewollt hat. Für die Weiter-Entwicklung in den Tageseinrichtungen für Kinder halten wir einen strukturierten Qualitätsentwicklungsprozess (siehe ‚Katholische Tageseinrichtungen für Kinder'- (KTK-)Gütesiegel) vor, der unter anderem eine Auseinandersetzung mit einer christlich geprägten Haltung gegenüber den Kindern und dem Bildungs- und Erziehungsauftrag fördert, was dann wiederum alle Prozesse im Alltag der Tageseinrichtung für Kinder prägt. Katholische Tageseinrichtungen für Kinder sind Orte gelebten Glaubens.

Zurück zur Anfrage… Was ist zu tun? Erstmal höre ich sehr viel zu, stelle Rückfragen, fasse Gehörtes zusammen, sodass ich zu einem umfassenden Eindruck gelange. Mir geht es stets sehr darum, die Situation nachzuvollziehen, ohne damit zwingend einverstanden zu sein. Eine der zentralsten Fragen ist: „Was braucht das Kind", denn es gilt die Rahmenbedingungen an den Bedarfen des Kindes anzupassen. Anschließend „sortiere" ich mit meinem Gesprächspartner das Gesagte und filtere heraus, worum es eigentlich geht. Dies können Hinweise und Unterstützungen zu dem Antragsverfahren sein genauso wie Vermittlungen zu Fachstellen – oder konzeptionelle Hinweise zum Beispiel hinsichtlich des Raumkonzeptes. Ein weiterer Themenschwerpunkt ist die Vorbereitung für das Gespräch mit den Sorgeberechtigten: Wie vermittelt man Sorgeberechtigten, dass die Entwicklung des Kindes nicht am Altersdurchschnitt verläuft oder dass sich Verhaltensauffälligkeiten zeigen?

Mit Blick auf das Kind erarbeiten wir pädagogische Angebote, die vor Ort zum einen gut umsetzbar sind (Passgenauigkeit) und zum anderen meine heilpädagogische Expertise über Hinweise, was getan werden kann, einschließen, sodass die Tageseinrichtungen für Kinder eine Professionalisierung und Qualitätsentwicklung erfahren. Oftmals sind dann die ersten Unsicherheiten behoben, es gibt Orientierung und die weiteren Aufgaben für die Beteiligten sind deutlich. Nicht selten ist es sinnvoll und notwendig diese Gespräche vor Ort zu führen. Dann fahre ich in die Kindertageseinrichtung und wir besprechen die Situation im konkreten Kontext und Umfeld. Der Vorteil ist, dass ich zum einen die Atmosphäre, das Unausgesprochenen fühle, welches sich über das Telefon nicht erschließen lässt, und zum anderen kann ich die räumlichen Rahmenbedingungen und die gelebte Umsetzung der Konzeption sehen.

In seltenen Fällen stellt sich heraus, dass die Rahmenbedingungen nicht an die Bedarfe des Kindes angepasst werden können, sodass es zu einem Wechsel des Kindes in eine andere Kindertageseinrichtung kommt. Dieser Schritt ist differenziert zu bedenken und sorgfältig zu planen. Maßgeblich dafür ist, dass das Kindeswohl in den unveränderbaren Rahmenbedingungen nicht sichergestellt werden kann. Zunächst lautet aber unsere Maßgabe: „Passt nicht – gibt's nicht", sodass ein Wechsel das letzte Mittel der Wahl ist. Nichts geht ohne den Träger, der für die katholischen Tageseinrichtungen für Kinder der Dienstgeber und Vorgesetzte ist. Die Beratung der Träger wird durch ein*e Kolleg*in gestellt, weil die Aufgaben und Pflichten von Einrichtungsleitung und Träger zu unterscheiden sind. Wir arbeiten im Tandem jeweils für eine Doppelregion. Der Vorteil liegt klar im kollegialen Austausch und Vier-Augen-Prinzip.

Weiterführend stellen sich sehr konkrete Anfragen zur Inklusionspädagogischen Konzeption und zum Förder- und Teilhabeplan. Zu beiden sind die Tageseinrichtungen für Kinder verpflichtet, sobald ein Kind mit (drohender) Behinderung über die Basisleistung I (‚Landschaftsverband Rheinland'- (LVR-) Förderung) betreut wird. Bei der Inklusionspädagogischen Konzeption ist es verführerisch, anzunehmen, dass es lediglich der Erweiterung der allgemeinen Konzeption um einen Absatz bedarf, der den Bereich der Inklusion beschreibt oder ausschließlich auf die Kinder mit (drohender) Behinderung eingeht. An dieser Stelle geht es aber um eine weitergehende Auseinandersetzung mit Inklusion und all den vielfältigen Themen, die das Leben in einer Inklusiven Kindertageseinrichtung verändern. Das Ziel dabei ist, dass alle Menschen selbstbestimmt am gesellschaftlichen Leben teilhaben können unabhängig von der Bildung, von eventuellen Behinderungen oder sonstigen individuellen Merkmalen. Somit stellt sich die Aufgabe, die pädagogische Konzeption in Gänze mit dem erweiterten Inklusionsgedanken zu überarbeiten.

Aufgrund dieser Aufgabe erreichen mich und meine Kollegen viele Anfragen. Der Diözesan-Caritasverband für das Bistum Aachen e. V. steht auch für Innovation, sodass sich unser Team dazu entschloss, „Interaktive Online Beratung" anzubieten. Vorab ermittelten wir die Bedarfe der Einrichtungen mittels einer digitalen Abfrage. Das Thema der Entwicklung einer „Inklusionspädagogischen Konzeption", aber auch Themen wie „Grundlagen des BTHG", „Förder- und Teilhabeplanung" oder „Aufgaben von Inklusionsassistenzen" wurden auf Grundlage der Ergebnisse der Umfrage angeboten. Der Zulauf war enorm, sodass wir von anfangs geplanten sechs Veranstaltungen bistumsweit die Angebote auf 13 Termine ausweiteten und zusätzlich von Trägern mehrere Kindertageseinrichtungen zu diesen Themen angefragt wurden. Dadurch gelang uns innerhalb kurzer Zeit, die notwendigen Informationen zu vermitteln, für Orientierung zu sorgen und auch im Sinne der Qualitätsentwicklung, die KiTas zu professionalisieren.

Im ersten Jahr erstellten wir Zusammenfassungen der gesetzlichen Grundlagen in Form einer „Orientierungshilfe BTHG", einer FAQ-Zusammenstellung und eines Glossars sowie Flussdiagramms zusammen. Die Erstellung einer Orientierungs- sowie verschiedener Arbeitshilfen zeigten sich als hilfreich und unterstützend für die Kindertageseinrichtungen, was als ein weiterer Meilenstein in der Implementierung der Inklusion und im Aufbau des Themenschwerpunktes zu bezeichnen war. Ferner entwickelten wir für den Beratungskontakt mit den Tageseinrichtungen für Kinder zwei verschiedenen Beratungsvorlagen, die den Einrichtungen zur Vorbereitung auf ein Gespräch zugesandt werden und der eigenen Orientierung, aber auch zu unsere Vorbereitung dient. Die Vorlagen können von den Leitungen direkt digital ausgefüllt und zurückgesendet werden.

Aufgrund der hohen Anfragen nach Fortbildungsbedarfen zu den Themen des Bundesteilhabegesetztes (BTHG) fanden im September 2021 zwei Fachtage unter dem Titel „Passt nicht, gibt's nicht – Impulse zur Verwirklichung von Inklusion" statt. Die Zielgruppen waren zum einen Träger und Leitungen mit Trägeraufgaben und zum anderen Leitungen und Pädagogische Fachkräfte. Die Fachtage wurden durch das gesamte Fachberater-Team getragen und begleitet. Als Referenten konnten wir sowohl Mitarbeitende aus dem Fachbereichen Sozialpolitik, Theologie und Verbandsarbeit des Diözesancaritasverband Aachen e. V. als auch Experten aus der freien Beratungstätigkeit gewinnen. Die Fachtage fanden erstmalig aufgrund der Pandemie im digitalen Zoom-Format statt.

Die Aufgaben im ersten Jahr waren deutlich an den Bedarfen der Akteure vor Ort ausgerichtet. So soll es auch sein – „aus der Praxis – für die Praxis".

Was sind die Ziele einer „Inklusiven Kindertageseinrichtung"?

Quellen

Diözesan Caritasverband: https://www.caritas-ac.de/
Bistum Aachen Fachstelle Kinder, Jugendliche und Erwachsene: https://www.bistum-aachen.de/Kinder-Jugendliche-Erwachsene/Kontakt/
KiBiz: https://www.mkffi.nrw/kinderbildungsgesetz
Bertelsmann Stiftung: https://www.laendermonitor.de/de/startseite
BTHG: https://www.bthg.lvr.de/de/
https://www.gemeinsam-einfach-machen.de/GEM/DE/AS/Umsetzung_BTHG/Gesetz_BTHG/Gesetz_node.html
KTK Gütesiegel Bundesrahmenhandbuch:
https://www.ktk-bundesverband.de/unserangebotunserearbeit/ktkguetesiegel/ktk-guetesiegel-bundesrahmenhandbuch/ktk-guetesiegel-bundesrahmenhandbuch

Soziale Arbeit in der offenen Kinder- und Jugendarbeit

Lea Henke

In Band 1 ist es der Kollegin Nadine Tournier sehr gut gelungen, einen Tag im Leben einer Sozialarbeiterin in der offenen Kinder- und Jugendarbeit zu beschreiben.[1] Im Folgenden wird es in meinem Beitrag darum gehen, Rahmenbedingungen, Voraussetzungen, Handlungsideen und persönliche Erfahrungen aus der offenen Kinder- und Jugendarbeit zu umreißen. Ziel ist es, den Arbeitsbereich realistisch einordnen zu können. Die folgenden Ausführungen beziehen sich auf meine vergangene Tätigkeit in diesem Arbeitskontext.

Zunächst zu den Rahmenbedingungen: Offene Kinder- und Jugendarbeit (im Folgenden OKJA) ist rechtlich im 8. Sozialgesetzbuch „Kinder- und Jugendhilfe" (SGB VIII) verankert. Ich berichte aus einem offenen Kinder- und Jugendtreff, welcher im SGB VIII unter § 11, „Jugendarbeit" zu finden ist. Der Paragraf ist lang, komplex und sagt kurz zusammengefasst, dass wir, die pädagogischen Fachkräfte, die in diesem Kontext mit Kindern und Jugendlichen arbeiten, Angebote machen sollen, die abgesprochen, an der Lebenswelt orientiert und eben

1 Siehe https://www.beltz.de/fachmedien/sozialpaedagogik_soziale_arbeit/produkte/details/45288-in-trouble-ein-tag-im-leben-von-sozialarbeiterinnen-aus-44-praxisfeldern.html, 36 ff.

(ergebnis-)offen sind. Das Prinzip des offenen Angebotes lässt sich abstrakt mit „Komm, wie du bist!" beschreiben. Im Idealfall lernen die Besucher*innen, dass es jemanden außerhalb von Familie, Freundeskreis und Schule gibt, für den/die sie wichtig sind. So können sie lernen, um Hilfe zu bitten und diese zu bekommen. Ein offener Kinder- und Jugendtreff ist ein Ort, an dem sie sie selbst sein können. Sozialphilosophisch und etwas idealistisch gesprochen lernen sie, dass es Erwachsene gibt, die für sie groß, stark und klug agieren. Um zu Beginn nicht zu theoretisch zu werden, greife ich das Thema „Offenheit" im weiteren Verlauf erneut auf.

Meine Beschreibungen beziehen sich auf einen durch eine Kommune finanzierten offenen Kinder- und Jugendtreff. Unsere Räumlichkeiten standen zusätzlich für viele andere Angebote zur Verfügung, bspw. Konzerte, Jugendparlamentssitzungen, Begegnungscafés o. ä. Typischerweise befinden sich offene Kinder- und Jugendtreffs im Zentrum einer Stadt oder zentral in den Stadtteilen gelegen. Eine gute Anbindung an die öffentlichen Verkehrsmittel ist Pflicht, um die Anreise zu erleichtern. Die Treffs selbst sind meist, so zumindest meine Erfahrung, in älteren Häusern untergebracht, die in Workshops besprayt wurden. Graffiti-Schriftzüge wie „Haus der Jugend", „Cliquentreff", „Stadtteiltreff" oder „Kinder- und Jugendzentrum" sind noch die klassischeren Bezeichnungen. Wichtig hierbei: Die Namen sollen mindestens den Anspruch haben, Jugendliche anzusprechen oder von ihnen selbst ausgesucht werden. Je nach Bauweise des Hauses unterscheidet sich die Aufteilung. In unserem Haus befand sich in der ersten Etage der Bereich für die Jugendlichen, im zweiten Stock der Kinderbereich. Die Büros der Fachkräfte waren im Dachgeschoss angelegt, der Keller wurde gar nicht genutzt. Einmalig durfte ich ihn betreten, nachdem der Schlüssel für die feuerfeste Tür endlich wieder aufgetaucht war. Die Jugendlichen hatten sich gewünscht, dort ein Fitnessstudio einzurichten. Ein Kollege hatte mit der Planung begonnen, bevor ihm bewusst wurde, dass Krafttraining für unter 16-Jährige nicht erlaubt ist und wir uns strafbar machen würden. Die Kellertür schloss sich wieder.

Der Außenbereich des Treffs war bei nahezu allen, Kindern, Jugendlichen, Fachkräften und Eltern sehr beliebt. Draußen hatten wir ein Klettergerüst, Tischtennisplatten und einen Basketballkorb. Im Sommer war er Schauplatz von Wasserschlachten, Tischtennis-Rundlauf-Duellen und Basketball-Matches. Während meiner Zeit wurde mit den älteren Jugendlichen auch ein Grill an eine Wand gemauert. Im Winter war der Außenbereich verlassen. Ich betrat ihn maximal, um zum wiederholten Mal zu betonen, dass auf unserem Grundstück nicht geraucht werden darf und sie doch bitte vor den Zaun gehen sollen.

Von den räumlichen Begebenheiten zur Tagesstruktur meiner ehemaligen Einrichtung: wochentags öffnete nach Schulschluss der Jüngeren zuerst der Kinderbereich. Unterschiedliche Fachkräfte, vorrangig auf Honorar-Basis oder mit auf zwei Jahre befristeten Arbeitsverträgen, boten Hausaufgabenbetreuung,

Musik-, Bastel- oder Spielstunden an. Die Angebote wechselten täglich, je nach Bedarf und personeller Kapazität. Mitmachen durften alle unter 14 Jahren. Nachmittags rollten die Jugendlichen (Ü14) an, deren Bereich um 16:00 Uhr öffnete. Amüsant, niedlich und manchmal nervig wurde es, wenn 13-Jährige versuchten, cool zu sein und in den Jugendbereich zu kommen, was die Älteren natürlich super uncool fanden. Auch Jugendliche, bzw. junge Erwachsene (Ü18) durften uns besuchen. Spätestens über 27 war dann aber wirklich Schluss.

Der Jugendbereich war, im Vergleich zu den vielen kleineren Räumen des Kinderbereichs, ein großer Saal. Es gab eine Theke, mehrere Couchen, einen Fernseher mit Spielekonsole, Tische mit Stühlen und einen Billardtisch. Die offene Fläche des Jugendbereichs beaufsichtigten in der Regel zwei Fachkräfte. Der verwinkelte Kinderbereich rechtfertigte einen höheren Betreuungsschlüssel. Die Kinder bekamen jeden Mittag von 13:00-14:00 eine warme Mahlzeit, die Jugendlichen konnten Tee, Softgetränke und Sandwich-Toast kaufen. Wichtig war: die Wurst für die Toaste muss halal sein und war der schwarze Tee leer, musste zügig neuer her.

Um 18:00 schloss der Kinderbereich. Plus Aufräumen und Vorbereitungen für den nächsten Tag kamen die Kolleg*innen meist gegen 19:00 runter und automatisch am Jugendbereich vorbei. Es gab Kolleg*innen, die jeden Abend noch einen Tee im Jugendbereich tranken. Positiver Nebeneffekt: Meist sahen sie Jugendliche wieder, die sie noch als Kinder aus dem oberen Bereich kannten. Kurze oder längere Gespräche waren möglich, je nachdem wie redselig der oder die Jugendliche gerade war. Und gleichzeitig ein schöner Moment unter Kolleg*innen, denn wer im Jugendbereich Schicht hat, konnte einfach neugierig zuhören oder sich anderen Jugendlichen widmen. Leider ist die Anstellung vieler Sozialarbeitende (ausgenommen Leitung) auf geringfügiger Basis und/oder befristet. Für Studierende ist das super, da die Mini- und Nebenjobs gut in den Studi-Alltag zu integrieren sind. Für die Kinder und Jugendlichen, die häufig wechselnde Ansprechpartner*innen haben, ist es unbeständig. Schöne Situationen, wie an der Theke beschrieben, werden so auch seltener. Egal, wer wie Schicht hatte und wer wo seinen Feierabend verbrachte, im Jugendbereich war um 21:00 Uhr Schluss. Auch hier galt: Plus Aufräumen, eventueller Nachbesprechungen und Vorbereitungen für den nächsten Tag konnte es schon mal 22:00 Uhr werden, bis sich die schwere Eingangstür schloss.

Damit nicht jeder Tag so spät endete, einigte sich das Team meist auf Wechselmodelle. Kleiner Tipp am Rande: Der Freitag bringt in der Regel besondere Herausforderungen mit sich. Die Besucher*innen sind euphorisch, weil es ins Wochenende geht, die Stimmung ist ausgelassener und es kann vorkommen, dass einige Ältere alkoholisiert oder anderweitig benebelt kommen und im Treff chillen, bis es zum Vortrinken für die eigentliche Party geht. Das kommt auch unter der Woche schon mal vor, aber die Wahrscheinlichkeit an einem Freitag (oder vor Feiertagen) ist höher. Für die Fachkräfte kann das positiv wie negativ sein. Ist die Stimmung gut, wird vielleicht sogar getanzt, die Gespräche sind offener und man kann beschwingt in den Feierabend starten. Ist die Stimmung nicht so gut, und es war im Vorfeld zu viel Alkohol im Spiel, kann es auch kippen. Diskussionen werden lauter ausgetragen, drohen körperlich zu enden, die Fachkräfte müssen eventuell deeskalierend eingreifen. Kann passieren, muss aber nicht.

Nicht jedes Angebot der OKJA sieht so aus wie beschrieben. Der von mir skizzierte offene Kinder- und Jugendtreff gehörte zu einer Kommune, wurde also direkt durch die Stadt organisiert und finanziert. Dies hatte zur Folge, dass das Konzept, auf dem das Angebot aufbaute, recht alt war. Es stammte aus den 1970er Jahren. Veränderungen wären von den Mitarbeitenden abhängig. Da niemand wirklich lange dort bleibt, mich eingeschlossen, gab es kaum Veränderungen. Ursprünglich war der Gedanke, dass die damals bereits existenten Treffpunkte für junge Menschen sehr direktiv waren sowie Kinder und Jugendliche wenig mitbestimmen konnten. Ein offeneres Angebot sollte die Möglichkeit bieten, eigenen Wünsche und Ideen stärker einbringen zu können. Das Ganze sollte wohnortnah geschehen, um die Teilnahme möglichst vieler zu erreichen. Einer der zentralen Grundgedanken war und ist, dass Freizeit neben Familie, Schule und Berufsausbildung ein eigenständiges Sozialisationsfeld ist, welches aktiv durch die Kinder und Jugendlichen selbst beeinflusst werden kann und soll. Dasselbe gilt auch für die Räumlichkeiten. Da viele Lust auf Graffiti-Kunst haben, sind viele der Häuser angemalt – Mitgestaltung und Partizipation eben.

Es bietet sich an dieser Stelle an, auf das Prinzip der Offenheit näher einzugehen. Es ist auf zwei Arten zu verstehen. Zum einen meint Offenheit, wie bereits erwähnt, dass alle Kinder und Jugendlichen in den Treffs herzlich willkommen sind. Niemand darf aufgrund von sozialer Herkunft, seines Geschlechts, der Sexualität, religiöser Zugehörigkeit, Nationalität, ethnischer Gruppierung, oder anderer Gründe ausgegrenzt werden. Punkt eins zur Offenheit. Punkt zwei betrifft die Angebote: Diese sollen vielfältig, ausdifferenziert und flexible sein. Bspw. muss am Ende eines Workshops kein Ergebnis präsentiert werden. Die Angebote sind prozess- und ergebnisoffen. Das mehrfach erwähnte Graffiti bspw. muss also nicht schön sein oder fertig werden.

Prinzipien des Arbeitsbereichs OKJA, die darüber hinaus zu berücksichtigen sind, sind u. a. Freiwilligkeit, Lebensweltorientierung, Transparenz und Geschlechtergerechtigkeit (vgl. Nick 2021, 152). Freiwilligkeit meint, dass die Heranwachsenden Angebote annehmen können, nicht müssen. Bspw. ist der in vielen Einrichtungen noch vorhandene Mädchentreff nicht verpflichtend. Anmeldungen sind nicht nötig. Gleichzeitig sollen sich die Angebote an der Lebenswelt der Kinder und Jugendlichen orientieren, also den Alltag und die jeweiligen sozialen und kulturellen Zusammenhänge berücksichtigen. Angebote sollen von der Zielgruppe aus gedacht werden, nicht von den Betreuenden aus. Transparenz bezieht sich vor allem auf den kommunikativen Umgang mit den Kindern und Jugendlichen. Offene und ehrliche Kommunikation nicht über, sondern mit den Besucher*innen. Auch die Geschlechtergerechtigkeit gehört zu den Prinzipien der OKJA. Mit der Anerkennung des dritten Geschlechts wurde 2021 auch die Berücksichtigung nichtbinärer Kinder und Jugendlicher im SGB VIII realisiert. OKJA soll die unterschiedlichen Lebenslagen von jungen Menschen berücksichtigen, Benachteiligungen abbauen, Rollenerwartungen hinterfragen und Gleichberechtigung fördern.

Im Idealfall kann ein Gemeinschaftsgefühl unter den Besucher*innen entstehen. Die Treffpunkte sollen neue Erfahrungen ermöglichen, Erlebniswelten eröffnen und Werte vermittelt. Sie können auch Unterstützung bspw. bei der Lebens- oder Berufsplanung bieten und Lernort oder interkulturelle Begegnungsstätte sein. Außerdem berücksichtigt die OKJA, dass viele ihre Freizeit nicht zu Hause verbringen wollen. Viele Treffs bieten Ecken mit Couchen, wo ganz ungestört mit Freund*innen gequatscht und abgehangen werden kann. Die Einrichtung als Rückzugsort, vielleicht sogar als Erholungsort von der Familie. Bedeutete für die Fachkräfte, einfach mal entspannt zu bleiben und die Kinder oder Jugendlichen machen zu lassen.

In meinem Fall galten die Kinderrechte und das Grundgesetz als Hausordnung. Wurde sich daran nicht gehalten, forderten wir die Jugendlichen auf, ihr Verhalten zu verändern. In den meisten Fällen funktionierte die Konfrontation. Des Hauses bzw. Grundstücks verweisen musste ich nur einmal. Ein junger Mann hörte trotz mehrfacher Aufforderung nicht mit dem Anbieten und vermutlich auch Verkauf von Cannabis auf. Als ich ihn nüchtern vor die Wahl stellte: „Gehen oder Polizei“, ging er. Am nächsten Tag kam er wieder, leerte freiwillig die Taschen aus, um zu zeigen, dass er nichts dabeihatte. Er durfte bleiben. Verkauf und Konsum waren bei uns verboten! Denn bei allem Entgegenkommen und bei aller Offenheit gibt es Grenzen wie bei Illegalität und Diskriminierung. „Komm, wie du bist!“ meint auch „Du bist gut so, wie du bist!“.

Offenheit in der OKJA zielt darauf ab, dass alle willkommen sind und ein Recht auf ihren Platz in der Einrichtung haben. Die Treffpunkte sollen einen sicheren Anlaufpunkt für Kinder und Jugendliche bieten. Um diese bieten zu können, gibt es pädagogisches/sozialarbeitendes Personal in den Einrichtungen. Klar ist ein Ziel, dass die Kinder und Jugendlichen mehr Verantwortung für sich und ihr Handeln übernehmen. Ein bisschen Steuerung übernehmen gelegentlich doch die Fachkräfte. Bspw. in Konfliktsituationen, die häufig durch Beleidigungen eingeläutet werden. Dann ist es die Aufgabe der anwesenden Fachkraft, sich einzuschalten. Meine Toleranzgrenzen, was verbale Abwertungen angeht, hat sich durch meine Zeit in der OKJA etwas verschoben. In den Peer-Groups herrschen teilweise anders codierte Nutzungen von beleidigenden Begriffen. Zu Beginn bin ich noch bei einem einmaligen „Hurensohn“ hellhörig geworden. Nach einiger Zeit konnte ich an der Tonlage und Lautstärke erkennen, ob ein Freund oder ein Feind gemeint war. Ebenso der Begriff „Bitch“. Auch das Wort hat für mich durch die Arbeit im Treff seine Bedeutung verändert. Heute verstehe ich es als Beschreibung eines krassen, starken Mädchens. Nicht mehr als Synonym für „Schlampe“. Und auch das meint das Prinzip der Offenheit. Ich habe nicht zwangsläufig Recht mit dem, was ich unter den Worten verstehe. Ich gehe mit den Besucher*innen in ein Gespräch darüber, was die Worte für sie bedeuten. Positiver Nebeneffekt: Ich bin eine der wenigen in meinem Freundeskreis, die die jeweiligen Jugendworte nicht nur kennt, sondern auch korrekt benutzen kann.

Was aber tun, wenn die Beleidigungen eindeutig abwertend gemeint sind und das gegenüber provozieren? Deeskalieren. „Durch aktive Kommunikation kann das Opfer die zugeschriebene Rolle verlassen oder muss diese erst gar nicht annehmen." (Weidner/Kilb/Gill 2013, 109). Der/die Angesprochene selbst kommuniziert aktiv. Beispiele sind: „Lass mich in Ruhe" und weggehen. Oder: „Ist mir doch egal, was du sagst" und sich der eigenen Clique zuwenden. Ist der/die Provozierte dazu (noch) nicht in der Lage, ist es an der Fachkraft, einen Cut zu setzen. Dabei habe ich als Fachkraft eine moderierende Funktion, denn „Kinder und Jugendliche brauchen [...] nicht abstrakt gesetzte Grenzen, sondern (erwachsene) Menschen, die eine begründbare Position haben" (Sturzenhecker/Trödel 2021, 1201).

Was bedeutet das für die tägliche Arbeit in der OKJA? Ich bin eine erwachsene Person mit einer begründeten Position. Ich dulde keine Diskriminierung. Ich erwarte, dass Streitigkeiten gelöst und nachbesprochen werden. Allein das kann schon einen enormen Unterschied machen, da gefühlt der Trend eher dahin geht, Konflikte tot zu schweigen und nach einigen Tagen so zu tun als wäre nie etwas gewesen. Konfliktlösung sieht anders aus. „Ziel ist es, den Jugendlichen einen konstruktiven Umgang mit Konflikten zu vermitteln und zu verdeutlichen, dass Konflikte zum Leben gehören. Sie lernen, dass Konflikte nicht nur negativ einzustufen sind, sondern auch dazu beitragen sich besser kennenzulernen und ein Zusammenleben möglich zu machen." (Petermann et al. 2016, 64). Konflikte im Kinderbereich haben meist nicht die gleiche Tragweite wie Konflikte im Jugendbereich. Trotzdem gilt auch für die Jüngeren, dass Konfliktlösung eingeübt werden muss. Deutlichere Unterschiede zwischen den Altersgruppen sind dann bspw. beim Thema Schule zu machen.

Zurück zu meiner Tätigkeit: im Kinderbereich besuchten alle regelmäßig die Schule. Anders sah es in der Arbeit mit den Jugendlichen aus. Nicht selten versuchten Jugendliche mich abzufangen und zu überreden, sie früher in den Jugendbereich zu lassen. Einmal kam es vor, dass ein Jugendlicher bereits um 11:00 Uhr um Einlass bat. In Anschluss daran sprach ich in der nächsten Teamsitzung das Thema Schulabstinenz und schulische Teilhabe an, wollte wissen, welche Haltung wir als offener Kinder- und Jugendtreff dazu einnehmen würden. Die Rückmeldung meiner Leitung war, dass es Aufgabe der Schule und möglicher anderer Angebote der Kinder- und Jugendhilfe wäre, den Schulbesuch zu realisieren. Bei uns sind die Jugendlichen Jugendliche, keine Schüler*innen. Also hielt ich mich an die Rahmenbedingungen, ließ keinen vor 16:00 Uhr in den Jugendtreff, sprach mit den Jugendlichen darüber, dass der Schulbesuch sinnvoll ist, und wenn sich das Thema Schule oder Schule schwänzen nicht ergab, sprach ich es auch nicht an. Ein wichtigeres Thema im Jugendbereich war die Arbeit, die die Jugendlichen später ausüben wollten. Nicht selten war es meine Aufgabe ihnen zu erklären, wie sie ihren Wunschberuf erreichen könnten. Einmal musste ich eine Ausbildung erklären, nachdem der Ausbildungsvertrag unterschrieben worden war. Arbeiten wollten, egal ob im Kinder- oder im Jugendbereich, die meisten der Besucher*innen. Klar gab es auch ein paar ganz besonders Coole, die nicht müde wurden, den Spruch „Hartz IV, und der Tag gehört dir“ zu rezitieren. Irgendwann reichte es mir, ich holte die Flip-Chart und begann vorzurechnen. Am Ende war auch den beiden Herren klar, dass sie mit Hartz IV kein schönes Auto fahren oder sich ein Haus leisten können. Allgemein war Geld in beiden Arbeitsbereichen, zwar in unterschiedlicher Weise, aber immer mal wieder Thema. Im Kinderbereich ging es vor allem um die Größe von Weihnachts- oder Geburtstagsgeschenken. Im Jugendbereich hingegen um die neuesten Sneakers, Trainingsanzüge und Handys. Geld war ein omnipräsentes Thema. Wer im Jugendbereich keins hatte, überlegte sich, wie er zügig an neues kommen könnte. Mit Sicherheit kamen einige der Jugendlichen auch auf illegalem Weg zu Geld.

Auch Religion spielte in beiden Bereichen eine wichtige Rolle. Die meisten Besucher*innen waren christlichen oder muslimischen Glaubens, besonders zum Tragen kamen die Glaubensunterschiede im Ramadan. Viele Muslim*innen fasten in der Jugend ihr allererstes Mal. Hunger und Durst können zu schlechter Laune, Müdigkeit und Antriebslosigkeit führen. Viele kamen trotzdem weiter in den Treff, der Kontakt zu anderen Fastenden motiviere ihn, erklärte ein junger Mann. Außerdem sei der Zeitvertreib bis zum gemeinsamen Fastenbrechen, in der Regel gegen 21:00 Uhr, angenehm. Einige Jugendliche und auch ein paar Kinder gingen Ehrenämtern oder besonderen Pflichten in ihren Gemeinden nach. Einmal feierten wir das Zuckerfest im Jugendbereich mit allen Familien, die dazu kommen wollten. Die Kinder bastelten Dekoration, die Jugendlichen räumten auf, gingen mit mir einkaufen und bereiteten den Saal vor. Wir kochten etwas zu essen, viel brachten die Familien mit. Kulturelle Konflikte gab es wenige, was erfunden klingt, aber wahr ist. Wenn sich Cliquen nicht leiden konnten, verteilten sie sich so in der Einrichtung, dass sie sich aus dem Weg gehen konnten. Wenn es Vorurteile gab, brachten die meisten sie von zuhause mit und ließen sie irgendwann auch dort.

Apropos zuhause: Einige Eltern arbeiteten, andere nicht. Einige holten ihre Kinder ab, andere Elternteile habe ich während meiner ganzen Zeit dort nie gesehen, obwohl ihre Kinder jeden Tag mit mir zu tun hatten. Ich deutete das nicht als Desinteresse, sondern als Anzeichen für eine hohe Belastung und/oder einen Vertrauensvorschuss. Einige Eltern beteiligten sich ehrenamtlich, worauf ihre Kinder im Kinderbereich stolz waren, ihre Kinder im Jugendbereich fanden das voll peinlich. Bspw. gab ein Vater einmal in der Woche Zither-Unterricht, eine Mutter kam auf uns zu und fragte, ob sie mit den Kindern einmal kochen dürfte, was wir dankend annahmen. Daraus wurde ein regelmäßiges Event, einmal im

Monat. Aber eines hatten und haben sicherlich fast alle, Kinder wie Jugendliche, gemeinsam: Auf Mama und/oder Papa lassen sie nichts kommen! Der Eine oder die Andere mag den einen Elternteil vielleicht lieber und mal hängt der Haussegen schief, aber Familie ist immer wichtig und immer ein Gesprächsthema. Und die meisten wollten später eine eigene Familie gründen. Da ergaben sich schon mal sehr schöne Gespräche über Rollenverteilung und -erwartungen, über Unterschiede zwischen den Eltern und Zukunftsträum.

Und wenn wir dann schon träumend am Tresen oder am Basteltisch saßen, dann sind die eigenen beruflichen Wünsche meist nicht weit. Der neue Berufswunsch, vorrangig im Jugendbereich aber vereinzelt auch bei den Kleineren: YouTuber*in oder TikToker*in! Vermutlich deswegen kamen häufig Impulse für Projekte, im Sinne von: „Lass uns was mit TikTok machen!“. OKJA bedeutet, an der Lebenswelt des Gegenübers interessiert zu sein. Sich neuen Dingen offen zuwenden zu können. Lust zu haben, sich in Neues und Unbekanntes einzufuchsen. Medienpädagogik und OKJA gehen bspw. gut zusammen, denn „für die praktische Medienarbeit der Sozialen Arbeit hieße das, dass es letztendlich nicht vorhersehbar ist, ob die intendierte Zielsetzung eines medienpädagogischen Projektes überhaupt erreicht werden kann“ (Dierckx 2020, 170). Das entspricht der Zieloffenheit des Arbeitsbereiches. Es wäre also fast fahrlässig, in der OKJA nichts mit TikTok oder allgemein mit Medien zu machen.

Wer etwas „mit Medien“ anbietet, kann davon ausgehen, in der Gunst der Besucher*innen zu steigen. Das kann dazu führen, dass sie sich mehr öffnen. Basierend auf meinen Erfahrungen würde ich sagen, dass die von mir am häufigsten genutzte Methode die Beratung in Alltagsfragen war. Tournier machte eben diese unterstützende Beratung im ersten Band am Beispiel von Marie deutlich. Marie hatte eine schlechte Note geschrieben und Angst es ihrer Mutter zu sagen. Die Kollegin bot Unterstützung an, die Marie annahm. Für mich hat es sich als gewinnbringend erwiesen, diese Gespräche mit Kindern und Jugendlichen entlang der klientenzentrierten Gesprächsführung nach Carl R. Rogers zu gestalten. Aus diesem therapeutischen Ansatz können drei fundamentale Haltungen in den sozialarbeiterischen Alltag in der OKJA übernommen werden: positive Wertschätzung und emotionale Wärme (1), Echtheit (2) und einfühlendes Verstehen (3) (siehe auch Galuske 2013, 184). Wir kennen nicht die Lösung für das Problem, von dem uns das Kind oder der Jugendliche erzählt. Das anzunehmen wäre arrogant und kann darin enden, dass wir unserem Gegenüber eine Lösung überstülpen, die für ihn oder sie überhaupt nicht passt und somit zu Frust führt. Emotionale Wärme und Echtheit erleben die Besucher*innen im alltäglichen Umgang, den wir in einem Kinder- und Jugendtreff mit ihnen haben. Es handelt sich um eine Haltung, die wir als Fachkräfte einnehmen. Positive Wertschätzung und einfühlendes Verstehen können wir ihnen entgegenbringen, wenn sie sich mit einem Problem oder einer Frage an uns wenden. Haben sie uns als wertschätzendes, ansprechbares Gegenüber erlebt bietet es sich an, ihnen Gesprächsräume zu ermöglichen. „Es geht vielmehr darum, den Raum zur Darstellung von Erlebnissen zu eröffnen und Jugendliche dabei immer wieder zu ermutigen, detailliert einzelne Ereignisse zu erzählen. Dies gilt sowohl im Kontext von Gesprächen mit einzelnen Jugendlichen als auch in Gruppen." (Kötting/Rätz 2021, 1144). Die OKJA bietet den idealen Raum dafür, denn sie ist freiwillig, Gespräche sind nicht terminiert, sondern können sich ergeben.

Eine weitere Methode, die aus der systemischen Therapie entlehnt wurde, ist die des zirkulären Fragens (von Schlippe/Schweitzer 2012, 251 ff.). Gerade wenn Kinder oder Jugendliche der Meinung sind in nichts gut zu sein, kann es helfen die Familie oder den Freund*innenkreis mit einzubeziehen. „Was mag dein Lieblingsmensch an dir?", „Was würde er/sie sagen, was du gut kannst?", „Wenn deine Mutter/dein Vater jetzt hier wäre, was würde sie mir sagen, was dich besonders macht? Und dein Bruder/deine Schwester?". Aber lernt aus meiner Erfahrung: diese Methode bietet sich nur an, wenn die Familie als Ressource zu verstehen ist. Bei einem missbräuchlichen Elternhaus bitte nur auf die Freund*innen konzentrieren, den Sportverein oder die Schule mit einbeziehen.

Wir Fachkräfte sollen eine ganze Menge können, um qualifiziert für den Arbeitsbereich OKJA zu sein. Meiner Erfahrung nach wird die Fach- bzw. Theoriekompetenz als nicht so wichtig angesehen wie in anderen Bereichen. Es mag bei mir an einer demotivierten Leitung gelegen haben, dass keine In-House-Schulungen oder Ähnliches angeboten wurden. Möglicherweise wird Forschung auch nicht so hoch gehängt, da in dem Arbeitsfeld der Umgang und Kontakt mit Kindern und Jugendlichen im Vordergrund steht und häufig wenig Zeit zum Anlesen von Fachliteratur bleibt. Ich habe bspw. an zwei Vorstellungsgesprächen teilgenommen, meiner Leitung ging es vorrangig um das Auftreten der Bewerber*innen. Der Fokus lag darauf, dass die Kinder- und Jugendlichen eine authentische erwachsene Person als Ansprechpartner*in bekommen. Sicher ein guter Gedanke.

Wichtiger ist die Methodenkompetenz. Und damit meine ich nicht, dass jeden Nachmittag eine große Methode für die Kinder oder Jugendlichen vorbereitete sein soll. Ich meine bspw., dass die Fachkraft in der Lage ist, ein strukturiertes Gespräch zu führen, parallel den Raum im Auge zu behalten und im Bedarfsfall entscheiden zu können, wann wo interveniert werden sollte. Um Gespräche zielführender gestalten zu können, bieten sich unterschiedliche Fragetechniken und Gesprächsführungsstile an. Sich in diese Themenfelder einzulesen, ergibt vor Dienstantritt in der OKJA auf jeden Fall Sinn. Auch mit dem Namen Hans Thiersch bzw. dem von ihm hervorgebrachten Ansatz der Lebensweltorientierung sollten die Fachkräfte der OKJA etwas anfangen können. Mit Blick auf die Umsetzung von Projekten wäre es gut, Struktur schaffen und grob einhalten zu können.

Ich glaube – ohne jemals über die Besetzung einer Stelle entschieden zu haben –, dass der Fokus auf den Sozial- und Selbstkompetenzen der (möglichen) Mitarbeiter*innen liegt. Ich hoffe, es ist deutlich geworden, dass eine hohe kommunikative Kompetenz von Vorteil ist. An der eben erwähnten Lebenswelt der Kinder und Jugendlichen interessiert zu sein, ist meiner Meinung nach Pflicht. Ebenso, mit ihnen in Konflikte und Diskussionen zu treten, Stimmungen auszuhalten und an das Gegenüber zurückgeben zu können. Dazu gehört auch, dem schlechtgelauntesten Jugendlichen freundlich und wertschätzend zu begegnen. Natürlich neben den Standardanforderungen: Teamfähigkeit, Zuverlässigkeit, Kreativität usw.

Klingt nach ganz schön vielen und hohen Ansprüchen. Deswegen möchte ich jetzt, ohne dass es für alle kommunalen Kinder- und Jugendtreffs gilt, auf die Gehälter eingehen. Alle Beschäftigten waren bei der Stadt angestellt. Entfristete Verträge hatten die wenigsten. Ich hatte einen befristeten Tarifvertrag laut TVÖD SuE. Eingruppiert wurde ich in die Entgeltgruppe S 11b. Das würde heute ungefähr ein Jahresbrutto von 41.237,86 € bedeuten. Also 3246,36 €, vor allen Abzügen, auf Stufe 1 im Monat. Vorteil am TVÖD sind die zwar kleinen, aber automatischen Gehaltserhöhungen. Leider greifen diese für studentische Kräfte nur begrenzt, wegen der auf zwei Jahre befristeten Arbeitsverträge. Aushilfskräfte, wie Studierende, werden meist in Entgeltgruppe 3 eingruppiert, würden also bei einer Vollzeitstelle auf 2526,93 € brutto kommen. Da die Zahlen nicht gut vergleichbar sind, im Folgenden einmal der Stundenlohn im Vergleich: Eine festangestellte Fachkraft mit Studienabschluss kommt in der OKJA auf ungefähr 20,21 € brutto/h. Eine studentische Kraft, die in der Regel 450,00 € im Monat verdient, bekommt ungefähr 15,58 € brutto/h. Die Leitung verdient mehr. Je nach Verhandlung und vorheriger Tätigkeit in dem Arbeitsfeld sind es in der Entgeltgruppe S 14 also 43.005,71 € brutto im Arbeitsjahr.

Das Gehalt und Konzept der Arbeit während der Bewerbungsphase einzuschätzen war nicht einfach für mich. Ich war neu in dem Arbeitsbereich. Es wurde vorausgesetzt, dass ich den Arbeitsbereich kenne, weiß, wie das Konzept des Treffs aussieht (ohne das er mir zur Verfügung gestellt wurde) und sofort voll einsatzbereit und in der Lage bin, Aktionen mit den Kindern und Jugendlichen selbstständig durchzuführen. Ich habe mich aber auch nicht getraut klar zu benennen, dass ich gerne eine Einarbeitung hätte, aus Angst, den eh schon befristeten Arbeitsplatz in der Probezeit wieder zu verlieren. In der Realität hatte ich keine Ahnung, wie Gelder beantragt oder abgerufen werden, wie ich auf die Besucher*innen zugehen könnte oder was überhaupt realisierbar ist. Ich hätte das tun sollen, was ich heute als allererstes rate: mehr sprechen! Ich hätte erfahrene Kolleg*innen ansprechen können, um Hilfe oder Input bitten. Stattdessen habe ich fachliche Lücken aus dem Studium eigenständig aufgeholt, mich allein in den Arbeitsbereich eingelesen. Also: Fragen! Am besten im Team selbst. Viele Sozialarbeitende kennen das Gefühl, (gefühlt) allein zu arbeiten, dabei gibt es so viele von uns und somit auch viele Netzwerkmöglichkeiten. Ich besuche inzwischen sehr gerne Fortbildungen für fachlichen Input. Bspw. bieten sich in der OKJA Fortbildungen zum Thema Mädchen*- und Jungen*arbeit, Kinderschutz oder dem Umgang mit Medien an. Fortbildungen können nicht nur Ideen für neue Angebote liefern, sondern auch ein Ort für kollegialen Austausch sein. Würde ich nochmal in der OKJA anfangen, würde ich mehr (an)sprechen.

Etwas, was ich auch im Kontext Sprache heute anders machen würde, ist, dass ich mehr auf die Kinder und Jugendlichen zugehen würde. Ich kann mich bspw. auf Türkisch und Arabisch gerade mal vorstellen, kann aber Kinderlieder auf Italienisch und Französisch singen, keins auf Türkisch. Die verpasste Chance bereue ich. Vor allem, weil ich mir vorstellen kann, dass sich die Kinder und Jugendlichen sehr darüber gefreut hätten, mir Floskeln oder Lieder auf albanisch, türkisch, kurdisch, arabisch oder, oder, oder beizubringen.

Ein weiterer Punkt, den ich im Nachhinein besser machen wollen würde, ist, neben Kommunikation und mehr Offenheit für Sprachen, die Abgrenzung. Ich habe zu Beginn viel, was mir von den Besucher*innen berichtete wurde, gedanklich nicht loslassen können. Ich habe viel hin und her überlegt, Perspektiven für ihn oder sie durchdacht und teilweise nicht gemerkt, dass ich das Problem in den Fokus genommen und den Menschen, der mir davon berichtet hatte, nicht mehr sah. Außerdem ist es nicht gesund, abends auf der eigenen Couch anzukommen und gedanklich noch im Jugendtreff zu hängen. Ich hätte mich für mehr Supervision einsetzen sollen. Die Beziehungsarbeit, die wir als Sozialarbeitende leisten, sollte regelmäßig durch Externe überprüft und reflektiert werden. Sonst passiert das, was mir passiert ist: Die Fachkraft kann nicht abschalten, die Freizeit leidet – das muss nicht sein.

Empfehlungen für Interessent*innen dieses Bereichs: ohne Zweifel ist die Arbeit in der OKJA herausfordernd. Sie kann gleichzeitig unglaublich befriedigend, belustigend, bereichernd und vielseitig sein. Wer den Tag gerne pünktlich um 08:00 Uhr im Büro beginnt und ebenso pünktlich um 16:00 Uhr Feierabend machen möchte, sollte sich für einen anderen Bereich entscheiden. Ihr solltet euch darüber im Klaren sein, dass es sich in der OKJA nicht um einen „Nine to Five"- oder „Monday to Friday"-Job handelt. Wenn du Lust auf OKJA hast und nicht abends arbeiten möchtest, versuche es doch in einem Kindertreff.

Schau dir vor einer möglichen Bewerbung die Internetseite des Treffs an. Vielleicht gibt es Fotos vom Team, Bilder von Aktionen, die durchgeführt wurden oder einen kurzen Text zur pädagogischen Haltung. In dem Bereich ist unglaublich viel möglich. Das macht Platz für gute wie auch für weniger gute Angebote. Hör in einem möglichen Bewerbungsprozess auf dein Bauchgefühl und wenn es nicht passt, sei ehrlich zu dir und deinem Gegenüber. Denn auch für die Kinder und Jugendlichen ist es blöd, wenn du nach sechs Wochen wieder kündigen würdest.

Und schlussendlich, was sich bei mir als unglaublich hilfreich erwiesen hat, ist die Haltung oder Idee die Kinder und Jugendlichen als Expert*innen ihrer Lebenswelt zu verstehen. Sie können Sachen, die wir nicht können. Bspw. von TikTok hatte ich null Ahnung. Also fragte ich die, mit denen ich arbeite und ließ mir die App erklären. Die Jugendlichen fühlten sich gut, weil sie Wissen weitergeben konnten, übten gleichzeitig, Unwissenden Informationen zu vermitteln, und ich fühlte mich weniger alt. Klarere Gewinn für alle! Jeder und jedem der/die Interesse an dem Bereich hat kann ich nur empfehlen, komm, wie du bist, guck, was du mitbringen kannst, und wenn dir der Bereich gefällt, bleib da!

Wo genau im Sozialgesetzbuch VIII ist die Beteiligung und Mitbestimmung von Kindern und Jugendlichen geregelt?

Quellen

Dierckx, Heike (2020): Medien – Medienpädagogik. In: Wendt, Peter-Ulrich (2020): Soziale Arbeit in Schlüsselbegriffen. Weinheim, Basel: Beltz Juventa.

Galuske, Michael (2013): Methoden der Sozialen Arbeit. Eine Einführung. Weinheim, Basel: Beltz Juventa.

Petermann, Franz; Jugert, Gert, Rehder, Anke; Notz, Peter (2016): Soziale Kompetenz für Jugendliche. Weinheim, Basel: Beltz Juventa.

Schlippe, Arist von; Schweitzer, Jochen (2012): Lehrbuch der systemischen Therapie und Beratung I. Das Grundlagenwissen. Göttingen: Vandenhoeck & Ruprecht.

Sturzenhecker, Benedikt; Trödel, Michael (2021): Umgang mit Konflikten im Alltag Offener Kinder- und Jugendarbeit. In: Deinet, Ulrich; Sturzenhecker, Benedikt (2021): Handbuch Offene Kinder- und Jugend-arbeit. Wiesbaden: Springer, 1199-1205.

Weidner, Jens; Kilb, Rainer; Gill, Reiner (2013): Konfrontative Pädagogik in der Schule. Anti-Aggressivitäts- und Coolnesstraining. Weinheim, Basel: Beltz Juventa.

Soziale Arbeit in der ambulanten Erziehungshilfe

Micha Kraus

Die Arbeit in der ambulanten Erziehungshilfe ist sehr unterschiedlich, weil die Adressat*innen (die einzelnen Personen und die jeweiligen Familien) sehr verschieden sind. Aus diesem Grund richtet sich die konkrete Arbeit immer am Einzelfall aus. Die ambulanten Erziehungshilfen beziehen sich auf die ambulanten Hilfen zur Erziehung, welche folgende Hilfearten beinhalten:

1. Flexible ambulante Erziehungshilfe (§ 27 Abs. 2 SGB VIII),
2. Erziehungsbeistandschaft (§ 30 SGB VIII),
3. Sozialpädagogische Familienhilfe (§ 31 SGB VIII) und
4. Intensive sozialpädagogische Einzelbetreuung (§ 35 SGB VIII).

Gemeinsam ist diesen unterschiedlichen Hilfearten das Strukturelement der Hausbesuche. So werden hauptsächlich bei den Adressat*innen Hausbesuche durchgeführt. In der Zusammenarbeit wird zudem ausgehandelt, ob eine Begleitung zu einzelnen Terminen (z. B. Schule, Kindergarten und Ämter) erfolgen soll. Bei den Hausbesuchen ist es mir wichtig, die Privatsphäre der Adressat*innen zu achten. Beim ersten Hausbesuch frage ich, ob ich einmal den gesamten Wohnraum sehen darf, um einen Einblick in die Lebenssituation zu erhalten. Weiterhin fördert Respekt gegenüber der Lebenssituation der Adressat*innen eine konstruktive Arbeitsbeziehung. Dadurch, dass Hausbesuche durchgeführt werden, verlaufen die Termine meistens anders als geplant. So musste ich schon häufig von meiner eigenen Planung des Termins abweichen und mich stattdessen auf die aktuelle Situation der Adressat*innen einlassen. Deshalb finde ich es wichtig vor den Terminen sowohl Ideen zur Gestaltung des Termins zu entwickeln als auch sich stets auf den Alltag der Familie einlassen zu können. Somit lässt sich die Arbeit als planvoll und als prozessorientiert beschreiben.

Die vier verschiedenen Hilfearten lassen sich voneinander abgrenzen. Der Schwerpunkt der weiteren Ausführung sind jedoch die Gemeinsamkeiten, weshalb im Folgenden lediglich eine Abgrenzung der Hilfearten skizziert wird.

- Bei der *Erziehungsbeistandschaft* wird hauptsächlich mit dem Kind / dem Jugendlichen gearbeitet. Ziel ist es, dem jeweiligen Kind/Jugendlichen bei der Bewältigung von Entwicklungsproblemen zu unterstützen, welche im Einzelfall sehr unterschiedlich sein können. Bei dieser Hilfeart wird in der Regel auch das soziale Umfeld, z. B. die Familie, Freunde und Schule einbezogen.
- Die *Sozialpädagogische Familienhilfe (SPFH)* ist wohl die prominenteste Hilfe der ambulanten Erziehungshilfen. Hier wird mit der gesamten Familie an den bestehenden Schwierigkeiten gearbeitet, wie z. B. Erziehungsthemen, Alltagsprobleme und Schwierigkeiten mit Ämtern.
- Die *intensive sozialpädagogische Einzelbetreuung (INSPE)* unterstützt Jugendliche, die nicht bei ihrer Familie leben und auch nicht im Rahmen der stationären Kinder- und Jugendhilfe untergebracht sind. So erhalten diese Jugendlichen neben der sozialpädagogischen Unterstützung in der Regel auch finanzielle Unterstützung vom Jugendamt für den Lebensunterhalt. Ziel dieser Hilfe ist vor allem eine eigenverantwortliche Lebensführung, aber auch eine soziale Integration.
- Die *Flexible ambulante Erziehungshilfe (FLEX)* wird nicht in den möglichen Hilfeformen der Hilfen zur Erziehung (vgl. § 28 bis 35 SGB VIII) aufgelistet, sondern im § 27 durch den Absatz 2 benannt. Aus der Erfahrung mit unterschiedlichen Jugendämtern wird deutlich, dass gehäuft diese Hilfeart bewilligt wird, wenn eine Zuordnung zu den bereits genannten Hilfearten nicht möglich ist. So kann hier die Ausgestaltung der Hilfe (Ausrichtung auf die

Kinder/Jugendlichen oder auf die gesamte Familie) variieren, ohne dass die Hilfeart geändert werden muss.

Für alle Hilfen zur Erziehung besteht ein sogenannter individueller Rechtsanspruch. Das bedeutet, dass die Personensorgeberechtigten (die Eltern oder Vormünder*in/Ergänzungspfleger*in) eine solche Hilfe im zuständigen Jugendamt beantragen können. Das Jugendamt wiederum überprüft, ob die Voraussetzungen für eine solche Hilfe vorliegen. Allgemein bedeutet dies, dass eine Erziehung zum Wohl des Kindes nicht gewährleistet ist und die jeweilige Hilfe sowohl geeignet als auch notwendig ist (vgl. §27 Abs. 1 SGB VIII). Somit muss zwar eine erzieherische Mangelsituation vorliegen, diese kann jedoch noch deutlich unterhalb einer Kindeswohlgefährdung sein. Aus meiner Berufserfahrung kann ich folgende Ausgangssituationen für eine solche Hilfe nennen: Erziehungsschwierigkeiten, familiäre Konflikte, soziale Isolation, Kindeswohlgefährdung (Vernachlässigung, Misshandlung und Missbrauch), psychische Erkrankung, Suchterkrankung, finanzielle Schwierigkeiten, Arbeitslosigkeit, Wohnungssuche, Schulschwierigkeiten, Schwierigkeiten bei der Verselbstständigung und die Übergangsbegleitung vom Elternhaus / einer Wohngruppe in eine eigene Wohnung. „Vielfach werden und wurden die betroffenen Familien mit dem Label ‚Multiproblemfamilien' belegt, was verdeutlicht, dass es sich um Familien handelt, in denen diverse konflikthafte Entwicklungen aufeinandertreffen" (Rätz-Heinisch/Schröer/Wolff 2009, 132).

Prägend für die Tätigkeit in den ambulanten Erziehungshilfen, wie in der gesamten Kinder- und Jugendhilfe, ist das Spannungsfeld zwischen Hilfe und Kontrolle. Dies basiert darauf, dass die Kinder- und Jugendhilfe einerseits helfend, fördernd, beratend sowie unterstützend und andererseits eingreifend tätig ist, wenn das Wohl von Kindern und Jugendlichen gefährdet ist und die Eltern zudem nicht gewillt oder nicht in der Lage sind, diese Gefährdung abzuwenden (vgl. Schone 2012, 143). Dies führt in der Konsequenz dazu, dass die Hilfe nicht immer freiwillig angenommen wird. Oftmals stimmen Eltern einer solchen Hilfe zu, um einem Eingriff in die Elternrechte zu entgehen (vgl. ebd., 148ff.). In der Arbeit gilt es dann diese Adressat*innen dennoch zur Zusammenarbeit zu motivieren. Dies gelingt meistens gut, wenn ausgehandelt wird, wie die Adressat*innen aus ihrer Sicht von der Hilfe profitieren können. Im Zweifel ist der kleinste gemeinsame Nenner, die Hilfe so zu gestalten, dass diese perspektivisch wieder beendet werden kann, nach dem Motto „ich helfe dir, mich loszuwerden".

An dem Hilfesetting sind drei Parteien beteiligt. Das Jugendamt überprüft den Hilfebedarf und finanziert schließlich die Hilfe. Die Adressat*innen sind leistungsberechtigt und empfangen die Hilfe des jeweiligen Trägers, der die Hilfe ausführt. Dieses Konstrukt stellt das sozialrechtliche Dreieck dar (vgl. Marquard 2002, 556). Die Zusammenarbeit zwischen Jugendamt und den ausführenden Trägern ist sehr unterschiedlich. Vom Gesetzgeber ist eine partnerschaftliche Zusammenarbeit gewünscht (vgl. §4 SGB VIII). Im Kontrast hierzu beschreibt

Wohlfahrt (2015, 330), dass sich die Zusammenarbeit verändert in Auftraggeber-Auftragnehmer-Verhältnisse. Auch ich erlebe in der Praxis sehr unterschiedliche Formen der Zusammenarbeit. Teilweise gelingt eine gute Zusammenarbeit mit dem Jugendamt, welche dann geprägt ist von einem gleichwertigen fachlichen Austausch, auch durchaus mit kontroversen Einschätzungen und Diskussionen. Ich erlebe aber auch schlechte Formen der Zusammenarbeit mit einzelnen Jugendamtsmitarbeiter*innen. Beispiele hierfür sind, dass ein Umschreiben des Berichtes im Sinne der Jugendamtsmitarbeiter*in gefordert wird, versucht wird klare Arbeitsanweisungen zu erteilen, die deutlich über eine Zielformulierung hinausgehen und fehlende Transparenz von Seiten des Jugendamtes (z. B. Falleinschätzung, Entscheidungsgründe, weitere Planung).

Die gesamte Kinder- und Jugendhilfe ist geprägt durch das sogenannte Fachkräftegebot (vgl. § 72 SGB VIII). Dieses Fachkräftegebot gilt zunächst ausschließlich für die Jugendämter. Die Jugendämter verfügen über die Gesamtverantwortung der Kinder- und Jugendhilfe (vgl. § 79 Abs. 1 SGB VIII). Dies schließt Vorgaben für die freien Träger, hier über die Mindestqualifikation der eingesetzten Fachkräfte, ein (vgl. BAGLJÄ 2005, 7 ff.). Für die Sozialpädagogische Familienhilfe werden von Helming, Schattner und Blüml (1999, 95 f.) Sozialarbeiter*innen vor allem mit Zusatzqualifikationen im Bereich Familientherapie am geeignetsten betrachtet.

Bei meinem Träger sind alle Kolleg*innen staatlich anerkannte Sozialarbeiter*innen mit unterschiedlichen Zusatzqualifikationen. Diese Diversität unterstützt in einer Fallbesprechung unterschiedliche Sichtweisen einzunehmen und dadurch auch unterschiedliche Vorgehensweisen zu entwickeln. Aus diesem Grund empfinde ich eine Heterogenität des Teams als förderlich. Voraussetzung hierfür ist eine Offenheit in der Fallbesprechung gegenüber anderen Sichtweisen.

Die Finanzierung der ambulanten Erziehungshilfen übernimmt das Jugendamt und somit sind diese Hilfsangebote für die Adressat*innen kostenfrei. Da das Jugendamt als öffentlicher Träger diese einzelfallbezogenen Hilfeleistungen gewährt, ist dieses auch zur Übernahme des Entgelts verpflichtet. Hierbei werden sämtliche Kosten für die Leistungserbringung berücksichtigt (vgl. Meysen et al. 2014, 20 ff.). Die konkreten Finanzierungsformen der freien Träger können wie folgt differenziert werden:

1. *Pauschale Projektfinanzierung:* Hierbei wird der freie Träger unabhängig von den Einzelfällen finanziert.
2. *Pauschale Einzelfallfinanzierung:* Bei dieser Finanzierungsform wird für die zu betreuende Familie ein Stundendeputat festgelegt und unabhängig der geleisteten Stunden, wird dieses auch abgerechnet.
3. *Einzelfallfinanzierung:* Wie auch bei der pauschalen Einzelfallfinanzierung wird auch hier ein Stundendeputat vereinbart. Es werden aber ausschließlich die erbrachten Stunden abgerechnet (vgl. Helming/Schattner/Blüml 1999, 112 f.).

In der Praxis findet in den meisten Fällen eine Einzelfallfinanzierung statt, welche auf der Maßeinheit Fachleistungsstunden basiert (vgl. LWL; LVR 2013, 48). In dem Preis der Fachleistungsstunde werden alle betrieblichen Kosten (Personal- und Sachkosten), die zur Leistungserbringung erforderlich sind, einberechnet. Insgesamt wird mit der Fachleistungsstunde der Quotient für das Verhältnis von Personal- und Sachkosten zur Arbeitszeit der Fachkraft berechnet und auf eine Stunde heruntergebrochen (vgl. Meysen et al. 2014, 25). In der Praxis existiert kein einheitliches Berechnungsschema von Fachleistungsstunden. So gibt es unterschiedliche Auffassungen darüber, welche Tätigkeiten berechnet werden, welche (indirekten) Tätigkeiten im Stundensatz inbegriffen sind, in welchem Umfang die unterschiedlichen Kostenkomponenten berücksichtigt werden, wie die Abrechnung und Nachweisführung erfolgt sowie über die zeitliche Abrechnungseinheit, z. B. 45 oder 60 Minuten (vgl. LWL; LVR 2013, 48).

Auch bei meinem Träger werden gegenüber dem Jugendamt Fachleistungsstunden abgerechnet. Diese Einzelfallfinanzierung des Trägers führt dazu, dass die Auftragslage schwankt. So existieren Phasen mit einem sehr hohen Aufkommen von Anfragen seitens der Jugendämter und Phasen mit eher geringen Anfragen. Dies wirkt sich auf das Anstellungsverhältnis der Mitarbeiter*innen aus. Die hieraus resultierenden Auswirkungen werden bei den Arbeitsbedingungen im nächsten Punkt dargestellt.

Die Arbeitsbedingungen der ambulanten Erziehungshilfen variieren teilweise sehr stark. Im Folgenden wird die bestehende Bandbreite skizziert und zudem werden die Arbeitsbedingungen bei meinem Träger veranschaulicht. Insgesamt kann zwischen den folgenden vier Organisationszugehörigkeiten von Fachkräften unterschieden werden:

1. Fachkräfte, die bei einem freien Träger festangestellt sind
2. Fachkräfte, die bei einem Jugendamt angestellt sind
3. Einzelanbieter:innen
4. Honorarkräfte

Der erste Unterschied besteht demnach darin, ob eine Fachkraft für einen freien oder öffentlichen Träger arbeitet. Damit die Fachkraft von den Familien akzeptiert wird, ist es wichtig, dass diese Hilfe von den hoheitlichen Aufgaben (Wächteramt) des Jugendamtes abgegrenzt wird. Eine solche Abgrenzung ist für die Familien bei Fachkräften, die in einem Jugendamt arbeiten, nicht immer ersichtlich (vgl. Helming/Schattner/Blüml 1999, 106). Zudem merkt Trede (2010, 115) an, dass Familien Dienste von nicht-staatlichen Trägern besser akzeptieren als Hilfsangebote durch eine Behörde. Dies ist vor allem bei aufsuchenden Hilfen, die einen starken Eingriff in die Privatsphäre der Familie darstellen, der Fall.

Zweitens kann differenziert werden, ob eine Fachkraft im Team oder als Einzelanbieter*in arbeitet. Durch die Arbeit in einem Team kann kollegiale

Fallberatung erfolgen. Im besten Fall haben hier die Fachkräfte unterschiedliche Zusatzqualifikationen und können sich hierdurch gut ergänzen. Einzelanbieter*innen bleibt meistens lediglich eine Reflexion durch Supervision und ein Austausch mit der zuständigen Fachkraft vom Jugendamt. Der Austausch mit Mitarbeiter*innen vom Jugendamt ist aufgrund des Datenschutzes nicht unproblematisch. Wegen dem geringen fachlichen Austausch von Einzelanbieter*innen besteht für diese eine erhöhte Gefahr für ein Burn-out (vgl. Helming/Schattner/Blüml 1999, 106 ff.). Zudem kann ein Team Urlaubs- und Krankheitsvertretung gewährleisten.

Schließlich beinhaltet der letzte Unterschied das Anstellungsverhältnis von Fachkräften. Honorarkräfte arbeiten selbstständig und sind dementsprechend nicht weisungsgebunden. Weiterhin sind Honorarkräfte durch die unsichere Arbeitssituation bzw. Abhängigkeit von der Auftragslage geprägt. Unter den Honorarkräften besteht eine hohe Fluktuation (vgl. ebd., 108). Bei meinem Träger werden die Mitarbeiter*innen auf Honorarbasis eingestellt, dass bedeutet, dass auch bei den Mitarbeiter*innen ausschließlich die erbrachten Leistungen finanziert werden. Hierdurch wird das unternehmerische Risiko auf die Mitarbeiter*innen übertragen, was für diese von Nachteil ist. Jedoch erhalten die Mitarbeiter*innen ein höheres Entgelt, als es nach Tarif des öffentlichen Dienstes für Sozialarbeiter*innen in diesem Handlungsfeld üblich wäre. So bietet die Tätigkeit als Honorarkraft auch Vorteile. Bei anderen Trägern, die ihre Mitarbeiter*innen fest anstellen wird beobachtet, dass eine Vielzahl von Trägern lediglich Teilzeitverträge anbieten. Auch dies stellt eine Form der prekären Beschäftigung dar und ist sicherlich den Schwankungen der Auftragslage geschuldet.

Bei der grundsätzlichen Vergütung in den Handlungsfeldern der Kinder- und Jugendhilfe ist immer eine Orientierung am TVÖD SuE sinnvoll. Die dort genannte Vergütung gilt jedoch nur für den öffentlichen Dienst oder wenn andere Träger diesen Tarif übernehmen. Die Arbeit in den ambulanten Erziehungshilfen wird erfahrungsgemäß im TVÖD SuE bei S 12 eingruppiert. Viele Träger weichen jedoch von diesem Tarif (teilweise mit eigenen Tarifen) ab und ein Großteil der Träger entlohnen ihre Mitarbeiter*innen deutlich geringer.

Von den Mitarbeiter*innen in unserem Träger wird folgendes Anforderungsprofil erwartet: staatlich anerkannte Sozialarbeiter*in, respektvoller Umgang mit den Adressat*innen, konstruktiver Umgang mit Konflikten, Kooperationsfähigkeit mit anderen Fachkräften (z. B. Erzieher*innen, Lehrkräfte und Ärzt*innen), hohe Belastbarkeit (z. B. bei Kindeswohlgefährdung und Schicksalsschlägen der Adressat*innen), ein grundsätzlich breit gefächertes Wissen und die Bereitschaft, das Wissen im Einzelfall auszubauen, ein vertieftes Wissen über die gesamte Kinder- und Jugendhilfe. Vorteilhaft sind Fortbildungen/Weiterbildungen, Offenheit in Teamsitzungen und Supervision gegenüber Irritation mit anderen Sichtweisen und Flexibilität bzgl. der Arbeitszeit. Weiterhin werden in den Vorstellungsgesprächen Fragen zum Umgang mit Macht, vor allem gegenüber Kindern und

Jugendlichen, gestellt, um Personen, die missbräuchlich mit Macht umgehen, auszuschließen.

Die gesamte Kinder- und Jugendhilfe soll durch eine Trägerdiversität geprägt sein. Dies bezieht sich auf unterschiedliche Werteorientierungen, aber auch auf unterschiedliche Ausgestaltungen der konkreten Arbeitsweise (vgl. § 3 SGB VIII). Diese Trägerdiversität unterscheidet sich je nach Kommune. Auch hier können die Unterschiede der Träger lediglich skizziert werden (Zur Vertiefung siehe Literaturverzeichnis). Für das Handlungsfeld der ambulanten Erziehungshilfen unterscheidet sich bei den Trägern die Werteorientierung (z. B. bei religiösen Trägern), das Leistungsspektrum innerhalb der ambulanten Erziehungshilfen und ggf. darüber hinaus, eine Spezialisierung der Arbeitsweise (z. B. Heilpädagogik, Erlebnispädagogik, systemische Arbeitsweise) und eine Spezialisierung der Zielgruppe (z. B. Autismus, psychisch erkrankte Eltern).

Das Leitbild meines Trägers basiert auf einem humanistischen Menschenbild (vgl. Rogers, Schmid 1991; Satir, Baldwin 2004) und ist geprägt von unabdingbarer Wertschätzung und Respekt den Adressat*innen gegenüber. Der Mensch wird als einzigartig und als von Natur aus gut und konstruktiv angesehen, dem eine Fähigkeit innewohnt sich zu entwickeln. Des Weiteren strebt der Mensch nach Autonomie und Selbstverwirklichung, die es zu unterstützen gilt. Zu dem Leistungsspektrum zählt neben den ambulanten Erziehungshilfen auch die ambulante Eingliederungshilfe für seelisch behinderte Kinder und Jugendliche (vgl. § 35a SGB VIII), ambulante Hilfen für junge Volljährige (vgl. § 41 SGB VIII) sowie die Begleitung von Umgangskontakten (vgl. § 18 Abs. 3 SGB VIII). Ein Schwerpunkt zur Arbeitsweise existiert nicht. Hierdurch soll eine Standardisierung der Hilfe vermieden werden, zugunsten einer Orientierung am Einzelfall sowie hoher Autonomie der zuständigen Fachkraft. Als Rahmen und Orientierung für die Mitarbeiter*innen wurde das Sechs-Phasen-Modell des systemischen Case Management von Haye und Kleve (2011) auf das Handlungsfeld übertragen. Auch eine Schwerpunktsetzung bezüglich der Zielgruppe existiert bei meinem Träger nicht. Anstelle einer allgemeinen Fokussierung der Zielgruppe ist es meinem Träger wichtiger, dass ein Arbeitsbündnis zwischen Fachkraft und Adressat*innen besteht. Hierzu ist es erforderlich, dass die Fachkräfte reflexiv die Arbeitsbeziehung bewerten und für sich evaluieren, mit welchen Personen(gruppen) die Arbeit gelingt. Hieraus entsteht auch, dass einzelne Fachkräfte mit bestimmten Personen(gruppen) nicht produktiv zusammenarbeiten und in der Konsequenz erneute Anfragen ablehnen (z. B. die Arbeit mit Rassist*innen).

Der Verlauf der Sozialpädagogischen Familienhilfe lässt sich in drei Phasen untergliedern, welche in der Praxis nicht immer voneinander abgegrenzt werden und sich überlappen können (vgl. Woog 2010, 185). Die Unterteilung der SPFH in drei Phase wird in der Literatur häufig, jedoch mit unterschiedlichen Bezeichnungen, beschrieben (siehe Helming/Schattner/Blüml 1999; Schuster 1997; Woog 2010). Die drei Phasen der Sozialpädagogischen Familienhilfe beinhalten die Einstiegsphase, die Hauptphase und die Schlussphase und werden im Folgenden dargestellt. Aufgrund der Strukturgleichheit der SPFH zu den anderen ambulanten Erziehungshilfen lässt sich diese Phasierung auf das gesamte Handlungsfeld der ambulanten Erziehungshilfen übertragen.

Bevor jedoch die einzelnen Phasen dargestellt werden, wird zunächst das allgemeine Hilfesetting dargestellt, welches alle Phasen umfasst. Wesentliches Merkmal sind die bereits oben erwähnten Hausbesuche. Weitere Merkmale sind der intensive Zeitumfang (bis zu 20 Stunden in der Woche) und ein recht langer Zeitraum der Hilfe (in der Regel bis zu zwei Jahren) (vgl. Helming/Schattner/Blüml 1999, 223). Auch muss angermerkt werden, dass das Setting je nach Einzelfall variiert. In meiner Berufserfahrung variiert der Stundenumfang für eine solche Hilfe zwischen 8 und 24 Stunden pro Monat. Teilweise werden die Stunden für den Bewilligungszeitraum summiert und dann als Kontingent bewilligt, sodass eine flexible Einteilung der Stunden im Bewilligungszeitraum möglich ist. Auch die Dauer der Hilfe variiert stark. Dies ist erfahrungsgemäß stark von der zuständigen Jugendamtsmitarbeiter*in abhängig. So gab es schon häufiger Situationen, in denen ich oder meine Kolleg*innen einen pädagogischen Bedarf formulierten und die Hilfe trotzdem eingestellt wurde.

Die Hilfe beginnt in der Einstiegsphase mit einem Hilfeplangespräch (vgl. § 36 SGB VIII), bei dem ein Kennenlernen stattfindet sowie Ziele für die Hilfe formuliert werden. Im weiteren Verlauf findet regelmäßig, i.d.R. spätestens nach 6 Monaten ein erneutes Hilfeplangespräch zur Überprüfung der Hilfeplanung statt (vgl. Merchel 2012, 192). Während der Einstiegsphase stehen Familien den Fachkräften oft kritisch gegenüber. Familien sind anfangs häufig vor allem damit beschäftigt herauszufinden, ob die Fachkraft für die Familie gefährlich ist, ob die Familie von der Fachkraft verachtet wird und, ob die Fachkraft künftig alles in der Familie bestimmen möchte (vgl. Wolf 2006, 89). Zudem wird von der Fachkraft ein Zugewinn für die Familie erwartet. Die Fachkraft muss etwas Besonderes können und dies konstruktiv für ihre Adressat*innen einbringen (vgl. Frindt/Wolf 2004, 140). Während der Einstiegsphase sind drei Ziele für die Fachkraft von Bedeutung. Hierzu gehört erstens das Gewinnen von Informationen über die Familie durch Beobachtungen und zweitens der Aufbau einer Vertrauensbeziehung mit der Familie. Das Erreichen dieser Ziele bildet die Voraussetzung für das pädagogische Handeln in der nächsten Phase (vgl. Woog 2010, 186). Das dritte Ziel besteht aus der Kriseninterventíon. Die Arbeit der SPFH beginnt häufig in Krisensituationen, die für die Familien einen existentiellen Charakter haben (z.B. Gefahr der Zwangsräumung oder der Herausnahme der Kinder). Diese Krisen erfordern eine Intervention der Fachkraft bereits in der Einstiegsphase. Die Beruhigung von bestehenden Krisen ist eine weitere Voraussetzung für das Einleiten von Veränderungsprozessen in der nächsten Phase (vgl. Schuster 1997, 200).

Auch aus meiner Sicht liegt der Schwerpunkt in der Einstiegsphase darin, ein Arbeitsbündnis mit den Adressat*innen aufzubauen und die Zielformulierung des Hilfeplans zu überprüfen, um die Auftragsklärung zu vertiefen. Hierzu ist ein gegenseitiges Kennenlernen wichtig. Um die Familie kennenzulernen, verwende ich gerne die Techniken Zeitstrahl und Genogramm. Aber auch die Teilnahme am Alltag der Adressat*innen ist sehr erkenntnisreich. Erfahrungsgemäß gibt es auch Themen, welche die Adressat*innen selten von sich aus ansprechen (z. B. Schulden). Solche Themen werden dann nur besprochen, wenn gezielt nachgefragt wird. Deshalb ist für mich auch wichtig in der Einstiegsphase immer wieder Fragen zu stellen, und zwar auch über Themen, die im Hilfeplangespräch nicht besprochen wurden und darüber hinausgehen. Damit die Adressat*innen auch ein Arbeitsbündnis mit mir aufbauen können, ist es aus meiner Sicht enorm wichtig der Familie Wertschätzung entgegenzubringen. Dies gelingt, wenn die bestehenden Probleme im Kontext betrachtet werden und nicht die Alleinverantwortung bei den Adressat*innen gesucht wird. So habe ich schon oft mit Eltern zusammengearbeitet, die Gewalt in der Erziehung angewendet haben. Diese Eltern haben selbst meist Gewalt in ihrer eigenen Kindheit erlebt und greifen in Überforderungssituationen darauf zurück. Eine Mutter hatte mir weinend erzählt, wie diese ihre Tochter geschlagen hatte und unmittelbar danach ihr eigenes Verhalten bereut hat. Meine Aufgabe sehe ich dann vor allem darin, im Sinne der Reflexiven Sozialpädagogik (Dewe/Otto 2012), mit diesen Eltern alternative Handlungsmöglichkeiten zu erarbeiten und die jeweiligen Vor- und Nachteile zu besprechen. Im weiteren Verlauf der Hilfe werden dann die angewendeten Handlungsalternativen gemeinsam reflektiert.

Die Hauptphase beinhaltet das pädagogische Handeln, dass zuvor nur zur Bewältigung von Krisen eingesetzt wird. Ziel dieser Phase sind dauerhafte Veränderungen zu erzeugen, die zu einer verbesserten Bewältigung von Alltagsaufgaben führen (vgl. Schuster 1997, 204). Ergänzt wird dies dadurch, dass die Familie auch, zumindest vorübergehend, durch die Fachkräfte entlastet wird (vgl. Helming/Schattner/Blüml 1999, 243). Schuster (1997, 204 ff.) skizziert zwei Hauptaspekte der Hauptphase. Dies beinhaltet erstens die innerfamiliale Aktivierung, womit die Bewältigung von alltäglichen Aufgaben verstanden wird. Als zweiter Hauptaspekt wird der Aufbau und die Koordination des außerfamilialen Netzwerkes bestimmt. Hierdurch sollen die Familien entlastet werden.

Die Hauptphase nutze ich, um die im Hilfeplangespräch vereinbarten Ziele mit den Adressat*innen zu erreichen. Hierbei muss jedoch bedacht werden, dass sich die Ziele im Verlauf der Hilfe ändern können. So können vereinbarte Ziele an Aktualität verlieren und auch neue Ziele hinzukommen. Bei starken Veränderungen wird das Jugendamt darüber informiert und dann findet ggf. ein erneutes Hilfeplangespräch statt. Die konkrete Ausgestaltung der Hilfe zur Zielerreichung variiert im Einzelfall. Wie auch in der Einstiegsphase versuche ich, hier die Handlungsmöglichkeiten der Adressat*innen zu erhöhen und diese gemeinsam zu reflektieren. Über den konkreten Lösungsweg entscheiden dann die Adressat*innen, es sei denn, dass hierdurch eine Fremd- oder Selbstgefährdung entsteht. Techniken, die ich gerne in dieser Phase nutze, sind Aktives Zuhören, Reframing und Zirkuläres Fragen. Weiterhin ist im Einzelfall auch eine Begleitung zu Terminen (z. B. Schulgespräch, Arzttermin oder beim Jobcenter) sinnvoll, um die Adressat*innen hier zu unterstützen und evtl. sogar Transferleistung zu erbringen, indem Fachsprache erläutert wird. Des Weiteren findet hier teilweise ein Ausbau des sozialen Netzwerkes statt. Hierzu gehört auch ggf. eine Anbindung an andere Unterstützungsmöglichkeiten, wie diverse Beratungsstellen (z. B. Schuldenberatung), (Fach-)Ärzt*innen und Therapie. Auch eine Betrachtung des weiteren Netzwerkes und der Ausbau von förderlichen Beziehungen (Familie, Freunde und Kolleg*innen von Schule und Beruf) kann in dieser Phase geschehen. Erfahrungsgemäß profitieren vor allem Kinder und Jugendliche von einer Vereinsanbindung zur Freizeitgestaltung, welches zur Erhöhung des Selbstbewusstseins beitragen kann. Auch dies thematisiere ich regelmäßig mit meinen Adressat*innen.

Die Schlussphase zielt darauf ab, die Hilfemaßnahme zu beenden. Aus diesem Grund wird in dieser Phase der Ablöseprozess fokussiert (vgl. Helming/Schattner/Blüml 1999, 308). Zwischen Fachkraft und Familie entstehen durch den recht langen Hilfezeitraum teilweise eine sehr intensive Beziehung, sodass die Familien die Beendigung der Hilfe mit negativen Gefühlen verbinden. Manchmal geht den Familien dadurch die einzige Person verloren, welche die Familie nicht verachtet. Teilweise sind die erlebten negativen Gefühle so groß, dass der Erfolg der Hilfe und die Qualität der persönlichen Beziehung zur Fachkraft rückwirkend in Frage gestellt werden (vgl. Wolf 2006, 97 f.). Zudem sind Fälle bekannt, bei denen Familien eine neue Krise produzieren und so versuchen der Beendigung der Hilfe entgegenzuwirken. Obwohl den Familien ein Abschied zur Fachkraft meistens schwerfällt, sind diese auch Stolz auf die neugewonnene Selbstständigkeit (vgl. Helming/Schattner/Blüml 1999, 308 f.). Um den Ablöseprozess zu vereinfachen, sollte die Häufigkeit und die Dauer von Familienbesuchen in dieser Phase zunehmend reduziert werden. Themen in dieser Phase sind vor allem das Zutrauen in die Fähigkeiten der Familie, die Erarbeitung möglicher Ansprechpartner*innen nach Beendigung der Hilfe (vgl. ebd.) sowie die Stabilisierung der erreichten Ziele (vgl. Woog 2010, 186).

Auch aus meiner Berufserfahrung kann ich berichten, dass der Ablöseprozess in der Schlussphase sehr sensibel ist. Dementsprechend sollte bereits mit Beginn der Hilfe immer wieder der Ablöseprozess mitbetrachtet werden. Die Ausgestaltung des Ablöseprozesses versuchen wir immer am Einzelfall auszurichten. Um diesen sinnvoll zu gestalten, ist es notwendig, bereits frühzeitig eine anstehende Beendigung zu thematisieren. Dementsprechend ist auch hier eine gute Kooperation mit dem Jugendamt notwendig, um eine abrupte Beendigung zu vermeiden. Thematisch reflektiere ich mit den Adressat*innen in dieser Phase den Hilfeverlauf (vor allem die Erfolge) und informiere diese über bestehende Hilfsangebote bei neuen Schwierigkeiten. Die Beendigung einer Hilfe ist aber auch für mich immer eine besondere Situation. So mache ich mir immer wieder Gedanken zu ehemaligen Adressat*innen und deren möglicherweise weiteren Lebensverlauf. Einzelne Adressat*innen melden sich nach ein paar Jahren telefonisch bei mir. Über eine solche Kontaktaufnahme freue ich mich immer wieder.

Empfehlungen für Interessierte

Die erste Empfehlung bezieht sich auf die Arbeitsbedingungen, welche zumindest weitestgehend zum eigenen Lebensentwurf passen sollten. Hierzu gehört vor allem die Vergütung, das Anstellungsverhältnis, die Arbeitszeiten, die kollegiale Beratung im Team, Supervision und das zur Verfügung gestellte Arbeitsmaterial. Jede Person sollte hier eine eigene Bewertung der unterschiedlichen Arbeitsbedingungen vornehmen.

Zweitens wird empfohlen die Adressat*innen als Expert*innen ihres Lebens zu betrachten. In meiner Berufserfahrung habe ich schon mehrfach beobachtet, wie einzelne Fachkräfte eigene Vorstellungen eines guten Lebens auf die Adressat*innen übertragen haben und denen dementsprechendes Feedback gegeben haben. Solange jedoch keine Fremd- oder Selbstgefährdung besteht, sollten nach meinem Verständnis die Adressat*innen selbst über ihre Lebensführung entscheiden, da diese auch die Konsequenzen (positive wie negative) tragen und eben nicht die Fachkräfte. Bei Kindern und Jugendlichen müssen selbstverständlich die Sorgeberechtigten in die Ausgestaltung der Hilfe einbezogen werden.

Zuletzt wird eine allgemeine Offenheit empfohlen. Gemeint ist hiermit eine Offenheit gegenüber den Adressat*innen, gegenüber eigenen Ansichten sowie der Arbeitsweise. Bezüglich der Adressat*innen wird eine Offenheit gegenüber deren Lebensentwürfen empfohlen. Daraus resultiert im besten Fall eine Neugierde die Adressat*innen kennenzulernen. Weiterhin sollten eigene Ansichten als eine Möglichkeit betrachtet werden, welche hilfreich und weniger hilfreich für die Arbeit sein können. Dementsprechend sollte auch eine Offenheit gegenüber anderen Ansichten in der kollegialen Beratung oder der Supervision bestehen. Als letzten genannten Aspekt sollte auch die eigene Arbeitsweise reflektiert werden. Bevorzugt angewandte Techniken können in dem einen Fall hilfreich und in einem anderen strukturähnlichen Fall weniger hilfreich sein. Auch hier sollte eine Offenheit gegenüber anderen Arbeitsweisen, welche sowohl zur eigenen Fachlichkeit als auch zu den Adressat*innen passen sollten, bestehen.

1. In welche Phasen kann die Arbeit der ambulanten Erziehungshilfen unterteilt werden?
2. Versuchen Sie die Perspektive der Adressat*innen einzunehmen. Was wäre Ihnen besonders wichtig, wenn Sozialarbeiter*innen einen Hausbesuch bei Ihnen durchführen?

Quellen

BAGLJÄ (Bundesarbeitsgemeinschaft der Landesjugendämter) (2005): Das Fachkräftegebot des Kinder- und Jugendhilfegesetz, verfügbar unter: http://www.bagljae.de/downloads/094_fachkraeftegebot_2005.pdf (letzter Zugriff: 04.10.2021)

Dewe, Bernd; Otto, Hans-Uwe (2012): Reflexive Sozialpädagogik, In: Thole, Werner (Hrsg.): Grundriss Soziale Arbeit. Ein einführendes Handbuch, 4. Auflage, Wiesbaden (197-218)

Frindt, Anja; Wolf, Klaus (2004): Hoffnungslose Familien? Chancen der Sozialpädagogischen Familienhilfe, in: Aktion Jugendschutz Landesarbeitsstelle Baden-Württemberg (Hrsg.): Von wegen Privatsache… Erziehungspartnerschaft zwischen Familie und Gesellschaft, Stuttgart (127-142)

Haye, Britta; Kleve, Heiko (2008): Systemische Schritte helfender Kommunikation. Sechs-Phasen-Modell für die Falleinschätzung und die Hilfeplanung, In: Kleve, Heiko; Haye, Britta; Hampe-Grosser, Andreas; Müller, Mathias: Systemisches Case Management. Falleinschätzung und Hilfeplanung in der Sozialen Arbeit, 2. Auflage, Heidelberg (103-125)

Helming, Elisabeth; Schattner, Heinz; Blüml, Herbert (1999): Handbuch Sozialpädagogische Familienhilfe, 4. Auflage, Stuttgart

LWL (Landschaftsverband Westfalen-Lippe); LVR (Landschaftsverband Rheinland) (2013): Aushandlung ambulanter Erziehungshilfen mit freien Trägern der Kinder- und Jugendhilfe. Eine Arbeitshilfe für Jugendämter, verfügbar unter: http://www.lwl.org/LWL/Jugend/Landesjugendamt/LJA/erzhilf/Familie/aushandlung-ambulanter-erziehungshilfen/ (letzter Zugriff: 04.10.2021)

Marquard, Peter (2002): Jugendamt, In Schröer, Wolfgang; Struck, Norbert; Wolff, Mechthild: Handbuch Kinder- und Jugendhilfe, Weinheim (545-562)

Meysen, Thomas; Beckmann, Janna; Reiß, Daniela; Schindler, Gila (2014): Recht der Finanzierung von Leistungen der Kinder- und Jugendhilfe. Rechtlicher Rahmen und Perspektiven im SGB VIII, Baden-Baden

Merchel, Joachim (2012): Hilfeplanung, In: Merchel, Joachim (Hrsg.): Handbuch Allgemeiner Sozialer Dienst (ASD), München (186-198)

Rätz-Heinisch, Regina; Schröer, Wolfgang; Wolff, Mechthild (2009): Lehrbuch Kinder- und Jugendhilfe. Grundlagen, Handlungsfelder, Strukturen und Perspektiven, Weinheim, München

Rogers, Carl; Schmid, Peter (1991): Person-zentriert: Grundlagen von Theorie und Praxis, Mainz

Satir, Virginia; Baldwin, Michele (2004): Familientherapie in Aktion. Die Konzepte von Virginia Satir in Theorie und Praxis, 6. Auflage, Paderborn

Schone, Reinhold (2012): Zwischen Hilfe und Kontrolle – der ASD im Spannungsfeld zwischen Dienstleistung und Schutzauftrag bei Kindeswohlgefährdung, In: Merchel (Hrsg.): Handbuch Allgemeiner Sozialer Dienst (ASD), München (142-154)

Schuster, Eva Maria (1997): Sozialpädagogische Familienhilfe (SPFH). Aspekte eines mehrdimensionalen Handlungsansatzes für Multiproblemfamilien, Frankfurt am Main

Trede, Wolfgang (2010): Der Allgemeine Soziale Dienst und seine Zusammenarbeit mit freien Trägern, In: Institut für Sozialarbeit und Sozialpädagogik e. V. (Hrsg.): Der Allgemeine Soziale Dienst. Aufgaben, Zielgruppe, Standards, München (110-122)

Wohlfahrt, Norbert (2015): Subsidiaritätsprinzip – Welfare mix – Neue Subsidiarität. Vom individuellen Rechtsanspruch zum wohlwollenden Verwaltungshandeln?, In: Theorie und Praxis der Sozialen Arbeit, 5 (329-338)

Wolf, Klaus (2006): Sozialpädagogische Familienhilfe aus der Sicht der Klientinnen und Klienten – Forschungsergebnisse und offene Fragen, In: Fröhlich-Gildhoff, Klaus Engel, Eva Maria; Rönnau, Maike; Kraus, Gabriele: Forschung zur Praxis in den ambulanten Hilfen zur Erziehung, Freiburg (83-100)

Woog, Astrid (2010): Soziale Arbeit in Familien. Theoretische und empirische Ansätze zur Entwicklung einer pädagogischen Handlungslehre, 4. Auflage, Weinheim, München.

Soziale Arbeit in der Leitung eines freien Trägers in der Kinder- und Jugendhilfe

Daniela Da Trindade

In Band I habe ich einen möglichen Arbeitstag einer Leitung eines freien Trägers in der Kinder- und Jugendhilfe dargestellt. Hierbei umfasst mein Arbeitsfeld Mitarbeitende aus der Fachberatung von Pflegefamilien und Mitarbeitende aus stationären Mutter-(Vater-)Kind-Wohngruppen. Ich gehe im nachfolgenden Beitrag vornehmlich auf die Mutter-(Vater-)Kind-Arbeit im Kontext meiner Aufgabe ein.

Die „Social Business Model Canvas"-Methode[2] hilft dabei, den sozialen Aspekt eines Geschäftsmodells oder eines Unternehmens mit dessen Marktchancen in Einklang zu bringen. Mit diesem Vorgehen haben wir bei einem Teamtag vor einiger Zeit im Rahmen der Qualitätsentwicklung unseren Ist-Stand ermittelt. Zusammenfassend bemerkte eine Kolleg*in halb scherzend und auch durchaus ernsthaft, dass nun der Gedanke entstehen könnte, Haushaltshilfe, Hausmeister, Taxi und Babysitter zu sein. So einen Eindruck kann man möglicherweise tatsächlich beim ersten Blick gewinnen, sind es doch Tätigkeiten zur Bewältigung des ganz alltäglichen Lebens, bei denen die jungen Mütter in den Wohngruppen betreut, angeleitet und begleitet werden müssen. Dazu gehört zum Beispiel die Wochenplanung, die Planung der Mahlzeiten und entsprechender Einkaufslisten. Das gelingende Haushaltsmanagement muss in vielen Fällen noch unterstütz werden, so findet wöchentlich auch ein begleiteter Großputztag in allen Wohngruppen statt.

Die jungen Frauen sind in der Regel nicht mobil und müssen deshalb zum Einkauf, zu Arztterminen, zur Suchtberatung, zur Schuldenberatung oder Gerichtsterminen gefahren werden. Das braucht viel mehr Zeit, als das zunächst erscheint. Der Umgang – insbesondere die Kommunikation – mit Behörden fällt den jungen Familien oft schwer. Sie sind es nicht gewohnt im „Beamtendeutsch" zu kommunizieren, das verunsichert sie oft stark. So sind auch solche Termine in der Regel begleitete Termine, bei denen die Fachkraft wie eine „Übersetzerin" tätig ist.

Um die Mütter in ihrer Erziehungskompetenz zu stärken, müssen auch Gelegenheiten geschaffen werden, um die Interaktion zwischen Mutter und Kind zu beobachten und auszubauen. Da die jungen Eltern häufig multiproblembelastet

2 https://www.raisenow.com/de-de/blog/social-business-model-canvas-von-der-leeren-ideenleinwand-zum-fertigen-nonprofit-geschaeftsmodell (04.11.2022).

sind, bleibt für diesen Bereich nicht selten zu wenig Zeit. Feste Bestandteile sind jedoch wöchentlich stattfindende thematische Gesprächsrunden und Freizeitaktivitäten mit der ganzen Gruppe. Das kann im Konkreten ein Tierparkbesuch, der Bastelnachmittag oder auch ein Kochabend sein. Bei den Gesprächsrunden werden niederschwellig wiederkehrend relevante Themen rund um Kinder, Erziehung, Haushaltsmanagement, Sicherheit, Ernährung, Familie und Gesundheit behandelt. Zuletzt genannt, aber von großer Bedeutung: die Fachkraft muss Zeit haben für die einzelne Mutter, die etwas loswerden will, Zuspruch braucht oder individuelle Fragen hat.

Meine Aufgabe ist es, die Kolleg*innen und Kollegen in diesen Aufgaben zu stärken, zu unterstützen und dazu beizutragen, dass eine Reflexionsfläche für fachliches Handeln stets verfügbar ist. Das gelingt in der Regel in den wöchentlich stattfinden Teamsitzungen. Außerdem erreichen mich die Mitarbeiter täglich von 8-17 Uhr telefonisch oder im Büro, wenn spontan Entscheidungen zu treffen sind, krisenhafte Themen entstehen oder andere Unklarheiten auftauchen. Das könnte passieren, wenn eine Mitarbeiterin beim wöchentlich Hausputz „auffällige“ Gegenstände findet (z. B. einen Spiegel, eine Karte und darauf weißes Pulver oder Kräuter in kleinen Tüten, dazu Tabak), dann stünde möglicherweise der Verdacht des Drogenkonsums im Raum und ein situationseinschätzendes Gespräch mit mir und der jeweiligen Bezugsbetreuern fände kurzfristig statt. Ein anderer Fall, wäre gegeben, wenn wir von Anliegern Infos erhielten, dass man die junge Mutter häufig lautstark mit dem Kind reden höre, heftige Auseinandersetzungen erkennbar und man besorgt sei, ob es der Familie wirklich gut ginge.

Zu meinem Arbeitsfeld gehören auch administrative Aufgaben, wie zum Beispiel die Begleitung von Hilfeplänen, die Freigabe von Situations- und Abschlussberichten, die Meldung von besonderen Vorkommnissen, die kontinuierliche Konzept- und Qualitätsentwicklung oder das Führen von Bewerbungs- und Personalgesprächen.

Typische Problemlagen von jungen Müttern in unserer Mutter-Kind-Wohngruppe stehen in vielen Fällen in Verbindung zur eigenen biografischen Belastung. Daraus resultiert beispielsweise mangelnde Erziehungskompetenz: Die jungen Frauen haben wenig bis gar nicht gelernt, die Bedürfnisse des Kindes zu erkennen und angemessen darauf zu reagieren. Weiterhin haben sie sich mit den einzelnen Entwicklungsaufgaben eines Kindes kaum oder gar nicht auseinandergesetzt. Insbesondere bei den gemeinsamen Freizeitaktivitäten ist hier Raum, Neues zu lernen und die Mütter in gelungenen Momenten zu stärken. Weitere Themen sind Probleme mit der Haushaltsführung, Schulden oder abhängig machender Substanzmittelgebrauch. Alltagsstrukturierende Elemente, Unterstützung bei behördlichen Themen sind zentrale Hilfen.

Die Mitarbeitenden werden in dieser Tätigkeit häufig mit belastenden Ereignissen konfrontiert. Durch die enge Zusammenarbeit öffnen sich die Bewohner*innen und berichten von ihren Erfahrungen und Erlebnissen (sexuelle

Übergriffe, Vernachlässigung, Gewalterfahrung durch Partner etc.). Sich von diesen Berichten wieder „lösen" können bleibt für viele eine schwierige Aufgabe, wozu bei Bedarf immer wieder Einzelsupervisionsgespräche mit mir stattfinden. Es ergibt sich eine weitere Problemlage aus der psychischen Konstitution der Bewohner: Die Fachkräfte neigen in vielen Fällen dazu in eine mitleidsvolle Haltung zu gehen und lassen ihr eigenes Handeln durch die Bewohner steuern. Dazu bedarf es in Teamgesprächen immer wieder einer Erinnerung bzw. „Re-Fokussierung" auf die Frage: „Was sind eigentlich unsere Aufgaben und wo übernehmen die Fachkräfte möglicherweise Dinge, die sie gar nicht für die Bewohner tun sollten oder tun können?". Mein Blick von „außen" kann dabei helfen. Eine Beratung des Teams ist nur möglich, weil ich im Alltagsdienst nicht involviert bin. Ich führe stets die Aufnahmegespräche und bin auch sonst für alle Bewohnerinnen und Bewohner, u. a. als Beschwerdestelle, erreichbar, so habe ich zu allen auch einen persönlichen Eindruck. Das hilft mir die Kolleginnen und Kollegen in ihren Aufgaben besser zu begleiten.

Die Adressat*innen meiner Tätigkeit unterschiedliche. Zum einen die Bewohner*innen der Wohngruppen selbst, die dazugehörigen Fachkräfte, die in den Wohngruppen tätig sind aber auch die beauftragenden Behörden (Jugend- und Sozialämter) und andere Netzwerkpartner. Grundlage unseren Handelns ist eine christliche Sozialethik. Diese impliziert nach Definition unseres Trägers einen weiten Blick für unterschiedlichste Lebensentwürfe, um es mit den Worten von Wolfgang Hinte und Helga Treeß zu sagen: „Wir wissen nicht, ob ein Türsteher, ein Preisboxer, eine Prostituierte, ein Arbeitsloser oder eine Sozialhilfeempfängerin grundsätzlich ‚glücklicher' sind als eine Sozialarbeiterin, ein Lehrer, eine Rechtsanwältin oder ein Professor." (Hinte/Treeß 2014, 37) Es bleibt also in jedem Einzelfall individuell zu prüfen, wer was für richtig und falsch hält und wie dieses Lebenskonzept im Rahmen einer gesellschaftlichen Teilhabe (trotzdem) funktionieren kann. Diese Haltung versuche ich mit meinem Team zu vermitteln.

Eine weitere ethische Grundüberzeugung ist, dass jeder Mensch idealerweise seinen Stärken und Ressourcen gemäß arbeiten sollte, ich ermutige also unsere Mitarbeiter dazu, herauszufinden, was ihnen liegt und wo ihre besonderen Begabungen sind. Daraus hat sich u. a. ergeben, dass eine Kollegin wöchentlich zweimal mit allen Wohngruppen kocht „aus Leidenschaft" und eine weitere Kollegin einmal wöchentlich einen „Fitness"-Kurs für die Mütter anbietet. Wir haben in diesem Kontext einige Impulse für die Arbeit mit den jungen Eltern aus den Überlegungen von Corinna Ehler, Matthias, Müller und Frank Schuster übernommen, sie beschreiben durch vielfältige Werkzeuge, wie es gelingen kann eine multiperspektivische Sicht auf Probleme, Ressourcen und Stärken zu bekommen. (Ehlers/Müller/Schuster 2017)

Der Träger, bei dem ich tätig bin, ist eine gemeinnützige GmbH unter dem Dachverband des Paritätischen Wohlfahrtsverbands. Für einen Dachverband hat man sich bewusst entschieden, weil das Eingebundensein in zugehörige, reflektierende und beratende Systeme wichtig erscheint. Andernfalls könnte die Gefahr bestehen „im eigenen Saft zu (ver)kochen". Der etablierte Aufsichtsrat unterstützt, kontrolliert, berät und hält den Blick nach außen offen. Formell ist es ein anerkannter freier Jugendhilfeträger und bietet die Durchführung von ambulanten und stationären Hilfen zur Erziehung auf Grundlage des 8. Sozialgesetzbuch an. „Auftraggeber" ist der öffentliche Träger, in diesem Fall in der Regel das Jugend- oder Sozialamt.

Die Mutter-Vater-Kind-Wohngruppen sind Hilfen zur Erziehung nach dem 8. Sozialgesetzbuch (nachfolgend SGB VIII). Dabei ist zu unterscheiden zwischen der Mutter-Kind-Wohngruppe, die klassischerweise unter § 19 SGB VIII („Gemeinsame Wohnform für Mütter oder Väter und Kinder") verortet ist, und der Eltern-Kind-Wohngruppen, für die es im Gesetz so keine definitive Gewährungsgrundlage gibt. Sie läuft als Sonderform unter der Gewährungsgrundlage § 27,2 SGB VIII („Erzieherische Hilfe im Einzelfall").

Relevante methodische Ansätze in der Gesprächsführung sind vordergründig dem Systemischen Ansatz entliehen. Dazu gehört u.a. die systemische Auftragsklärung, das zirkuläre Fragen oder das Reframing. In der Teamsitzung wende ich regelmäßig das Schema der Kollegialen Beratung an. Um den Bedarf und die Ziele jeder Bewohnerin zu Beginn der Maßnahme zu ermitteln, haben wir einen mehrperspektivischen Gesprächsleitfaden entwickelt. Die Erstellung des Aufnahmebogens erfolgt gemeinsam mit der Mutter in zwei bis drei Terminen, weil dieser mit einer Auftragsklärung und Zielplanung verbunden ist. Um mit der Mutter in Kontakt zu kommen, werden zunächst allgemeine Daten, wie z.B. die bisherige Wohnsituation, den schulischen/beruflichen Werdegang, die gesundheitliche Situation etc. erfragt. Der zweite Teil befasst sich mit biografischen Vorerfahrungen der Mutter, prägende Ereignisse, wichtige Bezugspersonen, Hobbys, Angaben zur Schwangerschaft, sowie Angaben zum Kind und dem Vater. An dritter Stelle steht eine konkretere Problem- und Zielanalyse. Es stehen Fragen im Mittelpunkt wie „Wer nimmt eigentlich was als Problem wahr?", „Wie zeigt sich ihr Problem?", „Wie könnte eine Veränderung eintreten?" oder auch „Wenn wir hier alle erfolgreich gearbeitet haben, was haben Sie dann erreicht zum Ende der Mutter-Kind-Maßnahme?". Eigen- und Fremdwahrnehmung der Mutter werden durch diese Form der Gesprächsführung gefördert.

In der Arbeit mit jungen Müttern ergeben sich immer wieder auch krisenhafte Situationen, bei denen nicht mehr für alle eindeutig klar ist, ob die Mutter über ausreichend Ressourcen verfügt, um die Sicherheit und das Wohl des Kindes weiter zu gewährleisten. In einem solchen Fall müssen die Fachkräfte eine Gefährdungseinschätzung vornehmen um eine Kindeswohlgefährdung (nach § 8a SGB VIII) auszuschließen. Diese Einschätzung erfolgt entlang eines festgelegten Verfahrens, um die Ressourcen der Mutter aber auch möglicherweise gewichtige Anhaltspunkte für eine Gefährdung des Kindes zu erfassen. Sollte sich in diesem

Zusammenhang herausstellen, dass die Mutter aus Sicht der Fachkräfte auch mit Unterstützung nicht (mehr) in der Lage ist, das Kindeswohl zu sichern, wenden wir uns als Träger mit einer Kooperationsanfrage an das örtlich zuständige Jugendamt und bitten um Beratung. Eine andere Maßnahme oder eine Herausnahme mit Fremdunterbringung (Inobhutnahme nach §41 SGB VIII, wenn die Mutter nicht zustimmt) ist dann möglicherweise die Folge.

Dieses Praxisfeld lässt sich als ambulante und stationäre Kinder- und Jugendhilfe bezeichnen. Es gibt in Deutschland eine große Trägervielfalt mit unterschiedlichen Ausrichtungen, die jeweils in Ihrer Entstehung durch Einzelpersonen oder Gruppen Alleinstellungsmerkmale aufweisen. Ziel der Gründer unseres Trägers ist es Notstände im Sozialraum zu erfassen, aufzugreifen und entsprechende Leistungsangebote zu schaffen. Kontinuierliche Entwicklung wird als gemeinsame Aufgabe aller Mitarbeitenden verstanden, dazu hat jedes Team zweimal im Jahr einen Teamtag. Hier wird „am System" und nicht im System gearbeitet. Ziel ist es sich mit Prozessen und Strukturen der eigenen Arbeit zu beschäftigen. Weiterhin kann jeder Mitarbeiter jährlich eine fachspezifische Fortbildung besuchen.

Es stellt sich bei jedem Arbeitsfeld die Frage welche Kompetenzen der Mitarbeiter braucht, um dort wirksam zu sein. Doch welche Kompetenzen braucht es konkret in der Arbeit mit jungen biografisch belasteten Müttern mit ihren Kindern in schwierigen Lebenslagen?

Unter Kompetenz versteht man die Fähigkeit, situationsangemessen zu handeln und sich selbst zu organisieren. (vgl. Reinhardt und North 2005). Sozialkompetenz, Empathie – sich einfühlen können in die jeweilige Notlage – und die innere Bereitschaft, kreative Lösungen zu entwickeln und die Hilfe zu organisieren, sind zentrale Aufgaben in unserer Praxis. Eine weitere Anforderung ist die Fähigkeit reflektiert mit der Beziehungsgestaltung umzugehen und Nähe – Distanz Thematiken beachten zu können. Dazu gehört zunächst ein großes Maß an Selbstwahrnehmung und den Blick dafür, wie und wann man die eigenen Ressourcen (wieder) auffüllen kann. Nötig ist demnach ein gutes Selbstmanagement mit der Möglichkeit, sich abzugrenzen.

Die Einschätzung und Stärkung der Erziehungsfähigkeit gehört zu den wichtigsten Aufgaben in der Mutter-Kind-Arbeit. Dazu sind entwicklungspsychologische und bindungstheoretische Kenntnisse unabdingbar. In rechtlichen Belangen versiert sollte die Mitarbeiter außerdem unbedingt sein, vor allem in den Sozialgesetzbücher in den Bereichen Arbeitslosigkeit, Hilfen zur Erziehung und Schulden.

An der Leitung eines freien Trägers Interessierte sollten sich auch damit auseinandersetzen, dass eine multiperspektivische Sicht erforderlich und Netzwerkarbeit gefragt ist. Dazu gehört, dass der jeweilige Kontext im Blick behalten werden muss und komplexe Wechselwirkungsprozesse zu bedenken sind (Mitarbeiter-Klient, Mitarbeiter-öffentlichen Träger, der Klient-Klient, die

Leitung-Mitarbeiter etc.). Außerdem braucht es ein hohes Maß an Selbstorganisation, die Bereitschaft, dynamisch zu bleiben, und weitere Führungsqualitäten.

Hervorheben möchte ich abschließend die Fähigkeit, die Klienten und die Mitarbeitenden mit dem Stärkenblick (Ehler et al. 2017) zu betrachten: In unserer Arbeit bleibt die Herausforderung (wie in vielen Bereichen der Sozialen Arbeit) vom eigendefinierten Lebensentwurf Abstand zu nehmen und die Vorstellungen und Ziele der jeweiligen Klientin bestmöglich mit ihr zu verfolgen. Gemeint ist damit, eng an ihrem Lebensentwurf dran zu sein und damit dazu beizutragen, dass eine bestmögliche Teilhabe und Integration in die Gesellschaft gelingen kann. Die Stärken und Ressourcen der Mutter sollten damit Ausgangspunkt allen Handelns sein. Gleiches gilt für mich als Leitung im Umgang mit den jeweiligen Fachkräften.

Die Fachkräfte in der Mutter-Kind-Arbeit werden in der Regel als Erzieher*innen oder Sozialpädagog*innen beschäftigt. Die Vergütung erfolgt in Anlehnung an den Tarifvertrag des öffentlichen Diensts – Fachbereich Sozial- und Erziehungsdienst (TVÖD SUE) 8b (Erzieher*innen) oder 11b (Sozialpädagog*innen). Nach ca. drei Jahren Berufserfahrung verdient eine Erzieherin dann derzeit ca. 3180 € brutto und eine Sozialpädagogin 3480 € brutto monatlich. Leitungen eines Trägers sind häufig in S 13/14, das heißt, bei einer entsprechenden Berufserfahrung von mindestens fünf Jahren, die in diesem Zusammenhang Voraussetzung zu sein scheint, erhält eine Leitung ca. 4200 bis 4500 € monatlich.

Eine große Herausforderung in meiner Arbeit ist es, für Bewohner und Mitarbeiter nahbar zu sein und gleichzeitig „das große Ganze" nicht aus dem Blick zu verlieren. Wie bereits genannt, ist der einzelne Lebensentwurf, sei es der der Bewohner*in oder der Mitarbeiter*in, Ausgangslage weiterer Entwicklung, also in gewisser Weise „Maß aller Dinge", und gleichzeitig gibt es Strukturen, gesetzliche Grundlagen, Abläufe, Prozesse etc., die es in einer Einrichtung zu beachten gibt.

In den letzten drei Jahren war es eine meiner zentralen Lernaufgaben diese Kompetenz weiterzuentwickeln. Regelmäßige Supervision, das Reflektieren meiner Arbeitsweise mit Kollegen und Fortbildungen haben mir dabei sehr geholfen. Die Wirtschaftlichkeit eines Trägers im Blick zu behalten oder Verhandlungen mit Leistungsträgern zu führen, ist ein weiteres fortwährendes Lernthema, ebenso wie Organisationsmanagement, besonders im Bereich Personalmanagement. Hier hat mich vor allem das Thema kollegiale Führung, Selbstorganisation und Agilität von sozialen Unternehmen in den letzten Jahren beschäftigt.

Ein weiteres Lernfeld ist der Umgang und die Ausgestaltung der Kooperation mit dem öffentlichen Träger, das Jugend- oder Sozialamt. Ursprünglich stark hierarchisch geprägte Strukturen lassen noch häufig ein starkes Gefälle vermuten zwischen Auftraggeber/Leistungsträger (= öffentlicher Träger) und durchführender Stelle, also Leistungserbringer (= freier Träger). Der Abbau dieses Spannungsverhältnis und die Förderung einer kooperativen Zusammenarbeit „auf Augenhöhe" ist nicht selten mühsam, bleibt aber ein wichtiges Anliegen. Mein

Ziel ist es dabei, niedrigschwellige, passgenaue Hilfsangebote für Menschen zu entwickeln und bürokratische Hürden maximal zu minimieren.

1. Was bedeutet „systemisch" in der Sozialen Arbeit? Recherchieren Sie wissenschaftlich, d. h. achten Sie auf die wissenschaftliche Qualität der jeweiligen Quelle bzw. der AutorInnen.
2. Welche Prozess-Schritte beinhaltet eine „Kollegiale Beratung"?

Quellen

Ehler, Corinna/Müller, Matthias/Schuster, Frank (2017): Stärkenorientiertes Case Management. Komplexe Fälle in fünf Schritten bearbeiten. Barbara Budrich. Opladen, Berlin, Toronto.

North, Klaus/Reinhardt, Kai (2005): Kompetenzmanagement in der Praxis. Gabler. Wiesbaden.

Soziale Arbeit in der Bezirkssozialarbeit des Jugendamtes

Simon Sellung

> „Die nehmen eh nur die Kinder weg!"

Ich glaube, durch das Zitat können viele schnell auf meinen Beruf schließen: Das Jugendamt. Der Allgemeine Soziale Dienst. Steigen wir direkt mal voll ein. Bei den meisten ist das Jugendamt immer mit einem negativen Ruf behaftet. Dabei tut das Jugendamt viel mehr, als „nur" Kinder aus den Familien zu nehmen. Es bietet Hilfen an, die dafür sorgen sollen, dass ein Zusammenleben zwischen Kindern und ihren Eltern gewährleistet werden kann, damit Kinder nicht aus den Familien genommen werden müssen. Dafür stehen den Mitarbeitenden beim Jugendamt viele Hilfsmöglichkeiten zur Verfügung. Das Sozialgesetzbuch VIII (SGB VIII) beinhaltet Unterstützungsmöglichkeiten, die Familien in Anspruch nehmen können, um u. a. Hilfe in der Erziehung zu erhalten.

Wahrscheinlich ist es jetzt schon wichtig, darauf hinzuweisen, dass das SGB VIII ein Bundesgesetz ist und für die gesamte Kinder- und Jugendhilfe gilt. Weshalb ich sage, dass es wahrscheinlich schon jetzt wichtig ist, darauf hinzuweisen, ist, weil es in der Ausgestaltung große Unterschiede gibt. Das liegt am kommunalen Selbstverwaltungsrecht (vgl. Artikel 28 Grundgesetz (GG)), was Kommunen dazu befähigt, die Ausgestaltung des Jugendamts weitgehend selbst zu bestimmen. Aber dadurch, dass das SGB VIII bundesweit gilt und umgesetzt werden muss, muss es auch überall ein zuständiges Jugendamt geben. Denn, wie schon im Artikel 6 des Grundgesetzes verankert, ist die „Pflege und Erziehung eines Kindes das natürliche Recht der Eltern und die zuvörderst obliegende Pflicht. Über ihre Betätigung wacht die staatliche Gemeinschaft". Daraus ergibt sich zum einen, dass das Jugendamt keinen direkten Erziehungsauftrag hat, aber trotzdem den Schutz von Kindern sicherstellen muss. Zum anderen, dass es für Menschen einen Anspruch gibt, beim Jugendamt Hilfe zu erhalten, wenn sie in der Erziehung mal überfordert sind und Unterstützung benötigen. Für die Mitarbeitenden beim Jugendamt ergibt sich daraus immer das bekannte Spannungsfeld zwischen Hilfe und Kontrolle.

Mir persönlich ist jedoch wichtig, das Jugendamt als sozialen Dienstleister zu verstehen, wo sich Menschen, wenn sie mal, warum auch immer, in schwierigen Lebensabschnitten stecken, Hilfe holen können. Und wenn das tatsächlich mal so sein sollte, komme vielleicht ich ins Spiel.

Aber jetzt doch mal langsam. Bevor es zu viele Themen auf einmal werden, versuche ich, alles etwas zu strukturieren, und will erstmal ein paar Eckdaten zu mir nennen. Mein Name ist Simon, ich bin 34 Jahre alt, habe Soziale Arbeit studiert, wie die meisten aus dem Kollegium, und bin seit über elf Jahren in einem Allgemeinen Sozialen Dienst einer mittleren Großstadt beschäftigt. Da ich mit Sicherheit kein Bertolt Brecht oder J. R. R. Tolkien mehr werde und absolut lieber spreche als schreibe, hoffe ich, dass das Lesen meines Berichts trotzdem ein bisschen dazu anregt, sich mit dem Job auseinanderzusetzen, und es vielleicht sogar ein bisschen Spaß macht.

Der Einstieg

Meine genaue Berufsbezeichnung ist Bezirkssozialarbeiter im Allgemeinen Sozialen Dienst des Jugendamts. Bedeutet, ich bin für einen bestimmten Bezirk zuständig und dort Ansprechpartner für allgemeine Themen, die das Jugendamt betreffen. Es gibt auch spezielle Themen, für die es eine gesonderte Abteilung des Jugendamtes gibt, wie z. B. die Kindertagesbetreuung, die Eingliederungshilfe für Menschen mit seelischer Behinderung und die Jugendgerichtshilfe.

In der Praxis heißt das, ich führe Beratungsprozesse, anonymisierte Fallberatungen für Fachkräfte, kläre an Schulen und anderen Bereichen über meinen Job auf, überprüfe Meldungen auf eventuelle Kindeswohlgefährdungen, leite Hilfen zur Erziehung, begleite gerichtliche Verfahren mit meiner fachlichen Expertise und, ja, ich bin auch für Inobhutnahmen zuständig. Ich gehe aber später auf die einzelnen Aufgaben noch etwas genauer ein.

Warum und wie Menschen mit dem Jugendamt im Kontakt stehen und in welchen Lebenssituationen sie sich befinden, welche Leistungen sie erhalten, ist sehr verschieden. Aber das Angebot, beim Jugendamt Beratung in Anspruch zu nehmen und zu bekommen, besteht erstmal für jeden. Gemeinsam mit der jeweiligen Sachbearbeitung wird dann geschaut, welche weitere oder andere Unterstützung benötigt und angeboten werden könnte.

Sie haben sich von ihrem Partner oder ihrer Partnerin getrennt, haben ein Kind und benötigen nun Unterstützung, um sich in der neuen Situation zurechtzufinden? In welchen Abständen soll, kann oder muss das Kind den anderen Elternteil sehen? Wie erklären wir dem Kind, dass es einen neuen Partner oder eine neue Partnerin gibt? Sie sind beide sorgeberechtigt… er oder sie will aber nicht mehr mit mir reden, wie komme ich an die Unterschrift, damit das Kind auf Klassenfahrt fahren kann? Seit der Trennung hört Ihr Kind nicht mehr und macht, was es will? Um nur ein paar Fragen zu benennen, weshalb Menschen mit dem Jugendamt Kontakt aufnehmen. Eine freiwillige Kontaktaufnahme.

Jedoch kann es auch eine nicht freiwillig in Anspruch genommene Kontaktaufnahme durch das Jugendamt geben. Dies geschieht beispielsweise nach dem Eingang einer sogenannten Meldung. Das bedeutet, dass jemand das Jugendamt kontaktiert und dort Sorgen bezüglich des Wohlergehens eines Kindes oder Jugendlichen mitteilt. In diesen Situationen ist das Jugendamt dazu verpflichtet, diesen Anhaltspunkten nachzugehen und Kontakt zu den jeweiligen Familien aufzunehmen, um eine mögliche Kindeswohlgefährdung auszuschließen oder sich dieser anzunehmen.

Hier möchte ich kurz erwähnen – um auch die Menschen, über die eine Meldung beim Jugendamt gemacht wird und die Sie vielleicht kennen, vor Vorverurteilungen zu schützen –, wie groß die Spannweite von Meldungen, die das Jugendamt erreichen, ist. Ein Diebstahl von Kaugummis in einem Supermarkt wird durch das Jugendamt ebenso als Meldung aufgenommen und kann zu einer Kontaktaufnahme durch das Jugendamt führen wie das Schlagen von Kindern. Und egal wie der Inhalt einer Meldung auch sein sollte, hat das Jugendamt immer die Aufgabe, diese zu überprüfen, wenn nötig mit den Familien in den Kontakt zu gehen, eine Kooperation aufzubauen, um möglichst gemeinsam eine (weitere) Gefährdung des Kindes abzuwenden und hierzu eventuelle Hilfen zu installieren. Nur wenn eine Kooperation scheitert oder die Familie nicht gewillt ist, etwas zu ändern, kann das Jugendamt auch etwas gegen den Willen der Eltern unternehmen, wie eine Inobhutnahme oder das Anrufen des Familiengerichts.

Wie jetzt aus den letzten beiden Absätzen zu verstehen ist, können die Menschen, die mit dem Jugendamt in Kontakt stehen, aus allen Bereichen und Jobs des Lebens kommen. Was es immer wieder aufs Neue spannend macht. Auch deshalb ist es einer der wichtigsten Punkte und Aspekte unserer Arbeit, jeden Menschen individuell ernst zu nehmen und ihm auf Augenhöhe zu begegnen. Jeder Mensch kommt in anderen Situationen an seine Grenzen, was ja auch völlig in Ordnung ist. Denn, um bei dem Beispiel mit den Kaugummis zu bleiben, kann dieser Diebstahl bei der einen Familie als Reaktion auslösen, „Wie kannst du sowas machen? Du bist nicht mehr mein Kind! Ich schäme mich dafür!" und bei einer anderen Familie, „Endlich. Dachte schon, den hätten sie im Krankenhaus vertauscht". Und trotzdem gilt es, die Familien mit den empfundenen Emotionen anzunehmen, eine gemeinsame Kooperation aufzubauen, um an der Thematik zu arbeiten. Zu den Herausforderungen, die das in der Praxis mitbringt, später mehr.

Merke, es geht nur *mit* den Familien. Um die bestmöglichen Erfolge erzielen zu können, muss es eine gute und offene Zusammenarbeit zwischen den Familien und dem Mitarbeitenden beim Jugendamt geben. Ein gegenseitiges Er- und Aufklären ist enorm wichtig. So ergeben sich auch viele gute Gespräche mit viel Lachen und Spaß.

Um die Familien auch verstehen zu können, finden zu Beginn eines Kontakts mit dem Jugendamt – nach dem natürlich eine Zuständigkeitsprüfung stattgefunden hat – Anamnese-Gespräche statt. Ein klärendes Gespräch mit der Familie darüber, wie sie wohnen, welchem und ob einem Beruf nachgegangen wird, ob es chronische und/oder schwerwiegende Erkrankungen gibt, leben die Eltern getrennt, gibt es Suchterkrankungen in der Familie, um nur einige Dinge aufzuzählen, ist wichtig, damit der Mitarbeitende beim Jugendamt sensibel auf die Menschen und die jeweiligen Bedürfnisse und Anliegen eingehen kann. Wie vorhin schon erwähnt, die Menschen kommen aus allen Bereichen und Lagen des Lebens, sodass ein Kennenlernen extrem wichtig ist.

Aber genau so muss der Mensch des Jugendamtes über seine Aufgabe, seine Verantwortung, damit verbundene Rechte und Pflichten und die Ziele aufklären. Zusammenarbeit ist nämlich keine Einbahnstraße, sondern beruht auf Gegenseitigkeit. Natürlich sind dabei immer die verschiedenen Rollen zu berücksichtigen, jedoch ist auch so eine angemessene Transparenz absolut machbar.

Jugendamt, Teil einer öffentlichen Verwaltung

Die Rolle und Verantwortung des Jugendamts wird gesetzlich begründet im Achten Sozialgesetzbuch (SGB VIII). Deshalb ist das Jugendamt auch ein Teil der öffentlichen Verwaltung, einer Stadtverwaltung, und somit öffentlicher Dienst. Das bedeutet ein sehr hierarchisches System, welches zumeist von einer Oberbürgermeisterin oder einem Oberbürgermeister geführt wird. In der Regel ist eine Verwaltung in Dezernate unterteilt, deren Leitungen hierarchisch auf einen Oberbürgermeister oder eine Oberbürgermeisterin folgen. Diese Dezernate sind dann wiederum in Fachbereiche unterteilt, die Fachbereiche in Abteilungen, viele Abteilungen noch in Sachgebiete und die Sachgebiete in Teams. Noch wichtig ist, dass die einzelnen Dezernate in keinem hierarchischen Verhältnis zueinanderstehen, sondern einzeln „funktionieren". Kurz nochmal als Auflistung:

1. Oberbürgermeister*in
2. Dezernent*innen
3. Fachbereichsleitungen
4. Abteilungsleitungen
5. Sachgebietsleitungen
6. Teamleitungen
7. Sachbearbeiter*in des Allgemeinen Sozialen Dienstes

Und natürlich, wie sich das gehört, haben viele noch Referent*innen und oft Vertretungen. Ein, je nach Größe der Stadt, riesiges System, was es nicht immer einfach macht. Aber widmen wir uns hier dem Jugendamt, einem Teil des Ganzen. Übrigens, ein Grafikbeispiel zum Aufbau eines Jugendamts gibt es im Handbuch Allgemeiner Sozialer Dienst (ASD) von Joachim Merchel (vgl. Landes/Keil 2012, 35), wenn es wen genauer interessiert. Das Jugendamt setzt sich zusammen aus dem Kinder- und Jugendhilfeausschuss und der Verwaltung des Jugendamtes (Jugendamt).

In der Fachsprache nennt sich das die Zweigliedrigkeit des Jugendamts. Der Kinder- und Jugendhilfeausschuss setzt sich zusammen aus erfahrenen Menschen der freien Jugendhilfe und Personen aus der Politik und der Verwaltung. Dort erfolgen Abstimmungen bezüglich grundsätzlicher Angelegenheiten der Jugendhilfe, die dann im nächsten Schritt auch weiteren Einfluss auf die „Basis" haben. Das ist bereits seit Jahrzehnten so verankert und soll dazu führen, dass es keine grundsätzliche Trennung von freien und öffentlichen Trägern in der Jugendhilfe gibt, sondern über das Grundsätzliche gemeinsam entschieden wird. Eigentlich eine sehr gute Sache. Da es jedoch wenig Berührungspunkte zum Kinder- und Jugendhilfeausschuss auf „handelnder, ausführender Ebene" des ASD gibt, gehe ich hier nicht weiter darauf ein.

Aufgaben des Allgemeinen Sozialen Dienstes (ASD)

Kommen wir zu den Aufgaben des ASD. Die lassen sich vielleicht so zusammenfassen, dass das Jugendamt für das SGB VIII und die damit verbundenen Aufgaben und Pflichten zuständig ist, wie z. B. im Rahmen der Garantenstellung, den Schutz von Kindern sicherzustellen.

Das macht die Arbeit sehr abwechslungsreich, da sie sich aus verschiedenen Aufgabengebieten zusammensetzt. Ich muss hier nochmals kurz darauf hinweisen, dass es von Jugendamt zu Jugendamt unterschiedliche Strukturen und Aufteilungen geben kann, sodass die Beschreibungen hier nicht allgemeingültig sind. Manche Aufgaben können durch ein speziell eingerichtetes Team erledigt werden. Es gibt beispielsweise Spezialteams für Unbegleitete minderjährige Ausländer (UMAs), die Jugendberufshilfe, die Jugendgerichtshilfe, und die

Eingliederungshilfe. Dies sind ebenfalls Aufgaben, die das Jugendamt zu erfüllen hat, die sich jedoch nicht in jedem Allgemeinen Sozialen Dienst wiederfinden.

Grundsätzlich umfasst die Arbeit im ASD die folgenden Kernthemen: Beratungen: §§ 16, 17 und 18 SGB VIII; Hilfen zur Erziehung §§ 27 ff. bis § 35a SGB VIII (hier gibt es ein paar Sonderbehandlungen für §§ 19 und 20 SGB VIII); Gerichtliche Verfahren: § 8a SGB VIII und § 50 SGB VIII; Kindeswohlgefährdungen: § 8a SGB VIII; Inobhutnahmen: § 42 SGB VIII.

Somit hätten wir den Einstieg in die Aufgaben geschafft. Klingt bis jetzt sehr trocken, ist es jedoch in der Praxis überhaupt nicht. Wie jetzt gerade schon kurz bei den Aufgaben des ASD erwähnt, gibt es viele Möglichkeiten, wie Familien unterstützt werden können.

Eine Aufgabe ist es, Beratungen durchzuführen. Diese können ebenfalls inhaltlich sehr verschieden sein. Die gesetzlichen Überschriften der Paragrafen sind: Allgemeine Förderung der Erziehung in der Familie (§ 16 SGB VIII), Beratung in Fragen der Partnerschaft, Trennung und Scheidung (§ 17 SGB VIII) und Beratung und Unterstützung bei der Ausübung der Personensorge und des Umgangsrechts (§ 18 SGB VIII). Also, alles und nichts. So sehen auch die Anfragen bei den Sachbearbeitungen aus. Die Fragen, die an den ASD herangetragen werden, strecken sich von „Ab wann darf mein Kind allein auf den Spielplatz?“ bis hin zu „Wie kann ich mein Kind angemessen bestrafen, wenn es Scheiße baut?“ oder auch einfach „Haben Sie Erziehungstipps?“.

Grundsätzlich sind natürlich auch hier die individuellen Anliegen ernst zu nehmen. In der Regel ist es so, dass mit den jeweiligen Beteiligten, zumeist den Eltern der Kinder, Termine vereinbart werden und ein Ziel für die Beratung festgehalten wird, welches gemeinsam erreicht werden soll. Je nach Inhalt werden ebenfalls die Kinder und Jugendlichen selber einbezogen und dann gemeinsam geschaut, wie eine Lösung für das jeweilige Problem erarbeitet werden kann. Da es keine endlosen Beratungen geben soll, wird sich an fünf bis acht Kontakten orientiert, wonach das gemeinsam formulierte Ziel erreicht sein sollte. Leider finden Beratungen in der Praxis eher selten statt, da die Arbeitsbelastung im ASD meist sehr hoch ist und Beratungen ebenfalls von den zahlreichen, externen Beratungsstellen durchgeführt werden können. Weshalb die Menschen oft an diese Beratungsstellen verwiesen werden.

Weiter ist die öffentliche Jugendhilfe, das Jugendamt, für die Gewährung von Hilfen zur Erziehung und die eventuelle weitere Begleitung der Familien sowie Hilfen im Rahmen von Hilfeplangesprächen (§ 36 SGB VIII) zuständig. Um eine Hilfe zur Erziehung zu bekommen, kann beim jeweiligen Jugendamt ein Antrag gestellt werden. Diesen Antrag können die Sorgeberechtigten eines Kindes oder Jugendlichen stellen. Um hier direkt einen häufigen Irrglauben auszuräumen, Hilfen zur Erziehung können in Ausnahmefällen bis zum 27. Lebensjahr bewilligt werden und enden nicht zwingend mit dem 18. oder 21. Lebensjahr. Zu dem Punkt gibt es noch Nachbesserungsbedarf in der Praxis, da Hilfen trotzdem nur äußerst selten über das 21. Lebensjahr hinaus bewilligt werden. Geht so ein Antrag beim Jugendamt ein, wird die zuständige Sachbearbeitung über den Antrag entscheiden. Bedeutet, es wird überprüft, ob es aus Sicht des Jugendamts die fachliche Notwendigkeit und die Geeignetheit der Familie für die Einrichtung einer Hilfe gibt oder nicht. Sie werden es bereits spüren, ja, dieser Punkt bringt viel Konflikt- und Diskussionspotenzial mit sich. Nicht nur mit den Familien, sondern auch im Kollegium oder mit anderen Institutionen.

Besonders interessant wird es immer, wenn es sich um das sogenannte Spannungsfeld zwischen Hilfe und Kontrolle handelt. Also, wenn die Familien dazu gezwungen sind, einen Antrag zu stellen, da sonst aufgrund einer weiteren Gefährdung das Jugendamt das Gericht informieren müsste. Das nennt sich dann – quasi liebevoll – eine „gezwungene Freiwilligkeit". Da das so ist, werden in den meisten Jugendämtern solche Anträge mit dem Kollegium beraten und darüber gesprochen. Bevor eine Hilfe bewilligt oder abgelehnt wird, erfolgt eine, natürlich immer anonymisierte, Teamvorstellung des Falles, wo das Kollegium und auch die Leitung Rückmeldungen geben und Nachfragen stellen können. In diesen Teamgesprächen wird darüber entschieden, ob dann eine Hilfe eingerichtet wird oder nicht.

Jedoch ist es am Ende kein Mehrheitsentscheid, sondern letztlich weiterhin eine Entscheidung der zuständigen Sachbearbeitung, da auch dort die gesamte Verantwortung liegt. Sollte es aber mit der Leitungskraft keine Einigkeit geben, würde der gesamte Fall nochmals mit dem oder der nächsthöheren Vorgesetzten besprochen werden. Auch deshalb ist es wichtig, sich gut auf Fallbesprechungen vorzubereiten und ein gutes oder mehrere gute Anamnese-Gespräche mit den Familien zu führen, um möglichst viel über sie zu wissen und sagen zu können. Grundsätzlich geht es darum, die Familien kennenzulernen. Dabei helfen natürlich einige im Studium gelernte Theorien, Methoden und Techniken. Beispielsweise die Lebensweltorientierung von Hans Thiersch (vgl. Thiersch 2014) oder von Carl Rogers (vgl. Rogers 1983) die klientenzentrierte Gesprächsführung.

Gehen wir hier vom Positiven aus, und eine geeignete Hilfe wird eingerichtet, ist es die weitere Aufgabe der Sachbearbeitung, in regelmäßigen (i. d. R. alle sechs Monate) Hilfeplangesprächen zu schauen, ob die Hilfe weiterhin geeignet und notwendig ist. Denn, das gilt für alle Formen der Hilfen zur Erziehung, es ist die Aufgabe, Hilfe zur Selbsthilfe zu leisten, sodass irgendwann im besten Fall eine Hilfe nicht mehr benötigt wird. Dann gibt es die Aufgabe, familiengerichtliche Verfahren zu begleiten. In der Praxis ist es so, dass bei allen gerichtlichen Entscheidungen, bei denen es um Minderjährige geht, das Jugendamt anzuhören ist (§ 162 Gesetz über das Verfahren in Familiensachen und in den Angelegenheiten der freiwilligen Gerichtsbarkeit (FamG)).

Die Aufgabe, die der ASD dort übernimmt, ist es, eine sozialpädagogische Stellungnahme zum Sachverhalt abzugeben und somit das Gericht in der Entscheidungsfindung zu unterstützen. Eine machtvolle Geschichte. Die

Gerichtsverfahren können allerdings ganz unterschiedliche Inhalte haben. Manchmal geht es um den Umgang, den ein Elternteil oder ein anderer Verwandter einklagen möchte, mal geht es um einen Sorgerechtsantrag, den ein Elternteil gestellt hat, oder auch ein Näherungsverbot, welches ein Elternteil gegen den anderen erwirken möchte. Um zu den jeweiligen und immer individuellen Inhalten Stellung beziehen zu können, werden die Beteiligten zu Gesprächen eingeladen, eventuelle weitere Beteiligte, Institutionen wie der Kindergarten oder die Schule gefragt, um dann, bevor zu einem Anhörungstermin geladen wird, eine schriftliche Einschätzung und Empfehlung an das Gericht abgeben zu können.

Kommen wir zu den in der Gesellschaft bekanntesten Aufgaben des Jugendamtes. Das Überprüfen von Kindeswohlgefährdungen und die eventuelle Verpflichtung zur Inobhutnahme. Das Jugendamt ist die Behörde, die der staatlichen Garantenstellung nachkommt, den Kindesschutz sicherzustellen und zu überprüfen, ob eine Kindeswohlgefährdung vorliegt (§ 8a SGB VIII). Wird dem Jugendamt eine Meldung gemacht, dass womöglich eine Kindeswohlgefährdung vorliegt oder bekommt das Jugendamt davon Kenntnis, dass es eine Gefährdungssituation geben könnte, ist es verpflichtet, dieser nachzugehen und das zu überprüfen. Und natürlich führt nicht jede Meldungsüberprüfung zu einer Inobhutnahme. Meldungen auf Kindeswohlgefährdungen, die das Jugendamt überprüft, sind inhaltlich nämlich enorm unterschiedlich und beginnen bei dem Klauen von Kaugummis, was dann zu einer Anzeige geführt hat, und enden bei Misshandlungen oder Missbräuchen.

Häufig sind Überprüfungen nach Gesprächen mit den Familien, wenn hierdurch keine weitere Gefahr für die Kinder entsteht, bereits beendet. Manchmal werden aufgrund der Meldungen Familien an Beratungsstellen oder an den ASD zur Beratung angebunden. Es kommt vorrangig darauf an, ob es bei den Familien eine Einsicht zu den eventuellen Gefährdungen und eine Offenheit zur gemeinsamen Abwendung weiterer Gefahren gibt. Sollten Eltern mal nicht dazu bereit sein, mit dem Jugendamt zusammenzuarbeiten, kann es dazu kommen, dass das Jugendamt dazu verpflichtet ist, das Familiengericht zu informieren, da die Familie nicht gewillt ist, eventuelle Gefahren abzuwenden, oder die Eltern eine Gefährdungseinschätzung verhindern. Aber auch das würde nicht zwingend zu einer Inobhutnahme führen. Sondern es würde zu einem gerichtlichen Verfahren kommen, das das Jugendamt eingeleitet hat. Hier könnte eine mögliche Entscheidung sein, dass Familien dazu verpflichtet werden, Hilfen anzunehmen und somit mit dem Jugendamt zusammenzuarbeiten. Wieder etwas fachlich ausgedrückt, sind das Hilfen im Zwangskontext. Denn auch die Aufgabe des Gerichts ist es, Lösungen zu erarbeiten, die im besten Falle dafür sorgen, dass Kinder bei ihren Familien leben können, auch wenn das die Familien teilweise und auch verständlicherweise oft nicht so sehen. Aber mal ehrlich, wer hat schon Lust, regelmäßig zuhause kontrolliert zu werden und eine eigentlich freiwillige Hilfe annehmen zu müssen. Leider ist dies jedoch ab und an notwendig.

Zu Inobhutnahmen kommt es in der Regel nur, wenn eine Gefahr kurzfristig nicht abzuwenden ist und eine familiengerichtliche Entscheidung nicht abgewartet werden kann, eine minderjährige Person selber darum bittet oder es sich um eine minderjährige, ausländische und unbegleitete Person handelt.

Unter all den jetzt hier beschriebenen Aufgaben ist es mir wichtig zu erwähnen, dass es immer Ziel der Jugendhilfe ist – sei es während Inobhutnahmen oder während laufender stationärer Unterbringungen – nach Rückführoptionen zu den Herkunftsfamilien zu suchen. Natürlich kann das leider nicht immer gelingen. Aus meiner Sicht sollte das jedoch der Ansatz sein, mit dem diese Arbeit ausgeführt wird. Es sollte das gemeinsame Ziel der Hilfeplanung und aller Beteiligten sein, über mögliche Rückführoptionen zu sprechen und/oder transparent zu machen, warum diese Optionen momentan nicht bestehen, und dies den Eltern auch verständlich zu machen. Ja, das ist natürlich immer wieder aufs Neue schwierig.

Arbeitsbedingungen, Bezahlung, Fallzahlen

Kommen wir zu der Bezahlung, Ausstattung, Arbeitsbedingungen etc. Bezahlt wird nach dem Tarifvertrag für den öffentlicher Dienst Besonderer Teil Sozial- und Erziehungsdienst (TVöD-SuE). Im Allgemeinen Sozialen Dienst wird in S 14 eingruppiert. Das sind zwischen 3446,47 € und 4859,69 € (vgl. www.oeffentlicher-dienst.info). Je nachdem, in welcher Erfahrungsstufe man sich befindet. Von diesen Erfahrungsstufen gibt es sechs, in denen man steigt, je länger man im Beruf ist. Stufe sechs erreicht man dann nach 19 Jahren. Ein langer Weg. Kurzer und wichtiger Hinweis, es handelt sich hier immer um Bruttogehälter. Die Arbeitsbedingungen sind, wie der grundsätzliche Aufbau eines Jugendamts, sehr unterschiedlich. Vielleicht deshalb grundsätzlich. Auch wenn die Mitarbeitenden in der Regel ein Studium in der Sozialen Arbeit absolviert haben, ist der Job im ASD zum Großteil ein Verwaltungsjob. Es muss sehr viel dokumentiert werden. Somit gehört zu der Grundausstattung im Allgemeinen Sozialen Dienst ein Computer, ein Schreibtisch und ein Schreibtischstuhl. Die Aktenordner habe ich jetzt mal weggelassen, da diese im Rahmen der Digitalisierung nur noch ein paar Jahre existieren dürfen und dann alles digital festgehalten werden muss. In der Regel befindet sich diese Grundausstattung in einem Büro in einem Verwaltungsgebäude. Die Größe der Büros ist sehr unterschiedlich. Meistens sind es Einzel- oder Doppelbüros. Die aktuelle Corona-Pandemie hat das Arbeiten jedoch ein wenig verändert und das Thema „Homeoffice“ stark vorangetrieben, sodass bei mir auch auf Dauer die Möglichkeit bestehen bleibt, an zwei Tagen in der Woche das Homeoffice zu nutzen. Allerdings muss hier gesagt werden, dass man für die Ausstattung des Arbeitsplatzes selbst verantwortlich ist. Heißt, Computer, Telefon etc. werden mir nicht gestellt.

Das jetzt folgende Thema ist das, was immer wieder den Medien zu entnehmen ist, und immer mit dem Arbeitsbereich in Verbindung steht. Das Thema „Arbeitsbelastung". Und gleich zu Beginn, nein, nicht jeder Mitarbeitende im ASD hat 80 Fälle, für die er oder sie zuständig ist und für die die Verantwortung getragen wird, und es haben auch nicht alle unzählige Überstunden. Das variiert von Jugendamt zu Jugendamt und sogar auch innerhalb eines Jugendamts stark. Denn, es gibt leider keine maximale Anzahl an Fällen, die erreicht werden kann, wie es z. B. bei Vormundschaften (vgl. § 55 Abs. 2 SGB VIII) der Fall ist.

Es muss sich halt um die Anfragen gekümmert werden, die an den jeweiligen ASD herangetragen werden. Vielleicht als Beispiel: Die Arbeitsbelastung steigt deutlich, wenn viele Meldungen auf mögliche Kindeswohlgefährdungen zu überprüfen sind, und sinkt, wenn Hilfeplangespräche mit Familien zu führen sind, die man seit Jahren kennt und mit denen eine gute Zusammenarbeit herrscht. Ein wichtiger Punkt vielleicht ist, dass je nach Aufbau eines Allgemeinen Sozialen Diensts auch 30 Fälle ausreichen, um stark belastet zu sein. Wobei ich mich hier gerne deutlich positionieren möchte und sage, dass in jedem Fall 80 Fälle zu viel sind und keine Sachbearbeitung für so viele Fälle zuständig sein sollte!

Grundsätzlich ist der Job im Allgemeinen Sozialen Dienst aber herausfordernd und belastend. Man wird mit heftigen Themen konfrontiert, wie Missbrauch, Misshandlungen, Vergewaltigungen und eventuell sogar Kindstötung. Ja, ich hatte mit allen diesen Themen bereits zu tun. Da muss man lernen, einen Umgang damit zu finden. Auch deshalb gibt es die Möglichkeit, Supervision in Anspruch zu nehmen und regelmäßig Fort- und Weiterbildungen zu besuchen. Wichtig ist natürlich auch der regelmäßige Austausch im Kollegium. Psychohygiene betreiben. Aber das sollte man natürlich nicht nur im Jugendamt tun, sondern grundsätzlich.

Ich hoffe, ich konnte Ihnen und Euch einen ersten Einblick in den Job geben. Ist gar nicht so leicht, dieses große Feld in wenigen Zeilen zusammenzufassen, ohne irgendetwas zu vergessen. Hätte lieber alles erzählt als geschrieben. Deshalb, wenn Fragen geblieben oder entstanden sind, einfach wirklich gerne melden!

1. Der Allgemeine Soziale Dienst des Jugendamts hat, wie im Text dargestellt, verschiedene Aufgabengebiete. Könnte der Allgemeine Soziale Dienst durch eine mögliche Aufteilung/Spezialisierung der Aufgabengebiete prozessorientierter/effizienter arbeiten? Wenn ja, wie könnten solche Aufteilungen/Spezialisierungen aussehen?
2. Welche rechtlichen Grundlagen sind für die Arbeit im Allgemeinen Sozialen Dienst relevant bzw. müssen mitberücksichtigt werden? Listen Sie diese auf.

Quellen

Landes, Benjamin und Keil, Eva (2012): Organisatorische Verortung des ASD, In: Merchel, Joachim (Hrsg.), Handbuch Allgemeiner Sozialer Dienst (ASD). München: Ernst Reinhardt (34-46).

Rogers, Carl R. (1983): Die klientenzentrierte Gesprächspsychotherapie. 21. Auflage. Frankfurt am Main: Fischer Taschenbuch.

Thiersch, Hans (2014): Lebensweltorientierte Soziale Arbeit. Aufgaben der Praxis im Sozialen Wandel. 9. Auflage. Weinheim, Basel: Beltz Juventa.

V. Erziehung und Soziale Arbeit

Soziale Arbeit an der Grundschule

Christine Jilg

Im Artikel des ersten Bandes, ein Tag im Leben einer Sozialarbeiter*in, hatte ich geschrieben, dass ich mir wünschen würde, dass die Stellen von sozialpädagogischen Fachkräften weiter ausgebaut werden. Dies passiert nun im Rahmen des Masterplans an Grundschulen in NRW. In den nächsten Jahren wird jede Grundschule eine sozialpädagogische Fachkraft in der Schuleingangsphase beschäftigen. Die sozialpädagogische Fachkraft ist lediglich im ersten und zweiten Grundschuljahr tätig. Die sogenannten Stellen für Sozialpädagogen/Sozialpädagoginnen (und andere Berufsgruppen) in *Multiprofessionellen Teams* finden mit einem geänderten Erlass ebenfalls Einzug in die Grundschule und werden zukünftig den (Förder-)Unterricht in der dritten und vierten Klasse begleiten und durchführen (Hinweis: Für die weiterbildenden Schulen gilt für die Multiprofessionellen Teams ein spezifischer Erlass des Landes). Es passiert bildungspolitisch also viel Gutes.

Wie sieht das Praxisfeld aus? Was ist der ethische Zielhorizont?

Als sozialpädagogische Fachkraft habe ich den Auftrag, in enger Zusammenarbeit mit den Lehrerinnen und Lehrern, Kinder mit Entwicklungsrückständen und anderen Fördernotwendigkeiten zu unterstützen (GEW 2019, 17). Es gibt eine klare Abgrenzung zum Handlungsfeld der Schulsozialarbeit. Sozialpädagogische Fachkräfte in der Schuleingangsphase sind keine Hilfskräfte oder Hilfslehrer*innen, sondern haben einen eigenständigen Auftrag. Die Stellen konkurrieren nicht mit Lehrerstellen, sondern werden als Förderzuschlag durch das jeweilige Schulamt der jeweiligen Grundschule zugeteilt. Sie sind Landesangestellte und weisungsbefugt ist der jeweilige Schulleiter/die jeweilige Schulleiterin. Der Einsatz erfolgt ausschließlich in der Schuleingangsphase (1. und 2. Schuljahr) und ist nicht zur Abdeckung der Stundentafel gedacht (Jilg 2020, 78).

Der ethische Zielhorizont ist aus meiner Sicht das Einbringen des sozialpädagogischen Blickwinkels in die Grundschule und den Schulentwicklungsprozess.

Diese beiden Punkte werden auch besonders bei der Stellenausschreibung des Landes hervorgehoben.

An wen richtet sich die sozialpädagogische Förderung? Wer sind die Adressat*innen?

Wenn ich gemeinsam mit der Klassenlehrer*in im Teamteaching unterrichte, profitieren alle Kinder, da mehr individuelle Unterstützung möglich ist. Im Rahmen von Kleingruppen- oder Einzelförderung richtet sich mein Angebot besonders an folgende Schüler*innen – Kinder, die individuell in ihrer Entwicklung gefördert werden müssen:

- Jüngere Kinder, die kurz vor dem Stichtag geboren wurden
- Kinder mit Schwächen in der Wahrnehmung
- Ängstliche Kinder mit sehr geringem Selbstbewusstsein
- Kinder mit Auffälligkeiten im Bereich des Sozialverhaltens
- Kinder mit geringer Lernbereitschaft und Motivation
- Kinder mit unzureichend ausgeprägten Aufgabenverständnis
- Kinder, deren Bedürfnis zu spielen, herumzulaufen, zu erzählen usw. noch sehr ausgeprägt ist
- Unkonzentrierte Kinder mit geringer Ausdauer
- Kinder mit Sprachentwicklungsstörung und/oder unzureichender Sprachbereitschaft
- Kinder mit nicht altersgemäßer Grob- und Feinmotorik (Jilg 2020, 76)

Daneben unterstütze ich die Klassenlehrerin durch gezielte Unterrichtsbeobachtung und Beratung. Die Tätigkeit erfordert auch einen regen Austausch mit den Sonderpädagog*innen.

Wie sieht das Anforderungsprofil der sozialpädagogischen Fachkraft in der Schuleingangsphase aus?

Das Kompetenz- und Aufgabengebiet bei sozialpädagogischen Fachkräften in der Schuleingangsphase umfasst folgende Punkte (ohne den Anspruch auf Vollständigkeit):

- Vor der Einschulung: Mitwirkung bei der Überprüfung der zukünftigen Schüler*innen mit verschiedenen Diagnostikverfahren
- In der Schuleingangsphase: Mitwirkung bei der Durchführung von Förderdiagnostik, dem Erstellen von Förderplänen in Kooperation mit Lehrerinnen

und Lehrern und Sonderpädagog*innen und der Dokumentation von Entwicklungsfortschritten bzw. Veränderungen.
- Förderung: Planung und Durchführung gezielter Fördermaßnahmen innerer und äußerer Differenzierung bei Kindern, deren Fähigkeiten, Fertigkeiten oder Verhaltensweisen Entwicklungsrückstände aufweisen.
- Durchführung ganzheitlicher kompetenzorientierter Angebote zur Stärkung der Selbstwirksamkeit und Leistungsbereitschaft
- Förderung in weiteren Bereichen: Wahrnehmung (Eigen- und Fremdwahrnehmung), Organisationsstruktur, Konzentration und Ausdauer, Motorik (Grob-, Fein- und Graphomotorik), Sprachentwicklung und Kommunikationsfähigkeit, Grundlagen mathematischer Bildung und sozial-emotionale Kompetenz von Schüler*innen
- Beratung: Beratung von Eltern in schulischen und entwicklungsbedingten Fragen, Möglichkeiten außerschulischer Unterstützung und Therapiemöglichkeiten
- Koordination unterschiedlicher Fördermaßnahmen

Welche Verfahren und Methoden kommen zum Einsatz?

Es werden verschiedene Materialien, die ich zur sozialpädagogischen Förderung nutze, eingesetzt. Dies kann beispielsweise Montessori-Material sein, das Marburger Konzentrationstraining oder das Würzburger Trainingsprogramm. Die Förderangebote finden in Klein- und Großgruppen sowie in der Einzelförderung statt.

Der Einsatz von systemischen Fragestellungen (vor allem zirkuläre Fragestellungen) ist bei Elterngesprächen sehr hilfreich und willkommen. Es gibt mittlerweile zahlreiche Lehrerfortbildungen mit systemischen Inhalt, die sich großer Beliebtheit erfreuen. Vereinzelt haben Lehrer*innen sogar selbst eine systemische Beraterausbildung oder Supervisionsausbildung absolviert.

Was sind die rechtlichen Grundlagen?

Die rechtlichen Grundlagen für sozialpädagogische Fachkräfte basieren auf dem Schulrecht des Landes NRW und *nicht* auf einem Sozialgesetzbuch. Für sozialpädagogische Fachkräfte in der Schuleingangsphase gelten folgende rechtliche Grundlagen:

- Einstellungserlass des Ministerium für Schule und Bildung vom 08.06.2018
- Handlungsrahmen zur Umsetzung des § 4AO-GS, aktualisiert 2012 (GEW 2019, 5)
- Die Arbeitszeit richtet sich nach § 6 TV-L, derzeit 39 Std. 50 Minuten

- Sonderregelung für sozialpädagogische Fachkräfte in der Schuleingangsphase: Auf die Arbeit am Kind entfällt ein Stundenanteil entsprechend der Pflichtstundenzahl der Lehrkräfte (28 Unterrichtsstunden). Die übrigen Stunden entfallen auf die Vor- und Nachbereitungszeit ohne Nachweispflicht.
- Altersermäßigung gibt es ab dem 01.08 (Schuljahresbeginn) nach Vollendung des 55. Lebensjahres, wie bei Lehrkräften (GEW 2019, 6)

Sie nehmen gleichberechtigt an Dienstbesprechungen und Konferenzen teil (Stimmrecht). Sie haben ein Recht auf Fortbildung und nehmen an schulischen Veranstaltungen teil. Sie beteiligen sich an Pausenaufsichten. Sie sind ordentliche Mitglieder der Lehrerkonferenz. Sie verfügen über aktives und passives Wahlrecht für den Lehrerrat (sie können also auch als Vertreter gewählt werden), die Schulkonferenz und den Personalrat. Daneben können sie Ansprechpartner*innen für Gleichstellungsfragen werden.

Was läuft gut? Was sind Herausforderungen?

Die Entwicklungslinien meiner Stelle sind seit 30 Jahren ein fester Bestandteil von Grundschule in NRW. Als einziges Mitglied der Lehrerkonferenz ein abweichendes Studium (nämlich kein Lehramtsstudium) zu haben, kann eine Herausforderung darstellen. Muss es aber nicht. Ein selbstbewusstes Auftreten ist hier wichtig. Schwierig finde ich persönlich (und mitunter sehr anstrengend), dass ich mein kleines, schönes Berufsfeld immer wieder erklären muss, weil es so wenige von uns gibt. Manchmal bin ich in den Augen von anderen Sozialpädagog*innen (!) eine Schulsozialarbeiterin (!), was fachlich nicht korrekt ist und sogar dienstrechtlich eine Zweckentfremdung meiner Stelle darstellen würde. Das ist sicher ein Grund, warum ich zu meinem Berufsfeld verschiedene Artikel schreibe. Manchmal habe ich das Gefühl, dass die Entwicklungslinien der Sozialen Arbeit auch bei vielen Fachkräften in Vergessenheit geraten. Die Soziale Arbeit hat nun einmal zwei Entwicklungslinien: die sozialpädagogische und die sozialarbeiterische Linie. Meine Tätigkeit lässt sich der sozialpädagogischen Entwicklungslinie zuordnen. Ich bin sozusagen eine Mischung zwischen einer Sozialpädagogin und einer Lehrerin- und das ist so gewollt, richtig und wichtig.

Wenn ich sehr selbstkritisch bin, muss ich aber feststellen, dass mich mein Studium auf meine jetzige Tätigkeit weniger gut vorbereitet hat. Hier profitiere ich vor allem davon, dass ich eine Ausbildung als Erzieherin absolviert habe. Die Inhalte des ersten und zweiten Schuljahres überschneiden sich mit den Inhalten der Elementarpädagogik. Da ich innerhalb der Schule zum Gemeinsamen Lernen (GL) gehöre, ist es notwendig, sich heilpädagogische Kompetenzen anzueignen. Eine Einarbeitung in die verschiedenen Förderschwerpunkte, Schulrecht und Lehrpläne ist unabdingbar. Die Stelle richtet sich an verschiedene Studienberufe wie Sozialpädagog*innen, Kindheitspädagog*innen, Heilpädagog*innen und Sportlehrer*innen. Das Anleiten von Groß- und Kleingruppen muss sich unbedingt angeeignet werden. Idealerweise wird die Fähigkeit mitgebracht. Ich bin selbst immer wieder am Studieren von Fachliteratur oder besuche Fortbildungen, um mich weiterzuentwickeln. Neben den heilpädagogischen Kompetenzen sind motopädagogische Grundkenntnisse unabdingbar. Des Weiteren müssen sich Übungen und Spiele (und Grundlagenwissen) zum Leseprozess, Konzentrationstraining und mathematischer Bildung angeeignet werden. Kein Schuljahr ist wie das andere. In jedem Schuljahr können Ideen und Angebote verändert und neu strukturiert werden. Langweilig wird es also nie. Manchmal *knacks und rumpelt* es in der Zusammenarbeit oder im Schulleben allgemein. Aber wo ist das nicht so? Dann ist es wieder rund, schön und sinnvoll. Wo gehobelt wird, fallen Späne, so ein Sprichwort. Es ist mein Traumjob – zumindest hier und heute – und soweit es überhaupt möglich ist, von einem Traumjob zu sprechen. Und wem man sich nie erklären muss: den Kindern. Und sogar den Eltern. Die kennen und verstehen meine Rolle und Aufgaben. Und das ist das wichtigste, oder nicht?

Wie ist der Stand der Forschung?

Die positiven Effekte für das Schulklima wurden bisher nicht untersucht. Es gibt keine Studie oder Befragung zu dem Einsatz sozialpädagogischer Fachkräfte in der Schuleingangsphase. Darüber hinaus gibt es fast keine Fachliteratur. Dies könnte dem sehr kleinen Tätigkeitsfeld geschuldet sein (bis 2018 gab es nur 600 sozialpädagogische Fachkräfte in NRW, 2021 sind es ca. 2000, Tendenz steigend). Im Lehramtsstudium findet die sozialpädagogische Fachkraft in der Schuleingangsphase bisher keinerlei Erwähnung (nach Aussagen von Referendaren/Referendarinnen), was die pädagogische Vorstellung einer multiprofessionellen Zusammenarbeit im Lehrerkollegium erschweren könnte, aber nicht zwingend muss.

Wer ist der Träger? Wie ist die Vergütung? Wo finde ich Stellenausschreibungen?

Das Land Nordrhein-Westfalen ist der Anstellungsträger für die sozialpädagogischen Fachkräfte in der Schuleingangsphase. Damit ist man Angestellte/r im öffentlichen Dienst (Landesangestellte). Die Eingruppierung erfolgt in die Entgeltgruppe 10 TV-L. Dies entspricht zur Orientierung ungefähr S 15 TVÖD. Mithilfe des Gehaltsrechner des Öffentlichen Dienstes kann das Gehalt vorab ungefähr ermittelt werden (https://oeffentlicher-dienst.info). Es erfolgt eine Jahressonderzahlung. Die Stellenausschreibung erfolgt halbjährlich oder zum

Schuljahresbeginn (teilweise auch unterjährig) unter Andreas-Online: NRW-Einstellungsverfahren für andere Berufsgruppen in den Schuldienst des Landes Nordrhein-Westfalen (https://www.schulministerium.nrw.de/BP/AndreasAngebote). Ich empfehle, die Ausschreibungen bei Interesse regelmäßig zu überprüfen. Die Ausschreibungen und Vorstellungsgespräche erfolgen *schulscharf*, d.h. die Schule führt selbst das Vorstellungsgespräch und die Bewerberauswahl durch.

Tipp für pädagogische Fachkräfte aus Baden-Württemberg: Hier gibt es die Stelle *Klassenlehrerin der Grundschulförderklasse*, die Ausschreibung erfolgt über die jeweilige Bezirksregierung. Die Stelleninhalte unterscheiden sich (sind aber verwandt), da es sich um ein anderes Bundesland handelt.

1. Welche Vorteile haben multiprofessionelle Teams in der Grundschule?
2. Inwiefern unterscheidet sich das Tätigkeitsfeld einer sozialpädagogischen Fachkraft vom Arbeitsfeld der Schulsozialarbeit?

Quellen

Brüggemann, Ehret, Klütmann (2016): Systemische Beratung in fünf Gängen. Vandenhoeck & Ruprecht. Göttingen.

Eickhoff (2005): Vom Schulkindergarten zur Schuleingangsphase. Veränderte Arbeitsbedingungen von Sozialpädagogen an Grundschulen. Fachhochschule Münster. Fachbereich Sozialwesen.

GEW NRW (2019): Sozialpädagogische Fachkräfte in der Schuleingangsphase. Informationen und Tipps zu Rechten, Pflichten und sozialpädagogischen Handlungsfeldern.

Hoch (2016): 400 Fragen für systemische Therapie und Beratung-von der Auftragsklärung bis Möglichkeitskonstruktion. Beltz. Weinheim, Basel.

Jilg (2020): Erfahrungsbericht einer sozialpädagogischen Fachkraft in der Schuleingangsphase. Systema. Systemische Fachzeitschrift. Institut für Familientherapie Weinheim.

Rossa (2017): Wenn du ein Bonbon wärst. 120 verrückte Fragen für den Einstieg in die Kinderpsychotherapie. Beltz. Weinheim, Basel.

Soziale Arbeit an einer Gesamtschule

Joana Lin Schmitz-Steger

> „Jeder junge Mensch hat ein Recht auf Förderung seiner Entwicklung und auf Erziehung zu einer eigenverantwortlichen und gemeinschaftsfähigen Persönlichkeit." (Bundesministerium für Familie, Senioren, Frauen und Jugend 2007, 69)

Dies ist nicht nur im § 1 SGB VIII niedergeschrieben, sondern mit diesem Leitsatz werden auch Besucher*innen auf der Internetseite meines Arbeitgebers begrüßt.

Die Evangelische Kinder- und Jugendhilfe Aachen-Brand wurde 1960 gegründet und ist dem Dachverband der Diakonie angeschlossen. Die Einrichtung beteiligt sich aktiv an gesellschaftspolitischen Themen und stellt sich stets den neuen gesellschaftlichen Wandel und den damit verbundenen Herausforderungen. Hierbei steht die Verantwortung des anvertrauten Menschen, der pädagogisch begleitet und unterstützt wird, im Mittelpunkt. Dieser soll partizipativ seinen Weg mitgestalten und gefördert werden, um die eigenen Ressourcen und Fähigkeiten zu nutzen und diese auszubauen. Somit wird das Ziel verfolgt, dass ein eigenverantwortliches Handeln ermöglicht wird. Dabei soll der Mensch in einem geschützten Rahmen sich entwickeln können und vorhandene Systeme sollen dabei stabilisiert und ausgebaut werden. Die Einrichtung bietet Maßnahmen im stationären, im teilstationären und im ambulanten Bereich an.

Vor knapp vier Jahren kam ein neues Angebot dazu, welches aktuelle Problematiken an einer Gesamtschule aufgriff und eine Lösung schaffte. Der Bedarf von individuellen Schulbegleiter*innen im schulischen Alltag wurde immer größer, sodass die Koordination, die Zusammenarbeit und die Kommunikation der vielen unterschiedlichen Träger Herausforderungen mit sich brachte und die allgemeine Arbeit erschwerte. Daher wurde eine Poollösung erarbeitet, die Entwicklungsräume ermöglicht, Stigmatisierung entgegenwirkt und Elternarbeit mit einbezieht. Ausgebildete Fachkräfte begleiten den Schulalltag der Schüler*innen bedarfsorientiert und zielgerichtet und fördern diese in der Entwicklung und ihrer Eigenständigkeit. Doch auch der Anspruch an Ganztagsschulen hat sich ebenfalls verändert. Die Erwartungen „sind deshalb hoch, weil von und für Ganztagsschulen der Anspruch formuliert wird, nicht mehr nur eine Lehranstalt zu sein, in der es allein um die Vermittlung von Wissen geht, sondern um Bildung, Erziehung und Betreuung von Kindern" (Fischer/Buchholz/Merten 2011, 362). Schule muss ein Ort sein, an dem „Kinder und Jugendliche [sich] wohl fühlen und bestmöglich entwickeln können" (ebd., 363). Hierbei darf nicht vergessen werden, wie wichtig und zielführend die Kooperation zwischen Schule und Jugendhilfe ist. In Fachliteratur, wo es um das Thema Kindeswohl geht, ist geschrieben, dass Schule und Jugendhilfe enger zusammenarbeiten sollten. „Für beide Institutionen ist eine Kooperation mit den Fachkräften der jeweils anderen Einrichtung für die professionelle Bearbeitung ihrer Ziele unumgänglich" (ebd., 224). Daher wurde das Angebot *JIB – Jugendhilfe fördert Inklusion mit der Gesamtschule Brand* durch das Jugendamt der Stadt Aachen in Kooperation mit einem Kinder- und Jugendhilfeträger ins Leben gerufen. Das Projekt wurde drei Jahre erprobt und ist seit Sommer 2021 nun ein feststehendes Angebot. Diese Form der Eingliederungshilfe stellt nicht nur das Kind in den Fokus, sondern arbeitet auch ganzheitlich mit allen Systemen zusammen, die auf das Kind einwirken und bezieht die Elternarbeit und den Austausch mit weiteren Instanzen hinzu. Hierzu zählen die Lehrkräfte, die Ärzt*innen, die Psychotherapeut*innen und weitere ambulante Hilfen. Zielsetzung des Angebotes ist vor allem die Förderung der gleichberechtigten Teilhabe aller Schüler*innen an der schulischen Bildung durch eine gelungene Teilnahme am Schulalltag. Daher ist die Maßnahme eine Eingliederungshilfe zur Sicherung der Teilhabe an schulischer Bildung gemäß § 35a SGB VIII in Verbindung mit der Hilfe zur Erziehung nach § 27 SGB VIII und der sozialen Gruppenarbeit nach § 29 SGB VIII. Eine psychiatrische Diagnostik des Kindes ist Grundvoraussetzung für eine Beantragung für das Angebot. Die Bewilligung dessen läuft über das zuständige Jugendamt, wo die sorgeberechtigten Personen einen Antrag stellen müssen.

Das *JIB*-Angebot steht für 12 bis 16 Schüler*innen und deren Eltern zur Verfügung. Dies bedeutet in der Praxis jedoch nicht, dass die Kinder, die einen höheren pädagogischen Bedarf aufweisen, hinten rüber fallen. Aufgrund unserer Arbeitsstruktur ist es uns möglich, diese sogenannten Windschattenkinder (WSK), welche die Voraussetzungen einer Diagnostik nicht erfüllen, aber dennoch einen hohen Bedarf im Schulalltag haben, ebenfalls zu unterstützen. Zudem ist es in der Praxis bisher nicht zu einer Warteliste gekommen und jeder bewilligte Bedarf konnte gedeckt werden. Sollte ein Bedarf über die Platzanzahl hinaus bestehen, muss das Jugendamt entscheiden, ob ggf. eine andere Hilfe für das Kind bewilligt werden kann oder dann eine Warteliste zum Zug kommt. Viele Schüler*innen, die wir begleiten, haben Störungen des Sozialverhaltens, Aufmerksamkeitsdefizite, eine Autismus-Spektrums-Störung oder weitere psychische Erkrankungen. Hinzu kommt in den meisten Fällen ein sonderpädagogischer Förderschwerpunkt in dem Bereich Lernen (LE) oder in der emotional-sozialen Entwicklung (ES). Weitere Indikatoren für die Kinder mit einem erhöhten pädagogischen Bedarf können Beeinträchtigung der Kontakt- und Beziehungsfähigkeit, emotionale Verunsicherung, nicht altersgemäße Entwicklung, Beeinträchtigung des psychischen Gleichgewichts und Minderung des schulischen Leistungsvermögens sein.

Aber wie funktioniert das Angebot eigentlich in der alltäglichen Arbeit? Wie bei der Schulsozialarbeit sind die „Kernleistungen des Arbeitsprofils […] die schulische und außerschulische Entwicklung der Kinder und Jugendlichen zu fördern, Benachteiligungen zu verringern, das Wohl der Kinder und Jugendlichen zu schützen und zu einer schülerfreundlichen Umwelt beizutragen" (Speck 2020, 84). Im *JIB*-Angebot werden Schüler*innen in der Sekundarstufe 1 begleitet. Bestmöglich findet die Unterstützung von Beginn der fünften bis Ende des siebten Jahrgangs statt. Dies ermöglicht uns intensiv mit dem Kind und dessen Systemen zu arbeiten und Schritt für Schritt mehr Verantwortung zu übertragen, sodass diese lernen den Schulalltag angemessen und eigenständig zu bewältigen. Doch natürlich sieht die Praxis nicht immer so aus, wie die Theorie dies vorsieht. Teilweise werden Bedarfe erst während der Schulzeit erkennbar. Doch „durch die Schule [besteht] die Chance, die Kinder und ihre Eltern frühzeitig zu erreichen" (Fischer/Buchholz/Merten 2011, 224), sodass Aufnahmen auch innerhalb der jeweiligen Schuljahre stattfinden können. *JIB* ist ein ressourcen- und lösungsorientiertes Angebot, welches die Möglichkeit bietet, in den unterschiedlichen Bereichen, die der Schulalltag mit sich bringt, sich auszuprobieren und angemessene Handlungsstrategien diesbezüglich zu erarbeiten und diese zu fördern.

Der Fokus ist hier stets gerichtet auf die Sicherung der Teilhabe am schulischen Bildungsprozess, das Erlernen von Sozialkompetenzen und das Stärken der eigenen Ressourcen und der psychosozialen Kompetenzen. Darüber hinaus werden die Alltagskompetenzen und das Lernverhalten gefördert. Auch die unterrichtsfreie Zeit wird erörtert, wie diese sinnvoll gestaltet werden kann. Daher unterstützen wir nicht nur im Unterricht, sondern auch in den Pausen oder in der Freizeitgestaltung. Inhaltlich ist es auch von Bedeutung, die Kinder bei ihrer Materialorganisation, dem Umgang mit ihren Mitschüler*innen und einer sinnvollen Pausenbeschäftigung zu unterstützen. Methodisch wird dies dem Bedarf des Kindes angepasst und auf das Kind zugeschnitten. Beispielsweise werden mit manchen Kindern Verstärkerpläne zu konkreten Zielen erarbeitet und durchgeführt, Zielsetzungen für die Woche festgelegt und reflektiert oder Ressourcenkisten oder Notfallkoffer gestaltet und inhaltlich bearbeitet. Auch werden Thematiken aus dem häuslichen Umfeld in einem geschützten Rahmen bearbeitet. All dies wird individuell in Einzelgesprächen mit den am Angebot teilnehmenden Schüler*innen thematisiert und bearbeitet, aber auch während des Schulalltags in der Praxis besprochen und geübt. Eine wertschätzende und lösungsorientiert Grundhaltung wird hier von uns tagtäglich abgefragt. Grundstein einer guten Arbeit ist der Beziehungsaufbau zu dem Kind und zu den jeweiligen Sorgeberechtigten, wie auch der Aufbau einer vertrauensvollen Atmosphäre. Dies passiert durch regelmäßige Kontaktangebote, Gespräche und

Doch nicht zu vergessen ist die inklusive Grundhaltung, die hier wesentlicher Bestandteil ist. Wie wird diese konkret umgesetzt? Schüler*innen mit einem höheren pädagogischen Bedarf oder „mit sonderpädagogischen Förderbedarf werden […] als anders markiert und [sind] der Gefahr der Exklusion aus der Klassengemeinschaft ausgesetzt“ (Laubner/Lindmeier/Lübeck 2022, 112). Die Grundhaltung beinhaltet, dass sich das System dem Kind anpasst und nicht umgekehrt. Dabei ist die Individualität der Unterstützung unabdingbar. Wir richten daher in unserer Arbeit nicht nur den Blick auf unsere Zuständigkeiten, sondern haben die gesamte Klasse, deren Schüler*innen und das System im Fokus. Somit unterstützen wir jede*n einzelne*n während des Unterrichts, in den Pausen, bei Konflikten oder aufkommenden Thematiken. Die Schüler*innen erhalten konkrete Rückmeldungen zu ihrem Sozialverhalten, werden bei der Konfliktklärung unterstützt und erhalten stets ein offenes Ohr für persönliche Anliegen. Das Hauptaugenmerk wird jedoch auf die *JIB*-Fallzuständigkeit gerichtet, dennoch ist innerhalb der Klasse nicht immer deutlich, welche Schüler*innen Teil des Angebotes sind. So soll einer Stigmatisierung entgegengewirkt werden. Diese zusätzliche Unterstützung im Unterricht wirkt sich ebenfalls entlastend für das Lehrpersonal und zielführend für die Klassenatmosphäre, wie auch Klassengemeinschaft aus. Durch die Zusammenarbeit der Kinder- und Jugendhilfe und der Schule wird perspektivisch ein neues System der schulischen Teilhabe entwickelt.

Die Unterstützung unsererseits passiert im Klassenverband, in Einzelkontakten, in Kleingruppen oder auch in Familiengesprächen. Somit ist ein weiterer wichtiger Aspekt unserer Tätigkeit das Arbeiten mit den Erziehungsberechtigten. „Die Unterstützung und Förderung von Kindern und Jugendlichen ist oft nur dann erfolgreich, wenn die Erziehungsberechtigten in die sozialpädagogische Arbeit eingebunden und als relevante Bezugspersonen von Kindern und Jugendlichen verstanden werden“ (Speck 2020, 66). Daher finden regelmäßige persönliche und telefonische Beratungsgespräche statt, indem aufkommenden Thematiken besprochen und Handlungsmöglichkeiten erarbeitet werden. Gemeinsam werden Wege und Lösungen gefunden und die familiären Ressourcen gestärkt. Wir knüpfen stets an den Fähigkeiten der Familie an, um die vorhandenen Kompetenzen, das allgemeine Familiensystem und das Selbsthilfepotenzial zu stärken. Die Erziehungsberechtigten werden dazu ermutigt, auch schwierige und herausfordernde Themen zu eröffnen und gemeinsam Strategien diesbezüglich zu erarbeiten. Diese zusammengetragenen Handlungsstrategien können auch in den Alltag zu Hause übertragen und genutzt werden.

Ein weiterer wesentlicher Bestandteil ist die Kooperation mit der Schule. Die Zusammenarbeit passiert mit den jeweiligen Lehrkräften, den Sonderpädagog*innen, den Schulsozialarbeiter*innen und der zuständigen Schulleitung. Regelmäßige Austauschtermine, Tür- und Angelgespräche, Konferenzen und das Erarbeiten gemeinsamer Handlungsschritte für einzelne Schüler*innen für den Schulalltag stellen wesentliche Aspekt dessen dar. Auch der regelmäßige Austausch mit weiteren am Hilfeprozess beteiligten Personen, wie Familienhilfen, Therapeut*innen oder Psychiater*innen, ist unabdingbar. Die Zusammenarbeit ist äußerst zielführend für den Hilfeprozess und fördert die ganzheitliche Unterstützung des Kindes und der Familie.

Wird die aktuelle Situation unter die Lupe genommen, wird deutlich, dass die Herausforderungen durch die Corona-Pandemie enorm angestiegen sind. Somit müssen viele Schüler*innen das Arbeiten und Sich-Ausprobieren in einer Gruppe „neu“ erlernen. Gerade die Gemeinschaft der Klasse muss gestärkt werden. Viele zeigen darüber hinaus große Defizite im Lernverhalten und in den schulischen Leistungen auf, was zu Frustration führt und wo individuelle Unterstützung seitens der Schule gefragt ist. Doch auch der schulische Alltag bringt Herausforderungen mit sich. Die Unterstützung von unserer Seite aus passiert lediglich in einem konkreten Lebensfeld der Schüler*innen und beschränkt sich auf die Schulzeit. Viele aufkommende Thematiken sind jedoch im familiären und häuslichen Umfeld präsent und können durch diese Arbeit nicht konkret angegangen werden. Einige Themen im häuslichen Bereich können durch die Beratungsarbeit im Inklusionsangebot *JIB* aufgefangen und unterstützt werden. Teilweise ist es jedoch erforderlich, auch zusätzliche Unterstützungsmöglichkeiten hinzuzuziehen oder als Anschlussmaßnahme zu installieren.

Da unsere Arbeit stetig evaluiert werden muss, um zu reflektieren, inwiefern die Bewilligung der Maßnahme weiterhin zielführend ist, werden im halbjährlichen Rhythmus Hilfeplangespräche durchgeführt. Hierfür wird ein ausführlicher Vorbericht angefertigt, der anschließend mit dem jeweiligen Kind und den Erziehungsberechtigten besprochen wird. Die Schüler*innen werden dazu ermutigt konkrete Wünsche für die Hilfe zu äußern, um partizipativ am Hilfeprozess beteiligt zu sein. „Je besser die Absprache zwischen dem Jugendamt, der Einrichtung, den Eltern und dem Kind oder Jugendlichen ist, umso eher kann die Hilfe auch wirklich zur Überwindung der Krise führen“ (Bundesministerium für Familie, Senioren, Frauen und Jugend 2007, 51). Neben der täglichen Dokumentation und des Schreibens von Berichten werden zahlreiche weitere Methoden tagtäglich genutzt. Aufgrund unserer systemischen Grundhaltung nutzen wir unterschiedliche Fragetechniken, wie zirkuläre-, lösungsorientierte- oder Skalierungsfragen. Diese dienen dazu, einen anderen Blickwinkel auf das vermeintliche Problem zu richten, Beziehungen und Vernetzungen untereinander zu verdeutlichen, die bei der Bewältigung hilfreich sein können und den Fokus zukunftsorientiert auf Lösungen zu lenken und Handlungsmöglichkeiten zu erörtern (Renoldner/Scala/Rabenstein 2012, 210 ff.). Ebenfalls nutzen wir in diesem Zuge Ressourcenkarten, Genogramme und Netzwerkanalysen. „Sie bieten die Möglichkeit eines ganzheitlichen Zugangs und ermöglichen eine schnelle, flexible Kontaktaufnahme, mit der Anschluss an relevante Ereignisse, Probleme und Ressourcen gewonnen werden kann“ (Beushausen 2012, 7). In der kreativen Umsetzung unser Beratungsgespräche mit den Erziehungsberechtigten und den Schüler*innen sind uns keine Grenzen gesetzt. Lediglich sollte der Aspekt beachtete werden, dass nicht jede Methode bei jedem Anschluss findet und stets flexibel darauf reagiert werden muss.

Die stetige Selbstreflexion und das aktive Einbringen in das Team sind nur einige der wesentlichen Bestandteile die als Kompetenzen der Mitarbeiter*innen erwartet werden. Bei uns arbeiten Sozialpädagog*innen, staatlich anerkannte Erzieher*innen und Sozial- und Organisationspädagog*innen mit unterschiedlichsten Zusatzqualifikationen, die alle ein hohes Maß an Struktur, Motivation und Verantwortung mit sich bringen. Kommunikation ist ebenfalls ein wichtiger Bestandteil und für den Hilfeprozess und für die Zusammenarbeit unabdingbar. Vieles muss schnell geklärt oder weitergeleitet werden. Austausche und Informationsweitergaben müssen stattfinden, ohne dass immer ein Zeitfenster dafür besteht. Es muss einem Spaß machen in einem so großen System mitzuwirken, Veränderungen zu erzielen und beratend tätig zu sein. Hier hilft stets eine offene, wertschätzende und lösungsorientierte Grundhaltung und nicht zu vergessen Humor und Freude an der Arbeit.

Die Arbeit ist sehr vielfältig und kann individuell gestaltet werden. Gerade die Selbständigkeit, die Freiheit Prozesse individuell zu gestalten und gleichzeitig die Zusammenarbeit mit so vielen am Hilfeprozess beteiligten Instanzen bereitet mir tagtäglich große Freude. Die Bildung und die gleichberechtigte Teilhabe dessen ist ein wichtiger Teil in der Entwicklung der Kinder und Jugendlichen und sollte daher stets gefördert und pädagogisch begleitet werden. Durch meine zurzeit absolvierende Weiterbildung zur systemischen Beraterin kann ich die theoretischen Inhalte direkt in die Praxis umsetzen. Ich kann mich ausprobieren, die Beratungsgespräche mit gezielten Methoden untermauern und meine systemische Grundhaltung festigen. Dies bietet einen Mehrwert für die Beratungen und für die jeweilig zu beratenden Personen.

Wie in allen Bereichen ist vor allem auch im sozialen Bereich die Stärkung und Zusammenarbeit des Teams und die stetige Reflexion der eigenen Professionalität unabdingbar. Hierzu werden in den wöchentlichen Teamsitzungen pädagogische Fallberatungen und kollegiale Beratungen durchgeführt, wie auch finden regelmäßige Supervisionssitzungen statt. Fallkonkrete Fragen können ebenfalls bei dem viermal jährlich stattfindenden Konsiliardienst geklärt werden, welcher durch eine*n niedergelassene*n Kinder- und Jugendpsychotherapeut*in begleitet wird. Durch den psychologischen Blickwinkel werden neue Erkenntnisse und Handlungsmöglichkeiten benannt und bieten ebenfalls Aufschluss für unsere pädagogische Arbeit. Wir als Team nutzen Konzeptions- und Teamtage, um aufkommende arbeitsbezogene Thematiken zu besprechen, strukturelle Arbeitsprozesse zu reflektieren, neue Methoden und Strukturen zu gestalten und, nicht zu vergessen, Psychohygiene zu betreiben.

Die Kooperation mit weiteren Bezugssystemen, Beratungskräften der Schule und die stetige Evaluation der eigenen Arbeit finden anhand von Arbeitskreisen, Gremien, Teamleitungsrunden und Fachgesprächen statt. Diese werden im regelmäßigen Turnus durchgeführt und bieten die Möglichkeit, aufkommende Schwerpunkte zu thematisieren, gemeinsame Arbeitsweisen abzustimmen, und dienen allgemein auch der gegenseitigen Vernetzung. Auch in unserem Konzept ist niedergeschrieben, wie die Qualität stets gewährleistet werden kann. Konzepte werden aufgrund von gesellschaftlichen Veränderungen angepasst, Rahmenbedingungen, Aufgabengebiete und bestehende Aufgaben werden neu abgestimmt und formuliert. Das stetige Weiterbilden ist ebenfalls Teil der professionellen Haltung, die bei uns gelebt wird. Daher nehmen wir an regelmäßigen fachspezifischen Fort- und Weiterbildungen teil und tragen die Inhalte dessen mit ins Team. Dies bezieht sich ebenfalls auf interessante Thematiken, Artikel, Fachliteratur oder neue Erkenntnisse der Forschung. Somit wird auf aktuelle Thematiken eingegangen und werden neue Inhalte für die pädagogische Arbeit erlangt. Ebenfalls fanden im Rahmen einer umfangreichen Evaluation innerhalb der dreijährigen Projektlaufzeit zwei Fragebogenerhebungen statt.

Die Vergütung ist vergleichbar mit anderen Kinder- und Jugendhilfeträgern. Bezahlt wird tariflich nach dem BAT-KF (Bundes-Angestellten-Tarifvertrag in kirchlicher Fassung), wobei individuelle Erfahrungsstufen berücksichtigt werden.

Abschließend möchte ich sagen, dass die Jugendhilfe sehr vielfältig und weiterhin ein wichtiger Bestandteil in unserem sozialen Leben ist. Es ist von hoher Relevanz, dass diese bedarfsorientiert ausgebaut und allgemein gesichert wird. „Dabei gilt es insbesondere darauf zu achten, dass Jugendhilfe in ihren vorbeugenden (präventiven) Angeboten gestärkt wird, durch Kooperation und Vernetzung ihre Wirksamkeit steigert, flexibel auf die konkreten Alltagsprobleme von Kinder, Jugendlichen und Familien reagiert, die Selbsthilfe unterstützt und stärkt, den unterschiedlichen Lebenslagen von Mädchen und Jungen Rechnung trägt und Gleichstellung fördert und unterschiedliche Lebenslagen (z. B. mögliche Benachteiligungen) und kulturelle Bedürfnisse in ihrem Handeln berücksichtigt“ (Bundesministerium für Familie, Senioren, Frauen und Jugend 2007, 52).

1. Welche Grenzen und Chancen hat Inklusion an Schulen?
2. Wie können die Systeme Schule und Jugendhilfe auch an anderen Schulen besser vernetzt werden?
3. Haben sich die Anforderungen an Pädagogen*innen und an das System Schule in den letzten Jahren verändert und sind diese herausfordernder geworden? Wenn ja, welche gesellschaftlichen Veränderungen führen dazu? Was braucht die Gesellschaft, was brauchen die Familien und was braucht das Individuum, um damit umgehen zu können?

Quellen

Beushausen, Jürgen (2012): Genogramm- und Netzwerkanalyse. Die Visualisierung familiärer und sozialer Strukturen. Göttingen: Vandenhoeck & Ruprecht.

Bundesministerium für Familie, Senioren, Frauen und Jugend. (2007): Kinder- und Jugendhilfe. Achtes Buch Sozialgesetzbuch. https://www.bdja.org/files/kjhg.pdf (letzter Zugriff: 21.04.2022)

Fischer, Jörg, Buchholz, Thomas & Merten, Roland (Hrsg.) (2011): Kinderschutz in gemeinsamer Verantwortung von Jugendhilfe und Schule. Wiesbaden: VS.

Laubner, Marian, Lindmeier, Bettina & Lübeck, Anika (Hrsg.). (2022): Schulbegleitung in der inklusiven Schule. Grundlagen und Praxis. 3. Auflage. Weinheim, Basel: Beltz.

Renoldner, Christa, Scala, Eva & Rabenstein, Reinhold (2012): Einfach systemisch. Systemische Grundlagen & Methoden für Ihre pädagogische Arbeit. Münster: Ökotopia.

Speck, Karsten (2020): Schulsozialarbeit. Eine Einführung. 4. Auflage. München: Ernst Reinhardt, UTB.

Soziale Arbeit mit „Systemsprenger:innen" im Förderzentrum

Jana Autor

Um Kindern und Jugendlichen, die „am Rande der Beschulbarkeit" stehen, wieder einen sicheren (schulischen) Rahmen anzubieten, wurden die sogenannten Stütz- und Förderklassen (kurz SFK) im Rahmen des Modellprojektes „Zukunft bringt's", einer kommunalen Initiative mit einer Vielzahl von Maßnahmen und Kooperationen, die v. a. an den Übergängen ansetzen, ins Leben gerufen. Hier arbeiten Jugendhilfe und Schule in einer Kooperation eng vernetzt in einem Team zusammen.

Primäres Ziel ist es, dass Schule (wieder) als verstehbarer, tragfähiger und sicherheitsspendender Lebens- und Lernort verstanden und erlebt werden darf. Für die Kinder und Jugendlichen soll Schule positiv besetzt sein, als Ort, an dem man lernen und leben darf – so wie man ist, so wie man sein möchte.

Die Stütz- und Förderklassen sind hier im südlichen Bayern am Sonderpädagogischen Förderzentrum (Emotional-Soziale Entwicklung und Lernen) angesiedelt. Primär werden Kinder und Jugendliche, bei denen „keiner mehr weiß, wohin", aufgenommen. Sie kommen auf unbürokratischem Weg zu uns, denn die Hürden sollen, nach oft jahrelangem Hin und Her, bewusst niederschwellig und möglichst unproblematisch sein. Um negativen Schullaufbahnen präventiv vorzubeugen, können die Hilfemaßnahmen auch schon im Grundschulalter in Anspruch genommen werden. So gibt es an der hier beschriebenen Förderschule zwei Stütz- und Förderklassen, eine für die Grund- (1-4) und eine für die Mittelstufe (4-8).

Als Sozialpädagogin unterstütze ich die Lehrkraft im Klassenzimmer, arbeite individuell mit einzelnen Schüler:innen, wirke in anderen Stammklassenprojekten mit und/oder führe eigene Projekte mit der gesamten Gruppe oder einzelnen Schüler:innen durch. Dadurch, dass unser Ansatz weit über den Sozialraum der Schule hinauswirkt, sind wir auch in und um die Stadt und auf dem Land in den jeweiligen Sozialräumen der Familien unterwegs. Unser Kernteam besteht aus einer sonderpädagogischen Lehrkraft, einer heilpädagogischen Fachkraft sowie zwei Sozialpädagog:innen, die im Klassenverbund mit bis zu sechs Kindern und Jugendlichen der Jahrgangsstufen 4-7 arbeiten. Die personelle Komponente ist ein wichtiger Baustein in der SFK: die verschiedenen Professionen aus Sonder-Heil- und Sozialpädagogik können im Einklang ihrer jeweiligen Kompetenzen und Zuständigkeiten agieren, sich ergänzen und damit gleichzeitig einer Überlastung bzw. Überforderung im System entgegenwirken.

Wie schon oben erwähnt, sind die Stütz- und Förderklassen hier im südlichen Bayern am Sonderpädagogischen Förderzentrum (Emotionale und Soziale Entwicklung und Lernen) verortet und als gemeinsame Kooperation der zuständigen Regierung, des öffentlichen Trägers der Jugendhilfe und eines Wohlfahrtsverbandes konzipiert. Die Geschäftsführung des Projektes für Jugend, Schule und Beruf „Zukunft bringt's“ übernimmt eine Koordinationsstelle, die im Jugend-, Schul- und Sozialreferat der Stadt sitzt. Sie soll als strategische Brücke dienen, um alle bestehenden Angebote in den Bereichen der Schule, der Jugendarbeit und Jugendhilfe, der Jugendberufshilfe, der Berufsvorbereitung und Berufsqualifizierung zu koordinieren.

Durch den Jugendhilfeausschuss wurde zudem ein Unterausschuss mit der Steuerung des Projektes für Jugend, Schule & Beruf beauftragt. Dem Unterausschuss gehören Vertreter:innen aus der Politik, der Verwaltung, der Schulen, der Jugendhilfe, der Jugendarbeit, der Agentur für Arbeit, dem Jobcenter, der Fachhochschule und aus den Bereichen Handwerk und Wirtschaft an. So wird gewährleistet, dass auf allen Ebenen mit der Praxis vor Ort eine direkte Verzahnung stattfindet.

Das Modellprojekt „Zukunft bringt's“ hat aktuell 17 Projekte in der Region, welche fach- und schulübergreifend von Kolleg:innen verschiedenster Professionen durchgeführt werden. Die Stadt trägt den Titel „Modellregion für Inklusion und Bildung in Bayern“ und hat damit den primären Auftrag, inklusive Strukturen innerhalb und außerhalb des Schulsystems zu entwickeln.

Als Schnittstelle zwischen Schule und Jugendhilfe sind die Stütz- und Förderklassen meist die „letzte Chance“ für diejenigen Kinder und Jugendlichen, die es in ihrer schulischen Laufbahn bisher immer geschafft haben, das Schulsystem und ihre beteiligten Hilfesysteme zu „sprengen“. Sie zeigten in anderen Schulformen und Einrichtungen solch massiv störende Verhaltensweisen und Auffälligkeiten in der sozialen und emotionalen Entwicklung, sodass ein intensiv-pädagogischer Ansatz innerhalb der Schule gefragt war. Die Kinder und Jugendlichen, die zu uns kommen, brauchen meist erst einmal Zeit: Zeit zum Ankommen, zum Kennenlernen, zum wieder vertrauen. Viele haben in ihrer vorherigen Schule auffallend häufig provokantes, aggressives und unterrichtsverweigerndes Verhalten gezeigt, sodass sie mit Ausschlüssen und schlechten Noten sanktioniert wurden. Auch emotionale Beeinträchtigungen wie Depressionen, Angst- und Bindungsstörungen sowie Traumata wirken sich stark auf die Arbeit in der SFK aus. So hatten wir einmal ein elfjähriges Mädchen, welches felsenfest behauptete, acht Jahre alt zu sein und sich bewusst das Schreiben mit der rechten Hand abtrainiert hatte, damit sie nicht Rechnen und Schreiben musste (weil sie es ja mit der linken Hand nicht konnte). Alle Hilfsangebote, die man dem Mädchen und den Eltern bisher gemacht hatte, scheiterten. Irgendwann kam sie zu uns in die SFK. Durch einen langwierigen und intensiven Beziehungsaufbau ist es uns gelungen, zu verstehen, WOFÜR das Mädchen sich dieses Verhalten angeeignet hatte – und wir lernten, dass es durchaus Sinn für sie selbst in ihrem jeweiligen Kontext machte. Die meisten der Familien und ihre Kinder haben eine lange Historie von Hilfsangeboten vom Kindergarten bis in die Schulzeit, von Familienhilfen und Erziehungsbeistandschaften des Jugendamtes über verschiedene Therapieformen, psychologische und psychiatrische Betreuung hinter sich. Viele der Kinder haben auch schon mehrere Schulformen durchlaufen bis sie über den Mobilen Sonderpädagogischen Dienst (MSD) oder auf Empfehlung und/oder Druck des Jugendamtes in die SFK kommen.

Viele der Eltern und Erziehungsberechtigte sind in prekären Arbeitsverhältnissen und/oder in finanziellen Schieflagen. Alkohol- und Suchtprobleme, komplexe und schwierige Familienverhältnisse und Konstellationen, beengter Wohnraum in sog. Brennpunktvierteln, übermäßiger Medienkonsum, schlechte Ernährung und Gewalt in der Familie prägen oft das Leben dieser Kinder und Jugendliche. Einige sprechen Deutsch als Zweitsprache und haben einen Flucht- und/oder Migrationshintergrund, sodass interkulturelle und transkulturelle Dimensionen ebenfalls in unserer Arbeit mitberücksichtigt werden müssen. Gerade in den letzten Jahren ist vermehrt zu beobachten, dass Kinder und Jugendliche aus ganz unterschiedlichen Schichten, Kontexten und Familien kommen.

In der SFK hat jede:r Schüler:in einen individuellen Lern- und Stammklassenplan. So kann besser an den eigenen Stärken und Schwächen gearbeitet und in der Stammklasse an den Stunden teilgenommen werden, die aus lern- und förderpädagogischer, aber auch aus psychosozialer Sicht am sinnvollsten erscheinen. Es wird schwerpunktmäßig vor allem in Deutsch und Mathe unterrichtet, Projektunterricht und Themenschwerpunkte ergänzen den Unterricht. Im Regelbetrieb sind die Kinder und Jugendlichen mindestens zwei Schulstunden und u. U. mehr an ihre jeweilige Klasse angebunden. Denn die erforderlichen Kompetenzen, die die Kinder und Jugendlichen benötigen, um in einer Gruppe lernen zu können, können sie nur unter realen Bedingungen, also in einem gruppenbezogenen Kontext, erlernen. Dieses Stammklassenprinzip hat sich bewährt, denn wir wollten uns bewusst weg von einem „exklusiven" Angebot hin zu einem „inklusiven" wenden.

Um eine ganzheitliche Förderung der Kinder und Jugendlichen zu gewährleisten, arbeiten wir mit verschiedenen Institutionen zusammen: Jugendamt, Familiengericht, Einrichtungen der Kinder- und Jugendhilfe, Fachärzten, Kinder- und Jugendpsychiatrien, Psychologen, Frühförderstellen, Kompetenzzentren, weiterführenden Schulen und Betrieben, Vereinen, Jugendzentren u. v. m.

Auch die Elternarbeit nimmt in der SFK einen außergewöhnlich hohen Anteil der Arbeitszeit ein: ganz nach dem Motto „nichts ist ohne Kontext" folgen wir einem systemisch-konstruktivistischem sowie lebensweltlichen Ansatz, unterstützen und begleiten in regelmäßigen und niederschwelligen Gesprächen und Angeboten die Familiensysteme der Kinder und Jugendlichen.

Unsere Arbeit ist stark von einer humanistischen und systemisch-konstruktivistischen Grundhaltung geprägt. Wir fragen zunächst nach dem „Wofür" und nicht nach dem „Warum". Dieser Ansatz „geht von der Existenz vieler Kontexte aus, in denen wir uns zeitweilig bewegen und die es beim Versuch einer Analyse notwendig machen, den jeweils relevanten und zur Diskussion stehenden aktuellen Kontext in seiner möglichen Bedeutung für seine Mitglieder zu untersuchen, da es für jeden einzelnen Kontext einen anderen Satz an expliziten und impliziten Spielregeln, und damit an Verhaltensskripten für jeden Einzelnen gibt." (Palmowski 2010, 72). Damit ist gemeint, dass zunächst das Verhalten der Kinder und Jugendlichen, die zu uns kommen, für sie selbst durchaus Sinn macht und funktional im jeweiligen Kontext ist. Das bedeutet aber auch, dass das Kind sich vielleicht in einem anderen Kontext, zum Beispiel zu Hause, ganz anders verhält und wahrgenommen wird. Dieses für jeden Kontext abhängige „Verhaltensskript" ist für uns ganz besonders spannend. Wir versuchen zu verstehen, wofür sich das Kind in der Schule oder zu Hause so verhält, wie es sich verhält.

Deswegen bewegen wir uns als Sozialarbeitende der SFK, obwohl wir primär im schulischen Kontext eingesetzt sind, gezielt in anderen Kontexten und Sozialräumen, in denen die Kinder und Jugendlichen „zu Hause" sind. Oft ist es ja eben so, dass wenn das Kind oder der/die Jugendliche einmal erlebt hat, dass sich ein bestimmtes Verhalten als funktional erwiesen hat, durchaus auch in anderen Zusammenhängen funktionieren könnte. Dies kann, muss aber nicht der Fall sein. Das Verhalten als funktional zu erkennen, welches „eingebunden (ist) in implizite und explizite Spielregeln" (ebd.) und dieses dann sprachlich miteinander auszuhandeln ist eine große Herausforderung für alle Beteiligte, bietet aber auch für uns als Sozialarbeitende die Möglichkeit, unser Tun kontinuierlich zu reflektieren. Denn dieser Ansatz schließt uns als Beteiligte am System mit ein und gibt uns so die Möglichkeit, in einem Beziehungsgefüge die Spielregeln im Prozess mit den Kindern und Jugendlichen mitzubestimmen. Denn „nicht nur der individuelle Zustand einzelner Beteiligter ist von Bedeutung, sondern besonders die Beziehung und Wechselwirkung zwischen ihnen" und ist quasi gleichzeitig Ursache und Wirkung – verhält sich also somit zirkulär (Schmidt 2018, 53). Aus konstruktivistischer Sicht gesprochen können wir so also niemals sicher sein, ob es „den faulen Schüler, die störende Schülerin" wirklich gibt – sondern immer nur im Kontext dessen, was wir selbst subjektiv wahrnehmen, und diesem eine bestimmte Bedeutung beimessen. Und, um den Begriff der Zirkularität noch einmal einzubringen, macht es zunächst wenig Sinn, bestimmte Charaktereigenschaften zu definieren, „[…] sondern ihr ‚SoSein' möchten wir als Teil eines Wechselwirkungsprozesses, einer Interaktion in ihrem systemischen Sinnzusammenhang" verstehen lernen (ebd.). Die Frage, die sich in diesem Kontext für uns oft stellt, ist, wer also welches System eigentlich sprengt, wenn man vom Begriff der „Verhaltensstörung" als einem Konstrukt des Beobachters ausgeht: Das Kind das Schulsystem oder das Schulsystem das Kind?

Hier kommt auch das Modell der Salutogenese (*salus* gesund, *genese* Entstehung) des Gesundheitswissenschaftlers Aaron Antonovsky (1923-1994) ins Spiel, wenn wir verstehen wollen, was Gesundheit, also auch psychische Gesundheit, für unsere Kinder und Jugendlichen bedeutet. Drei Grundprinzipien leiten das Schlüsselkonzept der Salutogenese, nämlich „[...] das Kohärenzgefühl, das sich im Laufe des Lebens auf der Basis von Ressourcen entwickelt und aussagt, ob das eigene Leben als verstehbar, bewältigbar und sinnhaft erlebt wird." (Faltermair 2020). Wir versuchen, den Kindern und Jugendlichen wieder zu einem positiven (Schul- und Lebens-)Gefühl und sinnhaften und erfolgreichen Lernsituationen zu verhelfen – sprich, wir versuchen möglichst gelingende Rahmenbedingungen innerhalb, aber auch außerhalb der Schule für die Kinder und Jugendlichen zu schaffen, damit sie ihr Leben verstehen und es selbst sinnhaft gestalten. Das (theoretische) Konzept der Lebensweltorientierung, welches „[...] das Zusammenspiel von Problemen und Möglichkeiten, von Stärken und Schwächen im sozialen Feld (betont) und [...] daraus das Handlungsrepertoire zwischen Vertrauen, Niedrigschwelligkeit, Zugangsmöglichkeiten und gemeinsamen Konstruktionen von Hilfsentwürfen (gewinnt), [...]" (Thiersch/Grunwald/Köngeter 2012, 175), ist ebenso ein Grundstein unserer sozialpädagogischen Arbeit in der SFK. Das Akzeptieren (und Aushalten) der verschiedenen Lebensentwürfe unserer Familien ist zunächst eine wichtige Haltung, die tief von Respekt und Vertrauen zeugt. So ist es ja nicht unbedingt selbstverständlich für die Familien, dass jemand von der Schule zu Hause auftaucht und sich „in ihr Leben einmischt". Schule als solche, ob sie nun positiv oder negativ besetzt ist, ist nach wie vor für die meisten Menschen sehr hochschwellig. Das bedeutet gerade in unserem Kontext, diese Hürden für die Menschen abzubauen, die (Tür-) Schwellen zu ebnen (Inklusion!) und Schule und Soziale Arbeit als Chancen zu verstehen. Statt eine alleinerziehende Mutter mit drei Kindern in die Schule zum Erstgespräch einzuladen, frage ich sie, was für sie und ihre Kinder am besten wäre.

Für mich ist es unabdingbar, Menschen zu akzeptieren, wie sie sind, auch wenn es manchmal schwerfällt. Im Kontext meiner Arbeit sieht das oft so aus, dass ich bei den ersten Terminen mit den Jugendlichen oder ihren Familien einfach da bin. Ich möchte, dass die Menschen spüren, dass ich sie akzeptiere in ihrem So-Sein. Das bedeutet unter Umständen auch mal, wochenlang mit einem Jugendlichen schweigend im Zimmer oder auf einer Parkbank oder mit einer Mutter in einer dreckigen Küche im Chaos zu sitzen und Tee zu trinken. Erst wenn Vertrauen die Basis schafft, kann auch Hilfe angenommen werden: „Denn Hilfe zielt auf Veränderung. Auf der Basis des belastbaren Vertrauens knüpft Hilfe an Chancen an, die in den Ressourcen des sozialen Felds angelegt sind und die im Ineinander-Spiel von Personen und Situationen gegenseitig genutzt werden können." (ebd., 178).

Selbstverständlich haben auch wir in der unserer Arbeit Grenzen, an die wir stoßen. Gerade wenn es um Kindeswohlgefährdung nach SGBVIII § 8a geht, können wir nicht ewig abwarten „und Tee trinken". Trotzdem – und das ist für mich wichtig – habe ich immer den Kontext im Blick und die Frage nach dem

Wofür: hier unterscheide ich zwischen dem Verhalten und der Person. Denn eine Mutter, die ihr Kind schlägt, hat unter Umständen selbst massive Gewalt- oder Überforderungserfahrung gemacht und kann in bestimmten Situationen auf keine anderen Verhaltensweisen zurückgreifen. Deswegen muss sie aber kein schlechter Mensch sein. Das mag vielleicht hart klingen, aber ich bin tief davon überzeugt, dass Menschen grundsätzlich Gutes intendieren. Den Schutzauftrag für unsere Kinder verlieren wir damit nicht aus den Augen. Das obere Ziel ist es natürlich, die Kinder und deren Familien zu stärken. Leider kommt es aber auch vor, dass Kinder in stationäre Einrichtungen wechseln müssen, weil das Familiensystem so ungesund und zerstörerisch ist und sie sich nicht frei ihrer Fähigkeiten entsprechend entfalten dürfen.

Methodisch arbeiten wir mit den Kindern und Jugendlichen innerhalb und außerhalb der Schule ganz nach Maria Montessoris Credo: „Hilf mir, es selbst zu tun". Das Lernen mit Kopf, Herz und Hand (Pestalozzi) zeigt sich in verschiedenen Angeboten und Aktionen: schulisch werden die Kinder intensiv und individuell von meinen Kolleg:innen aus der Förderschule begleitet. Hier geht es um Kulturtechniken wie Lesen, Schreiben und Rechnen, aber auch alle anderen Bereiche, die sich nach dem Bayerischen Lehrplan an Förderschulen richten. Das Entwickeln von sozial- emotionalen Kompetenzen und prosozialem Verhalten steht immer übergreifend als Lernziel, denn der Umgang mit den eigenen Gefühlen und der der anderen ist unabdingbar, um positive und befriedigende Beziehungen aufzubauen, aber sich auch vor Gefahren zu schützen (Petermann et al. 2012, 30). An den Nachmittagen arbeiten die Kinder und Jugendlichen mit uns zusammen auf einem Bauernhof und lernen praktische Dinge wie Holz sägen, Stallarbeit und ökologischen Landbau. Wir lernen mit den Kindern viel über gesunde Lebensweisen und Nahrung: der Apfelsaft wird im Herbst selbst gepresst, das Schulhochbeet liefert das gesamte Jahr Gemüse, Beeren und Obst. Man könnte auch Bildung für eine nachhaltige Entwicklung (BNE) dazu sagen. Das ist ein Konzept, dass 2015 von der UN verabschiedet wurde und in alle Handlungsfelder der Bildung mit einfließen soll. Im letzten Jahr haben wir sogar Hühnereier in einem Brutautomat ausgebrütet (die gesamte Schulfamilie hat online per Livestream zugeschaut!). Sieben kleine Küken schlüpften, für diese wir nun auf dem Hof sorgen. Ebenso gibt es erlebnispädagogische Angebote, die wir Sozialarbeitende mit den Jugendlichen in der Gruppe oder Einzeln durchführen. Hierzu zählen u. a. Klettern, Höhlenbegehungen, Bergwandern, Floßbau, LandArt u. v. m. Auch arbeite ich einzeln mit den Jugendlichen je nach Thema und bediene mich den Methoden aus der (hypno-) systemischen Pädagogik. Wir begeben uns auf Traumreisen, schauen uns das innere Team in Form von Schleich Tieren an, stellen unsere Familie in Form von Holzklötzen auf oder arbeiten mit dem eigenen inneren „WildschweinWolf" in Form eines Kunstprojektes. WildschweinWolf – so nannte ein Jugendlicher seinen inneren Schweinehund, den er beim Klettern zu besiegen versuchte. Die Emotionen, die während der Kletterübung auftauchten, reflektierten wir danach und brachten sie in Form von verschiedenen Farben auf unterschiedliche Leinwände. Den Transfer in sein Leben schafften wir mit der Frage danach, ob er diese Gefühle sonst noch woher aus seinem Leben kannte und wie er in diesen Situationen mit ihnen umging. So konnten wir langsam (es dauerte 6 Wochen) aber sicher diesem Wolf mal ins Gesicht schauen und sagen: Ich kann das allein!

Neben der pädagogischen Arbeit mit den Familien und ihren Kindern und Jugendlichen sowie in der Schule zählt zu unserem Aufgabenbereich ebenso, in Kommunikation mit dem Jugendamt sowie den Leitungsebenen zu stehen, sozialpädagogische Gutachten für Gerichte/Ämter/Schulen zu verfassen und Projektberichte am Ende des Jahres zu schreiben. Hierfür haben wir ein eigenes Büro an der Schule.

Als Unterstützung dient das Konzept der Bayerischen Landesregierung für Sonderpädagogische Stütz- und Förderklassen, welches auf der Seite des Landesjungendamtes abgerufen werden kann. Dies stellt eine Handreichung mit inhaltlichen Grundlagen und praktischen Handlungshilfen für genau solch eine Kooperation von Schule und Jugendhilfe mit dem Förderschwerpunkt Emotionale und Soziale Entwicklung dar. Jede Schule und jede Kooperation wird sicherlich individuell und flexibel an örtliche Begebenheiten angepasst.

Ausschlaggebend für eine erfolgreiche Umsetzung ist meines Erachtens jedoch das Personal und die Art und Weise, wie das Team miteinander kooperiert und kommuniziert: wie können Lehrer*innen, Heilpädagog*innen und Sozialpädagog*innen miteinander im Team, auf Augenhöhe und im Bewusstsein ihrer ganz individuellen Kompetenzen zusammenarbeiten? Wie gelingt eine wertschätzende und respektvolle Kommunikation? Welche zusätzlichen Fähigkeiten und Ressourcen bringen die Beteiligten mit? Wie gelingt ein guter Selbstreflexionsprozess? Wie innovativ und mutig ist das Team im Umgang mit Veränderungen und Krisen wie Digitalisierung, Corona, persönlichen Krisen und Krisen in Familiensystemen? Auch Evaluation und Forschung gehören zu diesem Prozess dazu.

Es wäre wünschenswert, wenn Forschung eine größere Rolle spielen würde: immerhin hat die SFK seit über zehn Jahren einen Projektstatus, der intensiv evaluiert werden sollte: Was hat sich bewährt, was nicht? Spannend wäre auch eine Kooperation mit der Hochschule zum Thema Schule und Soziale Arbeit. Gerade in diesen beiden Berufsfeldern gibt es Spannungen und oft Kommunikationsschwierigkeiten – so könnten Studierenden beider Professionen die Möglichkeit geboten werden, sich besser kennenzulernen. Schule als Innovation zu begreifen beinhaltet meiner Meinung nach auch, sich multiprofessionell und systemisch in diesen Systemen bewegen zu können, um bestmöglichst von Synergien zu profitieren.

Das Anforderungsprofil an Mitarbeitende würde ich wie folgt beschreiben: Das „Standing" als Mensch und Sozialpädagog*in ist meines Erachtens ausschlaggebend, ob und wie Hilfe gelingen kann. Dazu gehört eine ordentliche

Portion Selbstbewusstsein, gute Kommunikations- und Empathiefähigkeit, Offenheit und die Bereitschaft, Neues kennenzulernen.

Frustrationstoleranz, Ambiguitätstoleranz (also das Aushalten von uneindeutigen Situationen), interkulturelle Kompetenz sowie mit Aggressionen, schwierigen belastenden Lebenslagen umgehen zu können, ergänzen das Profil. Weil eng und intensiv im Team gearbeitet wird, sollte man natürlich bereit sein, im Team zu kooperieren. Hard Skills wie handlungsorientierte Pädagogik sind sicherlich ebenso von Vorteil.

Unabdingbar ist es für mich auch, dass das Team bereit ist, an Super- und Intervisionen teilzunehmen sowie sich für Fort- und Weiterbildung zu interessieren. Unser Arbeitsfeld kann schnell frustrierend und belastend werden, deswegen ist es wichtig, in einem besonderen Rahmen über die gemachten Erfahrungen zu reflektieren, sich gegenseitig zu stützen, zu ermutigen und gemeinsam neue Ideen zu entwickeln.

Die Vergütung in dem hier beschriebenen Arbeitsbereich lehnt sich an den TVÖD an bzw. richtet sich nach dem AVR der Diakonie Bayern. Wir Sozialarbeitenden sind in der Entgeltgruppe 10 eingestuft und je nach Erfahrungsstufen beläuft sich das Bruttogehalt bei einer Vollzeitstelle von 39 Stunden auf rund 4345,11 € (E10, St 3, Stand 2023) bzw. noch höher. Jedoch sind die Stellen in der SFK zwar mit zwei Sozialpädagogen besetzt, diese teilen sich aber eine Vollzeitstelle von 40 Stunden (sprich: Jeder arbeitet ca. 20 Stunden plus zusätzlich reingearbeitete Ferienzeiten). Hier liegt das Bruttogehalt dann bei der Hälfte. Aber es gibt einige Besonderheiten wie z. B. eine arbeitgeberfinanzierte Zusatzrente, eine betriebliche Altersvorsorge, Krankengeldzuschuss und vor allem eine Jahressonderzahlung (Weihnachtsgeld) in Höhe von 80 % einer Monatsvergütung. Des Weiteren hat jede*r Mitarbeitende 30 Tage Urlaub, zusätzlich freie Tage (Buß- und Bettag sowie Weihnachten und Silvester), Mitarbeitervergünstigungen bei Corporate Benefits und die Möglichkeit eines Dienstrad-Leasings. Die Schulferien sind grundsätzlich frei, jedoch müssen die Angestellten die Stunden, die zusätzlich als Ferienzeit verrechnet werden, unter der Regelwoche rein arbeiten. Bei einem Arbeitsvertrag von 20 Stunden zum Beispiel rechnet man mit einer Wochenarbeitszeit von ca. 22-24 Stunden. Ich denke, dass die Rahmenbedingungen angemessen sind und vor allem berufstätigen Müttern wie mir einen großen Vorteil aufgrund der freien Ferien bieten.

Die Pandemie zeigte jedoch in einer besonderen Facette die Diskrepanz im Umgang mit Arbeitszeit und Wertschätzung zwischen verbeamteten Kolleg:innen und den angestellten Mitarbeitenden. Leider hat dies nicht unbedingt zu einem konstruktiven Miteinander beigetragen.

Ich finde es spannend, wie anders das Schulsystem gedeutet und gedehnt werden kann – wie Schule eben auch anders gehen kann. Ich bin sehr froh darüber, dass wir einen sehr großen Spielraum diesbezüglich haben, der uns auch zugestanden wird. Jedoch sind auch wir nicht von (frustrierenden) bürokratischen und betriebswirtschaftliche Prozesse ausgenommen – jeder Cent wird geprüft und hinterfragt. Das kann u. U. sehr mühsam werden, vor allem dann, wenn man wie in den vergangenen Corona-Lockdowns auf unkomplizierte Mittel und Wege setzen wollte. Positiv zu vermerken ist jedoch, dass alle Ebenen ein offenes Ohr für unsere Anliegen haben und selbstkritisch bzw. konstruktiv mit Kritik umgehen.

Es ist sehr wertvoll, in einem multiprofessionellen Team zu arbeiten. Nur so kann gute Soziale Arbeit gelingen – wenn wir Professionellen es schaffen, auf Augenhöhe und wertschätzend miteinander umzugehen und nicht in unserer Blase zu verbleiben, sondern auch diese mal „sprengen". Das ist sicherlich nicht einfach, denn auch bei uns gibt es immer wieder Konflikte und Krisen. Vor allem wenn persönliche Belastbarkeit ihre Grenzen findet, ist es oft beschwerlich und zäh im Team – hier wäre es wünschenswert, noch offener, bewusster mit sich selbst und den anderen im Kontakt zu sein, um Lösungen zu finden, die für alle gut sind. Wenn das Team gut funktioniert und eine Basis an Vertrauen da ist, gelingt auch die Arbeit mit den Kindern. Ist das jedoch nicht der Fall, wird die Arbeit im Team relativ schnell zu einer hohen Belastung.

Aber: Das Schöne, das ich immer wieder erlebe, ist, dass die Kinder und Jugendlichen mich daran erinnern, mich selbst wieder zu erinnern: Wofür bin ich in der Welt eigentlich unterwegs? Was möchte ich in dieser Welt bewegen? Wofür (für wen oder was) lerne/arbeite ich? Und wenn man die Kinder und Jugendliche fragt, haben die meist eine genaue Vorstellung von dem, was sie möchten und nicht möchten. Das finde ich toll.

Für Studierende der Sozialen Arbeit und/oder der Förderpädagogik/Heilpädagogik empfehle ich, ein Praktikum in einer SFK zu machen. So bekommt man am ehesten ein Gespür dafür, ob das Arbeitsfeld zwischen Schule und Jugendhilfe etwas ist. Denn – und das darf man nicht vergessen – wir bewegen uns immer zwischen dem einerseits sehr starren Schulsystem aber eben auch dem Auftrag, Schule anders gestalten zu sollen, dürfen und müssen!

1. Welche der hier beschriebenen Arbeitsmethoden wären Ihrer Meinung nach ebenso für den Regelschulalltag dringend notwendig?
2. Wenn Sie an Ihre Schulzeit denken – was haben Sie vermisst? Wo sind Sie an Grenzen gestoßen? Wo und von wem haben Sie Unterstützung erfahren, sodass Sie die Krise bewältigen konnten? Wer hat maßgeblich dazu beigetragen, dass es Ihnen in der Schule gut bzw. nicht gut ging?

Quellen

Faltermair, T. (2020): Salutogenese. Bundeszentrale für gesundheitliche Aufklärung. https://leitbegriffe.bzga.de/alphabetisches-verzeichnis/salutogenese/ (abgerufen am 16.09.2021)

Palmowski, W. (2010): Nichts ist ohne Kontext. Systemische Pädagogik bei „Verhaltensauffälligkeiten". 2. Auflage. modernes Lernen. Basel.

Schmidt, G. (2018): Einführung in die hypnosystemische Therapie und Beratung. 8. Auflage. Carl Auer. Heidelberg.
Thiersch, H./Grunwald, K./Köngeter, S.(2012): Lebensweltorientierte Soziale Arbeit. In: Thole, W. (Hrsg.) (2012): Grundriss Soziale Arbeit. Ein einführendes Handbuch. 4. Auflage. VS. Wiesbaden.

Soziale Arbeit in der Jugendberufshilfe

Claudia Gernand

Im ersten Band habe ich einen beispielhaften Tag als Sozialpädagogin in einem sogenannten „Individuellen Aktivcenter" geschildert. In dieser vom Jobcenter geförderten Maßnahme zur Aktivierung und beruflichen Eingliederung unterstütze ich junge Menschen in problembehafteten Lebenssituationen darin, diese für sich zu verbessern und eine passende Berufsausbildungsstelle oder auch Erwerbsarbeit zu finden. Damit lässt sich meine Tätigkeit einem Praxisfeld zuordnen, das nicht nur außenstehenden Personen, sondern auch dort tätigen Fachkräften oftmals unübersichtlich oder sogar verwirrend vorkommt. Auch ich habe nach über 20 Jahren Erfahrung manchmal noch Probleme, mich zurecht zu finden. Bereits auf der Ebene der Kommune, in der ich arbeite, ist die Landschaft der angebotenen Projekte und Maßnahmen im Übergang Schule-Beruf kleinteilig und im ständigen Wandel. Das Praxisfeld wird daher zutreffend als „Förderdschungel" (Enggruber/Fehlau 2018, 16) bezeichnet. Das liegt in erster Linie an unterschiedlichen rechtlichen Grundlagen und Förderbedingungen. Zur Verwirrung tragen auch unterschiedliche Bezeichnungen bei. Mal ist von „Benachteiligtenförderung" die Rede, dann wieder vom „Übergangssystem" oder von der „Jugendberufshilfe" (Zöller 2015, 15). Mein Beitrag soll dazu beitragen, diese Verwirrung durch Einblicke in mein Praxisfeld ein wenig aufzulösen.

Ich verwende den Begriff Jugendberufshilfe im Sinne von Ruth Enggruber und Michael Fehlau (2018). Sie verstehen darunter „alle sozialpädagogisch begleiteten Angebote, die – unabhängig von ihren jeweiligen rechtlichen Grundlagen – vor allem als benachteiligt oder potenziell benachteiligt geltende junge Menschen bei ihrem Übergang von der Schule in eine Berufsausbildung, während ihrer Ausbildung und/oder beim Übergang in Erwerbsarbeit unterstützen" (ebd., 14). Anders gesprochen, überall dort, wo Fachkräfte Sozialer Arbeit mit ihrem fachlichen Wissen und Können daran beteiligt sind, mit Jugendlichen und jungen Erwachsenen individuell passende Wege in die Arbeitswelt zu finden, wird Jugendberufshilfe geleistet. Die Maßnahme, in der ich momentan arbeite, bildet nur einen sehr kleinen Ausschnitt davon ab. Für ein umfangreicheres

Bild möchte ich zunächst eine grobe Systematik zu den vielfältigen Aufgabenbereichen des Praxisfeldes skizzieren. Dann gehe ich näher auf die rechtlichen und organisatorischen Rahmenbedingungen ein. Im Anschluss daran geht es um ‚unsere' Adressat*innen und fachliche Aspekte. Nach Überlegungen zum beruflichen Anforderungsprofil in der Jugendberufshilfe reflektiere ich mich kritisch in meiner Tätigkeit.

Zum besseren Verständnis möchte ich zuallererst das unübersichtliche Praxisfeld ein wenig nach den wichtigsten Aufgabenbereichen ordnen. Ich folge dazu der zeitlichen Abfolge von Schulbesuch, Berufsausbildung und Erwerbsarbeit, an der sich vier wesentliche Bereiche ausrichten lassen. Der erste Bereich, der am frühesten einsetzt und in den letzten Jahren erheblich ausgeweitet wurde, umfasst Programme zur *Berufsorientierung* an inzwischen allen Formen allgemeinbildender Schulen, an der wiederum alle Schüler*innen der siebten oder achten Klassen teilnehmen (müssen). Damit sollen sie unterstützt werden, einen Beruf zu finden, der ihren Talenten und Interessen entspricht. Der zweite Bereich beginnt ebenfalls bereits in der Schule. Mit einer *Übergangsbegleitung*, z. B. einer Berufseinstiegsbegleitung, werden benachteiligte Jugendliche über zwei Jahre lang bereits ab der Vorabgangsklasse individuell darin unterstützt, ihren Schulabschluss zu bewältigen, sich beruflich zu orientieren, einen Ausbildungsplatz zu finden und auch zu behalten. Der dritte Bereich der *Berufsvorbereitung* richtet sich mit seinen vielen unterschiedlichen Maßnahmen an Jugendliche und junge Erwachsene, die zwar mit der Schule fertig, jedoch ausbildungslos geblieben sind. Das Individuelle Aktivcenter, in dem ich arbeite, lässt sich diesem Bereich zurechnen. Maßnahmen dieser Art führen nicht zu einem anerkannten Berufsabschluss, sondern sollen die Chancen auf einen Ausbildungsplatz verbessern. Der vierte Bereich umfasst verschiedene Angebote im Bereich der *Ausbildungsförderung*, mit denen die jungen Menschen entweder vollständig außerbetrieblich ausgebildet werden oder lediglich fachtheoretische ‚Nachhilfe' und sozialpädagogische Begleitung zur Bewältigung ihrer betrieblichen Berufsausbildung erhalten.

Neben diesen vier skizzierten Bereichen der Berufsorientierung, Übergangsbegleitung, Berufsvorbereitung und Ausbildungsförderung gibt es noch einen weiteren, der erst seit wenigen Jahren gesetzlich im Sozialgesetzbuch (SGB) II besteht und darauf abzielt, sogenannte entkoppelte Jugendliche (wieder) an das Hilfesystem heranzuführen. Die Bildungsstätte, in der ich arbeite, bietet eine solche Leistung an. Generell lässt sich sagen, dass die Bildungseinrichtungen der Jugendberufshilfe in vielen Fällen Maßnahmen aus mehreren Bereichen bereithalten. Dies gilt auch für meinen Träger, der mehrere Standorte hat. Wie aber kann man sich so eine Einrichtung bildlich vorstellen? Das möchte ich im Folgenden schildern.

Konkret befindet sich mein Arbeitsplatz in einer sogenannten Bildungsstätte. Sie umfasst Räumlichkeiten für verschiedene Nutzungen. Beginnen wir mit dem Büro, dem Ort der Sozialpädagog*innen, an dem die neu zugewiesenen Teilnehmer*innen zuerst empfangen werden. Hier werden auch die Anliegen, Sorgen und Nöte der anwesenden Jugendlichen besprochen. Die Tür lassen wir absichtlich meist offenstehen, um die Hemmschwelle zum Hereinkommen zu senken. Wenn Teilnehmer*innen kommen, setzten sie sich in einen Sessel oder ein Sofa und sprechen mit uns. Auch unser wichtigstes Arbeitsmittel befindet sich hier, der Computer. Mit ihm sind Berge von Dokumentationen einschließlich Anwesenheitslisten, Kompetenzbilanzierungen, Projektbeschreibungen, Gesprächsprotokollen, Zwischen- und Abschlussberichten sowie Materialabrechnungen abzuarbeiten. Auch in unserem Arbeitsfeld schreitet die Digitalisierung unaufhaltsam voran. Wichtig ist auch das Telefon, mit dem ich mich mit Sachbearbeiter*innen des Jobcenters, Betrieben, anderen Hilfseinrichtungen und vielen weiteren Netzwerkpartner*innen austausche.

Ein weiterer bedeutsamer Raum ist die Küche, in der wir mit einem Teil der Teilnehmer*innen Mahlzeiten zubereiten oder auch für Geburtstage Kuchen backen können. Das Thema ‚Gesunde Ernährung' ist zudem ein Teilprojekt einiger Maßnahmen. Weiterhin gibt es Werkstätten, in denen an Projekten in den Berufsfeldern Farbe/Raumgestaltung und Holzverarbeitung gearbeitet wird. Sie sind dazu mit den dafür notwendigen Maschinen, Werkzeugen und Materialien ausgestattet. Derartige Projektarbeiten sind vor allem fester Bestandteil in berufsvorbereitenden Maßnahmen. Hier agieren auch unsere handwerklichen Anleiter. Die angefertigten Produkte schmücken die Wände und Abstellflächen der gesamten Bildungsstätte, wenn sie nicht mitgenommen werden.

Um nach freien Ausbildungs- oder Arbeitsplätzen, aber auch Rezepten, Ideen für die Werkstattarbeit und das Anfertigen von Bewerbungsunterlagen recherchieren zu können, steht ein großer Raum mit mehreren PCs und einem Drucker zur Verfügung. Hier gibt es auch einen großen Tisch, der für Gesellschaftsspiele in den Pausen oder auch mal ein Nähprojekt genutzt wird. Um in Ruhe am Computer arbeiten zu können, z.B. um einen digitalen Einstellungstest zu absolvieren, können Teilnehmer*innen einen weiteren PC-Raum nutzen. Uns steht auch ein kleiner Besprechungsraum zur Verfügung, z.B. für Einzelarbeit in der Aufholung von versäumtem Schulstoff. In die einzelnen Räume gelangt man durch einen langen Flur, in dem ein großes Sofa steht, denn ‚chillen' hat auch manchmal seinen Wert. Bei schönem Wetter kann man auch draußen sitzen, essen, trinken, miteinander reden oder die Tischtennisspieler*innen anfeuern.

Die meisten Bildungsstätten, die ich in meinem Berufsleben kennengelernt habe, sahen ähnlich aus. Sie zeigen sich fast immer als einzigartige Mischung aus Beratungs- und Bildungseinrichtung, Fabrik und Jugendclub. Dieser bisweilen rustikale Mix macht aus meiner Sicht einen besonderen Reiz des Praxisfeldes aus.

Da ich nun die Bildungseinrichtung geschildert habe, in der ich konkret arbeite, möchte ich die Rahmenbedingungen meiner Tätigkeit kurz näher vorstellen, zunächst diejenigen der Organisation. Mein Träger führt als eine Art Gemischtwarenladen verschiedene sozialpädagogisch begleitete Maßnahmen für junge Menschen unter 25 Jahren und solche für ältere Erwachsene durch. Andere Bildungsträger sind nur auf die junge oder ältere Altersgruppe spezialisiert. Es handelt sich weiterhin um einen freien Träger, der diese Maßnahmen im Auftrag des Jobcenters oder der Bundesagentur für Arbeit als öffentliche Träger umsetzt. Als Organisation mittlerer Größe ist er – wie die Mehrzahl der freien Träger der Jugendberufshilfe – eine gemeinnützige GmbH mit der Besonderheit von drei mittelgroßen Städten als Gesellschafter. Es gibt sowohl kleinere und lokale als auch deutlich größere Träger, die bundesweit mit zahlreichen Standorten vertreten sind. Als kommunale Einrichtung übernimmt er Aufgaben der Jugendhilfe, indem er arbeitsweltbezogene Maßnahmen der Jugendsozialarbeit nach § 13 SGB VIII anbietet. Diese richten sich an sozial benachteiligte und individuell beeinträchtige Jugendliche, die besondere sozialpädagogische Unterstützung bei der beruflichen Integration benötigen. In diesem Fall werden die Angebote vom Jugendamt gefördert.

An dieser Stelle zeigen sich die verschiedenen rechtlichen Grundlagen der Jugendberufshilfe, die das Praxisfeld so verirrend machen. Zu dessen Besonderheiten gehört, dass die Maßnahmen teilweise aus dem SGB VIII, also der Kinder- und Jugendhilfe, in weit größerem Umfang jedoch von der Arbeitsverwaltung gefördert werden. Diese lässt sich wiederum in Jobcenter und Bundesagentur für Arbeit unterscheiden. Im Unterschied zum SGB VIII, in dem die Förderung der Persönlichkeitsentwicklung der Jugendlichen im Vordergrund steht, geht es in der Grundsicherung für Arbeitssuchende (SGB II) um die Beendigung der Hilfebedürftigkeit und in der Arbeitsförderung (SGB III) vorrangig um die Aufnahme einer Berufsausbildung oder Erwerbsarbeit. Um das Ganze noch komplizierter zu machen, gibt es auch kombinierte Förderarrangements. Darüber hinaus existieren Projekte, die aus Bundes- oder Landesmitteln oder solchen der Europäischen Union finanziert werden. Um hier einen Überblick zu behalten, ist es wichtig, die gesetzlichen Rahmenbedingungen zu kennen und zu wissen, worin sie sich unterscheiden und – dies ist noch entscheidender – was dies für die Unterstützung der jungen Menschen bedeutet, die zu uns kommen. Diese möchte ich nun ein wenig näher vorstellen.

Selbstverständlich handelt es sich um Individuen mit jeweils einzigartiger Persönlichkeit und Lebensgeschichte. Ich versuche dennoch, so etwas wie Gemeinsamkeiten zu finden. Was macht sie als Adressat*innen aus? Für eine Antwort knüpfe ich noch einmal an meine obige Darstellung der verschiedenen Arbeitsbereiche der Jugendberufshilfe an. Auffallend daran ist, dass sich nur Programme zur Berufsorientierung auch an Schüler*innen richten, die eine Hochschulreife anstreben und mehrheitlich studieren wollen. Solche junge Menschen stellen in den anderen Bereichen eine seltene Ausnahme dar. Einer von mehreren Gründen dafür liegt wohl darin, dass ein Studium nicht denselben Zugangsbedingungen unterliegt wie eine duale Berufsausbildung. Während ein (Fach-)Abiturzeugnis einen – wenngleich nicht immer den gewünschten – Studienplatz nahezu garantiert, entscheidet ein Ausbildungsbetrieb in erster Linie nach marktwirtschaftlichen Kriterien, ob er eine Bewerber*in einstellt oder nicht. Wer z. B. keinen oder einen zu niedrigen und zudem noch ‚schlechten' Schulabschluss vorweisen kann, eine Förderschule besucht hat oder – auch noch zusätzlich – einen Namen trägt, der als ‚ausländisch' interpretiert wird, geht im Konkurrenzkampf dann vielfach leer aus und gilt als benachteiligt. Hinzu kommen psychosoziale und gesundheitliche Belastungen.

Die meisten unserer Teilnehmer*innen leben in Verhältnissen, die als armutsgefährdet gelten können. Sie beziehen staatliche Leistungen (‚Hartz IV'). Oft leben sie in einer Bedarfsgemeinschaft. Das heißt für sie, dass ihre finanziellen Spielräume sehr eng sind. Sie können damit nur in geringem Maße am gesellschaftlichen Leben teilnehmen. Als Beispiel sei hier der Erwerb eines Führerscheins genannt, der ihr finanzielles Budget weit überschreitet. Lebensmittel von der Tafel sowie Kleidung und gebrauchte Möbel aus einem Sozialkaufhaus sind zwar erschwinglich, aber welcher junge Mensch möchte buchstäblich nur in Second-Hand-Verhältnissen leben? Diese Jugendlichen verstehe ich als benachteiligt. Dabei ist mir bewusst, dass ich einen negativ behafteten Begriff nutze. Ich berufe mich jedoch auf Ulrike Zöller (2015, 15 f.), die deutlich macht, dass Benachteiligung nicht als individualisierende Zuschreibung im Sinne defizitärer Eigenschaften der jungen Menschen verstanden werden soll, sondern um gesellschaftlich ungleiche und ungerechte Rahmenbedingungen zu kennzeichnen.

Angesichts sozial ungleich verteilter Chancen auf Teilhabe an Berufsausbildungen und Erwerbsarbeit kommt ein Selbstverständnis Sozialer Arbeit ins Spiel, die sich als Profession ethischen Werten im Sinne der Förderung sozialer Gerechtigkeit verpflichtet sieht. Wenn ich mich allerdings danach frage, welche entsprechende Philosophie die Praxis in der Jugendberufshilfe allgemein oder – spezifischer betrachtet – mich und meine Kolleg*innen leitet, muss ich leider feststellen, dass es keine gemeinsame Verständigung über eine ethische Rahmung gibt. Ein explizit geäußertes Selbstverständnis als Menschenrechts- oder Gerechtigkeitsprofession ist mir noch nicht begegnet. Uns eint allerdings der Gedanke, im bestmöglichen Sinne unserer jungen Adressat*innen zu handeln und ihnen nicht zu schaden. Wir wollen ihre Lebensperspektiven erweitern, nicht einschränken. Das gemeinsame Bemühen, ihnen Teilhabe an beruflicher Bildung und Erwerbsarbeit zu ermöglichen, ließe sich so als Herstellung von sozialer Gerechtigkeit sehen. Aber auch ohne den klaren Bezug zu einem professionsethischen Konzept wird uns immer wieder deutlich, in welchem dauerhaften Spagat wir uns als lebensweltorientiert arbeitende Sozialpädagog*innen bewegen müssen. Unser fachliches Anliegen ist es, den Teilnehmer*innen einen aus ihrer Sicht gelingenderen und selbstbestimmteren Alltag zu ermöglichen. In den Maßnahmen der Arbeitsverwaltung wird dieser Anspruch jedoch mit dem sehr engen arbeitsmarktorientierten Zuschnitt immer wieder ausgebremst. Auf dieses Dilemma möchte ich nun näher eingehen, da es aus meiner Sicht typisch für die Jugendberufshilfe ist.

In einer Gesellschaft wie in Deutschland, in der eine gelingende Lebensführung in hohem Maße von einem beruflich erzielten Einkommen abhängig gemacht wird, erscheint das vorrangige Ziel einer Vermittlung in eine Berufsausbildung oder Erwerbsarbeit zunächst sinnhaft. Den jungen Menschen wird auf diese Weise eine Perspektive eröffnet, mittels beruflicher Qualifikation und entsprechend entlohnter Erwerbsarbeit ein selbstbestimmteres Leben zu führen. Das Praxisfeld mit seinen vielen Angeboten kann in diesem Zusammenhang als gesellschaftliche Reaktion auf das Problem der Jugendausbildungslosigkeit verstanden werden, die sich seit den 1970er Jahren regelrecht verfestigt hat.

Auf den zweiten Blick zeigen sich hingegen Probleme. Zum einen gelingt es uns in der Jugendberufshilfe nicht, allen teilnehmenden jungen Menschen eine Ausbildungsstelle oder Erwerbsarbeit zu verschaffen. Zum anderen hat sich das Dilemma, das ich angesprochen habe, noch verschärft, seit die Regierung Schröder ab 2003 mit der Agenda 2010 den ‚aktivierenden Sozialstaat' ausrief und betonte, dass es kein Recht auf Faulheit im Sinne einer staatlich alimentierten sozialen Hängematte gebe. Im Jahr 2005 trat das SGB II, im Volksmund auch ‚Hartz Vier' genannt, als deutlichster Ausdruck der aktivierenden Arbeitsmarktpolitik in Kraft. Die Bezeichnung meiner Maßnahme als Aktivcenter spiegelt diese Förderlogik wider. Davon sind die jungen Menschen in unseren Maßnahmen in besonderer Weise betroffen, denn mit dem Grundsatz des Förderns und Forderns im SGB II müssen sie dem Jobcenter nachweisen, dass sie sich aktiv um ein Ende ihrer Hilfebedürftigkeit bemühen. Tun sie das nicht, werden sie notfalls mit der Androhung von Leistungskürzungen dazu ‚aktiviert'. Der geforderte Besuch einer Fördermaßnahme findet dann unter einem berufsethisch höchst fragwürdigen Sanktionsdruck statt. In den Angeboten der arbeitsweltlichen Jugendsozialarbeit nach § 13 SGB VIII gibt es diese Sanktionen nicht.

Im Zusammenhang mit der Agenda 2010 hat sich nach meiner Beobachtung verstärkt ein Denken eingeschlichen, das den jungen Menschen die alleinige Schuld gibt, wenn sie im Übergang von der Schule in den Beruf bzw. an den Zielen der Maßnahmen scheitern. Sie haben sich dann trotz Förderangebot nicht genügend angestrengt und ihre Chance nicht genutzt. Die negativen Konsequenzen sind in dieser Logik dann als selbstverschuldet gerechtfertigt. Die gesellschaftlichen Bedingungen sozialer Ungleichheit, auf die der Benachteiligungsbegriff abzielt, geraten so jedoch aus dem Blick.

Ein weiteres Problem liegt darin, dass der Erfolg unserer Arbeit in Maßnahmen nach SGB II und III vor allem daran festgemacht wird, dass wir die jungen Menschen in eine Berufsausbildung oder wenigstens in Erwerbsarbeit vermitteln. Bleiben wir hinter den Erwartungen zurück, könnte es passieren, dass wir keine neue Maßnahme vom Jobcenter erhalten. Hier müssen wir uns der lauernden Gefahr entgegenstemmen, uns als Fachkräfte nicht selbst zu ‚aktivieren', alle Anstrengungen nur in die Erfüllung guter Vermittlungsquoten zu stecken, ohne genügend Rücksicht auf die individuellen Interessen und Bedürfnisse der Adressat*innen zu nehmen.

Zu den problematischen Veränderungen gehört auch, dass die Maßnahmen im Übergang Schule-Beruf öffentlich ausgeschrieben werden. Die Bildungsträger werden so in einem preislichen Konkurrenzkampf ebenfalls ‚aktiviert', ihre Leistungen so günstig wie möglich anzubieten. Die Folge sind massive Veränderung im Praxisfeld. Wirtschaftlichkeit wird zum maßgeblichen Faktor. ‚Teure' Träger mit langjähriger Erfahrung und guter Ausstattung schließen oder müssen sich verkleinern. Billiganbieter erobern den Markt, Personal wird freigesetzt, die Löhne fallen, langjährig aufgebaute Netzwerke und wertvolles Erfahrungswissen gehen verloren. Die hohe Fluktuation von Mitarbeiter*innen, auch von Sozialpädagog*innen, wird zum Problem, denn unsere Adressat*innen erleben vermehrt Beziehungsabbrüche.

Alle diese Rahmenbedingungen stehen in Konflikt mit den Wertvorstellungen einer fachlichen Sozialen Arbeit, in der die jungen Menschen mit ihren ganz individuellen Wünschen und Problemen im Zentrum stehen müssten. Hier muss ich selbstkritisch anmerken, dass ein gemeinsam getragenes ethisches Grundverständnisses unserer Arbeit ungemein hilfreich und notwendig wäre, um sich Fehlentwicklungen entgegenzustellen. Dies gilt auch, obwohl sich die Lage ein wenig zu entspannen scheint. Die fallenden Löhne wurden tariflich durch einen pädagogischen Mindestlohn zumindest wieder etwas stabilisiert. Der Monatsverdienst nach diesem Tarif liegt zurzeit im Jahr 2021 bei ca. 2650 € brutto. Das ist nicht gerade üppig. Es gibt aber immer noch Bildungsträger, die höhere Löhne in Anlehnung an den öffentlichen Dienst zahlen. Nach einem Urteil des Bundesverwaltungsgerichts vom 5. November 2019 ist zu erwarten, dass die Sanktionspraxis der Jobcenter gerade für junge Menschen deutlich milder wird. Davor waren auch unter bestimmten Bedingungen Kürzungen aller Leistungen auf null möglich. Junge Menschen, die von dieser immensen Zumutung betroffen waren, haben nicht einmal mehr Mietkosten erhalten.

Generell bleibt abzuwarten, wie sich insbesondere der gesamte Bereich der Grundsicherung für Arbeitssuchende weiterentwickeln wird. Ich habe es bereits am Beginn dieses Beitrags geschrieben: Das Praxisfeld der Jugendberufshilfe befindet sich in ständiger Veränderung. Insofern ist auch mein Text eine Momentaufnahme. Das zeigt aber auch die Notwendigkeit, sich immer mit Blick auf rechtliche Veränderungen, aber auch zu aktuellen Forschungsergebnissen und Handlungsempfehlungen zu guter Praxis auf dem Laufenden zu halten. Eine gute Übersicht bietet z. B. das Fachportal www.ueberaus.de des Bundesinstituts für Berufsbildung. Ein interessanter Forschungsansatz findet sich in der sozialpädagogischen Nutzer*innenforschung. Damit wird konsequent danach gefragt, was jungen Menschen die Teilnahme an einem Angebot Sozialer Arbeit, z. B. in der Jugendberufshilfe, eigentlich bringt (van Rießen 2016). Ein zentrales Ergebnis ist, dass die jungen Menschen dann einen Nutzen im Maßnahmenbesuch sehen, wenn sie als selbstbestimmte Individuen ernst genommen und konsequent an allen Entscheidungen beteiligt werden, die sie selbst betreffen.

Ich komme damit zu der Frage, wie wir mit unseren Teilnehmer*innen geplant und zielgerichtet arbeiten bzw. wie wir methodisch handeln. Das ist nicht einfach zu beantworten. Wenn ich das ‚klassische' Methodenverständnis Sozialer Arbeit heranziehe, kann von einer Einzelfallhilfe gesprochen werden. Die Jugendlichen sind zwar zu mehreren in meiner und anderen Maßnahmen, manchmal arbeiten wir auch mit ihnen als Gruppe zusammen. Größtenteils geht es aber um Unterstützung in Form von Gesprächen und Einzelarbeit. In der aktuelleren Methodendebatte Sozialer Arbeit wird hingegen nicht mehr von Methoden, sondern von methodischem Handeln gesprochen. Darunter werden kontextabhängige Vorgehensweisen bzw. Verfahren im Zusammenhang mit einem übergeordneten Begründungskonzept und ausdifferenzierten Techniken verstanden. Als Konzept ließen sich am ehesten die Handlungsvorgaben der Arbeitsverwaltung finden, die die Ausgangsprobleme und insbesondere die beruflichen Integrationsziele bestimmen. Allerdings handelt es sich dabei nicht um ein Konzept Sozialer Arbeit, zumal keine Aushandlung über die Ziele vorgesehen ist. Partizipation gilt jedoch aus fachlicher Perspektive als methodisches Leitprinzip.

Ein angemesseneres Konzept finde ich für mich daher eher in den theoretisch begründeten Leitorientierungen meiner systemischen Ausbildung. Ein Verfahren wie eine Beratung stellt demnach „weder eine unmittelbare wissenschaftsgeleitete Anwendung systemtheoretischer Konzepte noch einen rein handwerklichen Satz von Techniken dar. Zwischen beides treten die *Person* des systemisch Arbeitenden sowie der *Kontext*, in dem systemisch gearbeitet wird. Beides wird miteinander verbunden durch eine Reihe grundlegender, das konkrete Handeln inspirierender Prämissen und Haltungen" (von Schlippe/Schweitzer 2002, 116). Ich möchte betonen, dass systemisches Arbeiten in diesem Verständnis nur eines von vielen Handlungskonzepten darstellt. Daher tue ich mich schwer, konkrete methodische Verfahren zu schildern, weil es ‚das' Verfahren und ‚die' Techniken nicht gibt. Mir scheint bedeutsamer, kreativ mit den Teilnehmer*innen methodisches Handeln zu ‚erfinden', das ihren individuellen Ausgangssituationen, Bedürfnissen und Zielen jeweils entspricht.

Welche Fähigkeiten sollten für die Soziale Arbeit in der Jugendberufshilfe mitgebracht werden? Wenn ich mir den oder die ‚ideale' Kolleg*in basteln könnte, wünsche ich mir zuerst einmal ein hohes Maß an Sozial- und Selbstkompetenzen. Für unverzichtbar halte ich die Fähigkeit, sich im eigenen Menschenbild und Handeln systematisch und kritisch zu reflektieren. Ich wünsche mir ein Wissen um ‚sich selbst', eine Bewusstheit über eigene Normalitätsvorstellungen, Werte und Grenzen. Für grundlegend erachte ich die Kompetenz, sowohl Kritik von Teilnehmer*innen und Kolleg*innen annehmen und berücksichtigen zu können als auch hilfreiche Kritik zu äußern.

Weniger als eine Fähigkeit als eine grundlegende Haltung sehe ich eine wertschätzende und respektvolle Haltung als unumgänglich an. Ich wünsche mir in diesem Zusammenhang Akzeptanz oder wenigstens Toleranz von Diversität wie z. B. von unorthodoxen Lebensvorstellungen, sexuellen Orientierungen und religiösen Überzeugungen. Selbstverständlich ist Empathie wesentlich, um vertrauensvolle Beziehung stiften zu können.

In den meisten Maßnahmen sind multiprofessionelle Teams tätig. Sozialpädagog*innen arbeiten oft mit Ausbilder*innen und Lehrkräften zusammen. Das kann aufgrund unterschiedlicher Berufskulturen durchaus turbulent werden. Vielfach gibt es unterschiedliche Vorstellungen, zum Beispiel zu Pünktlichkeit oder Arbeitsmotivation der Teilnehmer*innen. Hier ist Teamfähigkeit gefragt, genauso wie Kooperations- und Kompromissbereitschaft.

Das Praxisfeld zeichnet sich dadurch aus, dass wir mit sehr vielen unterschiedlichen Menschen kommunizieren müssen. Neben den Teilnehmer*innen sind es die Mitarbeiter*innen der Arbeitsverwaltung oder Jugendämter, Lehrer*innen und Schulleiter*innen, betriebliche Akteur*innen, Eltern, Lebenspartner*innen oder Freunde der Adressat*innen. Vielfach ist es auch notwendig, sich mit anderen medizinischen und psychosozialen Dienste auszutauschen (z. B. Betreutes Wohnen, Schuldnerberatung, Therapeut*innen, Bewährungshilfe). Hier ist die Fähigkeit unerlässlich, für die Kommunikation mit diesen unterschiedlichen Personen eine angemessene Sprache zu finden, dabei oftmals diplomatisch zu bleiben und gelegentlich auch in einem anwaltschaftlichen Verständnis Partei für Teilnehmer*innen zu ergreifen.

Wie bei allen beruflichen Tätigkeiten in der Sozialen Arbeit ist das im Studium erlernte theoretische Wissen ein unumgängliches Fundament. Wissenschaftliche Theorien und Forschungsergebnisse sollten herangezogen werden können, um die eigene Praxis fachlich zu gestalten und kritisch zu reflektieren. Eigene theoretische Annahmen bzw. Arbeitshypothesen sollten fundiert gebildet und überprüft werden können, im besten Fall gemeinsam mit den Adressat*innen.

Alle diese Fähigkeiten sind nicht naturwüchsig gegeben. In den ersten Jahren meiner Tätigkeit in diesem Berufsfeld musste ich mich zum Beispiel erst einmal intensiv in die Gesetzgebung der Arbeitsverwaltung einarbeiten, zu denen ich im Studium nichts gelernt habe. Zunächst war mir auch der Umgang mit jugendlichen Teilnehmer*innen fremd. Ich habe mich also intensiv mit ihren Vorstellungen, Wünschen und Eigenarten auseinandergesetzt. Ich wurde immer wieder in neuen Maßnahmen eingesetzt. Die damit geforderte Flexibilität fiel mir nicht sonderlich schwer, eine Herausforderung war es trotzdem. Schwer fielen mir hingegen die Umstellungen in meinem Arbeitsbereich, die mit den sozialgesetzlichen Reformen in Gestalt des SGB II und III massiv ab 2005 einsetzten. Der zugespitzte Vermittlungsauftrag und die Unruhe, die durch die öffentliche Vergabe der Maßnahmen in Ausschreibungsverfahren einsetzte, nährte die ständige Sorge, zu einer reinen Vermittlungsfachkraft degradiert zu werden und Maßnahmen an günstigere Konkurrenten zu verlieren. Wenn dies passierte, bedeutete dies, sich von langjährigen Kolleg*innen zu verabschieden, mit dem Büro umzuziehen, usw.

Da ich nicht nur sozialpädagogisch in den letzten 22 Jahren tätig war, sondern 14 Jahre davon zusätzlich eine Bildungsstätte geleitet habe, kamen noch wesentlich mehr Aufgaben hinzu. Ich musste z. B. die Mitarbeiter*innen eines multiprofessionellen Teams führen. Zusätzlich drückte die ökonomische Verantwortung. Letztendlich musste ich sicherstellen, Maßnahmen zu gewinnen, um unsere Arbeitsplätze zu erhalten. Das hieß, sehr schnell lernen zu müssen, wie pädagogische Konzeptionen im Rahmen des Ausschreibungsverfahrens geschrieben werden. Ich erwähne hier meine Leitungsfunktionen deshalb, weil es im Bereich des Möglichen liegt, als Sozialpädagog*in eine solche Aufstiegsmöglichkeit zu bekommen. Oft war diese Doppelbelastung sehr anstrengend. In Zeiten von Überlastung musste ich sehr aufpassen, nicht zu ungeduldig mit den jungen Menschen zu werden. Zum Glück kann ich mich entschuldigen, wenn ich mich ungerecht verhalten habe.

Nicht sehr leicht gefallen ist mir das Erlernen neuer Computerprogramme, die in den letzten 20 Jahren mit Macht in unsere Büros eingezogen sind. Zu einem regelrechten Zeitfresser wurde die Förderdokumentation in digitaler Form, die nach genauen Vorgaben der Arbeitsverwaltung geleistet werden muss. Vielleicht liegt es auch an meinem Alter, dass ich im Umgang mit diesen digitalen Techniken nicht mehr so flexibel bin. Meine individuelle Lösung dieses Problems bestand darin, einen Teil der Dokumentationsaufgaben am Computer an einen jüngeren Kollegen ‚abzuschieben'. Ich denke aber mit Blick auf jüngere Kolleg*innen, dass eine kompetente Aneignung digitaler Arbeitsinstrumente und die kritische Auseinandersetzung mit Veränderungen, die damit einhergehen könnten, in Zukunft immer wichtiger werden.

Insgesamt sehr hilfreich für meine Arbeit mit den jungen Menschen sind Fähigkeiten, die ich mir in meiner berufsbegleitenden Ausbildung zur Systemischen Familienberaterin und -therapeutin angeeignet habe. Durch sie habe ich noch einmal konkret erfahren, was Wertschätzung wirklich bedeutet und was es heißt, Möglichkeitsräume zu erweitern und in Hypothesen zu denken. Das heißt, etwas könnte in einer bestimmten Weise der Fall sein – es könnte aber auch alles ganz anders sein!

Da das Verfassen dieses Artikels fast anderthalb Jahre zurückliegt, wurde zwischenzeitlich wieder eine Veränderung in der Gesetzgebung vorgenommen. Wie in den Medien geschildert wurde, hat die SPD ihr Hartz-IV-Trauma überwunden. Statt Hartz IV ist es nun das „Bürgergeld". Inwiefern ist dies eine tatsächliche Änderung zugunsten der davon abhängigen Bürger/Jugendlichen?

Quellen

Enggruber, Ruth/Fehlau, Michael (2018): Zielsetzungen und Aufbau des Lehrbuchs. In: Enggruber, Ruth/Fehlau, Michael (Hrsg.): Jugendberufshilfe. Eine Einführung. Stuttgart: Kohlhammer, 13-22.
van Rießen, Anne (2016): Zum Nutzen Sozialer Arbeit. Theaterpädagogische Maßnahmen im Übergang zwischen Schule und Erwerbsarbeit. Wiesbaden: Springer VS.
von Schlippe, Arist/Schweitzer, Jochen (2002): Lehrbuch der systemischen Therapie und Beratung, 8. Auflage. Göttingen: Vandenhoeck & Ruprecht.
Zöller, Ulrike (2015): Soziale Arbeit in der Integrationshilfe: multidisziplinäre Annäherungen. In: Diezinger, Angelika, Zöller, Ulrike, Müller, Bettina &A Schmid, Alexander (Hrsg.): Lehrbuch Integration von Jugendlichen in die Arbeitswelt. Weinheim, Basel: Beltz Juventa, 15-81.

Soziale Arbeit in der Streetwork mit Jugendlichen

Nils Hüttinger

Seit meinem Beitrag für den ersten Band ist viel passiert. Das Arbeitsfeld der Streetwork/Mobilen Jugendarbeit wurde kurz nach dem Verfassen durch Covid-19 kräftig durchgerüttelt. Als Maßnahmen gegen die Pandemie wurden Kontaktbeschränkungen, soziale Distanzierung, die Schließung von Jugendeinrichtungen, der Rückzug vieler Institutionen in die digitale Welt und das mittlerweile allseits bekannte Homeoffice/-schooling eingeführt. Auch etliche Streetwork-Einrichtungen mussten ihre Arbeit einstellen oder durch neue Formate ersetzen. Auf der Strecke blieben vor allem jene Menschen, die bereits zuvor in angespannten Lebenslagen gefangen waren und denen nun der Zugang zu Hilfen fehlte. Es kam zu Kontaktabbrüchen, die auch durch digitalen Ersatz nicht aufgefangen werden konnten. Unsere Einrichtung gehörte zu den wenigen, die gebeten wurden, die üblichen Leistungen durchgehend aufrechtzuerhalten. Aber trotz dieses Privilegs war unser Angebot durch die strukturellen, kommunikativen und sozialen Veränderungen, welche die Pandemie mit sich brachte, nur unter erschwerten Bedingungen möglich. Jugendliche und junge Erwachsene hatten während der „Corona-Zeit" wenig Möglichkeiten, ihre Bedürfnisse und Herausforderungen in der Politik zu äußern. Man machte sich fast ausschließlich Sorgen über deren Schulabschlüsse und Arbeitsmarktchancen und unterstellte ihnen – mal mehr, mal weniger offen –, Treiber der Pandemie zu sein. Hier kommen Streetworker*innen ins Spiel, welche – neben vielen anderen Unterstützungsleistungen – die gerechtfertigten Anliegen ihrer Adressat*innen an entsprechende Schnittstellen im Sozialsystem weitergeben. In Band 1 habe ich bereits einen kurzen theoretischen Impuls gegeben und Beispiele für Streetwork im Rahmen verschiedener Methodenkonzepte beschrieben. Ich möchte nachfolgend diese Eindrücke um Streetwork/Mobile Jugendarbeit als eigenständiges Konzept vertiefen.

> „Streetwork und Mobile Jugendarbeit sind aufsuchende, niedrigschwellige, anwaltschaftliche und parteiliche, an die Adressat*innen und deren Lebenswelten orientierte eigenständige Arbeitsfelder, welche spezifische Methoden und Arbeitsprinzipien der Sozialen Arbeit in einem sozialpädagogischen Handlungskonzept vereinen." (BAG Streetwork 2018)

> Die Angebote von „Streetwork und Mobile Jugendarbeit richten sich an Menschen, für die der öffentliche und halböffentliche Raum einen bedeutsamen Bestandteil ihrer Lebenswelt darstellt, [...], die von einrichtungszentrierten Angeboten nicht erreicht werden, diese ablehnen bzw. sie nicht erreichen können. Im besonderen Fokus stehen benachteiligte und von der gesellschaftlichen Teilhabe ausgegrenzte, von Ausgrenzung bedrohte sowie sich selbst ausgrenzende Menschen." (ebd.)

Kurz gesagt: Streetworker*innen arbeiten auf Straßen und Plätzen, in Parks, in der Umgebung von Einkaufszentren und im Umfeld von Bahnhöfen, um Menschen zu erreichen, die sich dort häufig aufhalten und Unterstützung benötigen. Es gibt Streetwork für Menschen in allen Alterskategorien. Ich möchte mich im weiteren Textverlauf auf die Arbeit mit Jugendlichen und jungen Erwachsenen in der breiten Altersspanne von 14 bis 27 Jahren auf Rechtsgrundlage der Paragraphen 11 (Jugendarbeit) und 13 (Jugendsozialarbeit) SGB VIII (dem Kinder- und Jugendhilfegesetz) beschränken. Obwohl ich nachfolgend vor allem die Tätigkeiten unserer Einrichtung beschreibe, kann ich aus mehrjähriger Erfahrung durch Vorstandstätigkeiten in der *Landesarbeitsgemeinschaft Streetwork/Mobile Jugendarbeit Bayern e. V.* versichern, dass der Großteil meiner Schilderungen auf andere Einrichtungen der Mobilen Jugendarbeit grob übertragbar ist.

Die Zeit des Heranwachsens ist für viele junge Menschen eine schwierige Zeit, in der sie ihren Platz in der Gesellschaft finden müssen. Sie entwickeln neue Interessen und Bedürfnisse, z. B. das Treffen von Gleichalterigen außerhalb der elterlichen Kontrolle, sexuelle Beziehungen und erste Rauscherfahrungen. Sie grenzen sich von der Erwachsenenwelt ab, sie ecken mit ihrem Verhalten an, sie brechen aus dem gewohnten Leben aus. Gerade in diese verwirrende, spannende und turbulente Zeit fällt der Übergang von der Schule in das Berufsleben. Dieser Übergang ist eine verwundbare Stelle in der Biografie einiger Menschen, ein Moment, in dem sie scheitern können. Die Weichen für einschneidende Misserfolge wurden jedoch oft bereits viel früher gestellt.

Junge Menschen haben meistens einen Grund, weshalb sie im öffentlichen Raum *„abhängen"*: Manche sind wohnungslos, andere finden sich mit Gleichgesinnten zusammen, um zu konsumieren. Vielleicht leben sie auch in instabilen oder beengten Familienverhältnissen oder haben sich in Cliquen und Szenen orientiert, die sich von der Mehrheitsgesellschaft abgrenzen und deshalb in den meisten Jugendeinrichtungen nicht geduldet werden (z. B. Punks, Skins oder erlebnisorientierte Gruppen). Wieder andere befinden sich in schwierigen finanziellen Situationen und können sich den Aufenthalt in Bars und Clubs nicht leisten. In manchen Kommunen gibt es ein unzureichendes Angebot an Freizeitmöglichkeiten. Auch Arbeitslosigkeit oder eine generelle Perspektivlosigkeit treibt Menschen nach außen.

Zu diesen jungen Menschen bauen wir Streetworker*innen Kontakt auf, indem wir sie an ihren Treffpunkten regelmäßig besuchen, über längere Zeit das erworbene Vertrauen vertiefen und Hilfen anbieten. Die Art der Hilfe richten sich nach den Bedarfen der jeweiligen Gruppe oder der Einzelpersonen. Ich verstehe unsere Streetwork grundsätzlich als Beratungs- und Unterstützungsansatz. Gleichzeitig darf man nicht vernachlässigen, wie wichtig Streetworker*innen häufig für Adressat*innen als zuverlässige Bezugspersonen werden. Die Mitarbeiter*innen bleiben auf gleicher Augenhöhe, belehren und werten nicht, sondern akzeptieren auch abweichende Lebensentwürfe und sind trotzdem eine verlässliche Verbindung zur Welt der *„normalen"* Gesellschaft. Wir sprechen mit den jungen Menschen, hören ihnen zu, wenn sie von Wünschen, Ängsten, Zielen und Problemen berichten. In diesen Gesprächen gehen wir in Form von Kurzberatungen auf angesprochene Problemstellungen ein und bieten darüber hinaus tiefergehende Unterstützung in Form von Beratung und Begleitung an. Das alles funktioniert ausschließlich auf freiwilliger Basis. Typische niederschwellige Hilfen für die Adressat*innen unserer Streetwork sind:

1. gemeinsame Entwicklung von Lösungsstrategien während Krisenzeiten
2. gemeinsame Entwicklung von realistischen Lebensperspektiven
3. Ausfüllen von Anträgen und das Erklären des Inhalts von Amtsbriefen oder Mahnungen
4. (sozial)rechtliche Einschätzungen anhand von angeeignetem Praxiswissen
5. Bereitstellung von Büroinfrastruktur (z. B. gemeinsame Nutzung von Computer, Kopiergerät, Telefon oder Internet)
6. Funktion eines Sprachrohrs für berechtigte Anliegen unserer Zielgruppe im Gemeinwesen
7. Vermittlung zu spezialisierten Fachdiensten (z. B. Psychologen, Jugendberufshilfe, spezialisierten Beratungseinrichtungen oder Notschlafstellen)
8. Begleitung zu Behörden und Institutionen als Beistand
9. die Rolle eines Versorgers mit kleinen Sofort- und Überlebenshilfen, z. B. Kondome, Infomaterial von Beratungsstellen oder über jugendrelevante Themen, Fahrkarten für essentielle Erledigungen, eine kleine Mahlzeit oder Mineralwasser für feiernde Jugendliche

10. Vermittlung zwischen Anwohnern und Jugendlichen bzw. zwischen konkurrierenden Jugendgruppen untereinander
11. Aufrechterhalten des Kontakts zu jungen Menschen in Haftanstalten oder während einer Therapie

Wie sich aus diesem Katalog ableiten lässt, arbeitet unser Streetwork-Projekt nach einem typischen Methodenmix aus dem Aufsuchen in einer Gastrolle, Einzelfallhilfe, sowie Gruppen- und Gemeinwesenarbeit in einem lebensweltorientierten Gesamtkonzept.

Einige Kolleg*innen aus dem Arbeitsfeld arbeiten mit Jugendszenen, deren Mitglieder häufig von Obdachlosigkeit bedroht sind und stellen deshalb Waschgelegenheiten und feste Essensangebote als Überlebenshilfen in den Räumen ihrer Anlaufstellebereit. Unsere Einrichtung kommt mit dieser Problemstellung seltener in Berührung. Die Jugendlichen, für die wir auf den Straßen des großen Stadtteils unterwegs sind, haben meist andere Probleme: instabile Elternhäuser, schlecht verlaufen(d)e Bildungskarrieren, Perspektivlosigkeit, Straffälligkeit, Schulden oder riskante Konsummuster. Oft treffen mehrere Problemlagen zusammen. Für Beratungsgespräche und die gemeinsame Nutzung des Computers reicht uns ein kleines Büro, auch wenn wir eine Dusche, eine Waschmaschine und ein zusätzliches Zimmer gut gebrauchen könnten. Andererseits bekommt dadurch die Arbeit in den Räumen eine geringere Bedeutung und treibt uns Mitarbeiter*innen dorthin, wo der Mittelpunkt unserer Tätigkeit stattfinden soll: Nach draußen!

Wir haben in den letzten zehn Jahren zwei formalisierte Treffpunkte für Jugendliche im öffentlichen Raum auf den Weg gebracht, deren Nutzer*innen wir uns besonders zuwenden. Die Plätze sind ein doppelter Gewinn für den Stadtteil: die dicht bebauten Wohnblocks werden entlastet, wodurch weniger Konfliktpotenzial entsteht. Den Jugendlichen stehen im Gegenzug attraktive und zentral gelegene Orte zur Verfügung, die sie sich aneignen können und an denen sie keine Vertreibung und Verdrängung fürchten müssen. Demnach legt die Streetwork nicht nur ihr Augenmerk auf die Jugendgruppen, sondern auch auf positive Bedingungen in deren Lebensumgebung.

Wir arbeiten aus diesem Grund eng vernetzt mit den im Stadtteil angesiedelten Einrichtungen, Institutionen und Akteuren zusammen. Einige sind für uns sicherlich relevanter als andere, wie z. B. andere Beratungsstellen oder die Jugendtreffs, während es mit der Stadtbibliothek oder der Seniorenarbeit weniger gemeinsame Berührungspunkte gibt. Dennoch ist es wichtig, im Kontakt zu bleiben, sich auszutauschen und die Aufträge des jeweiligen Gegenübers zu kennen und zu respektieren. Es können sich selbst in unmöglich erscheinenden Konstellationen über zeitlich begrenzte Projekte oder gegenseitige Ressourcennutzung Berührungspunkte ergeben. Allerdings muss unsere Einrichtung vorsichtig sein, mit den Informationen, die sie über die Jugendgruppen nach außen dringen lässt. Es darf natürlich nicht geschehen, dass das erarbeitete Vertrauen, das uns Jugendliche entgegenbringen, dadurch missbraucht wird, dass dieses Wissen, z. B. durch Sicherheitsbehörden gegen sie verwendet wird.

Gerade aus dem letzten Punkt wird deutlich, dass Streetworker*innen nicht nur Methodenkenntnisse und praktische Angebote für ihre Adressat*innen in ihrem Handwerkskoffer haben müssen. Mindestens ebenso wichtig für das Funktionieren der Arbeit ist die Verinnerlichung von Grundhaltungen und Blickwinkeln, die in den Fachstandards des Arbeitsfeldes als schlagwortartige Prinzipien festgeschrieben wurden:

1. Bedürfnis- und Lebensweltorientierung
2. Niederschwelligkeit
3. Freiwilligkeit
4. Akzeptanz
5. Parteilichkeit
6. Vertrauensschutz
7. Transparenz
8. Kontinuität
9. Gender- und Diversitätsbewusstsein

Es gibt je nach Bundesland verschiedene Aufteilungen dieser Arbeitsprinzipien, die sich jedoch inhaltlich im Großen und Ganzen ähneln. Ich beziehe mich auf die bayerischen Fachstandards für Streetwork/Mobile Jugendarbeit (LAG Streetwork Bayern 2014). Weitere ethische Grundsätze sind die Würde des Menschen und das bedingungslose Recht auf Hilfe in Problemlagen. Mein Prinzipienkatalog liest sich erst einmal wie eine Ansammlung von Worthülsen und kann in den entsprechenden fachlichen Standards vertieft nachgelesen werden. Vielleicht gelingt es mir in einem fiktiven Fallbeispiel zu erklären, weshalb wir anhand dieser Richtlinien handeln.

Gül wuchs in behüteten Familienstrukturen im ländlichen Raum auf. Sie empfand die Umsorgung ihrer Eltern weitgehend als Bevormundung und deren bürgerliche Werte als erstickendes Korsett. Nach dem Mittelschulabschluss begann sie auf Drängen ihrer Verwandten eine Lehre im Einzelhandel. Diese gefiel ihr jedoch nicht und sie suchte sich Ausgleich im Cannabiskonsum mit Freunden. Bei einer Polizeikontrolle wurden bei ihr mehrere Gramm Marihuana gefunden. Es folgte eine Hausdurchsuchung wegen des Verdachts auf Drogenhandel. Ihre Eltern waren so schockiert, dass sie ihre Tochter vor die Tür setzten.

Gül brach die Ausbildung ab und zog in die nahe Großstadt. Sie fand ihre Erfüllung in der Party-Szene. Sie konsumierte von da an regelmäßig chemische Drogen. Heute ist sie 21 Jahre alt und hat aufgrund der pandemiebedingten Schließungen ihren aktuellen Job als Helferin in der Gastronomie verloren. Wir Streetworker lernen sie in einer Clique kennen, die sich in der elektronischen

Musikszene bewegt und sich regelmäßig abends zum Trinken auf einem öffentlichen Parkplatz trifft.

Diese Lebensgeschichte haben wir nicht sofort aufgetischt bekommen, sondern sie uns nach und nach in vielen lockeren Gesprächen im Verlauf eines Jahres „*verdient*". Unsere Arbeit ist auf die Lebenswelt junger Menschen und den Abbau von Hürden ausgelegt. Unser Team ist bewusst mit einem Mann und einer Frau besetzt, um eine größere Auswahl an möglichen Geschlechterrollen im Gespräch anbieten zu können. Wir arbeiten nachmittags und abends, um Cliquen wie jene von Gül zu erreichen und warten deshalb nicht in einem Kämmerchen darauf, bis jemand Kontakt zu uns sucht. Stattdessen gehen wir direkt zu den Leuten und bieten uns wertschätzend als potenzielle Gesprächspartner*innen an. Man muss unsere Unterstützung auch nicht mit einem Formular beantragen oder dafür bezahlen. Niedrigschwelliger geht es kaum.

Natürlich ist Güls Clique erst einmal misstrauisch: „*Was wollen diese Streetworker von uns?*". Doch nachdem wir immer wiederkommen, sie nicht vertreiben oder maßregeln, sondern uns ernsthaft für sie interessieren, fassen die jungen Erwachsenen Vertrauen. Sie testen uns mit Erzählungen über den Konsum von Ecstasy und Amphetaminen. Dass der Konsum zur Szene gehört, wissen und akzeptieren wir, sonst wären wir auch sofort „*unten durch*". Das heißt nicht, dass wir nicht unsere Bedenken äußern können, wenn erst einmal eine tragfähige Beziehung entstanden ist. Man könnte unsere Haltung diesbezüglich als kritische Sympathie beschreiben. Aber man muss uns unbedingt vertrauen können, dass wir dieses Wissen nicht an die Polizei verraten. Sonst werden wir Streetworker*innen nicht mehr als Helfer*innen, sondern als potenzielle Gefahr wahrgenommen. Wir weisen unsere Adressat*innen darauf hin, dass man uns nahezu alles anvertrauen kann, da wir eine gesetzliche Schweigepflicht haben. Das bedeutet, wir dürfen gar nichts weitererzählen, sonst machen wir uns gegebenenfalls strafbar. Zu diesem besonderen Vertrauensschutz gehört auch, dass wir keine Aufzeichnungen oder Akten über Personen führen. Denn die Schweigepflicht ist kein Zeugnisverweigerungsrecht. Unser Team könnte durchaus vor Gericht geladen werden, um gegen Klient*innen auszusagen. Zum Glück kommt dies im beruflichen Alltag der mir bekannten Einrichtungen kaum vor. Dennoch ist dies ein nicht haltbarer Zustand, der die vertrauliche Arbeit von Sozialpädagog*innen gefährdet. Davon erzählen wir auch Güls Clique bei einer Gelegenheit. Unsere Arbeit lebt von Transparenz. Die *Message* dahinter: Streetworker*innen erzählen „*keinen Scheiß*", machen nichts „*hinten herum*" und sind keine „*31er*" (Slangwort für *Verräter*, abgeleitet nach dem einschlägigen § 31 des Betäubungsmittelgesetzes (BtMG), der Straferleichterung gegen Informationen aus der Drogenszene verspricht).

Gül tun die Gespräche über ihr Leben gut, vor allem, da sie durch die pandemiebedingten Veränderungen ihres Freizeitverhaltens in „*depressive Löcher*" fällt. Obwohl sie merkt, dass sie auch immer öfter Durchhänger wegen des

„Runterkommens“ von den Drogen hat, wäre es ein Fehler ihr an dieser Stelle eine Begleitung zu einer Suchtberatungsstelle anzubieten. Sie würde sich fühlen, als wollten wir ihr ein Etikett überstülpen, sie verändern, ihr sagen, dass ihre bisherige Lebenskonstruktion schlecht sei. Aber an einer Begleitung zur Antragstellung bei dem Jobcenter ist sie auf unseren Vorschlag hin interessiert, denn sie weiß nicht, wie man *„Harz 4“* beantragt und hat ihre Ersparnisse fast vollständig aufgebraucht. Dieses Unterstützungsangebot funktioniert natürlich nur auf freiwilliger Basis. Zwar werden ohne direkte Verpflichtung Termine und Hilfeangebote oft auch verschoben. Aber junge Menschen weichen Druck und Zwangskontexten häufig aus und Gül – so erzählt sie uns – fühlt sich in solchen Situationen sofort wie in ihrer frühen Jugend: gegängelt und bevormundet. Dann hätte sie *„keinen Bock“* mehr auf uns. Im Umkehrschluss bedeutet es für uns, dass wir ihr vielleicht auch mehrmals signalisieren, dass wir sie unterstützen könnten. Je öfter wir mit Gül zusammentreffen und je mehr wir mit ihr gemeinsam erledigen, desto mehr empfindet sie uns als zuverlässige Stütze und Halt in einer unruhigen Zeit und in einem wechselhaften Umfeld.

„Wenn Corona vorbei ist“, erzählt Gül uns, würde sie gerne mit einigen Jungs aus der Gruppe einen kleinen Rave in einem Jugendtreff organisieren. Diese Aufgabe und die Aussicht auf ein Fest wäre für sie ein Lichtblick am Ende des dunklen Tunnels, in dem sie stecke. Sie hatten schon einmal nachgefragt, aber das Personal des Treffs lehnte ab, nachdem Jugendliche erzählt hatten, dass in Güls Clique *„voll die Junkies“* seien. Wir Streetworker*innen haben gute Kontakte zu den Jugendhäusern und sehen es als berechtigtes Anliegen der Gruppe, dass diese Idee eine Chance bekommt. Es ist unsere Aufgabe auf der Seite der Clique mit unseren Kolleg*innen aus der offenen Jugendarbeit Lösungsmöglichkeiten zu diskutieren. Gleichzeitig sehen wir es als wichtige Herausforderung, dass Gül, in dieser von Männern dominierten Gruppe, als Ideengeberin ein tragender Bestandteil dieses Projekts bleibt, sollte es zum Erfolg führen. Ihrer Psyche, ihrem Ego und ihrer persönlichen Entwicklung täte es auf jeden Fall gut.

Unser Ansatz funktioniert gut bei unserer speziellen Zielgruppe, um eine Verbesserung der Lebenslage zu erreichen. Manche Menschen erreicht man anders nicht (mehr), dabei haben auch sie ein Anrecht auf Unterstützung. Das heißt jedoch nicht, dass andere Herangehensweisen nicht ebenfalls zum Erfolg führen könnten. Im Idealfall und langfristig ergänzen sich die charakteristischen Angebote und Arbeitsweisen verschiedener Einrichtungen und Institutionen.

Nach diesem praktischeren Einblick wende ich mich noch einmal den Methoden zu. Unser Hauptangebot ist das Gespräch in der Gruppe oder unter *vier Augen*. Wenn ich darüber nachdenke, dann sind wir in diesem Bereich methodisch eher schlecht aufgestellt. Kurz: Wir reden, wie *„uns der Schnabel gewachsen ist“*. Dadurch wirken wir *„echt“*, sprechen Alltagssprache, anstatt das stereotype Bild von Sozialpädagog*innen zu erfüllen, die komplizierte Fachsprache verwendenden. Diese Art dient vor allem dem Beziehungsaufbau. Wenn es um belastende

Themen geht, orientieren wir uns an der klientenzentrierten Gesprächsführung nach Rogers (Weinberger 2013). Wir hören zu, fragen nach, fassen Schilderungen zusammen und unterstützen damit die Entlastung und Selbstreflexion der Erzähler*innen.

Ein anderer Teil unserer Beratungsarbeit ist sachliche Informationsvermittlung, gerne in einfacher Sprache, um komplexe Inhalte verständlich zu machen und somit Hilfe zur Selbsthilfe zu ermöglichen. Gegebenenfalls schadet es nicht, Adressat*innen einen systemischen Blickwinkel aufzuzeigen und/oder auf einem Blatt Papier zu visualisieren, um bei multidimensionalen Problemen eine Übersicht zu bekommen und die Lösungsfindung zu vereinfachen.

Eine große Stärke der Streetwork ist ihre Flexibilität und Spontaneität. Dadurch werden Mitarbeiter*innen zu *„Allroundern“*, mit einem breit aufgestellten Wissensangebot, dafür aber geringer Spezialisierung. Deshalb gibt es keine standardisierten Verfahren zur Einschätzung des Hilfebedarfes der Adressat*innen und des Ergreifens von Maßnahmen. Meistens finden Kurzberatungen zwischen Tür und Angel, direkt im Geschehen oder am Rand einer Gruppe junger Menschen statt. Wir fragen nach dem Befinden und bieten bei aktuellen Problemen und Herausforderungen unsere konkrete Hilfe an, sonst wüssten unsere Adressat*innen oft nicht, was genau wir für sie tun können. Aus diesen sich ergebenden Gesprächen wachsen dann episodenhaft intensivere Hilfekontexte. Manchmal versuchen uns besorgte Eltern ihre Kinder zu vermitteln oder Menschen in schwierigen Lebenslagen wenden sich direkt an uns. Das funktioniert dann meist nicht richtig. Entweder fehlt die Eigenmotivation des Jugendlichen oder wir werden als mittelmäßige, weil wenig spezialisierte, Beratungsstelle wahrgenommen. Denn die zweite Stärke unseres Ansatzes ist der intensive Beziehungsaufbau, das wohltuende Wissen unserer Adressat*innen, dass sie sich auch über Jahre hinweg wegen jedem Problem direkt vor Ort an uns wenden können. Und dass wir ihnen entweder direkt helfen oder eine Stelle mit ihnen suchen, welche die passende Unterstützung anbietet.

Die Qualität unserer Arbeit zu messen ist dabei meist gar nicht so einfach. Wir arbeiten mit Adressat*innen, die oft wiederkehrend in Problemlagen geraten, sodass die erneute Inanspruchnahme unserer Hilfe zwar ein Indiz für Vertrauen und eine gelungene Beziehungsarbeit ist, aber wenig über Erfolge und Misserfolge in der Beratung aussagen. Deshalb ist das Feedback unserer Klientel wichtig und erfolgt häufig im Rahmen von Nachbesprechungen nach dem Abschluss wichtiger Meilensteine auf deren To-do-Liste. Alle paar Jahre befragen wir die aktuelle Jugendgeneration im Stadtteil mithilfe von Student*innen der Hochschulen nach ihrer Zufriedenheit mit unserer Arbeit. Streetwork/Mobile Jugendarbeit ist ein Praxisfeld, in dem Forschung eine eher untergeordnete Rolle spielt. Es gäbe jedoch noch einiges zu erforschen! Mitarbeiter*innen in diesem Arbeitsfeld sollten sich mit Jugendkulturen, Drogenkunde, psychischer Gesundheit und Forschung zu geistigen Abwehrkräften (Resilienz) auseinandersetzen. Bemerkenswert finde ich in diesem Zusammenhang eine in Wien veröffentlichte

Studie (KIRAS 2016) in der die Abnahme von Jugendgewalt an Orten, an denen Streetworker aktiv sind, beschrieben wird. Dies beweist, dass Streetwork eine präventive Wirkung hat. Obwohl unsere Arbeitsweise meiner Meinung nach nicht auf Prävention ausgelegt ist, können Streetwork-Projekte dadurch ihre Tätigkeit argumentativ untermauern. Gleichzeitig ist es natürlich gruselig, dass die Polizei Studien über Streetwork in Auftrag gibt. Im professionellen Verständnis dienen jährliche Tätigkeitsberichte der Selbstreflexion der Einrichtung, spiegeln Veränderungen wider und dienen zur Planung für das beginnende Jahr.

Der Bericht dient auch als Verwendungsnachweis für unseren Träger vor der geldgebenden Kommune. Wir arbeiten für einen freien Wohlfahrtsverband, der in der Großstadt seinen Schwerpunkt auf den Betrieb von Kindertagesstätten, Seniorenheimen und Einrichtungen für behinderte Menschen gesetzt hat. Der Teilbereich der Jugendhilfe, zu dem die Streetwork gehört, ist in diesem Organigramm überschaulich. Mit den Grundwerten unseres Verbandes von Solidarität, Toleranz, Freiheit, Gleichheit und Gerechtigkeit, kann ich mich gut identifizieren.

Die Arbeit für einen freien Träger hat durchaus Vorteile. Kommunen sind oft schwerfällige Amtsapparate, in denen flexibles und zielgruppengerechtes Arbeiten nicht einfach ist. Während der Covid-19-Pandemie hat sich beispielsweise gezeigt, dass die Digitalisierung in vielen Arbeitsbereichen aufgrund von Kontaktbeschränkungen schlagartig umgesetzt werden musste, während unser Träger schon seit vielen Jahren unverkrampft die Nutzung von Social Media im Umgang mit Adressat*innen erlaubte und fördert. Unsere Wege zur Publikation eines Flugblattes für ein Grillfest am Jugendplatz sind kurz, während in anderen Strukturen die Genehmigung über Pressestellen lange auf sich warten lässt. Ich persönlich empfinde unsere Arbeitsmöglichkeiten in der Streetwork als sehr frei. Diese Freiheit erfordert von uns „Streeties“ einen kompetenten Umgang mit Eigenverantwortung, wird aber dem Arbeitsfeld meiner Meinung nach gerecht.

Die Arbeit für freie Träger hat auch Nachteile. Kommunen (das sind die Gemeinden, Städte oder Landkreise) sind gemäß dem sogenannten Subsidiaritätsprinzip verpflichtet, einige ihrer Aufgaben im Sozialwesen an andere Dienstleister abzugeben. In unserem Fall wurde die Erbringung von Streetwork in zwei Stadtteilen an unsere Wohlfahrtsorganisation übergeben. Leider sind Kommunen häufig nicht bereit, über die Personalkosten hinausgehende Ausgaben mitzutragen. Wenn freie Träger nicht zusätzlich gewinnbringende Dienstleistungen in ihrem Angebot haben oder über ausreichende Spendenmittel verfügen, dann leidet die finanzielle Ausstattung kleiner Einrichtungen wie die Streetwork darunter. In manchen Fällen ist die Vergabe der Stellen nicht dauerhaft gesichert oder Personalkosten werden sogar nur anteilig gezahlt, sodass freie Träger sich gezwungen sehen, dieses Risiko in Form von befristeten Arbeitsverträgen an Mitarbeiter*innen weiterzugeben. Immerhin sind die Stellen bei der Wohlfahrtspflege im Tarifvertrag öffentlicher Dienst (TVöD) festgelegt, während kleinere Träger wie z. B. Vereine meist weniger günstige Haustarife anbieten. Das kommunale Vergabeprinzip hatte bisher allerdings auch Auswirkungen auf die Tarifverträge, sodass diese immer ein bis zwei Jahre später „nachverhandelt“ wurden. Mitarbeiter*innen der freien Träger erhielten demnach, gemessen zum aktuellen Zeitpunkt, immer weniger Gehalt als ihre kommunal beschäftigten Kolleg*innen.

Die Vergütung ist ein wichtiges Thema sozialpädagogischer Professionalität. Egal wie engagiert wir unsere Tätigkeit ausfüllen, es ist und bleibt ein Job, den wir nicht zum Spaß und aus reiner Nächstenliebe machen, sondern mit dem wir unsere *„Brötchen“* verdienen (müssen). Die Streetwork gilt als schwierige sozialpädagogische Tätigkeit, insbesondere da die Arbeit mit Suchmittelkonsument*innen und Strafentlassenen anfällt. Demnach sollte eine Eingruppierung auf mindestens S 12 SuE TVöD (das ist die Tabelle für die Sozial- und Erziehungsdienste im Tarifvertrag für den öffentlichen Dienst) oder Vergleichbares erfolgen. In Einzelfällen kann eine Eingruppierung auf S 15 SuE gerechtfertigt sein, insbesondere, wenn Streetwork-Einrichtungen in strukturschwachen Gebieten Pionierarbeit betreiben oder tragend im Gemeinwesen *„mitmischen“* und dadurch eine besondere Schwierigkeit und Heraushebung erlangen. Wer jetzt denkt: *„Wow, das sind ja gleich mehrere Gehaltsstufen!“*, wird leider enttäuscht sein. Mit geringer oder mittlerer Diensterfahrung machen diese scheinbaren Lohn*sprünge* im Geldbeutel nur einen Unterschied von etwa 100 € im Monat. Wohlhabend werden wir in unserem Job sicherlich nicht, aber es reicht zum Leben. Dabei ist jedoch eine vollzeitnahe Beschäftigung vorausgesetzt, ohne die das vielfältige Komplettangebot der Streetwork ohnehin nicht richtig funktioniert. Mit einem sehr kleinen Stundenkontingent lässt sich ein eigenständiger Lebensunterhalt kaum bestreiten. Da dies jedoch häufiger vorkommt, als man es sich wünscht, sind meiner Meinung nach sämtliche Handlungsfelder der Sozialen Arbeit aufgefordert, sich mit der Verarmung des eigenen Berufsstandes auseinanderzusetzen.

Dabei sind Sozialpädagog*innen, die in der Streetwork tätig sind, gut ausgebildet. Es gibt in vielen Bundesländern zertifizierte Zusatzqualifikationen für das Arbeitsfeld in Form eines umfangreichen Fortbildungsangebots. Ich persönlich würde jedem empfehlen, diese nach Möglichkeit zu besuchen. Der persönliche fachliche Gewinn ist groß. Berufsanfänger*innen sollten aus dem Studium der Sozialen Arbeit sozialrechtliche Kenntnisse, Beratungswissen und Einblick in die Lebenswelt junger Menschen mitbringen und sie können dieses Wissen durch die praktische Arbeit im ersten Jahr vertiefen und ausbauen. Immer wieder begegnet man dem sozialromantischen Mythos, dass *„Streeties“* ganz besondere Menschen seien, die ein angeborenes *Undergroundwissen*, eine natürliche Ausstrahlung und ein durch und durch glaubwürdiges Verhalten in Straßenszenen (die sogenannte *Streetcredibility*) mitbringen würden. Diese Annahme kann getrost in das Reich der Märchen und Fabeln verbannt werden, denn ich kann versichern, dass mit Offenheit und Interesse dieses Arbeitsfeld Streetwork/Mobile Jugendarbeit von Fachkräften erlernt werden kann. Es gibt jedoch Menschen, die langfristig sicherlich nicht glücklich mit dieser Berufswahl wären. Deshalb sollte man aufgrund der besonderen Rahmenbedingungen eine Handvoll persönlicher Kompetenzen mitbringen:

1. Der Aufenthalt im öffentlichen Raum, als Schwerpunkt der eigenen Arbeit und ohne Schutzraum, sollte kein Problem darstellen, auch nicht bei etwas ungemütlicheren Witterungen oder schlechteren Lichtverhältnissen.
2. Verantwortungsvoller und zielgruppengerechter Umgang mit flexiblen Arbeitszeiten, sowie die Bereitschaft im Schwerpunkt nachmittags und abends zu arbeiten.
3. Es schadet nicht, ein gesprächiges Wesen zu haben und auf Menschen zugehen zu können.
4. Interesse für Adressat*innen bei gleichzeitiger Achtung von deren persönliche Grenzen.
5. Unvoreingenommenheit gegenüber Menschen mit außergewöhnlichen Lebenskonstruktionen.
6. (Sozial)politisches Verständnis.

Student*innen der Sozialen Arbeit empfehle ich, sich weniger aus reiner Neugierde oder für einen besonderen Hingucker im Lebenslauf für Praktika in der Streetwork zu entscheiden, sondern aus einem echten professionellen Interesse. Keine Kolleg*innen – und am allerwenigsten die Adressat*innen selbst – können eine Art „*Elendstourismus*" gebrauchen.

Wenn ich auf zwölf Jahre meiner Tätigkeit in der Streetwork zurückblicke, dann würde ich heute in einigen Situationen anders handeln als mein jüngeres Ich. Ich hatte das große Glück, dass ich als Berufsanfänger zusammen mit einer gleichermaßen unerfahrenen Kollegin die herausfordernde Aufgabe bekam, einen Jugendtreff mit herausreichendem Streetwork-Ansatz im ländlichen Raum aufzubauen. Das war eine großartige Spielwiese, um mich auszuprobieren, aber auch um Fehler zu machen. Beispielsweise konnte ich damals die Zusammenhänge im Gemeinwesen nicht erkennen. So sitzt dann der junge Streetworker bei der Antragstellung seiner Klient*innen vor den Sachbearbeiter*innen im Jobcenter, blättert mit übertrieben kritischer Miene in seinem *Gesetzbuch für Soziale Arbeit* und wundert sich, weshalb ihm irgendwann keine freundlichen Gesichter mehr im Landratsamt begegnen. Ich bin im Laufe der Jahre diplomatischer geworden und kann unterschiedliche Arbeitsansätze mehr wertschätzen.

Unsere Jahresberichte für den Gemeinderat glichen wissenschaftlichen Abhandlungen mit einem Umfang von 40 Seiten. Im Nachhinein betrachtet, kamen wir wahrscheinlich verkopft und arrogant rüber. Trotzdem haben mir diese begangenen Fehltritte (und es waren nicht wenige) gewinnbringende Erfahrungen beschert. In meiner praktischen Tätigkeit habe ich ein solides Metawissen über Streetwork erworben, das ich mit den Kenntnissen über mögliche Fallstricke an

Einsteiger*innen in das Arbeitsfeld weitergeben kann, um ihnen das Ankommen zu erleichtern.

Die Arbeitszeiten der Mobilen Jugendarbeit erschienen mir als junger Mensch ohne familiäre Verantwortung ideal: Ich konnte mich nach Feierabend noch mit Freunden auf Punkkonzerten treffen und am nächsten Tag ausschlafen. Die Vereinbarkeit zwischen Job und eigener Familie, musste ich später erkennen, ist in der Streetwork jedoch nicht ganz einfach. Ob ich mich im hohen Alter noch bei klammem Wetter auf der Straße herumtreiben möchte und ob ich dann noch einen *Draht* zur *x-ten* schnelllebigen Jugendgeneration finde, bin ich mir nicht sicher. Eines kann ich zum aktuellen Zeitpunkt jedoch sagen: Für mich ist die Streetwork/Mobile Jugendarbeit eines der schönsten, spannendsten und abwechslungsreichsten Arbeitsfelder. Probiert es aus!

Welche niederschwelligen Hilfen können Streetworker*innen anbieten? Arbeiten Sie dazu alleine oder in einer Kleingruppe heraus, welche Unterstützungsangebote Sie in der Rolle von Streetworker*innen den Personen aus Güls Clique unterbreiten können.

Quellen

Bundesarbeitsgemeinschaft Streetwork/Mobile Jugendarbeit e. V.: Fachliche Standards 2018 – Streetwork und Mobile Jugendarbeit, 2018.

KIRAS Sicherheitsforschung: Weniger Gewalt dank Streetwork, 20.07.2016, auf https://www.kiras.at/aktuelles/pressespiegel/detail/d/weniger-gewalt-dank-streetwork-wwworfat/, abgerufen am 12.04.2021.

LAG Streetwork/Mobile Jugendarbeit Bayern e. V.: Standards der Landesarbeitsgemeinschaft Streetwork/Mobile Jugendarbeit Bayern e. V., 2014.

Weinberger, Sabine (2013): Klientenzentrierte Gesprächsführung – Lern- und Praxisanleitung für psychosoziale Berufe. Weinheim, Basel: Beltz Juventa.

Soziale Arbeit im Jugendmigrationsdienst

Jannis Plastargias

Projektmanager im sozialen Bereich: So nannte ich mich im ersten Band angesichts der vielfältigen, teils untypisch erscheinenden Aufgaben im Rahmen meiner Tätigkeit im Modellprojekt Jugendmigrationsdienste (JMD) im Quartier, und ich beschrieb einen abwechslungsreichen und freudvollen Tag in der stadtteilorientierten Sozialarbeit mit (jungen) Menschen.

In diesem Text schreibe ich über die reguläre Arbeit im JMD, fokussiere aber vor allem auf einen speziellen Arbeitsbereich: JMD im Quartier. Das Ziel in diesem Modellprojekt ist laut Konzept (vgl. Webauftritt JMDiQ) die Lebenssituation der Bewohner*innen in Quartieren mit „besonderem Entwicklungsbedarf" zu verbessern und das Zusammenleben in diesen zu stärken. Die Zugangsbarrieren zu sozialen Diensten und zu Angeboten sollen identifiziert und abgebaut werden. Der Fokus des Projekts liegt auf der Beteiligung von Bewohner*innen, insbesondere jungen Menschen zwischen 12 und 27 Jahren, die aktiv an der Ausgestaltung von Angeboten in ihrem Stadtteil teilhaben sollen. Die vielfältigen Ziele des Vorhabens werden mithilfe von Mikroprojekten (z. B. Graffiti-, Film- oder Fotoworkshops, Kunst im öffentlichen Raum) erreicht.

Bereits in dieser kurzen Projektbeschreibung zeigt sich ein Problembereich: In meiner täglichen Arbeit „muss" ich zum Beispiel beim Schreiben von Anträgen oder Dokumentationen oder beim Ausfüllen von statistischen Erhebungen häufig als „klassistisch" bewertbare und/oder stigmatisierende, nicht diskriminierungsfreie Begriffe (wie zum Beispiel „Brennpunktviertel" oder „Menschen mit Migrationshintergrund") benutzen, um meine Arbeit zu rechtfertigen oder eine bestimmte Zielgruppe zu charakterisieren. Es kann also auch in diesem Artikel dazu kommen. Es ist schwer, Klassismus, also die Unterdrückung von Menschen aufgrund ihrer vermuteten oder wirklichen sozialen Stellung, und bewertende Formulierungen aus der eigenen Sprache und Vorstellungswelt zu tilgen (vgl. zum Begriff Klassismus schule-ohne-rassismus.org und Seeck/Theißl 2021).

Meiner Erfahrung nach gibt es viele Tätigkeitsbereiche in der Sozialen Arbeit, in denen wenig Raum dafür vorgesehen ist, sich mit dem gegenwärtigen Forschungsstand und der theoretischen Auseinandersetzung seiner Profession zu beschäftigen, dies ist in meinem Projekt nicht so, hier soll man sich selbst Schwerpunkte setzen und bearbeiten. Diese schlagen sich vermutlich auch in der Wahl der angebotenen Mikroprojekte nieder.

Es stellt sich in meinem Projekt die Frage, ob sich meine Tätigkeit eher in die sozialraum- oder in die gemeinwesenorientierte Sozialarbeit einordnen lässt. Werner Schönig folgt in seinem Buch dem Ansatz von Wolfgang Hinte, der den „Sozialraum ‚als zentrale Bezugsgröße für an den Interessen der Wohnbevölkerung ansetzendes sozialarbeiterisches Handeln" (Schönig 2020, 18) erklärt. Der Autor weist darauf hin, dass „Sozialraum" grundsätzlich ganz unterschiedliche Bedeutungen annehmen kann. So lässt sich Sozialraum als „Territorium (Verwaltungsperspektive)" begreifen – die Sozialverwaltung schätzt die Situation in einem Stadtteil anhand der Sozialstrukturdaten der Bewohner*innen ein; als „Ziel (Steuerungsgröße)" – die Kommune / das Land / der Staat möchte mit bestimmten Maßnahmen bestimmte Kennzahlen verbessern (z. B. Arbeitslosigkeit verringern oder Schulabschlüsse vermehren); als „gebündelte Lebenswelt (Bewohner*innenperspektive)" oder als „Ressource (Mittel)" – Stichwort Zusammenhalt/Gemeinschaft/Empowerment; als „Einzugsbereich" (Marktgebiet einer

Einrichtung); zuletzt als „Ort der Sozialen Arbeit (im öffentlichen Raum oder in einem Gebäude)“ (vgl. ebd., 11 ff.).

Nach Hinte gibt es fünf Prinzipien in der Sozialraumorientierung. Aus seiner Sicht sei der Ausgangspunkt der Wille bzw. die Interessen der Menschen. Dabei ist zu beachten, dass Wille, Wunsch und Bedarf nicht gleichzusetzen sind, und dass natürlich alle Beteiligten (Sozialverwaltung, soziale Einrichtung, Bewohner*in) verschiedene Ansichten über Wünsche und Bedarfe haben. Das zeigt sich zum Beispiel im JMD ganz oft in der Berufsberatung unserer Klient*innen. Selbstverständlich können die verschiedenen Interessen auch in den Mikroprojekten von JMDiQ differieren. Vielleicht halten die Sozialarbeiter*innen einer Jugendeinrichtung einen Workshop zum Thema Datenschutz und Bildrechte für notwendig, während die Jugendlichen lieber Computerspiele zocken möchten. Aktivitäten sollten laut Hinte jedoch immer zielgruppen- und bereichsübergreifend angelegt sein. Es dürfen bei der Gestaltung dieser Aktivitäten (oder auch der unterstützenden Hilfen) die personalen und sozialräumlichen Ressourcen nicht außer Acht gelassen werden. Gerade in Pandemiezeiten zeigte sich die Überforderung vieler unserer Klient*innen, wenn sie sich im Homeschooling befanden: Abgesehen davon, dass sie mitunter keine Arbeitsgeräte hatten (oder auch ausreichendes Datenvolumen), konnten ihnen die Eltern bei Verständnisschwierigkeiten häufig keine Hilfe anbieten. So konnten wir unsere Angebote nicht einfach digitalisieren, wir mussten gemeinsam mit den jungen Menschen überlegen, welche Angebote für sie sinnvoll sind. Ein weiteres wichtiges Prinzip nach Hinte ist, dass Klient*innen dazu befähigt werden sollen, ihr Leben und ihre Zukunft aktiv selbst in die Hand zu nehmen und nicht alles von den Sozialarbeiter*innen abgenommen zu bekommen. So setzten wir uns mit ihnen zusammen und luden mit ihnen gemeinsam erforderliche Programme herunter und befähigten sie dazu, diese zu nutzen. Das fünfte Prinzip zeigt sich in meiner Tätigkeit so, dass ich Einzelfallhilfen, die nicht zu meiner originären Arbeit gehören, an meine Kolleg*innen aus der Beratung abgebe, oder sie an andere unterstützende Institutionen im Stadtteil verweise, jedoch immer weiter Ansprechpartner für sie bleibe (die fünf Prinzipien lassen sich in Fürst/Hinte 2020, 12 ff. nachlesen).

Während ich die Arbeit des JMD als „sozialraumorientiert“ annehme, weil es das Individuum und die Unterstützung der Klient*innen in den Fokus stellt, beinhaltet JMDiQ genauso typische „Gemeinwesenarbeit“, in dem Sinne, dass wir uns zum Beispiel bei Stadtteilfesten oder in urbanen Gärten betätigen oder Projekte organisieren, in denen wir mit verschiedenen Einrichtungen und deren Teilnehmenden gemeinsam essen oder in einer Siedlung einen Nachbarschaftsflohmarkt organisieren. Dies soll unter anderem dazu dienen, eine Stadtteilidentität aufzubauen bzw. die Attraktivität des Quartiers zu erhöhen. Die Tatsache, dass JMDiQ in allen Gremien des Stadtteils vertreten ist, zeigt ebenso, dass ich Sozialraumorientierung mit Gemeinwesenarbeit vermenge – ebenso wie viele meiner Kooperationspartner (vgl. zu Gemeinsamkeiten und Unterschieden von Gemeinwesenarbeit und Sozialraumorientierung Schönig 2020, 142 ff.).

In dieser („defizitorientierten") Fokussierung auf „benachteiligte" junge Menschen in der Sozialraumorientierung sehe ich mehr Raum für Klassismus als in der Gemeinwesenarbeit, bei deren Angeboten häufig eine möglichst heterogene Gruppe von Teilnehmenden angestrebt und eine Zugehörigkeit zu einer bestimmten Zielgruppe nicht gefordert wird.

JMDiQ wird von unterschiedlichen sozialen Trägern mit ihren jeweils eigenen Leitbildern und Prinzipien durchgeführt. Doch eines eint sie in diesem Modellprojekt: Sie arbeiten darin trägerübergreifend mit allen sozialen Einrichtungen im Stadtteil zusammen. Das kann natürlich zu Spannungen und Irritationen in der Arbeit führen, wenn verschiedene Leitlinien und Handlungsperspektiven aufeinanderstoßen – dies ist immer ein Aushandlungsprozess, in dem die Interessen der Klient*innen und des Quartiers im Vordergrund stehen sollten. Manchmal gibt es einfache Lösungen, zum Beispiel wenn ich mit dem Quartiersmanagement am Anfang der Projektlaufzeit vereinbare, dass ich mich bei gemeinsamen Veranstaltungen vor allem auf Jugendliche und Heranwachsende konzentrieren werde, während die Kolleg*innen eher Familien und Senior*innen im Blick behalten. Im Stadtteilarbeitskreis habe ich zu Beginn deutlich gemacht, dass ich die Angebote im Quartier ergänzen bzw. die bestehenden Projekte unterstützen möchte, soweit dies mir möglich ist, und keine Konkurrenz darstelle. Die Tatsache, dass ich ein Kooperationspartner mit vergleichsweise großem Budget bin, bringt mich in die komfortable Position, „begehrt" im Quartier zu sein.

Alle Stadtteile, die am Bund-Länder-Programm „Soziale Stadt" teilnehmen, zeichnen sich dadurch aus, dass sie noch „Entwicklungsbedarf" haben und die Bewohner*innen „benachteiligt" oder „marginalisiert" genannt werden können. Das Besondere an meinem Stadtteil ist allerdings, dass aufgrund der Gentrifizierung großer Bereiche und des Hochziehens einer vollkommen neuen Siedlung, in der vor allem sozioökonomisch besser gestellte Menschen leben, die Unterschiede und Benachteiligungen größer erscheinen als in sonstigen als „Brennpunkt" betitelten Viertel. Der Anteil der Bevölkerung ohne deutsche Wurzeln ist im Stadtteil groß: Da sind einerseits Neuzugewanderte mit hohem Einkommen zu nennen, aber vor allem Menschen mit Flucht- oder Migrationsgeschichte mit eher geringem ökonomischen Kapital. Interessant ist auch, dass in dem sehr bevölkerungsreichen Stadtteil einige Grenzlinien zu bemerken sind, einerseits durch eine große Hauptstraße, die das Viertel wie zwei Hälften durchtrennt – viele Menschen scheinen stets auf ihrer Seite zu bleiben; gleichzeitig begeben sich die Bewohner*innen der alten Bereiche ungerne ein paar Meter weiter zur neugebauten Siedlung, die sie mit vielen Ressentiments betrachten.

Während in der Beratungssituation im JMD verschiedene rechtliche Grundlagen für die Arbeit wichtig sind, unter anderem SGB II und III und AsylG (z. B. das Wissen um „Wohnsitzauflage" und Regelungen, die Abschiebungen betreffen), steht dies bei JMDiQ nicht im Fokus. In manchen unserer Mikroprojekte versuchen wir bewusst Gruppen aus unterschiedlichen sozioökonomischen Schichten miteinander zu vermischen, sei es in einem Workshop, in dem junge Menschen gemeinsam den Stadtteil erkunden und Fotos aufnehmen, die sie zu einem Kalender für das Jahr 2022 zusammenstellen, sei es bei einem Trommelworkshop bei einem Stadtteilfest, zu dem alle Bewohner*innen aus dem Stadtteil eingeladen sind, gemeinsam das Trommeln erlernen und später miteinander mit verschiedenen Instrumenten gemeinsam jammen. Die Regel ist selbstverständlich, dass wir uns darum bemühen, benachteiligten jungen Menschen mit geringen ökonomischen Ressourcen ein Angebot zu machen, am gesellschaftlichen Leben teilzuhaben.

Teilhabe (oder Partizipation) scheint in unserem Arbeitsfeld sowieso das Lieblings-Schlagwort zu sein. Ich möchte anhand einer besonderen Zielgruppe von JMD und JMDiQ, den jungen Menschen, die in den letzten Jahren aus ihrer Heimat nach Frankfurt geflohen sind, näher auf diesen Begriff eingehen. Maria Ullrich stellt fest, dass aufgrund der Fluchterfahrung bei vielen Menschen das Vertrauen gegenüber politischen Gemeinschaften verloren sein könne. Daneben gebe es aber noch weitere Aspekte, die das Eintreten für eigene Belange erschwere: Dazu gehöre, dass sie erst einmal die Sprache so lernen müssen, um sich adäquat ausdrücken zu können. Dennoch organisieren sie sich, um gemeinsame Interessen zu vertreten, zum Beispiel, wenn in Gemeinschaftsunterkünften problematische Situationen entstehen (vgl. Ullrich 2020, 129). Einerseits stehe zu Beginn die vorübergehende Versorgung bei der Aufnahme von Asylsuchenden im Vordergrund, andererseits wird Teilhabe meist in Bezug auf Förderung des Erlernens der deutschen Sprache, dem Zugang zu Wohnen, Bildung und Arbeit verstanden. Geflüchteten wird es durch gesetzliche Regelungen und Unterbringung in Sammelunterkünften zunächst erschwert, teilzuhaben, es gebe „auch keine Vertretung in etablierten politischen Artikulationsräumen“ (gemeint sind Parteien, Gewerkschaften, Verbraucherschutzverbände etc.) (vgl. ebd., 130). Von uns Sozialarbeiter*innen wird nun vielfach erwartet, dass wir mit dieser Zielgruppe partizipativ arbeiten sollen, häufig sind wir jedoch mit Misstrauen oder einem anderen Demokratie- und Politikverständnis konfrontiert, das natürlich von völlig anderen Lebenserfahrungen als den unseren geprägt sind.

So sind in meiner Arbeit einerseits verschiedene Aushandlungsprozesse mit den Klient*innen erforderlich, die selbstverständlich nur stattfinden können, wenn man eine Beziehung zu ihnen aufbauen kann, andererseits ist das Aufeinandertreffen davon geprägt, dass ich versuche in den Mikroprojekten und in allen Begegnungen „safe spaces“ (sichere Orte) zu kreieren, aber auch eine gewaltfreie Kommunikation nach Rosenberg (Rosenberg 2016), in der Raum für Fehler (und das Zugeben der solchen) sein darf. Die Klient*innen sollen wissen, dass auch ich nur ein Mensch bin, der nicht alles weiß, und noch sehr viel (auch von ihnen) lernen kann – und daher Fehler macht, aber sie können gleichsam etwas nicht richtig wissen oder sagen. So erklärte mir einst eine junge Frau, die aus Afghanistan stammte, dass sie mir nicht die Hand gebe, sich jedoch freue, wenn ich sie auf ihre Weise grüßen könne. Sie führte ihre rechte Hand Richtung Herz und legte sie auf ihre Brust und nickte dabei leicht mit dem Kopf. Für mich war dies eine schöne Geste des Respekts, die nicht nur in Pandemiezeiten hygienischer, sondern auch herzlicher ist als das übliche Händeschütteln.

> „Individuelle Integrationsförderung bezeichnet den gesamten Prozess der individuellen Einzelfallhilfe und umfasst in den Jugendmigrationsdiensten sowohl die sozialpädagogische Beratung als auch die Integrationsförderplanung anhand des Case Management-Verfahrens. Während eines Beratungsprozesses kann jederzeit ein Übergang in das Case Management erfolgen. Ebenso können sich an das Case Management andere Formen der Begleitung anschließen, wie z.B. weitere kurzzeitige Beratungen und Informationen oder eine Begleitung im Rahmen der Teilnahme an einem Gruppenangebot." (vgl. Rahmenkonzept des JMD)

Während sich diese Definition laut JMD Rahmenplanung für die tägliche Arbeit meiner Kolleg*innen finden lässt, ist mein Feld sehr viel weiter gefasst. Klimaschutz, Natur und Tiere sind zum Beispiel immer wieder Thema in unseren Mikroprojekten. Sei es unsere Beteiligung am Urban Gardening, bei dem wir gemeinsam mit unseren JMD-Klient*innen drei Hochbeete aufgebaut haben und nun pflegen, sei es im Basteln von Laubsammlern und Bänken oder Clean-up-Aktionen im Grünstreifen, sei es bei Baumpflanzaktionen oder beim interaktiven Theater Plan(et) B (ein Klassenzimmerstück zum Klimawandel des Staatstheaters Karlsruhe), bei dem die jungen Menschen viel Spaß und einiges zu sagen hatten; sei es bei unserem Projekt namens „Tieraudienz", in dem wir mit Eseln und Alpakas wandern gehen oder Bauernhöfe, Zoos oder Aquarien besuchen. Die Idee dahinter war, dass einerseits in Großstädten aufwachsende junge Menschen weniger Kontakt zu Tieren haben, andererseits dürfen in Gemeinschaftsunterkünften keine Haustiere gehalten werden. Wir haben ebenso festgestellt, dass die jungen Menschen aus dem Stadtteil zwar an Klimawandel und Umweltschutz interessiert sind, sich jedoch kaum an Fridays for Future beteiligten, gerne jedoch etwas Praktisches machen und bei solchen lebensnahen Aktionen lernen möchten.

Digitalisierung wurde nicht erst durch Corona ein bedeutender Schwerpunkt in meiner Arbeit. In verschiedenen Mikroprojekten versuchen wir für unser Zielpublikum, das in diesem Bereich einiges aufzuholen hat, geeignete Konzepte zu finden. Unser Ansatz ist, viel mit peer-to-peer zu arbeiten und am Zugang und an der Ansprache zu arbeiten. Dabei versuchen wir Spaß mit Bildung zu verquicken, zum Beispiel die spielerischen Anteile möglichst hochzuhalten.

Kunst im öffentlichen Raum ist uns sehr wichtig: Das betrifft Tanzprojekte, die sich viel mit Bewegung im Raum und Aneignung des Selbigen beschäftigen, genauso wie Mikroprojekte, bei denen Orte durch Graffiti verschönert werden.

Mit Beteiligung von Kindern und Eltern haben wir im Stadtteil auch einen Spielplatz und die Fläche darum herum optimieren dürfen – nun wird der Ort rege genutzt und auch der Bücherschrank, für den wir zuständig sind, wird in hohem Maße frequentiert. Das Konzept „Stadt für alle", das in unserem Stadtteil von großer Wichtigkeit und zum Beispiel im Stadtteilarbeitskreis eine eigene Arbeitsgruppe hat, scheint für viele Stadtplaner*innen eine Selbstverständlichkeit zu sein. Es zeigt sich jedoch, dass öffentliche Räume (Straßen, Wege und Plätze) sehr auf den motorisierten Verkehr fokussiert sind, während freie Flächen ausschließlich mit (teurem) Wohnraum und Bürogebäuden bebaut werden. Spiel- und Begegnungsraum wird oft in den Überlegungen nicht ausreichend mitgedacht (vgl. bspw. Reicher 2015). Daher ist uns die Beschäftigung damit und die Schaffung weiterer Möglichkeiten so wichtig.

Film- und Fotoprojekte lieben unsere jungen Menschen im Stadtteil sehr und wünschen sich immer wieder neue Mikroprojekte: Von dystopischen fiktiven Filmen über Webserien zu informativen Kurzfilmen über das Quartier haben wir schon einiges an Material hergestellt. Es gibt viele Broschüren mit wunderbaren Fotos zu verschiedenen Themen, die alle Beteiligten mit Freude hergestellt haben.

Gerne beteiligen wir uns auch an diversen Stadtteilfesten, in denen wir kreative Angebote gestalten und viel in den Austausch gehen können. Vom perfekten Dinner über den Flohmarkt zum Suppenfest am Quartierspavillon – wir versuchen überall präsent zu sein.

Einige der Kompetenzen, die man in diesem Arbeitsgebiet besitzen muss, hatte ich schon im ersten Band beschrieben und in diesem hier angerissen: Kommunikationsfähigkeit ist vielleicht die wichtigste Kompetenz, die zu nennen ist. In meinem Projekt hat man fast schon eine moderierende Tätigkeit, wir kooperieren mit allen verschiedenen Einrichtungen im Stadtteil und müssen einerseits Konkurrenzen vergessen, andererseits Befindlichkeiten der anderen Hauptamtlichen erahnen und berücksichtigen, gleichzeitig müssen wir versuchen zu motivieren Aktionen im Quartier anzustoßen. Mit Teilnehmenden versuchen wir möglichst gewaltfrei und vor allem in einfacher und angemessener Sprache zu reden und dabei versuchen Klassismen zu vermeiden und Traumata nicht aufzureißen. Wenn wir Konflikte sowohl auf Seiten der Netzwerkpartner als auch bei Gruppen in Mikroprojekten erspüren, müssen wir geeignete Strategien dagegen entwickeln. Genauso bedeutend für mein Projekt ist Organisationsfähigkeit: Bis zu 20 Mikroprojekte gleichzeitig zu jonglieren, bedeutet, alles im Blick zu behalten, Check- und Excel-Listen zu führen, Honorarkräfte, Kooperationspartner und Teilnehmende zu koordinieren, effiziente Strategien zu haben, den Arbeitsaufwand für möglichst alle Beteiligten geringzuhalten. Mein persönliches Steckenpferd ist die Clean-Desk-Policy (den Schreibtisch am Ende des Arbeitstages sauber und aufgeräumt zu haben). Das Talent, rasch Netzwerke aufzubauen, hilft mir bei meiner Arbeit genauso wie meine Assoziationsfähigkeit (das heißt, dass ich bei allem, was mir mitgeteilt wird, versuche, Zusammenhänge zu sehen und Brücken zu bauen).

Bei meinem Projekt muss man neben diversen personalen Fähigkeiten auch sehr gut in Lobby- und Öffentlichkeitsarbeit sein. Ich bin zum Beispiel gemeinsam mit Mitarbeitenden anderer JMDiQ-Standorte in einer AG zu dieser Thematik, in der wir uns damit beschäftigen, wie wir Social Media in unserer Arbeit nutzen bzw. wie wir sowohl die jugendliche Zielgruppe als auch interessierte Kolleg*innen mit unserer Arbeit erreichen können. Das Verfassen von Texten für soziale Netzwerke gehört genauso wie Pressemitteilungen dazu, aber auch die Fähigkeit, passende Fotos zu machen und für die eigenen Belange einzusetzen. In Zeiten von Corona haben wir nicht nur gelernt, in Videokonferenzen Präsentationen einzuflechten, sondern wie virtuelle Messestände funktionieren, wie man Info-Filme für Webseiten herstellt und vieles andere mehr. Unsere tägliche Arbeit ist auch das schriftliche konzipieren von Projekten und die sogenannte Antragslyrik zu beherrschen, unsere Projekte zu dokumentieren und zu evaluieren und für verschiedene Webseiten unsere Best Practice Beispiele darzustellen. Ich versuche möglichst viele vorzeigbare Produkte (Filme, Broschüren etc.) herzustellen, möglichst oft in Zeitungen genannt zu werden, an Preisen teilzunehmen und weitere Gelder bei Stiftungen einzutreiben. Dies ist alles kein Selbstzweck, sondern soll sowohl die Wichtigkeit als auch die Erfolge unserer stadtteilorientierten Sozialarbeit aufzeigen. Je mehr Wahrnehmung wir in der Öffentlichkeit bekommen, desto größer wird unsere Bedeutung.

Gleichzeitig muss auch ich mich stets auf dem neuesten Stand in der sozialraum- und gemeinwesenorientierten Sozialarbeit halten, um neue Trends und Formate zu entdecken und für meine Tätigkeit einzusetzen. Selbst wenn ich meistens die Workshops und Seminare organisiere und nicht selbst leite, muss ich mich in allen aktuellen Feldern weiterbilden: Social Media, Gender, LGBTIQ*, kritische Männlichkeit, Klimawandel, Umweltschutz, Nachhaltigkeit, Flucht und Trauma, rassismuskritische Sozialarbeit, Multiplayer Apps und Digitalisierung, Projekt- und Zeitmanagement, (interkulturelle) Kommunikation und Filme drehen lernen sind nur einige meiner Stichpunkte.

Es ist eine abwechslungsreiche Arbeit, jeder Tag ist anders – und das macht selbstverständlich viel Spaß, ich kann mir kaum einen spannenderen Bereich denken. Ich muss selbständig arbeiten und genieße große Freiheiten. Frei bin ich zum Beispiel bei der Wahl meiner Kooperationspartner (sowohl was die Einrichtungen im Stadtteil angeht als auch die Honorarkräfte und Künstler*innen und die Themen), frei bin ich auch in meiner Zeiteinteilung. Ich verfüge über ein großzügiges Budget, mit dem ich ein bisschen etwas verändern kann, während viele Kolleg*innen immer nur Tropfen auf den heißen Stein gießen können.

Aus persönlicher Sicht kann ich sagen, dass mir dieser Arbeitsbereich sehr liegt und ich mir im Moment nichts anderes für mich vorstellen möchte und kann. Einzig die Bezahlung könnte natürlich etwas besser sein, immerhin müssen wir

Kompetenzen aus verschiedenen Bereichen in unserem Arbeitsfeld beherrschen und tragen einige Verantwortung (nicht nur an Honorarkräften und Teilnehmenden, sondern auch vom Budget her). Grundsätzlich hängt die Bezahlung in meinem Projekt davon ab, bei welchem freien bzw. öffentlichen Träger man angestellt ist, in meinem Fall gilt der Haustarif, bei manchen Kolleg*innen aus anderen Standorten wird nach Tarifvertrag AVR entlohnt, die Entgeltgruppe 9 wird bezahlt, wobei es natürlich auf die Stufe ankommt, in die man eingestuft wird.

Viele Themen und Prinzipien habe ich in diesem kurzen Artikel angerissen und konnte sie nicht angemessen beschreiben. Mein Ansinnen war, darzustellen, welche Aspekte mir besonders wichtig erscheinen, daneben gibt es aber noch sehr viel mehr Punkte, über die ich sprechen könnte.

Allen, die sich für die Beratungstätigkeit im JMD interessieren, kann ich sagen, dass sie sich regelmäßig auf dem Laufenden halten müssen, was ausländerrechtliche Fragen anbelangt, das Lesen von mehreren Newslettern ist sozusagen Pflicht. Es ist erforderlich, viel über die eigenen Vorurteile und die Verwendung von gendergerechter und gewaltfreier Sprache zu reflektieren. Bei JMDiQ muss man sich darüber im Klaren sein, dass man mitunter weniger mit den Klient*innen arbeitet, eher ist man ein*e Projektmanager*in, der/die keine Angst vor Excel haben darf, der/die die Budgets in jedem einzelnen Teilprojekt im Blick behalten muss, gute Fähigkeiten hat, was das Konzipieren von Projekten und Schreiben von Anträgen angeht, keine Scheu vor Social Media und generell Arbeit im digitalen Raum haben darf. Menschen, die in diesem Bereich tätig sind, sind Allrounder, die immer flexibel, spontan und aufgeschlossen bleiben müssen und die gerne in verschiedenen Settings arbeiten: Ein Netzwerktreffen mit Mitarbeitenden der Bundesministerien an einem Tag, eine Pressekonferenz mit Journalist*innen am nächsten Tag, ein Gremium mit Wirtschaftsmenschen und Mitgliedern aus dem Ortsbeirat abends, eine Klasse mit Schüler*innen, die erst seit zwei/drei Monaten in Deutschland sind, am nächsten Morgen – ich bin auf alles vorbereitet und muss überall adäquat reagieren. Dies ist eine große Herausforderung, aber auch eine spannenden und freudvolle.

Wie lauten die Prinzipien der Sozialraumorientierung nach Hinte?

Quellen

Fürst, Roland; Hinte, Wolfgang (Hrsg.) (2020): Sozialraumorientierung 4.0. Das Fachkonzept: Prinzipien, Prozesse & Perspektiven. Wien

Reicher, Christa (2015): Jugendgerechte Planung und Gestaltung öffentlicher Räume. In: Kemper, Raimund; Reutlinger, Christian (Hrsg.) (2015): Umkämpfter öffentlicher Raum. Herausforderungen für Planung und Jugendarbeit. Wiesbaden

Rosenberg, Marshall B. (2016): Gewaltfreie Kommunikation. Eine Sprache des Lebens. Paderborn

Schönig, Werner (2020): Sozialraumorientierung. Grundlagen und Handlungsansätze. Frankfurt am Main

Seeck, Francis; Theißl, Brigitte (Hrsg.) (2021): Solidarisch gegen Klassismus – organisieren, intervenieren, umverteilen. Münster
Ullrich, Maria (2020): Refugees' Doing Citizenship: Lokale Aushandlungsprozesse von Geflüchteten um Teilhabe. In: Meier, Sabine; Schlenker, Kathrin (Hrsg.) (2020): Teilhabe und Raum. Interdisziplinäre Perspektiven. Opladen

Internetquellen (05.03.2023)

https://www.jmd-im-quartier.de/ueber-uns
https://www.schule-ohne-rassismus.org/themen/klassismus/
https://www.jugendmigrationsdienste.de/fileadmin/media/ueberJMD/JMD_Rahmenkonzept_Nr1_Beratung_CM_11.08.2017.PDF

VI. Wirtschaft und Soziale Arbeit

Soziale Arbeit in der Wohnungswirtschaft / für ältere Menschen

Helene Böhm

Fast unbemerkt von der (Fach-)Öffentlichkeit hat sich in den letzten zwei Jahrzehnten in der Wohnungswirtschaft ein eigenständiges Tätigkeitsfeld für Soziale Arbeit etabliert, das sich auf die Konzepte, Methoden und Arbeitsprinzipien der Sozial- und Gemeinwesenarbeit stützt. Der vorliegende Text will einen Einblick in die professionelle Praxis vermitteln und der Frage nachspüren, wie dieses relativ neue Berufsfeld konkret hilft, die sozialen Folgen gesellschaftlicher Veränderungsprozesse zu bewältigen. Die Wohnungswirtschaft ist in der öffentlichen Wahrnehmung sehr präsent und eng verknüpft mit den Herausforderungen nachhaltigen wirtschaftlichen und sozialen Handelns, dabei kommen Themen wie Klimaschutz, Energieeffizienz, Quartiers- und Stadtentwicklung, demografischer Wandel eine zentrale Bedeutung zu. In der Wohnungswirtschaft ist der zentrale Bezugspunkt die Immobilie. Entlang des Lebenszyklus einer Immobilie, von der Objektplanung, Bauausführung, Unterhaltung, Nutzung, Modernisierung und Sanierung, Umnutzung, Umbau bis hin zu Rückbau und Abriss, gibt es eine Vielzahl von Aufgabenstellungen und Handlungsfeldern, die zusammengenommen alle Dimensionen der Nachhaltigkeit berühren (vgl. Fischer 2009, 25). Der vorliegende Beitrag fokussiert sich ausschließlich auf die *soziale* Dimension des Wohnens und die Rolle Sozialer Arbeit im Verantwortungsverständnis von Wohnungsunternehmen. „Wer bei Planung von Strategien und Konzepten im Gemeinwesen oder Unternehmen agiert, wer Gruppenaktivitäten initiiert und koordiniert, wer Störungen in den Wohn- und Lebensbedingungen der Mieter fachgerecht entgegenwirkt, kann mit größerer Mieterzufriedenheit rechnen und muss weniger Fluktuation und Mietausfälle fürchten“ (Zinnöcker 2009). Soziale Verantwortung wird in zahlreichen Unternehmen thematisiert.

Wohnungsunternehmen, die direkt oder indirekt gemeinnützige Unternehmenszwecke erfüllen, übernehmen hier eine tragende Rolle. Durch ihre lokale Präsenz und ihre gemeinwohldienliche Ausrichtung bieten sich vielfältige Anknüpfungspunkte für die Übernahme soziales Engagement. Ihr Geschäftsmodell hat nicht die kurzfristigen Renditeerfolge im Fokus, sondern die verantwortungsvolle Entwicklung von Immobilien und Quartieren zu attraktiven und zukunftsfähigen Beständen im Vermögensbestand. Das reicht von einzelfallbezogenen Lösungsansätzen und Maßnahmen zur Durchsetzung (wirtschaftlicher) Partikularinteressen bis hin zur Initiierung lokaler Netzwerke und Kooperationen oder Gründung sozial-kultureller Stiftungen. Teils resultierend aus sehr konkreten bestandsbezogenen Herausforderungen oder als Bestandteilteil von Revitalisierungs- oder Zukunftsstrategien.

Aufgabeninhalte und -umfang

Deutschland ist ein Mieterland. Rund 58 % der Gesamtbevölkerung wohnt zur Miete (vgl. Statista.de). Ein klassisches Mietverhältnis gründet sich in der Regel auf einen schriftlichen Mietvertrag, der die gegenseitigen Rechte und Pflichten zwischen Vermieter*in und Mieter*in (Vertragsparteien) klärt. Die wesentlichen Vorschriften finden sich in den §§ 535 ff. des Bürgerlichen Gesetzbuches (BGB). Bei Nichteinhaltung und Vertragsverstößen können (miet)rechtliche Konsequenzen folgen, die schlimmstenfalls eine Kündigung nach sich ziehen. Um dem Entgegenzusteuern, ergeben sich zahlreiche Schnittstellen zwischen Wohnungswirtschaft und Sozialer Arbeit. Bereits Anfang der 1990er Jahre wurden die ersten Sozialarbeiter*innen in der Wohnungswirtschaft tätig.

Mit der Einrichtung eigener Fachstellen für Soziales vollzog sich ein Paradigmenwechsel im Führungsverständnis der Wirtschaftsbetriebe. Wohnungsunternehmen waren nicht länger reine Bestandshalter und -bewirtschafter mit vor allem kaufmännischen und technischen Kernkompetenzen. Im gesamtgesellschaftlichen Transformationsprozess sah man sich gezwungen, das Aufgabenportfolio schrittweise um neue Zuständigkeiten zu erweitern, um eigene Maßnahmen und soziale Aktivitäten zu entwickeln. Die organisierte Verantwortlichkeit war vor allem eine Reaktion auf veränderte Umfeldbedingungen, gleichzeitig wurde sie zum Ausgangspunkt für die Integration der Profession „Sozialarbeit" in den Unternehmensalltag. Die konkreten Aufgaben Sozialer Arbeit können entsprechend den Organisationserfordernissen oder dem strategischen Ansatz differieren: also zwischen problemfokussierter Einzelfallhilfe und Zielgruppenarbeit, die vor allem im operativen Bereich anfällt, wenn die klassischen Instrumente der Bestandsbetreuung bzw. Kundenverwaltung zur Lösungsfindung nichts mehr beitragen können oder zur Unterstützung der Bestandsentwicklung, durch projekt- und quartiersbezogene soziale Ansätze.

Den Begriff „Sozialarbeit" findet man in der Darstellung des Arbeitsfeldes übrigens relativ selten. Anfangs führte die Überlegung, dass die Einbindung eines „sozialen Korrektivs" in die Organisationsstruktur als Abwertungsprävention verstanden werden könnte, zu mannigfaltigen semantischen Umdeutungen. Heute hat sich im Allgemeinen die Bezeichnung „Sozialmanagement" durchgesetzt. Die Einbeziehung betriebswirtschaftlicher Konzepte vermittelt Effizienz und Effektivität. Mittlerweile hat sich der Begriff „Sozialmanagement" in der wohnungswirtschaftlichen Leistungspalette etabliert. Seit einigen Jahren finden auch Masterstudienabsolventen „Sozialmanagement" ihren Weg in die Wohnungswirtschaft.

Individuenbezogene Ansätze

Wir werden weniger, bunter, älter und ungleicher. Treffend charakterisiert diese Aussage den gesamtgesellschaftlichen Wandel und bezogen auf den Wohnungsmarkt einen wachsenden Anpassungsdruck. Bewirtschaftungserfolge müssen ganzheitlich gedacht werden und Gemeinwesen, Lebenswelt und Sozialraum einbeziehen.

Die Aufgaben Sozialer Arbeit in Wohnungsunternehmen umfassen entsprechend die lebensweltlichen und sozialräumlichen Zusammenhänge im weitesten Sinne. Dort, wo der Handlungsbedarf am größten ist, kommt der Sozialarbeit vor allem eine korrigierende Funktion zu. Dann steht die Einzelfallarbeit als Methode der Sozialen Arbeit klar im Fokus. Die sozialen Aktivitäten konzentrieren sich auf die individuellen Problemlagen der Mieter*innen, die es nachhaltig zu verbessern gilt, z. B. Mietschulden- und Räumungsvermeidung, Konfliktberatung, Sozialberatung, Beschwerdemanagement, zielgruppenspezifische Serviceangebote, Beratung und Unterstützung, Planung von Interventionsmaßnahmen oder Vermittlung in Hilfestrukturen. Mit Blick auf ältere Mieter*innen kann die Fallberatung z. B. bei der altergesrechten Wohnraumanpassung unterstützen, in dem sie Informationen zielgruppengerecht aufbereitet und weitergibt oder an Pflegeexpert*innen weitervermittelt. Soziale Arbeit kann z. B. auch bei der Beantragung von Pflegegraden, Zuschüssen oder bei der Organisation nachbarschaftlicher Hilfe unterstützen. Dabei nimmt die Soziale Arbeit immer auch strukturelle Probleme in den Blick: Individuelle Anfragen sind per se geeignet, die lokale Infrastruktur zu analysieren, Angebotslücken zu identifizieren (und zu handeln) oder vorhandene Angebote zu kommunizieren, um die Zielgruppe besser zu erreichen. Nachfolgend ein Auszug aus der Landingpage „Sozialmanagement" eines kommunalen Berliner Wohnungungsunternehmens:

> „Sie stecken in einer persönlichen oder gesundheitlichen Krise, die den Erhalt Ihrer Wohnung gefährden könnte und wünschen sich Hilfe, Beratung oder Unterstützung? Sie machen sich Sorgen um eine*n Nachbar*in, die/der unbedingt Hilfe benötigt? Die Betreuung von Angehörigen oder Probleme der Arbeitslosigkeit wachsen Ihnen über den Kopf? Wir möchten unseren Mieter*innen ein lebenswertes Wohnen in den eigenen vier Wänden ermöglichen. Deshalb ist es für uns selbstverständlich, bei Bedarf auch soziale Dienstleistungen zu organisieren und zu vermitteln. Unsere Sozialmanager*innen beraten kompetent und kennen die richtigen Ansprechpartner*innen.

Bei alltäglichen Sorgen und Nöten – die langjährige Erfahrung unserer Sozialmanager*innen hilft. Gerne vereinbaren wir mit Ihnen einen Termin und besuchen Sie auf Wunsch auch zu Hause. Scheuen Sie sich nicht, uns anzusprechen oder andere Hausbewohner*innen auf diese kostenlosen Angebote aufmerksam zu machen" (GESOBAU AG).

Der Text verdeutlicht das Mandat Sozialer Arbeit in einem Wohnungsunternehmen gut. Ziel ist es, dem/der Mieter*in (und ggf. dem gesamten Familiensystem) die Wohnung zu sichern und mögliche Konfliktpotenziale in der Nachbarschaft zu entspannen. In diesem Kontext identifiziert, diagnostiziert und bearbeitet Sozialarbeit soziale Probleme, die korrektur- oder entwicklungsbedürftig sind und hilft, eine Verbesserung der Lebenssituation herbeizuführen. Daraus ergibt sich das methodische Vorgehen, unter Einhaltung gesetzlicher Rahmenbedingungen und Vorgaben des Auftraggebers und gleichzeitiger Beachtung der Auswirkungen von Intervention, die Wahl der Mittel – und auch Zielkonflikte. Ethische Konflikte dürfen demnach nicht außer Acht gelassen werden. In die Relativität der Wahrnehmung von Problemen, „in der subjektiven Vorstellung dessen, was gut ist und gut tut" (Schneider 1999, 145), muss sich die Fähigkeit zum Dialog mischen: Soziale Arbeit kommuniziert Motive, Überlegungen, Wertevorstellungen und Absichten mit ihren Adressaten, unter Berücksichtigung unterschiedlicher individueller Biografien und sozialer Umfelder.

Soziale Arbeit im Kontext der Wohnungswirtschaft muss auch als „erheblicher Eingriff in die Privatsphäre" (Gerull 2003, 37) reflektiert werden. Konkret heißt das, die Adressaten wissen zu lassen, was mit ihnen geschieht und sie Veränderungen, situative Arrangements, u. a. so weit als möglich mitbestimmen zu lassen. Soziale Berufe sollten also, wenn sie nicht Vollzugsorgan irgendeines Auftraggebers oder irgendwelcher Vorstellung sind, die Fähigkeiten zur ethischen Reflexion beherrschen. Das bedeutet, sich der eigenen subjektiven Attitüden bewusst zu werden, die eigene Verantwortlichkeit und Handlungsimperative des Arbeitskontextes zu reflektieren (vgl. Schneider ebd.). In der Wohnungswirtschaft begegnet man, anders als in vielen „klassischen" Bereichen Sozialer Arbeit, einer Mannigfaltigkeit an Mieter*innen/Kund*innen und hat Kontakt zu allen Zielgruppen (der Sozialarbeit). Bewusstseinsbildung ist daher ein Schlüsselfaktor für die erfolgreiche Arbeit. Neben Präsenz braucht es u. a. Kenntnisse über Zielgruppen und deren Bedarfe, diskriminierungssensible Strategien (und Projekte), niedrigschwellige Kommunikationsmethoden. Im Hilfe- und Beratungsprozess sind Verständlichkeit und Nachvollziehbarkeit wichtig. Eingriffe in die Privatsphäre, wie etwa bei Hausbesuchen, Betreuungsanregungen oder Entscheidungen über rechtliche Konsequenzen bei Mietschulden oder Konflikten, setzen differenzierte und umfassende sozialrechtliche, beraterische, moderierende und interkulturelle Kompetenz voraus. Wertschätzung und Achtung sind dabei Grundhaltungen, die es zu reflektieren und zu trainieren gilt. „Da, wo

Sozialarbeit am nötigsten ist, muss die Menschenliebe am größten sein" (Edenhöfer 2022). Das bedeutet ganz praktisch, den Betroffenen nie die Fähigkeit abzusprechen, aus negativen Lebensereignissen wieder herauszufinden, sondern sie dabei zu unterstützen, ihr Leben eigenverantwortlich zu führen und damit positive (Selbstwirksamkeits-)Erfahrungen zu machen.

Soziale Arbeit leistet im übertragenen Sinn auch Übersetzungshilfe: In kaum einem Feld ist die Soziale Arbeit so stark mit anderen Berufsgruppen und deren Denkmustern konfrontiert wie in der Wirtschaft. Soziale Arbeit hat einen entsprechenden Perspektivwechsel einzunehmen und transportiert ihrerseits sozialarbeiterische „Kasuistik" in den täglichen Geschäftsablauf der Wohnungswirtschaft. Die formale Einbindung Sozialer Arbeit bedeutet aber nicht gleichzeitig deren Akzeptanz. Es ist notwendig, Ziele der Implementierung, konkrete Arbeitsaufgaben sowie situationsadäquate Lösungsansätze miteinander zu verknüpfen und Interventionserfolge intern/extern zu kommunizieren.

Auch der im Studium oft zitierte „eklektische Werkzeugkoffer" erweist sich im Berufsalltag als nützliches Repertoirs. Der Rückgriff auf unterschiedliche sozialwissenschaftliche Disziplinen und differenziertes rechtliches Wissen bietet eine Vielzahl an Handlungsmöglichkeiten bei der Bewältigung von Problemen. Neben sozialarbeiterischen Grundlagen- und spezifischen Fachkenntnissen, sind die Beschäftigung mit allen Aspekten und Grundlagen des Wohnens für die Handlungsorientierung und fachliche Auseinandersetzung unerlässlich (vgl. Häußermann/Siebel 1996). Dazu zählen soziologische Zugänge und soziale Fragestellungen, z. B. Wohnungspolitik, Wohnbedürfnisse oder Wohntrends (vgl. Berding/Bukow 2020; Heinze 2020). Auch alle Gesetze oder Richtlinien, die sich mittelbar auf das Mietverhältnis auswirken, gehören zum erforderlichen arbeitsrelevanten Wissen, wie z. B. das Allgemeine Gleichbehandlungsgesetz (AGG), das Benachteiligung und Diskrimierung in den Lebensbereichen Arbeit und bei sog. „Alltagsgeschäften" verbietet. In der Praxis unterstützt Soziale Arbeit dann konkret im Arbeitsumfeld, in der Arbeit mit Mieter*innen, Nachbar*innen, im Einzelfall, in der Nachbarschaft u. a., Diskriminierungspraktiken und ihre Wechselwirkungen zu erkennen, Wahrnehmungen und Voreingenommenheiten zu hinterfragen, Vielfalt wertzuschätzen und Empathie über Unterschiede hinweg zu entwickeln, Benachteiligung zu erkennen und ihr entgegenzuwirken.

Sozialraumbezogene Ansätze

In der Praxis Sozialer Arbeit verbinden sich Konzepte der Sozialraumorientierung, Quartierentwicklung und Bestandsentwicklung zu Handlungsansätzen, denn Wohnungsunternehmen spielen in der Stadtentwicklung eine tragende Rolle. Mit ihrem Zugang zu Mieter*innen haben sie Kenntnisse über Problemlagen und Potenziale im Quartier, durch ihre langjährige Präsenz vor Ort fördern sie die soziale Stabilisierung und tragen entscheidend dazu bei, dass Menschen sich Zuhause fühlen. Bestände werden bei Bedarf zu Planungs- und Interventionsräumen, zu objektivierbaren, d.h. klar darstellbaren Quartieren bzw. Prognoseräumen. Aufgabe Sozialer Arbeit ist es dann, Projekte und Maßnahmen zu planen und umzusetzen, z.B. Ist-Analysen, Quartiersmonitoring, Mitwirkung bei der Entwicklung einer nachfragegerechten Angebots- und Infrastruktur, der Aufbau von Kooperationen (vgl. Herrmann 2019, 34ff.). Man muss die Spezifik des Quartiers gut kennen, will man darauf aufbauend eine Quartiersentwicklungsstrategie generieren.

Gerade bei unterschiedlichen Wahrnehmungen von Quartieren können Kennzahlen eine gute Orientierung bieten. Über die Mieterdaten hinaus ist es möglich, statistische Daten auszuwerten bzw. Sozialraumdaten auf den eigenen Bestand zu transferieren, Entwicklungen zu analysieren und Quartiersprofile zu erstellen. Sie ermöglichen es, datenbasiert, bisherige Handlungsansätze und lokale Interventionen gemeinsam zu reflektieren, zukünftige Quartiersprozesse daraus abzuleiten, einen dem Bestand angemessenen Ressourceneinsatz zu planen und Projekte mit „Augenmaß" umzusetzen. Es ist darüber hinaus notwendig, bauliche mit sozialen Aspekten zu verknüpfen, also sich zusätzlich an den statistischen Daten zu orientieren, die aufgrund von Sozialraumanalysen vorhanden sind. In Berlin gibt es hierfür beispielsweise ein besonderes Instrument der sozialen Raumbeobachtung: Das Monitoring Soziale Stadtentwicklung (www.berlin.de/), das seit 1998 als kontinuierliches Stadtbeobachtungssystem im Auftrag der Senatsverwaltung für Stadtentwicklung und Wohnen erstellt wird. Im MSS wird die aktuelle Lage der Bewohner*innen in den Quartieren Berlins und deren Veränderung im Laufe von zwei Jahren beschrieben, 447 lebensweltorientierte Planungsräume werden analysiert. Das MSS bildet die Grundlage für Zeitreihen, die auch in der Wohnungswirtschaft zur sozialräumlichen und soziodemografischen Einordnung der eigenen Bestände genutzt werden. Auf dieser Grundlage kann auch der/die Sozialmanager*in Trends erkennen und sozialräumliche Herausforderungen ableiten, Ziele und Maßnahmen entwickeln, die in der Folge dann mit unterschiedlichen Akteuren und Protagonisten mit Blick auf die Planung und Bereitstellung von Ressourcen erörtert und abgestimmt werden.

In der Arbeit ist es aus den o.g. Gründen unerlässlich, Exklusionsmerkmale ausgegrenzter Gruppen zu kennen, um gleichberechtigte Teilhabe im Kontext unterschiedlicher Handlungsfelder zu fördern.

Soziale Arbeit als Empowerment-Strategie

Stadtteil- oder Quartiersarbeit ist ein zentrales Handlungsfeld in Wohnungsunternehmen, denn sie agieren nicht losgelöst von gesellschaftlichen Entwicklungen. Es geht um nachbarschaftliches Zusammenleben, die Schaffung sozialer

Infrastruktureinrichtungen, die Umsetzung generationsverbindender Projekte. Hier wirken Vereine, lokale Träger, Landes- und/oder Bundesprogramme mit der Wohnungswirtschaft zusammen. In der Praxis bedeutet das, intensive lokale Beziehungsarbeit. Ziel ist es, jede notwendige Intervention, jede Invesitition vom „Für" zum „Mit" hin zu entwickeln. Soziale Arbeit in Wohnungsunternehmen handelt ja im Kontext von Lebenslagen und Lebenswelten verschiedener Zielgruppe. Einzel- und strukturbezogene Aktivitäten orientieren sich daher an den Arbeitsprinzipien der Sozial- und Gemeinwesenarbeit: sozialräumliches, partizipatives, vernetztes, ganzheitliches Denken und Handeln. Ausgangspunkt sozialer Quartiersentwicklung ist immer die Frage, was konkret geändert bzw. zukünftig entwickelt werden soll. Es geht nicht um die Anpassung der Mieter*innen an die bestehenden Verhältnisse, sondern um die Veränderung von Verhältnissen, um an den Möglichkeiten an Entwicklungen aktiv mitzuwirken. Das setzt Kommunikationsfähigkeit und -bereitschaft voraus und verpflichtet zur kontinuierlichen Reflexion.

Zu den methodischen Prinzipien der Sozialraumorientierung gehören nach Hinte (1997, 284) die Kooperation und Koordination, die Aktivierung und Nutzung der personalen und sozialen Ressourcen. Für Sozialarbeiter*innen in Wohnungsunternehmen ergeben sich zahlreiche Kooperationsanlässe, um Leistungen, für deren Erbringung andere Akteure zuständig sind bzw. sein sollten, für die Mieter*innen und Bewohner*innen verfügbar zu machen. Hierzu gehören u. a. Kommunen, Sozialdienstleister, Wohlfahrtsverbände, Kirchengemeinden, Schulen, Polizei. Kooperationen dienen im Sinne von Reziprozität dem Prinzip von wechselseitigem Geben und Nehmen und sollten nicht primär dem Eigennutz dienen sollten. Das nachfolgende Zitat von Hinte hilft, einen inneren Kompass für die Arbeit zu entwickeln.

> „Gute Gemeinwesenarbeit leistet Übersetzungshilfe, sie vermittelt, schafft Verständigung und Ausgleich und macht Ressourcen zugänglich. Derlei Kommunikation ist nicht inhaltsleer, sie geschieht nicht einfach so, weil es schön ist, miteinander zu reden, nein: Sie dient dem gesellschaftlichen Dialog über die Verteilung von Ressourcen und dabei dem Interesse derer, die abgehängt, ausgegrenzt, ein wenig ungeschickt, nicht ganz so schnell, behindert, schwach oder arm sind. Gemeinwesenarbeit trägt dazu bei, dass friedliche oder konflikthafte Dialoge entstehen etwa zwischen BürgerInnen und Verwaltung, BürgerInnen und Politik, Politik und Verwaltung, MieterInnen und Wohnungsunternehmen. Somit kommt Gemeinwesenarbeit eine gesellschaftliche bedeutsame Aufgabe zu: Sie renoviert Nahtstellen, an denen die Gesellschaft auseinanderzubrechen droht. Eine Gesellschaft ohne solche Nahtstellen-ArbeiterInnen würde zerfasern – und sozialer Friede ist gerade in dieser Zeit ein bedeutender Standortfaktor" (ebd.).

Aus der langjährigen Berufserfahrung resultiert jedoch auch die Erkenntnis: Partizipative Quartiersentwicklungsprozesse und sozialraumbezogene Soziale

Arbeit sind in ihrer Reichweite begrenzt. Einerseits ist Soziale Arbeit in Wohnungsunternehmen kein Selbstzweck zur Verwirklichung idealtypischer Konzepte, sondern erfolgt im Rahmen von Ausgestaltungsvorgaben, die je nach Unternehmenszweck und -ziel zu beachten, aber auch hinsichtlich gesellschaftlicher und sozialer Entwicklungen und notwendiger Veränderungsprozesse zu hinterfragen sind. Es ist anderseits anzuerkennen, dass bestimmte Probleme vor Ort nicht gelöst werden können, weil die Ursachen hierfür auf anderen Ebenen (kommunal, regional, überregional) zu finden sind. Hier müssen die Grenzen sozialräumlicher Entwicklungs- und Interventionsansätze erkannt, zugleich aber die verfügbaren Handlungsspielräume engagiert genutzt werden.

Ethische Zielhorizonte

Soziale Arbeit reflektiert und differenziert Deutungswissen und Deutungsmacht unter berufsethischen Positionen. Die Entwicklung eines eigenen sozialarbeiterischen Profils in einem derartigen Tätigkeitskontext ist eng mit organisationsspezifischen Besonderheiten verbunden, sodass die Auseinandersetzung mit den Aspekten „Wohnen", „Zielgruppen" und „Methoden" nicht nur eine wesentliche Konstante im Arbeitsalltag darstellt, sondern prägend ist für die fachliche Gestaltung der eigene Rolle im Praxisfeld. Basis der Sozialen Arbeit sind zentrale Werte wie Gleichheit, Gerechtigkeit und Menschlichkeit. Am Beispiel der Einzelfallarbeit lässt sich dieser handlungsleitende ethische Aspekt Sozialer Arbeit in Wohnungsunternehmen gut nachvollziehen: Der/die Sozialarbeiter*in unterstützt Mieter*innen dabei, individuelle Probleme zu lösen, die ansonsten zu folgenschweren Maßnahmen bis hin zur Kündigung des Vertragsverhältnis führen könnten. Das Hauptaugenmerk liegt auf dem Interventionserfordernis zur Lösung eines individuellen Problems (hier: soziale Sicherung der Wohnung). Die Ursachen und Auswirkungen auftretender Schwierigkeiten werden dabei auch im Kontext struktureller Bedingungen gesehen und damit von der alleinigen Zuschreibung auf den individuellen Fall losgelöst. Es geht um die Frage des „sozialen Funktionierens von Personen und ihres Verhaltens" (Schneider 1999, 145) im sozialen und gesellschaftlichen Zusammenhang.

Forschung

Im Handlungsfeld der Wohnungswirtschaft nimmt die professionelle Förderung von Kundenbeziehungen, die Gestaltung sozialer Prozesse in Nachbarschaften, Quartieren und Stadtteilen einen immer wichtigeren Stellenwert ein. Dazu werden Angebote entwickelt, evaluiert und systematisiert, die zur Stabilisierung der Nachbarschaft beitragen und Negativeffekte des sozialen und demografischen

Strukturwandels durch einzel- und strukturbezogene Aktivitäten verringern oder vermeiden helfen. Alle Menschen sollen gut in ihrer Wohnung, Nachbarschaft, in ihrem Wohnumfeld oder Quartier leben und bestenfalls etwas dazu beitragen können. Fundierte Fachkenntnisse sind, wie bereits an anderer Stelle beschrieben, in diesem Beruf unverzichtbar. Durch das Studium der Sozialen Arbeit und weiterführende Masterstudiengänge oder Qualifizierungen erlangt man ein entsprechendes Handwerkszeug. Spezifisches, insbesondere Praxiswissen erwirbt man sich später im Berufsalltag. Daneben ist die Auseinandersetzung mit den aktuellen Fachdiskussionen rund um das Handlungsfeld des Wohnens notwendig. Verwiesen sei an dieser Stelle auf die Beiträge „Gesellschaftsgestaltung durch Neujustierung von Zivilgesellschaft, Staat und Markt“ (Heinze 2020), „Die Zukunft gehört dem urbanen Quartier“ (Berding/Bukow 2020), „Soziale Arbeit im Sozialraum“ (Herrmann 2019) und „How to turn a place around“ (Madden 2018). Bei der Konzeptentwicklung zur altersgerechten Gestaltung von Quartieren nutzt die Verfasserin u. a. den Quartiersansatz des Kuratoriums Deutsche Altershilfe „Handreichung Quartiersentwicklung“ (Mehnert/Kremer-Preiß 2016) und „Quartiers-Monitoring“ (Mehnert/Kremer-Preiß 2018). Obgleich dem Wohnen eine herausragende Bedeutung in der Existenz des Menschen zukommt, ist das Thema „Wohnen und Wohnumfeld“ bisher in der Ausbildung sozialer Professionen vor dem Hintergrund ihrer Schnittstellenfunktion in die Wohnungs- und Immobilienwirtschaft noch weitgehend unbeachtet. Die Wohnungswirtschaft macht das „Soziale“ immer wieder zum Forschungsgegenstand, um Trends und Handlungserfordernisse abzuleiten und notwendige Umsetzungsinstrumente für die Folgen sozial-gesellschaftlicher Entwicklungen zu schaffen (siehe auch Studie „Zusammenleben im Quartier“, im Auftrag des GdW 2019). Konzepte der Sozial- und Quartiersarbeit sind integraler Bestandteil einiger bundesweiter Weiterbildungslehrgänge der Wohnungs- und Immobilienbranche. Aus den vorgenannten Schnittstellen zwischen den Aufgaben der Wohnungswirtschaft und den Zielgruppen Sozialer Arbeit könnten sich zahlreiche Anlässe für den fachlichen Austausch, für den Wissens-transfer, für Forschungsvorhaben ergeben oder für die Qualifizierung und Weiterbildung von Sozialarbeiter*innen, die im Handlungsfeld „Wohnen“ tätig sind oder perspektivisch sein wollen.

Vergütung

Die Bezahlung in der Wohnungswirtschaft erfolgt gemäß dem Vergütungstarifvertrag für die Beschäftigten in der Wohnungs- und Immobilienwirtschaft. (Hochschulabsolvent*innen wie Sozialarbeiter*innen bzw. Sozialmanager*innen werden in der Regel in die Gehaltsstufe 4 (Anzahl der Gehaltsgruppen: 6) eingruppiert.)

Selbstreflexion

Die Wohnungswirtschaft steht in den kommenden Jahren vor gewaltigen Herausforderungen. Der demografische Wandel, die Klimaziele und die Energiewende, die digitale Transformation, das Migrations- und Fluchtgeschehen, die wachsende soziale Ungleichheit, die Folgen der Corona-Pandemie… Mit Blick auf die Aufgaben und anstehenden Veränderungen stellt das „Soziale“ eine wichtige Ressource für die Gestaltung von Verantwortung in Wohnungsunternehmen dar.

Um eine solche (Multi-)Funktion engagiert ausüben zu können hilft es, im Dialog mit Kolleg*innen, Führungskräften, Mieter*innen und anderen, das Selbstverständnis der Profession, ihre Haltung und Werte zu kommunizieren und sich auch mit Blick auf mögliche oder tatsächliche Konfliktfelder auszutauschen und zu verständigen. Es bietet sich insbesondere bei der Implementierung von Teams bzw. Abteilungen für Sozial- und Quartiersmanagement an, gemeinsam ein eigenes Leitbild zu entwickeln, das anknüpft an die Ziele und Werte des Unternehmens, dieses aber um die Perspektiven Sozialer Arbeit erweitert. Ein solcher Leitbildprozess stärkt die Dialogbereitschaft im Team und bietet Orientierung, als Methode zur Reflexion auf die eigene Profession und ihre Rolle, auf das eigene Agieren im Arbeitskontext eigentlich unverzichtbar. Im Ergebnis bietet ein Leitbild dann eine veritable Grundlage für die strategische Verortung und die Wahrnehmung professioneller Sozialer Arbeit und fachlicher Expertise innerhalb des Unternehmens.

„Wofür wir stehen:

- *Wir arbeiten* für und mit Menschen jeden Alters und vieler Kulturen, für und mit Mieter*innen, Kolleg*innen und Kund*innen.
- *Wir wirken* mit an der (Weiter-)Entwicklung einer nachhaltigen, sozial und funktional gemischten, gut gestalteten Stadt, in der sich alle Menschen zu Hause fühlen.
- *Wir bieten* problembezogene, quartiersbezogene, projektbezogene und zielgruppenorientierte Ansätze und Maßnahmen und schaffen bedarfsgerechte Angebote für alle Lebensphasen.
- *Wir stellen* uns vielfältigen Herausforderungen in unseren Beständen und setzen uns auseinander mit konkreten sozialen Problemen und strukturellen Bedingungen.
- *Wir fördern* Austausch, Beteiligung und Mitsprache durch Aktivierung und Kooperation mit Mieter*innen, kommunalen und zivilgesellschaftlichen Akteur*innen und durch den Aufbau und die Verstetigung beteiligungsorientierter Prozesse und Strukturen.
- *Wir pflegen* den kollegialen und fachlichen Austausch und engagieren uns in Initiativen, Arbeits- und Projektgruppen.

- *Wir finden*, dass Schlüsselqualifikationen wie wirtschaftliches und unternehmerisches Denken, Verantwortungsbewusstsein, Eigeninitiative, Offenheit, Verbindlichkeit, Hilfsbereitschaft, Toleranz, Konfliktvermögen und Lernfähigkeit wesentlich und unverzichtbar für unser Handeln sind."

(GESOBAU AG, Auszug aus dem „Handlungskonzept Sozial- und Quartiersmanagement 2020", Quelle nicht öffentlich zugänglich)

Empfehlung

Mit dem Aufbau sozialer Dienste vollzieht sich in der Wohnungswirtschaft auch die Installierung eines spezifischen Handlungsfeldes für Soziale Arbeit für diesen Bereich. Zusammenfassend lässt sich die Aufgabe Sozialer Arbeit in Wohnungsunternehmen wie folgt skizzieren: Als Sozialarbeiter*in/Sozialmanager*in einem Wohnungsunternehmen kann man vieles sein und eine Menge bewirken, vielleicht als „Gesellschaftsgestalter*in" (Heinze 2020) bei der Entwicklung von Nachbarschaften und Kooperationen, als Impulsgeber*in für Projekte und Prozesse, als Manager*in komplexer Gemeinwesenprozesse, als Sozialplaner*in, als Netzwerker*in, als Transferstelle, als Moderator*in von Beteiligungsprozessen, als Krisenhelfer*in für den Einzelfall, als Repräsentant*in sozialer Verantwortungsübernahme oder für Zielgruppen, die ansonsten nur wenig Beachtung finden, als Konfliktmediator*in, als Brückenbauer*in und intermediäre Instanz, als Maßnahme für mehr Miteinander und vieles mehr (vgl. Beuerle/Petter 2007, 125 ff.).

Jedem, der sich für die Arbeit in einem Wohnungsunternehmen entscheidet, sollte klar sein, dass die Arbeit in einem Wirtschaftsunternehmen eine besondere Charakteristik darstellt, in dem die Effizienz Sozialer Arbeit vor allem nach kaufmännischen Maßstäben reüssieren muss, da ihr Nutzen schwer quantifizierbar ist. Wer Interesse an einer derart multifunktionalen Stelle mit hohem Legitimationsdruck hat, dem empfiehlt sich, vor oder während des Studiums ein Praktikum in einem Wohnungsunternehmen zu machen.

Weshalb hat sich laut Beitrag der Begriff „Sozialmanagement" in der Wohnungswirtschaft statt „Soziale Arbeit" etabliert?

Quellen

Berding, N.; Buckow, W. (Hrsg.): Die Zukunft gehört dem Quartier; Springer VS; Wiesbaden: 2020

Beuerle, I., Petter, S.: Sozialmanagement in Wohnungsunternehmen, Hammonia; Hamburg: 2007

Fischer; R.: Soziales Management in der Wohnungswirtschaft. Entwicklung, Organisation und Rendite; Berlin: 2008

GdW: Zusammenleben im Quartier; abgerufen am 13.09.2021; URL verfügbar; https://www.gdw.de/media/2020/11/minor_gdw_vertiefungsstudie_herausforderung-zusammenleben-im-quartier_november-2020.pdf
Gerull, S.: Behördliche Maßnahmen bei drohendem Wohnungsverlust durch Mietschulden; KBW Fachbuchverlag; Berlin: 2003
GESOBAU AG: Soziale Fragen; abgerufen am 01.03.2022; URL verfügbar; https://www.gesobau.de/wohnen/rund-ums-wohnen/soziale-fragen.html
Häußermann, H., Siebel, W.: Soziologie des Wohnens. Eine Einführung in Wandel und Ausdifferenzierung des Wohnens; 2. Auflage; Weinheim, München: 2000
Heinze, R.: Gesellschaftsgestaltung durch Neujustierung von Zivilgesellschaft, Staat und Markt; Wiesbaden: 2020
Herrmann, H.: Soziale Arbeit im Sozialraum; Stuttgart: 2019
Hinte, W.: Management mit Charme. Kommunikation in der Gemeinwesenarbeit; in: Hoffnung Gemeinwesen; Elsen, S., Homfeldt, H. G., Ries, H. A., Steinmetz, B. (Hrsg.); Luchterhand; Neuwied/Kriftel/Berlin: 1997; 280-292
Kremer-Preiß, U., Mehnert, T.: Handreichung Quartiersentwicklung; medhochzwei; Heidelberg: 2017
Kremer-Preiß, U., Mehnert, T.: Quartiers-Monitoring; medhochzwei; Heidelberg: 2018
Micheli-Auli P., Kremer-Preiß, U.: Quartiersentwicklung; Köln: 2013
Madden, K.: How to turn a place around; Project for Public in Spaces inc: 2018
Schneider, J.: Gut und Böse – Richtig und Falsch. Zur Ethik und Moral Sozialer Berufe; Fachhochschulverlag; Frankfurt am Main: 1999
Statista: abgerufen am 01.03.2022; URL verfügbar; https://de.statista.com/statistik/daten/studie/237719/umfrage/verteilung-der-haushalte-in-deutschland-nach-miete-und-eigentum/
Zinnöcker, T.: Die Wohnungswirtschaft – eine Branche im Wandel, http://www.heuer-dialog.de/10300_QUOVADIS_2010_Zinnoecker; abgerufen: 08.10.2015; URL: nicht mehr verfügbar

Soziale Arbeit in Betrieben

Alois Huber[1]

Es können sowohl Betriebe der öffentlichen Verwaltung, der Industrie, dem Gewerbe oder des Handels sein, die Betriebliche Sozialarbeit als Leistung für ihre Mitarbeiter*innen in Anspruch nehmen. Das Angebot Betrieblicher Sozialarbeit kann intern (Anstellung des/der Sozialarbeiter*in im Betrieb), extern (Anstellung des/der Sozialarbeiter*in bei einer Agentur) oder durch eine zugekaufte externe Dienstleistung organisiert sein. Vom Angebot profitieren vorwiegend die Mitarbeiter*innen der Firmen, die in diversen Lebenslagen sozialarbeiterische Unterstützung benötigen und die diese Leistung innerbetrieblich beantragen, sofern diese strukturell vorgesehen ist.

Die Betrieblichen Sozialarbeit hat eine (für sozialarbeiterische Dimensionen) historisch sehr lange Tradition. Vor allem in Deutschland und der Schweiz war der Begriff der „Betriebsfürsorge" die Grundlage des heutigen Konzeptes

1 In Kooperation mit Daniel Meisl.

Betrieblicher Sozialarbeit. Seit über 100 Jahren besteht die Tradition von Sozialarbeiter*innen in Betrieben. Betriebliche Sozialarbeit ist eine freiwillige Leistung des Unternehmens und wird auch als Employee Assistance Programs (EAP) und Occupational Social Work, vorwiegend im angloamerikanischen Bereich, als solches benannt.

Problembezug

Das Angebot der Betrieblichen Sozialarbeit richtet sich primär an Arbeiter*innen und Angestellte. Probleme, die dabei zum Thema gemacht werden können Herausforderungen im Mikrokosmos „Firma" darstellen (Probleme mit Kolleg*innen, Vorgesetzten, neuen Aufgaben, Leistungsdruck, ...) oder auch Themen privater Natur umfassen, welche mit dem Arbeitsplatz in Verbindung zu bringen sind bzw. Auswirkungen auf die Arbeitsfähigkeit haben (familiäre Themen, Scheidungen, Erkrankungen, Todesfälle im privaten Umfeld, ...). Eine Auflistung von Themen, denen ich in meiner Praxis begegnet bin:

- persönliche Belastungen aufgrund zwischenmenschlicher Probleme
- psychische und psychosomatische Erkrankungen
- akute Krisen und Konflikte
- familiäre Belastungen
- Langzeitkrankenstände
- Fragen der Vereinbarkeit von Beruf und Privatleben
- Suchtgefährdungen und Suchterkrankungen
- finanzielle Schwierigkeiten
- Mobbing
- Vorbereitungen auf den Ruhestand
- organisatorische Veränderungen

Ethische Zielhorizonte

Bei Betrieblicher Sozialarbeit handelt es sich um eine spezielle Form der Sozialen Arbeit. Das Handlungsfeld umfasst prinzipiell alle wirtschaftlichen Unternehmen, Gebietskörperschaften und Nichtregierungsorganisationen (NGOs). Diese Art der Sozialen Arbeit orientiert sich stark am gesellschaftlichen Konsens, der Arbeit und Beschäftigung eine maximale gesellschaftliche Akzeptanz zuschreibt und dabei monetäre Absicherung impliziert sowie Inklusion fördert.

Die Grundthemen sind hier, Gesundheit, Familie, Lebenskrisen, mein Platz im Betrieb, Orientierungs- und Gesprächsbedarfe. Bei einer lebensphasenorientierten Betrachtung von Arbeitnehmer*innen wurde von einer Expertin festgestellt, „dass cirka 4-mal im Leben eines Menschen, dieser statistisch mit heftigeren sozialen Problemstellungen konfrontiert ist, Lebenskrisen, Schicksalsschläge, Gesundheit.“ (Caritas St. Pölten, internes Arbeitspapier Arbeitsassistenz: 1996) Der Return on Investment (ROI) für Unternehmen, von Betrieblicher Sozialarbeit, liegt zudem bei cirka 1 zu 3, es rechnet sich eben auch für den Betrieb. Ein Euro investiert bringt rund drei Euro volkswirtschaftlichen Nutzen – eine kybernEthische Wechselwirkung. Aus gesamtgesellschaftlicher Sicht kann Betriebliche Sozialarbeit sodann nur wichtig und nützlich sein.

Die hohen Ansprüche der Sozialen Arbeit, welche durch den Ethikkodex (International Federation of Social Workers 2018) ‚idealisiert‘ dargelegt werden, sollten für alle Bevölkerungsschichten gleichermaßen gelten. Auch Arbeitnehmer*innen sind eine potenzielle Zielgruppe für Sozialarbeiter*innen. Soziale Arbeit weist durchaus Konzepte für gesellschaftliche Kerngruppen auf und nicht nur für Randgruppen. Hier sieht sich die Betriebliche Sozialarbeit als eine gesamtgesellschaftliche Profession im Sinne des Trippelmandates nach Staub-Bernasconi (vgl. Staub-Bernasconi 2008, 22). Im Gegensatz zu einem klassischen Consultant oder einer Unternehmensberatung, fokussiert Betriebliche Sozialarbeit verstärkt mehrperspektivische Betrachtungsweisen, um ein Mehr an Möglichkeiten und nützliche Lösungsoptionen zu erarbeiten.

Für die konkrete Tätigkeit bedeutet das, „Handle stets so, dass die Anzahl der Wahlmöglichkeiten größer wird!“ (von Foerster 1985, 49) – der ethische Imperativ von Heinz von Förster. In einem systemischen sozialarbeiterischen Verständnis, soll man nicht nur mit den Betroffenen („Symptomträger*innen“) interagieren, sondern auch mit potenziellen „Verursacher*innen“ und anderen systemrelevanten Personen, die in dem Prozess involviert sind. Dies kann ein integratives Interventionskonzept bedingen, zumindest sollte eine systemische Betrachtungsweise einer/m Betriebssozialarbeiter*in nicht fremd sein.

Adressat*innen

Die Adressat*innen umfassen in erster Linie Mitarbeiter*innen der jeweiligen Unternehmen. Diese setzen sich aus der individuellen Persönlichkeitsstruktur, der Lebensgeschichte, den Werten, Zielen und den jeweils individuellen Lebenskonzepten zusammen. Die Organisation (die Firma) bietet eine Position an, die durch die Firmenstruktur, die Firmenkultur, die Funktion und dem Arbeitsinhalt determiniert ist. Daraus ergibt sich ein firmeninterner Lebensstil, der den Abgleich mit dem persönlichen Arbeitsstil sucht. Dieser phänomenologischen „Unschärfen“ widmet sich betriebliche Soziale Arbeit mitunter, in einer ausbalancierten Äquidistanz zu Mitarbeiter*innen und den Betriebsinteressen. Oft sind Indikatoren für Betriebliche Sozialarbeit Langzeitkrankenstände, Überlastungssyndrome, Konflikte oder lebensphasenorientierte Themen, die zu einem Erstkontakt führen.

Die Inanspruchnahme dieses betrieblichen Unterstützungsangebots ist für die Adressat*innen nicht verpflichtend, sondern freiwilliger Natur. Auch wenn es kostenfrei vom Betrieb zur Verfügung gestellt wird, ist die Freiwilligkeit ohne Sanktionen essenziell und eine Grundprämisse Betrieblicher Sozialarbeit. Wie wir auch aus anderen Bereichen wissen, ist es für potenzielle Nutzer*innen nicht immer einfach, Unterstützungsangebote auch anzunehmen.

Die Problemlagen der Adressat*innen können sehr unterschiedlich sein und orientieren sich stark an den Lebensphasen der Menschen. In sozialarbeiterischen Beratungen im Rahmen der Betrieblichen Sozialarbeit zeigen sich über die letzten Jahre Themen rund um „Beziehung und Familie“ statistisch am signifikantesten, wobei Beziehungskrisen und Familiendilemmata die häufigsten Themen der Beratungen darstellen. An zweiter Stelle folgen Erkrankungen von Arbeitnehmer*innen, lebensphasenbedingte Themen, auch Familienstands Änderungen, Ruhestandsvorbereitung, Pensionsanträge sowie auch Themenbereiche rund um Veränderungen im Sinne neuer Funktionen und Aufgaben im Betrieb (z. B.: Bestellung zum*r Vorarbeiter*in). Auch der Tod von nahen Familienangehörigen kann Themen bedingen sowie Pflegebedarf für eine familiennahe Person. Zur Bearbeitung all dieser Themen bedarf es sozialarbeiterischem Fach-„Knowhows“, um mit den Unterstützungssuchenden Möglichkeitsräume zu erarbeiten. Betriebliche Soziale Arbeit kann eine strukturelle, kostenfreie „Mitarbeiter*innenvorsorge“ eines Betriebes sein. Mitarbeiter*innenvorsorge und betriebliche Gesundheitsvorsorge sind die zentralen Anknüpfungspunkte.

Träger

Die häufigste Funktionsform der Betrieblichen Sozialarbeit in Österreich sind Einzelpersonen-Unternehmen. In der Schweiz, in Deutschland zunehmend auch in Österreich sind größere Organisationsformen, wie Vereine oder gemeinnützige GmbHs (gGmbH) die Regel. Hier kommt es zudem auch vor, dass Betriebliche Sozialarbeiter*innen direkt im Unternehmen angestellt sind. Gerade im marktwirtschaftlichen Diskurs tauchen hierbei auch Konkurrenz- und Überschneidungsdimensionen zwischen Psycholog*innen, Arbeitsmediziner*innen sowie Lebens- und Sozialberater*innen auf.

Sozialrechtliche Grundlagen

Aus sozialrechtlicher Sicht ist das Angebot von Betrieblicher Sozialarbeit ein freiwilliges Angebot des Unternehmens. Es besteht kein Rechtsanspruch. Die Verbreitung dieser Dienstleistung ist in Österreich noch sehr gering ist und wird vorwiegend durch externes Coachings sowie Fort- u. Weiterbildungen absorbiert.

Jedoch ist auch hier ein merklicher Anstieg der Dienstleistung erkennbar, gerade nach Corona steigt der Bedarf. Rechtliche Grundlagen in Österreich:

1. BGF = Betriebliche Gesundheitsförderung – Sozialgesetzbuch (SGB) V § 20b
2. BEinstG = Behinderteneinstellungsgesetz – BVG: Art. I, BGBl. Nr. 721/1988
3. BGM = Betriebliches Gesundheitsmanagement – Sozialgesetzbuch (SGB) V § 20b
4. BME = Betriebliches Eingliederungsmanagement – Sozialgesetzbuch (SGB) IX § 167
5. ASchG = Arbeitnehmer*innenschutzgesetz – AschG § 72-82
6. Fürsorgepflicht des Betriebes = Bürgerliches Gesetzbuch (BGB) § 618 Abs. 1

Das Gesetz für psychische Gesundheit am Arbeitsplatz bietet einen gewissen Rahmen für Betriebliche Sozialarbeit sowie die BGV (Betriebliche Gesundheitsvorsorge) bietet eine entsprechende gesetzliche Reglementierung. Das BEM (Betriebliches Eingliederungsmanagement) ist ebenfalls erwähnenswert und natürlich das Behinderteneinstellungsgesetz, das den gesamten Bereich von Menschen mit Behinderung im österreichischen Arbeitsmarkt umfasst. Gerade den in diesem Feld tätigen Sozialarbeiter*innen (Mitarbeiter*innen der „beruflichen Integration") fehlt es oft an Einsicht, dass sie es sind, die klassische Betriebliche Sozialarbeit leisten, auch zum Nutzen von Betrieben, aber in erster Linie zum Wohle der Mitarbeiter*innen.

Es gibt in Österreich kein Berufsgesetz für Soziale Arbeit. Die Anonymität und Verschwiegenheit wird auftragskonform ausgehandelt und durch die gängige Haltung der Sozialarbeiter*innen ist davon auszugehen, dass die Sensibilität, in Bezug auf die Klienten-Zentrierung, gesichert ist. Die Soziale Arbeit allgemein kann von Konzepten der Betrieblichen Sozialarbeit profitieren (z. B.: „berufliche Integration").

Methoden

Unumgänglich sind eine gute Gesprächsführungskompetenz, eine klare Auftragsklärung und eine Klarheit bezüglich der eigenen Grenzen. Menschliches Verhalten entsteht durch die Funktion von Persönlichkeitsstruktur und Umgebung, V = f (P, U) – die einprägsame Formel von Kurt Lewin (Lewin 1997). „Menschenveränderung hat sich als fast unmöglich gezeigt." (Hinte 2014) Die Empfehlung wäre hier, den Fokus auf die Umgebungskonstruktion zu legen. Als eine der effektivsten Methoden in der Betrieblichen Sozialarbeit hat sich die hypnosystemische Konzeption herauskristallisiert. Diese Form der Beratung hat Dr. Gunther Schmidt, in Anlehnung an Milton Erickson und der Kurzzeitberatung (Brief-Therapie) von Dr. Paul Watzlawick et al., entwickelt.

Als Grundlage für die Betriebliche Sozialarbeit dient das Fünf-Säulen-Modell von Hilarius Petzold. Die Identität eines Menschen ist durch verschiedene Komponenten zusammengesetzt, „Den fünf Säulen der Identität", die sich wie folgt erklären: der *Leiblichkeit* – die Gesundheit, der Körper, die Psyche und die Seele; das *Soziale Netzwerk* – in welchem die anderen zu meiner und Ich zu Ihrer Identität beitrage; *Arbeit und Leistung* – in denen ich mich identifiziere und durch die Ich identifiziert werden kann; *Materielle Sicherheit* – welche gleiche Identifikation und Identifizierung (auch andere) ermöglichen; *Werte* – mit denen ich mich identifizieren kann, die meine sind, aber auch die anderer, nämlich all jener, die sich mit mir zu diesen Werten bekennen. Auch das „Biopsychosoziale Modell von Gesundheit und Krankheit", 1977 vom amerikanischen Internisten und Psychiater George L. Engel (1913-1999) entwickelt, ist eine Grundlage der Betriebssozialarbeit. Alles hängt mit jedem zusammen.

Als methodische Grundkonzeption könnte man das „Clearing-Verfahren" nennen. Da nur eine beschränkte Anzahl an Beratungen zur Verfügung steht (ca. 4-10 Einheiten), muss in einer sehr knappen Zeit ein Ergebnis erzielt werden. Eine Art Bestandsaufnahme, Priorisierung von Themenlagen, Entwurfsplan/ Vorgehensweise ist zu erarbeiten. Aber auch das Hinzuziehen oder Vermitteln an andere Expert*innen (Fachärzte, Therapeut*innen, Rechtsanwälte…) oder auch Teammitglieder oder Vorgesetzte im Sinne einer Mediation.

Weitere relevante Verfahren sind die „aufsuchende Sozialarbeit", ein nicht klientenspezifisches Bewegen im Feld (vgl. Schulsozialarbeit). Diese kann man als spezielle Akquise Interventionen benennen oder aber auch als Kund*innen Spezifikum ansehen. Denn niemand will gerne Soziale Arbeit nutzen müssen und wo Soziale Arbeit auftaucht, können „Probleme" nicht weit entfernt sein.

Verfahren

Das Angebot ist freiwillig, vertraulich und kostenfrei. Auf Wunsch können auch andere Personen zugezogen werden. Termine sind im Umfeld oder in den Räumlichkeiten des Betriebes möglich. Vereinbart wird ein Termin für ein unverbindliches Erstgespräch. Nach einer Situationsdiagnostik werden für eine gewünschte Weiterführung der Beratung vier bis zehn Einheiten (60 Minuten) zur Verfügung gestellt (je nach Betrieb). Die Inanspruchnahme der Beratung durch die Mitarbeiter*innen unterliegt der Verschwiegenheit und kann auf Wunsch auch anonym gestaltet werden.

Ein von Katharina Heller entworfenes Konzept zeigt noch viel genauer, welche Faktoren in einem Betrieb zusammenwirken und sich gegenseitig bedingen. Der Arbeitnehmer*innenschutz, BEM Betriebliches Eingliederungsmanagement, BSA Betriebliche Sozialarbeit, BGF Betriebliche Gesundheitsvorsorge, HR – Human Ressource Management, der gesamte Personalbereich, ein gesundes Führen, die Arbeit an sich mit ihren Herausforderungen und Grenzbereichen, Partizipationsmöglichkeiten und die Evaluierungen der psychischen Belastungen am Arbeitsplatz. Die Beratungen müssen nicht zwangsläufig in den Betrieben stattfinden, sondern können auch außerhalb, im nahen Umfeld, abgehalten werden.

Ein weiterer Ansatz ist das Vorgehen nach Hans Jürgen Berning. Man sollte die Arbeit den Menschen anpassen, die Menschen der Arbeit anpassen oder die Menschen den Menschen anpassen (Berning 2003). Eine weitere wichtige Bedeutung hat die „dreifache Auftragsklärung" in der Betrieblichen Sozialarbeit. Der Auftrag soll mit der „Zuweiser*in" (Chef*in, Abteilungsvorstand, Teamleiter*in, Betriebsrätin oder dem ärztlichen Personal), der*dem eigentlichen Kunden – der Mitarbeiter*in und mit den Rahmenbedingungen von den eigenen Möglichkeiten (intern oder extern) abgeklärt werden. Die Anfrage kann direkt von/m der Arbeitnehmer*in, den Betriebsräten oder den „vorgesetzten Stellen" an die Betriebliche Sozialarbeit gerichtet werden.

Betriebsräte kommen bei der Mitarbeiter*innenbetreuung oft auch an ihre Grenzen. Einerseits müssen sie die Interessen des Betriebes im Fokus haben und andererseits sind nur Manche dafür auch qualifiziert und ausgebildet, persönliche Problemlagen zu bearbeiten. Der Betriebsrat / Die Betriebsrätin ist eine/r der wichtigsten Stakeholder, Zuweiser*innen und Anlaufstationen in einem Betrieb. (Akyurt et al. 2021, Tudosa)

Nach der dreifachen Auftragsklärung wird mit dem konkreten „Clearing" begonnen. Die klassische Einzelfallhilfe steht im Vordergrund, trotzdem ist ein notwendiges Einbinden von relevanten Personen (Chef*in, Teammitglieder*innen oder auch Lebensgefährt*in) zur Themenlösung oder Themenkonkretisierung möglich. Bei Abschluss des Verfahrens ist das Problem oder Thema entweder geklärt oder es wird ein weiterführendes Hilfsangebot empfohlen, vorgeschlagen oder in die Wege gebracht. Die vier bis zehn Beratungseinheiten müssen nicht zwingend ausgeschöpft werden und können zeitlich flexibel in Anspruch genommen werden. Das Einsatzfeld reicht vom „einfachen Arbeiter*in" bis zur „Generaldirektion".

Es findet einmal jährlich eine Berichtlegung seitens der Betrieblichen Sozialarbeit gegenüber der Geschäftsleitung statt. Hier haben Fallzahlen, Häufigkeit der Themen und konkrete Anregungen Platz. Weiters ist es notwendig, die Kontakte zu den relevanten Stakeholdern (Betriebsräte, Arbeitsmedizin, u. a.) zu pflegen und diesen aufsuchend zu begegnen.

Mögliche Settings:

1. Beratung
2. Einzelfallhilfe

3. Case Management
4. Konfliktmanagement
5. Schuldenregulierung
6. Gruppenarbeit
7. Organisationsentwicklung
8. Coaching

Gemeinsamkeiten bei Großunternehmen und öffentlicher Verwaltung:

1. Konsultation
2. Akzeptanz – Überzeugungsarbeit im Vorfeld
3. „Statement zum Miteinander"
4. Private u. berufliche Themen
5. Interne Berater*innen mit Zusatzqualifikation (extern anerkannt)
6. Einzelsettings und Gruppengespräche
7. Abgrenzung zu Therapiebedarf
8. Return on Investment = Dankbarkeit, Anerkennung im Betrieb

Unterschiede bei Großunternehmen und öffentlicher Verwaltung:

1. Form der internen strukturellen Regelungen
2. Anzahl der Betreuer*innen
3. Umfang und Ausmaß des Leistungsangebotes (Taufe, Hochzeit, Begräbnis, Seelsorge)
4. Betriebliches Eingliederungsmanagement (BEM), Gleichbehandlungsfragen, durch Betreuer*innen oder Human Ressource Verantwortliche

Erfolgsfaktoren von Betrieblicher Sozialarbeit in den beforschten Bereichen:

1. Mensch im Mittelpunkt
2. Bedürfnisgerechtes und Lebensphasenorientiertes Führen
3. BSA – Individuell und ressourcenorientiert
4. Zufriedenheit/Anerkennung = Unternehmensbindung

Die österreichische Firmenlandschaft: Auch Kleinbetriebe könnten von Betrieblicher Sozialarbeit profitieren. Eine Vernetzung mehrerer Kleinbetriebe – auch branchenübergreifend – ist vorstellbar. Wie in den nachfolgenden Auflistungen ersichtlich wird, sind Klein- und mittlere Unternehmen in Österreich sehr weit verbreitet und machen den Großteil der Firmen aus. (Akyurt et al. 2021, Agnes)

Unterteilung der Firmenarten in Österreich:

- EPUs (Einzelpersonen-Unternehmen)
- Kleinstunternehmen → bis 9 Mitarbeiter*innen → 2 Mio. € Umsatz
- Kleinunternehmen → 10-49 Mitarbeiter*innen → 10 Mio. € Umsatz
- Mittlere Unternehmen → 50-249 Mitarbeiter*innen → 43 Mio. € Umsatz
- Großunternehmen → ab 250 Mitarbeiter*innen → 43 Mio. € Umsatz

Verteilung der Firmenarten in Österreich:

- ca. 3 % Großunternehmen
- 97 % KMU (Kleine und mittlere Unternehmen)
- ca. 280.000 EPUs (Ein-Personen-Unternehmen)
- Auch die Firma ist Kund*in/Klient*in!

Implementierung von Betrieblicher Sozialarbeit: Ganz generell gesprochen wäre ein unmittelbares, rasches Angebot wünschenswert (ein Tipp für die WKO, die Wirtschaftskammer Österreichs). Bei der Implementierung von Betrieblicher Sozialarbeit sollten weitere relevante Stakeholder*innen betrachtet werden:

Innerhalb des Betriebes:

1. Personalverantwortliche (PE, HR, Controller*innen)
2. Betriebsräte
3. Sicherheitsvertrauensperson
4. Arbeitsmedizin
5. Arbeitspsychologie
6. Sekretariate

Außerhalb des Betriebes:

1. Coaches
2. Organisationsentwickler*innen
3. Betriebliche Sozialarbeit
4. Externe Berater und Dienstleister
5. Lebens und Sozialberater*innen
6. Unternehmensberater*innen (Gewerbeberechtigt)

Eine der am häufigsten gestellten Fragen in der Betrieblichen Sozialarbeit ist jene nach dem ökonomischen Nutzen. Das wirtschaftlich wohl aussagekräftigste Argument für Betriebliche Sozialarbeit ist ein errechneter Return on Investment von 1:3 (vgl. Akyurt et al. 2021, Wilhelmer).

Konzept

„Socius“ (lat.)… der, die Gefährte:in… und „Socialis“ (griech.) … die Gesellschaft… so sind die etymologischen Wurzeln des Wortes „Sozial“; und von „Arbeit“: 1.) produktive (berufliche) Tätigkeit des Menschen, a) zweckgerichtete Tätigkeit, b) mit Anstrengung, unter Mühen und Plagen, 2.) Produkt, dem Erzeugnis, dem Werk, der Dienstleistung Soziale Arbeit ist prädestiniert, um in einem gesellschaftlichen Kontext, im konkreten Fall in Betrieben, ihre Dienstleistung anzubieten.

„Es geht bei Sozialer Arbeit um die Einzelne *und* um die Relation zum Mitmenschen.“ O-Ton Sonja Radatz (Dr. Sonja Radatz 2017) und das Beispiel von Dr. Paul Watzlawick, denn Wasser besteht nicht nur aus den einzelnen Elementen, zwei Wasserstoff-Atomen und einem Sauerstoff-Atom, H_2O, nein es ist das „In-between“, das die Elemente zusammenhält und es so erst zu „Wasser“ macht (Watzlawick 2008). Menschen und Menschengruppen sind nach Heinz von Förster „nichttriviale Systeme“ (vgl. von Foerster/Ollrogge 1993, 137 ff.), geprägt durch Vorerfahrungen, Geschichte und der daraus resultierenden Identität. Im Gegensatz zu trivialen Systemen, die wie Maschinen funktionieren – berechenbar, kausal und steuerbar. Menschen und deren Systeme sind nicht kausal versteh- und erklärbar.

Forschung

Die Thematik der Betrieblichen Sozialarbeit hat in der Forschung in Österreich eine zunehmend größere Bedeutung gewonnen. Die Fachhochschule St. Pölten führt zu dem Themengebiet sowohl Bachelor- als auch Masterprojekte im Fachbereich Soziale Arbeit durch. Diese Hochschule widmet sich dem Thema der Betrieblichen Sozialarbeit in Österreich und wird im bevorstehenden Curriculum diesem Trend Rechnung tragen. Es ist zu hoffen, dass die Strukturen geschaffen werden, in denen sich die Betriebliche Sozialarbeit finden könnte.

Anforderungsprofil für Mitarbeiter*innen der Betrieblichen Sozialarbeit

Die sozialarbeiterische Ausbildung bietet eine gute allgemeine Grundlage für Themen wie Mehrperspektivität, Ressourcenorientierung, Systemtheorie und KybernEthik. Grundlagen für eine breite, generalistische Basisausbildung. Hier sind im Speziellen folgende Konzepte, aus meiner Sicht, zielführend z. B.:

- Hypnosystemik – Dr. Schmidt Gunther
- Lösungsorientierte Beratung – Steve de Shazer, Kim Berg
- „Brief-Therapie“ – Dr. Paul Watzlawick et al.
- Ressourcenorientierung – Gordon Emmerson
- Ego States – Woltemade Hartman
- ZRM (Züricher Ressourcen Modell) – Maja Storch
- Polyvagal Theorie – Dr. Stephen Porges

Vergütung

Wie bei Coaches sind meist individuelle, selbstständige Honorarvereinbarungen oder aber im Rahmen von Anstellungen branchenübliche adäquate Stundensätze vorgesehen.

Wie schätzen Sie das Potenzial von Betriebssozialarbeit in Betrieben ein, welche Möglichkeiten und Optionen sowie Fallstricke können Sie erkennen?

Quellen

Akyurt, Zeki; Heller, Katharina; Jünemann, Agnes; Schön, Marlene; Sengül, Deniz; Thalmann, Barbara; Tudosa, Paul; Türk, Manuela; Wilhelmer, Christoph; Winter, Janine (2021): Betriebliche Sozialarbeit – Eine Chimäre!? Aspekte der Betrieblichen Sozialarbeit. Fachhochschule Sankt Pölten.

Berning, Hans-Jürgen (2003): Betriebliches Sozialwesen. 1. Auflage, Sankt Augustin: Asgard-Verl. Hippe.

Foerster, Heinz von (2002): Short Cuts. Orig.-Ausg., 2. Auflage, Frankfurt am Main.

Foerster, Heinz von; Ollrogge, Birger (1993): KybernEthik. Berlin: Merve.

Foerster, Heinz von (1985): Über das Konstruieren von Wirklichkeiten. In: Foerster, Heinz von (Hrsg.): Sicht und Einsicht: Versuche zu einer operativen Erkenntnistheorie. Wiesbaden: Vieweg+Teubner. https://doi.org/10.1007/978-3-663-13942-3_3.

Hinte, Wolfgang (2014): Video: https://vimeo.com/114965867.

International Federation of Social Workers (2018): Erklärung zu ethischen Grundsätzen der globalen Sozialarbeit, https://www.ifsw.org/global-social-work-statement-of-ethical-principles/ [06.03.2022].

Lewin, Kurt (1997): Resolving social conflicts & Field theory in social science. Washington, DC: American Psychological Association.

Radatz, Sonja (2017): Wie der Relationale Ansatz unsere Welt umdreht.

Radatz, Sonja (2017): Video: https://youtu.be/nx-NEfUUb2E

Staub-Bernasconi, Silvia (2008): Soziale Arbeit und Menschenrechte. Bielefeld: Kleine.

Watzlawick, Paul (2007): Video: https://www.youtube.com/watch?v=7z9AVHOFg2U

https://www.obds.at/wp/wp-content/uploads/2020/04/obds_Ethische_Standards_2020_Diskussionsentwurf.pdf.

Fachhochschule Sankt Pölten (2023): „Ilse Arlt Institut“, www.inclusionsforschung.fh.ac.at.

Soziale Arbeit im Wohlfahrtsverband (Projektmanagement)

Anke Loth

Die Soziale Arbeit ist einem ständigen Wandel unterworfen. Aufgrund vielfältiger gesellschaftlicher Veränderungen (Formen des Zusammenlebens, Vereinbarkeit von Familie und Beruf, Digitalisierung, u. a.) oder wirtschaftlicher Krisen ist es notwendig, dass Methoden und Instrumente zur Intervention kontinuierlich auf den Prüfstand gestellt und erforderliche Anpassungen umgesetzt werden. Projekte helfen dabei, auf konkrete Bedarfe zu reagieren und alternative Handlungskonzepte zu erproben.

Im sozialen Bereich befassen sich Projekte vornehmlich mit gesellschaftlichen Begebenheiten. Ihr Ziel ist es, die sozialen Prozesse sowie Geschehnisse zu analysieren und durch gezielte Interventionen zu verbessern. Sie sollen u. a. die gesellschaftliche Teilhabe, Bildungs- und Qualifizierungschancen sowie die Bildung (Schule, Ausbildung, Beruf, Kompetenzerwerb u. a.) an sich fördern oder auch das Risiko einer finanziellen bzw. materiellen Armut verhindern bzw. minimieren.

Obwohl erfolgreiche Projekte grundsätzlich einer strukturierten Vorbereitung und Umsetzung bedürfen, scheint deren Initiierung aktuell in der Sozialarbeit in vielen Bereichen dem Zufall geschuldet zu sein. Ihre Notwendigkeit wird häufig erst dann erkannt, wenn ein Fehlen adäquater Unterstützungsleistungen unseres staatlichen Sozialsystems offensichtlich wird oder vermehrt konkrete Hilfeanfragen bei Beratungsstellen zur Sprache kommen. Zu vielen Problemlagen gibt es schon Beratungsangebote und Unterstützungsleistungen von Fachdiensten. Die Hilfeleistungen begrenzen sich jedoch oftmals auf eng abgesteckte Bereiche. Eine unkomplizierte Ausweitung der Themenfelder ist häufig aufgrund der fehlenden Refinanzierung problematisch. Eine Möglichkeit zur Durchführung ergibt sich u. a. dann, wenn Fördermittel beantragt werden können. Hier bieten sich Stiftungen, Förderprogramme des Bundes, des Landes, der EU oder der Kommune an. Darüber hinaus gibt es ergänzend interne Förderungen, wie etwa von Wohlfahrtsverbänden oder Kirchen.

Problembezug

Die Lebenswelt des Menschen unterliegt zahllosen Einflüssen. Beispielsweise der Verlust des eigenen Arbeitsplatzes, eine Trennung und Erkrankungen können das Leben nachhaltig verändern. Finanzielle und psychische Krisensituationen sowie Probleme bei der sozialen Teilhabe sind häufig die Folge. Die Soziale Arbeit sieht sich in der Verpflichtung, für die unterschiedlich reagierenden Personen, möglichst individuelle Lösungskonzepte zu erarbeiten, um Notlagen vorzubeugen bzw. deren Folgen zu minimieren. Hierzu sind geschulte Beratungskräfte in verschiedenen Fachbereichen (Allgemeine Sozialberatung, Suchthilfe u. a.) tätig. Darüber hinaus ist es wichtig, dass Mitarbeitende in der Sozialen Arbeit entsprechend sensibel auf Veränderungen im Umfeld reagieren und die Bereitschaft besteht, die bisherigen Arbeitsmethoden zu hinterfragen und bei Bedarf neue Wege zu gehen.

Wie bereits eingangs erwähnt, ergänzen Soziale Projekte vielfach schon bestehende Angebote und Maßnahmen. Sie tragen dazu bei, dass Betroffene die neue Lebenssituation annehmen können und die Lebensqualität verbessert wird. Das von mir betreute Projekt übernimmt drei Funktionen: 1. Unterstützung – Sicherung von Rechten im Sinne der Hilfesuchenden. 2. Beratung – Im Austausch mit Ratsuchenden eine adäquate Problemlösung finden. 3. Networking – Vermittlung an geeignete Stellen.

Ethik

Jeder Mensch kann in prekäre Situationen geraten und Unterstützungsleistungen benötigen. Soziale Arbeit setzt eine beruflich ausgerichtete Ethik voraus. Die Mitarbeitenden in der Sozialen Arbeit üben einen helfenden Beruf aus. Entweder persönlich am Menschen durch Beratungen und Begleitungen bzw. indirekt beispielsweise durch Unterstützung bei der Entwicklung und Durchführung von Projekten, Seminaren und Fachtagen, oder durch Gremienarbeit, um auf politischer Ebene auf Missstände hinzuweisen und im Sinne einer Verbesserung zu intervenieren.

Durch Sozialprojekte entstehen neue Hilfsangebote. Jedoch entscheiden die Betroffenen selbst, ob sie davon Gebrauch machen. Ethisches Handeln bedeutet, die hilfesuchende Person als eigenverantwortliches Individuum zu akzeptieren, dessen Meinungsfreiheit nicht einzugrenzen und somit nicht zu bevormunden. Ratsuchende sind nicht zu bewerten und deren Entscheidungen, auch wenn diese die Ablehnung von Hilfeleistungen bedeuten, zu akzeptieren. Die Soziale Arbeit darf sich nicht aufdrängen. Sie soll jedoch verfügbar sein, wenn Menschen Hilfebedarf haben bzw. Unterstützung bei sich verändernden Lebenssituationen benötigen. In dem von mir betreuten Sozialprojekt überwiegt die Individualethik. Der Wille und die Bedürfnisse des Einzelnen stellen den obersten Maßstab der zu ergreifenden Interventionen dar. Die potenzielle Klientel wird über die Projektleistungen informiert und kann eigenständig darüber entscheiden, ob und welche Hilfeleistungen sie in Anspruch nehmen möchte.

Adressat*innen

Der Adressat*innenkreis lässt sich im Projektmanagement unterschiedlich definieren. Schon vor Beginn des Projektes sollten alle an der Projektentwicklung und Umsetzung Beteiligten feststehen. Dazu bietet sich eine Stakeholder-Analyse an. Hierdurch werden alle Mitwirkenden (Personen und Institutionen) mit ihrem direkten bzw. indirekten Einfluss auf das Projekt ermittelt. Zur besseren Verdeutlichung teile ich den Adressat*innenkreis in zwei Zielgruppen.

- 1. Zielgruppe = Personen, denen durch Interventionen der Sozialen Arbeit die Überwindung von Krisen und Notlagen (ansatzweise) gelingt. Für das Projekt sind dies die schwererkrankten Personen selbst, deren Angehörige und Freunde. Exemplarisches Szenario: Ein Elternteil erkrankt so schwer, dass die Arbeitsstelle aufgegeben werden muss. Dies hat Auswirkungen auf die gesamte Familie. Plötzlich stehen Fragen im Raum, wie und ob man die Wohnung zukünftig bezahlen kann, ob die Hobbies der Kinder weiterhin bezahlbar sind, wie der krankheitsgerechte Umbau der Wohnung finanziert werden kann. Die Erkrankung hat Auswirkungen auf den gewohnten Lebensstandard und die vertraut gewordene soziale Teilnahme. Bezogen auf das Projekt sind die Kennzeichen dieser Zielgruppe: Gesundheit, gesellschaftliche Teilhabe, Arbeit, materielle Existenzsicherung und Beziehung.
- 2. Zielgruppe = Zur Sicherung der Nachhaltigkeit beziehen sich Projekte innerhalb der Sozialen Arbeit nicht nur auf die Zielgruppe der Rat- und Hilfesuchenden, sondern häufig auch auf behördliche/politische Entscheidungsträger mit der Kompetenz zur Einleitung von Veränderungsprozessen.

Während der Beantragungsphase gehören zu den Adressat*innen u.a. Vorgesetzte sowie Entscheidende des jeweiligen Verbandes/der Beratungseinrichtung nebst Personen aus tangierenden Fachbereichen und bestehenden (Beratungs-)Netzwerken. Außerdem Kooperationspartner*innen wie beispielsweise eine Hochschule, die die Evaluation durchführt. Des Weiteren zählen Multiplikatoren von externen Verbänden, die eine ähnliche Thematik bearbeiten, dazu. Bei diesen geht es nicht darum, aktiv an der Realisierung des Projektes mitzuwirken, sondern um einen Erfahrungsaustausch und dem Voneinander-Lernen.

Letztlich sind auch diejenigen einzubeziehen, über die die Betroffenen erreicht werden. Beispielsweise medizinisches Personal im Krankenhaus, Sozialdienstmitarbeitende in Kliniken oder Selbsthilfegruppen und Mitarbeitende der Öffentlichkeitsarbeit. Kennzeichen dieser Adressat*innengruppe sind: Politik, Hierarchien, Massenmedien/Öffentlichkeit, Lobbyarbeit und Netzwerk.

Träger

Der Träger des von mir initiierten Projektes bzw. das Unternehmen in dem ich arbeite, ist Mitglied in der ‚Bundesgemeinschaft der Freien Wohlfahrtspflege', zu welcher sich insgesamt sechs Spitzenverbände zusammengeschlossen haben. Dies sind: die Arbeiterwohlfahrt (AWO), der Deutsche Caritasverband (DCV), das Deutsche Rote Kreuz (DRK), die Diakonie Deutschland, der Paritätische Gesamtverband (der Paritätische) und die Zentralwohlfahrtsstelle der Juden in Deutschland (ZWST). In dem Verband, in dem ich angestellt bin, gibt es folgende Fachabteilungen: Gesundheits- und Altenhilfe, Kinder-, Jugend-, Familien- und Behindertenhilfe sowie Armut und Teilhabe. Die Fachabteilungen untergliedern sich in Fachbereiche. So sind der Abteilung Armut und Teilhabe u. a. die Bereiche Existenzsicherung, Schuldner- und Insolvenzberatung, Allgemeine Sozialberatung, Arbeit und Qualifizierung, Jugendberufshilfe, Wohnungslosenhilfe und rechtliche Betreuungen angegliedert.

Die Freie Wohlfahrtspflege (F. W.) hat sich zu einer unentbehrlichen Säule des deutschen Sozialstaates entwickelt (vgl. Timm 2017, 311 f.) und umfasst „die Gesamtheit aller sozialen Hilfen, die auf freigemeinnütziger Grundlage und in organisierter Form in der Bundesrepublik geleistet werden." (bagfw.de, o. J.) Ihr Ziel ist es, sinnvolle Ergänzungen zu den bestehenden sozialen Angeboten zu generieren und eine Anwaltsfunktion für hilfebedürftige Menschen zu gewährleisten. Hauptmerkmale der F. W. sind zum einen ihre Unabhängigkeit, zum anderen die partnerschaftliche Kooperation mit öffentlichen Sozialleistungsträgern. Im Gegensatz zu privaten Trägern hat nicht die Gewinnerzielung oberste Priorität (vgl. Timm 2017, 311 f.).

Sozialrechtliche Grundlagen

Projekte aus den Bereichen der Sozialen Arbeit haben, wie oben bereits ausgeführt, überwiegend mit Menschen zu tun, deren materielle Existenz oder die gesellschaftliche Teilhabe gefährdet sind. Dies bedarf einer zeitnahen Lösung, denn Armut, Wohnungslosigkeit, Arbeitslosigkeit und Einsamkeit sind mögliche Folgen. Zur Basis der rechtlichen Grundlagen gehören somit: SGB II, SGB III, SGB IX, SGB XII und das BGB. Weitere Gesetze kommen fallspezifisch zur Anwendung.

Methoden

Hinsichtlich der Anwendung von Methoden ist zwischen Durchführung und Umsetzung des Projektes und den innerhalb des Projektgeschehens zu erbringenden Beratungs- und Unterstützungsleistungen zu unterscheiden.

Zur Realisierung des Vorhabens stehen verschiedene Projektmanagement-Methoden zur Verfügung. Grundsätzlich unterscheidet man zwischen einem klassischen, agilen und hybriden Projektmanagement. Bei der klassischen Methode gibt es zur Zielerreichung eine feste Struktur. Termine (Meilensteine), Kosten, Aufgaben und die dafür verantwortlichen Mitarbeitenden werden vor Beginn des Projektes detailliert festgelegt. Innerhalb der einzelnen Projektschritte sind keine Abweichungen oder Feedbackprozesse vorgesehen. Es ist ein starrer Prozess.

Das agile Projektmanagement analysiert die Abläufe, Aufgaben und Rollenverteilungen klassischer Ansätze und ersetzt diese durch ein anpassungsfähiges, zukunfts- und kundenorientiertes Prinzip. Man geht von Beginn an flexibel mit Veränderungen der Anforderungen um, zumal der Projektumfang sich erst während des Projektverlaufs ergibt. Kleinschrittige Zwischenergebnisse werden bewertet, Prozesse bei Bedarf angepasst. Es findet eine kontinuierliche Prozessverbesserung statt.

Das hybride Projektmanagement vereint je nach Bedingung Anteile aus beiden zuvor genannten Methoden. In dem von mir betreuten Projekt wird mit der hybriden Methode gearbeitet.

Ein unverzichtbares Instrument ist die Netzwerkarbeit bzw. das Networking. Mittels dieser Methode treten die zuvor erwähnten Adressat*innen (Personen und Organisationen) planvoll und nachvollziehbar in Verbindung. Die Projektleitung hat die Aufgabe, die verschiedenen Gruppen als Mitwirkende zu gewinnen und in das Projektvorhaben zu integrieren. Dieses fachübergreifende Miteinander sichert ein professionelles Zugehen auf den Projektgegenstand aus unterschiedlichen Perspektiven. Es gilt, durch eine langfristige Zusammenarbeit verschiedener Akteur*innen, dem Projekt eine sichere und perspektivische Struktur zu geben, mit dem Zweck, nachhaltig innerhalb der Sozialarbeit etwas bewegen zu können und eine stabile Anlaufstelle für Hilfesuchende zu sein.

Um das zu erreichen, organisiere ich etwa 3 x im Jahr regelmäßige Treffen der sogenannten Steuerungsgruppe. Ziel dieser Treffen sind die unterschiedlichen Erfahrungen und das vorhandene Wissen für das Projekt zu nutzen. Während dieser Treffen mit etwa 10 Personen, übernehme ich die Moderation (eine weitere Methode). Die Moderation beinhaltet u. a. die Begrüßung, das Nennen des Ziels des jeweiligen Arbeitstreffens, die Weitergabe von Informationen zu aktuellen Sachständen etc. Anschließend werden die vorab angekündigten Tagesordnungspunkte beraten. Sind die Diskussionen hierzu abgeschlossen, fasse ich die Ergebnisse und Absprachen kurz zusammen und verabschiede die Runde. Die moderierende Person hat die Aufgabe, die Treffen so zu strukturieren, dass gemeinsame Ergebnisse und Entscheidungen konstatiert werden können. Je nach Gruppengröße und Ziel der Treffen bieten sich diverse Moderationstechniken an. Eine von vielen möglichen Kreativmethoden ist das bewährte Brainstorming, bei der spontane Ideen zu einer formulierten Fragestellung ungefiltert gesammelt und anschließend gemeinsam bearbeitet werden.

Bezogen auf die Ratsuchenden selbst arbeite ich nach der Methode der klientenzentrierten Beratung nach Carl Rogers. Bei dieser Beratungsmethode bedarf es der Empathie, der Akzeptanz sowie der Authentizität seitens der beratenden Fachkraft.

1. *Empathie:* sich sensibel in die Gefühls- und Gedankenwelt eines Menschen einfühlen und versuchen diese zu verstehen
2. *Akzeptanz:* den Menschen akzeptieren und respektieren so wie er ist, und Wertschätzung zu Teil werden lassen
3. *Echtheit/Authentizität:* authentisch den Menschen gegenübertreten, ehrlich und offen im Umgang sein (vgl. Sickendiek et al. 2008, 129 f.).

Die klientenzentrierte Beratung erkennt den einzelnen Menschen mit seinen Problemen als Individuum an. Die Grundhaltung der Beratungsfachkräfte ist gegenüber deren subjektiven Sichtweisen und Wahrnehmungen von Situationen sowie deren Umfeldes offen, und versucht Verständnis dafür aufzubringen. Die Klienten, mit ihren individuellen Ressourcen und Lebenswelten, werden ganzheitlich gesehen (vgl. Straumann 2004, 641 f.).

Bei den Gesprächen mit den Hilfesuchenden stehen deren individuelle und emotionalen Belastungen sowie deren persönliche Ansichten und Wertevorstellungen im Mittelpunkt – die sogenannte Lebensweltorientierung. Bei dieser wird eruiert, welche Ressourcen die Betroffenen haben, damit sie bei der Verbesserung ihrer Lebenssituation – bezogen auf die tägliche Handlungskompetenz – aktiv nach ihren Bedürfnissen und Möglichkeiten mitwirken (können) (vgl. Frank 2017, 550). Es ist somit nicht beabsichtigt die Menschen zu bevormunden, sondern vielmehr durch Aktivierung von (ungenutzten) Ressourcen zu befähigen, die kritische Situation zu meistern und nach ihren Vorstellungen möglichst weitgehend zu verbessern.

Evaluation

Projekte mit einem hohen finanziellen Antragsvolumen bedürfen einer wissenschaftlichen Evaluation. Die Wertgrenze ist abhängig von der fördernden Institution oder Stiftung. Bei einem Antragsvolumen in Höhe von über 200.000 € und einer Projektdauer von mehreren Jahren ist eine Evaluation eher die Regel als die Ausnahme. Eine externe Institution ermittelt dann durch eine systematische Analyse, ob die (Teil-)Ziele bzw. Meilensteine des Projektes erreicht wurden. Daten werden dokumentiert und ausgewertet. Dies hat den Zweck, den Grad der Zielerreichung bzw. den Aufwand im Verhältnis zur Wirkung zu untersuchen und gleichzeitig eventuelle Schwierigkeiten frühzeitig zu erkennen damit gegengesteuert werden kann. Im Gegensatz zur summativen Evaluation, bei der die Überprüfung der Ergebnisse erst nach Abschluss des Projektes einsetzt, bezieht der von mir beschriebene formative Evaluationsansatz Erkenntnisse, die sich innerhalb des Projektzeitraums ergeben, gleich in den laufenden Prozess mit ein. Es wird also nicht erst am Ende des Projektes Bilanz gezogen, sondern zu vereinbarten Zeiten bzw. festgelegten Prozessschritten. Im aktuellen Projekt liegt der Schwerpunkt der Evaluation auf der Datenerhebung zur Verbesserung der Lebensqualität. Aussagekräftige Informationen werden u. a. durch Interviews mit Betroffenen und Fachkräften erhoben sowie durch den Vergleich mit evidenzbasierten Normdaten ermittelt. Evaluationen haben somit einen großen Einfluss auf den Verlauf eines Projektvorhabens und werden nicht selten von Hochschulen begleitet. Unter der Aufsicht von Lehrenden sammeln Studierende die Daten und werten diese aus.

Anforderungsprofil an Mitarbeitende

Aufgrund der vielfältigen Aufgaben und Verantwortlichkeiten sollten Mitarbeitende im Projektmanagement diverse Kompetenzen mitbringen. Neben der fachlichen Kompetenz ist die Methodenkompetenz unerlässlich. Also die Fähigkeit sich selbst zu organisieren, zu strukturieren (da sich oft Aufgaben zeitlich überschneiden), Entscheidungen zu treffen und Lösungen zu finden. Denn ein Tag im Projektmanagement stellt sich selten so dar, wie ursprünglich geplant. Oft ist es notwendig, schnell auf Veränderungen reagieren zu müssen. Beispielsweise wenn Beteiligte kein Interesse mehr an einer Mitarbeit haben und die Zusammenarbeit beenden oder Arbeitsaufträge nicht wie vereinbart erledigt worden sind und dadurch andere Projektbeteiligte nicht weiterarbeiten können. Projektarbeit basiert in der Regel auf einer Zusammenarbeit und Kooperationsbereitschaft von verschiedenen Personengruppen und Hierarchieebenen. Beschäftigte sollten daher über eine Sozialen Kompetenz, welche kommunikative Fähigkeiten, Kontaktfähigkeit, Empathie und Wertschätzung beinhaltet, auch über Durchsetzungsvermögen verfügen. Auch sollte man unterscheiden können, ob man mit Personen aus dem gleichen Fachbereich spricht, die die Thematik und die Fachtermini kennen, oder ob man mithilfe suchenden kommuniziert, die sich in einer akuten Krisensituation befinden und auf Unterstützung hoffen. Nicht zu vergessen ist die Selbstkompetenz. Gemeint ist u. a. die Fähigkeit, das eigene Handeln zu hinterfragen sowie zuverlässig und selbständig zu arbeiten.

In Projekten mit Beratungsangeboten ist es nützlich, wenn die Beratungsfachkraft spezielle Weiterbildungen zur Gesprächsführung absolviert hat. Dies kann etwa eine Weiterbildung in klientenzentrierter Gesprächsführung oder in systemischer Beratung sein.

Projekte sind niemals statisch und erfordern Anpassungen, die sich im Laufe des Projektes durch Erkenntnisgewinne ergeben. Von daher sollte mit einer gewissen Flexibilität vorgegangen werden, ohne dabei das gesteckte Ziel aus den Augen zu verlieren.

Zu bedenken ist: Viele Mitarbeitende sind oftmals nur für den Projektzeitraum angestellt. Zeitverträge sind leider bei der Durchführung sozialer Projekte meistens üblich. Nicht selten kommt es vor, dass sich diese Mitarbeitenden dann neben der aktuellen Projektarbeit auch darum kümmern müssen, ob nach vereinbartem Projektende ein Verlängerungsantrag zu stellen ist bzw. andere Förderprojekte beantragt werden können. Es ist ein Manko, dass die Kontinuität des Beschäftigungsverhältnisses häufig nicht gewährleistet ist. Deshalb ist die Personalfluktuation in diesem Bereich relativ hoch.

Selbstreflexion

Seit meinem Artikel im ersten Band des Buches konnte ich meine vorhandenen Kompetenzen ausbauen. Nicht zuletzt deshalb, da ich von der langjährigen Erfahrung des Abteilungsleiters profitiere. Bei Problemen, bei denen ich mir hinsichtlich einer Vorgehensweise unsicher bin, gibt er mir gute und verwendbare Ratschläge. Beispielsweise sind seine langjährigen, persönlichen Kontakte beim Aufbau geeigneter Kooperationen sehr hilfreich.

Die Ausarbeitung des Projektantrages ist äußerst arbeitsintensiv und persönlich fordernd. Dementsprechend stellt die Einreichung dessen bei der fördernden Organisation einen Teilerfolg und Motivationsschub dar. Kommt der Antrag mehrfach mit Änderungsvorschlägen zurück, fällt es nicht immer leicht, die Zuversicht zu behalten und die Anpassungen vorzunehmen. Jedoch habe ich zwischenzeitlich gelernt, dass Änderungswünsche ein gutes Zeichen sind. Denn das bedeutet, dass das Projekt grundsätzlich von der Vorprüfstelle der jeweiligen Organisation als förderfähig eingestuft, und nicht gleich abgelehnt wurde. Hat der Förderantrag die Vorprüfstelle schließlich passiert, heißt es, Geduld zu bewahren. In meinem Fall waren es sechs Monate, bis wir den Bewilligungsbescheid bekamen und mit dem Projekt starten konnten.

Projektarbeit ist unglaublich vielfältig und interessant. Neben der Zusammenarbeit mit unterschiedlichen Personengruppen und Institutionen, besteht die Gelegenheit, auch eigene Vorstellungen und Ideen einzubringen. Darüber hinaus ist es während der Projektarbeit möglich, innovative und neue Methoden auszuprobieren. Sollte das Projekt den erhofften Erfolg haben, ist es zum einen für die Hilfesuchenden nützlich und zum anderen für den Verband eine effektvolle Art sich zu profilieren. Projektarbeit hat somit positive Aspekte in vielfältiger Art.

Welche drei Elemente der klientenzentrierten Gesprächsführung nach Carl Rogers benennt der Beitrag?

Quellen

Bundesarbeitsgemeinschaft der Freien Wohlfahrtspflege (BAGFW) (o. J.) [online] [18.08.2021] https://www.bagfw.de/ueber-uns/freie-wohlfahrtspflege-deutschland

Frank, Gerhard (2017): Lebenswelt, in: Fachlexikon der Sozialen Arbeit, 8. Auflage, Baden-Baden, Nomos.

Sickendiek, Ursel, Frank Engel und Frank Nestmann (2008): Dimensionen von Beratung – Soziale Konstellationen und Methoden, in: Beratung – Eine Einführung in sozialpädagogische und psychosoziale Beratungsansätze, 3. Auflage, Weinheim, München, Juventa.

Straumann, Ursula E. (2004): Klientenzentrierte Beratung, in: Frank Nestmann, Frank Engel und Ursel Sickendiek (Hrsg.), Das Handbuch der Beratung – Ansätze, Methoden und Felder, Band 2, Tübingen, dgvt.

Timm, Gerhard (2017): Freie Wohlfahrtspflege, in: Fachlexikon der Sozialen Arbeit, 8. Auflage, Baden-Baden, Nomos.

VII. Krankenversorgung und Soziale Arbeit

Soziale Arbeit in der Mobilen Sozialen Arbeit für Menschen mit Beeinträchtigung

Manuela Nagl

Die Mobile Wohnbegleitung bzw. die Mobile Soziale Arbeit lässt sich, kurz gesagt, als sehr umfassend beschreiben. Der Arbeitsalltag bringt meist eine ganze Bandbreite an Aufgaben, Begegnungen, Emotionen und Situationen mit sich. Doch was bedeutet dies konkret?

Die Mobile Wohnbegleitung ist eine Unterstützungsform, welche Menschen mit Beeinträchtigung(en), die in eigenen Wohnungen leben, Beratung und Betreuung anbietet und sie in ihrer selbstbestimmten Lebensweise unterstützt. Die Bandbreite unserer Klient*innen ist sehr vielfältig. Diese können eine intellektuelle Beeinträchtigung, eine Lernschwäche, eine psychische Erkrankung und/ oder eine Teilleistungsschwäche aufweisen. Bei manchen besteht auch eine Doppel- oder Mehrfachdiagnose. Das übergeordnete Ziel der Betreuung ist es, die Kompetenzen in den einzelnen Lebensbereichen der Klient*innen zu fördern und zu unterstützen, bis eine Verbesserung oder das Vorhandensein einer vollkommenen Selbstständigkeit erreicht wird. Im besten Fall wird keine Betreuung mehr gebraucht. Die Kriterien für ein selbstständiges Leben sind im Konzept festgelegt und umfassen folgende Punkte: psychische und gesundheitliche Stabilität, adäquates Handeln in Krisensituationen (das heißt die Person weiß, wo und wie sie sich Hilfe suchen kann), finanzielle Sicherheit, eine gesicherte Wohnsituation, eine passende Tagesstrukturierung (beispielsweise das Vorhandensein einer Arbeit, einer Ausbildung oder eines ausgiebigen Hobbys) und ein soziales Netzwerk, aus dem der/die Klient*in Rückhalt und Sicherheit erfahren kann. Erfahrungsgemäß sind bei einer Beendigung der Betreuung nur in den seltensten Fällen alle Kriterien gut und ausreichend erfüllt. Vielmehr handelt es sich dabei um eine Idealvorstellung von dem, was man den Klient*innen für eine weitere gute Gestaltung ihrer Zukunft wünscht.

Im Rahmen eines Bezugsbetreuungssystems soll dies erreicht werden. Die Betreuung findet in einem 1:1-Setting statt, sodass auf die Bedürfnisse der Klient*innen passend eingegangen werden kann. Diese gestalten sich bei jeder einzelnen Person sehr unterschiedlich und umfassen die verschiedensten Lebensbereiche. Bereiche für die Unterstützung und Begleitung angeboten werden, sind etwa jene der Haushaltsführung, Arztbesuche, Behördengängen oder der Beratung zu unterschiedlichen Themen wie Beziehung, Sexualität, Arbeit, Gesundheit, Freizeit etc.

Die Begleitung der Klient*innen ist so lebensumfassend, dass es schwer ist, diese an zwei oder drei Problemfeldern festzumachen. Denn hier treten Menschen mit ihren jeweiligen Stärken und Schwächen in ihre individuelle Lebenssituation mit ihren persönlichen Schwierigkeiten in Bezug auf ihre Lebensführung an die Mobile Wohnbegleitung heran. Um dies konkreter werden zu lassen, nenne ich hier beispielweise die Beratung und Begleitung im Arbeitskontext, welcher an sich schon sehr umfassend ist. Im Dschungel von behördlichen Anträgen, Auflagen und Angeboten verliert selbst eine Person ohne Beeinträchtigung oder psychischer Erkrankung leicht den Überblick. Mithilfe der Mobilen Wohnbegleitung möchten wir den Klient*innen Orientierung und Halt geben. Wie kann man sich das nun im Kontext „Arbeit“ genau vorstellen?

Wir begleiten zu Terminen beim Arbeitsmarktservice (Abkürzung: AMS; Deutschland: Jobcenter), machen die AMS-Betreuung darauf aufmerksam, dass es für die Begleitung der Klient*innen eine gewisse Feinfühligkeit braucht, da deren Beeinträchtigung oft nicht gleich offensichtlich ist oder von den Klient*innen auch nicht gleich offenbart werden möchte. Wir verschaffen den Klient*innen für sie notwendige Kontaktdaten, vereinbaren für oder mit ihnen Termine bei Vorstellungsgesprächen, Erstgesprächen für Tagesstrukturen, Berufsorientierungskursen oder bei einem Jobcoaching. Sollte den Klient*innen der Weg zu neuen Orten unklar sein, bieten wir ihnen ein Fahrtentraining vorab oder eine Begleitung an. Wir geben Tipps beim Bewerbungsverfahren, überarbeiten gemeinsam mit ihnen den Lebenslauf und helfen beim Verfassen von Bewerbungen. Finden die Klient*innen den Weg in ein passendes Arbeitsumfeld, erklären wir ihnen, wenn es Unklarheiten gibt, den Arbeitsvertrag, unterstützen sie bei Krankmeldungen und pushen bei Motivationsproblemen. Die Aufzählung der Bereiche für Unterstützungsmöglichkeiten könnte noch um einiges erweitert werden, da es oft die Kleinigkeiten in der Alltagsgestaltung sind, die unsere Klient*innen an ihre Grenzen stoßen lassen können.

Ein wesentlicher Teil der Arbeit ist auch die Vernetzungsarbeit mit den verschiedensten Bereichen. Der Mobilen Wohnbegleitung kommt hier eine Art Case-Management-Funktion zu, die als Schnittstelle zwischen den diversen Lebensbereichen der Klient*innen agiert. Eine Vernetzung zwischen Arbeit, Familie und Erwachsenenschutzvertretung (Deutschland: Sachwalterschaft) kann, wenn von den Klient*innen gewünscht bzw. wenn diese damit einverstanden sind, oft essentiell für eine gute Betreuung sein. Hierfür bedarf es vorab einer von den Klient*innen unterzeichneten Einverständniserklärung, die es uns Betreuer*innen erlaubt, mit den jeweiligen Ansprechpersonen in Kontakt treten zu dürfen. Auch die Vernetzung mit spezialisierten Einrichtungen, wie dem Psychosozialen Dienst (PSD), der Schuldnerberatung, der Kinder- und Jugendhilfe (MA11 – im Fall von Elternschaft), Männerberatungsstellen oder Beratungseinrichtungen zu frauenspezifischen Themen, ist ein wesentlicher Teil unseres Arbeitsauftrages.

Es kommt immer wieder vor, dass Klient*innen in Situationen gelangen oder Ereignisse erleben, die sie im Moment nicht bewältigen können. In diesen Fällen können sich die Klient*innen ebenfalls an uns wenden, um Abhilfe zu erhalten. Im Rahmen der Krisenintervention werden Strategien angewendet und Gespräche geführt, um Entlastung zu schaffen. Sollten Klient*innen außerhalb unserer Arbeitszeit eine Krise erleben, erfolgt vorab der Verweis auf den psychiatrischen Notdienst oder die Rettung.

Hinter diesem Arbeiten steht im Konzept als ethische Grundlage die christliche Ethik beschrieben. Dies beruht auf der christlichen Gründungsgeschichte des Vereins und implementiert die Achtung vor dem Menschen und dessen Einzigartigkeit. Das Handeln ist geprägt von Toleranz und Akzeptanz anderer Meinungen und Weltanschauungen. Menschen werden unabhängig von ihrer Herkunft und religiösen Orientierung begleitet. Diese normativen, ethischen Leitlinien sind nicht omnipräsent, schwingen jedoch im Hintergrund mit und prägen das grundsätzliche Handeln in meiner Arbeit als Mobile Betreuerin.

Hervorgehoben werden kann das Grundprinzip des Rechts eines jeden Menschen auf Selbstbestimmung und Chancengleichheit. Dieses Prinzip bildet den Grundstein der Mobilen Wohnbegleitung und wird von den Leitprinzipien der Normalisierung, individuellen Begleitung und des Empowerment (Hilfe zur Selbsthilfe) gestützt. Die Klient*innen sollen lernen, selbstbestimmt Entscheidungen zu treffen und Verantwortung für ihr Handeln zu übernehmen. Durch gezielte Förderung soll berufliche Festigung, eigenständige Lebensführung und Teilhabe am gesellschaftlichen Leben ermöglicht werden.

Die Mobile Wohnbegleitung bettet sich in ein großes Betreuungsnetz ein. Sie ist Teil eines aus Voll- (VB) und Teilbetreuung (TB) bestehenden Betreuungsangebotes, das den Klient*innen, je nach Bedürfnislage, Stück für Stück zum eigenständigen Leben verhelfen soll. Die Klient*innen können mehrere Stationen im betreuten Wohnen durchlaufen: Übergangs-Wohngemeinschaft (VB), Trainingsgruppe (VB), Inklusions-Wohngemeinschaft (TB) und Mobile Wohnbegleitung (TB). Alle Betreuungsformen basieren auf unterschiedlichen Konzepten und sind von dem Ziel geprägt, die Klient*innen, jeweils angepasst an die jeweiligen Bedürfnisse, ein Stück weit immer selbstständiger werden zu lassen.

Zu den unterschiedlichen Betreuungsformen, welche vom Verein angeboten werden, kommt weiters noch ein Familienentlastungsdienst, eine Schule mit Hort und ein Kinder- und Jugendbereich mit Wohngemeinschaften für jene, die aus unterschiedlichen Gründen nicht mehr im Herkunftssystem verbleiben können, hinzu. Sobald die Jugendlichen das 18. Lebensjahr erreicht haben, müssen sie den Kinder- und Jugend-Betreuungsbereich verlassen und können, sofern notwendig und bei Vorliegen einer Beeinträchtigung, in die Wohnbetreuungsform für Erwachsene, wie beispielsweise die Mobile Wohnbegleitung, aufgenommen werden.

Dieses Betreuungsangebot ist Teil eines privaten Vereins, welcher – wie alle Einrichtungen in Wien – durch den Fond Soziales Wien (FSW) finanziert wird. Die Finanzierung beruht auf Leistungsstufen, in welche die Klient*innen, je nach Ausmaß des benötigten Unterstützungsbedarfs, eingeteilt sind. Zu Beginn der Betreuung erfolgt durch den Verein eine Antragsstellung beim FSW. Nach Prüfung und Genehmigung des Antrags wird eine Bewilligung für eine bestimmte Zeit ausgestellt. Im Zuge dessen erfolgt auch die Zuteilung der Leistungsstufen. Im Rahmen der Mobilen Wohnbegleitung werden Klient*innen in den Stufen 2-4 betreut. Die Leistungsstufe gibt einen gewissen Stundensatz vor und legt das Betreuungsausmaß fest.

Diese Entwicklung der Einteilung in Leistungsstufen beruht auf den Einsparungen im Sozialbereich und ist einer Sozialpolitik geschuldet, die nicht das Sozialsystem im Fokus hat. Trotz allem decken die zur Verfügung stehenden Betreuungsstunden die Leistung, die gegenüber den Klient*innen erbracht werden soll, in einem passenden Verhältnis noch ab.

Welche sozialrechtlichen Grundlagen meiner Tätigkeit zugrunde liegen, ist mir nicht klar. Es existiert bis heute kein Berufsgesetz für Sozialarbeiter*innen und Sozialpädagog*innen in Österreich.

So umfassend und manchmal auch komplex die Bedürfnisse und Problemlagen der Klient*innen sind, so anpassungsfähig und offen muss man als Mobile Betreuer*in diesen entgegentreten. Damit dies gelingen kann, bediene ich mich der einen oder anderen Methode und Technik.

Beratung, Betreuung und Begleitung fungieren als tägliches Brot in der Mobilen Sozialen Arbeit mit den Klient*innen. Vor allem bei Auftreten von neuen Problemen, zu denen noch kein Lösungsansatz existiert, ist es ein Teil der Betreuung, neue Handlungsansätze zu erarbeiten und mögliche Lösungswege durchzudenken bzw. auch – gemeinsam – auszuprobieren. In dieser „alltagsorientierten Beratung", welche im Wesentlichen durch ihren Bezug auf den Alltag der Klient*innen gekennzeichnet ist, gilt es den Alltag bewältigbar zu machen. „Beratungshandeln muss sich auf diese komplexe und widersprüchliche Struktur des Alltags einlassen" (Galuske 2011, 173). Damit dies gelingen kann, schöpfe ich aus dem Repertoire folgender Techniken: aktives Zuhören, Reflexion von Vergangenem, Planung von Zukünftigem, Problembearbeitung in kleinen Schritten, gemeinsame Ideensammlung für den weiteren Umgang und Aufzeigen von Alternativen (vgl. ebd., 174).

Bevor ein Arbeiten an (weiterführenden) Zielen jedoch überhaupt möglich wird, bedarf es vorab einer Grundsicherung der generellen Lebenssituation der

Klient*innen. Hierfür sind vor allem die Sicherung der finanziellen Situation sowie das Stillen der Grundbedürfnisse essenziell. Thiersch unterstreicht dies, indem er sagt: „Nicht die Methode bestimmt den Verlauf der Beratung, sondern das Problem, der Gegenstand, die Lebensumstände bestimmen die Vorgehensweise“ (ebd., 175).

Getragen wird das Betreuungssetting hierbei von einer aktiven und professionellen Gestaltung der Betreuungsbeziehung. Ich orientiere mich dabei an den Grundsätzen von Carl Rogers und begegne den Klient*innen stets mit einer empathischen Haltung, einer Echtheit und einer Wertschätzung. Gerüstet mit diesen Prinzipien, hilft es mir, die Klient*innen in ihrer aktuellen Situation zu akzeptieren und ein Verständnis für die Situation und Lebenswelt jeder/jedes Einzelnen zu entwickeln. Erst durch ein authentisches Auftreten meinerseits, wächst die Vertrauensbasis und somit die Betreuungsbeziehung. Die Klient*innen werden offener und lassen einem (vermeintlich) einen Blick in ihre Lebenswelt erhaschen. Durch das Betreuen von Klient*innen mit unterschiedlichen Persönlichkeiten und Problemlagen, gestaltet sich auch die Beziehung zu jedem/jeder anders. Manche gewähren uns aus diversen Gründen nie Einblick in ihre Lebenswelt, andere schaffen es Vertrauen zu fassen und lassen dadurch auch Betreuung und in weiterer Folge Entwicklung zu.

Um in einer professionellen Arbeitsbeziehung bleiben zu können und nicht der Gefahr eines zu losen Nähe-Distanz-Verhältnisses zu erliegen, pflegen wir den regelmäßigen Austausch miteinander. Supervision, Intervision und Teamsitzungen sind die klassischen Angebote, die wir einmal im Monat nutzen und die uns auch in der Mobilen Wohnbegleitung zu Verfügung stehen, um über die eigene Arbeitsweise oder einen konkreten Fall zu reflektieren. Zusätzlich sollen in einer jährlich stattfindenden Klausur, die Prozesse und Prozedere im Detail durchleuchtet, reflektiert und gegebenenfalls angepasst werden. Damit auch wir Betreuer*innen den immer neuen Situationen gewachsen sind, sollen unsere Kenntnisse und unser Wissen durch Fortbildungen aufgefrischt und erweitert werden.

Um den Hilfebedarf der Klient*innen einschätzen zu können, bedienen wir uns verschiedener Verfahren. Eine einmal im Jahr stattfindende Kompetenzanalyse, welche an das Inklusions-Chart (IC3) von Peter Pantuček angelehnt ist und an die Arbeit im Rahmen der Mobilen Wohnbegleitung angepasst wurde, bildet die Grundlage für die Arbeit mit den Klient*innen. Diese erlaubt uns, durch das Abfragen der wesentlichen Bereiche (z. B. Wohnen, Arbeit, Soziales, Gesundheit, Mobilität, Zeitmanagement…), eine Einschätzung über die bestehenden Kompetenzen in Bezug auf die Selbstständigkeit zu erlangen. Der Ist-Stand der Klient*innen soll erfasst und grobe Interventionen für eine Steigerung ihrer Selbstständigkeit erarbeitet werden.

Weiterführend baut darauf die Zielplanung auf, welche wir zwei Mal im Jahr mit den Klient*innen erarbeiten. Die in der Kompetenzanalyse formulierten

Interventionen, werden auf kleine Teilschritte heruntergebrochen und aufgeschlüsselt. Anhand der Darlegung der einzelnen Schritte, soll es für die Klient*innen greifbarer werden, wie sie zu ihrem Ziel gelangen können. Auch der Unterstützungsbedarf, den sie durch uns Mobile Betreuer*innen benötigen, wird festgelegt, sowie auch der Zeitraum, in dem die Umsetzung des Ziels erfolgen soll. Aufgrund dieser dialogisch mit dem/der Klient*in erarbeiteten Zielplanung wird die professionelle Arbeit planbar. Nach einem halben Jahr wird im Rahmen einer Evaluierung der Zielplanung mit dem/der Klient*in reflektiert, ob die Ziele erreicht wurden. Ziele, deren Umsetzung nicht stattgefunden hat, werden besprochen und gegebenenfalls in die neue Zielplanung wieder eingearbeitet. Durch das Erarbeiten von regelmäßigen Zielplanungen werden Erfolge sichtbar und messbar.

Eine weitere, auch qualitätssichernde Maßnahme zur Erhebung der Entwicklung der jeweiligen Klient*innen, ist das Evaluierungsgespräch, welches einmal im Jahr, gemeinsam mit der Pädagogischen Leitung, der Bezugsbetreuung und dem/der Klient*in geführt wird. Das Revue passieren lassen des letzten Betreuungsjahres, die Erhebung des Ist-Standes, das Formulieren der derzeitigen Ziele und die Aussicht auf die Gestaltung des nächsten Betreuungsjahres sind Themen dieses Gespräches. Außerdem bietet es Raum, um über die Betreuungsbeziehung von Bezugsbetreuung und Klient*in zu reflektieren, sowie über das Betreuungssetting und dessen Passung.

In der täglichen Arbeit mit den Klient*innen kommen zur Einschätzung des Hilfsbedarfs, neben der Anwendung systemischer Fragetechniken, auch Hausbesuche zum Tragen. Der Hausbesuch, als traditionsreiches Instrument der Sozialen Arbeit, ermöglicht eine realistische Einschätzung der Lebenssituation der Klient*innen (vgl. Pantuček 2009, 135). Der Zustand und die Gestaltung der Wohnsituation spiegeln oft deren psychische und physische Verfassung wider und geben der Betreuungsperson einen weiteren (intimen) Einblick in die Lebensgestaltung jedes/r einzelnen Klient*in. Dieses Verfahren macht weiters sichtbar, ob auch hier Unterstützungsbedarf, beispielsweise durch Gestalten eines Haushaltsplanes, vorliegt.

Besonders hilfreich in Bezug auf die Ressourcenerhebung und -aktivierung sind die systemischen Fragetechniken. Sie unterstützen die Gesprächsführung und ermöglichen oft eine Problemdarstellung mit anschließender Formulierung einer möglichen Lösung. Zirkuläres-, zielorientiertes-, hypothetisches- oder Ressourcen-Fragen sind nur ein paar von vielen systemischen Fragetechniken, die ich in der Mobilen Sozialen Arbeit anwende.

Das Konzept bildet eine grobe Wirklichkeit ab und liefert ein Grundgerüst für die Mobile Soziale Arbeit. Es beschreibt überblicksmäßig die Zielgruppe, das Leitziel, die Betreuungszeiten, das Betreuungsangebot, die qualitätssichernden Maßnahmen und die Arbeitsmethoden. Ziel ist es, die Klient*innen auf ihrem Weg zur selbstständigen Lebensführung zu begleiten und zu unterstützen. Die

Mobile Wohnbegleitung bietet Beratung und Begleitung für junge Erwachsene ab dem 18. Lebensjahr.

Die Betreuung erfolgt durch Fachkräfte aus den verschiedensten Bereichen. Unser Team umfasst zurzeit unterschiedlichste Professionen aus der Sozialpädagogik, Bildungswissenschaft, Psychologie, Sozialen Arbeit und Psychotherapie. Diese multiprofessionelle Gestaltung des Betreuungsteams ermöglicht ein Einbringen von verschiedenen Perspektiven, das Schöpfen aus unterschiedlichen Ressourcen und einen anregenden Austausch.

Die Mobile Wohnbegleitung ist nicht aktiv in die Forschung eingebunden, hat sich diese aber zu Nutze gemacht und erstellte Werkzeuge für die Arbeit mit den Klient*innen. Im Verein intern bedient man sich einmal im Jahr des Instruments der Erhebung der Zufriedenheit der Klient*innen, welche mittels Fragebogen durchgeführt und dann ausgewertet wird. Das Ergebnis wird den Mitarbeiter*innen und Klient*innen im Anschluss mitgeteilt. Weiters können in anderen Bereichen des Vereins Praktikant*innen verschiedenster Bildungseinrichtungen in die Praxis eintauchen, sich dieser bedienen und gegebenenfalls ihre Forschungsarbeiten damit bereichern. Ein weiterer Bezug zur Forschung ist mir darüber hinaus nicht bekannt.

Wenn ich an ein Anforderungsprofil denke, dass an eine/n Mitarbeiter*in in der Mobilen Wohnbegleitung gestellt wird, fällt mir als Erstes das Schlagwort „Organisationstalent“ ein. Die Fähigkeit zur Selbstorganisation würde ich als eine der grundlegendsten Kompetenzen beschreiben, die es zu besitzen gilt, um jede Woche aufs Neue alle organisatorischen Termine und jene Termine mit den Klient*innen adäquat einplanen zu können. Damit dies gelingen kann, braucht es ein gewisses Maß an Selbstständigkeit, sowohl im Hinblick auf die organisatorische Arbeit als auch auf die Arbeit mit den Klient*innen. Zum Nach- oder Vorbesprechen von unklaren oder heiklen Situationen, kann zwar das Team herangezogen werden, in der jeweiligen Situation jedoch, ist jede/r auf sich alleine gestellt. Hierzu braucht es, vor allem in schwierigen Situationen, des Mutes und der Fähigkeit, Lösungen zu finden und Entscheidungen zu treffen.

Man befindet sich die meiste Zeit in einer Einzelkämpfer*innen-Position, die einem aber, wenn man gerne alleine arbeitet, ein unglaublich freies Agieren ermöglicht. Gleichzeitig verlangt einem dies auch ein hohes Maß an Flexibilität ab, welche sich vor allem aufgrund der Notwendigkeit der ständigen Erreichbarkeit ergibt. So kann flexibles Handeln gefragt sein, wenn beispielsweise ein telefonisches Krisengespräch notwendig wird oder seitens der Klient*innen die Anfrage nach Unterstützung kommt, wenn sie ihren Wohnungsschlüssel verlieren.

Unabdingbar für die Arbeit im Sozialbereich generell, aber auch in der Mobilen Sozialen Arbeit, ist die Kompetenz, einfühlend und empathisch auf die Klient*innen zuzugehen. Hierzu braucht es auch eine gewisse Anpassungsfähigkeit an die jeweilige Persönlichkeit der Klient*innen sowie an deren Lebenssituation. Herausfordernd ist hierbei immer wieder das richtige Maß dafür zu finden, d. h. wie viel Unterstützung gebe ich und wie viel Verantwortung spiele ich zurück. Hierbei können auch immer wieder Konflikte und Widerstände aufkommen, wenn sich die Klient*innen überfordert oder bevormundet fühlen. Darauf adäquat zu reagieren und eingehen zu können, bedarf einer transparenten Kommunikation, wie auch Reflexionsfähigkeit über sein eigenes Handeln und die eigenen Emotionen. Problematisch kann hierbei beispielsweise der Vorgang der Übertragung und Gegenübertragung sein, bei dem es gilt, ganz genau hinzuschauen, welche Anteile von einem selbst und welche vom Gegenüber kommen. Eine gefestigte Persönlichkeit und ein gutes Gefühl für sich selbst, können dabei unterstützen und machen es auch möglich, sich, im Falle der eigenen Überforderung, nach außen zu wenden und um Unterstützung zu bitten. Um diese Arbeit gut und lange ausführen zu können, ist, neben dem Bewusstsein für sich selbst, auch eine gewisse Resilienz erforderlich.

Um die Frage nach dem Anforderungsprofil abzuschließen, möchte ich als letzten Punkt noch hervorheben, dass der Bereich der Mobilen Wohnbegleitung unglaublich umfangreich ist bzw. sein kann. Ich finde mich hier oft in der Funktion einer Allrounderin wieder, die in den verschiedensten Bereichen, wie Kreativität, Sport, Kochen, Handwerken, Garten, Freizeitgestaltung etc., welche die Klient*innen selbst in die Betreuung mitbringen, immer wieder Neues lernt. Das macht es abwechslungsreich und spannend und stellt einen aber immer wieder vor neue Situationen.

Der finanzielle Rahmen für die Arbeit in der Mobilen Sozialen Arbeit ist durch den Kollektivvertrag für Dienstnehmer*innen der Einrichtungen der Interessensvertretung von Ordensspitälern und von konfessionellen Alten- und Pflegeheimen, Erziehungs- und Bildungseinrichtungen Österreichs gegeben. Das Einstiegsgehalt beträgt 2595 € brutto auf Vollzeitbasis (40 Stunden) inkl. SEG-Zulage. Die Einstufung erfolgt, sofern eine abgeschlossene Ausbildung vorhanden ist, in der Stufe D1. Kolleg*innen, die sich noch in Ausbildung befinden, werden in D2 eingestuft und nach Abschluss der Ausbildung in die höhere Gehaltsklasse umgestuft. Zu berücksichtigen sind die jeweiligen Einstufungen je nach Vordienstzeiten.

In meiner nun bereits siebenjährigen Tätigkeit im Bereich der Mobilen Wohnbegleitung konnte ich mein Wissen und mein Repertoire an Fertigkeiten gut ausbauen. Mit meinem damaligen Abschluss in der Sozialen Arbeit fühlte ich mich gut gerüstet für den Einstieg in dieses Berufsfeld. Mit dem Studium erwarb ich ein fundiertes Wissen, auf dem ich aufbauen und das ich über die Jahre immer weiter ausbauen konnte. Ich konnte eine für mich passende Technik entdecken, welche ich heute gerne einsetze, den Humor. Als Unterstützung, Auflockerung oder manchmal auch als Mittel der Wahl, um ernstere Themen besprechbar zu machen, ist Humor sehr hilfreich. Natürlich immer unter der

Prämisse, dass die jeweilige Ansprechperson damit ebenfalls einen Umgang finden kann. Humor passend einzusetzen, musste ich erst lernen und führte bisweilen auch zu Situationen mit Klient*innen, die Unverständnis hervorriefen. Die Erfahrungswerte, die ich damit sammeln konnte, haben schlussendlich dazu geführt, dass ich Humor, als ein Medium für Kommunikation nun gezielter und an die jeweilige Persönlichkeit abgestimmt passender einsetzen kann.

Bewusster geworden ist mir auch die Auswirkung meiner persönlichen Befindlichkeit auf den Arbeitsalltag. Ich merke, dass ich weniger Einfühlungsvermögen oder Empathie aufbringen kann, wenn ich unausgeglichener oder körperlich nicht fit bin. In solchen Situationen sind auch meine Nerven hin und wieder etwas angespannt und ich wünsche mir dann, der/die eine oder andere Klient*in würde etwas weniger Dramatik an den Tag legen, was sie manchmal gerne tun. Hierbei ringe ich einmal mehr, einmal weniger damit, dass es gilt, einen Schritt zurückzumachen, kurz durchzuatmen und sich dann besonnen wieder der Situation des Gegenübers zu widmen. Trotz allem ist es manchmal fordernd sich hier ganz und gar auf das Betreuungsgeschehen einlassen zu können, ohne den Klient*innen die eigenen Befindlichkeiten überzustülpen.

Fordernd kann hin und wieder auch das Wechselspiel zwischen Unterstützung geben und den/die Klient*in etwas selbst ausprobieren lassen, sein. Hier die Balance zu finden, ist für mich nach wie vor eine Herausforderung und erzeugt in manchen Situationen ein Gedankenkarussell des Abwägens der einzelnen Optionen. Den/die Klient*in besser zu kennen, sowie die gewonnene Erfahrung, erleichtert es einem eine Entscheidung zu treffen. Gänzlich klar, wie viel Hilfestellung die passende Dosierung ist, wird es jedoch nie sein, zumal dies immer wieder erneut abgewogen werden muss, da die Klient*innen auch Entwicklungsschritte machen.

Zum Schluss noch ein, zwei Gedanken für jene, die sich dafür interessieren, in diesem Berufsfeld arbeiten zu wollen. Betreuung wird nicht immer gewollt. Manche landen in diesem Setting, weil sie zuvor als Jugendliche schon in einem Betreuungsumfeld waren oder weil sie beispielsweise durch ihr familiäres Umfeld oder durch eine Erwachsenenschutzvertretung in eine Betreuung im Rahmen der Mobilen Sozialen Arbeit hineingedrängt werden. Hier einen Anknüpfungspunkt zu finden, einen Einstieg in die Lebenswelt des/der Klient*in zu erwirken, eine Betreuungsbeziehung aufbauen zu können und schlussendlich vielleicht auch Entwicklungsschritte zu erwirken, kann anfänglich sehr anstrengend und aufreibend sein. Wem es jedoch gelingt, sich den Widerständen auszusetzen, eine Kontaktvermeidung auch mal zu akzeptieren und an der Person dranzubleiben, der/die kann mit einer standhaften und vertrauensvollen Betreuungsbeziehung, in der Entwicklung möglich wird, belohnt werden.

Somit möchte ich abschließend dem/der Leser*in zusammenfassend Folgendes mitgeben: Mobile Soziale Arbeit ist erfüllend, aufregend, zermürbend, begeisternd, frustrierend, erhellend, abwechslungsreich und manchmal hoffnungslos wirkend. Sie ist aber zugleich ein Berufsfeld, das einen viel über sich und über andere lernen lässt und einem, wenn man Durchhaltevermögen in der Betreuungsbeziehung beweist, Erfolgserlebnisse verspricht.

1. Welche Bereiche der Unterstützungsleistung und Begleitung werden genannt? Nennen Sie diese und führen Sie einen Bereich konkreter aus. Spinnen Sie ihre Gedanken weiter und suchen Sie sich einen weiteren Lebensbereich aus. Welche kleinen Teilschritte können gesetzt werden, um die Selbstständigkeit einer Person zu fördern?
2. Welche Herausforderungen können einem in der Arbeit als Mobile Betreuer*in begegnen?

Quellen

Galuske, M. (2011): Methoden der Sozialen Arbeit. Eine Einführung. Juventa.
Pantuček, P. (2009): Soziale Diagnostik. Verfahren für die Praxis Sozialer Arbeit. Böhlau.

Soziale Arbeit in der Eingliederungshilfe

Eckart Nebel

Die Arbeit in der von mir durchgeführten „Begleiteten Elternschaft“ als eine kombinierte Leistungserbringung in der Eingliederungs- und Familienhilfe bietet eine Vielfalt an Situationen und Begegnungen, nicht nur an stürmischen, nassen und kalten Montagen. Unvorhersehbarkeit und Überraschungen in der alltäglichen Arbeit prägen die Abläufe. Das bietet einen Arbeitsalltag, der auf der einen Seite Herausforderungen für die eigene Flexibilität bedeutet, der aber andererseits abwechslungsreich, vielfältig und selten in Routinen festgefahren ist.

Unsere Arbeit ist ambulant aufsuchend, d. h. wir sind viel unterwegs, machen Hausbesuche, treffen uns mit den Familien in Einkaufszentren ebenso wie auf dem Spielplatz vor der Wohnung oder begleiten Familien zu Ärzt*innen. Unser Haupteinzugsgebiet liegt in einem Plattenbauviertel vom Ende der 1980er Jahre am nordöstlichen Rand von Berlin.

Wir arbeiten mit Eltern mit kognitiven Einschränkungen. (Die Personengruppe bezeichnet sich selbst als „Menschen mit Lernschwierigkeiten“. Diese Bezeichnung wird im Folgenden verwendet.) Unser Hauptziel in der Begleiteten

Elternschaft ist es immer, die Eltern in ihrer Elternrolle zu stärken, egal in welchen Konstellationen die Familien leben: Es kann sich um ein alleinerziehendes Elternteil mit einem Kind handeln oder um eine kinderreiche Familie mit beiden Elternteilen; oder wir haben es mit einer Konstellation zu tun, in der einige (meist ältere Kinder) in stationären Einrichtungen leben und in der wir den Auftrag haben, zu schauen, ob die jüngeren Kinder in der Familie bleiben können; es kann sich aber auch um die Arbeit mit Eltern handeln, deren Kinder alle stationär untergebracht sind – immer besteht unser Ziel darin, die Eltern als Eltern zu stärken.

Begleitete Elternschaft ist ein konzeptioneller Rahmen, in dem Leistungen der Eingliederungshilfe (als Hilfe zur Teilhabe an der Gesellschaft) mit Leistungen der Sozialpädagogischen Familienhilfe (als Unterstützung für die erzieherischen Belange) miteinander kombiniert werden. In dieser „verzahnten" Leistungserbringung können wir einen weiten Teil der Hilfebedarfe der Familien abdecken. Wenn die Hilfen „aus einer Hand" kommen, d.h. von zwei verschiedenen Fachkräften aus Eingliederungshilfe und Familienhilfe aus demselben Team geleistet werden, dann gibt es deutlich weniger Reibungsverluste und gegenseitige Informationslücken, als wenn die Hilfen von zwei verschiedenen, jeweils auf ihre Hilfeform spezialisierten Trägern erbracht werden. Im zweiten Fall hieße das z.B., dass montags die Bezugsbetreuerin von Träger X einen Hausbesuch macht und mit der Mutter bespricht, dass in der kommenden Woche ganz dringend versucht werden soll, einen Antrag auf Erstausstattung zu stellen, bzw. erst einmal eine Geburtsurkunde für das neugeborene Kind zu besorgen. Nun kommt aber am Mittwoch die Familienhelferin von Träger Y und versucht, die Mutter davon zu überzeugen, dass es jetzt am allerwichtigsten sei, dass sie einen Kontakt zu einer Familienhebamme herstellt. Durch die verzahnten Hilfen in der Begleiteten Elternschaft ist es möglich, koordiniert und an gemeinsamen Zielen und Prioritäten orientiert vorzugehen. Dies ist gerade in prekären Lebenssituationen, in denen Handlungsschritte zeitnah und abgestimmt erfolgen sollten, von großem Vorteil.

Neben akuten Hilfebedarfen, wie im oben genannten Beispiel einer jungen Mutter, gibt es Problemfelder, die uns in vielen Familien in verschiedenen Ausprägungen häufig begegnen. Dazu gehören Verschuldung ebenso wie eine unzureichende Gesundheitsvorsorge und -versorgung, aber auch vielfältige psychische Symptomatiken und Probleme der Elternteile und nicht zuletzt oft ausgeprägte Verhaltensauffälligkeiten der Kinder. Auch wenn es rings um die Familie zahlreiche engagierte Fachkräfte gibt, die sich mit ihrem jeweiligen Fokus um Hilfestellungen bemühen (z.B. LehrerInnen, ErzieherInnen, KinderärztInnen, LogopädInnen), so stellt es für Eltern mit Lernschwierigkeiten oft eine große Herausforderung dar, die jeweiligen Vor- und Ratschläge abzuwägen und entsprechende Handlungsschritte in eine zielführende Reihenfolge zu bringen. Durch unsere ambulant aufsuchende Arbeit, in der wir einen direkten Einblick in den familiären Alltag und in die Lebenswelten der Familien haben, sind wir geradezu prädestiniert, unsere Fachlichkeit zu nutzen, um die Fachkräfte miteinander in Kontakt zu bringen und Netzwerke zu entwickeln.

In Bezug auf die Arbeit im Netzwerk, aber auch generell gilt es, immer wieder von Neuem abzuwägen, ob wir die Eltern durch Hilfestellungen und stellvertretendes Ausführen von Handlungen zwar in der direkten Situation unterstützen, aber dadurch auf die Dauer eine nachhaltige Aktivierung eher verhindern. Eltern in ihrer Elternrolle stärken heißt eben nicht, Hilfestellungen und Angebote so engmaschig zu gestalten, dass alle oder möglichst viele „Lücken" geschlossen werden, sondern eher, den Eltern solche Hilfe zu geben, dass sie ihre Handlungsmöglichkeiten erweitern können. In der alltäglichen Arbeit in diesen sogenannten Multi-Problem-Familien haben wir es selten mit Entweder-Oder-Entscheidungen zu tun, sondern müssen immer wieder abwägen, wie wir die Erweiterung der Handlungsmöglichkeiten mit der konkreten Intervention verbinden können. Da sich dieses Abwägen zwischen kompensatorischen und aktivierenden Ansätzen in vielen alltäglichen und kleinteiligen Entscheidungsschritten abspielt, ist es umso wichtiger, über die eigene Rolle, den Hilfeverlauf und die geeigneten Mittel zum Erreichen der Ziele mit den KollegInnen aus dem eigenen Team zu reflektieren. Die Arbeit in der Begleiteten Elternschaft ist nichts für Einzelkämpfer*innen.

Häufig treffen wir die Familien in sehr beengten Wohnverhältnissen an. Zusätzlich sind die Lebensräume der Familie im Wohnumfeld und die sozialen Kontakte/Netzwerke beschränkt. Hier bieten die Gruppenangebote in unseren Treffpunkten eine Möglichkeit, verschiedene Familien in Kontakt miteinander zu bringen. Oft entwickeln sich dadurch neue Beziehungen sowie ein Austausch unter den Eltern über familienrelevante Themen, der neue Perspektiven und Möglichkeiten eröffnen kann. Die angespannte Situation auf dem Wohnungsmarkt und damit einhergehende Schwierigkeiten für Familien mit geringem Einkommen, angemessenen Wohnraum zu finden, setzen unserer Arbeit immer wieder enge Grenzen.

Die Suche nach geeigneten Arbeitsmöglichkeiten für die Eltern im ersten oder auch im zweiten Arbeitsmarkt ist ein Aufgabenfeld, mit dem wir es oft zu tun haben. Neben der Familie eine eigene Beschäftigung und Aufgabe zu haben, kann zusätzlichen Stress verursachen, jedoch auch Stärkung und Eigenständigkeit bedeuten.

Ein weiteres Thema, das wir in vielen Familien bearbeiten müssen, ist die Gesundheitsvorsorge. Wenn ungesunde Lebensweisen und die Angst vor ÄrztInnen zusammenkommen, ergibt sich sowohl bei den Eltern wie auch den Kindern eine komplexe Problemlage, in der neben den aktuellen gesundheitlichen Beschwerden auch die inzwischen chronifizierten Symptome beachtet werden müssen. Wenn es einem Erwachsenen nach jahrelangem Vor-Sich-Herschieben gelungen ist, eine längere Behandlung der Zähne abzuschließen, ist der Stolz auf die eigene Stärke entsprechend groß. Dies kann wiederum für die Kinder ein gutes Beispiel sein, dass es sich lohnt, sich auch mit unangenehmen Herausforderungen auseinanderzusetzen.

Zunehmend sind wir damit konfrontiert, dass nicht nur die kognitiven Einschränkungen der Eltern die Interaktionsmöglichkeiten innerhalb der Familien prägen, sondern dass wir vielfältige psychische und teilweise psychiatrische Symptomatiken erleben, die in ihrer jeweiligen Ausprägung einen starken Einfluss auf die Erziehungsfähigkeiten der Eltern haben. Entsprechend finden sich auch Verhaltensauffälligkeiten und psychische Problematiken bei den Kindern. Manchmal sind wir dann eher „Resilienzbegleiter*innen" für die Kinder, als dass wir in der Lage wären, nachhaltig an den grundlegenden Verhaltensmustern der Familien zu arbeiten. Die Rolle von Zeugen, die Kindern von Eltern mit psychischen Problemen vermitteln, dass sie deren Notlagen wahrnehmen und dass die Kinder am nicht nachvollziehbaren Verhalten ihrer Eltern nicht schuld sind, ist von Betroffenen oft beschrieben worden.

In Bezug auf die Teilhabemöglichkeiten sind die sogenannten Neuen Medien Fluch und Segen zugleich. Einerseits erleben wir bei den Erwachsenen mit sehr schwachen Lese- und Schreibkompetenzen öfters einen trickreichen Umgang mit modernen Techniken, der ihnen dabei hilft, selbstständig Barrieren zu überwinden. Andererseits erschwert ein enormer Medienkonsum der Kindern und teilweise der Eltern die Kontaktaufnahme und eine gemeinsame Entwicklung und Verfolgung von Zielen.

Sowohl in der Eingliederungs- als auch in der Familienhilfe wird die Leistungserbringung von den Trägern der Öffentlichen Hand (Teilhabefachdienst und Jugendamt) an Freie Träger delegiert. Hier gibt es unterschiedliche Organisationsformen und Geschäftsmodelle. In meinem Fall handelt es sich um einen gemeinnützigen Verein, der es sich zur Aufgabe gemacht hat, als Träger der Freien Wohlfahrtspflege Menschen mit Lernschwierigkeiten und seelischen Behinderungen in ihrer Teilhabe an der Gemeinschaft zu unterstützen.

Unsere Leistungen in der Kinder- und Jugendhilfe beruhen hauptsächlich auf dem § 30 (Erziehungsbeistandschaft) und dem § 31 (Sozialpädagogische Familienhilfe) gemäß dem SGB VIII, selten leisten wir auch Hilfen nach § 35a (Hilfe für Kinder, die von seelischer Behinderung bedroht sind). Die Leistungen zur Teilhabe an der Gesellschaft sind im neu eingeführten Bundesteilhabegesetz geregelt. Hier leisten wir Hilfen nach den §§ 113 und 116 aus dem SGB IX.

Für beide Hilfeformen gilt selbstverständlich der Grundsatz, dass sie nur so lange und so intensiv geleistet werden sollten, wie es notwendig und zielführend erscheint. Mit anderen Worten: Unsere Arbeit soll sich im besten Fall überflüssig machen. Manchmal bleibt allerdings gerade in der Eingliederungshilfe für Menschen mit Lernschwierigkeiten der Hilfebedarf dauerhaft bestehen. Nichtsdestotrotz arbeiten wir daraufhin, die Selbstständigkeit in der Lebensführung der Menschen zu fördern und auszubauen. Dabei ist es wichtig, sich klarzumachen, dass die gefundenen Routinen und Bewältigungsmuster im Lebensalltag nicht immer zielführend zu sein scheinen, aber eine Form von Problemlösung darstellen, die aus der Perspektive der jeweiligen Person, bzw. des Familiensystems durchaus Sinn machen. Um also die Selbstständigkeit der Eltern zu fördern, besteht ein erster Schritt darin, die Fokussierung auf Defizite zu Gunsten eines Blicks auf die vorhandenen Ressourcen zu weiten. Beim gemeinsamen Blick auf vorhandene Vorlieben, Stärken und Fähigkeiten lassen sich weitere Schritte ins Auge fassen, die neue Möglichkeiten erschließen können.

Diese Vorgehensweisen lassen sich dem methodischen Ansatz des Empowerments zuordnen. Es geht um „das Vermögen von Menschen, die Unüberschaubarkeiten, Komplikationen und Belastungen ihres Alltags aus eigener Kraft zu bewältigen, eine eigenbestimmte Lebensregie zu führen und ein nach eigenen Maßstäben gelingendes Lebensmanagement zu realisieren“ (Herriger 2020, 15). Dieses Vermögen entwickelt sich wesentlich durch positive Erfahrungen mit anderen. In unseren Gruppenangeboten schaffen wir Begegnungsräume, in denen die KlientInnen ihre Isolation überwinden können und im gemeinsamen Gestalten Prozesse der Selbstermächtigung erleben können. „Dort, wo Menschen diese Erfahrungen von Selbstwert und aktiver Gestaltungskraft, von Ermutigung und sozialer Anerkennung haben sammeln können, vollziehen sich Mut machende Prozesse einer ‚Stärkung von Eigenmacht‘“ (ebd., 21).

Ausgehend vom Grundgedanken der Humanistischen Psychologie, dass Menschen eine ihnen innewohnende Bestrebung zur Selbstverwirklichung haben, werden Empowerment-Ansatz und Ressourcenorientierung in der direkten Arbeit mit den Familien durch eine Beratungsform realisiert, in der die Form der Gesprächsführung immer von der Gestaltungskraft der jeweiligen Personen ausgeht. Durch eine nicht-direktive Gesprächsführung wie sie z. B. von Carl Rogers (vgl. Rogers 1997) entwickelt wurde, lassen sich, an den jeweiligen Bedürfnissen und Wünschen orientiert, weiterführende Perspektiven entwickeln.

Im Rahmen des gesellschaftlichen Paradigmenwechsels der letzten Jahrzehnte von der Fürsorge zur Teilhabe und in neuen gesetzlichen Grundlagen rücken die individuellen Bedarfe unserer KlientInnen in den Vordergrund. Unter dem Stichwort Personenzentrierung lassen sich Ansätze beschreiben, in denen nicht mehr von den Institutionen ausgegangen wird, die ihre jeweiligen Hilfsangebote machen, sondern in denen die einzelnen leistungsberechtigten Personen im Vordergrund stehen. Das Sozialgesetzbuch VIII, die UN-Behindertenrechtskonvention und seit 2019 auch das Bundesteilhabegesetz bilden dafür den normativen und gesetzlichen Rahmen. Nicht mehr die sogenannten Behinderungen der Personen sind wesentlich, sondern es wird gefragt, welche Barrieren und Einschränkungen überwunden werden müssen, damit eine möglichst umfassende Teilhabe am gesellschaftlichen Leben realisiert werden kann.

Um die jeweiligen Hilfebedarfe zu ermitteln, wird mit einer Betrachtungsweise gearbeitet, die sich an einem bio-psycho-sozialen Modell orientiert. Das

ICF (Internationale Klassifikation der Funktionsfähigkeit, Behinderung und Gesundheit) bietet hierfür einen klar gegliederten Rahmen.

Die konsequente Orientierung an den individuellen Bedarfen jeder einzelnen Person bedeutet auch, dass die eingegangenen Beziehungen zwischen den Fachkräften und den leistungsberechtigten Personen keine Einbahnstraßen sind. Wie jede zwischenmenschliche Beziehung ist auch diese ein wechselseitiges Geschehen. Nur wenn wir als Professionelle uns auch auf die Einflussnahme, der wir im Beziehungsgeschehen ausgesetzt sind, einlassen, entsteht ein Raum für persönliches wie auch soziales Wachstum.

Ein Hauptanliegen der Begleiteten Elternschaft ist es, Kindern und Jugendlichen ein Leben in ihren Familienbezügen zu ermöglichen. Dies gilt unabhängig davon, wie und wo sich das aktuelle oder zukünftige Familienleben abspielt. An der Förderung einer tragfähigen Eltern-Kind-Beziehung kann unter sehr verschiedenen äußeren Bedingungen gearbeitet werden. Die Potenziale zu wecken und zur Entfaltung zu bringen, die in den einzelnen Personen und in den familiären Systemen schlummern, ist eine lohnende und befriedigende Arbeit.

Zunehmend wird klar, wie sehr Kinder von Eltern mit Lernschwierigkeiten einer erhöhten Gefahr ausgesetzt sind, Opfer von sexualisierter Gewalt zu werden. Dies gilt sowohl innerhalb der Familie als auch für Konstellationen, in denen die Einschränkungen der Eltern von pädophilen Tätern gezielt genutzt werden, um sich Zugang zu den Kindern zu verschaffen. Prävention und Früherkennung von sexualisierter Gewalt scheinen als Thema für weitere Forschung speziell für diese Personengruppen wichtig zu sein.

Die Arbeit mit Familien erfordert gerade in Fällen, in denen Kinderschutz eine Rolle spielt, ein hohes Maß an Professionalität hinsichtlich einer realistischen Einschätzung der eigenen Möglichkeiten. Ebenso wird eine Fähigkeit zur Abstimmung mit anderen Fachkräften benötigt. In der Begleiteten Elternschaft zu arbeiten, bedarf einer ausgeprägten Haltung der Toleranz und Achtung für Menschen, die ungewohnte Lebensentwürfe realisieren. Ebenso bedarf es kontinuierlich eines hohen Maßes an Geduld, Langmut, Neugierde und Kreativität. In der Begegnung und in der fachlichen Arbeit mit unseren Klient*innen können wir nicht auf Routinen zurückgreifen, sondern müssen immer wieder von Neuem sehr individuelle Lösungen finden.

Die Vergütung erfolgt nach hauseigenem Vergütungssystem, gemäß Betriebsvereinbarungen und unter Anrechnung der Berufserfahrung. Für Personen, die sich direkt nach Abschluss ihres Studiums bewerben, bedeutet dies momentan bei 40 Wochenarbeitsstunden ein monatliches Bruttogehalt von 3157,00 €.

Ich arbeite mittlerweile seit acht Jahren in der Begleiteten Elternschaft, davon drei Jahre in der Leistungserbringung und fünf in der Leitung. In all diesen Jahren hat sich mein Bewusstsein für die Möglichkeiten und Beschränkungen gemeinsamen Herangehens weiterentwickelt. Mit anderen Worten: Nicht mehr allein vorgehen und niemanden mehr retten wollen. Ambiguitätstoleranz beschreibt die Fähigkeit, Mehrdeutigkeiten und Widersprüchlichkeiten auszuhalten, in ungewissen und unstrukturierten Situationen und mit unterschiedlichen oder auch widersprüchlichen Rollen und Erwartungen umgehen zu können. Die Möglichkeit diese Fähigkeit auszubauen, ist Teil meiner persönlichen Entwicklung aus meiner Arbeit in diesem Arbeitsfeld.

Die Begleitete Elternschaft ist ein interessantes und herausforderndes Feld in der Sozialen Arbeit. Gefragt sind Teamplayer, für die Abstimmungskultur kein leerer Begriff ist. Die Bereitschaft zur Selbstreflexion und zur steten Infragestellung eigener Gewissheiten ist in diesem Arbeitsfeld notwendige Voraussetzung für professionelles Handeln. Arbeit in der Begleiteten Elternschaft bietet jedoch auch die wunderbare Chance zu persönlichem Wachstum.

1. Worin erkennen Sie den Unterschied zwischen Unterstützungsformen der herkömmlichen Behindertenhilfe und neueren inklusiven und partizipativen Ansätzen?
2. Worin sehen Sie das Spannungsfeld von Elternrechten und Kindeswohl?

Quellen

Herriger, Norbert (2020): Empowerment in der Sozialen Arbeit, Kohlhammer, Stuttgart

Rogers, Carl (1997): Die nicht-direktive Beratung, Fischer, Frankfurt am Main

Themenheft zu Begleiteter Elternschaft: https://www.lebenshilfe-berlin.de/media/docs/Kinder-Jugendliche/BegleiteteElternschaft_Mai_2018_final.pdf [28.02.2023].

Soziale Arbeit im Kliniksozialdienst einer Kinder- und Jugendpsychiatrie

Tobias Falke

„Also Kinder- und Jugendpsychiatrie lernst du hier nicht!", sage ich. Die junge Frau gegenüber schaut mich irritiert an. „Also, was ich dir sagen möchte, ist, dass du auf der Station im Pflege- und Erziehungsdienst viel näher dran bist. Du siehst Krisen, du erlebst Störungen hautnah, du bemerkst skurriles Verhalten, Tics und nicht zuletzt erlebst du die Kinder im Alltag und das ist genau die Stelle, an der es schwierig ist!" Ich versuche meine Aussage der potenziellen Praktikantin gegenüber noch zu retten und meine Intention zu verdeutlichen. Ich sage also erstmal, was die Kinder- und Jugendpsychiatrie nicht ist, bevor ich erläutere, dass das Praxisfeld des Kliniksozialdienstes in dieser durch die Büroarbeit, Arbeit in fallbezogenen Gesprächen an unterschiedlichen Orten und fallübergreifende Netzwerkarbeit geprägt ist.

In der Regel werden den Sozialdienstmitarbeitenden mehrere kinder- und jugendpsychiatrische Stationen zugeordnet sein. Auf diesen Stationen werden Kinder und Jugendliche, in einigen Fällen auch deren Eltern, behandelt. Ich arbeite in einer Tagesklinik mit Patient*innen von 6 bis 18 Jahren. Die Dauer der Behandlung auf den Stationen und in den Tageskliniken (der sogenannten teilstationären Behandlung) reicht von wenigen Tagen bei einer Krisenintervention, z. B. bei akuter Suizidalität, bis hin zu mehrmonatiger Behandlung, zum Beispiel bei massiven Essstörungen oder Psychosen. Die freiwilligen Therapieaufenthalte dauern zumeist zwischen 8 und 12 Wochen.

Wichtig ist es, an dieser Stelle bereits die Freiwilligkeit der Behandlung zu erwähnen. Auch Fachkräfte aus pädagogischen Bereichen gehen teilweise noch davon aus, dass psychiatrische Behandlungen nicht freiwillig beendet werden können. Doch insbesondere die Freiwilligkeit erlaubt es erst, gemeinsam mit den jungen Patient*innen und deren Familien gemeinsame Ziele zu erarbeiten und anzustreben. Nachdem zu Beginn der Behandlung durch eine Ärztin / einen Arzt eine behandlungsbedürftige Erkrankung festgestellt wird, folgt eine mehrdimensionale Diagnostik, zum Beispiel:

- durch eine körperliche Untersuchung,
- Laboruntersuchungen, psychologische Testverfahren, z. B. zur Person (incl. Leistungsdiagnostik und ggf. auch zur Persönlichkeit),
- störungsspezifische Diagnostik. Hier gibt es beispielsweise Fragebögen speziell zu ADHS, Autismus, Depressionen.

Die Behandlung in der Klinik erfolgt durch multiprofessionelle Teams, bestehend aus:

- Ärzt*innen,
- Psycholog*innen,
- uns Sozialarbeiter*innen,
- Krankenpfleger*innen,
- Erzieher*innen
- und weiteren Personen z. B. Fachtherapeut*innen wie Musik-, Kunst-, Sport- oder Ergotherapeut*innen.

Mehr als 50 % aller psychischen Erkrankungen entstehen vor dem 19. Lebensjahr und fast 20 % der unter 18-Jährigen erkranken innerhalb eines Jahres an einer psychischen Störung. Am häufigsten treten Angststörungen, depressive und hyperaktive Störungen, sowie dissoziale Störungen (wie etwa in Form von dauerhafter Aufsässigkeit) auf (vgl. BPTK 2020).

Nicht alle dieser potenziellen Patient*innen werden zu Patient*innen in der Kinder- und Jugendpsychiatrie. Vor allem diejenigen Familien, die einen Leidensdruck empfinden bzw. die durch äußeren Druck (z. B. durch die Schule) angetrieben werden, sich Hilfe zu suchen kommen zu uns. In der Regel geht der (teil-) stationären Behandlung die Inanspruchnahme einer Reihe anderer Hilfesysteme wie Erziehungsberatung, Schulsozialarbeit, Kinder- und Jugendärzt*innen sowie niedergelassene*r Psychotherapeut*innen- bzw. Psychiater*innen voraus. Bereits an dieser Stelle zeigen sich die beiden Grundpfeiler kinder- und jugendpsychiatrischer Behandlung, nämlich der Medizin und der Pädagogik. Der Kliniksozialdienst steht in diesem System beratend, vermittelnd und unterstützend sowohl allen Kolleg*innen im Haus, den Patient*innen und ihren Familien als auch externen Kooperationspartner*innen zur Verfügung.

Die potenzielle Praktikantin ist dann übrigens doch geblieben, zwar nicht im Sozialdienst, sondern im Team des Pflege- und Erziehungsdienstes auf einer Station. Meinen Job fand sie trotzdem spannend und so habe ich sie während ihrer Praktikumszeit gern in Gespräche inklusive Vor- und Nachbereitung einbezogen.

Aber was für Gespräche und mit wem eigentlich? Viele Patient*innen bei uns wirken anders, als man (ich übrigens vor langer Zeit auch) sich psychiatrische Patient*innen vorstellt. „Die sind gar nicht so krank, wie ich dachte“, sage ich oft, wenn ich auf meine ersten Tage auf einer Station zurückblicke. Damals wusste ich noch nicht, wie sich einzelne Symptome äußern, wie schwerstdepressive Personen doch *funktionieren* können und wie fröhlich, intelligent und humorvoll viele Patient*innen seien können und doch zeitgleich massiv belastet und eingeschränkt sind. Doch müssen alle Kinder und Jugendlichen aus diesen Gründe in ein Krankenhaus? Zunächst einmal reagiert ein Krankenhaus auf gesundheitliche Problemlagen. Die psychische Erkrankung eines Kindes oder Jugendlichen ist folglich die *Eintrittskarte*. Da jedoch die Behandlung, sowie die Entstehung von psychischen Erkrankungen sowohl die körperliche als auch die psychische und soziale Ebene betreffen kann (und häufig eine ungünstige Kombination erst zum Leidensdruck und zur Symptombildung führt).

Im Studium (da war ich bereits studentische Aushilfe in einer Klinik) lernte ich schnell das sogenannte bio-psycho-soziale Modell nach Engel (1977) kennen, welches beschreibt, dass biologische, psychologische und soziale Krankheits- und Gesundheitsfaktoren in einer Wechselwirkung zueinanderstehen. Und da es Krankheits- und Gesundheitsfaktoren sind, werden auch zur Stärkung der Gesundheit in der Regel alle drei Ebenen angesprochen. Dieses Modell nutze ich ständig, sei es in Gesprächen mit Patient*innen, mit Praktikant*innen oder auch um mir selbst einige Grundlagen wieder bewusst zu machen.

Die oben dargestellten häufigsten kinder- und jugendpsychiatrischen Erkrankungen wie depressive, ängstliche oder hyperaktive Störungen führen neben der individuellen Belastung der betroffenen Patient*innen auch schnell zu Leidensdruck in ihrem engen Umfeld. Eltern, die angsterkrankte Kinder nicht alleine lassen, die ihren Alltag komplett auf die Begleitung der Kinder ausrichten, die eigene Hobbys und freundschaftliche Beziehungen zurückstellen und somit als Familie oftmals mit sehr geringen sozialen Ressourcen ihren Alltag gestalten müssen, sind folglich ebenfalls deutlich von den Auswirkungen der Erkrankung ihres Kindes mit betroffen.

Neben (und teilweise verstärkt durch) diese Problemlage kommen Schwierigkeiten im Schulbesuch, in der Aufrechterhaltung sozialer Verpflichtungen und in der angemessenen Kontaktgestaltung zu Mitschüler*innen, im Sportverein oder zur Nachbarschaft zum Tragen. Die betroffenen Kinder oder deren Familien werden als komisch, verrückt oder sogar bedrohlich wahrgenommen. Da den Eltern oftmals Versagen, Unvermögen oder Unbelehrbarkeit in der Erziehung der Kinder unterstellt werden, leiden die Familien neben der psychischen Erkrankung und Belastung eben auch an sozialer Ausgrenzung, massiver Kritik und leben oftmals sehr zurückgezogen ohne Ressourcen im Freundeskreis oder Sportverein. Dies führt bei vielen Familien zu einer starken Problemfokussierung auf die *Erkrankung* mit all ihren oben beschrieben Problemlagen. So entstehen oft zunehmend auch körperliche Beschwerden, beispielsweise psychosomatische Beschwerden wie Kopf- oder Rückenschmerzen, Bewegungsmangel, gestörter Schlaf-Wach-Rhythmus etc. Diese Beschwerden nehmen oftmals die zentrale Position in der Familie ein, während Kontakte außerhalb der Familie abbrechen oder negativ erlebt werden.

Spätestens wenn die Beeinträchtigungen so gravierend sind, erscheint es wahrscheinlich allen sinnvoll, den Sozialdienst „mit ins Boot zu holen". Dass wir eigentlich schon die ganze Zeit locker mitpaddeln und die Fälle aus der Ferne (denn vorgestellt werden selbstverständlich alle Fälle dem ganzen Team).

Wenn also klinik-sozialdienstliches Tun von mir erwartet wird, auf welchen Grundlagen handele ich dann? Was ist mir bewusst und was liegt tief in mir verborgen als grundlegende Haltung meines professionellen Tuns? Ich versuche es mal in Worte zu fassen: In derart belasteten Familiensystemen besteht eine der zentralen Aufgaben darin, die Familie mit ihren positiven Fähigkeiten und Ressourcen wahrnehmen und wertschätzend begleiten zu können. Die Motive, die zur Entstehung bzw. Verfestigung der problematischen Situation geführt haben, sind nämlich in aller Regel sehr löblich. Eltern nehmen sich selbst mit ihren Bedürfnissen zurück, um ihre Kinder vollumfänglich zu unterstützen und Nachbar*innen sowie Großeltern weisen Eltern auf vermeintliche Defizite hin, um Veränderung anzustoßen. Diesen guten Grund für eventuell schwer nachvollziehbare Entscheidungen oder Lebenssituationen zu unterstellen ist unheimlich wichtig. Die Betroffenen sind also als Expert*innen ihrer Situation wertzuschätzen. Sich hier immer wieder selbst zurückzunehmen, meinen Lebensentwurf und meine Lebensgeschichte nicht mitzudenken, andere Ideen zu akzeptieren und manchmal einfach „die Klappe zu halten" fällt mir trotzdem oft nicht leicht. Diese Zurückhaltung dennoch immer wieder zu versuchen und durchzuhalten ist jedoch professionell und wichtig. Es braucht Übung und Reflexion, so ist es zumindest für mich oft gut machbar. Ebenfalls sind die Eltern bzw. andere enge Bezugspersonen selbstverständlich Expert*innen für ihre Kinder. Bei all der Expertise auf Seiten der helfenden Systeme ist dies zwar immer schnell gesagt, jedoch oftmals in der Haltung nicht leicht umsetzbar. Um dies dabei konsequent im Blick zu behalten, hilft ein guter multiprofessioneller Austausch, der die Allmachts- und Rettungsfantasien („Viele konnten der Familie nicht helfen, aber *ich* werde nun all ihre Probleme lösen") relativiert, d. h. die professionelle Distanz ist ebenfalls als wichtige Grundlage zu sehen. Ich erkläre es manchmal so:

> „Bei einem Beinbruch oder einer Nierenerkrankung käme wahrscheinlich kaum jemand auf die Idee, diese Personen zu meiden oder auch lange Zeit nach dem Verheilen der Narben noch als besonders gefährdet anzusehen. Das ist bei psychischen Erkrankungen oftmals anders. Diese Verunsicherung liegt einerseits daran, dass (anders als bei einem gebrochenen Bein, bei dem jedes Kind z. B. einen Hähnchenknochen als Vergleich kennt) psychische Erkrankungen weder sichtbar noch leicht nachvollziehbar sind. So verunsichert treten Schwierigkeiten in der zwischenmenschlichen Begegnung auf."

Das individuelle Krankheitsgefühl bzw. Leiden ist von anderen schwierig zu erfassen, also erkläre ich mir selbst und im Gespräch manchmal meinen Gesprächspartner*innen meine Beispiele für das Krankheitserleben mit viel zu allgemeinen Beschreibungen (z. B. bei einer Depression „so als wenn man total müde ist, keine Kraft für irgendwas, alle Knochen schwer sind und man sich selbst grade null leiden kann – und das oft über eine sehr lange Zeit"), um ihnen ihre eigene Beschreibung der Krankheit(ssymptome) zu entlocken. Die Grundhaltung, psychische Erkrankungen als normales Lebensrisiko, ebenso wie Knochenbrüche zu sehen und gleichzeitig in guter Kooperation und Transparenz (z. B. durch viele Fortbildungen für unterschiedliche Berufs- und Ausbildungsgruppen in der Psychiatrie) für Kenntnis und gegen Stigmatisierung psychisch kranker Personen zu werben ist mein Anliegen. Ich weiß und versuche also insbesondere bei der Frage „Wird mein Kind wieder gesund?" in diese Richtung zu lenken. „Die Psyche des Menschen bewegt sich ebenso wie die körperliche Verfassung nicht nur in den Bereichen krank oder gesund, sondern befindet sich auf einem Kontinuum, also quasi auf einer Strecke zwischen den Extremen vollkommener Gesundheit oder absoluter Krankheit. Viel genauer kann das in dem speziellen Krankheitsbild ihres Kindes, die zuständige Therapeut*in erläutern." Für die professionelle Haltung bedeutet dies, dass Patient*innen in einem bestimmten Moment psychisch etwas mehr Richtung Krankheit tendieren, als sie dies sonst tun. Ein objektiver Vergleich zwischen einzelnen Menschen oder einer unumstößlichen

Grenze zwischen gesund und krank ist diesem Modell folgend nicht nachvollziehbar. Wichtig ist auch die Überleitung an die Therapeut*innen. Die Sorgen und Fragen meiner Gesprächspartner*innen nicht zu übergehen, aber gleichwohl die therapeutischen Inhalte bei den Therapeut*innen zu belassen und mich auf das Sozialarbeiterische zu konzentrieren ist in diesen Situationen aufgrund der Abgrenzbarkeit nicht immer leicht.

„Das sind doch bestimmt viele arme Menschen, mit denen du arbeitest!?", höre ich nicht selten, und so komme ich immer wieder mal in die Versuchung, die Patient*innenfamilien in ein paar Schubladen zu packen. Das nervt mich manchmal selbst, aber ich mach es trotzdem, denn ich möchte zumindest aufzeigen, dass es viele Merkmale gibt statt nur der vermuteten finanziellen Armut. Ob es besser ist, jemanden in viele Schubladen zu packen als in eine… nun ja, ich weiß es nicht. Aber für mich fühlt es sich besser und professioneller an, auch um Zuschreibungen aufzuweichen.

Psychische Erkrankungen sind oftmals in mehreren Generationen einer Familie vertreten und somit wird dann von erkrankten Familiensystemen gesprochen. Die Kinder und Jugendlichen, die mit ihrer Symptomatik auf diese Problemlage hinweisen, werden oftmals Indexpatient*innen genannt. „Oftmals ist es so, dass Kinder und Jugendliche durch psychische Probleme anzeigen, dass es in der Familie große Schwierigkeiten gibt" vielleicht ein Einstieg in die Bearbeitung von vielschichtigen Problemlagen darstellt. Wir im Kliniksozialdienst können an dieser Stelle für Kinder und ihre Familien wichtige Ansprechpersonen sein.

Besonders spannend finde ich das Entdecken und Bearbeiten der vielfältigen Zusammenhänge und Wechselwirkungen zwischen sozialen und gesundheitlichen Problemstellungen in Familien. Im Kliniksozialdienst sehe ich sehr heterogene Adressat*innen, wobei ich in den Gesprächen dann als gemeinsames Merkmal erzählt bekomme und später entdecke, dass die soziale Teilhabe eines oder mehrerer Familienmitglieder zumeist deutlich eingeschränkt sind. Langfristige Erkrankungen und langfristige Krankenhausaufenthalte (dazu zählen sicherlich auch circa dreimonatige Therapieaufenthalte) führen oftmals zu sogenannten „Brüchen im Lebenslauf". In der Zeit der Erkrankung, während des Klinikaufenthaltes und oftmals auch noch während der weiteren Genesung gestalten betroffene Personen ihren Alltag anders als sonst. Was sind also mögliche „Brüche im Lebenslauf"?

- die Abwesenheit in der Schule
- die Beschulung in der Schule für Kranke während des Klinikaufenthaltes
- das Fehlen bei regelmäßigen Hobbys
- die geringere Zeit mit Peers (ob online oder live vor Ort)
- die Urlaubstage die für Therapietermine statt zur Erholung genutzt werden
- eine Arbeitszeitenreduzierung zur Versorgung des Kindes
- die finanziellen Mehraufwendungen

- ein Wohnortwechsel
- der Verlust von Arbeitsplatz oder Ausbildungsstelle
- die Nicht-Teilnahme an Familienfeiern, um Nachfragen zu entgehen
- durch Schulwechsel
- eine komplette Neuorganisation der Familie z. B., wenn Kinder für eine Zeit nicht in der Familie, sondern z. B. in einer Wohngruppe / Hilfe zur Erziehung wohnen

Mannigfaltige Gründe sind gegeben, die die Partizipation an gesellschaftlichen Aktivitäten verhindern und die das bisherige gewohnte Lebensumfeld verändern. Wenn ein Teil dieser Veränderung genau das Ziel kinder- und jugendpsychiatrischer Behandlung ist, so müssen wir davon ausgehen, dass die sozialen *Kosten* einer Krankheitsphase die Familienmitglieder nachhaltig beschäftigen und wir immer mit Familien in Veränderung arbeiten, die insbesondere durch diese Veränderung Verunsicherung zeigen.

Kliniken für Kinder- und Jugendpsychiatrie sind oftmals in kommunaler oder privater Trägerschaft. In Deutschland ist jeder Kommune eine pflichtversorgende (kinder- und jugend-)psychiatrische Klinik zugeordnet, d. h. in akuten Fällen ist immer eindeutig, welche Klinik bei vorliegender ärztlich festgestellter akuter Behandlungsbedürftigkeit, aufnahmepflichtig ist. Selbstverständlich ist für freiwillige Behandlungen auch in diesem Bereich die freie Arztwahl möglich.

Bereits im Studium hatte ich großen Spaß (und glücklicherweise auch gute Professor*innen) bei der Bearbeitung rechtlicher Fragestellungen. Das ist für meinen Job heute noch tragend, denn für die Arbeit an den jeweiligen Schnittstellen sind rechtliche Kenntnisse im Kliniksozialdienst unabdingbar. Insbesondere vertiefte Kenntnisse im Kinder- und Jugendhilferecht des Achten Sozialgesetzbuches sind Grundlage gelingender Beratung der Familienmitglieder, aber auch professioneller Kooperation.

Um zunächst jedoch die Anforderungen an die eigene Einrichtung zu erfüllen, bevor rechtliches Wissen in Kooperationen überhaupt zum Tragen kommt, bedarf es rechtlicher Grundlagen im SGB5, in dem die gesetzliche Krankenversicherung geregelt wird. Hier finden sich Regelungen zum Versicherungsstatus, zum Entlassmanagement oder zur Legitimation der Krankenhausbehandlung an sich. Dass die Krankenhäuser einen Krankenhaussozialdienst vorhalten (und somit die rechtliche Grundlage meiner Arbeitsstelle), wird u. a. durch die jeweiligen Landeskrankenhausgesetze geregelt.

In der Kinder- und Jugendpsychiatrie (sowie in der Psychiatrie überhaupt) sind nicht nur medizinische und pflegerische Hilfen im Anschluss notwendig, sondern auch oft Hilfen um die pädagogische, soziale oder berufliche Zukunft positiv zu beeinflussen und somit die Patient*innen im wahrsten Sinne des Wortes weiter sozial zu rehabilitieren. Gemeint sind hiermit nicht zuerst die Angebote medizinischer Reha-Maßnahmen, vielmehr solche, die die oben beschriebenen Brüche und Verluste in der Lebenswelt der Familien reduzieren. Vertiefte Kenntnisse im Sozialgesetzbuch 8, sowie partielle Kenntnisse der anderen Sozialgesetzbücher und zusätzlich der DS-GVO, des Jugendgerichtsgesetzes, des Gesetzes zur Kooperation und Information im Kinderschutz, sowie des Bürgerlichen Gesetzbuches (insbesondere bei Fragen zu Zwangsmaßnahmen) sind die Grundlagen für professionelle Beratung und Weiterleitung der Familienmitglieder. Bei der Arbeit an den Schnittstellen zu Schule bzw. bei der Arbeit mit schulvermeidenden Patient*innen sind Kenntnisse über Schulausschlussverfahren, sonderpädagogische Förderung in der Schule, Schulbegleitung etc. als zusätzliches rechtliches Wissen eine gute Kooperationsgrundlage. Die Schulen für Kranke, die in aller Regel an die Kliniken angegliedert sind, halten zusätzlich vertiefte Kenntnisse vor. Kurzum, benötige ich einerseits vielfältige rechtliche Grundlagen, komme dann in der Tiefe oftmals an den Punkt, an dem ich neben meiner generalistischen Idee vom Sozialrecht mit spezialisierten Austauschpartner*innen zusammenarbeite, z. B. in den Schulen oder den Landesjugendämtern.

Und was mache ich nun in diesen ganzen Gesprächen mit vielen Menschen wirklich? Eine Praktikantin meldete mir einmal zurück, dass das Gespräch mit einem Vater „eigentlich ganz locker gewirkt habe, obwohl wir ja intensiv über schwierige Themen gesprochen hätten." Im nachfolgenden Gespräch konnten wir gut die angewandten Methoden herausarbeiten und stellten fest, dass ich mir im Laufe der Jahre natürlich diejenigen Methoden vertieft angeeignet habe, die mir gefallen und die ich in den jeweiligen Adressat*innengruppen gerne einsetze. Wie ich es genau mache, versuche ich nun einmal zu erläutern:

Am Beginn einer professionellen Begleitung steht für mich im Sozialdienst eine Anamnese, also eine professionelle Erhebung der aktuellen Situation des Kindes in seiner sozialen Umwelt (Kindergarten, Schule, Freundeskreis, Vereine und Verbände, Geschwisterkonstellation…) sowie seines Entwicklungsstandes in seiner geistigen, sozialen und ggf. auch psychosexuellen Entwicklung. Typische Fragen in der Anamnese meinerseits sind:

- „In welchen Vereinen oder sonstigen Gruppen warst du schon einmal angemeldet und wie lief es dort?"
- „Mit wem wohnst du zusammen und wie würdest du die Stimmung untereinander beschreiben?"
- „Auf welcher Schule bist du aktuell angemeldet? Wie läuft es dort? Auf welchen Schulen warst du vorher schon?"
- „Hast du aktuell oder hattest du bereits eine Beziehung zu einem Jungen bzw. einem Mädchen?
- „Was sind deine Hobbys? Wie verbringst du deine Freizeit?"
- „Wer sind für dich die wichtigsten Freunde?" „Wie sieht es aktuell mit Freundschaften, Cliquen, Menschen, mit denen du dich (auch online) triffst, aus?"

Nach einer solchen Anamnese stelle ich mir die Frage, ob und wenn ja, wie der Kliniksozialdienst weiterhin sinnvoll für die betreffende Familie tätig werden kann. Hierzu tausche ich mich in erster Linie multiprofessionell mit den Pädagog*innen im Stationsdienst, mit den Therapeut*innen und mit allen sonstigen an der Therapie beteiligten Personen aus. Anschließend ergeben sich unter anderem konkrete Beratungsansätze.

Methodisch wird im Kliniksozialdienst ein breites Spektrum aus Beratung und Gesprächsführung (vgl. Rogers 1979) oder aus der systemischen Beratung, teilweise mit Elementen provokativen Gesprächsführung (Farrelly/Brandsma 2009) eingesetzt.

Während der Begleitung der Familien wird im Laufe der Zeit immer deutlicher, welche Anliegen die einzelnen Mitglieder der Familie aktuell umtreiben. Ob gemeinsam erarbeitete Ziele wie „Der Vater nimmt in den nächsten zwei Wochen Kontakt zur Schulsozialarbeiterin auf, um die Möglichkeit des Klassenwechsels zu besprechen." oder „Die Mutter meldet sich bei der Selbsthilfegruppe für alkoholerkrankte Eltern und gibt dem Sozialdienst eine Rückmeldung." umgesetzt werden können und an welcher Stelle (Recherche, Terminvereinbarung, ...) gegebenenfalls weitere Unterstützung notwendig ist, wird in der Begleitung gemeinsam erarbeitet und festgelegt.

In welchem Setting beraten wird, ist sehr individuell, da gerade Kinder oftmals eher in Spielsituationen Gesprächsbereitschaft zeigen, Jugendliche erst nach einem gelungenen Beziehungsaufbau wie gemeinsam Kickern etc. Gespräche gut mitgestalten können. Ein anderes Setting benötigen Eltern, die teilweise mit und teilweise nur ohne die Kinder ihre eigenen Themen ansprechen können. Da der Sozialdienstmitarbeitende keine Entscheidungen für die Familie trifft, kann eine Regel sein „Mein Job ist es, dass die Personen, die ich berate, bestens über alles Wichtige informiert sind, um ihre eigenen Entscheidungen und Wege zu finden."

Als Resultat aus der oben beschriebenen Anamnese und Diagnostik ergeben sich erste Anhaltspunkte für potenzielle Unterstützungsbedarfe. Um die jeweiligen Unterstützungsangebote jedoch klar zu strukturieren, bedarf es guter Absprachen mit den Therapeut*innen und den (Bezugs-)Pädagog*innen auf den jeweiligen Stationen. „Tür-und-Angel-Gespräche" sind oft genauso wichtig wie geplante Austauschrunden. Wenn weiterhin Fragen offen sind, bedarf es weiterer Informationen, z. B. aus der Intelligenzdiagnostik, die entweder durch die Therapeut*innen erhoben oder angefordert werden.

Ausschlaggebend für das wirkliche Tätigwerden ist der jeweilige Leidensdruck der Familie und in einigen Fällen die Notwendigkeit, beispielsweise in Kinderschutzfällen, gegen den Willen der Familie tätig zu werden. Als Verfahren sind die Ressourcenförderung und der Empowerment-Ansatz (siehe u. a. Lenz 2005) grundlegende Elemente, um die notwendigen und gewünschten Maßnahmen mit den zur Verfügung stehenden Ressourcen der Familie umsetzen zu können. In der Arbeit abseits der konkreten Fallarbeit kommen sämtliche Verfahren aus dem Bereich der Kooperation zum Tragen. Netzwerkarbeit, fallübergreifende Strukturbildung wie durch Kooperationsverträge, (anonyme) Reflexion von Fallverläufen und gegenseitige Fortbildung stehen hier im Mittelpunkt. Neben der fallbezogenen Arbeit sind diese letztgenannten Verfahren unheimlich wichtig, um Behandlungsverläufe zu verbessern und die bestehenden Kooperationen aktuell und bedarfsorientiert zu gestalten.

Grundsätzlich lässt sich festhalten, dass eine kinder- und jugendpsychiatrische Behandlung ohne das soziale Umfeld der Patient*innen bzw. ohne Einbezug der Eltern und sonstiger wichtiger Bezugspersonen nicht funktionieren kann. Die Begründung liefern die oben dargestellten Wechselwirkungen zwischen psychischer Erkrankung bzw. der psychischen Gesundung und sozialem Umfeld. Konzeptionell bedarf es bei einer kinder- und jugendpsychiatrischen Behandlung ebenso wie bei der Beratung im Kliniksozialdienst einer gemeinsamen Erarbeitung von Zielen sowie der Fokussierung auf diese Ziele. In der Praxis ist genau dieser letzte kleine Hinweis oft entscheidend, denn es geht nicht darum, den Familien eine Lebensführung zu ermöglichen, die die Klinikmitarbeitenden für wünschenswert halten. Es geht darum, in ehrlichen, authentischen Gesprächen mit einem hohen Maß an Offenheit realistische Ziele zu entwickeln, die die Familienmitglieder für sich als erstrebenswert erachten. In Fallbesprechungen, fachärztlichen Visiten und Übergaben bedarf es der Rückbesinnung auf diese Ziele, damit der Fokus weiterhin aufrechterhalten bleibt.

Forschung in der Kinder- und Jugendpsychiatrie bezieht sich oftmals auf therapeutische Konzepte und bezieht den Kliniksozialdienst aktuell noch wenig ein. Forschung im Bereich der Wirksamkeitsforschung, der Hilfen zur Erziehung bzw. in der Gesprächsführung bzw. Beratung sind sicherlich für den Kliniksozialdienst interessant, jedoch nicht originär auf diesen bezogen.

Die Anforderungen an Mitarbeitende im Kliniksozialdienst ergeben sich aufgrund der unterschiedlichen Arbeitsschritte und Arbeitsfelder. Soziale Kompetenzen stehen selbstverständlich ganz oben auf der Liste, wobei Kommunikationsbereitschaft, die Förderung der Kommunikation und die Arbeit mit Personen aus unterschiedlichsten Lebenslagen sehr prägend sind. Psychische Erkrankungen treffen Arztfamilien und (leider verstärkt) Familien, die seit Generationen keinen Zugang zum ersten Arbeitsmarkt finden konnten. Ganz junge und sehr alte Eltern, Familien, die schon unheimlich viel Erfahrung mit Hilfesystemen haben, und „Neulinge".

Sachkompetenz ist für mich zunächst in den gesetzlichen Regelungen der Krankenhäuser und der angrenzenden Hilfesysteme notwendig. Um jedoch aus Sicht der Klinik (und gemeint sind damit die ärztlich-therapeutisch und auch pflegerisch-pädagogischen Mitarbeitenden) die Hilfebedarfe verstehen und auch gut begründen zu können, bedarf es vertiefter Sach- und Anwendungskompetenz in pädagogischen Methoden wie im Bereich des Lernens, der Gruppendynamik, der Familiendynamik, der Peer-Beziehungen. Hier kommt sicherlich mit steigender Berufserfahrung einiges zusammen, jedoch denke ich, dass gerade für Berufseinsteigende eine gute Grundlage im Studium bereits erarbeitet werden kann.

Medizinische und therapeutische Kenntnisse sind ebenfalls wichtig, um Therapieverläufe nachvollziehen und ggf. auch an Kooperationspartner*innen kommunizieren zu können, denn sonst ist nicht klar, was eigentlich während der Zeit in der Klinik passiert ist und insbesondere bei Empfehlungen für die Zeit nach einer (teil-)stationären Behandlung, weshalb es dieser Hilfe noch bedarf. Um eine gute soziale Diagnostik aufstellen zu können, nutze ich oftmals meine Kenntnisse über die Sozialen Räume, aus denen die Familien der Patient*innen kommen, etwa ...

- über bestimmte Schwierigkeiten einzelner (Vor-)Orte,
- über Hilfen zur Erziehung und Angebote der offenen Jugendarbeit,
- über Jugendverbände,
- über Sportvereine,
- Angebote zur beruflichen Weiterbildung, zu Schulen und deren Konzepten,
- sowie zu Angeboten für schulvermeidende Jugendliche und zu Alternativen (z. B. Langzeitpraktika...).
- Je nach Altersspektrum der jeweiligen Patient*innen kommen Kenntnisse über häufig konsumierte Drogen- und Rauschmittel im Jugendalter, das Wissen um aktuelle Entwicklungen in der Stadt hinzu, wobei ich neben der Internetrecherche auch oft zum Telefonhörer greife und mich „durchfrage".

Methodenkompetenzen insbesondere im Bereich der Gesprächsführung sind, wie bereits beschrieben, sicherlich der zentrale Zugang zum Arbeitsfeld. In Kooperationszusammenhängen ist oftmals die Fähigkeit zur Gesprächsmoderation, zur Begleitung konflikthafter Gespräche und zur Nutzung von (digitalen) Kommunikationsmedien wichtig. Eine trennscharfe Abgrenzung zu sozialen Kompetenzen ist hier meist schwierig zu entwickeln, insbesondere wenn man die methodische Umsetzung der Kontaktaufnahme wie oben beschrieben mitbedenkt.

Um jedoch diese Kenntnisse auch gut umsetzen zu können, bedarf es einiger persönlicher Kompetenzen, die sich neben Kompetenzen in der direkten Arbeit mit Patient*innen und deren Familien auf die Arbeitsstruktur beziehen.

Im Kliniksozialdienst stehe ich oft vor der Herausforderung, meine Angebote und Termine selbst zu strukturieren und meine Arbeitsabläufe eigenverantwortlich zu planen und umzusetzen. Bei der Arbeit an der Schnittstelle zwischen Klinik und Jugendamt, zwischen Familie und Klinik, habe ich den Anspruch stets transparent und gut reflektiert zu arbeiten, damit die Hilfeverläufe möglichst wenig Rückschläge im Sinne nicht umsetzbarer Empfehlungen erleiden und alle

Beteiligten wissen, was gerade passiert, bzw. von wem aktuell eine Aktion erwartet wird, um den Prozess der Hilfesuche möglichst in zielgerichteter Bewegung zu halten.

Kritikfähigkeit im engen persönlichen, aber auch im Weiteren, nämlich auf die jeweils vertretenden Systeme hin (bspw. um im Stationsteam für zeitliche Verzögerung von anschließenden Hilfen Verständnis zu wecken) ist an der Schnittstelle wichtig, damit aus möglichst vielen *Schnittstellen* durch gute sozialdienstliche Unterstützung *Nahtstellen* werden können.

Die Vergütung im Kliniksozialdienst einer Kinder- und Jugendpsychiatrie wird sich wahrscheinlich im Bereich der Stufen 11b oder 12 des TVÖD für den Sozial- und Erziehungsdienst wiederfinden. Vermutlich wird die Tätigkeit als „Sozialarbeiter*in mit schwieriger Tätigkeit" aufgrund der Arbeit mit psychisch erkrankten Patient*innen der Beschreibung des Arbeitsplatzes am nächsten kommen.

Wenn ich auf meine persönlichen Erfahrungen in mehr als zehn Jahren Kliniksozialdienst zurückblicke, dann fällt mir auf, dass ich mich kontinuierlich damit beschäftige, für mich sinnvolle Bilder zu entwickeln, wie psychische Gesundheit und (professionelle) soziale Unterstützung zusammenhängen. Ich denke immer, dass ich zuerst für mich alle Zusammenhänge klarhaben und bestenfalls in ein schönes Bild packen muss, um sie den Familien gut präsentieren zu können. So entstanden Puzzle, Skizzen, Beispiele und Standardfragen. Um die Beratung individuell auf die Familien ausrichten zu können, lasse ich mir viel erzählen. Vielleicht auch manchmal zu viel, denn so vermischen sich nicht selten psychotherapeutische und sozialarbeiterische Themen. Aus diesem Grunde habe ich meine Eingangsfragestellungen und die Erläuterung, wie ich in meiner Funktion für die Familien unterstützen kann, immer wieder angepasst. Sowohl für mich, den Sozialarbeiter, der (selbstverständlich?!) auch nicht frei von Rettungsfantasien ist, der gerne das schaffen möchte, was vielen Kolleg*innen vorher nicht gelungen ist, als auch für die Patient*innen bedeutet dies zunehmend mehr Klarheit und realistische Ziele innerhalb der Zusammenarbeit.

Im zweiten großen Tätigkeitsbereich der Kooperation mit anderen Einrichtungen ist das Zugestehen von Grenzen und die Akzeptanz von nicht realisierbaren Wünschen immer wieder eine Herausforderung. Zwischen vielen Personen zu stehen, heißt hier, sich immer wieder seiner Parteilichkeit oder Unparteilichkeit zu vergewissern und diese bestmöglich für die Patient*innen und nicht für die eigene Eitelkeit einzusetzen, die immer wieder anklopft und gern „den besten Ratschlag, die innovativste Idee, den größten Weitblick" hätte und präsentieren möchte. Dies im professionellen Rahmen, vielleicht in der Teamsupervision zu thematisieren und kreativ, selbstbewusst und gemeinsam zu bearbeiten, sind für mich Zeichen hoher Professionalität.

Für Studierende der Sozialen Arbeit ist das Feld des Kliniksozialdienstes sicherlich sehr interessant. Es bietet vielfältige Themenfelder, spannende Fallverläufe und die multiprofessionelle Entscheidungsfindung. Diese Aspekte könnten dafürsprechen, auch als Berufseinsteiger*in dieses Berufsfeld anzustreben. Nachteilig ist jedoch, dass im Kliniksozialdienst wenig Eindruck von der direkten Ausprägung kinder- und jugendpsychiatrischer Erkrankungen erlebt wird. „Man lernt im Sozialdienst keine psychischen Erkrankungen zu erkennen oder zu heilen!", sage ich häufig meinen Praktikant*innen. Aufgrund der Position an einer Schnittstelle und in der Regel als einzige Person aus dem Kliniksozialdienst in einem Fall, ist jedoch ein relativ hohes Maß an Rollenklarheit, an Durchsetzungsstärke in der Kooperation im eigenen Haus und auch mit Partner*innen wie dem Jugendamt notwendig. Diese Fähigkeiten sind manchmal bei Berufseinsteiger*innen vorhanden, jedoch kann die berufliche Erfahrung in einem der sozialarbeiterischen bzw. sozialpädagogischen Felder der Hilfen zur Erziehung, des Jugendamtes oder im Pflege- und Erziehungsdienst einer Psychiatrie eine wertvolle Grundlage für gelingendes Ausfüllen dieser Schnittstellenfunktion darstellen.

Der Artikel spricht von Brüchen im Lebenslauf. Erläutern Sie an einem Beispiel mögliche Ursachen und Auswirkungen sowie eine mögliche Art sozialarbeiterischen Wirkens in diesem Beispiel.

Quellen

Antonovsky, Aaron (1997): Salutogenese. Zur Entmystifizierung der Gesundheit.

Averbeck, Birgit/Hermans, Björn Enno (2010): Kinderschutz – Kooperation und Konfliktmanagement. Praxis der Kinderpsychologie und Kinderpsychiatrie, 59 (9).

Bundespsychotherapeutenkammer (BPTK) (2020): Faktenblatt. Psychische Erkrankungen bei Kindern und Jugendlichen https://www.bptk.de/fast-20-prozent-erkranken-an-einer-psychischen-stoerung/, zuletzt am 20.01.2022

Engel, George L. (1977): „The Need for a New Medical Model: A Challenge for Biomedicine" in: Science 196 (1977), 129-136; DOI: 10.1126/science.847460.

Farrelly, Frank/Brandsma Jeffrey M. (2009): Provokative Therapie.

Fegert, Jörg M./Schrapper, Christian (2004): Handbuch Jugendhilfe – Jugendpsychiatrie: Interdisziplinäre Kooperation.

Landschaftsverband Westfalen-Lippe. (2002): Leitfaden zur Zusammenarbeit zwischen Kinder- und Jugendpsychiatrie und Jugendhilfe.

Lehmkuhl, Gerd/Poustka, Fritz/Holtmann, Martin/Steiner, Hans (Hrsg.) (2015): Praxishandbuch Kinder- und Jugendpsychiatrie.1. Auflage. Hogrefe.

Lenz, Albert (2014): Kinder psychisch kranker Eltern.2., vollständig überarbeitete und erweiterte Auflage. Hogrefe.

Rogers, Carl Ransom (1972): Die nicht-direktive Beratung. Kindler.

Soziale Arbeit in der ambulanten Kinder- und Jugendpsychiatrie

Carmen Torchalla

„Kinder sind die Verlierer der Pandemie" – so titelt die Kassenärztliche Vereinigung Nordrhein im Juli 2021 (KVNO 2021). Ängste, Depressionen, Essstörungen – die Liste der Diagnosen innerhalb der Kinder- und Jugendpsychiatrie ist lang und vielseitig. Ebenso der Bedarf der Betroffenen. Laut Kassenärztlicher Vereinigung Nordrhein ist die Zahl der Anfragen an Kinder- und Jugendpsychiatrien über 60 % im Vergleich zum Vorjahr gestiegen. Als Hauptursachen werden u. a. die Spätfolgen der Corona-Pandemie genannt. Aber auch die aktuelle wirtschaftliche sowie politische Situation dürfte besonders junge Menschen stark verunsichern. Der Bedarf an Hilfe war bereits vor den Krisen hoch und steigt stetig. Betroffene Professionen sind hierbei, neben den klassischen medizinal Berufen, auch Sozialarbeitende, die in diesem Kontext tätig sind, eine elementare präventive, intervenierende sowie nachsorgende Funktion übernehmen und mehr denn je gebraucht werden.

Dieser Beitrag widmet sich dem Arbeitsfeld der ambulanten Kinder- und Jugendpsychiatrie aus sozialarbeiterischer Perspektive. Die Schwerpunkte liegen hierbei auf der Darstellung des Arbeitsfelds inkl. theoretischer, rechtlicher und organisationaler Grundlagen sowie der praktischen Arbeit. Da es sich bei diesem Sammelband um ein Buch *von Praktiker*innen für Praktiker*innen* handelt, ist auch dieser Beitrag gespickt mit persönlichen und individuellen Eindrücken der Autorin: aus der Praxis für die Praxis.

Schulvermeidendes Verhalten, Auffälligkeiten im Sozialverhalten, Ängste und/oder Entwicklungsauffälligkeiten – diese Auflistung stellt nur einen kleinen Auszug der Anliegen dar, mit denen Eltern den Weg in die Kinder- und Jugendpsychiatrie suchen. Häufig erfolgt die Vorstellung eigeninitiativ, d. h. die Eltern machen sich Sorgen um ihre Kinder und benötigen professionelle Unterstützung bei der Bewältigung bestehender Herausforderungen. Die Kontaktinformationen erhalten sie oftmals durch Kinderärzte oder das Internet. In anderen Situationen kann es auch zu einer sogenannten fremdinitiierten Vorstellung kommen. Dann sind evtl. Jugendämter, Schulen oder andere behördliche Institutionen Initiatoren des Besuchs. Grundsätzlich handelt es sich bei der ambulanten Kinder- und Jugendpsychiatrie um eine (mehr oder weniger) freiwillige Anlaufstelle für Kinder, Jugendliche und ihre Familien. Sie bildet, neben den stationären und teilstationären Angeboten, die dritte Säule der medizinischen Versorgung unseres Gesundheitssystems.

In beiden o. g. Fällen melden sich die Eltern zunächst telefonisch in der Praxis, so wie man das auch von anderen fachärztlichen Praxen kennt. Dann wird ein Termin für eine Erstvorstellung mit dem Kind zusammen vereinbart. Dieser Termin findet immer zunächst bei dem Arzt / bei der Ärztin statt. Die Eltern werden an diesem Termin zunächst am Empfang von einer Mitarbeiter*in begrüßt und bekommen einige Einverständniserklärungen und Frage- bzw. Anamnesebögen ausgehändigt, welche diese im Wartezimmer ausfüllen dürfen. Die Räumlichkeiten einer kinder- und jugendpsychiatrischen Praxis ähneln sehr denen anderer Facharztpraxen: Es gibt einen Empfangstresen, ein Wartezimmer sowie mehrere Behandlungsräume mit Schreibtischen und Sitzecken. Lediglich die Untersuchungsapparate, die man evtl. aus anderen Fachrichtungen kennt, fehlen. Im Rahmen des 1. Gemeinsamen Gesprächs mit Kind und Eltern werden zunächst Anliegen und Auftrag geklärt, um anschließend das weitere Vorgehen zu planen: Welche testpsychologischen Untersuchungen müssen durchgeführt werden? Sind weitere Überweisungen zu anderen Fachärzten erforderlich? Beispielsweise um ein EEG oder eine Blutentnahme zu veranlassen – oder ist der Austausch mit der Schule evtl. angezeigt?

Die Arbeit in der ambulanten Kinder- und Jugendpsychiatrie zeichnet sich durch ihre Multiprofessionalität und Vielschichtigkeit aus. Die Soziale Arbeit (hier als Oberbegriff für Sozialarbeit und Sozialpädagogik verwendet) bildet, neben den medizinisch-psychiatrischen sowie psychologischen Bereichen, einen elementaren Stützpfeiler in der Versorgung psychisch erkrankter Kinder, Jugendlicher und ihrer Bezugssysteme (Eltern, Schulen, Wohngruppen etc.). Soziale Arbeit sieht sich in diesem Kontext mit vielen differenten Theorien, Ansichten und Haltungen konfrontiert. Das fordert Fachkräfte in diesem Bereich auf besondere Weise.

Schauen wir uns die einzelnen Facetten genauer an: Die Makroebene betrachtend findet Soziale Arbeit hier in einem medizinischen Kontext statt, der durch das Gesundheitssystem finanziert wird. Auf der Grundlage der seit 2012 geltenden Sozialpsychiatrievereinbarung, wird es niedergelassenen Kinder- und Jugendpsychiater*innen ermöglicht bzw. sind sie im Rahmen dieser Vereinbarung dazu verpflichtet, auch nicht-ärztliche Professionen, wie Psycholog*innen, Sozialarbeiter*innen und/oder Ergotherapeut*innen, in die Versorgung ihrer Patient*innen einzubeziehen. Hierdurch soll dem ganzheitlichen Behandlungsansatz Rechnung getragen werden. Die Honorierung der Sozialarbeiter*innen orientiert sich in den meisten Praxis an den geltenden Tarifen des öffentlichen Dienstes (TVöD). Ist jedoch nicht verpflichtend an diesen gebunden.

Soziale Arbeit hat eine elementare Funktion in der nachhaltigen Versorgung psychisch erkrankter Kinder und Jugendlicher. Das bio-psycho-soziale Modell zur Entstehung psychischer Störung ist hierbei leitend (Engel 1976). Während sich die Medizin der biologischen Komponente widmet, verfolgt die Soziale Arbeit einen psychosozialen Arbeitsauftrag. In der Praxis heißt dies, dass ärztlicherseits eine Diagnosestellung erfolgt, Untersuchungen initiiert werden sowie ggf. die Versorgung mit Medikamenten sichergestellt und begleitet wird. Auch der Austausch mit Kliniken und Co- Behandler*innen erfolgt meist durch die Ärzte. Sozialarbeitende werden meist mit Anamnesegesprächen betraut, führen Einzel- oder Eltern- sowie Familienberatungen durch und beziehen das soziale System der Patient*in mit ein.

Da der Behandlungsansatz in der Sozialpsychiatrie komplementär ist und auch nicht- medizinische Berufsgruppen zwangsläufig mit Fragen aus diesem Bereich konfrontiert werden, ist die Auseinandersetzung und der Erwerb von Kenntnissen über aktuelle Entwicklungen, sowohl im medizinischen als auch (sozial-) pädagogisch-beraterischen Kontext unabdingbar. Vor dem Hintergrund einer systemisch ausgerichteten Grundhaltung (u.a. Rotthaus 2013), ergänzt durch den klientenzentrierten Ansatz nach Rogers und seinen Maximen: Akzeptanz, Empathie und Wertschätzung (Rogers 2013) begleiten, beraten und unterstützen Sozialarbeitende die jungen Patient*innen und ihre Bezugssysteme bezüglich der vorhandenen Auffälligkeiten. Nicht selten kommt es zum Austausch mit Institutionen, wie Schulen, Kindergärten, Jugendämtern oder Wohngruppen. Anliegen sind häufig die professionelle Einschätzung der Situation, die Entwicklung des Kindes sowie Empfehlung für Förderungen oder Jugendhilfemaßnahmen. Der sozialsystemische Aspekt kommt bei Kindern und Jugendlichen, im Vergleich zu Erwachsenen, besonders stark zum Ausdruck, da diese gesellschaftsstrukturell und familiär deutlich stärker eingebunden sind. Netzwerkarbeit ist demzufolge das A und O für eine umfassende und nachhaltige Versorgung.

Die theoretische Ausrichtung der Sozialarbeitenden, in diesem Fall die Mesoebene, bekleidet hier eine eher untergeordnete Rolle. Klar ist, dass sie einen personenbezogenen Auftrag verfolgt und somit *am Menschen* arbeitet. Auch die Einbeziehung des Sozialsystems oder auch Lebenswelt der PatientInnen ist von elementarer Bedeutung. Jedoch scheint es in der Praxis eher sekundär zu sein, welches Selbstverständnis Sozialer Arbeit der bzw. die Handelnde verfolgt. Hierbei hat die individuelle Ausrichtung der einzelnen Praxen erfahrungsgemäß einen stärkeren Einfluss.

Wie bereits oben erwähnt, sind die Anliegen der Patient*innen vielseitig und von unterschiedlicher Intensität und Dringlichkeit. Die Haltung und daraus resultierende Methoden der Sozialen Arbeit stellen eine komplementäre Zusammenführung des systemischen sowie klientenzentrierten Ansatzes dar. Da Sozialarbeitende in diesem Rahmen in erster Linie beratend tätig sind, bedarf es umfassender Kompetenzen auf diesem Gebiet. Oftmals begegnen Ihnen Patient*innen und Eltern, die unter einem starken Leidendruck stehen, verzweifelt sind und eine starke emotionale Belastung aufweisen. Eine verständnisvolle, wertschätzende, aber auch hoffnungsvermittelnde Haltung den Betroffenen gegenüber ist daher unabdingbar. Wichtig ist zu beachten, dass Soziale Arbeit hier weder heilend noch kurierend tätig wird, sondern eher als „Problemklärung“

zu verstehen ist (Sander/Ziebertz 2021, 26). Im Vergleich zur Psychotherapie, die in der Literatur eher als nach Innen gerichtete Selbstklärung definiert wird, findet Beratung *Im Außen* statt.

Sozialarbeitende in diesem Bereich sollten unbedingt über beraterische Basisstrategien verfügen (u. a. Schlippe-Weinberger/Linder/Ellinger 2011; Kindl-Beilfuß 2018). Die Aufgabe besteht hierbei sowohl darin den Beratungsprozess zu strukturieren als auch inhaltliche Impulse zu setzen. Fragen der Auftrags- und Zielklärung sind hierbei ebenso wichtig, wie ressourcen- und problemanalytische Verfahren (von Schlippe/Schweitzer 2007; Schwing/Fryszer 2018). Hier empfehlen sich besonders die Methoden der Kurzzeittherapie nach de Shazer, wie z. B. Skalierungsfragen oder Fragen nach Ausnahmen (u. a. Bamberger 2022). In der Arbeit mit Kindern und Jugendlichen besteht die Kernaufgabe zunächst im Annehmen und Verstehen der vorherrschenden Belastungen. Der Beratende fungiert als eine Art Resonanzkörper, der es den Patient*innen ermöglicht seine/ihre Situation einzuordnen und anzunehmen. Erläuterungen und Aufklärungen über psychische Verarbeitungsvorgänge z. B. die Entstehung von Gefühlen aber auch psychoedukativen Elementen kommen hierbei eine besondere Rolle zu. Manchmal bedarf es auch lediglich einer Einordnung oder Validierung, dass es „okay" ist, entsprechende Gefühle oder Gedanken zu haben, um besonders bei Jugendlichen für eine Entlastung zu sorgen. Dem Lesenden wird an dieser Stelle sicherlich deutlich, dass Kenntnisse über die häufigsten psychiatrischen Erkrankungen, wie Ängste, Depressionen, Aufmerksamkeitsstörungen usw. unabdingbar für die Arbeit in der Kinder- und Jugendpsychiatrie sind und daher unbedingt angeeignet werden sollten. Ist der Schritt des Annehmens und Verstehens abgeschlossen, werden, in Kooperation mit den jungen Patient*innen, alternative Bewältigungsstrategien erarbeitet. Diese können aus dem Bereich der Verhaltenstherapie stammen, eher pragmatischer Natur sein oder aus dem Bereich der körperfokussierten Arbeit stammen. Atemübungen sind z. B. bei Ängsten besonders hilfreich (u. a. Croos-Müller 2017).

Liegt der Fokus der Zusammenarbeit eher auf dem Austausch mit den Eltern, sind neben den erwähnten beraterischen Basisstrategien auch Kenntnisse in Entwicklungspsychologie und Erziehungsfragen von besonderer Relevanz. Der Großteil der vorstelligen Patient*innen ist im Teenageralter, da dieses als besonders sensible sowie herausfordernde und konfliktreiche Phase für Jugendliche und ihre Familien erlebt wird. Es ist wichtig, die Eltern in diesem Kontext über *normale* Verhaltensweisen aufzuklären und gewisse Dinge zu relativieren. Es ist z. B. nicht ungewöhnlich, dass Teenager sich vermehrt zurückziehen, ein erhöhtes Schlafbedürfnis aufweisen und ggf. sogar eine gereizte Stimmung haben. Dies bedeutet jedoch noch lange nicht, dass eine psychiatrische Störung vorliegt. Sorgen und Bedenken können natürlich trotzdem bei den Eltern vorherrschen. Hier besteht die Aufgabe des Beratenden darin aufzuklären, Handlungsmöglichkeiten aufzuzeigen und die Eltern in ihrer Erziehungsverantwortung zu stärken. Die allg. Kriterien zum Vorliegen einer psychischen Störung sind hierbei als Orientierung besonders hilfreich: Liegt ein individueller Leidensdruck vor? Ist die soziale und/oder funktionale Norm gestört und ist das Verhalten altersuntypisch? Letzteres kann man bei Teenagern in dem o. g. Beispiel verneinen. Auch hier ist es wieder wichtig, die Eltern anzuhören, Verständnis zu zeigen und Alternativen zu erarbeiten. Als besonders hilfreicher Ratgeber, sowohl für Fachkräfte als auch Eltern, seien an dieser Stelle die Werke von Haim Omer und Kolleg*innen erwähnt (u. a. Omer/von Schlippe/Rotthaus 2016).

Tritt doch der nicht seltene Fall ein, dass das Verhalten eines/einer Jugendlichen pathologische Züge aufweist, ist dringender Handlungsbedarf gefordert. Hier stellt sich zunächst die Frage, ob eine ambulante Behandlung ausreichend oder ob ggf. eine Vorstellung in einer psychiatrischen Klinik oder bei einem Kinder- und Jugendpsychotherapeut*in anzuraten ist. Als Kriterium kann hier die Absprachefähigkeit und Verlässlichkeit des Jugendlichen genommen werden: Kommt er/sie zu Terminen? Können Verabredungen umgesetzt werden? Besteht Handlungsfähigkeit? Berichten die Eltern oder der/die Jugendliche selbst von akut eigen- oder fremdgefährdenden Verhalten oder sogar suizidalen Gedanken, bedarf es umgehend einer ärztlichen Einschätzung und ggf. Akuteinweisung in eine psychiatrische Klinik. Wichtig ist daher immer, bei vorherrschenden Vermutungen oder schwammigen Andeutungen der Jugendlichen konkret nachzufragen, ob evtl. lebensmüde Gedanken vorliegen. Es ist nicht zu befürchten die Betroffenen *auf dumme Gedanken* zu bringen. Niemand, der emotional stabil ist, wird durch eine Frage auf die Idee gebracht sich etwas anzutun. Im Gegenteil: Die Betroffenen empfinden es als entlastend, wenn endlich jemand nachfragt und sich seiner/ihrer annimmt.

Neben den motivierten, aus eigener Initiative erscheinenden Patient*innen, kommt es in der ambulanten Kinder- und Jugendpsychiatrie leider nicht selten vor, dass die Betroffenen (noch) keine Problemeinsicht und/oder Leidensdruck haben. Hier kommt einerseits das medizinische Mandat zum Ausdruck, welches sich am hippokratischen Eid der Ärzte orientiert, und andererseits die Tatsache zum Tragen, dass wir es mit minderjährigen Schutzbefohlenen zu tun haben, die unter besonderer Verantwortung von Elternhaus und Gesellschaft stehen. Somit kann es vorkommen, dass wir zum Schutz der Patient*innen gegen deren vermeintlichen Willen handeln. Grundvoraussetzung ist lediglich das selbstständige Erscheinen in der Praxis. Sogenannte psychiatrische Akutfälle oder *Zwangseinweisungen* kommen in der ambulanten Praxis nicht vor. Dies fällt in den Zuständigkeitsbereich der Kliniken. Bei Patient*innen, die fremdmotiviert in der Praxis erscheinen, empfiehlt sich ein respektvoller und behutsamer Umgang mit den Betroffenen. Der Aufbau einer tragfähigen Arbeitsbeziehung sowie die Akzeptanz und Würdigung des Widerstands haben hierbei oberste Priorität. Oftmals erleben sich die Patient*innen in ihrer Autonomie eingeschränkt und wollen diese mit aller Macht verteidigen. Dies sollte den Beratenden stets bewusst sein. Wenn wir konfrontativ handeln oder gar Drohungen aussprechen, sägen wir auf dem Ast, auf dem der/die Patient*in gerade sitzt, ohne ihm/ihr vorher eine Leiter hingestellt zu haben. Es ist somit wichtig, in einer Kooperation zunächst Vor- und Nachteile des (vermeidenden) Verhaltens zu eruieren, um dann mithilfe der Motivierenden Gesprächsführung (u. a. Miller/Rollnick 2015) einen Auftrag bzw. Absprache festzuhalten. Diese kann noch so klein sein und ggf. *nur* die Einigung auf einen nächsten Termin oder ein Telefonat beinhalten. Dieser vermeintlich kleine Schritt beschreibt bereits einen großen Erfolg in der beginnenden Zusammenarbeit mit den betroffenen Jugendlichen. An dieser Stelle sei der besondere Hinweis erlaubt, dass den Beratenden stets die vorhandene Position *zwischen den Stühlen* bewusst sein muss: Einerseits stehen die Patient*innen, ihre Anliegen und Wünsche im Vordergrund. Dieser kann auch beinhalten *in Ruhe gelassen* zu werden und keine weitere Begleitung zu wünschen. Andererseits besteht ein gesellschaftlicher sowie medizinischer Schutzauftrag, der uns verpflichtet die Jugendlichen zu versorgen und ggf. vor einer ungünstigen Entwicklung oder sogar Chronifizierung zu bewahren. Es hat sich in der Praxis als dienlich und hilfreich für den Aufbau einer tragfähigen Arbeitsbeziehung erwiesen, genau dieses Dilemma zu benennen, um so für möglichst viel Transparenz zu sorgen und Misstrauen von Seiten der Jugendlichen entgegenzuwirken. Auch Wiedersprüche im Verhalten der Jugendlichen sollten klar benannt werden: „Einerseits sagst du mir, dass du keine Hilfe/Unterstützung möchtest und dein Leben selbst auf die Reihe bekommst, andererseits gehst du seit mehreren Wochen nicht zur Schule, weil du Angst vor Prüfungen und Arbeiten hast. Wie passt das zusammen?". In der Praxis sprechen wir hierbei von *liebevoller Beharrlichkeit:* Ich weiß, es ist schwer und ich weiß ich nerve dich, aber du bist mir wichtig und deswegen lasse ich nicht locker! Es ist ein stetiges Ausbalancieren zwischen Schutz und Hilfe, zwischen Akzeptanz und Eingriff (Bosshard et al. 2013).

Die ambulante Kinder- und Jugendpsychiatrie bildet zweifellos eines der abwechslungsreichsten, vielseitigsten, aber auch spannendsten Arbeitsfelder der Sozialen Arbeit. Potenzielle Bewerber*innen sollten ein großes Interesse an Medizin und klinischer Psychologie haben und bereit sein, sich auf neue Perspektiven und Herangehensweisen einzulassen. Flexibilität, Organisationsfähigkeit, einen gesunden Pragmatismus sowie eine große Portion Humor sind dabei von hoher Wichtigkeit. In der Zusammenarbeit mit Familien, Jugendlichen, aber auch Schulen und anderen Institutionen sollte stets der Fokus *auf das Kind* gerichtet sein. Kompetenzgerangel oder Konkurrenzdenken sind hierbei absolut deplatziert. Jeder Mensch, jede Familie hat einen individuellen Leidensdruck und ist oftmals in großer Not. Sie haben meist schon einen langen Weg hinter sich, bevor sie in der ambulanten Kinder- und Jugendpsychiatrie vorstellig werden.

Das sollte ihnen stets bewusst sein. Auch wenn Eltern manchmal unfreundlich, fordernd oder gar ausfallend werden, ist das nie gegen sie als Person oder Fachkraft gerichtet, sie sind lediglich der Resonanzkörper, durch den diese Emotion (endlich) hervorgebracht werden kann. Es sollte daher tunlichst darauf geachtet werden, nicht in einen persönlichen Kampf mit den Betroffenen einzusteigen. Stellen Sie sich daher immer die Frage: Wie würde es mir in dieser Situation gehen und welche Behandlung/Begleitung würde ich mir für mein Kind / meine Nichte / meinen Neffen oder die Kinder meiner Freunde wünschen. Diese Sicht auf die Situation lässt häufig große Demut entstehen und sie wieder einen kühlen Kopf erhalten. Etwas, das besonders in der Kinder- und Jugendpsychiatrie von außerordentlicher Bedeutung ist.

Was ist in der Arbeit mit „unfreiwilligen" Patienten von besonderer Bedeutung (Grundhaltung, Methoden, Maßnahmen)?

Quellen

Bamberger, G. (2022): Lösungsorientierte Beratung: Praxishandbuch. Weinheim, Basel: Beltz.

Bosshard, M.; Ebert, U.; Lazarus, H.; Becker, M. (2013): Soziale Arbeit in der Psychiatrie. Lehrbuch. Köln: Psychiatrie-Verlag.

Croos-Müller, C. (2017): Nur Mut! Das kleine Überlebensbuch. Soforthilfe bei Herzklopfen, Angst, Panik & Co. München: Kösel.

Engel, George L. (1976): Psychisches Verhalten in Gesundheit und Krankheit ein Lehrbuch für Ärzte, Psychologen und Studenten. Bern: Huber.

Kindl-Beilfuß, C. (2018): Fragen können wie Küsse schmecken. Heidelberg: Carl-Auer.

KVNO (Kassenärztliche Vereinigung Nordrhein) (2021): Kinder sind die Verlierer der Pandemie. In: KNVO Aktuell. Online unter: https://de.readkong.com/page/kvnoaktuell-kv-nordrhein-6054861. (letzter Zugriff: 17.01.2023).

Miller, W. R.; Rollnick, S. (2015): Motivational Interviewing. Freiburg im Breisgau: Lambertus.

Omer, H.; Schlippe, A. von; Rotthaus, W. (2016): Autorität durch Beziehung. Die Praxis des gewaltlosen Widerstands in der Erziehung. Göttingen: Vandenhoeck & Ruprecht.

Rogers, C. R. (2013): Therapeut und Klient. Grundlagen der Gesprächspsychotherapie. Lizenzausgabe der Kindler GmbH, München. Hg. v. Wolfgang M. Pfeiffer. Frankfurt am Main: Fischer.

Rotthaus, W. (Hrsg.) (2013): Systemische Kinder- und Jugendlichenpsychotherapie. Heidelberg: Carl-Auer.

Sander, K.; Ziebertz, Torsten (2021): Personzentrierte Beratung. Ein Lehrbuch für Ausbildung und Praxis. Weinheim, Basel: Beltz Juventa.

Schlippe, A. von; Schweitzer, J. (2007): Lehrbuch der systemischen Therapie und Beratung. Band 1. Göttingen: Vandenhoeck & Ruprecht.

Schlippe-Weinberger, S.; Lindner, H.; Ellinger, S. (2011): Personzentrierte Beratung. Stuttgart: Kohlhammer.

Schwing, R.; Fryszer, A. (2018): Systemisches Handwerk. Werkzeug für die Praxis. Göttingen: Vandenhoeck & Ruprecht.

Soziale Arbeit im ambulant betreuten Wohnen für psychisch erkrankte und/oder suchterkrankte Menschen

Johannes Mertens

Mittendrin, nicht nur dabei – die Wahrheit liegt auf dem Platz! So könnte durchaus ein Leitspruch für die Soziale Arbeit im Kontext des ambulant betreuten Wohnens lauten. Oder, wer es weniger sportlich und mehr wittgensteinianisch möchte: *Alles, was es gibt, kommt vor – der Menschen, inmitten seiner Lebensführungsarrangements*. Sie finden sicher selbst einen passenderen Slogan, oder ganz andere, eigene Zugänge. Ich darf in den folgenden Seiten anhand vorgegebener Stichpunkte ein paar Gedanken zu meinen Erlebnissen und Erkenntnissen im ambulant betreuten Wohnen schildern. Vielleicht regen diese unabgeschlossenen Bildstücke Sie dazu an, sich Ihr eigenes Kunstwerk dieses Kontextes zu gestalten.

Praxisfeld

Das geläufige Kürzel „BeWo" bezeichnet allgemein ein ausgedehntes Praxisfeld der Sozialen Arbeit für Hilfestellungen im ambulant betreuten Wohnen. Hier werden Menschen in der Bewältigung ihres Alltags zumeist in ihrer eigenen Wohnung, einer Wohngemeinschaft, oder einer kommunalen Wohnunterbringung sowie in der Teilhabe an der Gemeinschaft in sozialen Gruppen und weiteren Bereichen des gesellschaftlichen Lebens unterstützt. Das Stichwort Alltag ist dabei zentral. Ein Setting innerhalb der alltäglichen Wohn- und Lebenswelt der Nutzer*innen bietet die besondere Möglichkeit einer authentischen, stark betroffenenorientierten Ausrichtung Sozialer Arbeit. Dies kann im Sinne einer personenzentrierten Fokussierung auf die Beziehungshaftigkeit des Menschen verstanden werden. Darin enthalten ist ein spezieller Blick sozialarbeiterischer Hilfeleistungen. Dieser richtet sich auf die Personen, die die Hilfekommunikation Sozialer Arbeit in Anspruch nehmen. Gleichzeitig wird eine notwendige Unvollständigkeit mitbedacht. Die Beziehungen der Nutzer*innen zu anderen Menschen, Gegenständen, Erinnerungen und Zukunftsvorstellungen in der Umwelt gehören unbedingt mit in die Beobachtungen und Handlungen Sozialer Arbeit. Gelegentlich drücken es theoretische Beschreibungen in einer relationalen Autonomie des Menschen aus, als *person-in-environment* (PIE). Bereits Mary Richmonds prägendem Verständnis Sozialer Arbeit ist ein derartiger Blick von zentraler Bedeutung (Schütze 2021, 24ff.).

Anhand partizipativer, gemeinsam auf Augenhöhe stattfindenden Beratungs-, Begleitungs-, Anleitungs- und Vermittlungsprozessen, zielen *BeWo-Angebote* auf eine förderliche Hilfekommunikation zur Ermöglichung einer weitgehend selbstbestimmten Lebensführung und/oder dem Erhalt von Lebensqualität für die Nutzer*innen Sozialer Arbeit. Zur ausreichenden Tragfähigkeit müssen die Angebote der Sozialen Arbeit in einer vertrauensvollen, professionellen Beziehungsgestaltung eingebettet sein. Idealerweise findet zwischen den Helfer*innen und Nutzer*innen ein fortlaufender, vertrauensstiftender Austausch auf Augenhöhe statt, in dem die Nutzer*innen in die Lage versetzt werden, selbst ihre eigenen Zielsetzungen und Aufträge für die Unterstützungsprozesse ergründen, verbalisieren, festlegen und im Laufe der Zeit immer wieder neu definieren zu können.

Dabei kann es durchaus dazu kommen, dass sich die Betreuungs-/Beratungsanteile, die in Fachleistungsstunden übersetzt werden, im Laufe des Prozesses verringern und ggf. sogar allmählich überflüssig werden. Für mich ist die Formulierung von Tanja Kuhnert und Mathias Berg sehr treffend, wenn sie diese Arbeit unter einer Denkweise zusammenfassen, welche zwar „jenseits des Heilauftrags" verläuft, aber dennoch durchaus heilsam wirken (können). Durch ko-kreative Entwicklung und Austestung neuer Handlungsmustern, angestoßenen Ressourcenstärkungen und Perspektivenangeboten in den Deutungen von Sinnmustern der jeweiligen Lebensführungsarrangements usw. kommen immer wieder heilsame Prozesse in Bewegung (Berg/Kuhnert 2020).

Problembezug

In diesem Sinne spreche ich sehr allgemein von einem *sozialklinischen* Problembezug, oder vielleicht noch besser: von einem *sozialklinischen Ermöglichungsbezug*. Dabei versucht die Hilfebeziehung zwischen den Akteuren der Sozialen Arbeit und den Nutzer*innen, die sich auf eine ambulante Betreuung, Begleitung, Anleitung und Beratung einlassen, deren Lebensführung und Lebensgestaltung positiv zu beeinflussen. Hauptsächlich wird dies angestoßen, indem Entwicklungen mitbegleitet, Übergänge mitgestaltet, in Konflikten moderiert und vermittelt wird sowie verlässliche Hilfe in Krisen verfügbar ist (Wirth/Kleve 2020, 70). Die Hilfebeziehung steht nicht solitär, sondern geschieht in enger Kooperation mit zahlreichen anderen Protagonist*innen, Professionen, Behörden, Netzwerken usw. Bei den Anliegen der meisten Nutzer*innen stehen Wechselwirkungen sozialer- und gesundheitlicher Herausforderungen im Vordergrund, die oftmals als leidvoll und veränderungswürdig erlebt werden.

Pläne, Wünsche, Anforderungen, Zugänge und die Teilnahme der Person, in den sich teilweise wiedersprechenden Bereichen des Alltags, passen gelegentlich einfach nicht zusammen. Lebenskrisen und biografischen Erfahrungen bspw.

von chronischen Erkrankungen und/oder sich über Jahre erhärteten sozialökonomischen Schwierigkeiten, brüchigen Beziehungsnetzwerken, Gewalt, Wohnungslosigkeit, finanziellen Notlagen, Suchterkrankungen, etc. bringen mehrfach eine wesentliche, geistige-, körperliche- und/oder seelische Behinderung mit sich oder stellen eine akute Bedrohung für derartige Entwicklungen und Verfestigungen dar. Zumeist manifestieren diese sich auch in einer materiellen und finanziellen Notlage, oder sind Ergebnis dessen. Wie könnte das in konkreten Fällen aussehen?

Ich begleite momentan eine Person, die in jungen Jahren langfristige Gewalt- und Stigmatisierungserfahrungen in familiären sowie schulischen Zusammenhängen erleben musste. Ihre Denk- und Verhaltensweisen bildeten und stabilisierten sich in einer derartigen Form, dass sie unter der Kategorie einer depressiven Verstörung fallen. Derartige Entwicklungen haben häufig auch nachhaltige Auswirkungen auf die Möglichkeiten einen gelingenden Übergang von der Schule in die Arbeitswelt zu gestalten, Freundschaften aufzubauen und zu pflegen, Hobbies und Freizeitaktivitäten aufrechtzuhalten usw. Die Lebensführung vieler Nutzer*innen ist von einer derartigen psychischen wie körperlichen Vulnerabilität gekennzeichnet und wird zu Beginn einer Betreuung meist noch sehr diffus, häufig als unstimmig beschrieben. Insgesamt ist die Altersspanne unserer Nutzer*innen gleichermaßen vielfältig wie die Anliegen und Herausforderungen der jeweiligen Begleitungen und Betreuungen. Aktuell betreuen wir mit unserem Dienst bspw. Menschen im Alter von 18-80 Jahren.

Entsprechend liegen mehrfach parallel eine Vielzahl unterschiedlicher Bedürfnisse, Anliegen und Anlässe für die Unterstützungsleistungen vor. In einer größeren Kategorie bezeichnet werden kann z.B. die Ermöglichungsermöglichung von *sachlichen Anschlussoptionen*, die für gewünschte Teilhabezugänge nötig sind. Mit Blick auf die Begleitungen, in denen ich aktuell tätig bin, fallen (neben vielen, vielen(!) anderen Dingen) darunter bspw.: die Hilfestellung in der Antragsstellung (und dafür notwendig zu bearbeitenden Elemente) für die Bewilligung einer Förderung von arbeitstherapeutischen Maßnahmen, ausbildungsbegleitender Hilfen, oder das Nachholen von schulischen Qualifizierungen. Derartige Hilfestellungen gehen einher mit einer gemeinsamen („Trüffel") Ressourcensuche und der Verbalisierung von förderlichen Mustern und konkreten Verhaltensweisen, die dazu beitragen begonnene Maßnahmen, Arbeitsstellen usw. erfolgreich durchzuhalten, zu behalten, zu bewältigen, oder (mitunter auch) genießen zu können. Stabilität auf dieser Ebene kann wiederum die Anschlussoptionen an weitere Teilhabeoptionen steigern.

Wichtig ist mir hierbei, die andere Seite der Teilhabedimensionen mitzudenken. Es geht, wenn man meiner Beobachtungsperspektive folgen möchte, nicht allein darum, Teilhabe zu fördern. Vielmehr fokussieren die Beziehungsgestaltungen eine Ermöglichung der für die Nutzer*innen als passend oder gelungen erlebten Balance zwischen Prozessen der Teilhabe und Nichtteilhabe. Eine

Wiederaufnahme der Kommunikation und Neuanfang in der Gestaltung der Beziehungen zu Familienmitgliedern und Freunden ist genauso denkbar wie eine starke Grenzziehung und Ablösung aus schädlich wirkenden Mustern, bspw. in Zusammenhängen von Partnerschaften, Familie, Peer-Groups, Vereinen u. v. m.

Neben der Ermöglichungsarbeit von *sachlichen Anschlussoptionen* steht komplementär dazu auch die Kategorie der *sozialen Anerkennungsverhältnisse* im Blickfeld der Beziehungsarbeit. Besonders in der Suche nach Selbstwirksamkeitserfahrungen adressieren die Hilfekommunikationen die Zusammenhänge zwischen dem Denken, Fühlen und Handeln der jeweiligen Personen in ihrer Lebensgestaltung. Gemeint ist eine gelingende Verbindung zwischen dem Bewusstsein, welches ich im weitesten Sinne mit dem rationalen Verstehen der eigenen Lebensführung bezeichnen möchte. Sowie der Emotionen und persönlichen Haltungen, dem Bereich des Fühlens der eigenen Lebensführung. Und schließlich den Handlungen, Aktionen sowie dahinter liegenden Strategien und Methodiken, die meistens auf Basis der ersten beiden Punkte latent (mit)laufen und eine hohe Eigenständigkeit erlangen können.

Ethische Zielhorizonte

„Ich bin. Aber ich habe mich nicht. Darum werden wir erst“ (Bloch 1963/1985, 13)Klicken oder tippen Sie hier, um Text einzugeben.. Ernst Blochs berühmter Ausspruch zu seiner durchaus umstrittenen Formel „S ist noch nicht P“ (a. a. O., 374 f.) scheint mir eine passende Anregung für die ethischen Zielhorizonte der professionellen Arbeitsbündnisse und Ermöglichungsermöglichung sachlicher Anschlussoptionen und sozialer Anerkennungsverhältnisse zu sein. Jene sozialarbeiterischen Interpretationen von Hoffnung, möchte ich um die Notwendigkeit der Bedingungen handelnder Verantwortung komplementieren, wie es Hans Jonas ausführt (Jonas 1979/2020, 364 ff.). Auch wenn ethische Theorien für eine konkrete Handlungsorientierung immer enttäuschen *müssen*, rahmen der ethische Zielhorizont von ergebnisoffener und verantwortlicher Ermöglichungsermöglichung meinen Arbeitsalltag durchaus zielführend. Zugegeben, als alleinige Antwort bleibt das unbefriedigend. Auf einer konkreteren Ebene sind ethische Prinzipien mittlerer Reichweite dagegen sehr hilfreich. Darunter verstehe ich die Zielhorizonte, wie sie in der klinischen Sozialarbeit mit einer negativen Schadensvermeidung, positiven Fürsorge, Respekt vor Selbstbestimmung (Autonomie) und Gerechtigkeit ausformuliert sind.

Auch unser Betreuungsangebot und die Gestaltungen der dazugehörigen Hilfepläne folgen diesen Prinzipien mittlerer Reichweite. Denn die Wahl bestimmter Ziele, bspw. dass Ziele immer nur in einem partizipativen Dialog von den Nutzer*innen selbst formuliert werden, „beinhaltet zugleich eine Präferenz für bestimmte Interventionsstrategien“ (Schlittmaier 2014, 58). Dem folgend binden sich die professionellen Handlungen meiner Arbeit an zentrale Werte wie Menschenwürde, Wohlergehen, Selbstbestimmung, informierte Zustimmung (informed consent) und Gerechtigkeit, die sich gleichermaßen in den Befähigungsebenen des Capability Approach bei Martha Nussbaum finden lassen.

Zur Befähigung und Ermöglichung von realistischer Hoffnung und (Selbst-) Verantwortung auf der Fallebene helfen diese Prinzipien mittlerer Reichweite mir dabei, meine professionelle Beziehungsgestaltung von einer normierenden, starren Vorgehensweise zu lösen (denn: jeder Ratschlag ist ein Schlag!), ohne zugleich in Beliebigkeit oder Relativismus zerbröseln zu müssen. Stattdessen lassen die Prinzipien eine reflexive-zirkuläre Orientierung zu, sozusagen von der ethischen Theorie auf den konkreten Fall bezogen und zugleich von der spezifischen Fall-Situation her interpretierend. Zu jeder gestellten Frage in meiner Praxis kann ich mich meiner Interventionsstrategie vergewissern, ob diese sich in Herleitung von Theorie über Konzept zu Methode und schließlich (Frage-) Technik der berufsethischen Prinzipien rückbinden lässt.

Das bringt eine professionelle Haltung als ethische Tugend ins Spiel, die sich in einer nachhaltigen Einübung formt. Dabei müssen unbedingt ergänzend Fallgespräche, kollegiale Intervision und Supervision sowie Weiterbildungen und das Verfolgen der (sozialarbeits-)wissenschaftlichen Diskurse mitgedacht werden. Es ist aber noch etwas mehr zur Handlungsorientierung notwendig. Fragen und Zielsetzungen zu einer gelingenden Lebensführung wären leer, basierten sie nicht auf einer Idee von *dem Guten* im Leben, um ethische Zielhorizonte zu bestimmen sowie seine Haltung im inter-subjektiven Geschehen reflexiver Professionalität ausformen zu können. Die Maxime des systemisch-integrativen Paradigmas dient hierzu als handlungsleitende Menschenbilder, in ihrer Form der intersubjektiven anthropologischen Integrität. Darin befähigen existenzielle Erfahrungen in der Beratung, Begleitung, Betreuung eine Verinnerlichung ethischer Zielhorizonte, die einzig in Ko-rrespondenz, ko-kreativ und ko-operativ erreichbar sind (Petzold 2015).

Nutzer*innen, Träger und sozialrechtliche Grundlagen

Selbst- und Weltverhältnisse des Denkens, Fühlens und Handelns werden im Alltag der Nutzer*innen als *eins* erlebt. Sie sind eine Einübung, die sich alltäglich in den Handlungen der sozialen Praxis immer wieder herstellt und verfestigt. Sie münden darin, wie man sich als Mensch in der Welt versteht, fühlt oder eben als missverstanden und nicht zugehörig erlebt. Wenn dies zu Leiden führt, versuchen wir in unserer Arbeit bspw., die häufig erfahrene Ohnmacht der Betroffenen in ihren Handlungskontexten einzuordnen und zu reduzieren. Dieses zirkuläre Verständnis ist ein antizipierendes Bewusstsein auf die Entwicklungsfähigkeit und Lösungsmöglichkeiten in den Verschränkungen zwischen körperlichen, psychischen und sozialen sowie spirituellen Beziehungen der Selbst- und

Weltverhältnisse unserer Nutzer*innen. Eine bedeutsame Zielsetzung unserer Handlungspraxis ist es, Erfahrungsräume zu ermöglichen, in welchen sich die Nutzer*innen als kompetent, wertgeschätzt und bedeutsam erleben können sowie darin befähigt werden, selbst zu Entscheidungen und Handlungen in und zwischen den sie umgebenden Hilfesystemen beitragen zu können.

Die Spanne der aufkommenden Themen und Unterstützungsleistungen erstrecken sich entsprechend (heuristisch, unabgeschlossen) von Hilfestellungen in der Haushaltsführung, über Beistand in administrativen, sozial(-hilfe-)rechtlichen Angelegenheiten, Begleitungen und Reflexionen ärztlicher und medizinisch/psychiatrischer Behandlungen, motivierenden Gesprächen und der Vorbereitung anstehender Herausforderungen, bis hin zu lösungs- und systemtherapeutisch orientierten Beratungsprozessen sowie der Bewältigung von Krisen. Hinzukommen querliegende Themenstränge, die einen nicht weniger starken Einfluss auf die Selbst- und Weltverhältnisse der Nutzer*innen ausüben. Ich denke hier exemplarisch besonders an Verlusterfahrungen und Trauerprozesse, die sich anders äußern als die vermeintlichen dominanten Anliegen und Anlässe der jeweiligen Kontrakte und Aufträge. Alle genannten Anliegen kennzeichnet, neben der Befriedigung und Erfüllung von Grundbedürfnissen sowie der Verringerung von Ohnmachtserfahrung, die Gestaltung einer würdevollen, gelingenden Lebensführung, auch im Zeichen von Vulnerabilität und chronischer Erkrankungen.

Der Träger, bei dem ich angestellt bin ist ein klassischer privater Anbieter sozialer Dienste- und Hilfeleistungen im Kontext der Eingliederungsmaßnahmen und Eingliederungshilfe. Hinter dieser allgemeinen Rahmung verbergen sich verschiedene Angebote, Konzepte und teilweise auch unterschiedliche Kostenträger. Ehemals in der Sozialhilfe verankert, wird Eingliederungshilfe, mit dem in vier Reformstufen in Kraft tretendem Bundesteilhabegesetz (BTHG), in ein Rehabilitationsgesetz eingegliedert. Für unsere Nutzer*innen hat dies besonders zu einer Verbesserung der finanziellen Rahmenbedingungen für die Inanspruchnahme des ambulant betreuten Wohnens beigetragen. Dabei gelten nicht mehr die niedrigen Freibeträge des Sozialhilferechts, sondern es werden gemäß § 135 SGB IX andere Berechnungsgrundlagen berücksichtigt. Kostenträger für Leistungen der ambulanten Eingliederungshilfe ist der überörtlichen Sozialhilfeträger, in unserem Falle ist dies der Landschaftsverband Rheinland (LVR).

Wie es aus den oben formulierten Gedanken zu entnehmen ist, findet die Arbeit sowohl innerhalb der einzelnen Beziehungsgestaltungen als auch Seiten des Trägers auf und in verschiedenen Netzwerken des Sozial- und Gesundheitswesens statt. Von den Nutzer*innen her gedacht ergeben sich bspw. bei der Gruppe der jüngeren Menschen, die mit einer seelischen Behinderung/Suchterkrankung herausgefordert sind, fortlaufende Kooperationen mit der örtlichen Jugendhilfe. Für die Gruppe der über 60-Jährigen dagegen arbeiten wir in engen Kooperationen mit übergreifenden Hilfen aus den Bereichen Pflege und medizinischer Versorgung. Genauso geht es auch immer wieder darum, an und in

Vereinen, öffentlichen-kulturellen Angeboten, losen Nachbarschaftszusammenhängen, o. ä. teilhaben und wahrgenommen werden zu können.

Methoden

Aufgrund der enormen Vielfalt, wie sie bisher in Teilen geschildert wurde, arbeite ich gerne mit Methoden, die sich aus systemisch-integrativen Theorien und Konzepten ableiten. Diese erlebe ich als besonders hilfreich, um eine solche Unterschiedlichkeit und Komplexität aufnehmbar und gestaltbar werden lassen zu können. Gleichzeitig engen Methoden dieser Bezüge das weitere Vorgehen nicht zu sehr ein, sondern schaffen vielmehr Erfahrungsräume, die dazu anregen, sich auf neue Anreize und Perspektiven, auf Möglichkeiten innerhalb der meistens als recht starr und festgefahren erlebten Situationen der Nutzer*innen einlassen zu können. Exemplarisch möchte ich kurz die Auftrags- und Kontraktklärung sowie das Tetralemma der Veränderung in ihren Zweckdienlichkeiten hervorheben.

In einer methodisch-lösungsorientierten Gesprächsführung gemeinsam erarbeitete Auftrags- bzw. Kontraktklärungen erlebe ich als immens hilfreich (Schwing/Fryszer 2018, 104 ff.). Für mich und die Nutzer*innen ermöglichen sie eine transparente Orientierung und, Unterscheidungsangebote zu schaffen. Ob wir uns bspw. auf einen Beratungsprozess fokussieren möchten, der nach einer Lösung oder Veränderung von Blockaden sucht, oder ob es Anliegen gibt, denen eher im Sinne einer Begleitung zum Ertragen und Verändern der in Gänze unabänderlichen Lebenssituation begegnet werden soll. Man denke etwa bspw. eine stabilisierende und gelingende Lebensführung bei chronischen Erkrankungen. Weiter kann es auch um Anleitungsaufträge gehen, die die Möglichkeiten zur selbstständigen Lebensführung stärken und erweitern sollen. In den seltensten Fällen tritt eine der genannten Möglichkeiten alleine auf. Umso wertvoller für alle Beteiligten ist es, die verschiedenen Typen an Auftragsarten und sich überlagernden Zielsetzungen, Aufgabenverteilungen, erforderliche Rahmen und Handlungen usw. transparent zu benennen, sortieren und ggf. anpassen zu können.

Wenn es gelingt, gemeinsame Aufträge und Kontrakte abzuschließen, stellen sich häufig Fragen zu weiteren, größeren wie kleineren Entscheidungen, Konkretisierungen und potenziellen Wegen diese anzugehen. Möchte ich einen Konflikt mit meiner Familie eingehen? Wie schaffe ich es, mich abzugrenzen? Möchte ich mich um einen Therapieplatz/Ausbildungsplatz bemühen? Ist die Arbeit in einer Behindertenwerkstatt noch richtig für mich? Soll ich es wagen, in eine neue Wohnung/Wohngemeinschaft zu ziehen? Wie baue ich mir einen Alltag und ein Umfeld auf, um abstinent von Drogen zu bleiben? Für die Nutzer*innen unserer Angebote geht es häufig um überfordernde Entscheidungssituationen. Selten sehen sie sich in der Lage, zu diesen aktiv etwas beitragen zu können. Für mich ist es dabei ebenfalls schwer einzuschätzen, welche Wege und Möglichkeiten aktuell erschlossen werden könnten und wie sich diese für die inneren Landkarten meines Gegenübers anfühlen. Die Methode des Tetralemmas ist mir immer dort eine treue Begleiterin geworden, wo mir die Nutzer*innen unserer Angebote von Veränderungswünschen und auch konkreten Entscheidungssituationen berichten und ins Zweifeln kommen.

Ich beziehe mich hier auf die Entwicklung des Tetralemmas von Insa Sparrer und Matthias Varga von Kibéd sowie dessen Anwendung auf die Soziale Arbeit bei Heiko Kleve (2011). Sozialarbeiterisch in einer Tetralemma-Logik zu denken, zu fühlen und handeln bietet *ko-kreative* Zugänge zu Entscheidungsfindungen mit den Nutzer*innen, der Vereinigung von Gegensätzen, der Klärung und Versicherung von Standpunkten, dem Überprüfen von Werten, der Aufhebung von Blockaden sowie der Möglichkeit, Dinge sichtbar werden zu lassen, die bisher ausgeschlossen blieben (auch in meinen Einschätzungen und Hypothesen der jeweiligen Situation) u. v. m. Für die Veränderung der langjährigen Leidensmuster benötigt es meistens einen feinen Mix aus der Dekonstruktion (was auch als eigenständige Methode gelesen werden kann) verfestigter Denk-, Fühl- und Handlungsweisen. Genauso aber braucht es immer auch Faktoren, die motivierend Wirken sowie Ressource und Stabilität fördern. Im gemeinsamen Erstellen, Durchdenken und Durchwandern der Positionen des Tetralemmas kann es regelrecht spielerisch Spaß machen, aus dem Dilemma-Kreislauf eines Spiels ohne Ende herauszutreten und lähmende *Entweder-Oder-Situationen* aufzubrechen. In den manchmal rein gedanklichen oder aber auch physischen Wanderungen durch die (in meiner Interpretation) fünf Positionen finde ich es immer wieder erstaunlich, mit wie wenig Aufwand es gelingen kann, Themen nicht nur verbalisierbar, sondern auch symbolisch gestaltbar und auf verschiedenen Ebenen verstehbar werden zu lassen.

Verfahren und Konzept

Als Verfahren zur Einschätzung von Ressourcen, Zieldimensionen und Hilfebedarf unserer Nutzer*innen verwende ich im Verlauf der ersten Kontakte standardmäßig eine Kombination aus netzwerk- und genogrammbasierten Gesprächen und der gemeinsamen Erstellung und Reflexion der Inklusions- und Exklusionschancen mit der *iMap* (Wirth 2014). Weiter organisiere ich den Ablauf meiner Termine anhand meines innerlichen Fahrplans, wie es die Phasen systemischer Beratungsgespräche zur Orientierung vorsehen (von Schlippe/Schweitzer 2012). Ich lege immer wieder Wert auf ein *Joining*, zum (erneuten) Anwärmen und der Möglichkeit, sich immer wieder neu und weiter kennenzulernen. Ein vermeintlich unwesentliches Joining ermöglicht es den Nutzer*innen unserer Angebote (und mir), sich schlicht als Mensch fühlen und erleben zu können, mit Interessen, Kompetenzen usw. Beim lockeren Plaudern bspw. über Kinofilme, Sportveranstaltungen, Serien, Politik, Erlebnisse in der Nachbarschaft o. ä. Interessant für mich ist immer wieder, wenn mir Nutzer*innen zurückspiegeln, wie es schön für sie sei, nicht ausschließlich im Lichte ihrer Probleme angesprochen zu werden.

Im weiteren Verlauf richte ich den Blick wieder auf den *Überweisungskontext* bzgl. der gemeinsam erarbeiteten Aufträge und Anliegen. Mittels zirkulären und paraphrasierenden Fragetechniken erkundige ich mich danach, wie es den Nutzer*innen seit des letzten Gesprächs ergangen ist und worauf wir heute blicken sollten, damit es ein guter Besuch wird. In der darauffolgenden Phase der *Ressourcen- und Problemexploration* beginnt das gemeinsame Tanzen um die fokussierten Themenstellungen. Dabei wandern (gelegentlich im Tetralemma) die Blicke auf das Wann, Wie, Wer, Wo, auf Häufigkeiten und Skalierungen der erlebten Intensität, Belastung, Freude usw., der Exploration bisheriger Lösungen und bereits geschaffter Wege, erkannter Ausnahmen, unterschiedlicher Vermutungen u. v. m. Schließlich gilt es sich immer wieder erneut über die verhandelten Problemexplorationen und dafür notwendigen weiteren *Kontrakte* zu verständigen. In einem kurzen Resümee der besprochenen Punkte versichere ich mich darüber, ob die Zusammenfassung der besprochenen Inhalte von allen anwesenden geteilt wird und welche Erwartungen an wen gerichtet sind sowie welche Überschneidungen oder aber Widersprüche dabei erkannt wurden.

Häufig schließe ich mit gemeinsamen Überlegungen zu konkreten Übungsaufgaben bis zum nächsten Treffen. Auch eine kurze *Auswertung* ist mir wichtig. Ich versuche den Raum dafür zu öffnen, sich abschließend, immer mit Blick auf die Zielvereinbarungen, über Zufriedenheit und Entwicklungswünsche zu verständigen.

Typische Fragestellungen können dabei sein: Haben wir jetzt erreicht, was wir uns für heute vorgenommen hatten? Womit sind Sie zufrieden? Womit sind Sie noch unzufrieden? Was war aus Ihrer Sicht nicht passend? Gab es etwas, womit ich Sie geärgert oder erfreut habe? Die exemplarisch ausformulierten Methoden und Verfahren mit ihren zugehörigen Techniken integrieren sich bei uns in ein systemisch orientiertes Case-Management-Konzept, welches entsprechend stark auf Empowerment und Re-Ermächtigung zur Selbstorganisation ausgerichtet ist (Kleve et al. 2008). Die Interpretation meines Vorgesetzten (privater Träger) kann, durchaus wertschätzend, als eigenwillig beschrieben werden. Neben den Formular-Vorgaben des Kostenträgers für die Begründung und Erstellung des Hilfebedarfs ist es uns Mitarbeitenden freigestellt, selbst zu entscheiden, wie streng wir das Case-Management-Konzept auf der Ebene der formalisierten Dokumentation weiter umsetzen. Auf Rückfrage erklärte er mir, dass er sich in seiner Leitungsfunktion darum kümmern möchte, Leitplanken zu setzen. „Bei allem Weiteren machen die Mitarbeitenden ja ohnehin, was sie wollen“. In meinem Fall rahme ich die weiter oben ausformulierten Gesprächsphasen der jeweiligen Besuche übergreifend nochmals innerhalb der sechs (zirkulären) Schritte im systemischen Case Management: die Schritte 1-3 der *Falleinschätzungsphase* aus Kontextualisierung, Problembeschreibung und -analyse sowie der Bildung von

Hypothesen und die *Hilfeplanung* mit Ziel- und Auftragsklärung, Handlungs- und Interventionsplanung sowie der Evaluation des Gesamtprozesses.

Rolle der Forschung und Anforderungsprofil an Mitarbeiter*innen

Ich habe oben viel zur Orientierung auf Ebene der Rahmungen in Konzepten, Methoden bis hin zu konkreter, reflexiver Anwendung von Techniken geschrieben. Diese Art des Vorgehens ist eine Rückkoppelung an Theorie und zugehöriger Forschung, zumeist im Bereich der systemisch-integrativen Therapie- und Beratungsforschung. Für den multi- und besonders auch transdisziplinären Kontext im ambulant betreuten Wohnen kommen viele Forschungsbereiche zum Tragen, die ich hier nicht umfassend bezeichnen kann. In gewisser Hinsicht spiegelt dies auch eine Begebenheit der Praxis wider. Man muss sich immer wieder neu auf einen passenden Umgang mit Situationen, Krankheitsbildern, der Wirkweise einer Medikation, usw. einstellen und d.h. auch, sich über die jeweiligen Evidenzgrade der jeweiligen Behandlungs-, Begleitungs-, Beratungsmöglichkeiten rückzuversichern. Es gibt unzählig viele Brillen, die man sich zur Hilfe nehmen kann und dann aber auch immer kontextsensibel und -spezifisch zu übersetzen hat. Etwas allgemeiner betrachtet sind für mich wissenschaftliche Leitlinien (www.awmf.org) ein guter Orientierungspunkt zum Brillenputzen. Insbesondere die S3-Leitinie „Psychosoziale Therapien bei schweren psychischen Erkrankungen“ sowie auch die entsprechende Patientenleitlinie zur Behandlungsleitlinie für die Weitergabe an die Nutzer*innen und deren Zugehörigen erlebe ich als äußerst hilfreich.

Vergütung

Etwas Konkretes zur Vergütung innerhalb dieses pluralen und durchaus auch heterogenen Praxisfeldes, mit nochmals unterschiedlicheren Vergütungssystemen und Einstufungsniveaus, zu sagen, fällt mir schwer. Ohne Leitungspositionen mitzudenken, scheint es mir realistisch, eine Verdienstmöglichkeit für Fachkräfte der Sozialen Arbeit zwischen den Stufen 11b und 12 TVöD angeben zu können. Dies entspricht einem ungefähren Bruttoeinkommen, je nach Erfahrungsstufe, zwischen 2900 € und 4300 €. Aber, wie beim Lotto, sind diese Angaben ohne Gewähr und mit Vorsicht zu genießen.

Selbstreflexion

Es mag banal klingen, aber in den letzten Jahren ist mir in einer nochmals vertieften Art und Weise deutlich geworden, welch verantwortliche Rolle Helfer*innen im Leben der Menschen einnehmen, die Hilfe suchen und zulassen oder zu Hilfsmaßnahmen verpflichtet werden. Das hat mir dem Spaß an meiner Arbeit nicht geschmälert, eher im Gegenteil. Es hat mich jedoch auch zu einer konsequenteren Selbstverpflichtung geführt. Mir selbst gegenüber bin ich strenger geworden, bspw. die weiter oben im Text beschrieben Gesprächs- und Hilfeprozessphasen als gedankliches Navigationssystem während meiner Arbeit zu beachten. Strukturierte Offenheit bedeutet letztlich eben sowohl einem offenen Prozess als auch einer strukturellen Rahmung nachzukommen.

Schon zu Beginn meines ersten Studiums ist es mir recht gut gelungen, vertrauensvolle Arbeitsbeziehungen aufzubauen, empathisch-diagnostisch den Anliegen, Verletzungen und Bedürfnissen meines Gegenübers passend entgegenzukommen und dabei authentisch, kongruent zu handeln. Durch breiteres und vertieftes Lesen sowie einem fortlaufenden Austausch und Erfahrungen mit Nutzer*innen, Kolleg*innen, Supervisionen, Weiterbildungen und dergleichen haben sich diese Dinge nochmals in eine ganz neue Form gebracht. Und zum Glück bewegen sie sich immer weiter. Zurzeit merke ich, wie hilfreich und somit auch irgendwie entspannend es ist, sich in all der Offenheit, Vielstimmigkeit und Prozessfreude immer wieder anhand der dichten Kopplung von *Theorie – Methoden – Verfahren* und schließlich sich daran bindenden *Techniken* in den Begleitungen bewegen zu können. Erst dadurch entstehen wieder Überraschungen. Die wirklich konsistente und konsequente Umsetzung dessen bringt mich immer wieder weg von den Versuchungen, meine vorgefertigten Gedanken und vermeintlich richtigen Lösungswege aufzusuchen.

Empfehlungen für Interessent*innen im Studium der Sozialen Arbeit, die sich für dieses Praxisfeld interessieren

Ich hoffe, meine Gedanken haben es geschafft, dieses schöne Praxisfeld des ambulanten betreuten Wohnens für interessierte Studierende der Sozialen Arbeit schmackhaft zu machen. Aus meiner subjektiven Sicht muss eine Sozialarbeitsbiografie natürlich irgendwie mal einen *BeWo-Bogen* geschlagen haben. Im Gegensatz zu manchen anderen Feldern ist es verhältnismäßig leicht, sich einfach mal in einem kleinen Rahmen auszutesten. Sicherlich warten bereits der nächste BeWo-Anbieter (und dessen Nutzer*innen) bereits bei Ihnen um die Ecke, die sich über wenige Schnupperstunden Ihrerseits in einer Begleitung sehr freuen würden! Sie erwartet die volle Breitseite und Vielfältigkeit des Lebens und, gerade während des Studiums der Sozialen Arbeit, unendlich viele Lern- und Reflexionsmöglichkeiten. Hier und da soll es auch immer mal wieder Kaffee zu trinken geben…

In welcher Verbindung stehen das Anforderungsprofil an die Fachkräfte im beschriebenen Handlungsfeld mit Methoden, Verfahren, Konzept und ethischem Zielhorizont?

Quellen

Berg, M.; Kuhnert, T. (2020): Einführung: Systemisch denken, therapeutisch handeln – jenseits von Approbation und Heilauftrag. In: Kuhnert, T.; Berg, M. (Hrsg.): Systemische Therapie jenseits des Heilauftrags. Systemtherapeutische Perspektiven in der Sozialen Arbeit und verwandten Kontexten. Göttingen: Vandenhoeck & Ruprecht, 15-26.

Bloch, E. (1963/1985): Tübinger Einleitung in die Philosophie. 2. Auflage. Frankfurt am Main: Suhrkamp.

Jonas, H. (1979/2020): Das Prinzip Verantwortung. Versuch einer Ethik für die technologische Zivilisation. 8. Auflage. Frankfurt am Main: Suhrkamp.

Kleve, H. (2011): Aufgestellte Unterschiede. Systemische Aufstellung und Tetralemma in der Sozialen Arbeit. Heidelberg: Carl-Auer-Verl.

Kleve, H.; Haye, B.; Hampe-Grosser, A.; Müller, M. (Hrsg.) (2008): Systemisches Case Management. Falleinschätzung und Hilfeplanung in der Sozialen Arbeit. 2. Auflage. Heidelberg: Carl-Auer-Verl.

Petzold, H.G. (2015): Einführung – „Unterwegs" zu handlungsleitenden Menschenbildern. In: Petzold, H.G. (Hrsg.): Die Menschenbilder in der Psychotherapie. Interdisziplinäre Perspektiven und die Modelle der Therapieschulen. Bielefeld: Aisthesis, 15-41.

von Schlippe, A.; Schweitzer, J. (2012): Lehrbuch der systemischen Therapie und Beratung I. Das Grundlagenwissen. 3. Auflage. Göttingen. Vandenhoeck & Ruprecht.

Schlittmaier, A. (2014): Ethische Grundlagen klinischer Sozialarbeit. 2., erg. Auflage. Weitramsdorf-Weidach: ZKS.

Schütze, F. (2021): Professionalität und Professionalisierung in pädagogischen Handlungsfeldern: Soziale Arbeit. Opladen: Barbara Budrich.

Schwing, R.; Fryszer, A. (2018): Systemisches Handwerk. Werkzeug für die Praxis. 9., unveränderte Auflage. Göttingen: Vandenhoeck & Ruprecht.

Wirth, J.V. (2014): Inklusion mit der iMap. In: Soziale Arbeit. Zeitschrift für soziale und sozialverwandte Gebiete 63, 342-348.

Wirth, J.V.; Kleve, H. (2020): Von der gespaltenen zur verbundenen Lebensführung. Systemische Wege für das alltägliche Leben. Göttingen: Vandenhoeck & Ruprecht.

Soziale Arbeit in einer Akutklinik für abhängigkeitserkrankte Menschen

Sascha Heß

Der Sozialdienst in einer qualifizierten Entzugsstation ist fester Bestandteil des Angebots im Suchthilfesystem. Der Aufgabenbereich umfasst die psycho-soziale Begleitung im Rahmen einer stationären Krankenhausbehandlung.

Wir bieten einen qualifizierten Entzug, der in der Regel bis zu 21 Tagen dauert. Dabei sollen nicht nur die körperlichen Entzugserscheinungen mithilfe einer medizinischen Behandlung abgefangen werden, es werden auch eine Reihe von verschiedenen Therapien angeboten, wie Ergo-, Sport- und Kunsttherapie, sowie die psycho-soziale Begleitung. In unserer Klinik werden darüber hinaus verschiedene Indikationsgruppen, wie eine regelmäßig stattfindende Suchtinfogruppe und eine ärztliche Infogruppe angeboten, an denen unsere Patient*innen teilnehmen können. Ein qualifizierter Entzug von Alkohol, Medikamenten und illegalen Substanzen bedeutet für die Patient*innen in der Regel viel Stress, sowohl körperlich als auch psychisch, weil sie sich aktiv mit ihrer Sucht auseinandersetzen sollen, weswegen auch Bezugspflegegespräche und Psycholog*innengespräche angeboten werden. Neben den verschiedenen Angeboten gibt es auch ein Pflichtprogramm.

Der Sozialdienst ist dabei nicht Teil des therapeutischen Pflichtprogramms, sondern stellt ein niedrigschwelliges Angebot des qualifizierten Entzugs dar. Die Patient*innen müssen also nach Möglichkeit am Tagesprogramm teilnehmen und z. B. zu den Mahlzeiten gehen, die wöchentlich stattfindenden Arztsprechstunden wahrnehmen und an einer der angebotenen Therapieeinheit teilnehmen.

Kern meiner Tätigkeit als Sozialarbeiter in einer Entzugsklinik ist die Beratung und Betreuung unserer Patient*innen hinsichtlich ihrer Abhängigkeit und den daraus resultierenden psycho-sozialen Folgen. Zu den Folgen gehören klassischerweise Geldprobleme und -sorgen, familiäre- und Beziehungsprobleme, berufliche Probleme, Wohnungs- und/oder Obdachlosigkeit, sowie vom Gericht erteilte Auflagen. Dazu muss gesagt werden, dass ich die o. g. Probleme nicht lösen kann, wenngleich viele Patient*innen meine Sprechstunde besuchen und buchstäblich vor einem Berg von Problemen stehen. Soziale Arbeit in der Suchthilfe ist keine Rechts- oder Schuldnerberatung oder gar Wohnungsvermittlung. Dafür gibt es zahlreiche Beratungsstellen in Schleswig-Holstein und Hamburg, diese zu kennen und entsprechende Informationen weiterzugeben, ist Teil meiner Arbeit.

Ein weiterer Schwerpunkt meiner Tätigkeit ist die Beratung und Planung einer Anschlussbehandlung. Häufig handelt es sich hierbei um eine Entwöhnungstherapie. Auch die Anregung einer gesetzlichen Betreuung oder die Beantragung eines Pflegegrades gehören zum Aufgabenbereich dazu, wie auch allgemeine Behördenangelegenheiten.

Nach regulärer Entlassung aus unserer Entzugsklinik haben sich viele Probleme der Patient*innen nicht geklärt und auch wenn der körperliche Entzug weitestgehend abgeschlossen ist, besteht die Gefahr eines Rückfalls weiterhin. Vieles bleibt über Wochen und Monate zu Hause liegen und wird im Alltag ignoriert. Auf die Frage, warum sie sich für eine Entgiftung entschieden haben, sagen viele, dass es so nicht weitergehen kann. Wenn die Menschen dann nach einer Entzugsbehandlung wieder in ihre Wohnung kommen, finden sie buchstäblich einen Scherbenhaufen voller Probleme vor und der Rückfall ist vorprogrammiert. Um dieses typische Muster zu vermeiden, bespreche ich gemeinsam mit der*dem Patient*in, die Zeit nach der stationären Behandlung. Soziale Arbeit auf dem Entzug ist also maßgeblich am Entlassmanagement der Entzugsklinik beteiligt. Im Aufnahmeprozess werden erste sozialpsychiatrische Fragen, so weit als möglich, geklärt, so z. B. die Frage, ob eine Anschlussbehandlung bereits geplant ist oder geplant werden soll. Entsprechend wird dann schon vorab auf die sozialarbeiterische Tätigkeit verwiesen.

In der Vergangenheit gab es unter Kolleg*innen Diskussionen über die Aufnahmepolitik der Klinik. Dabei gab es Unklarheiten, aber auch unterschiedliche Meinungen über Patient*innen, wenn diese im Aufnahmegespräch offen mitteilten, dass sie den Konsum von psychotropen Substanzen zwar reduzieren, aber nicht gänzlich abstinent leben wollen.

Häufiger kommen substituierte Patient*innen, weil sie vom Beikonsum entgiften wollen. Nicht selten entwickeln Patient*innen auch erst im Laufe der Behandlung ein Ziel für sich und einen Auftrag für mich oder das Team. Wie gehen wir aber mit Menschen um, die zum wiederholten Male in unsere Klinik kommen und vorzeitig die Behandlung gegen ärztlichen Rat beenden, weil sie wieder arbeiten gehen wollen? Oder weil sie von Anfang an nie den Wunsch hatten, ganz abstinent zu leben? Ich denke ich kann sagen, dass in unserem Team ein genereller Konsens darüber herrscht, dass wir unsere Patient*innen hinsichtlich ihrer Abhängigkeitserkrankung akzeptieren und tolerieren und nicht verurteilen. Die meisten Mitarbeiter*innen haben langjährige Berufserfahrung im psychiatrischen Setting und sind entsprechend geschult. Auch dass Patient*innen rückfällig werden gehört zu einer Abhängigkeit dazu.

Ich denke, ich kann für unser Team sprechen, dass wir natürlich davon betroffen sind, wenn Patient*innen nach wochenlanger Planung, vielen Gesprächen, Höhen und Tiefen die Behandlung plötzlich abbrechen oder nach Monaten wiederkommen und total „abgerockt“ aussehen oder wenn wir die traurige Nachricht erhalten, dass ein*e ehemalige*r Patient*in verstorben ist.

Sehr häufig erfahren Menschen mit einer Drogenabhängigkeit gesellschaftliche Exklusion und es werden ihnen bestimmte negative Eigenschaften zugeschrieben. Im Rahmen meiner Tätigkeit gebe ich den Menschen kein klares Ziel vor, sondern befrage die Patient*innen vorurteilsfrei zu ihrer Lebenssituation. Die Menschen sollen wissen, dass sie Hilfe und Unterstützung erwarten können, auch oder gerade, wenn sie rückfällig sind.

Das Angebot des Sozialdienstes im Entzug versteht sich also als psycho-soziale Begleitung, Beratung und Vermittlung, dabei vereint sie die eigenständigen Arbeitsfelder der professionellen Suchthilfe. Dies gelingt jedoch nur durch ein gut vernetztes System der verschiedenen Angebote untereinander. An Grenzen zu stoßen ist beinahe alltäglich und ergibt sich auch aus dem vorgegebenen Zeitrahmen einer Entzugsbehandlung. Der Vermittlungsteil, d. h. die Planung einer Anschlussbehandlung, kann für alle Beteiligten sehr belastend werden, wenn das Timing nicht optimal abgepasst wird und/oder es keine freien Therapieplätze gibt. Ein mir persönlich wichtiger Teil, ist die Beschäftigung mit der

Lebensgeschichte der Klient*innen, ein Teil, der trotz allem häufig viel zu kurz kommt, da er auch abhängig von der aktuellen Belegung ist. Um die für den Sozialbericht wichtigen Informationen dennoch zu erhalten, arbeite ich mit einem entsprechenden Suchtlebenslauf-Formular.

Unsere Adressat*innen kommen zuweilen aus eigenen Stücken zu uns, häufig, weil sie erkannt haben, dass ihr Leben so nicht weitergehen kann. Nicht selten wird berichtet, dass wichtige Lebenspfeiler drohen wegzubrechen oder schon weggebrochen sind, wie beispielweise der Verlust des Führerscheins und damit einhergehend der Verlust der Arbeit oder die Wohnungslosigkeit, der*die Partner*in, die sich getrennt hat. Die Beratungstätigkeit ist so vielfältig, wie die Adressat*innen, die zu uns kommen, sodass ein Überblick über verschiedene Arbeitsfelder hilfreich ist. Ebenso häufig sind Fälle, die mehr oder weniger extrinsisch motiviert sind, wo also der*die Partner*in oder die Eltern „Druck" machen. Hier geht es häufig erstmal um Motivationsarbeit zusammen mit den Betroffenen und, falls gewünscht, bieten wir auch Angehörigengespräche an.

Die übergeordneten Ziele oder Wirkungen der Sozialen Arbeit in der Suchthilfe sind einerseits die Realisierung gesellschaftlicher Teilhabe und zum anderen die individuelle Genesungs- und/oder Bewältigungsprozesse (Laging 2018, 173). Die Deutsche Rentenversicherung (DRV) ist üblicherweise der Kostenträger für die anschließende medizinische Rehabilitation, sie hat zum Ziel die „Wiederherstellung" der Arbeitsfähigkeit.

Der Träger meiner Arbeitsstätte ist ein privater Gesundheitsdienstleister und betreibt Krankenhäuser, Pflege- und Eingliederungseinrichtungen im deutschsprachigen Raum. Ein Schwerpunkt an vielen Standorten ist die Behandlung von Abhängigkeitserkrankungen.

Die Sozialberatung im stationären Setting ist, genau wie die medizinische Behandlung, freiwillig. Die Patient*innen unterschreiben bei Aufnahme einen Behandlungsvertrag, die Patient*innendaten werden nach der DSGVO sensibel behandelt. Private und persönliche Inhalte in den Gesprächen unterliegen der Schweigepflicht nach § 203 StGB.

Patient*innen können vorab telefonisch einen Termin zur Aufnahme machen, eine Krankenhauseinweisung vom Hausarzt ist hilfreich, aber nicht zwingend notwendig. Die Behandlung wird, wie auch eine Krankenhausbehandlung in der Regel mit der Krankenversicherung abgerechnet. Es kommt vor und ist auch immer wieder Teil meiner Arbeit, dass Menschen ohne aktuellen Versicherungsstatus zu uns kommen. Dieses Dilemma stellt uns als Team regelmäßig auf die Probe. Es ist jedoch einer der Gründe für eine Behandlungsablehnung. Stellt sich während der Behandlung heraus, dass ein*e Patient*in nicht versichert ist, ist dies äußerst ärgerlich für alle Beteiligten. Patient*innen haben aufgrund ihrer Begleiterkrankungen häufig nicht die Kraft oder schlicht keine Nerven, sich um rechtliche Angelegenheiten zu kümmern. Nichtsdestotrotz bin ich auf die Mitwirkung angewiesen und es erweist sich häufig als sehr mühsam und zeitaufwendig, Patient*innen wieder zu versichern. Dieser Prozess, der (Re-)Aktivierung der Krankenversicherung, zieht sich meistens über die Behandlungsdauer hinaus.

Der Kontakt mit den Klient*innen spielt eine bedeutende Rolle in der Suchthilfe. Das Thema ist sehr Scham besetzt und so äußern sich viele Patient*innen im Kontakt häufig bagatellisierend hinsichtlich ihrer Suchterkrankung. Es kommt nicht selten vor, dass sie bei Aufnahme, noch intoxikiert, um Hilfe bitten und dann im weiteren Behandlungsverlauf jede Unterstützung ablehnen und ihr exzessives Konsumverhalten leugnen („Ein Glas Wein am Abend ist doch gesund"). Von Kolleg*innen aus Suchtberatungsstellen weiß ich, dass die „Motivierende Gesprächsführung" heute als Standard gilt und eine Fortbildung in diesem Bereich lohnenswert sein soll. In der Fachliteratur wird „Motivational Interviewing" oder „Motivierende Gesprächsführung" (MI) von Miller und Rollnick v.a. in Heilberufen auch oft genannt. Vereinfacht gesagt, kann mithilfe dieser Gesprächstechnik z.B. die Ambivalenz von Konsum und Sucht aufgelöst werden. Dies kann den Erkrankten helfen, eine Verhaltensänderung zu etablieren (vgl. Wendt 2017, 204). In unserer Klinik wird hingegen für die Mitarbeitenden regelmäßig eine Fortbildung in der „Dialektisch-Behavioralen Therapie" (DBT, auch dialektische Verhaltenstherapie) angeboten und gerne angenommen. Diese Psychotherapieform wird v.a. bei Patienten mit einer Borderline-Störung, also Personen, die zu Selbstgefährdung neigen, angewendet.

Forschung im Bereich der Sucht ist sehr komplex und hat viele verschiedene Themenaspekte. Sie muss sich v.a. gegen viele Vorurteile und sozialgesellschaftliche Vorstellungen und Kultur stemmen. Im Alltag höre ich gelegentlich von Klient*innen, dass sie nicht wissen, wie sie mit ihrer Erkrankung in ihrem Freundes- und Bekanntenkreis umgehen sollen. Das ist im Übrigen auch ein Grund, warum sich viele gegen die Diagnose „Alkoholabhängigkeit" wehren: Man ist sozial und gesellschaftlich gebrandmarkt. Die Suchterkrankung bringt darüber hinaus Begleiterkrankungen (in der Fachsprache Komorbidität) mit sich. Eine stationäre oder ambulante Behandlung einer Abhängigkeitserkrankung ist von Krankenhaus zu Krankenhaus unterschiedlich, was Vor- aber auch Nachteile haben kann. Einige Einrichtungen arbeiten z.B. nicht mit Rückfällen, d.h. Patient*innen werden nach einem Rückfall aus der Entgiftung oder Rehabilitation entlassen. Dabei ist gerade ein Rückfall Teil der Erkrankung. Auch das Verheimlichen des Konsums (aus Scham) ist im Grunde sehr typisch bei suchtkranken Menschen. So lässt sich auch erklären, dass eine Alkoholabhängigkeit häufig erst nach fünf bis zehn Jahren medizinisch festgestellt wird.

Im jährlich stattfindenden Kongress Deutsche Gesellschaft für Psychiatrie und Psychotherapie, Psychosomatik und Nervenheilkunde (DGPPN) in Berlin gibt es zahlreiche Vorträge zum Thema Abhängigkeit, was deutlich macht, dass ständig neue wissenschaftliche Erkenntnisse veröffentlicht werden. Auch in meinem Kollegenkreis gibt es hinsichtlich der Sucht bspw. Vorurteile, so ist ein

Totschlagargument die Schuldfrage: „Er/Sie ist ja selbst schuld“, was sich leider hartnäckig hält.

In meiner Arbeit im Akutbereich arbeite ich in einer täglich stattfindenden Sprechstunde. Die Patient*innen informieren sich hier, lassen sich beraten oder holen sich Hilfe bei den verschiedensten Angelegenheiten. Viele Angelegenheiten können die Patient*innen selbst lösen, brauchen aber häufig im ersten Anlauf Unterstützung. In einer Offenen Beratung bieten wir Sprechstunden an, in denen Klient*innen häufig auch mit dem Partner erscheinen. Die Offene Beratung ist Teil der angegliederten Rehabilitationseinrichtung und fällt somit nicht direkt in meinen Kernbereich. Da ich jedoch in der Rehabilitationseinrichtung auch meine beiden Kolleginnen vertrete, fällt dies gelegentlich in meinen Aufgabenbereich. Die Arbeit teilt sich entsprechend auf in Patient*innen- und Angehörigenkontakt, Bürotätigkeit und Teamsitzungen. Wobei die Bürotätigkeit den größten zeitlichen Anteil hat. Die Arbeitsweisen sind entsprechend unter den Kolleg*innen unterschiedlich, hier gibt es kein einheitliches Konzept. Wie könnte ein Anforderungsprofil für meine Stelle aussehen, in das meine subjektive Erfahrung einfließt? Neben der fachlichen Kompetenz, das sicher das Grundlagenwissen über Suchterkrankungen und Komorbidität beinhaltet, gehört auch die soziale Kompetenz, also v. a. Empathie und die Fähigkeit, aktiv zuzuhören. Gleichzeitig braucht es jedoch auch ein gewisses Gespür, wie weit die Unterstützung gehen kann, die ja auch immer von der Dauer des Aufenthaltes, also den äußeren Faktoren abhängig ist. Zu Beginn meiner Tätigkeit stürzten sich viele Patient*innen auf mich und brachten mir stapelweise ungeöffnete Briefe, die sich über Monate angesammelt haben und waren diese abgearbeitet, kam schon der nächste Schwall. Die Fähigkeit, sich in gewisser Weise abzugrenzen und Grenzen zu setzen ist erfahrungsgemäß sinnvoll. Hieraus kann jedoch abgeleitet werden, dass der oder die Klient*in im Alltag Unterstützung braucht. Hilfe und Unterstützung anzunehmen ist mit Scham besetzt und wird auch beim Thema Betreuungsanregung sichtbar: Viele Klient*innen haben Angst, dass sie selbst keine Entscheidungen mehr treffen dürfen, und lehnen solche Anträge vorschnell ab.

Die Bezahlung für Sozialarbeiter*innen schwankt sehr stark in den verschiedenen Bundesländern. In Schleswig-Holstein soll laut meiner Recherche das monatliche Bruttogehalt bei 3273 EUR liegen. Das kommt in etwa hin, ist aber auch wieder abhängig von der beruflichen Erfahrung. Vorausgesetzt wird in der Regel die staatliche Anerkennung. Zur Orientierung wäre eine Eingruppierung in die Entgeltgruppe S 11b für staatlich anerkannte Sozialarbeiter*innen (Sue) nach TVöD ein ungefährer Richtwert.

Mein Arbeitsgebiet ist sicher eines, das sehr belastend sein kann. Ich möchte einerseits interessierte Leser*innen dazu einladen, sich näher mit diesem spannenden Arbeitsfeld der Sucht zu befassen, aber gleichzeitig auch davor warnen. Der schmale Grat zwischen Genuss und Abhängigkeit ist sicher nicht für jeden etwas und die Arbeit mit an Abhängigkeit erkrankten Menschen ist in der

Gesellschaft, v. a. zum Leid der Erkrankten, nicht unbedingt angesehen. Zumindest habe ich im Bekannten- und Freundeskreis selten dafür Lobeshymnen oder Danksagungen erhalten.

Die Arbeit im Krankenhaus ist besonders. Einerseits arbeite ich eigenständig, andererseits hat man ein großes Team und viel Struktur und Hierarchien. Ähnliche Bereiche wären z. B. die Soziale Arbeit im Krankenhaus oder in einer Allgemein Psychiatrischen Klinik sowie die Ambulante Suchtberatung. Ein Praktikum, bspw. während des Studiums, ist zu empfehlen.

Nach nunmehr drei Jahren habe ich das Gefühl, einen guten Überblick über das Suchthilfesystem zu haben. Fachlich vermisse ich sicherlich entsprechende Fort- und Weiterbildungen, wie die genannte „Motivierende Gesprächsführung". Weitere Informationen für Interessierte gibt es auf der Onlineplattform der Deutschen Hauptstelle für Suchtfragen e. V. (www.dhs.de). Hier gibt es auch Infobroschüren und Publikationen über verschiedene Abhängigkeitsformen.

Welche Aufgabenbereiche benennt der Beitrag für SozialarbeiterInnen in dieser Akutklinik und inwiefern sind diese repräsentativ für Soziale Arbeit im Allgemeinen?

Quellen

Laging, Marion (2018): Soziale Arbeit in der Suchthilfe – Grundlagen, Konzepte, Methoden. Stuttgart: Kohlhammer.

Wendt, Kai (2017): Suchthilfe & Suchtherapie – Leitfaden für die Praxis. Lübeck: Schattauer.

Soziale Arbeit im Krankenhaus

Lisa-Marie Pernak

Denkt man zu Beginn des Studiums an mögliche Beschäftigungsfelder der Sozialen Arbeit, so ist das Krankenhaus mit seinem sozialen Dienst nicht unbedingt die erste Assoziation. Die klinische Sozialarbeit ist ein Arbeitsfeld, das bereits lange Tradition hat.

> „Klinische Sozialarbeit sieht sich in der Tradition der Pionierinnen der ‚sozialen Diagnose' und ‚sozialen Therapie' Mary Richmonds und Alice Salomons. Es ging beiden Frauen um den Anspruch der beruflichen Sozialarbeit auf ein eigenständiges

methodisches Inventar zur Ermittlung persönlichen Hilfebedarfs und zu wirksamer sozialer Einzelfallhilfe in den verschiedensten psychosozialen Problemlagen. Seit den 1930er-Jahren entwickelten […] dann amerikanische [Sozialarbeitswissenschaftler*innen] wie Gordon Hamilton, Florence Hollis, Virginia Satir, Naomi Golan und Carel B. Germain daraus eine zunächst an der Psychoanalyse anknüpfende Methodenwissenschaft für die Case Work mit Menschen in prekären psychosozialen Lebenslagen." (Gahleitner/Hahn 2008, 7).

Doch nicht nur in der Vergangenheit lassen sich Einordnungen zur Komplexität des Beschäftigungsfeldes finden. „Der Übergang von der stationären Krankenhausversorgung in eine weitergehende medizinische, rehabilitative oder pflegerische Versorgung stellt eine besonders kritische Phase der Behandlungs- und Versorgungskette für die betroffenen [Patient*innen] dar." (Bundesgesundheitsministerium 2021). Während Krankenhäuser bis 2015 ihre Entlassungen unterschiedlich organisierten, wurde durch das „GKV-Versorgungsstärkungsgesetz (GKV-VSG 2015) […] das Entlassmanagement umfassend reformiert. Zum einen wurden die bisher begrenzten Möglichkeiten der Krankenhäuser ausgedehnt, Nachbehandlungen zu veranlassen und Leistungen zu verordnen." (Bundesgesundheitsministerium 2021). Durch das strukturierte Entlassmanagement aus dem zum 1. Oktober 2017 in Kraft getretenen Rahmenvertrag konnte die Fürsorge für die Patient*innen in vielen Fällen verbessert werden. Einige Aufgaben aus diesem Kontext lagen bereits im Bereich des Sozialdienstes, andere stellten Krankenhäuser vor neue Herausforderungen und brachten eine neue Dynamik in die Kliniklandschaft.

Aus diesem Grund findet man den Begriff des Entlassmanagements immer wieder im Krankenhauskontext, auch wenn die jeweiligen Abteilungen sowie die Berufsgruppen, die diesen Bereich überwiegend verantworten, sehr unterschiedlich sein können: In manchen Kliniken gibt es ergänzend (teilweise auch stattdessen) Abteilungen, wie das Case Management, die Pflegeüberleitung oder die Rehabilitationsberatung, um einige Bezeichnungen exemplarisch zu nennen. Im Folgenden wird aus Gründen der Lesbarkeit das Wort Sozialdienst verwendet, auch wenn dieses die vielen Facetten des Arbeitsfeldes miteinschließen soll.

Wie kann man das Arbeitsfeld gut verstehen? Wenn man es so einfach wie möglich ausdrücken möchte, so geht es beim Sozialdienst im Krankenhaus darum, die Patient*innen so gut wie möglich auf ihrem Weg der Gesundung und der Entlassung aus dem Krankenhaus zu unterstützen. In der Klinik, in der ich tätig bin, wird durch den Sozialdienst u. a. die Organisation von Rehabilitation, Pflege oder die Beratung zu und Beantragung von sozialrechtlichen Leistungen übernommen, die im Kontext der Erkrankung bzw. der Sicherung der Lebenssituation stehen. Ergänzend lassen sich nach Erath und Balkow noch das Schnittstellenmanagement, Sterbe- und Trauerbegleitung, Hilfeplanung und Angehörigenarbeit anführen (Vgl. Erath/Balkow 2016, 49). Die Adressaten der

Hilfestellung können dabei vielfältig sein, denn jeder Mensch kann in seinem Lebensverlauf erkranken. Eine Erkrankung kann dabei das bisherige Leben schnell verändern und so Personen, die bisher fest im Leben standen, von Sozialleistungen abhängig machen. So unterschiedlich wie die Menschen sind, sind auch die Anliegen, die diese mitbringen. Probleme, die teilweise im Alltag noch unter der Oberfläche schwelen, können im Kontext einer Erkrankung regelrecht herausbrechen. Die Spanne reicht also von Personen, welche ihre geplante Operation mit Rehabilitation als eine Art sportlichen Urlaub nutzen, bis zu Menschen, die existentielle Krisen in Bezug auf Partnerschaft, Arbeitsleben oder eben Gesundheit erleben.

Dies macht vermutlich auch den Unterschied zu vielen anderen Arbeitsfeldern der Sozialen Arbeit aus, da selten eine Tätigkeit von so vielfältigen Personengruppen geprägt ist. Doch auch wenn die Adressaten unterschiedlich sein können, so ist man durch die akute Situation einer Erkrankung und ihre mögliche Schwere auch häufig mit emotionalen Extremsituationen konfrontiert. Auch wenn es im Gesundheitssystem insgesamt durch die Problematik der unterschiedlichen Versicherungssysteme zwischen gesetzlich und privat, dem Zugang zu zusätzlichen Versorgungs- oder Vorsorgeoptionen einerseits sehr große Unterschiede gibt, so ist andererseits der Sozialdienst trotzdem für alle Patientengruppen gleichermaßen mit verantwortlich. Neben Fällen mit offensichtlicher Problemlage, wie Wohnungslosigkeit, gibt es teils auch weniger offensichtliche, wie Sucht oder häusliche Gewalt. So kann es sein, dass wir auch für einen Fall hinzugezogen werden, in denen es eine ungute, vage Vermutung gibt. Dabei darf die eigene Sichtweise nicht zu blinden Flecken führen. Es ist ein Trugschluss, dass häusliche Gewalt im Alter aufhören würde, um hier nur ein Beispiel zu nennen.

Ich bin froh, dass unsere Tätigkeit im Sozialdienst als ergänzende Profession von den anderen Abteilungen geschätzt wird. Diese sozialtherapeutische Kompetenz wird, wie Gahleitner und Hahn kritisieren, nicht überall so eingeordnet. „Stattdessen wird der Kliniksozialdienst hauptsächlich als Funktionseinheit zur Regelung administrativer Aufgaben wahrgenommen, die in erster Linie einer – natürlich ebenfalls wichtigen – Absicherung der [Patient*innen] dient. Die klinische Sozialarbeit will mit ihren Mitteln den [Patient*innen] und der Klinik dienen, sie muss aber auch die Chance dazu erhalten, indem sie als professionelle Dienstleitung eigener Art von Medizin und Pflege akzeptiert wird.“ (Gahleitner/Hahn 2008, 38).

Häufig erfüllt der Sozialdienst auch die Rolle des Care und Case Managements, sofern es dieses nicht gesondert in der Klinik gibt. So ergänzt er die soziale Anamnese und teils auch Problemdiagnose, begleitet, organisiert und vernetzt (vgl. Erath/Balkow 2016, 49). Je nach Fachbereich des Krankenhauses ist die Begleitung der*s Patient*innen während der Diagnostik, also dem Findungsprozess der Erkrankung bis hin zum (teilweise schwerwiegendem) Umgang mit ihr und der Erkenntnisverarbeitung ein großer Aspekt.

Der Prozess der Entlassung beginnt nicht am letzten Tag des Krankenhausaufenthaltes, sondern idealerweise bereits bei der Aufnahme. Die Kausalität der einzelnen Schritte ist durch die sogenannten Klinikpfade definiert. Diese Arbeitsabläufe haben neben der Begleitung der*s Patient*innen viel mit Anträgen, Formularen, den entsprechenden Paragrafen und Kontakt mit den jeweiligen Leistungsträgern zu tun. Es wird vor allem eine gute Frustrationstoleranz und Geduld benötigt, da viele Arbeitsschritte repetitiv sind. Die notwendige Empathie für die zu versorgenden Menschen aufrechtzuerhalten, kann herausfordernd sein. Umso schöner ist es auf der anderen Seite, wenn sich Patient*innen an gemeinsame Gespräche erinnern, weil sie diese als hilfreich empfunden haben. Die in einer Art Zeitraffer stattfindende, gebündelte Fallarbeit hat ergänzend hierzu das Potenzial von schnellen Erfolgserlebnissen. Hierfür ist ebenso Organisationsgeschick relevant, da viele Aufgaben parallel, mit Unterbrechung und in hoher Dichte ausgeführt werden müssen. Es gilt auch an stressigen Tagen (zumindest weitestgehend) den Überblick zu behalten.

Neben der Perspektive des Falles ist die Netzwerkarbeit ein zentraler Faktor, der sich in unterschiedlichen Fachkonzepten wie dem Care- und Case Management oder der Sozialraumorientierung wiederfindet. „Für die Klinische sozialraumorientierte Sozialarbeit bedeutet dies, in der Einzelfallarbeit auch Sozialstrukturfaktoren zu berücksichtigen, d.h. nicht nur im Einzelfall, sondern das gesamte Feld zu fokussieren und dadurch Integrationschancen und Eigenkräfte von Menschen zu steigern." (Gahleitner/Hahn 2008, 35). Dabei gibt es ganz unterschiedliche Netzwerkpartner, die an dieser Stelle zu nennen sind. An erster Stelle sind versorgende in Form von Pflegediensten oder Pflegeeinrichtungen, Einrichtungen für Menschen mit Behinderungen, Rehabilitations- oder geriatrischen Kliniken zu nennen. Darüber hinaus besteht Kontakt mit Behörden, Ämtern und Gerichten (z.B. für eine gesetzliche Betreuung). Niederschwellige Angebote, wie Nachbarschaftstreffs, Beratungsstellen oder Selbsthilfe komplettieren dieses darüber hinaus. An dieser Stelle gute Kontakte zu pflegen, erleichtert den Alltag erheblich.

Sozialraumorientierung darf jedoch nicht ausschließlich als geografisches oder erzieherisches Konzept verstanden werden. „In der Sozialraumorientierung geht es nicht darum, mit pädagogischer Absicht Menschen zu verändern, sondern darum, unter tätiger Mitwirkung der betroffenen Menschen Lebenswelten zu gestalten und Arrangements zu kreieren, die dazu beitragen, dass Menschen auch in prekären Lebenssituationen zurechtkommen." (Hinte 2019, 15). Dies lässt sich im Kontext von chronischen Erkrankungen auch um Coping, also den Mechanismen für den Umgang mit einer Erkrankung sowie Unterstützung der Compliance, also der Behandlungstreue erweitern. So kann eine prekäre Situation nicht nur wirtschaftlich, sondern eben auch gesundheitlich definiert sein.

Ergänzend zu dem fachlichen Wissen um gesetzliche Ansprüche hilft der Einsatz von beraterischen Methoden im Patient*innenkontakt. Dabei sind vorrangig

Techniken zu nennen, die die Gesprächsführung unterstützen. Wegen der oftmals eng definierten Hilfeoptionen der Leistungsträger, sind Ressourcen aktivierende Fragen, wie jene nach Unterstützung im Alltag, ein häufig genutztes Mittel. Hilfe zur Selbsthilfe ist zentral, denn die beste Behandlung einer*s Patient*in hilft nicht, wenn die betroffene Person seine*ihre Behandlung selbst nicht mit unterstützt. Ich nutze dabei gerne Methoden aus der personenzentrierten Gesprächsführung nach Rogers, wie das Paraphrasieren oder Verbalisieren. So kann ich meinem Gegenüber signalisieren, dass mein Interesse dem Verständnis der Situation der jeweiligen Person gilt. Insbesondere bei Patient*innen mit sprachlichen oder kognitiven Einschränkungen hilft dies sehr, um die Kommunikation oder teils auch chaotische Gedanken, zu strukturieren. Rogers geht von einem positiven Menschenbild aus, bei dem jede*r individuell mit der Tendenz geboren wird sich selbst zu aktualisieren, zu erhalten und zu verwirklichen. Die Gespräche sind nach dieser Methode durch Wertschätzung, Anerkennung und Rücksichtnahme geprägt (vgl. Erath/Balkow 2016, 208 f.). „Das Ziel des Beratungsprozess ist es nicht, ein bestimmtes Problem zu lösen, sondern dem Individuum zu helfen, sich so zu entwickeln, dass es mit dem gegenwärtigen Problem und mit späteren Problemen auf bessere Weise fertig wird." (ebd., 208). Die Herausforderung liegt darin, die methodisch geforderte Kongruenz und Authentizität zu erhalten, was je nach Gegenüber besser oder schlechter gelingt. Ich finde es jedoch wichtig, auch wenn mir eine Haltung oder Entscheidung einer*s Patient*innen nicht zusagt, dies zwar als solches zu erkennen. Es ist aber ebenfalls zu berücksichtigen, dass meine Meinung an dieser Stelle für mein Gegenüber keine Relevanz hat. Ich kann mögliche Bedenken oder Sorgen adressieren, sofern dies in der Beratungsbeziehung adäquat ist. Grundsätzlich habe ich mit erwachsenen Menschen zu tun, die eigenständige Entscheidungen treffen können. Die Orientierung am Patientenwillen ist maßgeblich und immer wieder ein Balanceakt.

In einer Beratungssituation mit einer älteren Dame, die wegen wiederholten Stürzen zu Hause in der Behandlung ist, kann es hilfreich sein, meine Sorge vor erneuten Stürzen zu thematisieren. Diese Sorge einer fremden Person an dieser Stelle, können aus Sicht der Patient*innen dazu beitragen, die eigene Mobilität noch einmal zu bedenken und eine aus ihrer Sicht passende Versorgung zu wählen. Möglicherweise hat sie diese Ängste selbst und kann sie noch nicht zulassen? Die meisten Menschen möchten nicht nach einem Sturz in ihrer eigenen Wohnung liegen, ohne dass sie selbst aufstehen können oder jemand zur Hilfe verfügbar ist. Diese Vorstellung ist je nach Alter ein zentraler Triggerpunkt von Ängsten, egal wie schön die Wohnung sein mag. Für die Gespräche mit Patient*innen ist es daher wichtig, diese Gefühle ernst zu nehmen und Raum für mögliche neue Erkenntnisse zu geben, auch wenn diese für die gegenübersitzende Fachkraft gelegentlich repetitiv sind.

In diesem Arbeitsfeld lassen sich je nach persönlicher Präferenz die meisten Methoden der vier großen Beratungsstile anwenden. Meine persönlichen Präferenzen liegen jedoch außerhalb der Psychoanalyse und Verhaltensorientierung. Durch die eher kurzen Gesprächsintervalle sind psychoanalytische Methoden für mich schwer umsetzbar. Im Kontext der Verhaltensorientierung lassen sich am ehesten motivierende Elemente in die Gespräche einbringen. Wie Erath und Balkow treffend formuliert haben, „Handlungen setzen stets motivationale und volitive [also Wunsch bzw. Absicht bezogene] Aspekte voraus", die sich auf unterschiedlichen Ebenen definieren lassen (Erath/Balkow 2016, 273). Die Motivation kann durch die Relevanz des Handlungsergebnisses, der Erreichbarkeit oder mögliche positiven Konsequenzen gesteigert werden. Diese motivierenden Faktoren sollten im Kontext der Gespräche illustriert werden (vgl. ebd., 273 f.). Manche Patient*innen haben den Anspruch, dass sich das Krankenhaus mit seinen Mitarbeitern darum kümmern wird, dass die Gesundung eintritt. „Ein zu stark betreuendes System führt immer dazu, dass die Menschen unter ihren Möglichkeiten bleiben, und erst Eigenaktivität und somit auch eigene Erfolge tragen dazu bei, dass Menschen sich als Subjekte ihrer Lebenspraxis fühlen." (Hinte 2019, 24). Eine motivierende, am Willen der*s Patient*in orientierte Haltung kann daher hilfreich sein.

Die Arbeit mit Angehörigen macht einen großen Anteil der Gespräche aus. Dabei gibt es ganz unterschiedliche Familien- und Beziehungskonstellationen. Systemische und personen-zentrierte Methoden lassen sich aus meiner Sicht gut in der Beratung zu pflegerischen Themen beispielsweise einsetzen, um Wechselwirkungen des familiären Systems sichtbar zu machen. Dennoch gilt der Versorgungsauftrag für Patient*innen mit seinen individuellen Interessen. Die Familienmitglieder mit ihren persönlichen Ansichten müssen ernst genommen und im Idealfall ein Konsens gefunden werden, der nicht zu Lasten von Patient*innen sein sollte. Hier kann durch zirkuläre Fragen häufig ein guter Perspektivwechsel oder eine Lockerung durch eine lösungsorientierte Herangehensweise gelingen.

Schätzenswert an diesem Arbeitsfeld ist, dass selten mit derart vielen unterschiedlichen Professionen so eng zusammengearbeitet wird. Neben dem Team aus medizinischem und pflegerischen Personal auf der Station, kommt häufig auch schmerztherapeutische, psychologische (in unterschiedlichen Facetten) und seelsorgerische Unterstützung hinzu. Ergänzt wird dies durch weitere therapeutische Bereiche, wie die Ergotherapie, Logopädie und Physiotherapie. Dieses fachliche Nebeneinander kann, je nach Klinik und vorhandenen Charakteren, mal mehr, mal weniger gut funktionieren. Zu Beginn meiner beruflichen Laufbahn, hatte ich in diesem Spannungsfeld das Gefühl, sehr von den anderen Disziplinen abhängig zu sein. Mit mehr Arbeitserfahrung lässt sich an dieser Stelle sagen, dass es sich lohnt, das institutionsspezifische Organigramm zu kennen. Dies beinhaltet vor allem die Fragestellung: Wer ist wem weisungsbefugt und wer nicht? Es ergibt sich daher schnell die Frage, wie der Sozialdienst eingegliedert ist, um hier entsprechend einen Überblick zu erhalten. Im Gegensatz zu psychiatrischen Kliniken ist der Sozialdienst in der somatischen Klink häufig der Pflegedirektion und in der darüber geordneten Ebene der (häufig kaufmännischen)

Leitung und Geschäftsführung unterstellt. Somatische Kliniken sind dabei jene Krankenhäuser, die sich den körperlichen Erkrankungen widmen. Also die Art von Klinik, die die meisten Menschen bei dem Gedanken an ein Krankenhaus im Kopf haben. Im Rehabilitationsbereich ist diese organisatorische Zuordnung häufig anders, sodass der Sozialdienst dem Leitungsteam aus chefärztlicher und kaufmännischer Leitung unterstellt ist. Diese organisatorischen Strukturen können im praktischen Alltag verwischen, auch wenn es sich um ein sehr hierarchisches Arbeitsfeld handelt.

Andererseits sollte klar sein, dass ohne den Sozialdienst gute und strukturierte Entlassungen nicht möglich sind. So bezieht sich die zunächst empfundene Abhängigkeit doch auf ein wechselseitiges Verhältnis, denn keine Disziplin kann ohne die andere im Krankenhaus funktionieren. Diese Haltung stetig zu reflektieren und diese im Kontext der eigenen Profession zu definieren, ist dabei von erheblicher Relevanz. Denn wie soll man ohne einen eigenen Standpunkt jene begleiten, die die Unterstützung brauchen? Dies soll nicht zur persönlichen Profilierung anregen. Stattdessen geht es mehr darum sinnvoll abzuwägen, wo sich eine professionelle Diskussion für die eigene Disziplin sowie Position lohnt und wo ein Fokussieren auf das Patientenwohl die größere Priorität hat.

Wenn die Soziale Arbeit eine Schwäche hat, so ist es die Sichtbarkeit der Profession, die häufig zwischen teils prekären Arbeitsbedingungen und erheblicher Falldichte unterzugehen scheint. Dies wurde beispielsweise auch an jener Stelle sichtbar, dass die Soziale Arbeit im Zuge der Covid-19-Pandemie im Kontext der Systemrelevanz und Impfpriorisierung an vielen Stellen vergessen wurde. Für nicht-medizinisches Personal mit Patientenkontakt gab es im Zuge der Ausweitung des Impfangebots einen besseren Zugang, als dies beispielsweise bei anderen Arbeitsfeldern der Fall war. Ich nehme für mich aus dieser Situation vor allem mit, dass ich mich für meine Profession stärker einsetzen möchte, auch wenn ich hierfür noch keine ideale Umsetzung gefunden habe.

Sei es exemplarisch bei Diskussionen, in denen die inhaltliche Komplexität des Berufsalltag verkannt wird oder bei generellen Zuschreibungen zu meiner Person aufgrund meiner Profession. Der Deutsche Berufsverband für Soziale Arbeit e. V. (DBSH) oder auch die Deutsche Gesellschaft für Soziale Arbeit (DGSA) sind vergleichsweise bekannt bei Studierenden der Sozialen Arbeit.

Es gibt jedoch auch einen arbeitsfeldspezifischen Fachverband, der an dieser Stelle nicht unterwähnt bleiben sollte: die Deutsche Vereinigung für Soziale Arbeit im Gesundheitswesen e. V. (DVSG). Es ist für mich in diesem Kontext wichtig, in letzterer Mitglied zu sein, um einerseits die fachliche Weiterentwicklung und andererseits auch eine Lobby für meine Interessen zu haben. Die Rahmenbedingungen der Sozialen Arbeit im Krankenhaus sind stark davon abhängig, in welcher Trägerschaft dieses ist. Die Klinik gehört einer Stiftung, hat aber dennoch eine gewisse monetäre Orientierung, obwohl es sich um eine gGmbH handelt. Dies ist im Kontext von Liegezeit und Organisation auch spürbar. Es gibt keine konfessionelle Prägung, auch wenn dies vor dem Erwerb des zusätzlichen Standorts dort der Fall war. Ich empfinde diese nicht glaubensbezogene Ausrichtung als erheblichen Vorteil, da einerseits die Mitarbeiterschaft dadurch eine größere Vielfalt aufweist sowie exemplarisch ethische Fallbesprechungen oder Therapieoptionen nicht durch konfessionell-moralische Ansichten geprägt sind. Mögliche moralische Einschränkungen der Behandlungsoptionen, wie beispielsweise im Kontext eines Notfallkontrazeptivum (umgangssprachlich auch der „Pille danach"), gibt es daher nicht. Dies finde ich sehr wichtig, da Krankenhäuser den staatlichen Auftrag der Daseinsfürsorge wahrnehmen und Deutschland eine Trennung von Staat und Kirche vorgibt. Aus meiner Sicht bleibt die*der Patient*in (ggf. auch die Familie oder Bezugspersonen) mit seinen individuellen Ansichten im Fokus, ohne dass diese seitens der Klinik mittransportiert werden. Der Glauben ist für manche Menschen im Sterbeprozess relevant, sodass hier sensibel auf die Patient*innen eingegangen wird. Bei Bedarf wird so entweder der, in der Klinik vorhandene, christliche oder alternativ der Beistand der persönlichen Glaubensgemeinschaft mit eingebunden. Letzterer müsste aus der Glaubensgemeinschaft der*s Patient*in hinzugezogen werden. Der Raum der Stille, anstatt eines konfessionellen Raumes, kann ebenfalls von allen Glaubensrichtungen im gegenseitigen Respekt genutzt werden. Dennoch gibt es im Kontext von Medizin schon immer ethische Diskurse, die sich mit der gesellschaftlichen Entwicklung verändern. Die Differenzierung von Ethik und Moral empfinde ich als gut gelöst, auch wenn es natürlich hierzu in der Mitarbeiterschaft unterschiedliche Meinungen gibt. Im Kontext meiner fachlichen Orientierung am Patientenwillen und teils damit verknüpften persönlichen Einstellung, passt diese Art von Klinik daher besser zu mir, als es bei einem konfessionellen Haus der Fall wäre.

Das Leitbild setzt sich aus Verpflichtung für Tradition und Fortschritt zusammen, sodass hier neben schulmedizinischen, klassischen Behandlungsweisen auch Forschung ein zentraler Faktor ist. Es handelt sich um ein Lehrkrankenhaus und keine Universitätsklinik, sodass ebenfalls Studierende der Humanmedizin ausgebildet werden. Diese Hochschulnähe zeigt sich allerdings mehr bei der Ärzteschaft, als dass sie direkte Auswirkung auf den Sozialdienst hätte. Sollte Forschung oder gesonderte Projekte seitens des Sozialdienstes durchgeführt werden, so müsste dies vermutlich neben der alltäglichen Arbeit entstehen, ohne eine geringere Falldichte zu bedingen. Ohne eine Erlösrelevanz ist hier eine personelle Anpassung nicht realistisch. Grundsätzlich ist das Leitbild nicht unbedingt im Alltag explizit spürbar, es zeigt sich mehr in den vorhandenen medizinischen Fachbereichen. Exemplarisch lässt sich dies daran festmachen, dass es gewisse Spezialgebiete neben der Regelversorgung gibt. Gäbe es für unseren Sozialdienst ein eigenes Leitbild so wäre dies vermutlich etwas in der Richtung „die erkrankte Person geht vor", weil dies am ehesten der Priorisierung der Arbeit entspricht.

Trotz einer Krankenversicherungspflicht in Deutschland (gem. § 193 Abs. 3 VVG) gibt es Menschen, die nicht über eine solche verfügen. Neben den individuellen Problemen für die Betroffenen, resultieren daraus finanzielle Schäden für die Krankenhäuser, da diese zu einer Behandlung verpflichtet sind und andererseits problematische Situationen für die Sozialdienste, die eine Entlassung organisieren müssen. Wie soll eine Leistung gewährleistet werden, wenn kein Leistungsträger vorhanden ist? Wie kommt die Person beispielsweise an Medikamente, auf die er oder sie angewiesen ist?

Um Patient*innen die Rückkehr in die Krankenversicherung besser zu ermöglichen, haben eine Kollegin und ich uns für diese vielschichtigen Fälle weitergebildet. Die Patientenaufnahme konnte miteingebunden und die Situation für die Personengruppe in unserer Klinik verbessert werden. Die Patient*innen erhalten die Chance, neben der Behandlung, teils langjährig versteckter Erkrankungen, ihre gesellschaftliche Teilhabe zu verbessern. Patient*innen somit in ihrem Grundrecht auf Gesundheit (Art. 2 Abs. 2 GG) zu unterstützen, ist für mich in diesem Projekt eine besondere Motivation, auch wenn die komplexe Rechtslage uns neben der täglichen Arbeitsbelastung sehr gefordert hat.

Weiterbildung ist in der Abhängigkeit von sozialrechtlichen Entwicklungen ein kontinuierlich wichtiges Thema. Die eingangs erwähnte Deutsche Vereinigung für Soziale Arbeit im Gesundheitswesen e. V. (DVSG) bietet unter anderem fachspezifische Fortbildungen (u. a. für den Umgang mit unversicherten Patient*innen), regelmäßige Veröffentlichungen und einen Bundeskongress an. Darüber hinaus gibt es auch ein Mentoring-Programm für Nachwuchskräfte, Optionen für Abschlussarbeiten und Veröffentlichungen (vgl. DVSG 2021).

Der Vollständigkeit halber möchte ich an dieser Stelle auch zwei Literaturempfehlung miteinbringen: Wer sich ergänzend zu den rechtlichen Entwicklungen auch inhaltlich zu medizinischen Themen einlesen möchte, der sollte unbedingt einen Blick in „Basiswissen für die Soziale Arbeit“ von Hülshoff werfen (siehe Hülshoff 2011). Wer hingegen mehr an einem Überblick zu beraterischen Methoden und deren Einsatz interessiert ist, der wird bei „Psychologische Therapie- und Beratungskonzepte“ sicherlich fündig (siehe Boeger 2018).

In Hinblick auf die erforderlichen Rechtsgrundlagen in diesem Arbeitsfeld lässt sich der Bogen am einfachsten über die Leistungsträger spannen. Diese können recht unterschiedlich sein. Was ist der erste Gedanke, wenn an einen Leistungsträger im Krankenhaus gedacht wird?

Vermutlich ist die erste Assoziation die Krankenversicherung nach SGB V. Hier sind bereits Unterschiede bemerkbar, je nachdem, ob es sich um eine gesetzliche oder private Versicherung handelt. Sofern die Privatversicherung durch den eigenen Beamtenstatus oder den eines Familienmitglieds, wie Eltern oder Ehepartner begründet sein sollte, kommt zu der Krankenversicherung häufig ein weiterer Leistungsträger, die Beihilfe hinzu. Ergänzend zu der Vielfalt der Krankenversicherung, kommt die der Beihilfeträger, je nachdem, um was für eine Art Beamten es sich handelt. Ausnahmefälle, wie Berufssoldaten, Polizisten oder Bahnbeamte, die weitere, eigene Versicherungskonstellationen haben, sollen hier nur der Vollständigkeit halber angeschnitten werden. Inhaltlich weiter in die komplexe Rechtslage der privaten Krankenversicherung und der verknüpften Ansprüche einzutauchen, würde an dieser Stelle zu sehr ausufern.

Nicht nur die Krankenversicherung ist ein Leistungsträger im medizinischen Kontext. Die soziale Pflegeversicherung des SGB XI ist ebenfalls von erheblicher Relevanz. Dabei ist der § 14 SGB XI mit der Definition der Pflegebedürftigkeit und ihrer jeweiligen Facetten ein zentraler Ausgangspunkt. An dieser Stelle zeigt sich ein gängiges Prinzip der klinischen Sozialarbeit: Innerhalb der Beratung wird in der Regel die Anspruchsgrundlage geprüft, sofern eine vorhanden ist bzw. über deren Fehlen aufgeklärt. Was dann logisch anschließt, ist die Information zur Folge dieses Anspruchs, d. h. welche Leistungsgrundlage wird entsprechend bei wem in welcher Höhe ausgelöst. Letzteres teilt sich in den monetären Part des Leistungsträgers und des Leistungserbringers. Im Kontext der Pflegeversicherung wäre beispielsweise die Pflegekasse der Leistungsträger, der Pflegedienst dahingehend der Leistungserbringer.

Darüber hinaus kommen noch weitere Leistungsträger, wie die jeweilige gesetzliche Renten- und Unfallversicherung oder Berufsgenossenschaft hinzu. Der Rechtsbereich des BGB ist ebenfalls im Kontext von gesetzlicher Betreuung nach und Vollmachten relevant (§ 1896 bzw. § 1896 Abs. 2 BGB). Sollte die/der Patient*in noch einer wirtschaftlichen Unterstützung bedürfen, so sind je nach Alter und Erwerbsfähigkeit noch weitere Leistungsträger relevant. Neben dem Arbeitslosengeld I aus SGB III kommt somit schnell die Grundsicherung aus SGB II und XII hinzu. Das SGB XII ist auch im Kontext von Hilfen zur Pflege relevant. Bei der Behandlung von geflüchteten Menschen findet dagegen das AsylbLG Anwendung. Der Rechtsbereich des BGB ist ebenfalls im Kontext von gesetzlicher Betreuung nach und Vollmachten relevant (§ 1896 bzw. § 1896 Abs. 2 BGB). Es ist somit ersichtlich, dass es um viele verschiedene Rechtsbereiche geht.

Wie kann ich mir die Vergütung in diesem Arbeitsfeld vorstellen?

Dadurch, dass es sich nicht um eine konfessionelle Klinik handelt, erfolgt die Vergütung nach dem Tarifvertrag des öffentlichen Dienstes bzw. deren untergeordneter Gruppe des Sozial- und Erziehungsdienstes (TVÖD SuE). Für mein freiwilliges Anerkennungsjahr hatte ich zunächst die Eingruppierung im Praktikantentarif und später in der Gruppe S 11b. Diese Eingruppierungen richten sich immer nach der Kombination aus Qualifikation und dem Tätigkeitsbereich. Je nach Patientenzuschnitt (z. B. Schwerpunktpatienten wie HIV-Erkrankte) kann die Eingruppierung auch höher erfolgen. Die Stufen verändern sich nach Erfahrungsjahren, in meinem Fall wurde die Vortätigkeit des Anerkennungsjahres hinzugerechnet. Bei einem Arbeitgeberwechsel kann, bei fachlicher Relevanz, eine vorherige Tätigkeit entsprechend anerkannt werden. Die Arbeitszeit beträgt für mich 38,5 Stunden in der Woche, was für eine Vollzeitstelle gängig ist. Nennenswert ist auch die Arbeitgeber-finanzierte Altersvorsorge über die Versorgungskasse, die es bei den meisten Beschäftigungsverhältnissen im öffentlichen Dienst gibt.

Rückblickend lässt sich im Vergleich zum ersten Band sagen, dass die Situation sich innerhalb des Krankenhauses deutlich verändert hat. Neue gesetzliche Veränderungen stellen Kliniken vor zunehmende Herausforderungen. Die finalen Auswirkungen der Pandemie sind weiterhin unklar. Der Fachkräftemangel bleibt ein großes Problem im Gesundheitswesen. Diese Aufzählung könnte ich noch fortführen.

Für mich persönlich ist klar, dass ich einerseits das Gefühl habe, ich könnte weiterhin unendlich viel über medizinische Inhalte lernen. Anderseits bin ich nach inzwischen acht Jahren der Tätigkeit im Sozialdienst an einem Punkt, in dem es in der Fallarbeit selten noch inhaltliche Herausforderungen gibt.

Sollte nach diesem Beitrag Ihr Interesse geweckt sein, sich in das Arbeitsfeld Krankenhaus zu wagen, so kann ich Ihnen sagen, dass es sich lohnt, in diesem spannenden Umfeld Erfahrungen zu sammeln. Es hilft, so unvoreingenommen wie möglich auf Menschen zuzugehen und ihnen die Chance zu geben, andere zu überraschen. In kaum einem Arbeitsfeld hat man einen so kurzen, aber gleichzeitig intensiven Kontakt mit seiner Zielgruppe und kann dabei Teil der Veränderung sein. Ich glaube, das macht dieses Arbeitsfeld zu etwas wirklich Besonderem.

Reflektieren Sie Ihre (potenzielle) beraterische Tätigkeit im klinischen Kontext auf Basis Ihrer persönlichen Haltung und Werte. Welche Beratungsgebiete könnten Ihnen besonders liegen und welche könnten aufgrund Ihrer persönlichen Biografie oder der Rahmenbedingungen des Arbeitsfeldes herausfordernd sein?

Quellen

Boeger, Annette (2018): Psychologische Therapie- und Beratungskonzepte. Theorie und Praxis. 3rd ed. Stuttgart: Kohlhammer. Online verfügbar unter https://ebookcentral.proquest.com/lib/gbv/detail.action?docID=5521461.

Bundesgesundheitsministerium (2021): Entlassmanagement. Online verfügbar unter https://www.bundesgesundheitsministerium.de/service/begriffe-von-a-z/e/entlassmanagement.html, zuletzt aktualisiert am 09.09.2021, zuletzt geprüft am 29.09.2021.

DVSG (2021): Nachwuchsförderung. Unter Mitarbeit von Denise Lehmann und Ingo Müller-Baron. Online verfügbar unter https://dvsg.org/themen/professionalisierung/nachwuchsfoerderung/, zuletzt aktualisiert am 19.09.2021, zuletzt geprüft am 19.09.2021.

Erath, Peter; Balkow, Kerstin (2016): Einführung in die Soziale Arbeit. Stuttgart: Kohlhammer. Online verfügbar unter http://www.content-select.com/index.php?id=bib_view&ean=9783170287280.

Gahleitner, Silke Birgitta; Hahn, Gernot (2008): Klinische Sozialarbeit. Zielgruppen und Arbeitsfelder. Bonn: Psychiatrie-Verl. Online verfügbar unter http://ebooks.ciando.com/book/index.cfm/bok_id/71672.

Hinte, Wolfgang (2019): Grundlage und Herausforderung für professionelles Handeln. In: Roland Fürst und Wolfgang Hinte (Hrsg.): Sozialraumorientierung. Ein Studienbuch zu fachlichen, institutionellen und finanziellen Aspekten, 9-28. Online verfügbar unter https://www.uni-due.de/imperia/md/images/biwi/einrichtungen/issab/hinte__wolfgang__2019___sozialraumorientierung_grundlagen_und_herausforderungen._in_sozialraumorientierung.ein_studienbuch_2019__s.9-28.
Hülshoff, Thomas (2011): Basiswissen Medizin für die Soziale Arbeit. Mit 3 Tabellen und 38 Vertiefungsfragen. München, Basel: Ernst Reinhardt (UTB Soziale Arbeit, 8471).

Soziale Arbeit in der Leitung in der stationären Altenhilfe

Borghild Wicke-Schuldt

> „Ich habe mich den ganzen Tag lang auf andere Menschen eingelassen. Habe mit Bewohnern, mit Mitarbeitern, mit Angehörigen und mit Handwerkern gesprochen, mit der Verwaltung und dem Personalchef. Ich musste immer wieder neue Situationen bewerten, neue Probleme erfassen und Lösungen suchen. Habe vermittelt, getröstet, geplant und organisiert, gerechnet, zugehört, gelesen, geredet. Habe das Zusammenleben vieler Menschen positiv gestaltet, Vertrauen aufgebaut und Anerkennung und Respekt geerntet."

So habe ich meinen Arbeitstag als Leiterin eines Seniorenstifts in Band 1 dieser Reihe zusammengefasst.

Das Arbeitsgebiet

In diesem Haus leben über 60 Senioren in eigenen Appartements und 20 in einer Pflegestation. Die Bewohner nehmen im Speisesaal gemeinsam das Mittagessen ein und sie treffen sich zu regelmäßigen Aktivierungen und zu kulturellen Veranstaltungen. Frühstücksservice und Abendessen werden angeboten. Die Appartements werden wöchentlich gereinigt und der hauseigene ambulante Dienst versorgt die Bewohner in den Appartements.

Die Bewohnerinnen ziehen mit mehr oder weniger leichten gesundheitlichen Beschwerden in ein Appartement ein. Viele sind einsam, haben Einschränkungen in ihrer Wahrnehmung wie eine Sehbehinderung, Schwerhörigkeit oder Sprachprobleme. Im Laufe der Zeit benötigen sie mehr Unterstützung, Betreuung und Pflege. Dabei wächst der Anteil an demenziell erkrankten Personen. Diese Krankheit breitet sich aus. Jedoch kann durch regelmäßiges Essen und

Trinken sowie durch soziale Anregungen und Kontakte, durch Musik und Kultur die demenzielle Entwicklung verlangsamt werden. Oft ist durch die anregende Umgebung eine Besserung festzustellen.

Träger der Einrichtung ist eine öffentlich-rechtliche Stiftung. In ihren Altenhilfe-Einrichtungen bietet sie Mitbürgerinnen und Mitbürgern eine Heimstätte mit Unterkunft, Verpflegung, Betreuung und Hilfe und ermöglicht ihnen ein selbstbestimmtes und selbstbewusstes Leben im Alter.

Meine Aufgaben

Ich arbeite selbständig und wirtschafte in Abstimmung mit der Geschäftsführung, welche die finanzielle Gesamtverantwortung für die Stiftung trägt. Meine wichtigste Aufgabe ist es, für eine zeitnahe Belegung von Appartements und Pflegestation zu sorgen. Dafür mache ich Öffentlichkeitsarbeit und Werbung. Hinzu kommen die Auswahl und der Einsatz von Personal für die Pflege, Hauswirtschaft, Verwaltung, Rezeption sowie die Dienstaufsicht für etwa vierzig Mitarbeiter/innen. Ich organisiere und vernetze alle Abläufe im Haus. Für die Senioren entwickle ich Gruppenangebote zur Aktivierung und ich organisiere zusammen mit den Mitarbeitern Feste und Ausflüge, Flohmärkte und Freizeiten. Ich führe hausinterne Fortbildungen durch oder organisiere Referenten für aktuelle Themen. Ein weiterer Aufgabenbereich ist der Einkauf von Pflege-Hilfsmitteln und von Verbrauchsartikeln für Pflege und Hauswirtschaft, sowie die Besprechung des Speiseplans und zum Teil den Einkauf von Nahrungsmitteln. Auch informiere ich mich über die Haustechnik und berate mich mit Hausmeister und Handwerkern. Mit Senioren und Angehörigen, auch mit Mitarbeitern führe ich bei Bedarf Beratungsgespräche.

Meine ethischen Grundsätze und fachlichen Grundlagen

Den Menschen begegne ich mit Achtung und Respekt, ich schenke Vertrauen und Mitgefühl. Mein Handlungsgrundsatz ist: *Sehe das Gute in ihnen und du wirst das Gute zurückbekommen.* So kann ich dank der im Gehirn vernetzten Spiegelneurone die guten Seiten der Menschen ansprechen. Dabei ist das Herz entscheidend, die Fähigkeit zur Empathie. „*Man sieht nur mit dem Herzen gut. Das Wesentliche ist für die Augen unsichtbar.*" (Saint-Exupery, Der kleine Prinz). Ich muss meine eigenen Vorurteile immer wieder erkennen.

Mein Ausgangspunkt ist der Konstruktivismus: *Wir sehen die Dinge nicht so, wie sie sind, wir sehen sie so, wie wir sind.* Jeder Mensch lebt in seiner eigenen Wirklichkeit. Diese Erkenntnis erleichtert den Umgang miteinander und hilft bei der Lösung von Konflikten.

Mein fachlicher Hintergrund ist das Studium der Sozialpädagogik, die Ausbildung in systemischer Familientherapie und Organisationsentwicklung sowie meine Berufserfahrung in verschiedenen Feldern der Seniorenarbeit.

Für den Umgang mit alten Menschen sind Kenntnisse über ihre Biografie wichtig, die ich schon vor ihrem Einzug erfrage. Die Menschen sind geprägt durch ihre familiäre, soziale und regionale Herkunft und von ihren persönlichen Erlebnissen innerhalb der Zeitgeschichte wie Krieg, Flucht, Vertreibung und andere Traumata. Wichtige biografische Fakten gebe ich an meine Mitarbeiter weiter, die den täglichen Umgang mit den Senioren pflegen.

Auch jeder Mitarbeitende hat seine Geschichte, seine Familie, seine Kultur, seine Talente, seine Sichtweise. Wenn ich jedem Einzelnen mit einer positiven Haltung begegne, kann ich seine guten Eigenschaften und seine Fähigkeiten fördern. Ich pflege mit den Mitarbeitenden und den Bewohnern stets einen positiven Umgang. So sorge ich für ein gutes Betriebsklima, in dem Mitarbeitende Freude an ihrer Arbeit haben und Bewohner/innen sich wohlfühlen.

Wie arbeite ich?

Ich sehe die Zusammenhänge zwischen den Menschen in der Einrichtung grundsätzlich als ein System, das wie in einer Familie funktioniert. Wenn ich an einer Stelle etwas veränderte, verändert sich das ganze System. Bei allen Entscheidungen muss ich die Auswirkungen bedenken. Ich vermittle mein Fachwissen zu Fragen der Pflege, der dementiellen Erkrankung, des Umgangs mit alten Menschen usw. Bei Konfliktgesprächen zwischen Mitarbeitenden, zwischen Mitarbeitern und Bewohnern oder zwischen anderen Akteuren, geht es darum, wie Probleme aus dem Weg geräumt und die Zusammenarbeit verbessert werden kann.

Dabei wende ich Methoden aus der systemischen Therapie an, zum Beispiel zirkuläres Fragen, positive Umdeutungen und Reframing. Ich arbeite mit der Hypnotherapie nach Milton Erickson und erzähle Geschichten von guten Entwicklungen. So kann die oder der Gesprächspartner/in ihre Problemsicht verändern und mit neuer Perspektive eine Lösung finden.

Ich verlasse meinen Schreibtisch täglich einige Male, um punktuell die Arbeit der Mitarbeitenden zu begleiten. Die Anleitung der Mitarbeiter mit Blick auf die gemeinsame Zielsetzung sehe ich als wichtige Aufgabe. In erster Linie ist es die Aufgabe der Mitarbeiter, die Senioren zu betreuen. Aber wenn es ein Problem gibt, das sie selbst nicht lösen können, bitten die Mitarbeiter mich, ein Gespräch mit der Bewohnerin oder mit Angehörigen zu führen. Den Kontakt zu den Bewohnerinnen halte ich durch einen Rundgang durch den Speisesaal beim Mittagessen, durch gemeinsame kulturelle Aktivitäten und durch Feste und Busausflüge. Wenn eine Bewohnerin Geburtstag hat, nehme ich mir Zeit und gratuliere persönlich. Bei Bedarf mache ich Krankenbesuche. Es ist mir wichtig, dass

Bewohner und Angehörige der Leitung des Hauses vertrauen können. Deshalb bin ich auch kurzfristig für Bewohner zu sprechen, wenn sie ein Anliegen haben.

Der Kontakt mit den Mitarbeitenden erfolgt in täglichen kurzen Begegnungen, in kurzen Gesprächen zwischen Tür und Angel, beim gemeinsamen Kaffeetrinken oder Mittagessen und bei den Teamsitzungen.

Ich folge oft meiner Intuition, die ich zugleich reflektiere. Ich achte auf meine Gefühle und auf meinen Körper und lasse mein Herz sprechen. Ich bringe die verschiedenen Menschen zusammen, und ermögliche Kontakte durch meine Ideen und meine Menschenkenntnis.

Wenn Anfragen von Studierenden oder von Instituten an mich herangetragen werden, sei es zu neuen technologischen Entwicklungen, zu Fragen des Wohnens im Alter, zu historischen Erfahrungen alter Menschen, motiviere ich die infrage kommenden Senioren, sich für Auskünfte oder Tests zur Verfügung zu stellen. So können alte Menschen zum Fortschritt der Gesellschaft beitragen. Das menschliche Gehirn ist auch im hohen Alter noch in der Lage, sich weiterzuentwickeln, und auch alte Menschen brauchen geistige Herausforderungen.

Mein systemisches Konzept der Zusammenarbeit

Mein Konzept hatte sich bereits seit über zwei Jahrzenten in der Praxis bewährt, bevor ich das gemeinsame Arbeiten im Seniorenheim schriftlich formuliert habe. Es bildet die gemeinsamen Ziele und Werte ab und zeigt die Organisationskultur. Entscheidend ist eine Transparenz, die durch den Informationsfluss zwischen allen Beteiligten und in beide Richtungen hergestellt wird. Dadurch kann die ganze Belegschaft die Einrichtung weiterentwickeln, und Anregungen von Mitarbeitern und Bewohnern werden schnell umgesetzt.

Wir haben ein gemeinsames Ziel: Unsere Bewohner sollen sich in unserer Einrichtung wohlfühlen. Dazu gehören ein ordentliches Gebäude, Sauberkeit und Hygiene, gutes Essen, fachgerechte Betreuung und Versorgung bei Krankheit und Pflegebedürftigkeit, Respektierung ihrer Eigenheiten, ihrer Selbständigkeit, ihrer Wünsche. Anregungen für die Aktivierung von Geist und Körper, Kultur, Freude, Spaß, Geselligkeit, gute Kontakte untereinander und zum Personal.

Alle Mitarbeiter im Haus sind Teil eines Teams. Neben der Aufgabe in den einzelnen Arbeitsbereichen ist jeder auch in die Betreuung der Bewohner eingebunden. Jeder Mitarbeiter ist ein Experte – sowohl in ihrem Arbeitsbereich als auch im Umgang mit den Bewohnern des Hauses, mit denen er Kontakt pflegt. Die Einschätzung und Meinung einer jeden Mitarbeiterin ist wichtig. Jede Mitarbeiterin wird informiert über die Ereignisse, Vorgänge und Ziele im Hause.

Wichtigstes Instrument ist die Teamsitzung an einem festgelegten Vormittag, alle 14 Tage. Vertreter aller Arbeitsbereiche nehmen daran teil. Sie können sich abwechseln, entsprechend ihrem Dienstplan. Auch ein gewählter Vertreter der Bewohnerinnen nimmt an der Teamsitzung teil, die Bewohnervertretung gehört zum System Altenheim.

Bei der Teamsitzung informiert die Hausleitung über neue Bewohner, neue Mitarbeiter, Auszüge, Einzüge, ansteckende Krankheiten, Veranstaltungen, Bauarbeiten usw. Die Informationen werden kommentiert und Vorschläge der Hausleitung diskutiert. Es geht auch um den Informationsaustausch der Mitarbeiter untereinander und zwischen den einzelnen Arbeitsbereichen. Bei Problemen in der Zusammenarbeit werden Lösungen gesucht. Die Vorschläge und Wünsche von Mitarbeitern und von Bewohnern werden besprochen, Durchgeführte Aktionen werden zusammen ausgewertet und künftige Aktionen geplant. Die Sitzung dauert in der Regel eine gute Stunde.

Grundsätze für das Funktionieren guter Teamarbeit: Neue Mitarbeiter stellen sich in dem jeweiligen Arbeitsbereich bei den Kollegen vor und arbeiten zur Probe mit. Sie müssen von den Kollegen angenommen werden. Veränderungen bei den Arbeitsabläufen und Aufgaben müssen zuerst erklärt und verstanden werden, damit sie dann in der jeweiligen Arbeitsgruppe umgesetzt werden können.

Neue Arbeitsgeräte und Arbeitsmittel sollen von den jeweiligen Mitarbeitern zunächst probeweise eingesetzt werden. Nur eine Anschaffung, die akzeptiert und benutzt wird, macht einen wirtschaftlichen Sinn. Die Abrechnung von Arbeitsstunden und Urlaub muss für jeden nachvollziehbar sein.

Die Arbeitsweise: Jede Mitarbeiterin im Seniorenstift arbeitet selbständig und eigenverantwortlich in dem Rahmen, der ihm von der Leiterin vorgegeben wurde. Jeder hat ein gewisses Maß an Selbständigkeit, dafür aber auch Verantwortung.

Vorgaben der Leitung: Die Hausleiterin erwartet den engagierten Arbeitseinsatz aller Mitarbeiter. Sie erbittet Rückmeldung bei auftretenden Problemen, bei Fragen, bei Wünschen oder Vorschlägen zur Veränderung und bittet hier um das Vertrauen der Mitarbeiter.

Fehlerkultur: Wo Menschen arbeiten, werden auch Fehler gemacht. Die Fehler dienen dazu, dass man aus ihnen lernt und die gleichen Fehler nicht wieder macht. Deshalb wird kein Mitarbeiter, Kollege, auch kein Vorgesetzter negativ bewertet, wenn er einen Fehler zugibt und sich dafür entschuldigt. Jede Mitarbeiterin darf von Hausleitung und von Kollegen Verständnis und Unterstützung erwarten, wenn sie persönliche oder gesundheitliche Probleme hat.

Die Werte: Wertschätzung, Rücksichtnahme, Akzeptanz sind Werte, die untereinander gelten und auch gegenüber den Bewohnern. Der Ton macht die Musik. Wenn die Mitarbeiter ein gutes Arbeitsklima haben, wenn sie ruhig und unaufgeregt ihren Tätigkeiten nachgehen, wenn sie fröhlich und humorvoll und dabei offen sind für die Wünsche und Probleme aller Bewohner, dann entsteht das erwünschte Wohlfühlklima für die Bewohner. Bewohner spiegeln das Klima unter den Mitarbeitern zurück: Wenn wir freundlich sind, ermuntern wir auch unfreundliche Bewohner zur Freundlichkeit.

Die Mitarbeiter bilden zusammen mit den Bewohnern eine Gemeinschaft, in der jeder sich um den anderen Menschen kümmert. Es ist wie in einer Familie, jeder hilft mit. So gelingt es uns, auch Menschen mit Depressionen, Sucht, Demenz und schweren Erkrankungen eine Chance in unserem Haus zu eröffnen und sie in unsere therapeutisch wirkende Gemeinschaft zu integrieren.

Dieses systemische Konzept der Zusammenarbeit kann auf jede soziale Einrichtung übertragen werden, indem man die Ziele, die Werte und die Strukturen anpasst.

Meine Führungsinstrumente

Ergänzend zur interprofessionellen Teamsitzung ist das Protokoll ist ein weiteres wichtiges Instrument zur Mitarbeiterführung. Ich schreibe selbst das Protokoll und veröffentliche so die neuen Informationen und die Ergebnisse der Teambesprechung. Ich fordere die Mitarbeiter auf, ihre Anregungen und Ideen zu den aktuellen Fragen, Projekten, Problemen mitzuteilen. Auch Anerkennung und Lob mache ich damit in einer allgemeinen Form öffentlich. Das Protokoll wird allen Mitarbeitern zeitnah durch die jeweilige Arbeitsgruppe zugänglich gemacht, damit jeder im Haus informiert ist und sich einbringen kann. So stelle ich Transparenz her. Zu Beginn jeden Jahres führe ich eine Mitarbeiterversammlung durch. Dazu werte ich die Entwicklungen und Ereignisse des vergangenen Jahres aus und danke allen Mitarbeitenden für die Arbeit, die sie in ihren jeweiligen Arbeitsbereichen konkret in diesem Jahr geleistet haben. Ich gebe meinen Mitarbeitern auch Rechenschaft über die Arbeit, die ich geleistet habe und berichte von meinen Problemen. Eine Mitarbeiterin berichtet über ihren Tagesablauf in ihrem Arbeitsbereich. So wird innerhalb der Belegschaft Transparenz und Verständnis hergestellt.

Welche Fähigkeiten sollte man für diesen Job mitbringen bzw. entwickeln?

Die Leitung vertritt für die Einrichtung klare Ziele, die den Mitarbeitenden die Orientierung für ihr tägliches Handeln geben sollen. Mitarbeiterführung ist eine Kunst. Es geht darum, vertrauensvolle und ehrliche Beziehungen zu gestalten: Die einzelnen Mitarbeiter wahrzunehmen, Anerkennung zu geben, ihre Fähigkeiten zu entwickeln und sie zu motivieren. Man muss die Mitarbeiter lieben, um sie zu führen. „Liebe bedeutet das positive, wohlwollende Gefühl für sich und andere“ (Sprenger). Ob Führen gelingt, hängt mit der inneren Haltung und mit der Entwicklung der Persönlichkeit zusammen. Diese Entwicklung ist nie abgeschlossen. Es ist ein ständiger Prozess des Lernens und des In-Frage-Stellens eigener Positionen. Man muss mit sich selbst klar kommen, um mit anderen Menschen gut auskommen zu können. Als Leitung muss man sich seiner Verantwortung für das Klima in einer Einrichtung bewusst sein und deshalb für die Mitarbeitenden zugleich ein Vorbild an Ehrlichkeit, Engagement, Kreativität und Gesprächsbereitschaft abgeben. Wichtig ist eine hohe Kompetenz in der Kommunikation; Freundlichkeit, Offenheit und Humor sind unverzichtbar. Hinzu kommen betriebswirtschaftliches Verständnis und Organisationstalent sowie Flexibilität. Kenntnisse in den Sozialgesetzen sind notwendig und man sollte Grundkenntnisse von der Pflege haben.

Die sozialrechtliche Grundlage für die Finanzierung von Stationärer Pflege ist die Pflegeversicherung (SGB XI). Bei der ambulanten Pflege wird die Grundpflege über die Pflegeversicherung abgerechnet und die Behandlungspflege wird von der Krankenversicherung (SGB V) bezahlt. Ergänzend gibt es für Berechtigte auf Antrag Leistungen der Sozialhilfe. Bei der Organisation und Führung der Mitarbeiter sind die arbeitsrechtlichen Vorschriften zu beachten. Für stationäre Einrichtungen gilt das Heimgesetz und die Heimpersonalverordnung. Es gibt Vorschriften zum Brandschutz, zur Lebensmittelhygiene, zur Arbeitssicherheit, die Biostoffverordnung und Hygienevorschriften. Diese Liste ist nicht vollständig.

Nach dem Heimgesetz kann ein Heim leiten, wer eine Ausbildung zu einer Fachkraft im Gesundheits- oder Sozialwesen oder in einem kaufmännischen Beruf oder in der öffentlichen Verwaltung mit staatlich anerkanntem Abschluss nachweisen kann. Erforderlich sind mindestens zwei Jahre Praxiserfahrung und die Wahrnehmung geeigneter Weiterbildungsangebote. Leitungen müssen heute eine Zusatzqualifikation zur Heimleitung nachweisen. Aber auch im Betreuungs- und Sozialdienst gibt es für Sozialpädagogen Arbeitsmöglichkeiten.

Das Gehalt von Einrichtungsleitungen wird bei öffentlich-rechtlichen und frei-gemeinnützigen oder kirchlichen Trägern nach dem Tarifvertrag für den öffentlichen Dienst (TVÖD) oder angeglichenen Tarifen geregelt. Über das Gehalt bei privaten Trägern kann ich nichts sagen.

Kann ich meine Arbeit empfehlen?

Bei meiner Arbeit muss ich mich ständig auf neue Menschen einlassen und flexibel auf ihre Probleme reagieren. Dabei stets freundlich, zugewandt und reflektiert zu sein, bedeutet eine große Anstrengung. Es fällt mir persönlich schwer, nein zu sagen und Menschen abzuweisen. Selten kann ich pünktlich Feierabend machen, weil ich die ruhige Zeit danach für die Erledigung der organisatorischen Aufgaben schätze, die ich in der Hektik der Begegnungen des Tages nicht machen konnte.

Alten Menschen ein gutes Lebensende zu organisieren kann eine zutiefst befriedigende Arbeit sein. Die Anerkennung kommt von den Senioren und ihren Angehörigen. Auch sind viele Gespräche mit alten Menschen oder mit ihren Angehörigen eine Bereicherung und erweitern den eigenen Horizont. Und wenn man gute Beziehungen zu seinen Mitarbeitern aufgebaut hat, steht man auch in einer Leitungsposition nicht allein, sondern ist Teil eines Teams, das ein gemeinsames Ziel verfolgt.

Negativ anführen muss ich, dass vor allem bei profitorientierten Unternehmen viele Faktoren von Konzernzentralen mit starren betriebswirtschaftlichen Zielsetzungen vorgegeben werden. Den Hausleitungen bleibt wenig Freiraum. Dies kann eine gute Mitarbeiterführung und eine gute Versorgung der Bewohner behindern. Der Pflegenotstand ist bereits katastrophal und immer mehr ausgebildete Kräfte geben ihren Beruf auf.

1. Worin unterscheiden sich die Aufgaben, die die Leitungskraft hat, von denen der Mitarbeitenden?
2. Warum ist Mitarbeiterführung eine Kunst?
3. Welche Folge hat die Ökonomisierung der Pflege durch profitorientierte Investoren?

Quellen

Bauer, J. (2008): Prinzip Menschlichkeit. Warum wir von Natur aus kooperieren. Heyne.

Bauer, J. (2006): Warum ich fühle, was du fühlst. Intuitive Kommunikation und das Geheimnis der Spiegelneurone. Thalia.

Sprenger, R. (1999): Mythos Motivation: Wege aus einer Sackgasse. Campus.

Wicke-Schuldt, B. (2018): Systemisch leiten im Sozial- und Gesundheitswesen. Die Fähigkeiten der Mitarbeiter entwickeln. Kohlhammer.

Wicke-Schuldt, B. (2020): Dreiecksverhältnisse im Altenheim. Leitung zwischen Bewohnern, Mitarbeitern und Angehörigen. Vandenhoeck & Ruprecht.

VIII. Recht und Soziale Arbeit

Soziale Arbeit im ambulanten Sozialen Dienst der Justiz

Swetlana Frese

Der ambulante Soziale Dienst der Justiz (früher „Bewährungshilfe“ genannt) leistet einen wichtigen kriminalpräventiven Beitrag zur inneren Sicherheit durch die Wiedereingliederung des/der Täters/-in in die Gesellschaft. Die Arbeit mit den Tätern/-innen ist der beste Opferschutz.

An jedem Sitz eines Landgerichtes ist ein ambulanter Sozialer Dienst der Justiz angegliedert. Er umfasst den Bereich der Bewährungshilfe, Führungsaufsicht und der Gerichtshilfe. Da ich in den Fachbereichen Bewährungshilfe und Führungsaufsicht tätig bin, beschränke mich bei meinen Ausführungen auf diese Arbeitsbereiche. Es sei nur erwähnt, dass die Gerichtshilfe u. a. im Ermittlungsverfahren für die Staatsanwaltschaft und auftragsorientiert für das Gericht arbeitet. Weiterhin gehört zu ihren Aufgaben Täter-Opfer-Ausgleich und psychosoziale Prozessbegleitung von Geschädigten.

Aktuell betreue ich ca. 70 Probanden*innen. Die zu Betreuenden werden im Gegensatz zum sonst üblichen Sprachgebrauch in der Sozialen Arbeit nicht „Klienten“, sondern „Probanden“ genannt.

Im Rahmen der Bewährungshilfe und Führungsaufsicht werden Erwachsene, Heranwachsende und Jugendliche betreut, deren Freiheits- oder Jugendstrafe ganz oder zum Teil zur Bewährung ausgesetzt wurde bzw. bei denen Führungsaufsicht eingetreten ist. Nach der Gerichtsverhandlung oder nach Verbüßung eines Teiles der Freiheitsstrafe wird der*die Verurteilte einem*er Bewährungshelfer*in zugeteilt, mit dem*der sie für die Dauer der Bewährungszeit zusammenarbeiten muss. Die Dauer der Bewährungszeit beträgt gesetzlich zwei bis fünf Jahre und wird durch einen Bewährungsbeschluss festgelegt. Der Richter kann dem*der Bewährungshelfer*in für seine*ihre Tätigkeit Anweisungen erteilen (§ 56 (4) StGB).

In Abweichung von üblichen Dienstzeitenregelungen nehmen Bewährungshelfer ihre Aufgaben, falls erforderlich, auch außerhalb der üblichen Arbeitszeiten wahr. Der Arbeitsalltag des Bewährungshelfers ist geprägt durch einen befristeten Auftrag des Gerichtes und dem Spannungsfeld zwischen Kontrolle und Hilfe. Die Kontrolle der Auflagen und Weisungen hat dabei aber keinen polizeilichen Überwachungscharakter, sondern die Bewährungshilfe soll „unterstützend und betreuend zur Seite stehen" (§ 56d StGB). Sie hat somit einen pädagogischen und unterstützenden Auftrag. Die primäre Aufgabe der Führungsaufsicht ist die Überwachung der Probanden.

Wesentliches Merkmal der Arbeit ist das Herstellen einer vertrauensvollen Beziehung, um Änderungen in der Lebensführung und in der Einstellung zu erwirken. Der Erstkontakt erfolgt meist durch eine Ersteinladung in das Büro des*der Bewährungshelfers*in. Im Falle einer vorzeitigen Entlassung erfolgt ein Besuch in der Justizvollzugsanstalt. Nach einer Inhaftierung soll kurzfristig Kontakt aufgenommen werden. Im Rahmen des sogenannten Übergangsmanagements wird die Zusammenarbeit der JVA mit der Bewährungshilfe geregelt. Zudem werden bei Bedarf Hausbesuche oder Besuche in Therapieeinrichtungen oder Wohnheimen absolviert.

Beim Erstgespräch wird das Urteil und der Bewährungsbeschluss erörtert und die Grundlagen der Zusammenarbeit besprochen. Es wird auf Rechte und Pflichten im Rahmen der Zusammenarbeit hingewiesen. Weiterhin wird die persönliche Lebenssituation erörtert und der künftige Hilfe-, Beratungs- und Betreuungsbedarf abgeklärt. Zudem wird das Delikt erörtert, d. h. was hat zur Straffälligkeit geführt und wie kann diese zukünftig verhindert werden. Zudem fördert der*die Bewährungshelfer*in die Eigenmotivation zur Veränderung der Lebensumstände. Sie sind bei der Umsetzung von Weisungen und Auflagen beteiligt, zum Beispiel durch Vermittlung an die Drogenberatung (bei einer Therapieauflage). Bewährungshelfer fragen nach den Hintergründen der Straftat und bearbeiten die Ursache. Die Bewährungshelfer*innen unterstützen beim Erlernen wichtiger Grundfertigkeiten, wie das Formulieren von Briefen und Umgang mit Behörden. Zudem wird auch soziale Kompetenz vermittelt. Es wird bei Wohnungs- und Arbeitsproblemen, aber auch bei Konflikten in Beziehungen geholfen. Es wird bei besonderen Schwierigkeiten an andere Beratungsstellen, wie Schuldnerberatung und Familienberatung, verwiesen.

Es werden Ziele und Absprachen hinsichtlich der Auflagen und Weisungen getroffen, aber auch der Hilfsangebote gemacht. Die Kontaktabstände richten sich nach dem individuellen Hilfebedarf. Der Klient ist verpflichtet Kontakt zu halten. In vom Gericht bestimmten Zeitabständen berichten Bewährungshelfer über die Lebensführung der Verurteilten. (z. B. über neue Straftaten. Änderung der Adresse, Arbeit, Finanzverhältnisse, Straftaten, Gefährdungsfaktoren). Der Richter ist darauf angewiesen, umfassend über das Verhalten des Probanden informiert zu werden, damit eine gute Grundlage für eine richterliche Entscheidung vorhanden ist. Falls der Proband die Bewährungsauflagen nicht einhält, Kontakt abbricht oder erneut straffällig wird, können neben dem Widerruf der Bewährung (und damit Haft), auch die Verlängerung der Bewährungszeit, zusätzliche Auflagen und Weisungen erteilt werden oder ein Beugearrest (nur im Jugendstrafrecht) verhängt werden.

Begeht der Klient während der Bewährungszeit eine Straftat, so nimmt der Bewährungshelfer im sogenannten Sekundärverfahren an der Gerichtsverhandlung teil. Der Bewährungshelfer gibt beim Gerichtstermin eine Stellungnahme zum Bewährungsverlauf und zur Sozial- und Legalprognose ab. Bei Bedarf gibt er Anregungen zu möglichen Bewährungsauflagen. Bei urlaubedingter Abwesenheit kann schriftlich berichtet werden. Zum Ablauf der Bewährungszeit wird ein sogenanntes Abschlussgespräch geführt, indem der bisherige Bewährungsverlauf reflektiert wird.

Der gesamte Bewährungsverlauf ist zu dokumentieren. Hierfür steht in NRW die IT-Fachanwendung SoPart® zur Verfügung. Dabei sollte sich die Dokumentation auf das Wesentliche beschränken und nachvollziehbar sein. Bei den anfallenden Verwaltungstätigkeiten und die Fallanlage wird die Fachkraft des ASD der Justiz von den Mitarbeitern im Assistenzdienst unterstützt (vgl. Qualitätsstandards für den ambulanten Sozialen Dienst der Justiz in Nordrhein-Westfalen 2020; vgl. Organisation des ambulanten Sozialen Dienstes der Justiz in Nordrhein-Westfalen 2021).

Ziel ist es, die Probanden*innen durch Hilfe zur Selbsthilfe und Unterstützung in der Lebensführung, die Integration in die Gesellschaft zu fördern, Inhaftierungen mit ihren negativen Folgen zu vermeiden und die Rückfallhäufigkeit zu vermeiden oder zu verhindern. Damit trägt die Arbeit auch zum Opferschutz bei.

Die fachlichen Herausforderungen im Umgang mit straffälligen Menschen haben aus diversen Gründen deutlich zugenommen. Vor dem Hintergrund des Trends in der Gesellschaft nach Kontrolle und Bestrafung und innerer Sicherheit, sollte man sich intensiv mit seiner eigenen professionellen Identität auseinandersetzen. Was ist Soziale Arbeit in der Bewährungshilfe und auf welcher Ethik gründet sie? 2014 hat die IFSW folgende einheitliche internationale Definition von Sozialer Arbeit verfasst:

> „Soziale Arbeit fördert als praxisorientierte [1] Profession und wissenschaftliche Disziplin gesellschaftliche Veränderungen, soziale Entwicklungen und den sozialen Zusammenhalt sowie die Stärkung der Autonomie und Selbstbestimmung [2] von Menschen. Die Prinzipien sozialer Gerechtigkeit, die Menschenrechte, die gemeinsame Verantwortung und die Achtung der Vielfalt [3] bilden die Grundlage der Sozialen Arbeit. Dabei stützt sie sich auf Theorien der Sozialen Arbeit [4], der Human- und Sozialwissenschaften und auf indigenes Wissen [5]. Soziale Arbeit befähigt und ermutigt Menschen so, dass sie die Herausforderungen des Lebens bewältigen und das Wohlergehen verbessern, dabei bindet sie Strukturen ein [6]." (vgl. Deutscher Berufsverband für Soziale Arbeit e. V. 2021).

Diese Definition bildet somit auch das Fundament der Sozialen Arbeit in der Straffälligenhilfe.

Das Klientel der Bewährungshilfe besteht überwiegend aus straffällig gewordenen Menschen mit einer Vielfalt an Problemlagen, insbesondere Sucht, Langzeitarbeitslosigkeit, Wohnungsnot, psychischen und körperlichen Erkrankungen, Überschuldung, sozialer Desorganisation und verringerter sozialer Kompetenz (vgl. Organisation des ambulanten Sozialen Dienstes der Justiz in Nordrhein-Westfalen 2021).

Die Bewährungshilfe in Deutschland ist organisatorisch der Justiz der Bundesländer zugeordnet. Bewährungshelfer*innen üben als Beamte in der Justiz hoheitliche Aufgaben aus. Die gesetzlichen Grundlagen der Bewährungshilfe sind insbesondere im Strafgesetzbuch § 56d StGB bzw. §§ 24, 25 JGG (Voraussetzungen der Bewährungshilfe sowie Beschreibung des Hilfs- und Überwachungsauftrags) und im Jugendgerichtsgesetz §§ 61, 61b JGG geregelt. Die gesetzlichen Grundlagen zur Führungsaufsicht sind hier festgelegt: §§ 67b ff., 68 ff. StGB, 7 JGG (gesetzliche Voraussetzungen der Führungsaufsicht sowie Beschreibung des Hilfs- und Überwachungsauftrags). Zudem sind in allen Fachbereichen die Grundrechte der Betroffenen, der Grundsatz der Verhältnismäßigkeit und die einschlägigen Gesetze zu Datenschutz und Schweigepflichten zu beachten, vgl. insbesondere §§ 500 StPO, 203 StGB. (vgl. JGG, StGB, Qualitätsstandards für den ambulanten Sozialen Dienst der Justiz in Nordrhein-Westfalen).

In der Berufspraxis finden viele sozialarbeiterische Methoden Anwendung, die den*die Probanden*in in der Lebensführung unterstützen sollen. Dabei wird im Rahmen der Einzelfallhilfe auf die individuellen Bedürfnisse und Fähigkeiten der ProbandInnen eingegangen. Erstgespräche finden in der Regel im Büro, in der JVA oder in einer Einrichtung statt. Im weiteren Bewährungsverlauf werden auch Hausbesuche oder Besuche in Einrichtungen gemacht. Im Rahmen der Einzelfallhilfe orientieren sich die Angebote am individuellen Bedarf des Klienten. Das professionelle Handeln versucht die Probleme der straffällig gewordenen Menschen nicht auf die Risikofaktoren zu reduzieren, sondern sie in ihren individuellen Bewährungsversuchen ihrer Probleme vor dem Hintergrund ihrer eigenen Biografien und der gesellschaftlichen Einflüsse zu verstehen (vgl. Kawamura-Reindl/Schneider 2015). Es handelt sich somit auch eine systemische Herangehensweise, da in der Zusammenarbeit immer auch der soziale Empfangsraum berücksichtigt wird und die gesellschaftlichen Einflüsse thematisiert werden.

Die Bewährungshilfe arbeitet zudem ressourcenorientiert um die Fähigkeiten und Fertigkeiten der Probanden auszubauen und zu stärken, und zwar mit dem Ziel, sie durch die veränderte Lebensführung zu befähigen, straffrei zu leben (vgl. Schilling/Klus 2015).

Zu Anfang der Bewährungszeit und auch im späteren Verlauf werden Hilfepläne und Zielvereinbarungen getroffen. In den Qualitätsstandards finden sich für alle Fachbereiche Handlungsleitfaden in Form von „Checklisten". Zu nennen sind hierbei beispielsweise die Checkliste zur Führungsaufsicht „Mitwirkung bei der Entlassungsvorbereitung aus dem Straf- und Maßregelvollzug“ oder „Fachbereich Führungsaufsicht-Unterstützung und Beratung des Probanden“ Der Bewährungshelfer arbeitet prognostisch und diagnostisch, und zwar in Form von Erhebung anamnestischer Daten, einer sozialpädagogischen Diagnose, dem Erstellen eines Hilfeplans und der Berichterstattung auch hinsichtlich der Kriminalitätsprognose (vgl. Qualitätsstandards für den ambulanten Sozialen Dienst der Justiz in Nordrhein-Westfalen 2020).

Der ASD der Justiz bietet zudem Gruppenarbeit für eine bestimmte Tätergruppe an, z. B. ein Anti-Gewalt-Training. In einigen Bezirken wird auch die Behandlungsgruppe Sexualstraftäter angeboten.

Aufgrund der vielfältigen Probleme der Zielgruppe ist eine Kooperation und Zusammenarbeit mit verschiedenen Einrichtungen und Beratungsangeboten für eine gelungene Resozialisierung unverzichtbar. Zu nennen sind bei der Netzwerkarbeit vor allem folgende Akteure: Drogenberatungsstelle, Schuldnerberatung, Angehörige, Staatsanwaltschaft, Gerichte, Polizei, Jobcenter, Sozialamt, Ausländeramt und Vermieter. Dabei sind datenschutzrechtliche Bestimmungen zu beachten.

Es hat in den letzten Jahren wissenschaftlich-generiertes Wissen, u. a. aus dem Bereich der Kriminologie, zu den Themen der Wirksamkeit von Behandlungsansätzen zum Ausstieg aus der Kriminalität, Einzug in die Praxis gefunden. Beispielhaft hierfür ist die Risikoorientierung in der Bewährungshilfe zu nennen. So wurde beispielsweise in der bayrischen Bewährungshilfe eine „Kriterienliste“ zur Kategorisierung der Klienten in verschiedene Risikogruppen eingeführt. Die darin enthaltenen kriminogenen und protektiven Faktoren beruhen auf wissenschaftlichen Studien und gehen mit einer erhöhten bzw. einer reduzierten Rückfallwahrscheinlichkeit einher. Diese und andere Projekte in der Bewährungshilfe werden wissenschaftlich begleitet. Diese Entwicklung hat zu einer wertvollen Diskussion und Reflexion zum Thema „Risikoorientierung“ in der Bewährungshilfe geführt. Der Inhalt dieser Diskussion berührt das Fundament der Bewährungshilfe und führt zu Auseinandersetzungen mit der beruflichen Identität (vgl. Pruin 2019).

Die Zeitschrift „Bewährungshilfe“ beschäftigt sich mit Themen der Kriminalpolitik, dem Strafrecht und sozialen Problemlagen. Sie ermöglicht einen Überblick über aktuelle Entwicklungen in der Wissenschaft und Praxis in der Straffälligenhilfe.

Gerade vor dem Hintergrund der ständig wechselnden Anforderungen und der Vielfalt des Arbeitsbereiches gehört es zur Professionalität, sich vor allem hier fundierte Fachkenntnisse anzueignen. Merkmale von professioneller Arbeit sind, immer wieder Vertrautes zu hinterfragen, die Wahrnehmung zu schulen, eine andere Perspektive einzunehmen und einfach mal neue Wege in der Praxis zu gehen. Fortbildungen und Qualitätszirkel dienen auch beim ambulanten Sozialen Dienst der Justiz zur Qualitätssicherung. Die Justiz bietet interne Fortbildungen,

z. B. zum Umgang mit verschiedenen Delinquenzgruppen, jugendlichen Intensivtätern, Betrügern oder Sexualstraftätern an.

In den meisten Bundesländern sind die Bewährungshelfer*innen bei der Justiz beschäftigt. Die Anstellungsbehörde ist in der Regel der Präsident des Oberlandesgerichtes. Voraussetzung für die Einstellung als Bewährungshelfer*in ist in allen Bundesländern ein abgeschlossenes Studium der Sozialen Arbeit.

Die fachlichen und persönlichen Voraussetzungen für die Einstellung als Fachkraft des ambulanten Sozialen Dienstes der Justiz in NRW ergeben sich aus der Laufbahnverordnung (§ 16 LVO NRW). Der Bewerber muss die dort beschriebenen beamtenrechtlichen Voraussetzungen erfüllen. Für die Übernahme in das Beamtenverhältnis muss u. a. die gesundheitliche Eignung für die Tätigkeit festgestellt werden.

Die Einstellung als Fachkraft des ASD der Justiz in NRW erfolgt zunächst in einem befristeten Arbeitsverhältnis (Entgeltgruppe S 15 TVL) mit dem Ziel der Übernahme in das Beamtenverhältnis. Das Bruttoeinstiegsgehalt beträgt: 3420,09 €. Bei Übernahme in das Beamtenverhältnis fängt man in der Laufbahn Sozialinspektor A 9 mit einem Einstiegsbruttogrundgehalt von 2802,97 € (NRW) an. Den Besoldungsgruppen A 9 bis A 12 sind keine besonderen Funktionen zugeordnet. Durch eine Beförderung kann man in die nächste Besoldungsgruppe, d. h. zunächst von A 9 auf A 10 befördert werden. Maßgeblich für die Beförderung ist das Leistungsprinzip. In der Besoldungsgruppe A 13 werden dem Stelleninhaber neben seinen regulären Tätigkeiten weitere Aufgaben übertragen.

Das OLG Hamm hat ein Anforderungsprofil für Bewährungshelfer*innen erstellt. Es wird eine fachliche Kompetenz erwartet, die sich in einem breitgefächerten, für den Bereich relevanten Fach- und Methodenwissen, vor allem aus dem Bereich Sozialpädagogik, Psychologie und Soziologie, zeigt. Zudem sollten Kenntnisse über berufsrelevante Fach- und Rechtsgebiete, Suchthilfe und psychiatrische Hilfen vorliegen.

Da Bewährungshelfer*innen mit straffällig gewordenen Menschen, die teilweise schwierig und rückfallgefährdet sind, zu tun haben, sind Lebenserfahrung und die damit einhergehende Menschenkenntnis sowie berufliche Erfahrungen im Bereich der Straffälligenhilfe erwünscht. Zudem wird eine personale Kompetenz vorausgesetzt, die sich durch eine hohe Belastbarkeit und Frustrationstoleranz auszeichnet. So sollte auch bei hoher Arbeitsbelastung, eine gleichbleibende Leistung erbracht werden. Der*die angehende Bewährungshelfer*in soll auch unter Druck Fristen und Termine einhalten. Zudem sollte er/sie auch konfliktfähig sein. Weiterhin sollten Menschen, die sich für diesen Beruf entscheiden, eine persönliche Autorität ausstrahlen und die Fähigkeit der Selbstreflexion besitzen, d. h. bereit sein, sich kritisch zu hinterfragen (vgl. Handbuch „Ambulanter Sozialer Dienst der Justiz“).

Im Rahmen meiner 15-jährigen Berufserfahrung habe ich mich persönlich und fachlich weiterentwickelt. Mit zunehmender Berufserfahrung, durch den kollegialen Fallaustausch und den Besuch von Fortbildungen habe ich an Sicherheit gewonnen und wurde in meiner Arbeitsweise kreativer und flexibler. Es war ein jahrelanger Prozess einen persönlichen Arbeitsstil zu entwickeln und meine berufliche Identität zu finden. Nach dem Studium habe ich im Anerkennungsjahr zunächst einen Praxisschock erlebt. Die Arbeitswelt konfrontierte mich mit den unterschiedlichsten Menschen, die sich hinsichtlich der Problemfälle, Deliktgruppen, der Kultur und Religion stark voneinander unterschieden.

Ich musste erfahren, dass die Lebensrealität nicht im Lehrbuch steht und Schubladendenken bei der Arbeit nicht gerade förderlich ist. In einem Buch etwas über den Umgang mit psychisch kranken Menschen zu lernen ist etwas ganz anderes als tatsächlich allein im Büro einem aggressiven, psychotischen Menschen gegenüberzusitzen. In dieser Situation sind Empathie, Fingerspitzengefühl in der Kommunikation, Menschenkenntnis und fachliches Wissen gefragt. In einigen Situationen ist es besonders notwendig, entgegen allem Fachwissen, seiner Intuition zu folgen. Es ist wichtig die Individualität des Einzelnen wahrzunehmen, denn der Menschen ist mehr als seine Straftat und die Summe seiner Probleme. Ich habe durch den Umgang mit den verschiedensten Menschen aller Altersstufen ab Strafmündigkeit, die sich sowohl im Bildungsstand, der Kultur, sozialer Herkunft und auch den Problemlagen unterschieden haben, gelernt, dass es keine Standardlösungen gibt und die eine gültige Sichtweise nicht existiert. Diese Vielfalt verlangt nach einer Offenheit gegenüber der Situation, sowie nach einer eingehenden Reflexion über den einzelnen Fall mit einer individuellen Maßnahmenplanung. Es gilt, für die Probanden Erfolgserlebnisse zu schaffen und dafür ist es notwendig, ihnen Dinge anzuvertrauen und nicht alles selbst zu erledigen, d.h. ihnen Verantwortung zu übertragen und Verbindlichkeit zu schaffen. Ich muss ich in der Praxis immer wieder daran erinnern, dass es alleine die Entscheidung des Klienten ist, ob er Hilfe annimmt. Es gibt nicht vorhersehbare Wendungen und plötzliche Schicksalsschläge, die nicht einzuplanen sind und die jede Prognose und Planung in positiver wie negativer Hinsicht beeinflussen können. Meine Maßnahmen und Hilfeplänen sind nicht immer die entscheiden Faktoren und auch nicht immer das Zünglein an der Waage.

Ein Lebensstil, der von dem „normalen“ und „bürgerlichen“ abweicht, muss angenommen und akzeptiert werden. Es ist Verständnis entgegenzubringen, wenn ein*e Proband*in sich für einen alternativen und auch delinquenten Lebensstil entscheidet, z.B. weiterhin Drogen konsumiert, die Therapieauflage nicht erfüllen will und stattdessen die Inhaftierung wählt. Die Probanden*innen tragen die Verantwortung für ihre Taten und schließlich auch die Konsequenzen.

Ich habe gelernt, dass ich in meiner Falleinschätzung und der Interventionsplanung nicht immer richtig liegen kann, dass ich auch Fehler mache und blinde Flecken habe und dass Irren menschlich ist. Ich habe weiterhin zunehmend schmerzhaft lernen müssen, meine persönlichen Grenzen und die Grenzen in meiner Tätigkeit zu akzeptieren. Das auch die Möglichkeit einer Projektion gegeben sein kann. Wenn mich eine Probandin, an meine Beziehung zu meiner Schwester erinnert, werde ich der Probandin weniger sachlich, entgegentreten können. In diesen und anderen Fällen, z. B. bei fehlender gegenseitiger Sympathie, die den Aufbau einer vertrauensvollen Zusammenarbeit verhindert, bin ich bereit, den Fall an eine*n Kollegen*in abzugeben. Dies ist kein Zeichen von Unfähigkeit oder Versagen, sondern von Professionalität.

Es ist auch wichtig, seine Stärken und Neigungen zu kennen und auszubauen. So habe ich im Laufe meines beruflichen Werdegangs ein Faible für gewisse Tätergruppen entwickelt und mich dahingehend spezialisiert. Die Praxis zeigt, dass sich für jede Deliktgruppe auch ein*eine Kollege*in der Betreuung findet.

Ich habe die Erfahrung gemacht, dass wenn man den Klienten mit einer respektvollen Haltung begegnet, meist automatisch ihren Respekt erntet.

Ich habe gelernt, die Erwartungen an die Proband*innen herunterzuschrauben und mit kleinschrittigen Erfolgen in der Zusammenarbeit zufrieden zu sein. So lobe ich die Klienten für alltägliche Dinge, die für mich selbstverständlich sind, wie z. B. Pünktlichkeit. Es ist oft schon ein Erfolg, wenn der/die Proband/in sich öffnet, mit mir über seine schwierige Vergangenheit spricht und die Straftat reflektiert, auch wenn er/sie wieder mit Straftaten rückfällig wird.

In der jahrelangen Betreuung habe ich mit Sicherheit bei vielen Probanden*innen Spuren hinterlassen und die Probanden*innen, bei grundlegenden positiven Veränderungen, unterstützt. Die vielen Dankeskarten und die manchmal doch sehr rührenden persönlichen Worte zum Abschluss der Bewährung zeugen davon. Eine Probandin hat mir nach Ende der Bewährung eine Karte mit einem Bild gesandt, auf dem sie zufrieden lächelnd mit einem Hund abgebildet ist und mir mit ein paar Zeilen dafür gedankt, dass ich sie auf dem Weg zu ihrer Ausbildung als tiermedizinische Fachangestellte begleitet habe. Es gibt natürlich auch die Proband*innen, die nicht gut auf mich zu sprechen sind oder sich nicht positiv verändert haben. Man darf sich hier nichts vormachen. Ich bin Teil der Justiz und mit meinem Auftrag agiere ich im Zwangskontext.

Die regelmäßige Supervision und die Fallbesprechungen mit Kollegen, sind für eine Psychohygiene unverzichtbar. Die Bedeutung der sogenannten Tür-und-Angel-Gespräche ist hierbei nicht zu unterschätzen. Der belanglose 5-Minuten-Smalltalk gepaart mit viel Humor dient zur Erholung. Ich tanke bei diesen Gelegenheiten wieder positive Energie, die ich in der Arbeit gut gebrauchen kann.

Vor diesem Hintergrund ist es sehr wichtig, auf eine gesunde Work-Life-Balance zu achten. In meiner Freizeit gehören viel Bewegung in der Natur, das Reisen und ein Umfeld mit positiven und reflektierten Menschen dazu. Ich besuche u. a. die Angebote zur Gesundheitsförderung beim Landgericht und achte darauf, mich für die Probanden*innen nicht „aufzuopfern", sondern gesunde Grenzen zu setzen. Der*die Proband*in soll im Sinne der Selbstverantwortung das selbst erledigen, wozu er oder sie in der Lage ist.

Die Proband*innen haben aufgrund ihrer oft negativen Beziehungserfahrungen in den Herkunftsfamilien und den daraus resultierenden Krankheitsbildern, häufig Schwierigkeiten zu vertrauen. Es ist jedoch sehr entscheidend für den Betreuungsverlauf, eine vertrauensvolle Beziehung herzustellen. Erst wenn die Proband*innen sich angenommen fühlen und vertrauen, öffnen sie sich, sprechen über Probleme und nehmen auch Hilfe an. Bei fehlendem Vertrauen bleiben Probleme unausgesprochen und ungelöst und so kann es zu erneuter Strafffälligkeit kommen. Es ist wichtig, den Spagat zwischen Kontrolle und Hilfe bewältigen zu können. Das gestaltet sich allerdingt oft als Drahtseilakt. Weder eine Fokussierung auf Hilfe noch eine ausschließliche Risikoorientierung und Überwachung sind zielführend. Die Gewichtung ist in jedem Fall neu zu fällen. Es gibt Täter mit erheblichem Gefährdungspotenzial, zu nennen sind hier insbesondere Gewalt- und Sexualstraftäter, bei denen der Kontroll- und Überwachungsaspekt zu Recht deutlich im Vordergrund steht. Diese Täter werden jedoch eher rückfällig, wenn kein tragendes Hilfs- und Unterstützungsnetzwerk vorhanden ist. Eine gute Netzwerkarbeit ist unverzichtbar. Die Verantwortung auf mehrere am Fall Beteiligten zu verteilen, entlastet.

Die Anleitung von Praktikanten hilft, seine eigene Arbeitsweise zu reflektieren, da das Erklären der eigenen Arbeitsweise zur kritischen Überprüfung einlädt. Zudem bilde ich mich fort, den Blick zu ändern und Neues anzuwenden.

Meine Berufserfahrung lehrte mich, dass es in den Gesprächen nicht immer Ernst zugehen muss, nur weil man mit schwerwiegenden Problemen zu tun hat, denn Humor befreit und verbindet. Abschließen möchte ich mit einem Ausspruch eines Probanden, der, nachdem er meine krampfhaften Bemühungen, ihm zu helfen, registriert hatte, sagte: „Wir sind hier nicht bei ‚Deutschland sucht die beste Bewährungshelferin'". Im Anschluss ertönte ein gemeinsames befreiendes Lachen.

Für Interessent*innen dieses Berufes empfiehlt es sich, bereits während des Studiums ein Praktikum beim ambulanten sozialen Dienst der Justiz und im Anschluss ein Anerkennungsjahr zu machen. In diesem Praxisfeld werden gerne Bewerber*innen mit Vorkenntnissen in der Straffälligenhilfe gesehen. Für die neu eingestellten Bewährungshelfer*innen wird eine mehrtägige gesonderte Fortbildung angeboten, in der die Grundlagen der Arbeit vermittelt werden. Zudem wird dem Berufsanfänger für eine gewisse Zeit ein Praxisbegleiter zur Verfügung gestellt. In einem Konzept für die Praxisanleitung werden die Rahmenbedingungen der Zusammenarbeit festgelegt. Zudem ist es üblich, dass erfahrene Kollegen*innen jederzeit für Fragen und Probleme gerne ansprechbar sind. Es empfiehlt sich zudem, sich mit den Vor- und Nachteilen des Beamtentums auseinanderzusetzen.

Man muss Menschen mögen und ein aufrichtiges Interesse an ihnen haben, da man ständig mit den unterschiedlichsten Menschen Kontakt hat. Fähigkeiten wie soziale Kompetenz, Empathie, Toleranz, Gelassenheit, Neugier und Offenheit sowie Wertschätzung sollten unbedingt vorhanden sein, denn sonst gelingt es nicht, eine tragende Beziehung aufzubauen, die die Voraussetzung für den Erfolg der Arbeit ist. Es sollte auf der anderen Seite aber auch die Fähigkeit einer professionellen Distanz zu Proband*innen vorhanden sein. Eine gewisse Affinität zu Verwaltungstätigkeiten ist vorteilhaft, da ein hoher Verwaltungsteil zu diesem Beruf einfach dazugehört. Zudem ist ein hohes Maß an Selbstorganisation und Selbstdisziplin erforderlich, um das Arbeitspensum zu bewältigen und die vielen Termine zu koordinieren. Aufgrund der wechselnden Anforderungen des Arbeitsfeldes ist die Bereitschaft, sich fachlich weiterzubilden und an seiner Persönlichkeit zu arbeiten, sehr wichtig. Im Arbeitsalltag hat man oft auch mit fordernden und teilweise aggressiven Menschen zu tun und daher bedarf es eines selbstbewussten und durchsetzungsstarken Auftretens. Es geht darum, den eigenen Standpunkt überzeugend und mit Selbstbewusstsein sowohl gegenüber dem Probanden als auch gegenüber den Juristen im Gerichtssaal und in den Berichten argumentativ überzeugend darzulegen. Ein gewisses rhetorisches Geschick und Kommunikationsfertigkeiten sind somit unverzichtbar. Die Bewährungshelfer*innen sind Einzelkämpfer und das muss man mögen. In der Regel finden zwar im wöchentlichen Abstand Dienstbesprechungen statt, aber abgesehen davon wird der Arbeitsalltag überwiegend alleine im Büro und bei Außenterminen bewältigt. Da die Fachkraft jedoch mit anderen Bewährungshelfer*innen des Bezirks in einer Dienststelle arbeitet, ist bei Bedarf immer eine Fallbesprechung oder einfach nur eine gemeinsame Kaffeepause möglich.

Die Tätigkeit ist zwar abwechslungsreich und fast nie langweilig, andererseits kann sie aber auch belastend sein. Es bedarf einer gewissen Frustrationstoleranz, um damit umzugehen und der Fähigkeit sich selbst zu motivieren.

Bei der Ausübung dieses Berufes wird eine wichtige gesellschaftliche Aufgabe erfüllt und diese erfordert ein hohes Maß an Verantwortungsübernahme, das man bereit sein muss, zu tragen. Es ist wichtig, sich gesund abzugrenzen und für sich selbst zu sorgen, um über die Jahre bis zum Renteneinritt gesund zu bleiben. Falls man diese Eigenschaften mitbringt, ist es nach meiner Erfahrung ein erfüllender, anspruchsvoller und spannender Beruf.

1. In welche drei Bereiche ist der ambulante Soziale Dienst der Justiz unterteilt?
2. Inwiefern können Sie die Bewertung des Handlungsfeldes durch die Autorin nachvollziehen?

Quellen

Beck-Texte im dtv: Strafgesetzbuch, 58. Auflage 2020, Deutscher Taschenbuch, München

Deutscher Berufsverband für Soziale Arbeit e.V.: Abgestimmte deutsche Übersetzung des DBSH mit dem Fachbereichstag Sozialer Arbeit. Präambel zur deutschsprachigen Definition Sozialer

Arbeit. unter: https://www.dbsh.de/profession/definition-der-sozialen-arbeit/deutsche-fassung.html (Stand 6.10.2021).
Handbuch „Ambulanter Sozialer Dienst der Justiz“, 146-198. unter: https://www.bewährungshilfe-nrw.de/images/08_Materialien/laghandbuch.pdf (Stand 6.10.2021).
Kawamura-Reindl, Gabrielle/Sabine Schneider (2015): Lehrbuch Soziale Arbeit mit Straffälligen, 86f, Weinheim, Basel: Belz Juventa.
Organisation des ambulanten Sozialen Dienstes der Justiz in Nordrhein-Westfalen AV d. JM vom 6. August 2021 (4260 – III.1), 291ff. unter: https://www.justiz.nrw/JM/jmbl/20210901.pdf (Stand 6.10.2021).
Pruin, Ineke: Programme, Checklisten, Desistance – Soziale Arbeit mit Straffälligen, quo vadis? In: Bewährungshilfe- Soziales – Strafrecht – Kriminalpolitik. Jg. 66, 2019, Heft 2, 113-131.
Qualitätsstandards für den ambulanten Sozialen Dienst der Justiz in Nordrhein-Westfalen. Stand: Juli 2020 1-27 unter: https://www.justiz.nrw.de/Gerichte_Behoerden/ordentliche_gerichte/Strafgericht/dienste/Qualitaet/qualitaetsstandards_inh.pdf
Schilling, Johannes/Klus, Sebastian (2015): Soziale Arbeit. Geschichte – Theorie – Profession. 6. vollständig überarbeitete Auflage, 106-107, München, Basel: Ernst Reinhardt.
Verordnung über die Laufbahnen der Beamtinnen und Beamten im Land Nordrhein-Westfalen (LVO) unter: https://recht.nrw.de/lmi/owa/br_text_anzeigen?v_id=6282016100409123314 8 (Stand 6.10.2021).

Soziale Arbeit in der Forensischen Ambulanz

Ines Drexelius

In meinem Familien-, Freundes- und Bekanntenkreis wurde ich vor Jahren schief angeschaut, als ich berichtete, im Sozialdienst der Forensischen Überleitungs- und Nachsorgeambulanz anzufangen. Zu den Kommentaren gehörte: „Forensik?“, „Nicht dein Ernst!“, „Das sind doch die richtig Schlimmen dort!“, „Sind das nicht die Gebäude mit den hohen Stacheldrahtzäunen?“. Ist das Arbeitsfeld wirklich so schlimm? Meine Neugier für den für mich komplett neuen Bereich wurde noch mehr gesteigert.

Heute kann ich die Sorgen und Gedanken meines Umfeldes besser verstehen. Die Forensik ist ein Ort, der in der Gesellschaft so von Vorurteilen, Stigmatisierungen und Mythen geprägt ist wie kaum ein anderer. Die Öffentlichkeit, die Medien und auch die Politik beschäftigen sich gerade dann besonders mit der Forensischen Psychiatrie (Forensik), wenn negative Ereignisse eingetreten oder grauenvolle Taten geschehen sind.

Kannst du dir vorstellen, wie ein Mensch dazu in der Lage ist, seine Frau mit 48 Messerstichen zu töten? Was verbirgt sich hinter den Stacheldrahtzäunen? Und wann und wie werden solche Menschen wieder entlassen?

Die Forensik, die Forensische Psychiatrie oder auch der Maßregelvollzug, definiert sich in Fachkliniken mit hohen Sicherungsvorkehrungen, in denen psychisch kranke und/oder suchtmittelabhängige Straftäter*innen behandelt werden. Von ihnen sind aufgrund ihres psychischen Zustandes weitere erhebliche rechtswidrige Taten zu erwarten, sodass ein Gericht die Unterbringung in einem psychiatrischen Krankenhaus anordnen kann. Diese Fachklinik wird auch als Schnittstelle zwischen der Psychiatrie und dem Strafvollzug definiert, deren Ziel die Besserung (durch therapeutisch, medizinische Bemühungen) und die Sicherung der Allgemeinheit (durch Einsperren) ist (Hax-Schoppenhorst 2003, 17). Die Straftäter*innen sollen während der zeitlich unbegrenzten Unterbringung rehabilitiert, wieder zurück in die Gesellschaft eingegliedert und auf ein straffreies Leben vorbereitet werden. Um dieses Ziel fachgerecht und personenzentriert zu erreichen, wird die Reintegration schrittweise in Form von Lockerungsstufen getaktet. Die höchste Lockerungsstufe, die im Rahmen der stationären Behandlung erreicht werden kann, nennt sich Beurlaubung. Den Weg von der stationären Unterbringung bis in die Freiheit zu begleiten, als Bindeglied die forensischen Überleitungs- und Nachsorgeambulanzen (FÜNA), das ist mein Arbeitsfeld. Eine Hauptaufgabe dabei ist die Verhinderung von Straftaten durch eine kleinschrittige Wiedereingliederung in ein Leben außerhalb der Stacheldrahtzäune und durch die Sicherstellung der Behandlung, demnach eine externe Fortführung der stationären Behandlung. Des Weiteren wird sichergestellt, dass deliktfördernde Veränderungen durch Kontrollen, aufsuchende Kontakte und Risikoeinschätzungen frühzeitig erkannt werden. Die Netzwerkarbeit bildet dabei einen großen Schwerpunkt in unserer Arbeit. Aufgrund der Verschiedenartigkeit der zu betreuenden Patient*innen ergeben sich unterschiedliche Notwendigkeiten in der Zusammenarbeit. Das Suchen von Wohnheimen für psychisch kranke Menschen und diese zur Zusammenarbeit zu motivieren, gilt somit als Arbeitsgrundlage. Viele Einrichtungen haben häufig nur rudimentäre Kenntnisse über die Rahmenbedingungen des Maßregelvollzugs, sodass die Nachsorgeambulanz an dieser Stelle als zentraler Ansprechpartner dient. Die Teilhabe am gesellschaftlichen Leben (siehe dazu das 12. Sozialgesetzbuch) wird von den Einrichtungen vor Ort gewährleistet, während die Nachsorgeambulanz zudem die Aufgabe wahrnimmt, kritische Entwicklungen frühzeitig zu erkennen und gegebenenfalls zu intervenieren (Alkohol- und Drogenkontrollen, Medikamentenüberprüfung, Risikomanagement, Rückfallprophylaxe etc.). Im Prinzip lassen sich die Aufgaben der Nachsorgeambulanzen in drei Bereiche gliedern: Begleitung (im sozialen Umfeld, Wohnen, Arbeit, Tagesstruktur), Netzwerkarbeit (Koordination regelmäßiger Treffen zum Austausch, Gewährleistung einer guten Kooperation) und Kontrollen (Suchtmittelkontrollen durch Urinproben, Medikamentenspiegel, Einnahme von Medikamenten).

Für die Zusammenarbeit mit den Patient*innen bedeutet dies, dass wir sie mehr oder weniger im Zwangskontext begleiten. Die wenigsten Patient*innen zeigen ein deutliches Interesse an der Behandlung, was einen schwierigen Umgang und einen schwierigen Beziehungsaufbau zur Folge hat. Hinzu kommt der

Aspekt, dass die in forensischen Kliniken untergebrachten Personen, schwere Delikte (z. B. Tötungsdelikte, Körperverletzung, Sexualdelikte etc.) begangen haben, die extrem von der gesellschaftlichen Norm abweichen. Daher empfinden Außenstehende oft Argwohn und Misstrauen gegenüber Maßregelvollzugseinrichtungen und den Patient*innen. Auch ich, als Mitarbeiterin, bewege mich in der Forensik nie auf neutralem Boden, sondern es lauert potenziell immer die Gefahr, öffentlich für das Handeln der Patient*innen in die Verantwortung genommen oder sogar auf eine Art mit den Patient*innen identifiziert zu werden. Gerade, wenn ein Übergriff, ein Ausbruch oder gar eine grauenvolle Tat geschehen ist, stürzen sich die Medien auf die Story. Eben solch kulturell und gesellschaftlich tabuisierte Inhalte, wie eingangs erwähnt, interessiert die Gesellschaft – allerdings nur in den Medien und nicht in der Realität. Neben den eigenen Lebensthemen stehen die Patient*innen somit auch auf eine Art unter dem Druck der Öffentlichkeit alles richtig zu machen, was die Reintegration durchaus erschweren kann.

Betrachte ich meine Arbeit also kurz einmal aus einer ethischen Perspektive, so denke ich sofort daran, dass ich mich immer in einem Dilemma befinde. Zwei Stichworte fallen mir bei der Überlegung ein: Autonomie und Zwang. Menschen mit besonderem Unterstützungsbedarf werden (z. B. in der Allgemeinpsychiatrie) vor allem darin begleitet, ein selbstbestimmtes, autonomes Leben führen zu können. Der Respekt vor der Autonomie der Patient*innen stellt eine immens wichtige Komponente in der Behandlung dar. In der Forensik wird dieses Bestreben durch den juristisch festgesetzten Rahmen infrage gestellt. Gibt es also überhaupt eine Form von Autonomie, ein selbstbestimmtes Leben für forensische Patient*innen?

Die komplette Behandlung während der Maßregelvollzugsunterbringung und auch danach im Rahmen der Begleitung durch die Nachsorgeambulanz steht unter dem Aspekt des Zwangs und der Unfreiwilligkeit. Ist es also für Mitarbeiter der Forensischen Nachsorgeambulanz überhaupt möglich, eine/n Patient*in auf dem Weg in ein selbstbestimmtes Leben zu begleiten? Wie sieht die Begleitung genau aus, damit der/die Patient*in die Autonomie wiedererlangen könnte?

Für uns als Mitarbeitende der FÜNA setzt die nachsorgende Behandlung der Patient*innen nicht nur das Wissen um einzelne Störungsbilder und deren Behandlung voraus, sondern auch das Wissen um die individuelle Lebensgeschichte und die psychodynamischen Faktoren, die zu der Straftat / den Straftaten geführt haben.

Viele forensische Patient*innen sind schwer einschätzbar, missachten Regeln, überschreiten Grenzen, zeigen wenig Compliance (die Bereitschaft aktiv an der Behandlung mitzuwirken) und kaum Transparenz. Häufig ist es weniger das Risiko erneuter Straftaten als vielmehr die oft gezeigten und dem Behandlungsteam bekannten antisozialen Verhaltensweisen, die eine gelungene Wiedereingliederung in ein angemessenes Lebensumfeld verhindern. Demnach sind die

Behandlungsziele zunächst die Reduktion der Symptome, Stabilisierung des psychischen Zustandes und eine Verbesserung der Verhaltensweisen und zwischenmenschlichen Fertigkeiten, sowie ganz allgemein die Entwicklung der sozialen Kompetenzen und Kompetenzen in der alltäglichen Lebensführung. In vielen Fällen sprechen wir auch von Enthospitalisierung, der viele Patient*innen aber misstrauisch gegenüberstehen. Zu groß ist die Angst vor jeglicher Veränderung der momentanen Lebenssituation. So besteht eine der Hauptaufgaben der Forensischen Nachsorgeambulanz in einer regelmäßigen Überprüfung der Frage, ob sich der/die Patient*in in einem Umfeld befindet, welches sie/ihn mit ausreichender Wahrscheinlichkeit vor erneuten Straftaten schützt. Regelmäßiges Risikomanagement und, wenn erforderlich, Anpassung der Betreuungssituationen in den Bereichen Wohnen, Arbeit/Tagesstruktur und Behandlung ist erforderlich. Dies bedeutet für den/die Patient*in ein Leben unter Aufsicht und Kontrolle, solange ein Gericht dies anordnet. Jede Aktivität bzw. jeder Schritt wird überwacht, reflektiert, erörtert und kontrolliert. Arbeit, Wohnung, familiäre und auch außerfamiliäre Beziehungen, Hobbys, allgemeine Tagesstruktur. Nur so können frühzeitig kritische Veränderungen wahrgenommen und gegengesteuert werden.

In der Forensischen Nachsorgeambulanz stellt der Sozialdienst neben dem ärztlich-therapeutischem Dienst und der Pflege die Verbindung zur „Außenwelt" her, indem er Kontakt zu Angehörigen, tagesstrukturierenden Möglichkeiten wie Arbeit oder niedrigschwelligen Beschäftigungsangeboten, Vermietern und auch Ämtern aufnimmt. Untergeordnet ist die Ambulanz einem Kommunalverband mit rund 20.000 Beschäftigten. Aufgaben werden in den Bereich Behinderten- und Jugendhilfe, Psychiatrie und Kultur erfüllt.

Grundlage dafür, dass ein betroffener Mensch zu einem/r Patient*in wird, sind die im Strafgesetzbuch geregelten Paragraphen 63 und 64 StGB. Im Strafgesetzbuch ist auch geregelt, dass Straftäter mit einer fehlenden (§ 20 StGB) oder mit einer verminderten (§ 21 StGB) Schuldfähigkeit in ein psychiatrisches Krankenhaus (gemäß § 63 StGB) eingewiesen werden können. Steht die Straftat im Zusammenhang mit einer Suchterkrankung, greift die Unterbringung in einer Entziehungsanstalt (gemäß § 64 StGB). Beides gilt nur, wenn von dem Täter / der Täterin weitere erhebliche rechtswidrige Taten zu erwarten sind und er/sie deshalb für die Allgemeinheit als gefährlich gilt. Die richterliche Anordnung einer Maßregel zur Besserung und Sicherung gilt, nicht zuletzt auch wegen des unbefristeten Freiheitsentzuges, als Ultima Ratio. Im § 67 StGB wird die Reihenfolge der Vollstreckung der Unterbringung definiert. Unter Umständen kann das Gericht auch die primäre Aussetzung zur Bewährung anordnen (§ 67b StGB), was bedeutet, dass der/die Täter*in nicht hinter Gittern kommt. Es ist dann zu erwarten, dass der Zweck der Maßregel auch im Rahmen der Bewährung erfüllt werden kann. Steht die Dauer der Unterbringung nach einer begangenen Tat nicht mehr im Verhältnis zu der Schwere der Straftat (im Vergleich zu einem Urteil und der Vollstreckung im allgemeinen Strafvollzug), so kann der § 67d StGB angeordnet werden, mit dem das Gericht die Maßregel für erledigt erklären kann, woraufhin die Führungsaufsicht eintritt (Glütschow 2012, 210 f.).

Den gesetzlichen Rahmen unserer Tätigkeit setzt das Maßregelvollzuggesetz NRW fest.

Unsere praktische Tätigkeit würde ich als „Case Management" beschreiben. Wir arbeiten immer in einem System und koordinieren dort adressatengerecht für jeden Einzelfall die nötige Unterstützung, Fortführung der stationären Therapie, Weiterführung der medizinischen Versorgung, generell eine Behandlung, Begleitung, Förderung und Versorgung (Schmidt-Quernheim/Hax-Schoppenhorst 2018, 576 ff.). Bei einer Beurlaubung oder Entlassung ist die Zusammenarbeit des Gesamtsystems von entscheidender Bedeutung. Im Gefüge dessen bedingen sich die unterschiedlichen Personen und Institutionen gegenseitig und wirken aufeinander ein. Vor dem Hintergrund eines personenzentrierten Ansatzes und einer systemischen Grundhaltung möchte ich vor allem die Patient*innen darin unterstützen einen angemessenen Hilfeprozess in Gang zu bringen (Weinberger 2013). Das Zuhören ist dabei die Basis für ein wertschätzendes Sich-Einlassen auf das Gespräch mit den Patient*innen. Ich möchte ihnen meine ungeteilte Aufmerksamkeit und ein Verstehen-Wollen signalisieren. Das mache ich u. a., indem ich aufmerksam zuhöre, auf verschiedene verbale und non-verbale Kommunikationsinhalte achte und diese durch z. B. Wiederholen, Umformulieren, Paraphrasieren, Gefühle reflektieren, reflektiere (Arkowitz/Miller 2010). Als schwierig zeigt sich dabei, dass die Begleitung, Beratung und Unterstützung im Rahmen eines Zwangskontextes ablaufen. Das bedeutet, dass nicht jede/r Patient*in daran interessiert oder in der Lage ist, sich aktiv am Hilfeprozess zu beteiligen.

Demnach bleibt die Netzwerkarbeit von großer Bedeutung. In regelmäßigen Helferrunden kommen alle Menschen zusammen, die in irgendeiner Art und Weise den/die Patient*in begleiten (Patient*in, Justiz, Klinik, Angehörige, Wohneinrichtungen, Arbeitsstellen). Hier werden aktuelle Themen und Anliegen besprochen, die letzten Wochen reflektiert und gemeinsame Überlegungen für die Zukunft zusammengetragen. Die Inhalte aus den Helferrunden, die Hausbesuche, und das Aktenstudium werden in Form eines sogenannten Behandlungsplanes festgehalten. Das läuft analog zu den individuellen Hilfeplänen des Sozialgesetzbuches VIII und/oder XII. In einer „individuellen Betreuungsvereinbarung" wird die Betreuung der Patient*innen im Rahmen der Dauerbeurlaubung detailliert, anhand verschiedener Punkte, festgesetzt: Kontaktdaten des gesamten Systems um den/die Patient*in herum, Ausgangszeiten, Drogen- und Alkoholabstinenz, Kriseninterventionsmaßnahmen, die Ausübung einer praktischen Tätigkeit, die finanzielle Übersicht etc. So ist es auch dem Helfernetz möglich, frühzeitig auf Krisen und/oder Rückfälle einzugehen und die entsprechenden Maßnahmen einleiten zu können.

Schauen wir uns die nachsorgende Arbeit etwas genauer an. Zunächst einmal sei erwähnt, dass die Forensische Psychiatrie die Nachsorge lange vernachlässigt hat. In Nordrhein-Westfalen gab es bereits Anfang der 1990er Jahre erste Bemühungen, die Nachsorge zunächst in Modellprojekten zu etablieren. Durch die Verankerung der Nachsorge im Maßregelvollzugsgesetz NRW und der Regelung zur Kostenerstattung des Landesbeauftragten für den Maßregelvollzug wurden die Voraussetzungen für eine flächendeckende Nachsorge geschaffen. Inzwischen sind an allen Maßregelvollzugskliniken Mitarbeiter*innen für die Nachsorgemaßnahmen eingesetzt und Kooperationen mit Allgemeinpsychiatrien und komplementären Einrichtungen eingegangen worden, sodass die Voraussetzung für eine adäquate Nachsorge geschaffen wurde. Sowohl von dauerbeurlaubten und (bedingt) entlassenen Patient*innen, sowie für Verurteilte, bei denen das Gericht die Vollstreckung der Maßregel primär zur Bewährung ausgesetzt hat.

An dieser Stelle sei kurz erwähnt, dass das Thema Forschung von immens hoher Bedeutung ist. Das Institut für Forensische Psychiatrie an der Universität Duisburg-Essen setzt sich seit Jahren mit Themen wie Beurteilung, therapeutische Behandlung und Rückfallprophylaxe auseinander. Hier sind schon einige spannende und aufschlussreiche Forschungsprojekte entstanden. Z. B. befassten sich PD Dr. med. Dieter Seifert und Dipl.-Päd. Friedhelm Schmidt-Quernheim mit dem Thema „Evaluation der ambulanten Nachsorge forensische Patienten (§ 63 StGB) in Nordrhein-Westfalen“ (Seifert/Schmidt-Quernheim 2017).

In unserer „Forensischen Überleitungs- und Nachsorgeambulanz“ kurz FÜNA (von Einrichtung zu Einrichtung schwanken die Bezeichnungen der Ambulanzen. Es gibt eine FÜNA, eine FNA, etc.) werden Patient*innen betreut, die aufgrund ihrer psychischen Erkrankung nicht in der Lage waren, das Unrecht ihrer Straftat einzusehen, und bei denen das Gericht die Maßregel nach § 63 StGB angeordnet hat. Ein multiprofessionelles Team, bestehend aus dem ärztlich-therapeutischen Bereich (Ärzt*innen, psychologische Psychotherapeut*innen, Arzthelfer*innen) und dem pädagogisch-pflegerischem Bereich (Fachkrankenschwestern, -pflegern für Psychiatrie, Sozialdienst) übernimmt die Begleitung der Patient*innen. Die Netzwerkarbeit bildet dabei einen großen Schwerpunkt. Dies gilt insbesondere für die Phase der Dauerbeurlaubung. Hierbei sind wir vor allem aufsuchend tätig. Die Forensische Nachsorge unterstützt bei der Wiedereingliederung und versucht Delikten und Weisungsverstößen vorzubeugen, um so einen Beitrag zur öffentlichen Sicherheit zu leisten. Dieses Doppel-Mandat, den Auftrag von Besserung und Sicherung des Maßregelvollzugsgesetzes zu erfüllen, indem wir neben therapeutischer Zugewandtheit auch das Ausüben von Kontrolle gewährleisten, müssen wir in unserer Arbeit zunächst einmal bereit sein, anzunehmen und umzusetzen. Vor allem ist es wichtig in der Zusammenarbeit mit den Patient*innen, diesen wertfrei gegenüberzutreten, ihnen keine Ängste, bzw. Vorurteile, entgegenzubringen und diese mit ihren Stärken und Schwächen ernst zu nehmen. Es gibt aber auch Delikte, die Ekel, Wut, Verachtung und/oder

Abscheu in einem selbst auslösen können. Delikte, die uns unbegreiflich oder unmenschlich vorkommen. Hier können wir als Mitarbeiter*innen auch stark an unsere Grenzen stoßen. Im Rahmen von Supervisionen und/oder Kollegialen Beratungen gilt es diesen Gedanken Raum zu geben, gemeinsam zu besprechen und somit seine Grenzen bewusst wahr- und anzunehmen und sich damit professionell auch abgrenzen zu können.

Wie bereits erwähnt setzt die forensische Nachsorge die Akzeptanz eines sogenannten Doppel-Mandats voraus: neben einem respektvollen Umgang und einer unterstützenden Begleitung ist eine permanente Risikoeinschätzung durch Kontrolle und Eingrenzung als Spagat der Nachsorgearbeit anzuerkennen. Der Grundgedanke bei der Implementierung der forensischen Nachsorgeambulanzen in den 1990er Jahren lag darin, die hohe Rückfallquote zu verringern. Demnach soll sie primär auf den Erhalt des stationären Therapieerfolgs zielen sowie direkte Unterstützung bei der Wiedereingliederung in die Gesellschaft bieten und das bereits beschriebene Risikomanagement im Blick haben. In der Behandlung und Begleitung der Patient*innen ist es enorm wichtig, nicht nur diesen, sondern uns auch im Team untereinander mit Wertschätzung und Respekt zu begegnen.

In der Arbeit mit den Patient*innen eine positive, ressourcenorientierte Haltung zu entwickeln, ist eine Herausforderung, erstrecht mit dem Wissen um die begangenen Delikte, mit ihrem Desinteresse an einer Zusammenarbeit und ihrem im Alltag auffälligem und herausforderndem Verhalten. Grundlage für das Entwickeln einer eigenen stabilen Grundhaltung könnte der Gedanke der Akzeptanz sein. Nicht der Patient ist schlecht, sondern sein Verhalten (Trost/Rogge 2016, 64 f.).

Reduzieren wir die Patient*innen zu sehr auf negative Eigenschaften und die begangenen Delikte, kann dies eher zu Frustration, statt zu einer Entwicklung der eigenen Grundhaltung führen. Immer wieder kann es zu Abwehr-, Widerstandsmanövern und/oder Rückfällen kommen, die es von uns, den Mitarbeitern der forensischen Nachsorgeambulanz, aufzufangen gilt. Hier heißt es: den Kontakt halten und die dazugehörigen Aufgaben im Blick zu behalten. Diese Aufgaben sind allerdings völlig konträren Erwartungshaltungen verschiedener Richtungen ausgesetzt, die es nicht nur auszuhalten gilt, sondern auch in die Arbeit integriert werden müssen. Hier ist es auf der einen Seite wichtig, sich Informationen und Unterstützung aus dem Netzwerk einzuholen und auf der anderen Seite qualifizierte Aus-, Fort- und Weiterbildung zu erhalten, bzw. an Teambesprechungen, Supervisionen sowie Kollegialen Beratungen teilzunehmen.

Wir Sozialdienste werden nach dem Tarifvertrag des öffentlichen Dienstes vergütet (TVÖD), im Bereich Sozial- und Erziehungsdienst (SuE) in der Entgeltgruppe S 12. Für unverheiratete Berufseinsteiger wäre das ein ungefähres monatliches Bruttoeinkommen von 3.300 €. Hinzu kommt noch eine Erzieherzulage oder Gefahrenzulage (bei stationärer Tätigkeit) und das Weihnachtsgeld.

Als ich vor neun Jahren in der Forensischen Überleitungs- und Nachsorgeambulanz angefangen habe, war mir gar nicht bewusst, was da genau auf mich zukommen würde. Für mich waren die Aufgaben des Sozialdienstes vertraut: Ämter- und Behördengänge, Unterstützung bei finanziellen Angelegenheiten, neuen Wohnraum finden, tagesstrukturierende Maßnahmen erkunden etc. Doch die Begleitung von psychisch kranken Straftätern war ein völlig neues Arbeitsfeld. Zusammengefasst bedienen wir uns in unserer Tätigkeit verschiedener wissenschaftlicher Ansätze: Sozialtherapie, Case Management und auch klinische Sozialarbeit. Mal stehen die soeben beschriebenen sozialadministrativen Aufgaben im Vordergrund und mal geht es in Form von Ressourcenaktivierung um die Stabilisierung des persönlichen Zustandes der Patient*innen. Wir arbeiten mit den Stationen der Forensik, dem ambulanten Dienst der Justiz, Arbeitgebern (Tagesstätten, Werkstätten für behinderte Menschen (WfBM), berufliche Integrationsmaßnahmen (Ergo- Arbeitstherapie), Sozialpsychiatrische Zentren), verschiedene Institutionen für Wohnungen und/oder Wohnheime, sozialpsychiatrische Dienste, gesetzliche Betreuungen, Sozialbehörden, Strafvollstreckungskammern und zuständige Staatsanwaltschaften, und einigen weiteren Kooperationspartnern zusammen, was ich unglaublich spannend finde. Wir sind die Mittler, das Bindeglied, zwischen der Forensik und der Außenwelt. Wir koordinieren die Planung der Wiedereingliederung unter Berücksichtigung der individuellen Fähigkeiten und Bedürfnisse des/der Patient*in und sind immer Ansprechpartner. Somit begleiten wir also nicht nur den/die Patient*in, sondern vor allem auch das externe Helfernetz. Wir bieten Beratungen, Fortbildungen und auch Hospitationen an. Mit einem Dienstwagen besuchen wir den/die Patient*in vor Ort, in ihrem neuen Lebensumfeld. Zudem haben wir jederzeit die Möglichkeit an regionalen und überregionalen Fortbildungen und Symposien teilzunehmen. Was mir dabei aber immer wieder auffällt: bei diesem ganzen unterwegs-sein darf ich mich selber nicht aus dem Blick verlieren. Manchmal sind die Tage so gefüllt mit Terminen und Dokumentationen, dass z. B. wenig bis gar keine Zeit für den eigentlich so geliebten Kaffee am Morgen bleibt oder das Tür-und-Angel-Gespräch mit meiner Kollegin oder schlichtweg auch die gesunde Ernährung. Oft gibt es einfach mal nur einen Snack zwischendurch. Manchmal findet sich aber auch Zeit, in der klinikinternen Kantine Mittagessen zu gehen.

Wichtig ist vor allem aber auch die Selbstfürsorge. Wenn ich mich selbst aus den Augen verliere, wie kann ich dann professionell andere Menschen beraten, begleiten und unterstützen? Die Konfrontation in der Arbeit mit Ekel und Scham, Bedrohungs- und Gewaltsituationen, Rollenkonflikten, psychischen Erkrankungen und auch dem Tod zeigen die Belastungen, die mit den Patient*innen direkt zu tun haben. Darüber hinaus können Dispute mit anderen Berufsgruppen, mangelnde Wertschätzung etc. die Achtsamkeit in Bezug auf die eigene Person vernachlässigen. Hin und wieder kann es auch Fälle geben, die mich in irgendeiner Art fesseln oder triggern. Hier braucht es Mut und Offenheit, die eigenen Erfahrungen, Bedenken oder Gedanken an- und auszusprechen.

Ohne Zweifel würde ich jedem, der ein wenig auf Nervenkitzel steht, diese Arbeit empfehlen. Kein Tag ist wie der andere. Kein Termin gleicht einem anderen. Für Abwechslung ist immer gesorgt. Der Sozialdienst in der Forensischen Nachsorge erfüllt nicht nur die eigenen Aufgaben, sondern arbeitet eng mit den verschiedensten Berufsgruppen zusammen (ärztlich, therapeutisch, pflegerisch, pädagogisch, Verwaltung etc.). Die Herausforderung in der Arbeit bildet häufig nicht ausschließlich das Patientenklientel mit ihren Delikten, individuellen Biografien und schwierigen Lebenssituationen, sondern auch die Gesellschaft, die oft eine stigmatisierende Meinung über Maßregelvollzugspatienten und dem Maßregelvollzug generell hat. In der Nachsorge von forensischen Patienten geht es nicht nur um Risikoeinschätzung und Netzwerkarbeit, sondern vor allem auch um die persönliche, professionelle Haltung in meiner praktischen Arbeit. Neben dem Fachwissen besteht die Professionalität vor allem aus: Kenntnisse über sich selbst haben, sich kritisch hinterfragen können, sich seiner Wirkung auf andere bewusst werden und vor allem dem Erkennen eigener Grenzen.

Für die Arbeit in der Forensischen Nachsorge sollte man meiner Ansicht nach ein dickes Fell haben, vielleicht eine gesunde Portion Sarkasmus an den Tag legen können, teamfähig sein, sich durchsetzen und auch mal „hart durchgreifen" können und vor allem Spaß an der Arbeit mit vielen verschiedenen Menschen haben.

Was sind die entscheidenden Schritte der Motivierenden Gesprächsführung? Recherchieren und belegen Sie.

Quellen

Arkowitz, H. & Miller, W. (2010): Motivierende Gesprächsführung lernen, anwenden und vertiefen. In H. Arkowitz, H. Westra, W. Miller & Rollnick, Motivierende Gesprächsführung bei der Behandlung psychischer Störungen. Weinheim, Basel: Beltz.

Glütschow, C. (2012): Die einstweilige Unterbringung im Strafprozess (§ 126 a StPO) und das Unterbringungsprüfungsverfahren gem. §§ 121, 122 StPO (Bd. 1. Auflage). Marburg: Tectum.

Hax-Schoppenhorst, T. S.-Q. (2003): Professionelle Forensische Psychiatrie. Bern: Hans Huber.

Schmidt-Quernheim, F. & Hax-Schoppenhorst, T. (2018): Forensische Ambulanz. In F. Schmidt-Quernheim, Praxisbuch Forensische Psychiatrie. Behandlung und ambulante Nachsorge im Maßregelvollzug (Bd. 3. vollständig überarbeitete und erweiterte Auflage). Bern: Hogrefe.

Seifert, P. D. & Schmidt-Quernheim, D.-P. F. (8. Februar 2017): LVR-Klinikum Essen. Abgerufen am 5. September 2021 von Institut für Forensische Psychiatrie: https://www.uni-due.de/rke-forensik/evaluationderambulantennachsorgeforensischerpatienten63stgbnrw.php

Trost, A. & Rogge, S. (2016): Basiswissen: Umgang mit Menschen im Maßregelvollzug (Bd. 1. Auflage). Köln: Psychiatrie GmbH.

Wagner, E. (2020): Forensik. In M. Wirsching & T. Levold, Systemische Therapie und Beratung – das große Lehrbuch. Heidelberg: Carl-Auer.

Weinberger, S. (2013): Klientenzentrierte Gesprächsführung. Lern- und Praxisanleitung für psychosoziale Berufe (14. überarbeitete Auflage). Weinheim, Basel: Beltz Juventa.

Soziale Arbeit in der Forensischen Psychiatrie

Dolf Kleinschmidt

Mein Arbeitsplatz in der stationären Forensik hat besonders den Vorteil der interdisziplinären Zusammenarbeit, sowie auch der klaren Verantwortungsstrukturen. Natürlich muss auch erwähnt werden, dass in der Forensik, bedingt durch die langen Aufenthaltsdauern, Zeit vorhanden ist, um mit den Patient*innen wirklich zu arbeiten. Auch die gutstrukturierte Nachsorge bringt die Chance, wirkliche Unterstützung zu geben. Das große Angebot der Aus- und Weiterbildungsmöglichkeiten und die damit verbundene Chance, auch therapeutisch tätig zu werden, soll hier nicht unerwähnt bleiben.

Nachteile sind natürlich die viele Vorschriften, Vorgaben und Begrenzungen durch den Maßregelvollzug sowie die nicht vorhandenen Aufstiegsmöglichkeiten. Auch die Situation, „Einzelkämpfer*in" auf der Station zu sein, beinhaltet diverse Schwierigkeiten.

Wenn Sie eine forensische Station als Besucher betreten möchten, müssen sie sich vorab anmelden. Ein solcher Besuch muss genehmigt werden. Sie werden in den inneren Bereich – von der Außenwelt durch einen hohen Zaun mit oben mehreren Rollen Stacheldraht abgegrenzt – gelassen. Die Haustür ist auch nur mit einem Spezialschlüssel zu öffnen. Dann muss man nochmal durch eine weitere Tür, um die Station zu betreten. Jetzt kommen sie in einen langen Gang, von dem auf beiden Seiten verschiedene Zimmer abgehen – eben typisch Krankenhaus. Es gibt aber auch noch Räume, die sie in einem somatischen Krankenhaus nicht finden: einen Essraum mit Plätzen für zwanzig Personen, einen Aufenthaltsraum mit Sofa, Fernsehen, Bücherwand, einen Raum mit Waschmaschine und Trockner zur Nutzung durch die Patientinnen und ein Raucherzimmer. In allen Zimmern sind die Fenster vergittert. Das Alter der Patient*innen variiert von 15-63 Jahren. Innerhalb der Station können Sie sich frei bewegen – mit Ausnahme der speziell für das Personal vorgesehenen Räume. Alle Angestellten tragen den Schlüsselbund fest mit dem Körper verbunden und eine Art Funkgerät – ein Personennotrufgerät. Die Mitarbeiter*innen sind mit normalen Anziehsachen und keiner „Schutzkleidung" bekleidet.

Allein schon die Einhaltung der Zeitabläufe bedeutet für einige Patient*innen eine Überforderung. Überhaupt ist die Enge, das Fehlen einer Privatsphäre und die Notwendigkeit, mit allen Mitpatient*innen – zumindest während der gemeinsamen Aktionen wie z. B. der Mahlzeiten – klarzukommen, eine der meistbenannten Problematiken. Die Selbstbeschäftigung der meisten Patient*innen begrenzt sich oft auf Schlafen, Essen, Rauchen, Fernsehen und darauf, „Bespaßung" von den Mitarbeitern einzufordern. Lesen oder kreativen Tätigkeiten ohne zusätzliche Anleitung nachzugehen werden wenig genutzt. Highlights sind die Lieferung des Einkaufs oder Bekleidung und Besuche von Angehörigen.

Ein großes Problem ist die Selbstverletzung durch Zufügung von Schnittwunden oder das sogenannte „Schlucken". Patient*innen nehmen Gegenstände zu sich, die nicht zum Essen geeignet sind, wie Scherben, Plastikteile, Tampons und Batterien. Leider finden die Patient*innen immer wieder neue Sachen für diese Tätigkeit, obwohl schon viele davon gar nicht mehr auf der Station zu finden sind. Da diese Dinge zu schweren Verletzungen im Magen-Darm-Trakt führen können, müssen sie endoskopisch entfernt werden, was oft zu einer Ausführung (begleiteten Behandlung in einem externen Krankhaus) führt. Dieses dafür benötigte Personal fehlt natürlich im Alltagsgeschehen. Oft können regelmäßige Aktivitäten für die Allgemeinheit der Patient*innen deshalb nicht durchgeführt werden. Auch gibt es oft eine Art Wettbewerb: Wer bekommt am meisten Zuwendung, Zeit vom Personal. Auch entstehen dadurch Verbote, die sich natürlich ebenso auf die Mitpatient*innen auswirken. Das führt natürlich zu Ärger und Wut. Unserseits wird versucht, die Selbstverantwortung der*des Patient*in zu stärken, ihnen andere Wege der Stressbewältigung sowie eine Verstärkung von positivem Verhalten näherzubringen. Leider kommen diese Methoden/Versuche bei einigen Patient*innen kaum an. Da sie die gewohnten Verhaltensweisen und die dadurch erreichten Effekte kennen, werden diese oft eher gewählt als etwas Neues, Ungewohntes. Um die Patient*innen zu motivieren, sich auf die anderen Wege einzulassen, spielt eine besondere Rolle die Beziehungsarbeit, da nur darüber dauerhafte Erfolge zu erzielen sind.

Mein Arbeitgeber stellt das Thema Qualität für Menschen sehr in den Vordergrund. Daher soll die Arbeit qualitativ hochwertig die Werte der Patient*innen unterstützen. Straffreiheit ist das erste von außen vorgegebene Ziel. Sich seiner eigenen Wertvorstellungen bewusst zu werden und dann auch noch zu akzeptieren, dass trotz der Straftaten und den damit verbundenen erlebten Abwertungen trotzdem jede Frau wertvoll ist und man daran auch noch weiterarbeiten kann, ist oft sehr schwierig zu vermitteln. Bis so eine Einstellung intrinsisch implementiert wird, vergehen meistens Jahre. Aber hier liegt auch ein Vorteil der Forensik: Es steht die benötigte Zeit zur Verfügung.

Die meisten Patient*innen haben keine abgeschlossene Ausbildung, keine Arbeitsstelle, keine Wohnung (zumindest nach der Straftat) mehr, wenig oder keinen Kontakt zur Familie. Oft ist die Gesundheit sehr desolat. Hier sind die Folgen der Erkrankungen wie Psychosen oder Sucht (oft Drogen) und auch die Prostitution, in die die Patient*innen flüchten, um überhaupt etwas zu verdienen, zu nennen. Auch sind die sehr unterschiedlichen Kulturen und der teilweise große Altersunterschied (18 bis 65) wie der Bildungsstand immer wieder ein Anlass für Streitigkeiten. Ein aktives Freizeitverhalten ist den meisten unbekannt bzw. nicht mehr präsent. Essen, Schlafen und Rauchen füllen die Zeiten, die nicht durch von der Klinik vorgegebene Aktivitäten gefüllt sind. Dazu kommt natürlich die extreme Eingrenzung der Freiheit. Alle sogenannten „Lockerungsmaßnahmen" müssen beantragt und genehmigt werden. Auch die fehlende Möglichkeit der Nutzung der modernen Technik wie Internet, Social Media und Begrenzung bei der Nutzung von Speichermedien sind gerade für die jüngere schwer nachvollziehbar bzw. zu akzeptieren. Anhand der leider verbotenen MP3-Player ist dies leicht nachzuvollziehen. Ob ich für jede CD immer wieder den Wechsel im Discman in Kauf nehmen muss oder mehrere hunderte oder sogar tausende Titel auf einem kleinen Gerät nutzen kann, ist ein deutlicher Aufwandsunterschied. Dazu kommt natürlich auch der Tragekomfort der viel kleineren MP3-Player. Aber da die Kontrolle der Geräte nicht zu gewährleisten ist, sind sie verboten. Auch haben fast alle untersagte Funktionen, wie Diktafon, Bluetooth usw.

Der LVR ist ein kommunaler Träger mit mehreren zehntausend Angestellten. Im Bereich Kultur, Denkmäler, wie z. B. das APX (Archäologischer Park Xanten), gibt es einige Einrichtungen, die von ihm getragen werden. In dem Bereich Jugend mit u. a. speziellen Schulangeboten, Behindertenarbeit (Verbund Heilpädagogischer Hilfen), überörtliche Sozialhilfe und in den zehn (davon neun rein psychiatrische) Krankenhäusern (früher Landeskrankenhaus) sind die meisten Mitarbeiter*innen tätig. Hier gibt es viele Möglichkeiten der Ausbildung und Qualifizierung.

Diese psychiatrischen Kliniken verteilen sich über das ganze Rheinland und sind in klar abgegrenzter Zuständigkeit räumlich wie sachlich festgelegt. Unsere Klinik ist für die forensisch untergebrachte Frauen des kompletten Einzugsgebiets des LVRs zuständig. Dadurch ist natürlich eine gemeindenahe Behandlung nicht mehr gegeben.

Die gesetzlichen Grundlagen für die Unterbringung kommen aus dem Strafrecht:

- § 63 StGB – Unterbringung in einer psychiatrischen Klinik, weil die Tat im Zustand der Schuldunfähigkeit (§ 20) oder der verminderten Schuldfähigkeit (§ 21) bedingt durch eine psychiatrische Erkrankung oder geistige Behinderung begangen wurde
- § 64 StGB – Unterbringung in einer psychiatrischen Klinik, weil die Tat im Zustand der Schuldunfähigkeit (§ 20) oder der verminderten Schuldfähigkeit (§ 21) bedingt durch eine Suchterkrankung wurde
- § 126a StPO – vorläufige Unterbringung in einer psychiatrischen Klinik, weil zu erwarten ist, dass die Tat im Zustand der Schuldunfähigkeit (§ 20) oder der verminderten Schuldfähigkeit begangen wurde
- § 81 StPO – vorläufige Unterbringung in einer psychiatrischen Klinik zur Vorbereitung der Erstellung eines Gutachtens über den psychischen Zustand
- § 453c StGB – Vorläufige Maßnahmen vor Widerruf der Aussetzung kann erfolgen, wenn es hinreichende Gründe für die Annahme gibt, dass die Aussetzung widerrufen wird,

Das SGB, JGG und das AsylG wirken sich bei der Aufnahme je nach Voraussetzung für die Übernahme des Barbetrags bzw. der Wohnungs- und Krankenversicherungskosten aus. Meistens versuchen hier die zuständigen Sozialämter, sich vor den Zahlungen zu „drücken" (räumliche zuständig ist die Stadt, in der die Patientin zuletzt vor der Aufnahme gelebt hat. Es zählenden dabei keine stationären Einrichtungen). Eine Änderung kommt erst nach der rechtskräftigen Verurteilung.

Die beiden relevantesten Methoden in unserer Arbeit/Kommunikation mit den Patient*innen sind die Verhaltenstherapie (Lehrbuch VT1 2018) und die Dialektisch-Behaviorale Therapie (DBT Therapiebuch 2008). Die meisten Patient*innen kennen es nicht, dass sie für ihr Handeln Verantwortung übernehmen sollen. Sie delegieren die Verantwortung gerne und bleiben dadurch natürlich unschuldig für die einzelnen Taten. Im Rahmen der VT wird ihnen erklärt, was sie gemacht haben, wenn möglich auch, warum und wie sie sich jetzt verhalten müssten, um die Situation zu klären bzw. um negative Folgen abzuwenden. Es hört sich viel leichter an, als es wirklich ist. Verhaltensänderungen sind angstbesetzt und es ist schwierig, immer wieder etwas Neues auszuprobieren, um endlich die alten Muster abzustreifen und erfolgreich eine wirkliche Veränderung zu erreichen. Für die Patient*innen, die an einer Borderline-Persönlichkeitsstörung erkrankt sind, bedarf es der DBT. Das oft herausfordernde Verhalten, die Spaltungstendenzen lassen sich am besten anhand der vier Stufen der DBT (innere Achtsamkeit, Gefühlsregulation, Stresstoleranz und Erlernen sozialer Kompetenzen) bearbeiten.

Um den täglichen Hilfebedarf der Patient*innen abzuklären, wird bei der Aufnahme eine Sozialanamnese erstellt. Hier wird u. a. abgeklärt, über welches Einkommen bzw. Vermögen eine Verfügungsmöglichkeit besteht, welche Zahlungen wie Miete, Schulden, Unterhalt zu leisten wären. Wie ist die*der Patient*in abgesichert? Besteht eine Betreuung, und wenn, für welche Bereiche? Hier werden natürlich auch die Informationen der Angehörigen verwendet. Um die Möglichkeiten der Patient*innen zu eruieren, ist der ICF (Internationale Klassifikation der Funktionsfähigkeiten, Behinderung und Gesundheit) hilfreich. Täglich haben die Frauen die Möglichkeit, sich für ein Gespräch anzumelden, um für sie wichtige Dinge zu besprechen und zu klären bzw. die entsprechende Hilfe zu bekommen.

Konzeptionell sind die Sicherung und Besserung der Straftäter*innen die Aufgabe unserer Institution (Maßregelvollzugsgesetz). Die Patient*innen sollen davor geschützt werden, weiter strafrechtlich in Erscheinung zu treten. Sie bekommen Unterstützung bei der Erlernung einer anderen Art der Tagestruktur, neuer Werte. Und natürlich soll die Gesellschaft ebenfalls vor neuen Straftaten geschützt werden. Entsprechend der erreichten Erfahrungs-, Lockerungsstufen sollen die Patient*innen die Förderung und Unterstützung erhalten, die sie bedürfen, und gleichzeitig in der Eigenverantwortung und bei den persönlichen Fähigkeiten gestärkt werden.

Der Bereich der Forschung hat verhältnismäßig wenig Einfluss auf die alltägliche Arbeit. Es gibt wenige Projekte im Bereich der Frauenforensik und wenn, geht es nicht um die sozialpädagogische Komponente. Die Einarbeitung von neuen Mitarbeitenden erfolgt nach einem vergebenen Konzept mit einem erfahrenden Paten aus derselben Berufsgruppe. Das Wichtigste ist, zuzuhören, die Bereitschaft, neues zu erlernen sowie zu fragen. Es ist nicht nötig, alle Sachinformation schon vorher zu kennen. Aber es gibt eine Vielzahl an Gesetzen, Verordnungen usw., die berücksichtigt werden müssen. Es ist notwendig, die verschiedenen Theorien und Methoden zumindest teilweise zu erlernen. Bedingt durch die guten Weiterbildungsmöglichkeiten ist es kein Problem. In der stationären Forensik muss man in der Lage sein, auf den Anderen zuzugehen – egal ob Mitarbeiter*in oder Patient*in. Vorurteile über die Berufe oder Wertigkeiten sind hier eher hinderlich. Es gibt klare Verantwortungskompetenzen, die verbindlich sind. Viele Tätigkeiten werden gemeinsam bzw. zusammen gemacht. Trotzdem ist es natürlich so, dass jeder für seinen Zuständigkeitsbereich alleine verantwortlich ist. Auch die Strukturierung der Arbeit bleibt dem*der einzelnen Mitarbeiter*in überwiegend selbst überlassen. Aber es ist natürlich damit klar, dass jeder alle Sachen abarbeitet. Eine Offenheit gegenüber den unterschiedlichen Kulturen wie auch den Menschen in den Vordergrund zu stellen – und nicht die Straftat –, ist sicherlich eine Grundvoraussetzung für eine Arbeit in der Forensik. Wenn man als Mitarbeiter*in hier Angst empfindet, sollte man einen anderen Arbeitsplatz wählen. Persönliche Empfindsamkeiten bei Beschimpfungen und eventuell auch verbalen Bedrohungen (diese sind fast immer gegen die Rolle und nicht gegen die Person gerichtet) sind eher hinderlich. Natürlich ist Vorsicht angebracht sowie auch das Erlernen des Beurteilens der Situationen. Eine gute Prise Humor erleichtert jede Arbeit, also auch diese.

Die Bezahlung richtet sich nach TVÖD EG 9 oder S 12. Das bedeutet in der höchsten von sechs Erfahrungsstufen inklusive dreier Zulagen (u. a. Vollzugszulage) ein Bruttoeinkommen von monatlich 4600,00 €.

Ich habe immer noch bzw. immer wieder Schwierigkeiten, Hierarchien zu akzeptieren, wenn durch die gerade getroffene Entscheidung eindeutig Unwissenheit gezeigt wird. Manchmal sehe ich hier auch ein Machtspiel. Ein typisches Beispiel hierfür ist manchmal die Wohnheimplatz-Vermittlung. Obwohl ich nachweislich derjenige bin, der die entsprechenden Institutionen am besten kennt, meinen einige Personen, die in der Hierarchiekette über mir stehen, Entscheidungen mit Halbwissen bzw. sogar Hörensagen zu treffen. Natürlich geht es hier nicht um wirkliche Fehlbelegungen (geistig Behinderte in einem Wohnheim für psychisch Kranke oder ähnliches). Aber jedes Wohnheim hat einen bestimmten Charakter. Manche sind schon mehr familiär angelegt. Während es bei anderen okay ist, wenn die Bewohnerin die Mindestanforderungen erfüllt, und sich sonst kaum um die anderen kümmern.

Auch meine Rolle als „Geld- und Klamottenbesorger*in“ ist zwar wichtig, aber natürlich nicht der Hauptanteil meiner Arbeit. Darauf begrenzt zu werden, reduziert die Arbeitsfreude. Genauso habe ich immer noch Probleme, ein blindes „Rudelverhalten“ zu akzeptieren. Bloß weil eine Berufsgruppe mengenmäßig mehr präsent ist, wird nicht jedes von denen gezeigte Verhalten automatisch richtig. Aber konstruktive Kritik an einer Person der größten Arbeitsgruppe wird schnell als Angriff gegen alle aufgefasst. Auch finde ich es immer noch wichtig, etwas Neues hinzuzulernen – egal von wem. Kolleg*innen, die frisch von der Universität kommen, haben oft einen Wissensvorsprung, von dem wir anderen auch profitieren können. Ich kann Sätze wie: „Lass das Küken ruhig krähen, wir haben die Erfahrung“, und am schlimmsten: „Das haben wir noch nie gemacht“, nicht mehr hören. Alles Neue ist zwar nicht sofort gut, aber auch nicht direkt schlecht.

Ich muss sagen, dass die Ausweitung des Sozialdienstes in unserer Abteilung von ehemals vier auf jetzt sieben Personen eine ganz neue Möglichkeit des Austausches beinhaltet. Auch das große Spektrum an Alter und Vorerfahrung ist sehr förderlich, da es immer mehrere Perspektiven gibt.

Es kommt auch immer wieder vor, dass Verhaltensweisen von Patient*innen als negativ gegen Einzelne oder das ganze Team gerichtet wahrgenommen werden. Diese Einstellung führt dann zu Wünschen nach Schutz, Anstellen des Fehlverhaltens und eventuell auch Bestrafung. Ich kann mich davon leider nicht ausnehmen. Hier muss man sich auf die Erkrankung der Patient*innen nochmal fokussieren. Außerdem geht es nicht um Bestrafung, sondern Förderung von adäquatem und Reduzierung von destruktivem Agieren. Ohne eine regelmäßige Selbstachtsamkeit, Reflexion und eine gute Prise Humor würde diese Arbeit schnell zu einem Burnout führen.

Wenn jemand sich überlegt, in diesem Arbeitsfeld tätig zu werden, sollten folgende Dinge klar sein. Die Entscheidungen treffen andere. Aber normalerweise sollte der Sachverstand aller Berufsgruppen gehört werden. Es gibt viele Vorschriften und Regeln. Man muss in der Lage sein, die eigene Arbeit zu strukturieren, und selbstverantwortlich die Erledigung kontrollieren. Wer dies gerne macht, aber trotzdem im Team arbeiten will, ist hier richtig. Die Patient*innen sind krank und nicht zielgerichtet böse. Vorsicht und eine geringe Empfindlichkeit gegen Beschimpfungen sind notwendig. Angst sollte kein Thema sein. Es gibt kaum Zeitdruck, unter dem gearbeitet werden muss, da die Unterbringungen über Jahre andauern.

Ich würde jeder/jedem Interessent*in raten, wenn möglich, zu hospitieren – zumindest einen Tag lang. Und, wenn nötig eine gute Einarbeitung mit erfahrenen Kolleg*innen einzufordern.

Wie lauten laut Beitrag die vier Stufen der Dialektisch-Behavioralen Therapie? Erläutern Sie deren Bedeutung im Kontext von Kompetenzen der Lebensführung.

Quellen

DBT Therapiebuch, Marsha M. Linehan, CP Medien 2008.
Lehrbuch der VT 1, Jürgen Margraf, Silvia Schneider, Springer 2018.

IX. Religion und Soziale Arbeit

Soziale Arbeit und Diakonie in der Wohnungslosenhilfe

Anna-Sofie Gerth

Die Einrichtung ist eine Wohnungslosentagesstätte in Berlin. Zu uns kommen Menschen, die obdachlos oder wohnungslos sind. Aber auch Menschen, die in finanzieller Armut leben (häufig Altersarmut) sind bei uns zu Gast. Zum Team gehören knapp 50 ehrenamtliche Helfende und fünf Hauptamtliche Sozialarbeiter*innen und Diakone*innen. Diakone*innen sind kirchliche Sozialarbeiter*innen und haben neben einer theologischen Ausbildung wichtige Kenntnisse im Umgang mit Gruppen, Seelsorge und Religionspädagogik. Ich bin die Einrichtungsleitung seit 2016 und ebenfalls Sozialarbeiterin und Diakonin. Ich habe berufsbegleitend noch das Masterstudium „Beratung in der Sozialen Arbeit" beendet. Innerhalb des Masterstudiums habe ich meinen Schwerpunkt auf Organisationsberatung gelegt.

Der Auftrag der Einrichtung lässt sich anhand von drei großen Schwerpunkten verdeutlichen. Es geht um eine gute Versorgung im Bereich Hygiene und Lebensmittel, um sozialpädagogische Beratung und um Kirche, als Einrichtungsgemeinde. In den Monaten November-April kommt noch eine kleine Notübernachtung mit 30 Plätzen hinzu.

Der Träger der Wohnungslosentagesstätte ist als Expertin im Bereich der Obdachlosen- und Wohnungslosenhilfe in Berlin, Deutschland und Europa anerkannt. Neben den Aufgaben in der niedrigschwelligen Wohnungslosenhilfen gibt es über 80 andere diakonische Einrichtung, die zu dem Träger gehören. Hierbei sind die Straffälligenhilfe, Einrichtungen der Flüchtlingshilfe, Kinder- und Jugendhilfe sowie Seniorenpflege besonders hervorzuheben.

Die Schwerpunkte der Tagesstätte lassen sich in Versorgung, Beratung und Gemeinschaftsaktionen mit spirituellen Entdeckungsmöglichkeiten beschreiben. In den Einrichtungen der niedrigschwelligen Wohnungslosenhilfe halten sich Menschen mit den verschiedensten Hilfebedarfen, Biografien und Ressourcen auf. Nutzer*innen mit Obdach, aber wenig finanziellen und sozialen Ressourcen sind ebenso Gäste dieser Einrichtungen, wie Menschen, die wohnungslos oder eben auch obdachlos sind (vgl. Lutz/Simon 2012, 101). Das heißt, die Lebenslagen sind vielfältig und die Einrichtungen sollten sich auf die Vielfalt der Menschen und die unterschiedlichen Bedürfnisse einstellen und dementsprechend Angebote im Bereich der Nahrung, Hygiene und Beratung vorhalten. Wichtig ist hier zu erwähnen, dass innerhalb der niedrigschwelligen Wohnungslosenhilfe Menschen aus den verschiedensten Professionen arbeiten. Neben Sozialarbeitenden finden sich in erster Linie Menschen, die sich ehrenamtlich engagieren, bzw. sich auch aus einem bürgerlichen Engagement entschließen, in diesen Einrichtungen mitzuhelfen. Das Mithelfen durch Externe ist innerhalb der Einrichtungen organisiert und macht deutlich, dass die niedrigschwellige Wohnungslosenhilfe mit knappen Ressourcen ausgestattet und auf ehrenamtliche, also unbezahlte Kräfte angewiesen ist. Die Einrichtungen der niedrigschwelligen Wohnungslosenhilfe können oft eine professionelle Angebotsstruktur nur aufrechthalten, wenn ehrenamtliche Mitarbeitende vor Ort sind und Dienste der Kleiderkammern und Essensausgabe übernehmen (vgl. Jordan 2017, 125 f.). Hier geht es auch um eine enge Begleitung der Ehrenamtlichen. Das heißt, die Ehrenamtlichen werden durch mich und das Team eingearbeitet und erhalten immer wieder Rückmeldungen und Feedbacks. Es ist wichtig, dass hier auch ein vertrauensvolles Arbeiten entsteht.

Menschen, die die Tagesstätte besuchen, haben häufig kein Obdach oder leben in prekären Wohnsituationen. Eine weitere Gruppe, die zu uns kommt, lebt häufig in (Alters-)Armut und benötigt Unterstützung in der allgemeinen Lebensgestaltung und Struktur für den eigenen Alltag. Thematisch geht es bei den Gästen häufig um wenig bis keine finanziellen Ressourcen. Viele haben zu dem kein Obdach oder leben in prekären Wohnsituationen. Ein Großteil der Gäste lebt mit massiven psychischen Erkrankungen und einem schlechten Allgemeinzustand. Viele (europäische) Gäste haben nur begrenzte sozialrechtliche Ansprüche oder wissen nicht, wie sie ihre Ansprüche geltend machen können. Neben den persönlichen Problemen und Herausforderungen geht es bei den Gästen oft auch um eine strukturelle Ausgrenzung. Armut und Obdachlosigkeit sorgen für einen Ausschluss aus der Gesellschaft. Viele Gäste sind ebenso Opfer von Gewalt und Rassismus sowie weiteren Verdrängungen. Das Leben der Gäste ist gekennzeichnet von Armuts- und Gesundheitsmerkmalen sowie strukturellen Ausgrenzungen.

Die Einrichtung wird im Rahmen einer Zuwendung durch den Bezirk finanziert. Der Bezirk finanziert hierbei die Gehälter der Mitarbeiter*innen, alles andere muss durch Spenden finanziert werden. Das heißt, die Einrichtung hat finanziell ein hohes Defizit.

Daher ist ein Umgang mit Spender*innen und die Fähigkeit im Fundraising aktiv zu sein, ein wichtiges Unternehmen der Einrichtungsleitung. Hierbei geht es darum, dass die Bedarfe von Obdachlosen Menschen deutlich gemacht werden und Bildungsarbeit stattfindet. Menschen mit Obdach müssen zuerst die Wege in die Obdachlosigkeit verstehen und ein Empfinden für die Themen von obdachlosen Menschen bekommen, bevor sie bedarfsgerecht spenden. Das heißt, es wird genau aufgeklärt, welche Spenden nötig sind und was damit gemacht wird. Zeitgleich muss in der Einrichtung durch Ehrenamtliche und Hauptamtliche ein gutes Spendenmanagement entstehen und Bedarfe immer wieder festgestellt werden. Ich lade immer mal wieder Schulklassen, Serviceclubs, Kirchengemeinde und andere Gruppen in die Einrichtung ein, beantworte Fragen zum Thema Obdachlosigkeit und möchte, dass Lernräume entstehen. Nur wenn Menschen verstehen, wie das Leben auf der Straße ist und welche Hürden zu meistern sind, um aus der Obdachlosigkeit rauszukommen, kann eine Veränderung in der Haltung und Finanzierung gegenüber obdachlosen Menschen entstehen.

In niedrigschwelligen Einrichtungen ist die Arbeitsweise dadurch geprägt, dass Beratungen und Grundversorgungen in der Regel ohne die Vergabe von Terminen stattfinden, der Aufenthalt auch ohne Beratung erlaubt und die Anonymität der Nutzer*innen gewährleistet wird (sofern es erwünscht ist). Das heißt, eine der Hauptaufgaben dieser niedrigschwelligen Einrichtungen ist es, den Gästen die Möglichkeit zu bieten, offene, wenig formalisierte und strukturierte Beratungsangebote wahrzunehmen (vgl. Hollstein-Brinkmann/Knab 2016, 2-5). Grundsätzlich soll die niedrigschwellige Wohnungslosenhilfe nicht nur eine Versorgungsstätte mit Nahrung und Hygienemöglichkeiten darstellen, sondern auch Beratungen anbieten und obdachlose Menschen in einem Prozess begleiten. Das heißt, es bedarf eben auch geeignetes Fachpersonal, dass Beratungen vornehmen kann und innerhalb der Beratung dafür sorgt, dass Menschen nicht in der Niedrigschwelligkeit verbleiben und weitere Angebote kennen, und eine Vermittlung in den Lebensbereichen schafft. Meine Kollegen*innen und ich sind im permanenten Austausch zu neuen Angeboten für obdachlose Menschen, Einrichtungen und Neuigkeiten im Hilfesystem. Oft ist die Struktur so komplex, dass wir als Sozialarbeiter*innen die Angebote runterbrechen, damit die Gäste die Zugänge verstehen. Wir sind hier Vermittler*innen, da wir oft Beziehungen zu den Gästen aufbauen. Zudem bringen wir den Gästen in der Tagesstätte die Akzeptanz und Anerkennung entgegen, die sie nur selten an anderer Stelle erfahren. Hierbei geht es auch darum, dass die Mitarbeitenden den Kern sozialer Gerechtigkeit durch Soziale Arbeit mit in den Fokus rücken, gegen eine Unterversorgung von Ressourcen ankämpfen und sicherstellen, dass den Nutzer*innen der Zugang zu den Ressourcen gewährt bleibt (vgl. Eisenmann 2006, 235). Am Ende geht es immer darum, dass wir Beziehungen zu den Gästen aufbauen, mit ihnen im Gespräch bleiben und eine gemeinsame Augenhöhe finden.

Täglich wird auf der Arbeit „Beratung zwischen Tür und Angel“ angewandt. Das heißt, es geht darum, ansprechbar zu sein und dass die Gäste wissen, wer als Sozialarbeiter*in vor Ort ist, um dann ganz unkompliziert Fragen zu stellen und kompetente Antworten zu erhalten. Dafür müssen Beziehungen entstehen und Vertrauen gegenseitig entgegengebracht werden. Dies erfolgt in Kleinstschritten und ist wenig planbar. Das heißt, Gäste der Tagesstätte dürfen Monate und Jahre zu Gast sein und immer wieder kleine, fast belanglose Fragen stellen, bis sie eines

Tages in eine tiefgründige Beratung einsteigen wollen. Menschen, die prekär leben, dürfen ohne Druck und mit viel Zeit das Setting ausprobieren und Grenzen austesten. In den jeweiligen Beratungen, egal ob zwischen Tür und Angel oder im Rahmen eines langen Hilfeprozesses, wird vorwiegend die personenzentrierte Beratung angewandt. Wichtig ist hier als Mitarbeiter*in besonders empathisch zu reagieren und ein hohes Fachwissen in Bezug auf Subtanzmittelkonsum, SGB II und XII zu haben und neuste Einrichtungen der Wohnungslosenhilfe zu kennen (vgl. Hollstein-Brinkmann/Knab 2016). Zudem geht es in den Beratungen darum, die Ressourcen der Gäste zu erkennen und damit zu arbeiten. Zudem benötigen die Mitarbeiter*innen ein hohes Reflexionsvermögen, um die jeweiligen Kleinstschritte, die richtige Würdigung zukommen zu lassen. Wenn ein Gast nach sechs Monaten seinen Namen verrät, dann ist dies als Erfolg zu verbuchen. Dieser Erfolg kann nur als einer benannt werden, wenn das Reflexionsvermögen genau geschult ist und empfindsam ist für solche Veränderungen. Das heißt, es kommt auf eine hohe Sozial- und Reflexionskompetenz an und man muss in der Lage sein, auf spontane Ereignisse zu reagieren.

Oft wird das Feld der niedrigschwelligen Sozialarbeit auch noch einem „Schmuddelimage" zugeordnet. Aufgrund der Zielgruppen, die aus höchst vulnerablen Lebensbereichen in die Einrichtung gehen, braucht es oft besonders taffe, aber reflektierte Mitarbeiter*innen (Arnold/Höllmüller 2017). Das Feld der Obdachlosenhilfe ist oft eher rau. Es braucht daher Sozialarbeiter*innen, die eine hohe Fachkompetenz im Bereich der Sozialpsychiatrie mitbringen, in rechtlichen Begebenheiten und eine hohe Kompetenz in Gesprächsführung mitbringen. Dazu braucht es eine lebensbejahende Lebenseinstellung und Werte, die diese Haltungen zum Ausdruck bringen. Um als Sozialarbeiter*innen immer wieder in diese Haltung zu kommen und die Arbeitsfähigkeit aufrechtzuerhalten, haben wir Supervision und nehmen uns viel Zeit in den Teamsitzungen. Wir können als Team nur gut arbeiten und den Menschen helfen, wenn wir als Team gut funktionieren und eine hohe Verlässlichkeit zueinander haben. Dies entsteht nur, wenn wir Zeit miteinander verbringen und uns gut kennen. Es ist wichtig, dass wir im Team ehrlich miteinander sind. Das Thema Haltungsfragen durchlaufen wir regelmäßig und besprechen viel. Antworten auf Haltungsfragen spiegeln sich nicht nur in Entscheidungen gegenüber der Gäst:innen wider, sondern auch im gelebten Miteinander einer Dienstgemeinschaft. Wir nehmen uns Zeit, um an Weihnachten miteinander als Team Gottesdienst zu feiern. Tischgemeinschaften vor Teamsitzungen werden mit Gebet eröffnet. Es gibt viele Momente des Austausches. Dies ist wichtig, denn nur wenn wir uns als psychisch gesund wahrnehmen, können wir diese schwere Arbeit leisten.

Wir haben die Abmachung im Team, dass wenn jemand nicht arbeitsfähig ist, der dann auch nicht zur Arbeit kommt. Dies wird nicht ausgenutzt. Wenn man aber drei Nächte schlecht geschlafen hat und psychisch nicht hundertprozentig auf der Arbeit sein kann, tut man den Klienten*innen keinen Gefallen.

Menschen, die auf der Straße leben, müssen nicht gut gelaunt oder dankbar sein. Aber wir, als ausgebildete Sozialarbeiter*innen, müssen auf der Arbeit körperlich und psychisch anwesend sein. Wir sind im Team so ehrlich, dass man sich auch mal nach Hause schickt. Uns ist diese Abmachung sehr wichtig, da wir nicht von den Gästen erwarten können, dass diese auf uns achten und gnädig sind. Wir tragen hier eine Verantwortung gegenüber den Gästen.

Die Wohnungslosentagesstätte ist eine diakonische Einrichtung eines christlichen Trägers. Das heißt, unsere Arbeit ist geprägt von einem christlichen Menschenbild und unsere Haltungsfragen und Entscheidungen werden oft von einer kirchlichen Perspektive durchdrungen. Bei Besprechungen und unserer Arbeit greifen Methoden und Haltungen aus der Sozialen Arbeit stets ineinander mit kirchlich-diakonischen Haltungsfragen. Dazu gehört auch das Bewusstsein, dass Grenzen der Sozialen Arbeit manchmal nur mit einer spirituellen Form ergänzt werden können. Viele Mitarbeiter*innen in der Einrichtung haben eine Doppelqualifikation als Sozialarbeiter*in und Diakon*in. Das heißt, die spirituellen Angebote werden oft von Mitarbeiter*innen gestaltet, die ein theologisches Profil mitbringen. Auch ich gestalte regelmäßig Andachten und führe Seelsorgegespräche. Wir glauben an die Kraft des Gebets. Daher gibt es im Gastraum eine kleine Box, in der Gebetsanliegen eingeworfen werden können. Die Zettel können anonym hineingelegt werden und wir sichern zu, dass die Gebete gesprochen werden. Entweder in der Andacht oder die Anliegen werden verteilt an Mitarbeitende. Ja, Gebetszeit ist Arbeitszeit.

Sozialarbeiter*innen erhalten in dieser Arbeit das Gehalt nach dem Tarifvertrag des TV-Evangelische Kirche Berlin Brandenburg-schlesische Oberlausitz (kurz: TV-EKBO) in der Eingruppierung E 9b. Zu dem Grundgehalt gibt es Abend- und Wochenendzuschläge, die ebenfalls im Tarifvertrag geregelt sind. Die Tagesstätte hat Dienstag bis Samstag von 16:00 bis 20:30 Uhr geöffnet. Die Sozialarbeiter*innen beginnen ihren Dienst in der Regel um 14 Uhr, um vorher schon Beratungen oder Büroarbeit durchzuführen. Dazu kommen regelmäßige Sitzungen des Trägers oder im Bezirk.

Ich brenne für meine Arbeit und für die Verbesserung der Lebenssituationen von Obdachlosen Menschen und Menschen, die in finanzieller Armut leben. Ich erfahre jeden Tag, wie das Studium der Sozialen Arbeit und meine Ausbildung zur Diakonin mein Arbeitsleben bereichern und verändern. Eine gute Gesprächsführung, gegenüber Gästen, Mitarbeiter*innen, Ehrenamtlichen und Spender*innen sind essenziell. Meine schnelle Auffassungsgabe hilft mir dabei, die Arbeit zu strukturieren und Prioritäten zu setzen. Die Obdachlosenhilfe ist chronisch unterfinanziert und ich muss jeden Tag entscheiden, was am wichtigsten ist, wo Geld investiert wird und an welchen Stellen es sich lohnt, für Veränderungen einzustehen. Ich sehe permanent spannende Forschungsfelder auf der Arbeit und wünsche mir so, dass sich mehr Kollegen*innen für dieses Feld interessieren. Auch wenn es besonders rau ist und man in vielen Fachbereichen gut aufgestellt sein sollte. Ich bin überzeugt davon, dass Kollegen*innen in der Obdachlosenhilfe ein enorm breites und tiefes Fachwissen haben und dieses in einer enormen Schnelligkeit anwenden. Dies liegt an der Vielzahl von Obdachlosen Menschen und der Diversität der jeweiligen Probleme.

Es gibt Tage, da wandere ich gedanklich und in den Beratungen zwischen SGB II und XII, Krankenhäusern und Psychiatrien, Haft und Rückwanderungsprogrammen in der EU.

Für mich ist die Arbeit mit psychisch erkrankten, obdachlosen Menschen manchmal sehr anstrengend und herausfordernd. Insbesondere nachdem ich einmal körperlich von einer schwer psychisch erkrankten Klientin angegangen und aufgrund des Vorfalls krankgeschrieben wurde. Grundsätzlich dürfte ich mir aber auch den Blick auf die vielen, kleinen Veränderungen beibehalten und immer wieder schärfen. Ich erlebe so oft Klienten*innen, die ihr Leben minimal verbessern und stolz auf diese Veränderungen sind. Das sind die Momente, die mich immer wieder motivieren und dafür sorgen, dass ich diese schwere sowohl körperliche als auch psychische Arbeit weiter machen kann.

Studierenden aus der Sozialen Arbeit empfehle ich, mal in einer Einrichtung zu hospitieren und die Zeit zu nutzen, eigene Vorurteile gegenüber Obdachlosen Menschen zu überprüfen. Wer sitzt in diesen Einrichtungen? Wie erlebe ich die Menschen und die Einrichtung?

Danach sollte eine Überprüfung der eigenen Widerstandsfähigkeit und Ressourcen stattfinden. Die Arbeit kann sehr belastend sein, wenn man keine gute Psychohygiene hat. Alle Menschen, die erleben, dass sie die Gaben und Ressourcen haben, um in der Obdachlosenhilfe zu arbeiten, ermutige ich! Sie sind fachlich gut ausgebildet, niedrigschwellige Einrichtungen haben ihren Charme, probieren Sie es aus!

1. Wie würden Sie eine (christliche) Dienstgemeinschaft definieren?
2. Welche Ressourcen kann Spiritualität bei Mitarbeiter*innen und bei Gästen sein?

Quellen

Arnold, Helmut/Höllmüller, Hubert (2017): Niedrigschwelligkeit in der Sozialen Arbeit. Weinheim, Basel: Beltz Juventa.

Eisenmann, Peter (2006): Werte und Normen in der Sozialen Arbeit, Stuttgart: Kohlhammer.

Hollstein-Brinkmann, Heino/Knab, Maria (Hrsg.) (2016): Beratung zwischen Tür und Angel. Professionalisierung von Beratung in offenen Settings. Wiesbaden: Springer VS.

Jordan, Rolf (2017): Bürgerschaftliches Engagement (Hrsg.): Handbuch der Hilfen in Wohnungsnotfällen. Entwicklung lokaler Hilfesysteme und lebenslagenbezogener Hilfeansätze. Berlin/Düsseldorf: BAG W-Verlag. Seite 125-134.

Lutz, Ronald/Simon, Titus (2012): Lehrbuch der Wohnungslosenhilfe. Eine Einführung in Praxis, Positionen und Perspektiven. 2., überarbeitete Auflage. Weinheim, Basel: Beltz Juventa.

Soziale Arbeit und radikaler Islamismus

Alexander Gesing

Was hat die Kinderrechtskonvention mit Distanzierungsarbeit zu tun? Welche Rolle spielt Resilienz in der Arbeit mit Angehörigen in der Beratung bei Verdacht auf eine islamistische Radikalisierung? Und was ist das Tückische am doppelten Mandat in dieser Arbeit? Diese Fragen möchte ich in meinem Kapitel aufgreifen und noch vieles mehr erklären.

Meine Arbeit findet in einer Beratungsstelle statt, die zu einem bundesweiten Netzwerk von Beratungsstellen gehört. Meine Kolleg*innen und ich beschäftigen uns mit der Information, Prävention und Intervention im Bereich des islamistischen Extremismus. Zu diesem Netzwerk gehört eine bundesweite Hotline, die durch eine telefonische Beratung von Kolleg*innen innerhalb der Beratungsstelle Radikalisierung des Bundesamts für Migration und Flüchtlinge durchgeführt wird und die die Ratsuchenden am Telefon an die jeweilige Beratungsstelle im Bundesland der anrufenden Person weitervermittelt. In einer dieser Beratungsstellen bin ich tätig und arbeite mit Angehörigen und Menschen, die sich in einem Distanzierungsprozess befinden. Ich habe dadurch die Möglichkeit, meine Profession mit einer Arbeit für Demokratie, Freiheit und Vielfalt zu verknüpfen – eine für mich perfekte Kombination. Aber zwischen Fachvorträgen, unglaublich aufwendigen Fallberatungen und -begleitungen, administrativen Aufgaben, vielen Dienstfahrten und -reisen, der Dokumentation, dem Mitwirken in Fachgremien und vielen weiteren Aufgaben kann man leicht „in Trouble“ (vgl. unser Band 1)[1] kommen.

Meine Beratungsarbeit richtet sich in erster Linie an das soziale Nahfeld von Menschen, die sich mutmaßlich radikalisieren, denn sie sind die ersten, die eine Veränderung wahrnehmen, und gleichzeitig die wichtigsten Ansprechpartner im sozialen System für eine Distanzierungsarbeit.

Sekundär- und Tertiärprävention im Bereich des islamistischen Extremismus wird in Deutschland durch zivilgesellschaftliche Projekte, wozu auch meine Beratungsstelle gehört, und durch Beratungsstellen innerhalb von Behörden, wie einem staatlichen Aussteigerprogramm, erbracht. Meine Kolleg*innen und ich beraten Ratsuchende, die in aller Regel aus dem sozialen Nahfeld von sich mutmaßlich radikalisierenden Personen kommen, dies sind häufig Eltern, Lehrer oder andere Sozialarbeitende. Hier versuchen wir, über sie eine Veränderung in

1 Siehe https://www.beltz.de/fachmedien/sozialpaedagogik_soziale_arbeit/produkte/details/45288-in-trouble-ein-tag-im-leben-von-sozialarbeiterinnen-aus-44-praxisfeldern.html

der betroffenen Person zu bewirken. Darüber hinaus arbeiten wir mit Menschen, die sich aus ihren extremistischen Bezügen lösen wollen und helfen ihnen, wieder in der Gesellschaft außerhalb der extremistischen Szene Fuß zu fassen.

Freiheits- und demokratiefeindliche Positionen finden immer wieder ihren Weg in die Lebens- und damit die Gedankenwelt von Menschen. Seit längerer Zeit spielt dabei auch der religiös begründete Extremismus mit islamistischen Vorzeichen eine Rolle, der in aktuellen Debatten immer wieder auf den Salafismus verkürzt wird. Ebenso ist das Phänomen keines, das ausschließlich unter Menschen mit Migrationsgeschichte existiert, noch kann es nur durch den Islam als Religion erklärt werden. Eine Radikalisierung hat unterschiedliche Ursachen und ist immer ein individueller Prozess. Immer wieder muss darüber hinaus betont werden: Die Menschen, die auf dem Weg einer islamistischen Radikalisierung noch am Anfang stehen, bis hin zu denen, die schon mit einem Ausstieg begonnen haben, machen unter den Muslimen einen sehr geringen Anteil aus. Nichtsdestotrotz ist es auch die Aufgabe einer wehrhaften Demokratie, diesen Tendenzen entgegenzuwirken.

Das bundesweite Netzwerk und auch unsere Beratungsstelle wurden im Jahr 2012 vor dem Hintergrund der gestiegenen Attraktivität demokratieferner und demokratiefeindlicher Einstellungen mit Bezug zum Islamismus geschaffen. Es gab vermehrte Ausreisen zu jihadistischen Gruppen, insbesondere den erstarkenden Vorgängerorganisationen des Islamischen Staats. Außerdem wuchs die Zahl der Anhänger islamistischer Prediger und Vereine, die teils öffentlichkeitswirksam auf sich aufmerksam machten. Auf der individuellen Ebene wuchsen die Zahlen religionsbezogener Konflikte in Familien, Schule und Jugendarbeit. Aufgrund der vielen Fragen, Unsicherheiten und Überforderungen mit diesem Thema wurde infolgedessen die Präventions- und Interventionsarbeit für ebenjene Ratsuchenden notwendig.

So unterschiedlich die Ratsuchenden, die sich an unsere Beratungsstelle wenden, und ihre Lebenswelten und Lebenslagen sind, so unterschiedlich sind auch die Herausforderungen, die sie ansprechen. Eltern kommen dabei häufig in die Beratung, weil sie sich die Veränderungen bei ihren Kindern, gepaart mit häufig auftretenden häuslichen Konflikten und einem starken Rückzug der Kinder aus Familie und altem Freundeskreis, nicht erklären können. Lehrer*innen brauchen oft Rat in der Konfrontation mit religiös-provokativem Verhalten wie demonstrativem Beten oder intensiven Diskussionen im Unterricht. In der Arbeit mit Aussteigenden können aber auch schon alltägliche Probleme wie die Beantragung von staatlichen Leistungen oder, bei Rückkehrenden, die Wohnungssuche das erste Problem sein, mit dem sie in die Beratung kommen.

Meine Arbeit orientiert sich dabei generell wie die aller Kolleg*innen an allgemeinen Normen wie der Allgemeinen Erklärung der Menschenrechte, der Kinderrechtskonvention, der Antifolterkonvention und vielen mehr. Daneben spielt in unserer Arbeit die Berufsethik der Sozialen Arbeit eine zentrale Rolle, sie gibt den Rahmen vor, innerhalb dessen wir unsere Profession ausüben, und stellt sie in ein gesamtgesellschaftliches Gefüge.

Darüber hinaus hat das Grundgesetz und die in ihr festgelegte und durch das Bundesverfassungsgericht benannte freiheitlich-demokratische Grundordnung einen besonderen Stellenwert in meiner Arbeit. Dies begründet sich natürlich aus der Tatsache heraus, dass wir in unserer Beratung häufig mindestens mit einer Skepsis gegenüber demokratischen Prinzipien bis hin zu deutlicher Ablehnung dieser aus ideologischen Gründen konfrontiert sind. In einem solchen Fall ist es in meiner Arbeit von großer Wichtigkeit, den Klienten klarzumachen, dass ich ihre Einstellung nicht teile, aber kein Problem mit ihnen als Person habe. An diese Arbeitsweise schließt sich die Überzeugung an, dass sich Menschen in ihren fundamentalen Denk-, Lebens- und Handlungsweisen ändern können.

An diesem Beispiel zeigt sich, dass die ethischen Normen, die mich in meiner Arbeit tragen auch konkrete Auswirkungen auf meine Haltung und meine Art der Kommunikation haben. Diese drückt sich beispielsweise in Wertschätzung, Bedürfnisorientierung und der Hilfe zur Selbsthilfe aus, benennt aber auch klar die Grenzen meines Tuns in der Arbeit mit Klienten.

Dennoch sind auch in meiner Arbeit (berufs-)ethische Herausforderungen Alltag. Beispielsweise gibt es natürlich auch in meinem Arbeitsfeld die Herausforderungen, die mit dem doppelten Mandat Sozialer Arbeit verbunden sind. Denn natürlich bewegen wir uns in unserer Arbeit zwischen dem Aufbau einer vertrauensvollen Beratungsbeziehung und der Verpflichtung, bei entsprechenden Informationen zur Gefahr für die Allgemeinheit oder beratungsnehmenden Person selber die entsprechenden Behörden einzuschalten.

Unsere Beratung steht zunächst jeder Person offen, die sich mit einem Anliegen an uns wendet. In manchen Fällen, in denen die Anliegen offensichtlich nicht zu unserer Beratungsstelle passen leiten wir die Ratsuchenden an die passenden Angebote weiter. Alle weiteren Ratsuchenden werden durch uns beraten und betreut. Dabei wird dann in ersten Gesprächen geklärt, inwiefern es sich um ein Gespräch mit dem Ziel der Informationsvermittlung handelt oder ob es eine konkrete Sorge um einen Menschen gibt, der sich möglicherweise radikalisiert. Bei Menschen, die sich durch uns in ihrem Distanzierungsprozess begleiten lassen wollen und sich direkt bei uns melden verläuft der Prozess zu Anfang natürlich ein wenig anders.

Unsere Beratungsstelle berät wie oben bereits angerissen häufig das soziale Umfeld von Menschen, die sich möglicherweise oder gesichert radikalisieren oder bereits stark radikalisiert haben. Es melden sich dann Eltern, Geschwister, Freunde oder (Ehe-)Partner bei uns. Darüber hinaus führen wir viele Beratungen mit Menschen durch, die sich in ihrem beruflichen Umfeld um eine Person bezüglich einer islamistischen Radikalisierung Sorgen machen. Das können Lehrer*innen oder Sozialarbeitende sein, aber auch Mitarbeitende der Kommunalverwaltung oder Arbeitgeber.

Darüber hinaus beraten wir Menschen, die sich aus extremistischen Bezügen lösen möchten, direkt. Diese kommen möglicherweise direkt auf uns zu oder werden nach ersten Kontakten des sozialen Umfelds zu uns auf uns aufmerksam gemacht. Ratsuchende aus diesem Feld melden sich möglicherweise nach oder aus der Haft bei uns, wollen sich nach Konflikten in der Szene lösen oder benötigen nach einer Ausreise zum Islamischen Staat und einer Rückkehr nach Deutschland Hilfe bei der Reintegration.

Die Hinwendung zu islamistischen Denk- und Handlungsmustern ist nie monokausal erklärbar und spielt sich immer zwischen inneren Faktoren und äußeren Einflüssen sowie der Biografie ab. Sie ist immer ein Produkt aufeinandertreffender sie begünstigender individueller Aspekte und darf deshalb nicht pauschalisiert werden. Dabei können biografische Brüche, die Resilienz, die Sozialisation, der Freundeskreis, gesellschaftliche Diskurse oder auch Stigmatisierungs-, Diskriminierungs- und Viktimisierungserfahrungen[2] eine Rolle spielen.

Der Träger, der die Beratungsstelle vor fast zehn Jahren ins Leben rief, ist eine Migrantenselbstorganisation aus der Mitte des Ruhrgebiets. Sie wurde schon in den siebziger Jahren des letzten Jahrhunderts als Hausaufgabenhilfe gegründet und bekam schon wenig später die Anerkennung als Träger der Kinder- und Jugendhilfe. Heute arbeiten ungefähr zweihundert hauptamtlich Mitarbeitende und viele weitere Ehrenamtliche in ganz unterschiedlichen Arbeitsbereichen der Sozialen Arbeit, meist mit Bezug zu Migrationsthemen und mit Klienten jeden Alters. So unterhält er verschiedene Kitas, ein Mehrgenerationenhaus, Stadtteiltreffen, Integrationsagenturen, Migrationsberatung, offene Kinder- und Jugendhilfe, ambulante und stationäre Kinder- und Jugendhilfe und Projekte im Bereich der Islamismusprävention. Dieser Bereich wurde seit der Gründung meiner Beratungsstelle als erstem Projekt in diesem Bereich bei dem Träger stetig ausgebaut und ist hier heute einer der größten Arbeitsbereiche. Es finden sich darunter primärpräventive, sekundär- und tertiärpräventive Angebote, die kommunal, regional, landesweit und online mit unterschiedlichen Zielgruppen arbeiten.

Meine Tätigkeit in der Beratungsstelle hat bestimmte juristische Grundlagen, die der Beratung einen rechtlichen Rahmen geben und Rechte (insbesondere für die Ratsuchenden) und Pflichten (insbesondere der Beratungsstelle) klärt. Diese unterscheiden sich kaum von den rechtlichen Rahmenbedingungen, die auch beispielsweise für die Erziehungsberatung in Deutschland gelten (Allerdings ist die Beratung im Bereich der Islamismusprävention und -intervention in keinem Sozialgesetzbuch festgehalten). So gilt auch hier der Schutz des Privatgeheimnisses nach § 203 StGB, der die beraterische Schweigepflicht begründet und auch in meinem Arbeitsvertrag festgehalten wurde. Natürlich sind damit auch wesentliche Aspekte des Datenschutzes verbunden, da in der Beratung unweigerlich viele personenbezogene Daten genannt und in der Beratung genutzt werden. Diese

---

2 Bedeutet „zum Opfer machen" (lat. *victima* ‚Opfer').

Regelungen finden sich in der Datenschutzgrundverordnung (DSGVO) und im Bundesdatenschutzgesetz wieder. Allerdings gibt es zur Schweigepflicht und dem Schutz personenbezogener Daten auch Ausnahmen, die in meiner Beratung eine Rolle spielen könnten. Eine davon ist die Anzeigepflicht, die in § 138 StGB steht. Sollte ich in meiner Beratung von der Planung einer schweren Straftat oder von einem Dauertatbestand erfahren, so bin ich durch den Paragraphen dazu verpflichtet, dies einer zuständigen Behörde, also in erster Linie der Polizei, zu melden. Schwere Straftaten können Mord oder Totschlag sein aber, und das trifft insbesondere auf meinen Arbeitsbereich zu, die Bildung einer terroristischen Vereinigung oder die Vorbereitung einer schweren staatsgefährdenden Straftat. Ein Dauertatbestand ist die Mitgliedschaft in einer terroristischen Vereinigung. Die Anzeigepflicht gilt übrigens nicht nur für Professionelle in der Beratung, sondern für alle Bürger*innen und ist insofern auch nicht speziell für diesen Arbeitsbereich ausgerichtet, hat aber im Kontext unserer Arbeit eine höhere Bedeutung.

Ein weiterer wichtiger Fall, in dem von Schweigepflicht und datenschutzrechtlichen Aspekten eine Ausnahme gemacht werden kann, liegt vor, wenn in der Beratung eine Kindeswohlgefährdung nicht ausgeschlossen werden kann. Dann kann ich eine ‚insoweit erfahrene Fachkraft' oder sogar das zuständige Jugendamt einschalten.

Leider haben alle Beratungsfachkräfte, die nicht speziellen Berufsgruppen wie den Psychotherapeut*innen angehören, bisher noch kein Zeugnisverweigerungsrecht, sie haben also eine Zeugnispflicht nach § 48 StPO. Das heißt im konkreten Fall, dass Beratungsfachkräfte (außer sie gehören bestimmten in § 53 StPO genannten Berufsgruppen an) bei Vorladung vor Gericht die Aussage über eine Fallberatung nicht verweigern dürfen und über diese berichten müssen. Zum einen besteht hier die große Gefahr, dass der Aufbau eines Vertrauensverhältnisses innerhalb der Beratungsbeziehung getrübt wird. Andererseits können Professionelle so auch die Möglichkeit wahrnehmen, in einem Prozess ihre Sicht darzulegen, was sich in einigen Fällen positiv auswirken könnte.

Neben der rechtlichen Rahmung der Beratung selbst werden in der alltäglichen Arbeit je nach Fall ganz unterschiedliche Rechtsbereiche tangiert. Handelt es sich um die Beratung einer Person, die in einem Asylprozess steckt, so sind hier Kenntnisse im Ausländerrecht vonnöten. Sind Gerichtsprozesse oder Inhaftierungen in einem Fall aktuell, können das Strafgesetzbuch, die Strafvollzugsgesetze oder das Strafprozessrecht wichtig werden. Häufig bewegen sich Fälle auch im Bereich der Jugendhilfegesetze oder des Kinderschutzes. Im Falle von in Kriegsgebieten Inhaftierten können auch nationale Gesetze anderer Länder, Gebiete oder Regionen oder das Völkerstrafgesetzbuch von Bedeutung sein.

In den letzten Jahren fand eine starke Professionalisierung meines Arbeitsbereiches statt, dessen Geschichte noch nicht so lang ist wie die der Distanzierungsarbeit im Bereich Rechtsextremismus oder der Sektenberatung. Dabei bildet sich ein eigenständiger Methodenkanon heraus, der einerseits durch das Themenfeld und andererseits durch die Soziale Arbeit und ihrer Methodenvielfalt geprägt ist.

Einige Beratungsstellen und so auch die, in der ich tätig bin, beziehen sich in vielen Fällen ihrer Arbeit auf systemische Methoden. Diese können sowohl einzelfall- als auch gruppenbezogen sein. Die Voraussetzung für eine systemische Arbeit und täglich von uns in der Beratung angewendet ist eine systemische Grundhaltung (von Schlippe/Schweitzer 2016; Dittmar 2022). Sie sieht den Menschen innerhalb des „Systems" seiner sozialen, gesellschaftlichen, biografischen und vielen weiteren Systemzusammenhängen, die alle in strukturierter Weise miteinander verknüpft sind. Weiter geht diese Haltung davon aus, dass der Mensch seine Umwelt in seiner ganz spezifischen Art und Weise wahrnimmt, die immer subjektiv ist und von seinem bisher Erlebten geprägt wird (hier wird Bezug zum Konstruktivismus genommen). Unsere beratende Haltung beinhaltet noch viele weitere Aspekte wie Wertschätzung, Transparenz, Unvoreingenommenheit oder Vertrauen, die zu den generellen Standards von Beratung gehören.

Daneben gehört die Netzwerkarbeit (Fischer/Kosellek 2019) zu den täglich gebrauchten Methoden. Wir bauen gemeinsam mit den beratungsnehmenden Personen, sofern dies möglich ist, ein Netzwerk auf. So versuchen wir durch Kooperation und Zusammenlegung von Ressourcen aller Beteiligten die Beratungsfälle bestmöglich zu begleiten und Lösungen für die in der Beratung angesprochenen Herausforderungen nachhaltig zu etablieren. Kooperationsnetzwerke können zum Beispiel zwischen Eltern, Kindern, der Jugendgerichtshilfe, der Polizei, der Schule oder Anwält*innen entstehen. Dabei kann aber auch innerhalb der Gespräche der Gedanke entstehen, alte Bekannte oder Freunde der sich mutmaßlich radikalisierten Person wieder ins Kooperationsnetzwerk mit aufzunehmen, um einen Kontaktpunkt außerhalb der Szene anzubieten.

Der Träger versteht sich als unabhängig von Parteien, Konfessionen und Ethnien. Dabei bilden Teilhabe, Diversität, Transkulturalität und die Förderung der demokratischen Kultur die Standbeine des gemeinsam unter den Mitarbeitenden entworfenen Leitbilds. Dabei positioniert sich der Träger gemäß seines Arbeitsschwerpunkts besonders in den Themen Flucht, Migration und Asyl, gesellschaftlicher Teilhabe aller Menschen und Gender. Da der Träger lokal sehr verwurzelt ist, werden auch hier Schwerpunkte in der Stadtteilarbeit gesetzt. Durch eine fortschreitende Vernetzung hat sich der Träger aber auch in verschiedenen überregionalen und bundesweiten Initiativen zusammengeschlossen. So ist er Gründungsmitglied der Bundesarbeitsgemeinschaft „Religiös begründeter Extremismus".

Die Radikalisierungs- und Extremismusforschung existiert in Deutschland schon seit Langem. Allerdings zeigt sich im Bereich der Forschung zu islamistischem Extremismus und (De-)Radikalisierung ein exponentieller Anstieg von Forschungsprojekten. Unter anderem aufgrund gestiegener finanzieller Mittel, die für diesen Forschungsbereich zur Verfügung gestellt wurden konnte sich die

Forschungslandschaft deutlich entwickeln. Dabei findet die Forschung in Hochschulen als auch in freien Forschungsinstituten und innerhalb von Forschungsbereichen staatlicher Behörden wie dem Bundesamt für Migration und Flüchtlinge, dem Bundeskriminalamt und dem Bundesamt für Verfassungsschutz statt. Darüber hinaus spielt politisch wie fachlich die Evaluation von Programmen zur Prävention und Distanzierung eine große Rolle. Die wohl größte Herausforderung der Forschung in diesem Bereich ist der Erhalt von Daten aus dem Phänomenbereich zur Forschung sowie der Rückfluss von Forschungsergebnissen in die praktische Präventions- und Distanzierungsarbeit. Vielversprechend ist hier ein Netzwerk von Wissenschaftlern, die sehr eng an den Beratungsstellen arbeiten und so zum einen Trendanalysen vornehmen und zum anderen eigene Forschungen durch den nahen Kontakt zu den Beratungsstellen durchführen können.

Da die Tätigkeit in den Beratungsstellen sehr vielfältige Aufgaben umfasst, sind auch die Anforderungen an Mitarbeitende relativ hoch. Neben hoher Sensibilität den Klienten und ihren Bedürfnissen gegenüber, einer hohen Anpassungsfähigkeit an unterschiedliche und auch schwierige Beratungssituationen braucht es häufig auch Konflikt-, Deeskalations- und Kommunikationskompetenz in gewaltfreier Art und Weise. Diversity-Kompetenz braucht es ebenfalls für die Arbeit in diesem Themenfeld.

Natürlich gibt es im Bereich der Distanzierungsarbeit vom Islamismus auch häufig anzutreffende Ausbildungen. Disziplinen wie die Islamwissenschaft, die Soziale Arbeit, die Pädagogik, die Psychologie, aber auch die Kriminologie oder die Seelsorge sind hier zu finden. Oft werden von den Mitarbeitenden noch Zusatzqualifikationen, beispielsweise in der systemischen Beratung oder der Anti-Gewalt-Arbeit, erworben. Sprachkenntnisse können für bestimmte Beratungen ebenfalls von Vorteil sein.

Im Klientenkontakt braucht es daneben auch einen klaren und verbalisierbaren Wertekanon, natürlich insbesondere hinsichtlich demokratischer Werte, der freiheitlich-demokratischen Grundordnung und der unter oben genannten UN-Konventionen. Selbstständigkeit, Team- und Kritikfähigkeit braucht es natürlich für diese Tätigkeit auch. Darüber hinaus aber auch ein hohes Maß an Reflexionsfähigkeit, um sich selbst immer wieder in der Beratungsarbeit von außen betrachten und das eigene Verhalten hinterfragen zu können.

Da es in unserer Arbeit auch zu starken Belastungen kommen kann, ist eine stabile Psyche und Belastbarkeit für Mitarbeitende eine wichtige Voraussetzung unserer Arbeit. Resilienz und eine funktionierende Abgrenzung als Schutzfaktor vor emotionaler Involviertheit bei belastenden Biografien oder herausfordernden Schicksalen ist wichtig.

Spezifisches Wissen ist in diesem Arbeitsfeld ebenfalls vonnöten, auch wenn die Beratenden mit jedem neuen Fall dazulernen. Im Besonderen sind Kenntnisse in Theorien und Methoden der Sozialen Arbeit und Kenntnisse zum Islam wichtig, darüber hinaus auch Wissen aus der Extremismus- und Radikalisierungsforschung. Kenntnisse in psychologischen Grundlagen, in Migrations- und Integrationsthemen sind ebenfalls von Vorteil. Neben all diesen Kenntnissen ist es aber vor allem wichtig, die Kompetenz zu besitzen, sich immer wieder neues Wissen anzueignen. Insgesamt ist das Wissen im Arbeitskontext aber nur so viel wert, wie es auch in der Verknüpfung mit den beraterischen Fällen abgerufen werden kann.

Mitarbeitende sollten nicht zuletzt auch auf Basis ihrer Fähigkeiten und gemeinsam mit anderen Kolleg*innen der Beratungsstelle Methoden und neue Erkenntnisse aus der Forschung mit in die Beratungstätigkeit nehmen und dabei nicht davon ausgehen, die Methoden vollumfänglich nutzen zu können, sondern auch in der Anwendung der Methode immer wieder vor neue Herausforderungen gestellt zu werden.

Die Vergütung in diesem Bereich ist variabel und zeichnet kein einheitliches Bild. Generell orientiert sich, wie in allen Bereichen Sozialer Arbeit die Vergütung an der Qualifikation und weiterer Zusatzqualifikationen oder der Erfahrung. Unterschiede hinsichtlich der Vergütung und der Befristung von Stellen kann es wie in allen Bereichen Sozialer Arbeit zwischen der Arbeit innerhalb einer Behörde oder eines freien Trägers geben. In letzteren können die Löhne häufiger unter den Tariflöhnen liegen, an denen sie sich orientieren. Außerdem kann es bei freien Trägern auch dazu kommen, dass sie in eine finanzielle Schieflage geraten. Darüber hinaus ist auch in diesem Bereich in von externen Geldgebern abhängige Projektarbeit oft vertreten, worunter auch hier die Arbeitsplatzsicherheit leidet.

Ich bin sehr dankbar dafür, dass dieser Job mich gefunden hat. Ich habe in dieser Arbeit unglaublich viel Wissen erlangen können, Einblicke in ganz neue Themengebiete, Sachverhalte und Institutionen bekommen – ich kann sagen: mehr als in jedem anderen Job zuvor. Besonders schön sind natürlich direkte oder indirekte Zeichen, dass sich Menschen durch unsere und meine Arbeit unterstützt gefühlt haben, gemeinsam mit uns etwas erreichen konnten und sich aus einer menschenfeindlichen Ideologie lösen konnten. Insbesondere der häufige Rekurs auf die systemische Arbeit hat meinen professionellen Blick erweitert und meine Art, Beratungsfälle zu betrachten, verändert. Daneben kann ich in einem wirklich großartigen Team und bei einem Arbeitgeber mit gesellschaftspolitischer Haltung arbeiten, was mich wirklich stolz macht.

Allerdings habe ich auch die Nachteile von Projektarbeit kennengelernt, in der eine langfristige berufliche Perspektive zu finden schwierig ist. Dies wirkt sich natürlich auch auf den privaten Raum aus.

Außerdem habe ich durch diese Arbeit noch einmal neu erfahren, wie viel Rassismus und Islamfeindlichkeit es in den unterschiedlichsten Facetten gibt und wie sich das persönlich auf die Opfer auswirkt. Denn wer sich mit islamistischer

Radikalisierung auseinandersetzt, der darf die Islamophobie und den Rassismus überall in der Gesellschaft nicht aus dem Blick verlieren.

Das Feld der Radikalisierungsprävention ist sehr facettenreich und bietet die unterschiedlichsten spannenden Arbeitsfelder. Auch anverwandte Bereiche wie die politische Bildung oder die vielen Forschungsvorhaben zu Themen wie Extremismus, Radikalisierung, Prävention oder Demokratiepädagogik bieten eine abwechslungsreiche Arbeit.

Darüber hinaus kann ich während des Studiums nur empfehlen, sich über den Tellerrand der Sozialen Arbeit auch mit einigen interessanten Bezugswissenschaften zu beschäftigen, zum Beispiel habe ich neben meinem Studium schon Kontakt zu einer weiteren Hochschule aufgenommen, mich um Aufnahme in einen Masterstudiengang bemüht und meinen Stundenplan dann während des Studiums sehr weit für sehr unterschiedliche Themen geöffnet, die vielleicht nicht immer der Stringenz eines idealtypischen Verlaufs entsprachen. Dieser Blick über den Tellerrand hat mir rückwirkend wirklich interessante Einblicke gebracht, wenn auch das eine oder andere Extra-Semester. Auch ein Fokus auf Beratungstätigkeiten im Studium könnte hilfreich sein, genauso wie eine Auseinandersetzung mit dem Diskurs um Sicherheitsinteressen und Sozialer Arbeit.

Zuletzt kann ich nur empfehlen, sich weiter in das Thema einzulesen. Das geht wunderbar im Internet beim Infodienst Radikalisierungsprävention der Bundeszentrale für politische Bildung, dort gibt es auch einen Veranstaltungskalender und eine Stellenbörse für diesen Arbeitsbereich. Außerdem können Interessierte auch beim „Radicalization Awareness Network der Europäischen Kommission" oder bei der Bundesarbeitsgemeinschaft „Religiös begründeter Extremismus online" einen breiten Fundus an Informationen und Lesestoff finden. In vielen Hochschulbibliotheken lassen sich sicher auch interessante wissenschaftliche Bücher zum Thema, zum Beispiel vom Deutschen Jugendinstitut, finden.

1. An welchen Normen orientiert sich die Arbeit des Autors bzw. seiner Beratungsstelle?
2. Wann kann bzw. muss bei der Schweigepflicht und anderen datenschutzrechtlichen Aspekten eine Ausnahme gemacht werden?

Quellen

Dittmar, Vera: Systemische Beratung in der Extremismusprävention. Theorie, Praxis und Methoden. Stuttgart. Kohlhammer (in Veröffentlichung).

Fischer, Jörg, Kosellek, Tobias (Hrsg.) (2019): Netzwerke und Soziale Arbeit. Theorien, Methoden, Anwendungen. Weinheim, Basel. Beltz Juventa.

von Schlippe, Arist; Schweitzer, Jochen (2016): Lehrbuch systemische Therapie und Beratung. Göttingen. Vandenhoeck & Ruprecht.

X. Medien und Soziale Arbeit[1]

Soziale Arbeit in der Medienpädagogik

Romina Nölp

Soziale Arbeit und Medienpädagogik. Das bedeutet für mich, Menschen dabei zu befähigen, digitale Medien souverän und selbstbestimmt zu nutzen, zu gestalten und auch kritisch zu hinterfragen. In meinem Arbeitsfeld konzentriere ich mich hier vor allem auf die *außerschulische Jugendarbeit*: Kinder und Jugendliche erhalten Anreize, ihre Lebenswelt mithilfe von (digitalen) Medien kreativ zu gestalten, ohne die Risiken aus dem Blick zu verlieren. Haupt- und Ehrenamtliche werden befähigt, diesen Prozess anzuregen, zu begleiten und dadurch auch selbst Einblick in das Thema zu erhalten.

Problembezug

Zwei Herausforderungen erlebe ich im Rahmen meiner Arbeit immer häufiger: Vielen Pädagog*innen und Bezugspersonen fällt es schwer, die Medienwelt von Kindern und Jugendlichen zu verstehen. In ihrer Generation gab es viele der heute geläufigen Medienformate noch nicht, ihr Freizeitverhalten sah mitunter ganz anders aus. Sie können nur schwer einordnen, was so faszinierend an Videospielen, YouTube-Clips oder Apps wie Instagram und Snapchat sein soll und reagieren oft mit Zurückhaltung, Skepsis, Sorge oder gar offener Ablehnung. Kinder und Jugendliche wiederum wachsen heutzutage mit vielen unterschiedlichen digitalen und analogen Medien auf, die sie fest in ihrer Lebens- und Alltagswelt integrieren. Was ihnen hier meist fehlt ist das kritische Hinterfragen von Zusammenhängen und eine Einschätzung, welches Nutzungsverhalten möglicherweise auch problematisch sein kann: Wie viel Bildschirmzeit tut mir gut? Wie schütze ich mich vor Belästigung auf Social-Media-Plattformen? Welche Bilder und Videos darf ich posten, und so weiter. Gleichzeitig haben Kinder und Jugendliche ein großes Bedürfnis danach, für sie wichtige Themen mit digitalen Medien zu bearbeiten: In VLOGs, TikTok-Videos oder Snap-Chat-Storys erzählen sie beispielsweise über Schulstress,

1 Der Begriff „Medien" subsummiert Massenmedien und Neue Medien.

Alltagsprobleme oder die erste große Liebe. Medien werden hier zum Sprachrohr und lassen andere am eigenen Leben teilhaben. Was genau präsentiert wird, wird vorher sorgsam ausgewählt und manchmal auch stark bearbeitet mithilfe von zusätzlichen Apps und Filtern. Viele der so entstandenen Produkte entsprechen einem gewissen Mainstream und spiegeln daher nicht immer die eigentlichen Interessen und Wünsche junger Menschen wider. Medienpädagogik kann hier unterstützen und zeigen, wie Kinder und Jugendliche sich und ihre tatsächlichen Bedürfnisse mithilfe digitaler Medien ausdrücken können, ohne auf Klischees und Stereotype zurückgreifen zu müssen. Dieser Prozess bedarf intensiver Begleitung und erfordert ein hohes Maß an Einfühlungsvermögen und Mediation. Diese unterschiedlichen Positionen zu vereinen und für Verständnis aber auch Problembewusstsein zu sorgen ist eine der zentralen Hauptaufgaben meiner Arbeit.

Ethische Überlegungen

Ethische Diskurse haben in der Medienpädagogik eine zentrale, wenngleich eher rahmende Bedeutung. Sie sind meist ein Kompromiss aus normativen und pragmatischen Ansätzen, zwischen denen die eigentliche Arbeit stattfinden muss. ‚Normativ' bedeutet, dass wir uns an Gesetze und Vorschriften halten müssen. Wenn ich also ein Projekt mit Jugendlichen zum Thema Videospiele durchführe, muss ich mich an die gesetzlichen Vorgaben des Jugendmedienschutz halten und darf nur Titel auswählen, die eine passende Alterskennzeichnung nach der USK („Unterhaltungssoftware Selbstkontrolle") haben. Diese legt fest, ab welchem Alter die Nutzung eines Videospiels für Kinder unbedenklich ist und ihre Entwicklung dadurch nicht beeinträchtig wird. Als pädagogische Fachkraft bin ich an diese Vorgaben gebunden – Eltern hingegen können zuhause aufgrund ihres Erziehungsmandats selbst entscheiden, was gespielt werden darf. In Projekten und Workshops führt diese Regelung nicht selten zu Herausforderungen: Die Kinder berichten von Spielen, die sie zuhause spielen, dafür aber mitunter noch viel zu jung sind. Möchte ich lebensweltorientiert arbeiten, müsste ich diese Impulse aufgreifen und mit den Kindern dazu arbeiten. Aufgrund der gesetzlichen Regelung ist dies jedoch nicht immer im vollen Umfang möglich. Pragmatisch muss ich mein Handeln dann oft zwischen mehreren Dimensionen abwägen: den Bedürfnissen der Kinder und Jugendlichen gerecht werden, dabei den gesetzlichen Rahmen im Blick behalten und natürlich auch die Wünsche von Eltern, Pädagog*innen und anderen Bezugspersonen. Ich stehe also permanent vor der Herausforderung, verschiedene Positionen gegeneinander abzuwägen, was oft ein hohes Maß an Organisation, Improvisation und Kreativität von mir abverlangt. Der Spagat gelingt nicht immer, aber meistens lässt sich doch ein Kompromiss finden.

Adressat*innen

In der Stelle arbeite ich hauptsächlich mit Haupt- und Ehrenamtlichen der Jugendarbeit zusammen sowie mit Kindern und Jugendlichen im außerschulischen Bereich. Diese Zielgruppenbeschreibung ist jedoch nicht unbedingt repräsentativ für alle Medienpädagog*innen. Viele arbeiten auch mit Schüler*innen, Eltern, Senior*innen und anderen Adressat*innen. Die Teilnehmer*innen meiner Angebote stammen sowohl aus ländlichen als auch städtischen Gebieten. Über den sozioökonomischen Hintergrund ist mir wenig bekannt, da wir solche Daten nicht erheben. Subjektiv gesehen würde ich sagen, dass nur wenige Menschen mit Migrations- bzw. Fluchthintergrund teilnehmen und tendenziell auch eher Kinder und Jugendliche aus sozial „stabilen" Verhältnissen. Unterschiede ergeben sich beim Wissen rund um (Massen-)Medien und Medienkultur, wie oben bereits beschrieben: Viele Kinder und Jugendlichen nutzen gerne und regelmäßig digitale Medien und tauschen sich darüber aus, sofern es die Gegebenheiten vor Ort zulassen (fehlender Breitbandausbau, schlechte Internetverbindung auf dem Land, etc.). Viele Erwachsene versuchen, hier mitzuhalten, kriegen aber noch nicht so recht den Zugang dazu und wünschen sich Beratung und Information. Mitarbeiter*innen der Jugendarbeit erlebe ich hier oft als aufgeschlossen gegenüber der Medienwelt, wenn auch mit Abstrichen, etwa beim Thema Videospiele. Ihr Wunsch ist es, junge Menschen angemessen zu begleiten und da abzuholen, wo sie stehen.

Träger

Die Einrichtung, für die ich arbeite, ist eine Körperschaft des öffentlichen Rechts. Diese Trägerform ist jedoch nur stellvertretend für viele Anstellungsverhältnisse, in denen Medienpädagog*innen arbeiten. Viele meiner Kolleg*innen sind freiberuflich unterwegs, arbeiten bei privaten Trägern, Start-Ups, in Ämtern, Jugendzentren oder Instituten. Oft sind sie die einzigen mit ihrer Qualifikation, das Aufgabenspektrum ist mitunter sehr groß.

Die Hauptaufgabe meines Trägers ist die Förderung der außerschulischen Jugendarbeit und der Jugendverbandsarbeit, maßgeblich nach den §§ 11, 12, 14, SGB VIII. Der Träger unterstützt Jugendverbände, kommunale, freie und selbst verwaltete Jugendeinrichtungen, Vereine und Kommunen bei der Planung und Durchführung von Angeboten im Rahmen der Jugendarbeit, die gleichzeitig auch ein staatlicher Auftrag ist:

> „Sie [die Angebote] sollen an den Interessen junger Menschen anknüpfen und von ihnen mitbestimmt und mitgestaltet werden, sie zur Selbstbestimmung befähigen und zu gesellschaftlicher Mitverantwortung und zu sozialem Engagement anregen und hinführen" (§ 11, Abs. 1 SGB VIII).

Viele Jugendverbände greifen diese Grundsätze auf und unterstützen Kinder und Jugendliche bei der Gestaltung ihres Lebensraumes in politischer, ökologischer, sozialer oder religiöser Hinsicht. Da manche dieser Themen mittlerweile auch im digitalen Raum verhandelt werden, suchen die Verbände nach Möglichkeiten, ihre Angebote entsprechend zu digitalisieren und medienpädagogisch begleiten zu lassen und wenden sich an mich.

Methoden

Für den Großteil meiner Arbeit sind vor allem Methoden aus der Medien- als auch der klassischen Sozialpädagogik relevant. Im Folgenden will ich mich vor allem auf diejenigen mit Medienbezug konzentrieren. Dazu gehören:

Handlungsorientierte Medienpädagogik: Eine der wichtigsten Grundlagen meiner Arbeit ist die Methode der Handlungsorientierten Medienpädagogik (Schorb 2017, 134 ff.). Diese geht davon aus, dass Medienkonsum nicht nur passiv stattfindet, sondern Konsument*innen auch in der Lage sind, Medien eigenständig nach ihren persönlichen Wünschen und Bedürfnissen zu gestalten. Im Zentrum der Methode stehen vor allem die Menschen und in welchem Kontext sie Medien nutzen. Ziel ist es, die Nutzer*innen zu befähigen, neben der eher passiven Rolle als reine Konsument*innen in die aktivere der Produzent*innen zu wechseln und so eigene Medienprodukte nach individuellen Vorlieben zu erschaffen. Wie genau das aussehen kann, beschreibt u. a. die Methode der Aktiven Medienarbeit als Teil der Handlungsorientierten Medienpädagogik.

Die *Aktive Medienarbeit* (vgl. Rösch in Schorb 2017, 9 ff.) soll, wie der Name schon sagt, Individuen dazu befähigen, Medien eigenständig zu nutzen und zu gestalten. Im Fokus steht hier die Bearbeitung von Themen aus der eigenen Lebens- und Alltagswelt. In der Praxis bedeutet das, dass die Teilnehmer*innen mithilfe von (eigenen) Endgeräten wie Smartphones oder Tablets Medienprodukte wie Fotos, Videos, Videospiele, Comics, Podcasts, Radiobeiträge, etc. erstellen und nach ihren persönlichen Vorstellungen bearbeiten. Die Teilnehmer*innen werden dadurch selbst zu Produzierenden, erweitern ihr persönliches Medienrepertoire und reflektieren dabei aber auch gleichzeitig das eigene Nutzungsverhalten. Die Methode zeigt auf, welche Möglichkeiten die digitale Welt bietet und liefert auch wertvolles Hintergrundwissen über Entstehungsprozesse. Wer einmal einen Film mit dem Tablet gedreht hat, weiß, wie viele Stunden Rohmaterial es benötigt, um ein dreiminütiges Video zu erhalten. Gleichzeitig können sie durch ihre Produkte eigene Inhalte und Themen platzieren, die für sie selbst wichtig sind und die vielleicht nicht in der klassischen Medienlandschaft auftauchen. Einige werden vielleicht neugierig und wollen sich in Zukunft noch intensiver mit der Medienproduktion beschäftigen, z. B. in Form eines eigenen YouTube-Kanals.

Für die Aktive Medienarbeit sind drei Prinzipien entscheidend (vgl. Schell 2003 in Schorb 2017, 10 ff.):

1. Beim *Handelnden Lernen* eigenen sich die Nutzer*innen ihr Wissen durch Ausprobieren und Verknüpfen mit bereits Bekanntem an. Mit zunehmender Nutzungserfahrung steigt auch das Wissen über Geräte, Programme und Anwendungsmöglichkeiten, welche die Nutzer*innen wiederum als Auswahlkriterium für neue bzw. andere Medienformate heranziehen.
2. *Exemplarisches Lernen* stellt den Zusammenhang zwischen persönlichen Eindrücken und gesamtgesellschaftlichen Ereignissen anhand ausgewählter Beispiele her: Viele der von Jugendlichen bevorzugten Apps und Programme haben einen kommerziellen Hintergrund. Die Inhalte, die sie zu sehen kriegen, sind oft durch Algorithmen vorbestimmt. In Workshops überlegen wir gemeinsam, wie sich Jugendliche mit ihren persönlichen Medienprodukten innerhalb dieser Rahmenbedingungen bewegen können, wo es Alternativen gibt und welche Inhalte für sie selbst wichtig und entscheidend sind.
3. *Gruppenarbeit* ermöglich die persönliche Auseinandersetzung mit eigenen Themen in Bezug zu anderen. Die Gruppe kann dabei physisch zusammen an einem Ort oder virtuell vernetzt sein. Im Fokus stehen das gemeinsame Bearbeiten und Erschaffen von Inhalten sowie die wechselseitige Auseinandersetzung und Reflexion gruppeninterner Prozesse. Eine ausgeprägte Feedbackkultur sowie möglichst flache Hierarchien (die pädagogische Fachkraft miteingeschlossen) sind dabei unerlässlich.

Außerschulische Medienarbeit (vgl. Anfang/Demmler, in Schorb 2017, 26 ff.)

Die Merkmale der Methode orientieren sich an denen der außerschulischen Jugendarbeit. Kinder und Jugendliche entscheiden freiwillig anhand ihrer individuellen Interessen, ob sie teilnehmen möchten oder nicht. Dadurch ebnen sie den Weg für selbstgesteuertes, non-formales Lernen. Zusätzlich stehen Ganzheitlichkeit und Prozessorientiertheit im Fokus, d. h. es kommt weniger auf die Vergleichbarkeit von Ergebnissen an, sondern vielmehr auf den Weg, diese zu erreichen. Ausschlaggebend sind hier vor allem die individuellen Wünsche und Interessen der beteiligten Kinder und Jugendlichen. Außerschulische Medienarbeit knüpft an diese Grundlagen an und ermöglicht es den Teilnehmer*innen bei Projekten, ganz individuell gesteuerte Lernprozesse mit und über Medien(kultur) zu erfahren. Messbarkeit und Vergleichbarkeit treten in den Hintergrund.

Konzept des Trägers (Kurzbeschreibung)

In meiner Einrichtung unterstützen wir überwiegend Anfragen aus der außerschulischen Jugendarbeit und Jugendverbandsarbeit. Ziel ist es, die Medienkompetenz von Haupt- und Ehrenamtlichen, Multiplikator*innen sowie Kindern und Jugendlichen zu fördern und sie im sicheren Umgang mit Medien zu stärken. Um dieses Ziel zu erreichen, bieten wir ein breites Portfolio an Angeboten: Fort- und Weiterbildungen, Ferien-Workshops in Kooperation mit regionalen Partner*innen vor Ort, große Medienfestivals zum Mitmachen für Kinder und Jugendliche, einen Geräteverleih sowie Beratungs- und Informationsangebote. Die Angebote werden entweder auf Anfrage oder gemäß der aktuellen Forschungslage (s. u.) entwickelt. Als Teil der regionalen Jugend- bzw. Jugendverbandsstruktur finden auch regelmäßige Netzwerktreffen mit anderen lokalen Einrichtungen und Kooperationspartner*innen sowie der Politik statt.

Forschungsstand

Der aktuelle Forschungsstand spielt für unseren Arbeitsbereich eine wichtige und rahmende Rolle: Zur Planung von Angeboten und Projekten orientieren wir uns beispielsweise an aktuellen Mediennutzungsstudien, deren Ergebnisse wir für Vorträge, Fort- und Weiterbildungen aber auch bei der Konzeption von Workshops heranziehen. Diese Kennzahlen helfen uns, unser Angebot fortlaufend zu aktualisieren, auf Trends zu reagieren und frühzeitig Risiken im Blick zu behalten.

Je nach Bedarf nutzen wir auch Studien zur Medienwirkung, Medienrezeption oder der Medienaneignung. Hier eine exemplarische, nicht vollständige Auswahl an Studien, die ich regelmäßig für meinen Bereich hinzuziehe:

1. *JIM-Studie* (Jugend, Information, Medien) vom Medienpädagogischen Forschungsverbund Südwest (mpfs). In der repräsentativen Studie wird jährlich die Mediennutzung von 12-19-jährigen Jugendlichen aus Deutschland untersucht. Erhoben werden Daten zu Gerätebesitz, Nutzungsdauer, beliebten Programmen, Apps, Spielen aber auch zu aktuellen Herausforderungen wie Hatespeech, Fakenews und Cybermobbing.
2. *KIM-Studie* (Kindheit, Internet, Medien), ebenfalls vom Medienpädagogischen Forschungsverbund Südwest (mpfs), erhebt die Daten von Kindern zwischen 6 und 12 Jahren und deren Bezugspersonen. Neben der Mediennutzung und dem Gerätebesitzt konzentriert sich die Studie auch auf die nichtmediale Freizeitbeschäftigung, die Bedeutung von Vorbildern und Idolen sowie die Einbettung von Medien in den Familienalltag.
3. *Shell-Jugendstudie:* In Abständen von 3-5 Jahren untersucht die Shell-Jugendstudie, wie Jugendliche und junge Erwachsene zwischen 12 und 25 Jahren in Deutschland aufwachsen. Die Studie deckt ein breites Spektrum an Themen ab, angefangen von Fragen zur familiären Situation, Partnerschaft, Ethik- und Moralvorstellungen sowie zu Digitalisierung und Medien.

4. *ARD/ZDF-Online-Studie:* Befragt wird hier die Gesamtbevölkerung in Deutschland ab 14 Jahren zur Mediennutzung, der Nutzungszeit und den aktuellen Vorlieben bei Apps und Programmen.

Anforderungen an die Mitarbeiter*innen

Aus formaler Sicht war die Stelle für eine Person mit Master oder gleichwertigem Abschluss im Bereich Medienpädagogik, -didaktik oder einer ähnlichen Richtung ausgeschrieben. Gleichzeitig wurde ein sozialwissenschaftliches Vor- bzw. Bachelorstudium vorausgesetzt, in meinem Fall war es das der Sozialen Arbeit. Diese Anforderungen sind allerdings von Träger zu Träger unterschiedlich, was auch daran liegt, dass Medienpädagogik als Studienfach noch nicht sehr weit verbreitet und oft als Nebendisziplin angeboten wird. Ein Master ist also nicht immer zwingend erforderlich, für mich persönlich war die Spezialisierung in diesem Fall von Vorteil.

Informell sollten Mitarbeiter*innen in diesem Feld ein breites Portfolio an Kompetenzen mitbringen, was nicht immer nur zwingend etwas mit dem eigentlichen Aufgabenfeld zu tun hat:

1. *Sozialkompetenzen:* Viele Medienpädagog*innen arbeiten in interdisziplinären Teams mit unterschiedlicher Aufgabenverteilung und Schwerpunkten. Dazu gehören etwa Verwaltung, Geschäftsführung, Buchhaltung oder andere pädagogische Fachbereiche. Nicht immer sind die Interessen der einzelnen Rollen miteinander vereinbar, weshalb ein hohes Maß an Kompromissbereitschaft, Verhandlungsgeschick und Konfliktfähigkeit notwendig ist. Auch Dankbarkeit, Wertschätzung und Motivation sind essenziell, um in gemischten Teams arbeiten zu können, ohne die eigenen Zielsetzungen aus dem Blick zu verlieren.
2. *Selbstkompetenz:* Um bei der Vielzahl an Aufgaben nicht den Überblick zu verlieren, sind Selbstmanagement und Motivation unumgänglich. Als Medienpädagog*in benötigt man ein hohes Maß an Eigenverantwortung und Disziplin, um Projekte zu planen und, wie oben beschrieben, im Team abzustimmen. Um vor lauter Begeisterung nicht allzu sehr in Arbeit aufzugehen sind Abgrenzung und eine gesunde Work-Life-Balance nicht von der Hand zu weisen. Gleichzeitig muss ich bereit sein, mich ein Leben lang fortzubilden und flexibel auf Anfragen aus meinem Umfeld reagieren. Kaum eine Woche gleicht der anderen, es gibt viel Neues zu Entdecken.
3. *Theorie- und Fachkompetenz:* Die Medienwelt ändert sich so schnell wie kaum eine andere: Ständig gibt es neue Apps, Programme, Spiele aber auch Phänomene und Herausforderungen, auf die ich schnelle eine Antwort parat haben muss. Ich muss wissen, welche Angebote gerade auf dem Markt

sind, wer diese vertreibt, wie die Medienlandschaft im In- und Ausland aussieht und wie alles miteinander verknüpft ist. Aktuelle Themen recherchiere ich in Fachzeitschriften, Webseiten und besuche regelmäßige Fortbildungen dazu. Ich muss immer auf dem Laufenden bleiben, darf dabei aber nicht den Wissensstand der Zielgruppen aus dem Blick verlieren. Ein umfangreiches Wissen über Methoden und Theorien der Medienpädagogik sind hier ebenso wichtig wie die Grundlagen der Sozialen Arbeit, schließlich arbeiten wir ja immer noch mit Menschen und deren Lebenswelten.

Vergütung

Die Vergütung richtet sich nach dem jeweiligen Träger und der Art der Anstellung. Für die Medienpädagogik gibt es hier keine Pauschal-Aussage. In meinem Fall habe ich mit Masterabschluss bei einem öffentlichen Träger gearbeitet und wurde nach TVöD S 15 bezahlt.

Selbstreflexion

Die Arbeit als Medienpädagogin ist sehr abwechslungsreich und erfordert oft viel Anpassungsvermögen. In der sich ständig verändernden Medienlandschaft ist es unerlässlich, den Überblick zu behalten und zu wissen, was bei der Zielgruppe gerade besonders „angesagt" ist. Hier hat mir besonders der fachliche Austausch mit Kolleg*innen aber auch den Mitarbeiter*innen vor Ort geholfen, einzuordnen, welche Medienphänomene gerade aktuell sind und welche auch speziell für meine Zielgruppe relevant sind. Das müssen nicht immer die gleichen sein, die auch in den neuesten Mediennutzungsstudien behandelt werden. Auch der Blick in benachbarte Disziplinen wie der Psychologie oder der Informatik ist hilfreich, bestimmte Prozesse einzuordnen. Technikkompetenz gewinnt hierbei zunehmend an Bedeutung, um zu verstehen, wie Apps, Programme und Spiele im Hintergrund arbeiten, welche Daten sie sammeln und wie sie miteinander vernetzt sind. Hier am Ball zu bleiben ist nicht immer einfach.

Durch die Arbeit mit meiner Zielgruppe erhalte ich Einblick in deren eigene ganz persönliche Lebens- und Alltagswelt. Ich bekomme mit, welchen Herausforderungen sie sich stellen müssen, wie sie mithilfe von Medien ihren Alltag gestalten und welche Themen sie bearbeiten. Viele dieser Einblicke wiederholen sich nach einiger Zeit, da die Strukturen vor Ort ein regelmäßiges, kontinuierliches Arbeiten durch den non-formalen Charakter oft nicht zulassen. Die Folge sind oft Vorträge zu den immer gleichen Themen: Bildschirmzeiten, Altersfreigabe, Risiken neuer Medien… was fehlt ist oft ein Blick aufs Ganze und auf das, was vielleicht noch kommt. In meiner Wahrnehmung überwiegt auch oft der eher pessimistische Blick auf Medien, da Potenziale oft nicht oder erst nach viel Vorarbeit erkannt werden. Diese Prozesse müssen oftmals mühsam angestoßen werden, ohne Garantie auf Erfolg. Trotzdem lohnt es sich, hier dranzubleiben und die Angebote so zu gestalten, dass nach Möglichkeit alle Interessen gleichermaßen abgeholt und bedient werden können.

Empfehlungen für Interessierte der Sozialen Arbeit

Die Arbeit als Medienpädagog*in ist in meinen Augen sehr abwechslungsreich und bereichernd. Wer sich vorstellen kann, in dem Feld zu arbeiten, sollte aus meiner Perspektive Folgendes mitbringen:

- *Sei optimistisch!* In der Praxis wirst du vermutlich öfter mit Vorurteilen und Skepsis konfrontiert werden: Videospiele machen gewalttätig und abhängig, die Jugend von heute hängt nur noch am Bildschirm und alles, was einen Stecker hat, ist potenziell gefährlich. Ich und viele meiner Kolleg*innen auch vertreten hier eine sogenannte kulturoptimistische Perspektive, d. h. wir vertrauen grundsätzlich erst einmal darauf, dass das, was da kommt (die Medien) erstmal okay ist. Wir beobachten, testen, hinterfragen, sprechen mit Nutzer*innen über ihre Erfahrungen und klären natürlich auch über Risiken auf. Im Vordergrund steht aber erstmal der Mehrwert, den digitale Medien mit sich bringen – nicht die Probleme.
- *Sei kritisch!* Du liest gerne Bücher, hörst Podcasts und hast ein Smartphone? Wunderbar! Aber weißt du auch, welcher hinter deinem Buch steckt, welche Daten deine Podcast-App sammelt und wer dein Smartphone gebaut hat? Gerade im Medienbereich gibt es so vieles zu entdecken, da lohnt es sich, genauer hinzuschauen und immer wieder das eigene Konsum- und Nutzungsverhalten zu hinterfragen.
- *Sei neugierig!* Die Medienlandschaft verändert sich so schnell wie kaum eine andere. Vor etwas mehr als 20 Jahren wussten nur die wenigsten, was ein Smartphone ist, heute hat fast jede*r eines und was wir dann in 20 Jahren noch nutzen werden steht noch in den Sternen. Es ist nicht immer leicht, hier auf dem neuesten Stand zu bleiben, doch es lohnt sich, dranzubleiben und mit offenen Augen durch die Welt zu gehen. Besonders Kinder und Jugendliche sind oft mittendrin im aktuellen Zeitgeist und nicht immer decken sich ihre Vorlieben der Mediennutzung mit den eigenen Interessen. Hier hilft es, offen zu bleiben und immer wieder das Gespräch zu suchen, nicht den Anschluss zu verpassen.
- *Setz dir Ziele!* Als Medienpädagog*in bist du, sofern du in einem Team arbeitest, meist einige der wenigen Personen mit deiner Qualifikation. Überlege dir genau, was deine Ziele sind, was du selbst erreichen willst und welche

Unterstützung du brauchst. Nur, wenn du weißt, was du willst, fällt es dir leichter, diese Ziele auch mit dem Team gemeinsam zu bearbeiten und zu kommunizieren. So kannst du frühzeitig Frust umgehen und motiviert durchstarten.

- *Schalt' auch mal ab!* Meine Arbeit erlebe ich als sehr erfüllend und bereichernd. Trotzdem brauche auch ich mal eine ganz analoge Pause, um aufzutanken, durchzuatmen und mir zu überlegen, was meine nächsten Schritte sind. Regelmäßiges Abschalten hilft mir, mich auf mich selbst zu fokussieren und genug Energie zu tanken. Gerade in der Sozialen Arbeit ist Burnout keine Seltenheit – hier hilft nur Vorbeugen und die eigenen körperlichen und psychischen Grenzen zu beachten und zu wertschätzen.

Wie lauten die vier Felder des Handlungskompetenz-Modells, das der Beitrag aufführt?

Quellen

Albert, Mathias/Hurrelmann, Klaus/Quenzel, Gudrun/Kantar (2019), 18. Shell Jugendstudie. Jugend 2019. Hamburg.

Anfang, Günther/Demmler, Katrin (2017): Außerschulische Medienarbeit. In: Schorb, Hartung-Griemberg, Dallmann (Hrsg.). Grundbegriffe Medienpädagogik, München, 26-32.

Beisch, Natalie/Koch, Wolfgang (2021): 25 Jahre ARD/ZDF Online-Studie. Online unter: https://www.ard-zdf-onlinestudie.de/ (letzter Zugriff: 28.02.2023).

Medienpädagogischer Forschungsverbund Südwest (2021): JIM-Studie 2021. Jugend, Information, Medien. Online unter: https://www.mpfs.de/fileadmin/files/Studien/JIM/2021/JIM-Studie_2021_barrierefrei.pdf (letzter Zugriff: 28.02.2023).

Medienpädagogischer Forschungsverbund Südwest (2021): KIM-Studie 2020. Kindheit, Internet, Medien. Online unter: https://www.mpfs.de/studien/kim-studie/2020/ (letzter Zugriff: 28.02.2022)

Rösch, Eike (2017): Aktive Medienarbeit. In: Schorb, Hartung-Griemberg, Dallmann (Hrsg.). Grundbegriffe Medienpädagogik, München, 9-14.

Schorb, Bernd (2017): Handlungsorientierte Medienpädagogik. In: Schorb, Hartung-Griemberg, Dallmann (Hrsg.). Grundbegriffe Medienpädagogik, München, 134-140.

XI. Polizei bzw. Militär und Soziale Arbeit

Soziale Arbeit in der Polizei

Julia Kelcec

> „Ihr seid für die anderen da, wir für euch" (Slogan des Leitbildes des Psychosozialen Dienstes der Berliner Polizei)

Was heißt das genau für die Soziale Arbeit in einer internen Beratungsstelle? Welche Tätigkeiten verbergen sich dahinter? Welche Beratungssettings und welche fachlichen Ansätze?

Die Sozialberatung ist inzwischen Teil des Psychosozialen Dienstes der Polizei Berlin. Die interne Beratungsstelle gliedert sich in drei Bereiche, die unterschiedliche Schwerpunkte haben. Als Sozialarbeiterin des Psychosozialen Dienstes berate ich hauptsächlich in der Sozialberatung zu den unterschiedlichsten Themen, wie persönliche Anliegen, Familie und Partnerschaft, Psyche und Gesundheit, Beruf und Arbeitsplatz, Suchtgefährdung und Abhängigkeit. Hier wird Mitarbeitenden der Polizei Berlin, ebenso Mitarbeitende der Berliner Feuerwehr, sowie des Landesamtes für Gesundheit und Soziales die Möglichkeit geboten, Beratung in Anspruch zu nehmen.

Die Zentrale Ansprechstelle Gewalt gegen Polizeidienstkräfte im Dienst beschäftigt sich mit dieser Thematik und berät psychosozial. Weiterhin befasst sie sich auch mit administrativen Angelegenheiten, die aus so einem Vorfall resultieren können.

Die Koordinierungsstelle für Psychosoziale Notfallversorgung für Einsatzkräfte beschäftigt sich mit dem Thema der Einsatznachsorge, koordiniert diese und wendet sich ggf. proaktiv an betroffene Dienststellen. Die Einsatznachsorgen finden nach dem System SBE (Bundesvereinigung für Stressbearbeitung nach belastenden Ereignissen) statt. Wir gelten als Sozialarbeitende mit der speziellen Beschulung und gemäß dem System SBE als psychosoziale Fachkräfte. Ebenso darin geschult sind die Peers. Das sind Polizisten*innen, die die Aufgabe der Einsatznachsorge als Zugleich Aufgabe erfüllen und diese mit den psychosozialen Fachkräften dann gemeinsam in der Rufbereitschaft durchführen. Die Rufbereitschaft wird das ganze Jahr über garantiert und ist besetzt mit einem

Team bestehend aus Psychosozialer Fachkraft (Soziarbeitende, Psychologen etc.) und den Peers.

So kommt zu meiner Tätigkeit in der Sozialberatung die Aufgabe der Psychosozialen Fachkraft in der Rufbereitschaft bei belastenden Einsatzgeschehen dazu. Je nach Beratungsangelegenheit stehe ich in Kooperation mit den Mitarbeitenden der Zentralen Ansprechstelle „Gewalt gegen Polizeidienstkräfte".

Ein anderer Schwerpunkt meiner Arbeit ist die Beratung an der Polizeiakademie, in der ich mit einem Sozialarbeiter und einem Vollzugsbeamten die Schüler*innen und Studenten*innen in Fragen der Ausbildung oder des Studiums, aber auch zu persönlichen Anliegen berate. Die Vielfalt meiner Tätigkeit liegt nicht nur in den verschiedenen Beratungsthemen begründet, sondern auch in der Diversität der zu beratenden Personen. Als ein Beispiel sei die Altersspanne der zu Beratenden genannt. Diese geht von jungen Auszubildenden mit 16 Jahren bis hin zur Einsatzkraft die/der kurz vor der Pensionierung steht und damit natürlich ganz andere soziale Fragen aufwerfen kann.

Der Psychosoziale Dienst ist immer als Ganzes zu betrachten. Das Angebot des Psychosozialen Dienstes zielt auf die Wechselwirkung der drei Bereiche Sozialberatung, Zentrale Ansprechstelle „Gewalt gegen Polizeidienstkräfte" sowie Koordinierungsstelle „Psychosoziale Notfallversorgung" ab. Die Bündelung dieser Bereiche unter einem Dach ist sehr sinnvoll. Belastungen durch den Beruf die sich im Einsatzgeschehen zeigen, wie zum Beispiel durch Gewalt an den Einsatzkräften und/oder durch die Dienstzeiten und die Herausforderung der Vereinbarkeit Familie/Beruf, können diverse Belastungen hervorbringen.

Wir bieten mit unserer Dienststelle psychosoziale Entlastung an. Die Zusammenarbeit beruht auf Freiwilligkeit und unterliegt der Schweigepflicht nach § 203 Strafgesetzbuch. In den meisten Fällen kommen die Menschen selbst auf uns zu oder aber ein*e Vorgesetzte*r oder Kollege*in meldet sich. Gleichzeitig ist der Kontext und das übergeordnete Ziel der internen Beratungsstelle nicht außer Acht zu lassen: Die Dienstfähigkeit durch unser Angebot soll erhalten bleiben oder wiederhergestellt werden.

Alle Mitarbeitenden der Dienststelle haben vor einiger Zeit alle gemeinsam ein Leitbild erarbeitet. Dieser Slogan lautet: *„Ihr seid für die anderen da, wir für Euch."* Das Leitbild war für uns ein wichtiger Punkt, um uns der Auseinandersetzung mit gemeinsamen Zielen und Werten zu widmen. Eine Ethik in der Arbeit bzw. Ethikrichtlinien wurden dabei nicht ausformuliert. Diese Auseinandersetzung in der Kollegenschaft steht für mich noch aus. Gleichzeitig frage ich mich wie die anderen Kollegen*innen dazu stehen, ob das notwendig wäre oder aber das Leitbild zur Orientierung ausreicht. Das Leitbild ist dazu ein erster Schritt auch nach außen. Doch intern gibt es noch viele Möglichkeiten die Qualitätsvorstellungen jede*r Einzelnen*m herauszuarbeiten und zu einem gemeinsamen Maßstab zu machen. Was möchten wir in unserer Arbeit erreichen? Was für Ziele haben die einzelnen Dienststellen oder gibt es noch weitere gemeinsame Ziele? Was wünschen wir uns für eine Qualität in der Arbeit? Was brauchen wir dafür? Was müssen wir dafür leisten? Es ist ein immer wiederkehrender Austausch nötig, um diese Fragen zu formulieren und/oder andere zu stellen und beantworten zu können.

Ein positiver Umstand ist die Unabhängigkeit der Dienststelle von Kostenleistungsrechnung oder Sozialpolitik. Es ist ein Umstand dem wir uns als Kollegen*innen bewusst sind, da viele aus „klassischen" Arbeitsfeldern der Sozialen Arbeit in diese innerbetriebliche Beratungsstelle gewechselt sind.

Die Polizei Berlin „leistet" sich den Psychosozialen Dienst aus der Erkenntnis heraus, dass der belastende Beruf von Einsatzkräften einer Entlastung bedarf. Dennoch sind wir Teil einer hierarchisch strukturierten Organisation, die auf uns in einem gewissen Maße auch Einfluss hat. Was soll das heißen? Wir sind eine Dienststelle die für jede*n zugänglich ist und jede*r kann uns unabhängig von seinen Vorgesetzten*in kontaktieren. Jedoch ist mein persönlicher Eindruck, dass die Akzeptanz von Vorgesetzten*innen und der Führungsebene elementar sind, um eine breite Akzeptanz in den anderen Ebenen zu schaffen. Das hat wiederum etwas mit hierarchisch geprägter Struktur zu tun. Es sollte zukünftig die Normalität sein, Psychohygiene zu betreiben und es sollte weiterhin als ein Teil der Professionalität betrachtet werden, sich zu entlasten. Das es zur beruflichen Normalität gehört das Angebot des Psychosozialen Dienstes zu nutzen ist noch nicht erreicht. Es wird jedoch vermehrt genutzt, was auf eine höhere Akzeptanz hindeuten könnte.

Die Akzeptanz verstärkt sich auch durch die Professionalität der Berater*innen. Wie oben bereits erwähnt ist durch die Vielfalt in der Beratungstätigkeit eine Rechtskenntnis sinnvoll, beispielhaft können hier Fragen zu familienrechtlichen Thematiken, rechtliche Fragen zur Pflege von Angehörigen, Beantragung von Kur- und Rehanträgen oder Suchtfragen, genannt werden. Als Team hilft es uns, dass viele aus den verschiedensten Arbeitsfeldern kommen. Beispiele hierfür wären die Suchtberatungsstellen, dem Sozialpsychiatrischen Dienst, der Alterforschung oder dem Jugendamt, um nur ein paar zu benennen. Mir ist wichtig zu betonen, dass wir keine Rechtsberatung machen. Außerdem ist es wichtig, dass vielfältige Angebot von externen Beratungsstellen in Berlin und Brandenburg zu kennen. Das impliziert für mich, das Erkennen von eigenen Grenzen im Beratungssetting. Was kann in der internen Beratungsstelle beraten werden, wo braucht es andere Fachberatungsstellen oder aber auch andere Professionen.

Beratung ist Beziehungsarbeit. „Der Erfolg jeglicher Beratungsbemühung ist abhängig von der Berater-Klient-Beziehung, die im Beratungsprozess aufgebaut wird" (Nestmann 2014, 791). In einer innerbetrieblichen Beratungsstelle ist, eine gute Nähe und Distanzarbeit wichtig. Wie wir das erreichen? Durch eine professionelle, sozialarbeiterische fachliche fundierte Beratung. Die meisten

Sozialarbeitenden haben mehrjährige Berufserfahrung, kommen aus krisenreichen und hochbelastenden Arbeitsfeldern und sind immer bereit, sich weiter fortzubilden.

Ich stehe derzeit stark unter dem Einfluss meines Studiums, das ich neben der Arbeit gerade absolviere. Durch das Studium „Psychosoziale Beratung in Sozialer Arbeit“, hat sich meine Arbeitsweise definitiv noch einmal verändert bzw. in einigen Punkten geschärft. Ressourcen und -Lösungsorientiert habe ich bereits nach meinem Bachelorstudium gearbeitet, doch mein theoretisches Verständnis hat sich nochmal gefestigt und vertieft und dadurch haben sich meine Techniken verändert bzw. optimiert. Die Fragetechniken des systemischen Arbeitens wie Zirkuläre Fragen und Ziel- und Lösungsorientierte Fragetechniken wende ich gezielt an. Die Perspektive in der Beratung ist nach vorne gerichtet, ohne dabei die Wertschätzung der Problematik außer Acht zu lassen.

In einer Beratung, in der Interaktion, machen wir uns mit Sprache verständlich. Ausgehend vom Konstruktivismus in dem „Wirklichkeitsbeschreibungen [...] immer das Konstrukt einer nicht in objektiv allgemeingültigen Kategorien fassbaren Welt [sind]“ (Lambers 2018, 344) wird deutlich das die/der Klient*in ihre/seine* eigene Realität beschreibt. Diese ist beeinflusst von gemachten Vorerfahrungen, ob im Denken, Fühlen und Handeln. Jeder Mensch ist einzigartig in seinen Beschreibungen und Vorstellung, durch Sprache können wir uns verständlich machen und abgrenzen. In der Beratung sollen Fragen, wie: „Was macht Sinn?“ oder „macht diese Idee für die Problematik Sinn?“ immer und ausschließlich von dem/der Klienten*in selbst beantwortet werden, denn die Lösung liegt in ihm/ihr. Hier spricht man in der Sozialen Arbeit vom Technologiedefizit, denn man weiß nie, was aus der Beratung wird. Diese ist abhängig von der Mitwirkung des/der Klienten*in. Was für den/die eine*n Sinn macht, macht für den/die nächsten vielleicht keinen. Der/die Berater*in weiß es eben nicht, da sie/er sich nicht hineindenken kann, sondern mit ihrer/seiner Grundhaltung des Nichtwissens, Mehrdeutigkeit, Neutralität und verschiedenen Fragetechniken zu einer Irritation des Systems beitragen. Dadurch können neue Gedanken angeregt werden, die dann sinnstiftend sind und neue Sichtweisen ermöglichen und somit zu einer Lösung führen.

Das bewusste Einsetzen von Ressourcen- und Lösungsorientierung, sowie die Haltung des systemisch-konstruktivistischen Ansatzes, ist meines Erachtens besonders wertvoll, da gerade in einer Organisation wie der Polizei oder auch in anderen Behörden die Menschen stark von einer bewertenden Haltung geprägt sind. Davon ist die Beratung nicht betroffen. Die zu beratenden Menschen kann dies irritieren, jedoch vor allem dadurch neue Zugänge und Möglichkeiten schaffen.

In meiner Tätigkeit arbeite ich unter anderem mit Genogrammen, Ressourcenkarten, Hausaufgaben und auch mithilfe von Plänen und Zielvereinbarungen. Vor allem die zuletzt genannten Verfahren setzte ich ein, wenn jemand in unser Gruppenangebot geht, was eine andere dienstliche Verwendung nach sich zieht. Das bedeutet, dass der*diejenige einige Wochen in der Sozialberatung seine Tätigkeit verrichtet und in Gruppengesprächen und Modularbeit auf ihre/seine Stabilität hingearbeitet wird. Dieses Angebot wird durch eine Sozialarbeiterin und einen Vollzugsbeamten ge- und begleitet. Da dann mehrere Berater*innen mit unterschiedlichen Aufgaben tätig sind, ist so eine gemeinsame erarbeitete Zielvereinbarung und/oder Hilfeplan für alle hilfreich.

An Grenzen zu stoßen ist für mich ein Teil der Sozialen Arbeit. Selbst mit den besten Theorien, Techniken und Methoden stoßen Beratungen hin und wieder an Grenzen. Das kann vielfältige Gründe haben, dennoch oder deshalb begreife ich es als Herausforderungen und Chance über meine Arbeit bewusst nachzudenken, ob allein, in kollegialer Beratung oder Supervision.

Im Psychosozialen Dienst sind wir ein multiprofessionelles Team, bei dem Sozialarbeitende, Polizisten*innen, Verwaltungsbeamte*in, ein Feuerwehrbeamter und Psychologen*innen zusammenwirken. Allein wir Sozialarbeitende bringen verschiedenste Vorerfahrungen aus Arbeitsfeldern der Sozialen Arbeit mit.

Je nach Arbeitsfeld und beruflicher Prägung hat jede*r seine/ihre Arbeitsweisen. Das Bedienen von unterschiedlichen Techniken bzw. Methoden, im Sinne von Orientierung an den Bedürfnissen des/der zu Beratenden, findet sich bei jeder*m Berater*in wieder. „Beratung ist somit in den meisten Feldern multimethodisch angelegt und eklektisch-integrativ orientiert. Das heißt, Beratung wählt und nutzt Methoden und Verfahren aus unterschiedlichen Konzepten von Veränderung und Hilfe. Der Begriff ‚integrativ' verdeutlicht, dass es hier nicht um ein wahlloses Zusammenstellen und Zusammenwürfeln einzelner methodischer Elemente geht, sondern um den Versuch einer geplanten und kontrollierten Kombination und Integration verschiedener Verfahren" (Nestmann 2014, 789).

Das Konzept des Psychosozialen Dienstes war und ist Beratungsangebote zu schaffen, wo Entlastung auf vielfältige Weise stattfinden kann. Ob nach einem Gewalterlebnis im Dienst, einem belastenden Einsatzgeschehen oder bei psychosozialen Themenfeldern, die ggf. eine kurzweilige Verwendung auf unserer Dienststelle nach sich ziehen, ob im Gruppensetting oder Einzelgespräch. Ziel ist die Arbeitsfähigkeit herzustellen und so zur Einsatzfähigkeit der Polizei Berlin beizutragen.

Durch eine im Jahr durchgehend geführte Statistik und deren Auswertung am Ende des Jahres, wird deutlich wie viele Mitarbeitende der Polizei Berlin, der Berliner Feuerwehr oder des Landesamtes für Gesundheit und Soziales zu verschiedensten Beratungsanlässen die Sozialberatung, die Zentrale Ansprechstelle oder aber die Kost-PSNVE in Anspruch genommen haben. Wobei betont werden muss, dass beide letztgenannten Dienststellen eigene Statistiken führen, da sie andere Schwerpunkte haben und sich nur an Mitarbeitende der Polizei Berlin wenden. Alle Auswertungen lassen keine Rückschlüsse auf einzelne Personen zu.

Forschung könnte hier einen weiteren Schritt darstellen, inwieweit diese Dienststelle zur Arbeitsfähigkeit bzw. Einsatzfähigkeit bei den Mitarbeitenden beiträgt. Bezüglich anderer Thematiken, die in unserer Arbeit vorkommen, wird sich meist individuell mit Forschung beschäftigt. Meiner Wahrnehmung nach tauschen wir uns untereinander aus, wenn jemand einen interessanten Beitrag liest oder an einem Vortrag zu einem Thema teilgenommen hat, welcher einen Einfluss auf unsere Arbeit haben könnte.

Die Bereitschaft zur Beschäftigung mit Forschung und Weiterbildung in Themengebieten, also die intrinsische Motivation die eigene fachliche Kompetenz, aber auch die der Gruppe durch fachlichen Austausch auszubauen, ist ein wichtiges fachliches Merkmal. Als Sozialkompetenzen muss hier Belastbarkeit, Offenheit und Bereitschaft für Nacht- und Sonderdienste genannt werden. Meines Erachtens braucht es aber eines ganz Besonders, um im Psychosozialen Dienst zu arbeiten: Ein gutes Selbstbewusstsein für die eigene Tätigkeit/Profession als Sozialarbeiter*in. Damit meine ich, dass ein gewisses Standing gegenüber den anderen Berufsgruppen gebraucht wird, gerade weil für viele noch der Werdegang, der Kompetenzerwerb, das Können eines*r Sozialarbeiters*in nicht bewusst ist. Außerdem sollte man sich bewusst sein, dass es für Menschen, die selbst die helfende Rolle im Beruf ausüben sehr schwer sein kann, sich beraten zu lassen. Für das Abbauen von Hürden muss man eine gewisse Leidenschaft entwickeln.

Die Bezahlung ist vergleichbar mit anderen Bereichen im öffentlichen Dienst, in welchem Sozialarbeitende arbeiten. Es kommt darauf an, ob die Person sich in einem Beamten- oder Angestelltenverhältnis befindet. Als Beamter*in im gehobenen Dienst ist diese Stelle mit der Besoldungsstufe A 10 besoldet. Individuell sind die Erfahrungsstufen zu berücksichtigen. Es ist eine Verwaltungslaufbahn und trägt den Namen Sozialoberinspektor*in. Jedoch ist es so, wenn die Person als Tarifbeschäftigte*r beginnt und sich im Laufe der Tätigkeit verbeamten lassen möchte, mit A 9 (Sozialinspektor*in) besoldet wird. Nach einer gewissen Zeit steigt dann die Besoldung auf A 10 an.

Das Arbeitsgebiet, in dem ich tätig bin, bildet eine Vielfalt ab, die ich vorher so nicht erwartet hätte. Sollte es unter den Leser*innen Interessierte für dieses Berufsfeld geben, möchte ich hier gerne zum Ende meines Beitrages meine persönlichen Empfehlungen abgeben, welche rein subjektiv sind. Nennen möchte ich hier:

- Die Beschäftigung mit der Thematik, mit Einsatzkräften zu arbeiten: Was erleben die Menschen? Was ist deren Arbeitsalltag? Womit befassen sie sich? Auf welchen Ebenen befassen sie sich damit?
- Ein Praktikum im Studium in einer Behörde wie dem Jugendamt oder dem Sozialpsychiatrischen Dienst, um Verwaltungsabläufe kennenzulernen, ist empfehlenswert.

- Außerdem sollte sich mit den Vor- und Nachteilen im öffentlichen Dienst beschäftigt werden. Sind die Strukturen etwas für die Person? Wenn ja, ist eine interessante Plattform die Internetseite des Bundes (Service.Bund.de). Dort finden sich Stellen im öffentlichen Dienst.

Abschließend denke ich, dass ich nun in meinem dritten Jahr vieles dazu gelernt habe. Die Ebene des fachlichen Ausbaus ist mir durch die Möglichkeit, nebenbei zu studieren, gegeben. Dadurch ist es nicht nur so, dass sich meine fachliche Kompetenz verstärkt, sondern mein ganzheitlicher Blick auf fachlicher als auch auf struktureller Ebene geschärft hat.

In der Retrospektive zu meinen früheren Arbeitsfeldern hat sich für mich konkret verändert, dass ich zumeist mit Menschen arbeite, die vorher noch nie beraten wurden. Diese Situation ist für manche Person mit viel Scham und Unbehagen verbunden und manchmal sind sie dementsprechend misstrauisch. Ich arbeite oft nur mit einzelnen Personen. Durch meine systemisch-konstruktivistische Brille verliere ich nie den ganzheitlichen Blick. Da sein für die, die für andere da sind, ist eine besondere Arbeit.

Auf welche drei Bereiche zielt das Angebot des Psychosozialen Dienstes und was soll damit erreicht werden?

Quellen

Lambers, H. (2018): Theorien der Sozialen Arbeit. Opladen & Toronto: Barbara Budrich.

Nestmann, F. (2014): Beratungsmethoden und Beratungsbeziehung. In F. Nestmann, F. Engel & U. Sickendiek (Hrsg.), Das Handbuch der Beratung, Band 2, Tübingen: dgvt, 783-796.

Soziale Arbeit in der Bundeswehr

Georgios Papadopoulos

In der öffentlichen Verwaltung und besonders in der Bundeswehr ist man bemüht, zwischen den Geschlechtern eine Gleichheit zu schaffen. Trotz aller Anstrengungen und guten Willens bleibt es ein schwieriges Unterfangen. Eine Herausforderung ist es, einen Text zu schreiben und dabei immer alle Geschlechterformen zu berücksichtigen. Ein interessanter Aspekt in diesem Zusammenhang ist es, dass es in diesem Text um eine Berufsgruppe geht, welche in ihrer biologischen Geschlechterverteilung zu 75 % weiblich und 25 %

männlich ist. Dennoch ist es für die Lesbarkeit des Textes einfacher, die männliche Form zu verwenden.

Die Bundeswehr gehört zu einem der größten Arbeitgeber in Deutschland. Organisatorisch ist sie grob in zwei Bereiche unterteilt; zum einen der militärische und zum anderen der zivile.

Von außen betrachtet ist es schwer, die Struktur zu erkennen, die hinter dieser militärischen Institution steht. Dies hängt mit verschiedenen Faktoren zusammen. Neben der militärischen Logik, die notwendig ist, um eine Armee zu führen, gehört der besondere Status einer parlamentarischen Armee dazu. Diese beiden Aspekte haben die Rechtsstaatlichkeit, welche allen Angehörigen der Bundeswehr zusteht, als Fundament. Daraus ergibt sich eine Fürsorgepflicht, die der Dienstherr für alle Angehörigen hat.

Der Sozialdienst der Bundeswehr ist ein Teil, mit dem der Dienstherr „Bundeswehr" dieser Fürsorgepflicht nachkommt. Er ist „ein allzuständiger, statusübergreifender Basisdienst", der in allen Bundewehrstandorte für die sozialen Probleme, Anliegen und Fragen der Bundeswehrangehörigen und deren Angehörige zuständig ist.

„Allzuständig" bedeutet, dass alle sozialen, zwischenmenschlichen und materiellen Probleme prinzipiell in den Verantwortungs- und Zuständigkeitsbereich des Dienstes fallen, das bedeutet, dass niemand abgewiesen werden darf. „Zielgruppenübergreifend" meint, dass es keine Einschränkung der Zuständigkeit etwa nur auf eine bestimmte Statusgruppe innerhalb des Bundeswehrsystems gibt.

Der Sozialdienst der Bundeswehr ist in zwei Bereiche aufgliedert. Im Regelfall besteht er aus ein bis zwei Verwaltungsbeamten, die die Bundeswehrangehörigen bei materiellrechtlichen Fragen beraten, und ein bis zwei Sozialarbeitern oder Sozialpädagogen, die für den Bereich der psychosozialen Beratung zuständig sind. Grundsätzlich werden die Mitarbeiter durch eine Bürokraft bei der Organisation unterstützt. Die Beratungsstellen des Sozialdienstes sind an den Bundeswehrstandorten verteilt, normalerweise in den Kasernen. Je nach Größe gibt dort es eine permanent oder zweitweise besetzte Beratungsstelle. Jedoch ist sichergestellt, dass der Sozialdienst flächendeckend arbeitet.

Die Zielgruppen des Sozialdienstes der Bundeswehr sind alle Bundeswehrangehörigen Soldaten, Beamte, Richter, Arbeitnehmer und deren Familienangehörigen sowie Versorgungsempfänger und Rentner. Bei der Vergütung orientiert sich die Bundeswehr an dem Tarifvertrag für den Öffentlichen Dienst. Bei den nichtverbeamteten Mitarbeitern ist eine Entgeltgruppe bis 9c, bei einer Verbeamtung dagegen ist eine Besoldung bis A12 möglich.

Die Mitarbeiter des Sozialdienstes bieten vertrauliche Einzelgespräche, Familien- und Gruppengespräche sowie Hausbesuche an. Darüber hinaus halten sie Vorträge und gestalten Veranstaltungen, arbeiten mit einzelnen Abteilungen sowohl innerhalb als auch außerhalb der Bundeswehr sowie mit Einrichtungen und Netzwerken zusammen. Weiterhin beraten sie Vorgesetzte und geben fachliche Stellungnahmen ab. Rein organisatorisch ist der Sozialdienst ausschließlich auf der zivilen Ebene organisiert und im Gegensatz zur Militärseelsorge und der Truppenpsychologie zum jetzigen Zeitpunkt nicht für den militärischen Auslandseinsatz vorgesehen.

Der Sozialdienst ist nicht nur fallspezifisch, sondern auch fallübergreifend und -unabhängig aktiv. In diesem Zusammenhang wenden sich viele unterschiedliche Stellen innerhalb der Bundeswehr an den Sozialdienst. Daraus ergibt sich die Notwendigkeit einer Vernetzung innerhalb und außerhalb der Bundeswehr. Daneben steht der Sozialdienst in seinem Handeln für Ganzheitlichkeit. Nicht nur das konkrete Anliegen eines Menschen, sondern der Mensch im Kontext seines Lebensumfeldes, seiner Lebensrealität muss vom Sozialdienst bei der Betrachtung von Ursachen und Hilfemöglichkeiten berücksichtigt werden. Dabei ist der gesamte soziale Raum des Adressaten zu betrachten. Der Sozialdienst kennt die sozialen Probleme vor Ort, weiß um Infrastruktur, Defizite und Entwicklungen in „seinem" Zuständigkeitsbereich und sucht ggf. nach Verbesserungsmöglichkeiten.

Subsummiert ist das Konstrukt des Sozialdienstes der Bundeswehr als betriebliche Sozialarbeit zu verstehen, jedoch ist der Umfang der Aufgaben des Sozialdienstes der Bundeswehr etwas weiter zu fassen als der eines zivilen Unternehmens. Bevor darauf näher eingegangen wird, wird es einen kurzen Blick auf die betriebliche Sozialarbeit geben.

Die Definition von betrieblicher Sozialarbeit kann als ein Teilbereich der Sozialen Arbeit beschrieben werden, welcher in Deutschland normalerweise von Sozialarbeitern betrieben wird. Zahlreiche Autoren haben während der vergangenen Jahre versucht, Definitionen zur betrieblichen Sozialarbeit zu formulieren. Bettina Stoll (2001) beispielsweise legt den Gegenstandsbereich der Betrieblichen Sozialarbeit wie folgt aus: Betriebliche Sozialarbeit meint die ethisch begründeten (sozial-)pädagogischen Interventionen speziell ausgebildeter Fachkräfte, mit deren Hilfe Unternehmen einem Teil ihrer sozialen Verantwortung gerecht werden und einen Beitrag zur Humanisierung der Arbeitswelt leisten.

Reagiert wird damit auf das Spannungsfeld wirtschaftlicher Abläufe und menschlicher bzw. sozialer Frage- und Problemstellungen sowie der sich daraus ergebenden leistungsmindernden Reibungspunkte. Präventiv soll die Entstehung von unnötigen Konfliktsituationen verhindert werden. Ziel ist, prozessbegleitend auf sozial verträgliche Weise zum Wachstum des Unternehmens beizutragen. Die Interventionen beziehen sich dabei auf die in das Unternehmen hineinwirkenden Faktoren mit Einfluss auf die Beschäftigten sowie auf die Situation der einzelnen Arbeitnehmer. Beachtung finden muss dabei ihr gesamtgesellschaftlicher Kontext und/oder die sich im Unternehmen ergebenden sozialen Bezüge und Problemstellungen mit Wirkung auf Einzelne oder Gruppen bzw. Systeme. (Stoll 2001, 23)

AvenirSocial (2008) beschreibt die betriebliche Sozialarbeit in ihrem Leitbild für betriebliche Sozialarbeit folgendermaßen:

> „Betriebliche Sozialarbeit ist ein spezialisierter Bereich der Profession „Soziale Arbeit". Grundsätzlich orientiert sie sich an deren Zielen und Prinzipien. Sie leistet Unterstützung von Mitarbeitenden einer Unternehmung bei der Lösung von Problemen, die mit ihrer Arbeits- und Lebenssituation verbunden sind. [...] Betriebliche Sozialarbeit leistet einen Beitrag zum Wohlbefinden der Mitarbeitenden und zum Arbeitsergebnis [...] und trägt zur Erhaltung und Verbesserung von Motivation und Arbeitsleistung bei. Sie übernimmt im Spannungsfeld unterschiedlicher Interessen (Auftrag Unternehmen / Anliegen Ratsuchende) eine beratende Rolle. [...] Neben der individuellen Beratung beteiligt sie sich an der Entwicklung und Umsetzung präventiver Maßnahmen" (AvenirSocial 2008, 1).

Diese zwei Definitionen haben interessante Gemeinsamkeiten. Sie heben beide hervor, dass die betriebliche Sozialarbeit im Spannungsfeld von wirtschaftlichen Interessen eines Unternehmens und sozialen Frage- und Problemstellungen wirkt. Im Weiteren ist für die betriebliche Sozialarbeit festzuhalten, dass diese sich in vier zentrale Aufgabenfelder ausdifferenziert:

1. Beratung – Individualberatungen (z. B. bei Problemen am Arbeitsplatz, Führungsfragen, Überschuldung, Suchtproblemen, psychischen Problemen usw.) und Gruppenberatungen (z. B. Projekt- und Arbeitsgruppen, Lern- und Trainingsgruppen) durch Information, Aufklärung und Schulung.
2. Prävention zu fachbezogenen Themen wie Suchtproblemen, Stressbewältigung und wirtschaftliche Schwierigkeiten.
3. Organisationsbezogene Maßnahmen wie Organisationsentwicklung, Moderation, Prozessbegleitung und Beteiligung an betrieblichen Gremien.
4. Interne und externe Öffentlichkeitsarbeit.

Dabei ist auch zu berücksichtigen, dass zu dem o. g. Spannungsfeld noch die Besonderheiten einer militärischen Organisation dazukommen.

Im Rahmen der Wiedervereinigung und des Endes des sogenannten „Kalten Krieges" sind die militärischen Aufgaben der Bundeswehr im Wandel. Bereits seit 2010 durchläuft die Bundeswehr einen Reformprozess, der immer noch anhält. Neben der Reduzierung des militärischen und zivilen Personals unterliegt sie auch einem strukturellen Veränderungsprozess. Auch wenn sich die Aufgaben für die Streitkräfte weltweit verändert haben und Einsätze zur Bewahrung des Friedens sowie humanitäre Missionen zwischenzeitlich von großer Bedeutung sind, bleibt das Militär in seinem Wesen eine Organisation zur Androhung und Anwendung bewaffneter Gewalt.

Aus diesem Potenzialcharakter der Organisation ergibt sich, dass sie stets, d.h. auch in konfliktfreien Zeiten, auf den Grenzfall des Gewalthandelns ausgerichtet bleiben muss. Aus diesem spezifischen Organisationszweck leiten sich besondere Strukturen ab, die in der Regel allen Militärorganisationen eigen sind, unbesehen davon, ob es sich um ein Berufsheer, eine Miliz oder eine Freischärlertruppe handelt (vgl. grundlegend Geser 1981). Zu dieser besonderen Eigentümlichkeit gehört:

1. der hohe Grad an hierarchischer Zentralisierung und das Prinzip von Befehl und Gehorsam;
2. eine starre Struktur der Formalisierung und Ritualisierung von Handlungen und Abläufen;
3. die intraorganisatorische Sozialisation und die kommunitäre, d.h. gemeinschaftsbetonende Lebensweise;
4. die verdünnte Rückkoppelung an die Gesellschaft und die Dualität der Umwelt;
5. eine bürokratische Routine des Friedensalltags versus Anomie im Kampfeinsatz.

In diesen Besonderheiten der militärischen Organisation fließen die Merkmale einer öffentlichen Verwaltung mit ein und müssen Berücksichtigung finden.

Zu weiteren Aufgabenfeldern des Sozialdienstes sind militärspezifische Themen relevant. Dazu gehören die Vor- und Nachbereitung von Auslandseinsätzen, die Begleitung der Familien von Einsatzsoldaten und die Unterstützung und Betreuung und Unterstützung von Hinterbliebenen im Todesfall. Hier soll nicht der Eindruck entstehen, dass es sich ausschließlich um im Dienst verstorbener Bundeswehrangehörige handelt. Die Fürsorge der Bundeswehr geht über den Dienstaustritt hinaus und unterstützt durch den Sozialdienst die Ehemaligen und deren Familien auch nach deren Ausscheiden.

In allen den o.g. Aspekten ist die zentrale Methode die Beratung. Die Struktur innerhalb des Sozialdienstes der Bundeswehr lässt hierfür den Mitarbeitern einen relativ großen Gestaltungsraum. Besonders aus diesem Grund sind fundierte Kenntnisse über die Methode der Beratung immanent wichtig.

Beratung im Allgemeinen bedeutet: ein Problem mit jemandem besprechen, um eine Entscheidung treffen zu können. Der ursprüngliche Begriff der Beratung stammt aus der Sozialarbeit und findet erst später auch seine Bedeutung in der Erziehungswissenschaft. Die Voraussetzung für eine Beratung ist gegeben, wenn sich ein Berater und eine Person mit einem Beratungsanliegen bewusst zusammentreffen, und die Person ihr vorliegendes Anliegen nicht alleine lösen kann und zudem bereit ist, über die Situation zu sprechen. Die Lösungsentscheidung obliegt dem Petenten. Der Berater ist für die abschließende Entscheidung nicht verantwortlich und soll diesen bei einer möglichen Lösungsfindung ausschließlich unterstützen. Somit unterscheidet sich Beratung von Führung und direktivem Verhalten und hat stattdessen das Empowerment als Ziel.

Das Medium von Beratung bildet dabei das Gespräch. Hierbei soll der Berater den Petenten als Person akzeptieren und achten, ihm Respekt entgegenbringen, partnerschaftlich nachfragen und fachmännisch informieren.

Die Beratung im psychosozialen Bereich hat mit Menschen zu tun, die mit unterschiedlichen Problemen und Fragen ihrer Daseinsbewältigung Rat und Hilfe suchen. Die Berater werden von den Rat- und Hilfesuchenden mit konkreten Angaben über ihre persönliche Lebenssituation und die Verhaltensweisen der mit ihnen interagierenden Personen informiert und erhalten dadurch die Möglichkeit, zusammen mit dem Rat- und Hilfesuchenden an der Klärung der konkreten Situation und der Konfliktlösung mitzuwirken.

Das Ziel einer Beratung ist der Versuch, einer problembehafteten oder desorientierten Person eine Orientierungs-, Planungs-, Entscheidungs- und Bewältigungshilfe zu geben. Im Sinne von Empowerment soll die Handlungsfähigkeit des Menschen zur Bewältigung eines aktuellen Problems erhöht werden. Dies geschieht u. a. mithilfe von Reflexionen über die Ursachen der aktuellen Problemlagen, um zu einer Neubewertung und Strukturierung der Situation zu kommen. Unterstützt wird die Entwicklung von Kompetenzen und Selbststeuerungsfähigkeiten zur Bewältigung der anstehenden Aufgaben.

Besonders hilfreich sind die Konzepte der hypnosystemischen Arbeit, auf die ich im Einzelnen eingehen möchte. Einer der wesentlichen Konzepte der Hypnotherapie ist die Vorstellung, dass die Lösung eines Problems bereits im Unterbewusstsein gespeichert ist und lediglich abgerufen werden muss. Erickson vertraut selbst dieser Idee und hat den Begriff „Unterbewusstsein" nie konkret definiert. Vielmehr hat er dies anderen überlassen und letztlich somit seinem therapeutischem Konzept Rechnung getragen, im Bewusstsein seiner Patienten eine Suche zu initiieren, die schließlich zu einem Dialog zwischen Bewusstsein und Unterbewusstsein führt – einen Zustand, den man als Trance bezeichnen kann.

Der Begriff „Trance" beschreibt im Grundsatz das unwillkürliche Erleben. Eine detaillierte Darstellung des Phänomens Trance findet sich in allen klassischen Lehrbüchern zum Thema Hypnose. Diese beschreiben Trance als das *unwillkürliche Erleben verbunden mit dem Erleben von Dissoziation, das gegenüber dem willkürlichen Vorherrscht* (Schmidt 2004, 183). Es ist zu berücksichtigen, dass die Definition von Trance sehr weitläufig ist. Im Wesentlichen werden folgende Items genannt:

- Dissoziation
- Altersregression/Altersprogression
- Zeitverzerrung
- Amnesie/Hypermnesie
- Analgesie/Hyperalgesie

- Identifikation
- positive/negative Halluzination
- Katalepsie
- Tunnelvision
- innere Bilder, innere Sätze

Die einzelnen Trancezustände werden als therapeutische Mittel genutzt, um in bestimmten Problemlagen ein gewünschtes Ziel zu unterstützen. Bei Schmerzen wird zum Beispiel die Analgesie eingesetzt. Bei Suchtproblematik und Phobien ist es förderlicher, die Entspannung zu nutzen. Das Ziel der Trance ist es nicht, durch Suggestion dem Klienten etwas einzureden, sondern ihm eine Möglichkeit zu geben, Bewusstsein und Unterbewusstsein in Dialog zu bringen und so gespeicherte Lösungsalternativen bzw. hilfreiche Verhaltensmuster abzurufen und dann im willkürlichen Sein umzusetzen.

Die hier zugrunde liegende Erkenntnis ist, dass zwischen autonomen Systemen keinerlei Austausch bzw. Transfer von Wissen stattfindet, sondern es sich um eine Reorientierung des eigenen Kognitionsbereiches handelt. Das verbale Beschreiben eines Sonnenuntergangs hat keinerlei Relevanz und vermittelt nichts von dem Ereignis, es sei denn durch die Erinnerung an ein eigenes Erlebnis.

Auch ist zu berücksichtigen, dass nicht alleine der Therapeut eine Trance verursacht, sondern es sich hier, wie im gesamten Spektrum der systemischen Arbeit, um einen koevolutiven Prozess handelt (vgl. Burkhard 1984, 44). Therapeut und Klient bilden zusammen ein System, in dem durch den deklarierten Kontext und deren Interaktion eine Realität geschaffen wird, in der schließlich Übereinstimmung hergestellt wird, sodass das Verhalten des Klienten ein tranceähnlicher Zustand wird bzw. ist (vgl. ebd., 45). Diese Methode eignet sich besonders bei der Beratung von Menschen mit einer Traumatisierung. Der Sozialdienst ist besonders durch die Aufgaben der Bundeswehr mit dieser Problematik konfrontiert. Nicht nur die einsatzbelasteten Soldaten, sondern auch Hinterbliebenen, die Verluste erlitten haben, können Zielgruppe sein und werden durch den Sozialdienst in ihrem Trauerprozess begleitet.

Ein weiterer und wesentlicher Aspekt in der hypnosystemischen Arbeit ist die sogenannte Kontextmarkierung. Alle Ereignisse in unserem Leben erhalten ihre Bedeutung durch den Kontext, in dem sie geschehen. Den Kontext bestimmt die Person, die das Ereignis erlebt und diesem Ereignis eine bestimmte Bedeutung zuschreibt. Das wiederum bedeutet, dass ein und dasselbe Ereignis in verschiedenen Rahmen eine völlig andere Bedeutung erhält oder dass zwei Personen im selben Bezugsrahmen diese verschieden bewerten und es so bezüglich der Verhaltensnormen zu Irritationen kommen kann. So ist es notwendig, dass Übereinstimmung herrscht, in welchem Kontext man sich gerade befindet.

Diese ist auch eine wesentliche Voraussetzung für die hypnotherapeutische Arbeit. Wie bereits erwähnt, sind aus systemischer Sicht Prozesse in einer

Gruppe nicht linear, sondern koevolutiv. Dieses gilt auch für das Therapeuten-Klienten-System. Besteht zwischen den beiden eine Übereinstimmung über den Rahmen, z. B. dass es sich um eine beratende Intervention handelt oder dass der Klient in einem Trancezustand gewesen ist, so bedarf es keiner weiteren Definition.

Die Frage, was der Unterschied zwischen Trance und Hypnose oder zwischen Beratung und Therapie ist, wird unwesentlich. Was als Trance erlebt, definiert und auch genutzt wird ist variabel, steht also keineswegs fest, sondern lässt sich jeweils nur situationsabhängig bzw. kulturabhängig, allgemeiner gesagt, kontextabhängig beschreiben (Schmidt 1005, 16). Das bedeutet nicht, dass es zu bestimmten Zwecken nicht sinnvoll ist. eine klare Abgrenzung zwischen den Bereichen zu machen. Insbesondere dann, wenn diese dazu dient, den Aufmerksamkeitsfokus auf die Kompetenzen des Einzelnen zu richten und dadurch nur qualifizierte Personen in Kooperation mit Klienten gehen, jedoch drücken aus systemischer Sicht solche Zuschreibungen lediglich immer die Interessen des Definierenden aus, aber sie stellen keine objektive Wahrheit dar.

Im Folgenden möchte ich einige Punkte aufzählen, die für das Gelingen eines Beratungs- bzw. Therapieprozesses wichtig sind. Sie gelten allgemein für die Therapie und Beratung im systemischen Kontext. In den vorangegangenen Ausführungen wurde bereits erwähnt, dass Ereignisse ihre Bedeutung durch die wechselseitige Interaktion in einem System erhalten. Kein System existiert aus reinem Selbstzweck. Diesem Axiom ist durch den Berater auch Rechnung zu tragen. Die Beratung soll einem ganz bestimmten Zweck dienen, dieser sollte wiederum überprüfbar sein. Um den Erfolg der Beratung überhaupt möglich zu machen bzw. zu gewährleisten, ist es notwendig, Klarheit über das zu erreichende Ziel zu schaffen.

Es erscheint somit wichtig, am Beginn einer Beratung eine Auftragsklärung durchzuführen bzw. den Aufmerksamkeitsfokus auf ein gewünschtes Ziel zu richten. Die dabei geschaffenen Prüfkriterien sind hilfreich bei der Kontrolle des Fortschrittes und wie zweckdienlich die Intervention ist. Hierbei sollte auch geprüft werden, inwieweit das gewünschte Ziel in das Lebenssystem des Klienten passt. Dieser Prozess dauert bis zur Beendigung der Beratung. Er beinhaltet auch die Möglichkeit einer Veränderung des Zieles, was letztlich auch logisch erscheint, da es Ziel der Beratung ist, einen erweiterten Blick auf den eigenen Möglichkeitsraum zu erlangen. Dem Klienten werden weitere Perspektiven eröffnet. Beratung kommt, sollten die Fragen des Beraters wertschätzend und ressourcenorientiert sein. Im Wesentlichen sollte das Problem nicht mehr fokussiert werden. Problembetrachtungen sollten auch dazu dienen, den Fokus zu verschieben, z. B.: „Wessen Bedürfnisse werden erfüllt?". Um den Klienten zu solchen Betrachtungsweisen einzuladen, ist es hilfreich, zirkuläre Fragen einzusetzen.

Das bedeutet aber nicht, dass die Situation des Klienten ignoriert werden soll, insbesondere auch nicht das Leid, welches derjenige verspürt. Selbst wenn man davon ausgeht, dass es eine konstruierte Realität ist, so ist sie für den Klienten authentisch und muss vom Berater gewürdigt werden.

In diesem Zusammenhang ist es wichtig, auf die Beziehungsrollen zwischen Berater und Klienten während der Beratung zu blicken, die möglicherweise entstehen können. Es ist hilfreich, auf die von Steve de Shazer und Insoo Kim Berg postulierten Beziehungsmuster, welche in Beratungskontexten entstehen können, zu blicken, die im Folgenden erläutert werden. Sie unterteilen zwischen Kunde, Klagender und Besucher.

- Der *Kunde*, auch als Verantwortungsnehmer zu verstehen, zeichnet sich dadurch aus, dass er während einer Behandlungssitzung oder an deren Ende gemeinsam mit dem Berater ein Behandlungsziel erkennt und formuliert. Im Wesentlichen ist die Beziehung zwischen Berater und Kunde durch die Verantwortungsübernahmen des Klienten gegenzeichnet, Zusätzlich macht der Klient deutlich, dass er sich selbst als Teil der Lösung sieht, und ist bereit, in Bezug auf das Problem etwas zu tun. Der Berater seinerseits erklärt sich bereit, mit dem Klienten zusammen an der Klage oder an dem Ziel, welches sie gemeinsam erkannt haben, zu arbeiten und glaubt, dass er die Fähigkeit hat, den Klienten dahin zu begleiten, dass dieser eine Lösung findet oder sein Ziel erreicht. In diesem Beziehungsmodell sprechen wir auch von einem Verantwortungsnehmer.
- Bei dem *Klagenden* ist die Dynamik dadurch gekennzeichnet, dass Berater und Klient im Verlauf der Sitzung gemeinsam ein Behandlungsziel oder eine Beschwerde identifizieren können, nicht aber die konkreten Schritte, die der Klient machen muss, um eine Lösung zustande zu bringen. Klienten vom Beziehungstyp des Klagenden sind typischerweise in der Lage, ihre Beschwerde oder ihr Ziel sehr ausführlich zu beschreiben. Sie sehen sich jedoch nicht ohne weiteres als Teil der Lösung, sondern glauben eher, die einzige Lösung liege darin, dass ein anderer sich ändert. Deshalb kann man hier auch von einem Verantwortungsgeber sprechen.
- Wenn der Berater und Klient am Ende der Sitzung nicht gemeinsam eine Beschwerde oder ein Ziel gefunden haben, an dem in der Beratung gearbeitet werden soll, spricht de Shazer vom *Besucher*. Hier verhält es sich, dass der Klient entweder zeigt, dass es kein Problem gibt, welches einer Behandlung bedarf oder dass jemand anderes das Problem hat. Im erweiterten Sinn kann man ihn auch als den „Geschickten“ bezeichnen, weil er sowohl von jemandem „geschickt“ wurde, wie auch er sehr geschickt darin ist, seine möglichen Probleme zu bagatellisieren.

Der Berater hat im Rahmen dieser drei Einteilungen die Möglichkeit, seine Rolle anzupassen. Er kann als Berater, Therapeut, Experte oder Kontrolleur auftreten und somit seinen Handlungsspielraum erweitern. Hierbei geht es nicht darum,

Kategorien festzulegen, sondern sie sollen dabei unterstützen, zu entschieden, welche Art der Intervention hilfreich wäre, um Kooperation zu fördern und eigene Frustration zu verhindern. Es sollte hierbei auch berücksichtigt werden, dass es keine festgelegten Rollen gibt, sondern von Beratung zu Beratung ein Rollenwechsel stattfinden kann (Berg 2006, 38 ff.). Frei nach dem Grundsatz: Man kann nicht zweimal in denselben Fluss steigen (Heraklit).

Im Rahmen von betrieblicher Sozialarbeit könnte es anmuten, dass der Beziehungstyp, der in die Beratung kommt, immer ein Kunde ist. Dem ist aber nicht so. Die Facetten sind mannigfaltig und auch hier ist immer zu berücksichtigen, dass ein Kontext die Realität schafft. Besonders in stark hierarchischen Arbeitskonstrukten, bei denen Uniformität und Konformität eine besondere Rolle spielen, sind die gesamten o. g. Faktoren zu berücksichtigen. Sie sind eine entscheidende Hürde bei der Entwicklung einer konstruktiven Arbeitsvereinbarung.

Die Entscheidung, als Sozialarbeiter in einem solchen Kontext tätig zu werden, bedarf auch der Entscheidung, in einem stark reglementierten Arbeitsfeld tätig zu werden. Der Gestaltungsspielraum für die sozialarbeiterische Tätigkeit ist groß, jedoch nur unter den Bedingungen, welche die Verwaltungsorgane stellen. Sozialarbeiter, die in der Bundeswehr arbeiten wollen, sollten tiefe Kenntnisse über richtiges Verwaltungshandeln und über die Etikette militärischen Handels haben.

1. Welche Besonderheiten sind in militärischen Organisationen zu berücksichtigen?
2. Wie unterteilt Steve de Shazer die Beziehungsdynamiken im Beratungsprozess?

Quellen

AvenirSocial Professionelle Soziale Arbeit Schweiz (2008): Leitbild „betriebliche Sozialarbeit“. https://www.sozialatelier.ch/downloads/leitbild-betriebliche-sozialarbeit.pdf (letzter Zugriff: 01.03.2023).

Berg, I. (2006): Familien- Zusammenhalt(en). Dortmund: Modernes Lernen.

Boëne, Bernard (Hrsg.) (1990): La specificité militaire. Paris.

Geser, Hans (1981): Soziologische Aspekte der Organisationsformen in der Armee und in der Wirtschaft. In: SAMS-Informationen 5 (2). 88-110.

Peter, Burkhard (Hrsg.) (1985): Hypnose und Hypnotherapie nach Milton H. Erickson, J. Pfeiffer.

Schmidt, Gunther (2004): Liebesaffären zwischen Problem und Lösung. Heidelberg: Carl-Auer.

Schmidt, Gunther (2005): Einführung in die hypnosystemische Therapie und Beratung. Heidelberg: Carl-Auer.

Stoll, Bettina (2001): Betriebliche Sozialarbeit. Aufgaben und Bedeutung. Praktische Umsetzung; Regensburg: Walhalla.

XII. Teilsystemisch Querliegende Handlungsorientierungen und Soziale Arbeit

Soziale Arbeit in der Frauen-Beratungsstelle

Manuela Kleine

Mein Praxisfeld der Frauenberatung ist eng mit den Frauenbewegungen und deren Kämpfen für Gleichberechtigung und gegen Gewalt an Frauen verbunden. Diese feministischen Wurzeln prägen meinen professionellen Alltag maßgeblich mit. Kennzeichnend für die feministische Perspektive ist das Bewusstsein über asymmetrische Machtverhältnisse zwischen den Geschlechtern sowie über die engen Zusammenhänge zwischen Geschlechter-, Gewalt- und Gesellschaftsverhältnissen.

Ressourcenbedingt ist unsere Arbeit mittlerweile ausschließlich auf den Themenbereich Gewalt gegen Frauen ausgerichtet. Dies ist eine Besonderheit, da diese Thematik in der Regel einen von mehreren Arbeitsschwerpunkten in Frauenberatungsstellen darstellt. Unserer Arbeit liegt ein spezifisches Verständnis der Gewalt gegen Frauen zugrunde. Sie wird nicht als individuelles oder privates Problem verstanden, sondern als ein schicht-, kultur- und generationenübergreifendes Phänomen, das die gesamte Gesellschaft durchzieht. Zu dem Verständnis gehört auch, die Gewalt als geschlechtsspezifische Unterdrückungsform zu begreifen. Damit wird zweierlei ausgedrückt: Erstens hängt die Gewalt mit der Geschlechtlichkeit des Opfers und der des Täters zusammen. Frauen erleben Gewalt und Tötungsversuche (Femizide) häufig deshalb, weil sie Frauen sind (bei Männern als Betroffenen ist dies nicht so) und sie erleben diese Gewalt regelmäßig durch Männer. Zweitens findet die Gewaltanwendung unter Ausnutzung eines ungleichen Machtverhältnisses durch die strukturell stärkere Person (in der Regel der Mann) statt (vgl. Hagemann-White 1992, 23).

Hieraus leiten sich drei übergeordnete Aufgaben ab: feministische bzw. geschlechtersensible Aufklärung, psychosoziale und lebensweltbezogene Beratung und Begleitung sowie gesellschaftliche Einmischungen. Konkret bedeutet das, dass wir erstens einzelfallorientierte Beratung und Begleitung für Frauen anbieten und Angehörige, Freund*innen, Bekannte sowie weitere Fachkräfte zum

Thema Gewalt gegen Frauen beraten. Zweitens versuchen wir mittels Kooperations- und Netzwerkarbeit die Rahmenbedingungen für den Gewaltschutz zu verbessern. Hierunter fallen die Aufklärung und Sensibilisierung von Fachkräften, das Abschließen von Kooperationsvereinbarungen mit anderen Institutionen und der Auf- und Ausbau von institutions- und fachübergreifenden Interventionsketten bei Gewalt. Drittens zielen wir mittels Öffentlichkeits- und Präventionsarbeit auf Aufklärung und Sensibilisierung der Bevölkerung ab.

Beratung und Kriseninterventionen stellen den Hauptanteil meiner Arbeit dar. Vorrangig habe ich es dabei mit Fällen häuslicher Gewalt zu tun, d. h. mit Gewalt zwischen Menschen, die in engen sozialen Beziehungen zueinanderstehen oder gestanden haben. Dabei handelt es sich überwiegend um Partnerschaftsgewalt. Andere Formen, wie zum Beispiel Gewalt im Namen der (Familien-)„Ehre", Zwangsverheiratung oder Genitalverstümmelung, kommen bei uns als Beratungsanliegen sehr viel seltener vor. Fälle sexualisierter Gewalt werden von den Kolleginnen unserer Fachberatungsstelle gegen sexualisierte Gewalt abgedeckt, wobei die Grenzen fließend sind. Da die Partnerschaftsgewalt unseren Beratungsalltag maßgeblich bestimmt, beziehe ich mich im Folgenden hierauf.

In der überwiegenden Mehrzahl der Fälle erleben Frauen eine Kombination aus verschiedenen Gewaltformen, die sich wiederholen. Sie berichten von psychischer Gewalt wie Erniedrigungen, Beleidigungen und (Mord-)Drohungen. Sie erleben zweitens körperliche Gewalt wie Schläge, Tritte, Verbrühungen, Angriffe mit Gegenständen und Waffen oder sie werden gewürgt. Drittens berichten Frauen von ökonomischer Gewalt wie zum Beispiel von dem Verbot oder dem Zwang zu arbeiten, dem Verweigern oder Zuteilen von Geld, der Kontrolle der finanziellen Ausgaben oder dem Verbot ein eigenes Bankkonto zu besitzen. Viertens kommt oftmals soziale Gewalt hinzu. Sie umfasst unter anderem Kontaktverbote oder die Überwachung sozialer Kontakte (Telefongesprächen, Chatverläufen, E-Mails, WhatsApp, Facebook, u. ä.). Dazu können Isolation, das Einsperren, Terrorisieren am Arbeitsplatz sowie das Androhen des Sorgerechtsentzugs kommen. Ein kleinerer Teil der Frauen erzählt von sexualisierter Gewalt, die vom Zwang zum Ansehen pornografischen Materials über sexuelle Nötigung bis hin zu Vergewaltigung(en) reichen kann. Eine weitere Form, die insbesondere nach einer Trennung auftritt, ist das Stalking. Es kann häufige Anrufe zu jeder Tages- und Nachtzeit umfassen, das Versenden zahlreicher Nachrichten, wiederholtes Verfolgen oder Auflauern, Beschimpfungen und Bedrohungen, das Entwenden von Post und vieles mehr. Einige Täter nutzen zudem ihre Väterrechte (Sorge- und Umgangsrecht), um den Zugriff auf die Frau aufrechtzuerhalten und weiterhin Gewalt ausüben zu können. In der überwiegenden Mehrzahl der Fälle von Partnerschaftsgewalt handelt es sich um komplexe Misshandlungssysteme, die darauf abzielen, die Abhängigkeiten der Frau von dem Mann zu erhöhen, um somit Macht und Kontrolle über die Frau zu erlangen, auszubauen und/oder aufrechtzuerhalten.

Grundlegend ist für alle Betroffenen die Frage, ob und wie die Gewalt beendet werden kann. Für manche bedeutet dies, die Beziehung zu beenden. Andere möchten lediglich, dass die Gewalt aufhört, und halten an der Beziehung fest. Ein Großteil der Frauen ist ambivalent. Sie fühlen sich für den familialen Zusammenhalt bzw. eine intakte Familie verantwortlich. Die Schuld für die Gewalt suchen sie daher bei sich selbst. Eine Trennung würde für sie bedeuten, als Ehefrau und Mutter versagt, das Familienglück zerstört zu haben und den Kindern den Vater vorzuenthalten. Gleichzeitig leiden sie sehr unter der Gewalt, haben große Angst und schämen sich. Dazu kommen weitere Sorgen und Ängste wie beispielsweise: Wird er sich an mir (und den Kindern) rächen, wenn ich gehe? Wie kann ich mich (und die Kinder) schützen? Was werden Familie und Freunde sagen? Wird mir überhaupt jemand glauben, was passiert ist?

Die Gewalt wirkt sich auf verschiedene Lebensbereiche der Frauen aus und bestimmt ihren Alltag maßgeblich mit. Hieraus können sich Probleme in der Lebensführung und Alltagsbewältigung ergeben, die im Zusammenhang stehen mit den Gewaltformen und -folgen, der jeweiligen Lebenslage, den gesellschaftlichen Teilhabechancen sowie der (Nicht-)Zugehörigkeit zu vulnerablen Gruppen. Die Schwierigkeiten und Probleme treffen demnach nicht auf jede Ratsuchende zu und auch nicht auf alle im gleichen Ausmaß.

Grundsätzlich zeigt sich in den Gesprächen mit den Frauen, dass sie ihren Alltag vielfach nicht selbstbestimmt gestalten können/dürfen. Sie sind in ihrem Alltag sehr mit der Gewalt, den Möglichkeiten der Deeskalation und ihren Ängsten beschäftigt, wobei viele Frauen kreative Schutzstrategien entwickeln. Ein kleiner Teil der Frauen ist aufgrund von physischen oder psychischen Einschränkungen/Erkrankungen mit alltäglichen Aufgaben überfordert (neben vielfältigen körperlichen Verletzungen zählen Traumafolgestörungen wie Depressionen, Posttraumatische Belastungsstörung und Angststörungen zu den häufigsten Erkrankungen). Des Weiteren kann es in Folge von Krankschreibungen, Krankenhaus- oder Klinikaufenthalten und (hohen) Fehlzeiten zu Problemen und Konflikten im Berufs- oder Ausbildungskontext kommen. In manchen Fällen ist es ihnen kaum möglich ein soziales Leben mit Freunden und der Familie aufrechtzuerhalten, andere sind in ihrer Erziehungsfähigkeit eingeschränkt.

Selbst nach einer Trennung können die Gewalt und deren Folgen den Lebensalltag der Frauen weiterhin prägen. Zudem können Anhörungen bei Polizei und Gerichten sowie (erzwungene) gemeinsame Elterngespräche bei Jugendämtern oder Beratungsstellen hinzukommen und weitere Krisen und Re-Traumatisierungen auslösen. Aus Gewaltschutzgründen ist in einigen Fällen ein Umzug oder die Flucht in ein Frauenhaus notwendig, was oftmals einen Wechsel des Arbeits-, Ausbildungs- oder Studienplatzes notwendig macht.

Die Gewaltformen und deren Auswirkungen auf die Lebensführung geben Hinweise auf mögliche Einschränkungen in den gesellschaftlichen Teilhabemöglichkeiten. Die häufigsten Einschränkungen ergeben sich in den Bereichen

Arbeit, Wohnungsmarkt, Gesundheit, Freizeit und Kultur. Dabei ist zu berücksichtigen, dass Frauen mit (sehr) guten Teilhabemöglichkeiten und einer ressourcenstarken Lebenslage seltener in die Beratung kommen und einen geringeren Beratungs- und Unterstützungsbedarf haben. Im Folgenden beschränke ich mich zudem auf die häufigsten Teilhabeproblematiken.

Der Zugang zum Arbeitsmarkt kann in verschiedener Hinsicht eingeschränkt sein: die Frauen durften teilweise über einen langen Zeitraum hinweg nicht erwerbstätig sein und haben Probleme beim Wiedereinstieg oder sind aufgrund ihrer gesundheitlichen Verfassung nicht in der Lage einer Berufstätigkeit nachzugehen. Hinzu kommen die allgemeinen Benachteiligungen von Frauen auf dem Arbeitsmarkt (geringere Bezahlung, schlechtere Aufstiegschancen, Probleme mit der Vereinbarkeit). Insbesondere nach einer Trennung (und dem Status als Alleinerziehender) steigt das Armutsrisiko für die Frauen stark an. Eine fehlende Erwerbsarbeit sowie eingeschränkte finanzielle Mittel erschweren den Zugang zum Wohnungsmarkt sowie die Teilhabe im Bereich Freizeit und Kultur. Gesundheitliche Einschränkungen und verschärfte Vereinbarkeitsproblematiken als Alleinerziehende schränken diese Teilhabechancen ebenfalls ein. Die Teilhabe am Gesundheitssystem wird häufig durch die unzureichende Zahl an ambulanten und (teil-)stationären Therapie- und Versorgungsangeboten begrenzt. Darüber hinaus führen mangelnde Kenntnisse über das Thema Gewalt gegen Frauen und fehlende Kooperationen dazu, dass der Zugang zu passgenauen Hilfen erschwert ist.

Für besonders vulnerable Gruppen sind die gesellschaftlichen Teilhabechancen besonders stark eingeschränkt. Dazu zählen unter anderem Frauen, die von einer körperlichen und/oder psychischen Erkrankung oder von einer Behinderung betroffen sind, einen prekären Aufenthaltsstatus haben, nicht über ausreichende Deutschkenntnisse verfügen oder altersbedingt eingeschränkt sind.

Die Gewaltberatung erfolgt entweder in Form einer akuten ziel- und problemlösungsorientierten Krisenintervention oder in Form einer aufklärenden, bestärkenden und prozessorientierten Beratung. Die Krisenintervention findet häufig als einmaliges telefonisches Beratungsgespräch nach einem Polizeieinsatz wegen häuslicher Gewalt statt. Der Beratungsauftrag ist dabei durch die akute Krise und durch zeitliche Befristungen für z. B. Eilanträge nach dem Gewaltschutzgesetz gerahmt. Im Vordergrund stehen deshalb Verfahrensweisen, die auf die akute Gefährdungslage reagieren. Dazu zählen z. B. eine erste, durch Fragen erhobene Situations- und Bedarfsanalyse, eine Gefährdungs- und Risikoanalyse mit anschließender Sicherheitsplanung, die Aufklärung über Rechtsinformationen, gesetzliche Gewaltschutzansprüche, das regionale Unterstützungsnetzwerk sowie ggfls. erste psychosoziale Stabilisierungsmaßnahmen. Für die Gefährdungs- und Risikoanalyse nutze ich das Ontario Domestic Assault Risk Assessment (ODARA) (vgl. Hilton et al. 2004, 267 ff.). Ein schematisches Frage-Antwort-Gespräch vermeide ich dabei weitestgehend. Stattdessen integriere ich die

Analyse in den Gesprächsverlauf und die Fallerhebung, sodass ich einen besseren Eindruck von der Gesamtsituation bekomme und besser auf die Frauen eingehen kann. Die gewonnenen Erkenntnisse nutze ich anschließend, um mit den Frauen eine individuell angepasste Sicherheitsplanung zu erarbeiten. Dazu zählt auch die Aufklärung über die Möglichkeit eines Frauenhausaufenthaltes sowie ggfls. konkrete Unterstützungsmaßnahmen bei der Vorbereitung und Umsetzung der Flucht.

Kommt es zu einem längeren Beratungsprozess stehen am Anfang meiner Beratung die Kontraktklärung und der Aufbau einer vertrauensvollen und tragfähigen Arbeitsbeziehung. Den Ausgangspunkt bilden für mich das Kontraktverständnis und die Dimensionen des Beziehungsraums von Bauer, Gröning, Hoffmann und Kunstmann (vgl. Bauer et al. 2012, 39 ff.). Methodisch gesehen bespreche und verhandle ich mit der Frau zunächst den Beratungskontrakt und wende zum Beziehungsaufbau vorrangig hermeneutisch-empathische Methoden und Techniken an, wie das aktive Zuhören, Paraphrasieren und Spiegeln aus dem Personzentrierten Ansatz (Finke 2010, 33 ff.). Im weiteren Verlauf vertiefe ich den Verstehensprozess, indem ich mit ihnen gemeinsam das Problem erkunde und ihre Lebenswelt und Lebenslage kommunikativ erschließe. Ich stelle beispielsweise gezielte Nachfragen dazu, wann die Ratsuchende erstmalig Gewalt erlebt hat, in welchen Situationen die Gewalt stattfindet, wie sich die Gewalt im Verlauf der Beziehung entwickelt hat, oder male dies mit der Ratsuchenden anhand eines Zeitstrahles auf. Zusätzlich stelle ich Fragen zum Alltag, den Lebensbedingungen und Ressourcen (Bauer et al. 2012, 17 ff.). Häufig haben die Frauen bereits als Kind oder Jugendliche Gewalt direkt oder indirekt erfahren. Daher exploriere ich mit den Frauen auch teilweise ihre Biografie und nutze dafür ein problemzentriertes Interview, um z. B. die persönlichen Gewalterfahrungen der Frau herauszufiltern und ambivalente Gefühle zuordnen zu können (Witzel 2000, o. S.). Durch die so gewonnenen Erkenntnisse und ein gemeinsames Problemverständnis arbeiten wir dann an möglichen Lösungen. Techniken wie das Einführen neuer Aspekte (z. B. Wissen, Erfahrungen, Vergleiche, Beispiele) und Gegenhorizonte sind hier zentral. Zudem biete ich Orientierungshilfe, indem ich die einzelnen Facetten des jeweiligen Problems oder einer Entscheidungsfindung zusammenfasse und ordne. Bezogen auf emotionale Verstrickungen oder Abwehrprozesse arbeite ich ebenfalls mit Methoden aus dem Personzentrierten Ansatz, wie den verschiedenen Stufen des Konfrontierens und Spiegelns (Finke 2010, 36 ff.). Darüber hinaus kommen Methoden aus dem systemischen oder gestalttherapeutischen Bereich zum Einsatz, die ich situativ anpasse und abwandle. Dazu zählen beispielsweise Familienaufstellungen mithilfe von Figuren (Tillmetz 2012, 132 ff.) oder die systemische Interventionstechnik des Normalisierens, die ich mit gesellschaftskritischer Aufklärung über Gewalt, Geschlechter- und Gesellschaftsverhältnisse verbinde. Bezogen auf die Lebenslage kläre ich im Sinne einer solidarischen Sachberatung über weitere gesetzliche Ansprüche auf, helfe bei deren Durchsetzung und informiere über das weitere Hilfs- und Unterstützungssystem.

Den Abschluss der Beratung gestalte ich ritualisiert mit einer gemeinsamen Reflexion des Beratungsprozesses. Zum einen besprechen wir, wie es der Ratsuchenden in der Beratung ergangen ist, was ihr geholfen hat und dem, was sie kritisch oder negativ beurteilt. Zum anderen gebe ich ihr eine Rückmeldung, die ihre Person, ihre Entwicklung, Bewältigungs- und Lösungsstrategien anerkennend zur Geltung bringt (Bauer et al. 2012, 47 f.).

So wichtig die Verfahrensweisen und Methoden für meine Arbeit sind, ergibt sich ihr Sinn jedoch erst durch die ethische Rahmung der Beratung. Zentral sind für mich dabei die erwähnte Kontraktethik und anerkennungstheoretische Fundierung, die Ergebnisoffenheit der Beratung sowie die Orientierung an Selbstbestimmung, Mündigkeit und der Frage nach einem guten Leben. Dazu kommt eine feministische bzw. geschlechtersensible Ethik und Sozialphilosophie, die dem Feld der Frauenberatung typischerweise zugrunde liegt. Allerdings werden ethische Grundlagen und Zielhorizonte leider selten explizit oder zum Diskursgegenstand gemacht. Dies gilt sowohl für Fallarbeit, Supervision und Arbeitskreise als auch bezogen auf Konzeptionen, Qualitätsmanagement, Projekte, etc. Auch Spannungen zwischen feministischer Ethik und christlichem Pastorat (bei kirchlichen Trägern) werden nicht systematisch reflektiert. Lediglich in Leitbildern werden ethisch relevante Begriffe oder Ziele benannt. Allerdings bleiben sie merkwürdig inhaltsleer und führen über eine Benennung kaum hinaus.

Unsere Arbeit ist durch verschiedene nationale und internationale Vorgaben und Gesetze gerahmt. Auf internationaler Ebene zählen dazu das Übereinkommen der Vereinten Nationen zur Beseitigung jeder Form von Diskriminierung der Frau, die europäische Menschenrechtskonvention, die Charta der Grundrechte der Europäischen Union, sowie die in Deutschland ratifizierte Istanbul-Konvention des Europarats zur Verhinderung und Bekämpfung von Gewalt gegen Frauen und von häuslicher Gewalt. Auf nationaler Ebene ist der Schutzauftrag in Artikel zwei Absatz zwei des Grundgesetzes in dem Recht auf Leben und körperliche Unversehrtheit verankert und umfasst die Verpflichtung des Staates zum Schutz der Bürger*innen ebenso wie die Verpflichtung, eine bedarfsgerechte Versorgung und Unterstützung von Personen zu gewährleisten, die von Gewalt betroffen sind. Im Rahmen unserer Fallarbeit sind weitere Gesetzesgrundlagen maßgeblich, wobei dem § 34a Polizeigesetz Nordrhein-Westfalen eine besondere Bedeutung zukommt. Dieser Paragraph regelt die polizeiliche Weitergabe von Fällen häuslicher Gewalt an die Frauenunterstützungsinfrastruktur. Im Rahmen der Fallarbeit haben wir es des Weiteren mit Rechtsgebieten wie dem Strafrecht, Familienrecht, Kinder- und Jugendhilfegesetz, dem Ausländerrecht sowie mit verschiedenen Bereichen der Sozialgesetzgebung zu tun. Außerdem ist unsere Arbeit zudem durch Datenschutzgesetze (auf EU-Ebene, Deutsche Gesetze, Kirchengesetz) gerahmt.

Forschung spielt trotz erheblicher Wissens- und Forschungslücken in meinem Praxisfeld lediglich eine sehr marginale Rolle. Es findet zwar eine jährliche Datenerhebung statt, diese beschränkt sich jedoch häufig auf die Erhebungsvorgaben des Landes sowie auf die des Kreises. Sie dienen weniger Forschungszwecken als vielmehr der Legitimation der finanziellen Förderung. Für Forschungstätigkeiten in diesem Feld fehlen Ressourcen, entsprechende forschungsmethodische Kompetenzen und Kooperationen. Auch bei den Verbänden spielt Forschung eine eher untergeordnete Rolle, insofern man dies an der Zahl durchgeführter Forschungsprojekte misst. Forschungsanfragen von außen sind ebenfalls selten. Dass der Forschung insgesamt eine so geringe Bedeutung zukommt, ist aus meiner Sicht problematisch. Denn sie könnte neue Denk- und Handlungsanstöße ermöglichen, den Gewaltschutz verbessern und eine Weiterentwicklung der Arbeit nach sich ziehen.

Mitarbeiterinnen von Frauenberatungsstellen benötigen eine Vielfalt an Kenntnissen und Fähigkeiten in unterschiedlichen Kompetenzbereichen. Dazu zählen fundierte Fachkenntnisse in den Themenbereichen Beratung, Gewalt gegen Frauen und Geschlechter- und Gesellschaftsverhältnisse. Diese Fachkenntnisse umfassen nicht nur erziehungs- und beratungswissenschaftliches Wissen, sondern auch Theoriewissen aus den Bezugsdisziplinen Soziologie, Frauen- und Geschlechterforschung, Psychologie, Sozial- und Gesundheitswissenschaft. Darüber hinaus sind sozialpolitische, rechtliche und ethische Grundlagenkenntnisse erforderlich. Zu den notwendigen Fähigkeiten zählt es, das Wissen in Beziehung zum methodischen Handeln zu setzen, Zusammenhänge herzustellen, sachbezogen zu urteilen und das Wissen zielgerichtet einsetzen zu können.

Im Bereich Methodenkompetenz müssen Mitarbeiterinnen in der Lage sein, Verfahren der Einzelfallhilfe situations- und ratsuchendengerecht anzuwenden. Dazu benötigen sie Analyse-, Transfer- und Problemlösefähigkeiten. In der Öffentlichkeits- und Netzwerkarbeit brauchen sie die Fähigkeit, abstrakt und vernetzt zu denken und müssen fähig sein, komplexe Sachverhalte adressat*innengerecht und verständlich zu präsentieren und zu referieren.

Zu den erforderlichen Sozialkompetenzen zählen eine grundsätzlich wertschätzende und konstruktive Kommunikation und interkulturelle Kompetenz. Von besonderer Bedeutung ist die Fähigkeit, die Interessen von Ratsuchenden und Systemen im gesellschaftlichen Kontext zu erkennen und unter (berufs-)ethischen und professionellen Aspekten abwägen zu können. Fachbezogene Positionen und Problemlösungen müssen formuliert und argumentativ gegenüber Dritten vertreten werden können. Außerdem bedarf es einer gut ausgeprägten Überzeugungs- und Durchsetzungsfähigkeit. Zudem sollten Mitarbeiterinnen Konflikte erkennen, sie in ihren Funktionen und ihrem Sinn nachvollziehen und konstruktiv lösen können.

Im Bereich der Selbstkompetenz wird die Fähigkeit benötigt, den eigenen Habitus, eigene geschlechts-, kultur- und milieuspezifische Normalitätsvorstellungen zu identifizieren und kritisch zu hinterfragen. Eigenen Erfahrungen, persönliche Vorannahmen und Alltagstheorien sollten als unreflektierte Einschätzungsmaßstäbe bewusst sein und wie spontane Wahrnehmungen und Urteile mit wissenschaftlich begründeten Maßstäben abgeglichen werden. Auch sollten sich Mitarbeiterinnen im Beratungszusammenhang selbst wahrnehmen und reflektieren und sich von Themen und Veränderungsprozessen der Ratsuchenden zur eigenen psychischen, habituellen und fachlichen Entwicklung anregen lassen. Schlussendlich bedarf es einer grundlegenden Ambiguitäts- und Frustrationstoleranz.

In meinen drei Jahren in der Frauenberatungsstelle habe ich tagtäglich auf meine wissenschaftlichen Kenntnisse zurückgreifen müssen. Sie ermöglichen es mir, Fälle zu verstehen, Ratsuchenden zu helfen und einen Beitrag zur Weiterentwicklung der Beratungsstelle zu leisten. Auch die Fähigkeit, Zusammenhänge herzustellen und angemessen in Handlungen umzusetzen, benötige ich in meinem Arbeitsalltag besonders. Die vielfältigen und immer wieder neuen Herausforderungen im Rahmen der Fall- und der Netzwerkarbeit haben vor allem meine Analyse-, Transfer- und Problemlösefähigkeiten geschärft. Die kritische Reflexion meines eigenen Habitus, meiner Haltungen und Normalitätsvorstellungen sind besonders herausfordernd. Gerade in einem verdichteten Arbeitsalltag und nicht planbaren Kriseninterventionen passiert es leicht, über den eigenen Habitus „zu stolpern". Daher schätze ich die Möglichkeiten kollegialer Beratung und Supervision.

Träger unserer Frauenberatungsstelle ist ein diakonisches Werk. Die Diakonie ist ein Wohlfahrtsverband der evangelischen Kirche und nimmt als gemeinnütziger Träger gesellschaftlich relevante Aufgaben in Form sozialer Dienste wahr. Das Konzept der Diakonie basiert auf der Idee „gelebter Nächstenliebe". Aus der Hinwendung Gottes zu den Menschen wird der Auftrag der Hinwendung zum Nächsten abgeleitet. Im Selbstverständnis bedeutet das, Menschen in leiblicher oder seelischer Not sowie Menschen in sozial ungerechten Verhältnissen zu helfen und sich als Anwältin für die Schwachen einzusetzen. Dazu gehört die Übernahme gesellschaftlicher Verantwortung und ein aktives Mitgestalten der Gesellschaft.

Die Diakonie tut dies insbesondere in den Bereichen Gesundheit und Soziale Arbeit, in denen sie eine Vielzahl an verschiedenen Dienstleistungen in unterschiedlichen Aufgabenfeldern anbietet. Als kirchlicher Träger hat sie einen Sonderstatus in dem Sinne, dass sie ein gesetzlich garantiertes Selbstbestimmungsrecht besitzt und ihre inneren Angelegenheiten innerhalb der Grenzen der für alle geltenden Gesetze selbständig regeln und ihre Ziele eigenständig bestimmen und verfolgen kann.

Die Bezahlung erfolgt nach dem Tarif der Diakonie Deutschland (AVR DD). Die Eingruppierung in Entgeltgruppen und Stufen ist abhängig von den beruflichen Vorerfahrungen und von anrechenbaren Zeiten. Neue Mitarbeiterinnen ohne anrechenbare Zeiten werden in die Entgeltgruppe neun eingestuft. In der Regel werden ausschließlich Mitarbeiterinnen mit beruflicher Vorerfahrung eingestellt, was mit der Zuordnung in die zweite Stufe (Basisstufe) einhergeht. Das Bruttogehalt bei einer Vollzeitstelle beträgt in diesem Fall 4120,84 € im Monat (seit 01.01.2022). Zusätzlich werden Urlaubs- und Weihnachtsgeld gezahlt, die zusammen ein dreizehntes Monatsgehalt ergeben. Darüber hinaus gibt es eine zusätzliche Altersvorsorge.

An diesem Arbeitsfeld interessierten Personen bzw. Frauen möchte ich an dieser Stelle ein paar Hinweise und Ratschläge mit auf den Weg geben. Es ist ratsam, sich mit den verschiedenen Trägern vertraut zu machen und sich nach der jeweiligen fachlichen Ausrichtung sowie den Beschäftigungsverhältnissen zu erkundigen. Denn es gibt große Unterschiede in Haltungen und Konzeptionen sowie in der Dauer von Verträgen und der Vergütung. Was die Arbeit als solche betrifft, empfiehlt es sich, sich vorab gründlich mit der Thematik auseinandersetzen. Neben den eigenen Haltungen, Mythen und Geschlechterrollenbildern ist auch die eigene Biografie zu reflektieren. Die Arbeit in einer Frauenberatungsstelle ist meiner Ansicht nach ein sinnstiftendes Berufsfeld. Wer also einer sinnstiftenden Tätigkeit nachgehen möchte, ausgeprägte Kenntnisse und Fähigkeiten im Bereich der Beratung besitzt und zudem geschlechtersensibel bzw. feministisch aufgestellt ist, ist hier genau richtig.

1. Recherchieren Sie das Beratungsprozessmodell nach Bauer et al. (2012), vergleichen es mit anderen Prozessmodellen in der Beratung (z. B. Aurin 1981; Pantuček 1998) und diskutieren Sie die jeweiligen Unterschiede.
2. Welche Bedeutung hat Forschung in diesem Feld? Welche Konsequenzen könnte dieses Desiderat (bildungssprachlich: etwas, was fehlt, was nötig gebraucht wird; Erwünschtes) haben?

Quellen

Aurin, Kurt (Hrsg.) (1984): Beratung als pädagogische Aufgabe. Bad Heilbrunn/Obb.: Julius Klinkhardt.

Bauer, Annemarie/Gröning, Katharina/Hoffmann, Cornelia/Kunstmann, Anne-Christin (2012): Grundwissen pädagogische Beratung. Göttingen u. a.: Vandenhoeck & Ruprecht.

Finke, Jobst (2010): Therapieprinzipien und Therapietechnik. In: Finke, Jobst (Hrsg.): Gesprächspsychotherapie. Grundlagen und spezifische Anwendungen. 4. unveränderte Auflage, Stuttgart: Georg Thieme.

Hagemann-White, Carol (1992): Strategien gegen Gewalt im Geschlechterverhältnis. Bestandsanalyse und Perspektiven. Pfaffenweiler: Centaurus.

Hilton, N. Zoe/Harris, Grant T./Rice, Marnie E./Lang, Carol/Cormier, Catherine A./Lines, Kathryn J. (2004): A Brief Actuarial Assessment for the Prediction of Wife Assault Recidivism: The Ontario Domestic Assault Risk Assessment. Psychological Assessment, 16, H. 3, 267-275.

Pantuček-Eisenbacher, Peter (1998): Lebensweltorientierte Individualhilfe. Eine Einführung für soziale Berufe. Freiburg im Breisgau: Lambertus.
Tillmetz, Eva (2012): Familienaufstellungen. Sich selbst verstehen und die eigenen Wurzeln entdecken. Stuttgart: Klett-Cotta.
Witzel, Andreas (2000): Das problemzentrierte Interview. 25 Absätze. Forum Qualitative Sozialforschung nbn-resolving.de/urn:nbn:de:0114-fqs0001228 (Abfrage: 19.03.2023).

Soziale Arbeit im Frauenhaus

Katrin Halmen

Der Nachhauseweg nach meinem Feierabend im Frauenhaus hat für mich eine wichtige Funktion, um den Arbeitsalltag abzuschließen und „Themen nicht mit nach Hause zu nehmen". Der Tag ist meist geprägt von vielen Emotionen und Eindrücken, individuellen Geschichten, Begegnungen mit vielfältigen Persönlichkeiten, von den facettenreichen Aufgaben und variierenden Aufträgen und Ansprüchen. Es gibt Herausforderungen, Hürden und Grenzen der Arbeit, ebenso wie Chancen, Erfolge, Motivation, Flows, Frauenpower und die unzähligen schönen, hoffnungsvollen Momente. In meiner Tätigkeit gilt es, belastbar zu sein, ohne die Unbeschwertheit zu verlieren. Es gilt, seriös zu sein und Humor situativ einzusetzen. Es gibt Momente voll Verzweiflung, Momente des Schweigens, Überwindung von Tabuthemen, genauso wie Albernheit, Kinderlachen und Freudentränen. Hinsichtlich der professionellen Sozialen Arbeit geht das Folgende auf die institutionellen Rahmenbedingungen und fachlichen Ansätze ein.

Das beschriebene Autonome Frauenhaus ist ein Zufluchtsort für gewaltbetroffene Frauen und deren Kinder, die sich aus einer Gewaltbeziehung lösen. Das Frauenhaus bietet Platz für zehn Frauen und ebenso viele Kinder. Die Größe des Hauses ist mit einem Dreifamilienhaus vergleichbar, das sich aus drei Stockwerken, einem Keller sowie Garten und Garagen zusammensetzt. Jede Frau teilt sich mit ihren Kindern ein Zimmer, was je nach Anzahl und Alter der Kinder sowie Geschwisterkonstellation sehr beengt sein kann. Pro Stockwerk teilen sich drei bis vier Frauen gemeinschaftlich eine Wohnküche und ein Bad. Wie in einer Wohngemeinschaft kocht jede Frau selbständig, es sei denn, es entsteht aus eigener Initiative eine Arbeitsteilung. Auch die Putzdienste sind mithilfe eines Plans eingeteilt. Eine wesentliche Unterscheidung zu einer herkömmlichen Wohngemeinschaft besteht in dem gewiss vorhandenen Zwangscharakter des Zusammenlebens, da keine der Bewohnerinnen sich ihre Mitbewohnerinnen ausgesucht hat und auch die Entscheidung, in einer Gemeinschaft zusammenzuleben, nicht aus Überzeugung getroffen wurde. Die heterogene Altersstruktur und die

Vielfalt der Persönlichkeiten, Kulturen, Religionen, Sozialisationsbedingungen und Lebensstile prägen das Zusammenleben auf einem Kontinuum zwischen Bereicherung und Belastung.

Von außen betrachtet gleicht das Frauenhaus jedem anderen Haus der Nachbarschaft und erregt so wenig Aufmerksamkeit. Zum Schutz der Frauen und Kinder ist die Adresse anonym, weshalb die Klingeln und Briefkästen mit beispielhaften Namen versehen sind. Ein unauffälliges Schließsystem und eine Gegensprechanlage mit Videofunktion tragen dazu bei, dass keine unbefugten Personen das Gelände betreten können. Um den Schutzraum für die Frauen und Kinder zu wahren, ist Besuch verboten, was auch für Fachkräfte anderer Institutionen gilt. Für die Instandhaltung der Immobilie pflegt die Einrichtung persönliche Kontakte zu handwerklichen Familienbetrieben der Region, die eine Schweigepflichtserklärung unterschrieben haben. Eine örtlich getrennte Beratungsstelle mit bekannter Adresse bietet Räumlichkeiten für Gespräche mit externen Personen, zum Beispiel einem*einer Familienhelfer*in oder dem*der zuständigen Sozialarbeiter*in vom Jugendamt. In der Beratungsstelle finden auch die ambulanten Beratungsgespräche mit gewaltbetroffenen Frauen sowie die Aufnahmegespräche statt, gleichzeitig fungiert die Beratungsstelle als Büro für die Mitarbeiterinnen. Die Bewohnerinnen kommen für psychosoziale Beratungsgespräche und die Erledigung bürokratischer Angelegenheiten ins Büro, was meine Einrichtung erfahrungsbasiert der Beratung im Frauenhaus vor Ort vorzieht. So wird das Frauenhaus selbst als privater Wohnraum der Frauen gewahrt. Die pädagogischen Gruppen- und Einzelangebote für die Kinder finden ebenfalls in der externen Beratungsstelle statt.

Das vorrangige Ziel der Frauenhausarbeit ist der Schutz und die Sicherheit der Frauen und Kinder. Indem die Frauen mit ihren Kindern die Gewaltsituation hinter sich lassen und ins Frauenhaus flüchten, ergreifen sie die Chance, in einer gewaltfreien Atmosphäre ohne Angst und Bedrohung zur Ruhe zu kommen. Gemeint ist hier vor allem die Ruhe vor Gewalt, Be-drohung und Kontakten mit dem Gewalttäter – wohlwissend, dass das Zusammenleben mit vielen Frauen und Kindern keine absolute Ruhe bietet. Im Frauenhaus kann eine Stabilisierung beginnen und die Frauen erfahren psychosoziale Begleitung und Unterstützung bei der Existenzsicherung und Neuorientierung. Die sozialarbeiterische Beratung ist an den Bedürfnissen der Bewohnerinnen orientiert und entsprechend unterschiedlich engmaschig. In den meisten Fällen bestehen hinsichtlich der Trennung vom Gewalttäter ambivalente Gefühle und der Loslösungsprozess aus der Gewaltdynamik ist für die Betroffenen herausfordernd. Mitunter kann eine Frau mehrere Anläufe für eine endgültige Trennung benötigen. Auch leiden Betroffene häufig unter Traumatisierungen, welchen sensibel begegnet werden muss. Sofern eine Frau mit dem Gewalttäter gemeinsame Kinder hat, bestehen in der Regel große Konflikte hinsichtlich der weiteren Ausübung der gemeinsamen Elternschaft. Es ist für die Frauen ein Widerspruch, in eine Schutzunterkunft zu ziehen und gleichzeitig gesetzlich angehalten zu sein, im Sinne der Kinder Kontakt zum Kindsvater zu pflegen. Für die Kinder bringt die Situation meist eine große Zerrissenheit mit sich, da sie sich einerseits mit der Mama vor dem Papa schützen, „verstecken", andererseits dennoch Kontakt zu ihm pflegen sollen – und fallweise wollen.

Die Ethik des Handlungsfeldes orientiert sich an der Ethik der Sozialen Arbeit als Menschenrechtsprofession (vgl. Silvia Staub-Bernasconi 2019). Der ethische Zielhorizont der Frauenhausarbeit ist das Beenden von Gewalt gegen Frauen und deren Kinder – sowohl für jede einzelne Bewohnerin in ihrem Leben als auch aus einer Metaperspektive betrachtet in der gesamten Gesellschaft. In diesem Sinne ist das originäre Ziel der Frauenhäuser, sich selbst überflüssig zu machen. Mittels der aktiven Ausübung des politischen Mandats streben die Frauenhäuser hier einen gesellschaftlichen Wandel an. Gewalt gegen Frauen wird als Gipfel der Ungleichheit von Frauen und Männern verstanden, die auf patriarchale Gesellschaftsstrukturen zurückgeführt wird. Solange das Ziel der Gewaltfreiheit noch nicht erreicht ist, setzen die Frauenhäuser das politische Mandat für die Enttabuisierung von häuslicher Gewalt und die gesellschaftliche Sensibilisierung ein. Ferner sind die Gleichstellung sowie der Ausbau des Hilfesystems politische Zielsetzungen (vgl. Zentrale Informationsstelle Autonomer Frauenhäuser 2017). Insbesondere die Frauenhausarbeit Autonomer Frauenhäuser basiert auf einer feministisch geprägten Grundhaltung, was auf die Entstehungsgeschichte während der Frauenbewegung der 1980er Jahre zurückzuführen ist. Die Ursprungsgedanken der Autonomie und Basisdemokratie werden in der Autonomen Frauenhausszene gelebt und weitertransportiert. Die bundesweite Koordinierungsstelle der Autonomen Frauenhäuser, Zentrale Informationsstelle Autonomer Frauenhäuser (ZIF), veröffentlichte Leitlinien, die in der bundesweiten Gremienarbeit von den Autonomen Häusern reflektiert, ausgearbeitet und verabschiedet wurden. Sie enthalten ethische Grundsätze, insbesondere zu Antidiskriminierung und Antirassismus, welchen die Autonomen Frauenhäuser sich verpflichten (ebd.).

Aus den Leitlinien resultieren Teilhabemöglichkeiten für die gewaltbetroffenen Frauen und Kinder, die in der Sozialen Arbeit gefördert werden. Zunächst ist zu sagen, dass der Einzug ins Frauenhaus einen Wendepunkt in der Biografie einer gewaltbetroffenen Frau und der mitbetroffenen Kinder darstellt. Sie lassen die Gewaltbeziehung hinter sich und beginnen den Aufbau eines neuen Lebens. Zumeist besteht in der Trennung eine Lebenskrise, die nach einer Phase der Stabilisierung völlige Neuorientierung erfordert. Dieser Wendepunkt verändert die Teilhabe der Frauen und Kinder je nach konkreter Situation meist fundamental. Es muss konstatiert werden, dass die Flucht ins Frauenhaus im ersten Schritt auch mit einem Verlust von Teilhabestrukturen des gewohnten Umfeldes einhergeht, da der Schutz vor Gewalt oberste Priorität hat. Die Wohnung oder das Eigenheim mit allen Möbeln, Kinderzimmer und allen vorhandenen Gütern wird zurückgelassen, da lediglich die wichtigsten Dinge zum Leben mit ins Frauenhaus genommen werden können. Neben dem Wohnumfeld mit Nachbarschaft und gewohnter Infrastruktur muss eine Frau gegebenenfalls auch ihre Arbeit aufgeben, wenn sie dort von Nachstellung bedroht sein könnte. Die Kinder müssen in aller Regel den Kindergarten und die Schule wechseln, verlieren somit also auch dieses Umfeld mit bekannten Lehrer*innen, Strukturen und Freund*innen. Ebenso müssen Hobbies und Vereine verlassen werden. Vorhandene Haustiere können nicht mitgenommen, lediglich anderweitig untergebracht werden, sofern der Verbleib der Tiere in der gescheiterten Beziehung unstrittig ist. Das vorrübergehende Leben unter anonymer Adresse schränkt wiederum aus prioritären Schutzgründen die Teilhabemöglichkeiten ein. Die Frauen gehen diesen Kompromiss ein, um sich andere Teilhabemöglichkeiten zu eröffnen, die ihnen durch die Gewalt verwehrt waren. An erster Stelle ist hier das Recht auf ein gewaltfreies Leben und Gleichberechtigung zu nennen. Der Zusammenhang zum Teilhabefaktor Gesundheit dürfte sich dementsprechend selbst erklären – sowohl in körperlicher als auch in psychischer Hinsicht. Gemäß den Erfahrungswerten im Rahmen meiner Tätigkeit besteht eine häufige Korrelation zwischen der Gewaltbetroffenheit von Frauen und einer Isolation vom Umfeld. Dies kann aus der Repression des Gewalttäters resultieren, der so das Tabu aufrechtzuerhalten versucht, oder auch von der gewaltbetroffenen Frau ausgehen, aufgrund von Scham und mangelnder Energie. Mit der sukzessiven Schwächung der Frau in der Gewaltspirale besteht häufig beides nebeneinander. Die Isolation und Unterdrückung kann bei Migrantinnen auch die Teilhabemöglichkeit an einem Sprachkurs einschränken, sowie kulturübergreifend die Möglichkeit zu arbeiten. Ein Ausbrechen aus all diesen Abhängigkeiten bietet die Chance auf neue Teilhabemöglichkeiten im Leben der gewaltbetroffenen Frau und ihrer Kinder. Hier setzt die Soziale Arbeit im Frauenhaus an.

> „Die feministische Frauenhausarbeit unterstützt mit ihrer Haltung das (Wieder-)Erlangen der Definitionsmacht von gewaltbetroffenen Frauen über ihr Leben, über Frauenrollen und Frauenbilder. Sie interveniert durch ihre Praxis gegen Lebensbedingungen, Wertvorstellungen und Strukturen, die Gewalt begünstigen bzw. zu deren Aufrechterhaltung beitragen" (ZIF 2017, 3).

Um Gewaltschutz herzustellen, bedarf es oft staatlicher Unterstützung, weshalb die Klärung rechtlicher Belange essentiell ist. Zu nennen sind hier Anträge nach dem Gewaltschutzgesetz, ggf. das Einleiten einer strafrechtlichen Verfolgung des Täters und eine Regelung der familienrechtlichen Angelegenheiten. Die Sozialarbeiterinnen des Frauenhauses begleiten die Frauen bei diesen Herausforderungen. Überdies beraten sie die Frauen zu allen gesundheitlichen Belangen und verweisen sie entsprechend ihrer individuellen Prioritäten weiter. Ferner hat die Existenzsicherung eine zentrale Bedeutung. Insbesondere bei Müttern, die durch die Trennung vom gewalttätigen Partner alleinerziehend werden, stellt sie eine Armutsprävention dar. Der Erwerb der Sprache und die Teilhabe am Arbeitsmarkt werden gefördert, ebenso wie eine eigenständige finanzielle Absicherung durch Sozialleistungen, solange keiner eigenen Erwerbstätigkeit nachgegangen werden kann. Hier ist anzumerken, dass leider auch die Finanzierung des Frauenhausplatzes von der wirtschaftlichen Situation der Frauen abhängt, was die Frauenhäuser politisch anprangern und um uneingeschränkte Zugangsmöglichkeiten für alle Frauen kämpfen. Nach dem Frauenhausaufenthalt stellt der Zugang zum Wohnungsmarkt einen zentralen Teilhabebereich dar. Hier werden die Frauen mit Zugangshürden und überhöhten Mietpreisen konfrontiert. Der Umzug selbst gestaltet sich umso schwieriger, je weniger finanzielle Ressourcen und unterstützendes Umfeld zum Möbel-Transportieren und -Aufbauen vorhanden sind. Dementsprechend zählt die Unterstützung bei der Wohnungssuche und dem Umzug zur Begleitung einer Adressatin im Frauenhaus. Der Aufbau eines sozialen Netzwerkes kann im Frauenhaus beginnen, ist aber am neuen Wohnort der Frau und der Kinder umso wichtiger.

Die Anstellung der Sozialarbeiterinnen erfolgt beim eigenständigen Verein „Frauen helfen Frauen e. V.“, der Träger des Frauenhauses und der Beratungsstelle für Frauen ist. Der gemeinnützige Verein ist auf kommunaler Ebene angesiedelt und gehört keinem Dachverband an. Zudem ist er ist überparteilich und überkonfessionell. Als freier Träger ist er Mitglied im Paritätischen Wohlfahrtsverband auf Landesebene, der die Gremienarbeit von verbandlichen und Autonomen Frauenhäusern in einer Fachgruppe koordiniert. Zudem ist der Verein Mitglied in der Landesarbeitsgemeinschaft Autonomer Frauenhäuser (LAG), in der SÜD-AG, einem auf die pädagogische Arbeit mit den Mädchen und Jungen spezialisierten Zusammenschluss Autonomer Frauenhäuser aus Bayern und Baden-Württemberg, und der Zentralen Informationsstelle Autonomer Frauenhäuser (ZIF) auf Bundesebene. Der Verein erfüllt die Förderrichtlinien für Frauenhäuser, Fachberatungsstellen und angegliederte Interventionsstellen des Bayerischen Staatsministeriums für Familie, Arbeit und Soziales und erhält dementsprechende Personalkostenzuschüsse, die sich an der Platzzahl bemessen. Zudem bestehen Fördervereinbarungen bezüglich der Grundkosten mit den umliegenden Kommunen. Hier muss der Verein einen Eigenanteil leisten, den er durch zufließende Mittel, bestehend aus Mitgliedsbeiträgen, Spenden und Bußgeldzuweisungen von Gerichten, bestreitet. Eine Besonderheit im Tätigkeitsfeld einer Sozialarbeiterin in einem Autonomen Frauenhaus gegenüber hierarchisch strukturierten Trägern der Sozialen Arbeit ist die Selbstverwaltung des Vereins und die damit verbundene Übernahme administrativer Aufgaben. Das Team besteht aus sechs Mitarbeiterinnen mit unterschiedlichen Stundenanteilen zuzüglich Praktikantinnen und es arbeitet hierarchiefrei, also ohne Chefin, zusammen. Der Verein hat einen Vorstand, der als rechtliches Organisationsorgan fungiert, jedoch bewusst nicht hierarchisch agiert und keinen direkten Bezug zur Alltagspraxis hat. Demnach müssen alle Entscheidungen, auch die Institution betreffend, in Teamprozessen erarbeitet werden. Gremien-, Netzwerk- und Öffentlichkeitsarbeit vervollständigen die Tätigkeiten. Das politische Ziel, die Gesellschaft für Gewalt zu sensibilisieren und häusliche Gewalt als gesamtgesellschaftliches soziales Problem zu bekämpfen, sowie die Hilfestrukturen auszubauen, entspricht der Wahrnehmung sozialstaatlicher Verantwortung. Die Unterbringung und der Schutz von gewaltbetroffenen Frauen, sowie die psychosoziale Begleitung, stellen eine soziale Dienstleistung für Betroffene dar, worin ebenfalls eine öffentliche Aufgabe besteht.

Das Rechtsstaats- und das Sozialstaatsprinzip sind in Artikel 20 des Grundgesetzes für die Bundesrepublik Deutschland (GG) verankert. Die Tätigkeit im Frauenhaus beruht in erster Linie auf dem Grundgesetz, das in Artikel 1 die Würde des Menschen unter besonderen Schutz stellt. Alle Formen der Gewalt greifen die menschliche Würde an. Darüber hinaus sichert das Grundgesetz dem Menschen „[...] das Recht auf die freie Entfaltung seiner Persönlichkeit [...]" (Art. 2 Abs. 1 Satz 1 GG) zu, welches durch häusliche Gewalt beschnitten ist. Explizit benannt ist auch das Recht auf körperliche Unversehrtheit (Art. 2 Abs. 2 Satz 1 GG). Eine neuere spezifische Gesetzesgrundlage ist das im Jahr 2018 in Deutschland in Kraft getretene „Gesetz zu dem Übereinkommen des Europarats vom 11. Mai 2011 zur Verhütung und Bekämpfung von Gewalt gegen Frauen und häuslicher Gewalt", die sogenannte Istanbul-Konvention (vgl. Bundesministerium für Familie, Senioren, Frauen und Jugend BMFSFJ 2019). Sie normiert die Verpflichtung, auf allen staatlichen Ebenen Gewalt gegen Frauen zu bekämpfen, Betroffenen Schutz und Unterstützung zu bieten, Gewalt zu verhindern und Täter*innen zu bestrafen. Im Zentrum der Konvention stehen die Rechte einer Frau auf Gewaltfreiheit und Gleichstellung (Art. 1). Benannt ist die Forderung zur Bereitstellung finanzieller Mittel und zur Einrichtung von Koordinierungsstellen für die Umsetzung, Beobachtung und Bewertung der politischen Maßnahmen (Art. 8, 10). Ferner soll die Forschung im Themengebiet gefördert werden (Art. 11). Präventive Arbeit soll auf eine Veränderung der gesellschaftlichen Werte und Normen abzielen, um jeglicher Benachteiligung im Geschlechterverhältnis vorzubeugen. Insbesondere sollen die spezifischen Bedürfnisse der Opfer geachtet werden (Art. 12). Für den Schutz vor Gewalt sollen alle erforderlichen Maßnahmen getroffen werden und eine wirksame Zusammenarbeit zwischen staatlichen Stellen und dem sozialen Unterstützungssystem wird als staatliche Verpflichtung normiert (Art. 18). Der Staat ist verpflichtet, nichtstaatliche Organisationen, die Gewalt gegen Frauen bekämpfen, zu fördern (Art. 9, Art. 20ff.). Dazu zählen die Bereitstellung spezialisierter Hilfsdienste für alle Opfer (Art. 22) und der unbürokratische Zugang zu einer ausreichenden Zahl an Frauenhausplätzen (Art. 23).

Im Rahmen meines Masterstudiums „Soziale Arbeit" führte ich im Sommersemester 2021 ein qualitatives Forschungsprojekt im Handlungsfeld Frauenhaus durch. Bei der Erhebung von Expertinneninterviews erhielt ich bei der Frage nach den Methoden der Sozialen Arbeit und der Gesprächsführung folgende exemplarische Antwort: „Das ist jetzt wieder so eine typische Uni-Frage!“ Diese selbstironisch getätigte Aussage versinnbildlicht eine bestehende Lücke im Theorie-Praxis-Transfer. Sowohl aus dem Interviewmaterial als auch nach meiner Praxiserfahrung lassen sich methodische Ansätze festmachen, jedoch scheinen diese den Praktiker*innen häufig nicht explizit bewusst zu sein. Die Beratung gestaltet sich nach dem klientenzentrierten Ansatz von Carl Rogers und folgt einem humanistischen Menschenbild (vgl. Weinberger 2013, 24). Die Grundhaltungen sind bedingungslose Akzeptanz und Wertschätzung, Empathie, Echtheit und Selbstkongruenz. Der Beziehung zwischen Beraterin und Klientin wird eine zentrale Bedeutung für den Beratungsprozess zugeschrieben (ebd.). Insbesondere relevant sind die Auftragsklärung am Anfang und die Transparenz des Gesprächsrahmens, beispielsweise der Schweigepflicht. Ferner sind die Beratungen ergebnisoffen. Im Gegensatz zu den theoriebasierten Methoden der Gesprächsführung und der Sozialen Arbeit sind die im System Frauenhaus formulierten Prinzipien den dort arbeitenden Sozialarbeiterinnen präsent. Diese sind die Autonomie und Selbstbestimmung der Frau, Hilfe zur Selbsthilfe und Empowerment, Parteilichkeit, Partizipation sowie Akzeptanz und Förderung von Vielfalt und Inklusion (vgl. ZIF 2017). Hier werden Parallelen zum klientenzentrierten Ansatz und zu den Grundsätzen der Sozialen Arbeit offenkundig. Darüber hinaus ist das in der Frauenhausarbeit allgegenwärtige Prinzip der Parteilichkeit hervorzuheben. Darauf basiert das solidarische Handeln der Mitarbeiterinnen auf allen Ebenen, also auch im Sinne einer Fürsprache für die Betroffenen in der Netzwerk- Öffentlichkeits- und Gremienarbeit. Gleichermaßen gilt das Prinzip in der individuellen Sozialen Arbeit mit der betroffenen Frau und ihren Kindern: Ihnen wird urteilsfrei geglaubt und sie finden Unterstützung, ohne dass die Gewalt in Frage gestellt wird oder Schuldzuweisungen stattfinden. Dies ist zugleich der oberste Grundsatz bei der Einschätzung des Hilfebedarfs, welcher in meiner Tätigkeit keinem theoretisch fundierten Verfahren folgt. Vielmehr geschieht dies auf Grundlage der Praxiserfahrung der Mitarbeiterinnen in Kombination mit Reflexionsprozessen im Team. Grenzen bestehen bei Problemlagen über die Gewaltbetroffenheit hinaus, die konzeptionell bedingt eine Weiterverweisung an entsprechend spezialisierte Institutionen erfordern. Zu nennen sind hier Suchtproblematiken, akute psychische Erkrankungen, erhöhter Pflegebedarf und von häuslicher Gewalt unabhängige Obdachlosigkeit von Frauen. Im Einklang mit dem Prinzip der Parteilichkeit, welches gleichermaßen für die Kinder gilt, priorisiert die Einrichtung das Kindeswohlprinzip. Hier findet situativ eine Einschätzung mit dem Instrument „Stuttgarter Kinderschutzbogen“ statt und bei Hilfebedarf eine entsprechende Weiterverweisung an das Jugendhilfesystem (vgl. Strobel/Liel/Kindler 2008). Solche Prozesse finden immer unter dem Einbezug kollegialer Beratung und der Partizipation der Mutter und des Kindes statt, wobei Transparenz hinsichtlich des Vorgehens und der institutionellen Grenzen eine wichtige Prämisse darstellt.

Die Umsetzung der konzeptionell verankerten Prinzipien folgt der Zielsetzung, Frauen und Kindern Schutz, Sicherheit und Unterstützung beim Aufbau eines gewaltfreien Lebens zu bieten. Der Verein betreibt das Frauenhaus mit dem pädagogischen Mädchen und Jungen Bereich sowie eine ambulante Beratungsstelle. Die Soziale Arbeit mit den Mädchen und Jungen und die Soziale Arbeit mit den Frauen bestehen mittlerweile gleichwertig nebeneinander. Eine Besonderheit in der Sozialen Arbeit mit den Mädchen und Jungen ist die heterogene Altersstruktur und die Aufnahmebeschränkung für Jungen ab zwölf Jahren. In der ambulanten Beratungsstelle können von Gewalt betroffene oder bedrohte Frauen telefonisch oder persönlich beraten werden, wobei die Beratung parteilich, ergebnisoffen, kostenfrei, der Schweigepflicht unterliegend, sowie auf Wunsch anonym ist. Auch das Hinzuziehen von Dolmetscherinnen kann organisiert werden. Zudem können ehemalige Bewohnerinnen eine nachgehende Beratung in Anspruch nehmen. Im Rahmen einer Projektförderung wird das Beratungsangebot mit der sogenannten „Proaktiven Beratung“ ergänzt. Durch eine Kooperation mit der Polizei kann eine Frau so nach einem Einsatz wegen häuslicher Gewalt zugehend beraten werden, sofern sie der Datenübermittlung beim Polizeieinsatz mit ihrer Unterschrift zustimmt. Der Aufenthalt im Frauenhaus ist vorübergehend, bis die Frau insoweit stabilisiert ist, ihre Existenz gesichert und eine neue Wohnung gefunden hat. Die konzeptionell ursprünglich angedachte Aufenthaltsdauer von etwa drei Monaten kann mittlerweile aufgrund der zeitintensiven bürokratischen Prozesse und der Wohnungsnot nicht mehr eingehalten werden.

Forschungsergebnisse zu häuslicher Gewalt und der Frauenhausarbeit, die im Handlungsfeld immer noch als Argumentationsbasis dienen, kommen zu einem erheblichen Anteil aus der Feministischen Forschung der Gründungszeit der Frauenhäuser. Somit büßen sie – ungeachtet der fortwährenden Gültigkeit von Erkenntnissen – aus Ermangelung von Aktualität an wissenschaftlicher Qualität ein. Auch die Repräsentativstudie des Bundesministeriums zu häuslicher Gewalt stammt aus dem Jahr 2004 und bedarf einer Aktualisierung. Besonders in Finanzierungsdebatten und politischen Forderungen im Sinne der Weiterentwicklung des Hilfesystems stellen Forschungsergebnisse eine wichtige Legitimationsgrundlage dar. So werden vor einer politischen Steuerung bezogen auf die Hilfsangebote in der Regel Bedarfsanalysen durchgeführt. Auch die oben zitierte Istanbul-Konvention untermauert die Relevanz von Forschung mit den entsprechenden Normierungen (Art. 11).

Aus dem politischen Mandat resultiert der hohe Stellenwert von Argumentationskompetenz, die eine Sozialarbeiterin in einem Autonomen Frauenhaus haben sollte. Ergänzend hierzu bedarf es fundierter Theoriekompetenz im Themenfeld, die inhaltlich überzeugend ist. Überdies ist eine feministische Grundhaltung eine Schlüsselkompetenz für die Parteilichkeit. In der Arbeit mit den Frauen und

Kindern ist Belastbarkeit für schwere Themen eine zentrale Voraussetzung. Hier sind auch Selbstkompetenzen für den Erhalt der eigenen Psychohygiene und ein konstruktives Nähe-Distanz-Management gefragt. In der Krisenintervention gilt es in besonderem Maße, sich von Dramaenergien abgrenzen zu können und der professionellen Rolle treu zu bleiben. Die konkrete Ausgestaltung der Unterstützung der Bewohnerinnen und Kinder ist konzeptionell nicht explizit definiert, worin die Gefahr geborgen liegt, sich in ausufernden Dienstleistungen zu verlieren. Hier ist die Sozialarbeiterin gefragt, die Selbsthilfekompetenzen der Adressatinnen zu aktivieren und deren Tempo in der Erledigung ihrer Angelegenheiten als maßgeblich zu achten. Ferner braucht es sehr feinfühlige Sozialkompetenz und Methodenkompetenz in der Gesprächsführung, um tabuisierte Themen auf eine kultur- und traumasensible Weise zur Sprache zu bringen. Im Hilfeprozess ist eine akzeptierende Grundhaltung absolut wichtig, um der Frau urteilsfrei begegnen zu können, ungeachtet der Entscheidungen, die sie für ihr Leben trifft. Über die üblichen sozialarbeiterischen Kompetenzen hinaus sind der Selbstverwaltungscharakter und die hierarchiefreie Teamarbeit zu betonen, die zusätzliche Kompetenzen erfordern. In erster Linie zählen hierzu die Fähigkeit zur Selbstorganisation und die Begeisterung und Fähigkeit, sich in Managementaufgaben einzuarbeiten. Als Mitglied in einem hierarchiefreien Team trägt eine Frauenhausmitarbeiterin institutionelle Mitverantwortung und wird gleichzeitig nicht von einer Führungskraft geleitet. Letztlich fällt damit auch die Gestaltung der Teamarbeit in den Kompetenzbereich einer jeden Mitarbeiterin.

Die mir bekannte übliche Vergütung eines*einer Sozialarbeiter*in im Frauenhaus ist angelehnt an den Öffentlichen Dienst. Eine Eingruppierung erfolgt nach dem Tarifvertrag für den Öffentlichen Dienst (TVöD) der Vereinigung kommunaler Arbeitgeberverbände (VKA) in der Entgeltgruppe E9b, was bei einer Berufseinsteigerin in Vollzeit 3124,70 € brutto monatlich entspricht (TVöD VKA E9b Stand 2021). Eine Höherstufung erfolgt nach einem Jahr in Stufe Eins, dann nach zwei Jahren in Stufe Zwei (Stufe 2, Stand 2021: 3355,30 € brutto) usw. Diese Vergütung entspricht der üblichen Bezahlung eines*einer Sozialarbeiter*in, jedoch sind die Leitungsverantwortung, die Verrichtung der administrativen Aufgaben sowie der Schwierigkeitsgrad im Themenfeld häusliche Gewalt und den damit verbundenen Tätigkeiten im Rahmen der Krisenintervention hier unberücksichtigt. In anderen Frauenhäusern wird teilweise eine höhere Eingruppierung nach TVöD Sozial- und Erziehungsdienst (SuE) vorgenommen, die über die Eingruppierung in S 11b hinausgeht, da die „schwierigen Tätigkeiten" Berücksichtigung finden. Hier gibt es kommunal verschiedene Verhandlungsergebnisse.

Meine Elternzeit brachte Abstand zur praktischen Ausübung meiner Tätigkeit mit sich. Mit dem von mir begonnenen Masterstudium „Soziale Arbeit" konnte ich so mein Vorgehen als Sozialarbeiterin mithilfe meiner wissenschaftlichen Weiterqualifizierung und dem Praxisabstand tiefergehend reflektieren. Seitdem ist mir die immense Bedeutung einer akzeptierenden Grundhaltung gegenüber den Ambivalenzen von gewaltbetroffenen Frauen bewusster denn je. Ich muss einräumen, dass dem parteilichen Ansatz auch eine Komponente innewohnt, die Betroffene unter Druck setzen kann. Eine stark schwankende Frau kann sich der feministischen Power der klaren Sozialarbeiterinnen gegenüber schwach fühlen, was wiederum Schamgefühle auslösen kann. Hier würde ich definitiv in eine offenere Kommunikation über die natürlicherweise vorhandenen Ambivalenzen gehen und mit Motivierender Gesprächsführung arbeiten, die sich gerade bei der Absichtsbildung von Klientinnen eignet und zudem evidenzbasiert ist (vgl. Miller/Rollnick 2015, 392, 427 ff.). Auch habe ich meinen Horizont hinsichtlich der Wirkung von Inneren Anteilen erweitert und meine traumasensible Haltung gestärkt (vgl. Biberacher 2013, 290 f.). Beispielsweise kann so im Beratungsprozess eine offenere Kommunikation über die potenzielle Angst einer Bewohnerin vor Ablehnung erfolgen, weswegen sie sich zum Beispiel nicht zutrauen mag, ihre ambivalenten Gefühle gegenüber der Beraterin zuzugeben.

Definitiv würde ich interessierten Sozialarbeiterinnen oder Studentinnen, die sich mit den im Artikel beschriebenen Prinzipien identifizieren, ans Herz legen, ein Praktikum oder eine Anstellung in einem Frauenhaus anzustreben. Hier gilt es allerdings, die unterschiedlichen Organisationsstrukturen von Frauenhäusern mitzudenken und in sich hineinzuhören, welches Maß an Selbstmanagement versus Führung der eigenen Person entspricht, ebenso wie das eigene Interesse an der aktiven Mitgestaltung politischer Arbeit zu reflektieren. Ich persönlich möchte die Arbeitserfahrung in einem Autonomen Frauenhaus nicht missen. Meine Tätigkeit im Frauenhaus habe ich immer als sinnstiftend und persönlich bereichernd erlebt. Unglaublich dankbar bin ich für die Gelegenheit, am Erfahrungsschatz meiner Kolleginnen, die das Frauenhaus mitgegründet haben, teilhaben zu können und es erfüllt mich mit Stolz, die Ursprungsgedanken im Zuge des Generationenwechsels weiter zu transportieren. Genauso unvergesslich sind für mich die zahlreichen Momente, in denen unterschiedlichste Frauen über sich hinauswachsen und für sich, ihre Kinder und ihre Rechte kämpfen und ich habe großen Respekt vor jeder einzelnen. Teilweise kommen noch ehemalige Bewohnerinnen von vor dreißig Jahren oder mittlerweile erwachsene Frauenhauskinder zu Besuch und berichten davon, wie sich das Leben entwickelt hat. Nach solchen Erlebnissen weiß man auf dem Nachhauseweg, wie wertvoll die Soziale Arbeit in einem Frauenhaus ist, und blickt zuversichtlich dem nächsten Arbeitstag entgegen.

1. Was sind Ambivalenzen und wie können diese bei gewaltbetroffenen Frauen beispielsweise aussehen?
2. Informieren Sie sich über die Grundtechniken Motivierender Gesprächsführung und diskutieren Sie, inwiefern sich diese in der Beratung von gewaltbetroffenen Frauen eignet.
3. Diskutieren Sie die möglichen Vor- und Nachteile von hierarchiefreier Teamarbeit.

Quellen

Biberacher, Marlene (2013): Traumapädagogik. In: Beckrath-Wilking, Ulrike/Biberacher, Marlene/Dittmar, Volker/Wolf-Schmid, Regina (Hrsg.): Traumafachberatung, Traumatherapie und Traumapädagogik. Ein Handbuch für Psychotraumatologie im beratenden, therapeutischen & pädagogischen Kontext. Paderborn: Junfermann, 283-308.

BMFSFJ (2019): Verhütung und Bekämpfung von Gewalt gegen Frauen und häuslicher Ge-walt. Gesetz zum Übereinkommen des Europarats vom 11. Mai 2011 (Istanbul-Konvention). www.bmfsfj.de/resource/blob/122280/cea0b6854c9a024c3b357dfb401f8e05/gesetz-zu-dem-uebereinkommen-zur-bekaempfung-von-gewalt-gegen-frauen-istanbul-konvention-data.pdf (Abfrage: 15.02.2023).

Kindler, Heinz/Liel, Christoph/Strobel, Bettina (2008): Validierung und Evaluierung des Kinderschutzbogens: Ergebnisbericht 2008 München: Deutsches Jugendinstitut. www.dji.de/fileadmin/user_upload/bibs/Evaluation_Kinderschutzbogen.pdf (Abfrage: 15.02.2023).

Miller, William R./Rollnick, Stephen (2015): Motivierende Gesprächsführung. Motivational Interviewing: 3. Auflage des Standardwerks in Deutsch. Deutsch von Jürgen Reuß und Christoph Trunk. Freiburg im Breisgau: Lambertus.

Staub-Bernasconi, Silvia (2019): Menschenwürde – Menschenrechte – Soziale Arbeit. Die Menschenrechte vom Kopf auf die Füße stellen. Soziale Arbeit und Menschenrechte Band 1. Opladen, Berlin, Toronto: Barbara Budrich.

Weinberger, Sabine (2013): Klientenzentrierte Gesprächsführung. Lern- und Praxisanleitung für Psychosoziale Berufe. 14. überarbeitete Auflage. Weinheim, Basel: Beltz Juventa.

Zentrale Informationsstelle Autonomer Frauenhäuser (2017): Leitlinien. Mannheim: Zentrale Informationsstelle Autonomer Frauenhäuser. autonome-frauenhaeuser-zif.de/wp-content/uploads/2019/08/zif_leitlinien_autonomer_frauenhaeuser_flyer_0.pdf (Abfrage: 15.02.2023).

Soziale Arbeit und Sexarbeit

Anna Mühlen & Katharina Vorberg

Fallbeispiel

Als Einstieg in das Handlungsfeld „Soziale Arbeit und Sexarbeit“ möchten wir den Leser:innen gerne von einer jungen Frau berichten, die wir im Rahmen unserer Arbeit über einen längeren Zeitraum zu unterschiedlichen Fragestellungen beraten und begleitet haben:

Wir lernten Frau M. kennen, als sie mit unserem Flyer in der Hand an der Tür der Beratungsstelle klingelte. Sie erzählte uns, dass sie unseren Flyer von einer Freundin erhalten habe, die ebenfalls Klientin bei uns sei und dass sie hoffe, dass wir auch ihr bei einigen Fragen helfen könnten. Wir baten sie herein, boten ihr ein Getränk an, eine Beraterin übernahm das Erstgespräch und die Beratung von Frau M.

Frau M. berichtete im Laufe der ersten Gespräche, dass sie 21 Jahre alt sei und ursprünglich aus Ungarn stamme. Sie sei dort mit ihrer fünf Jahre älteren

Schwester bei ihren Eltern aufgewachsen und habe die Schule besucht. Schon während ihrer Schulzeit bekam sie mit, dass ihre Schwester in der Sexarbeit tätig gewesen sei. In Ungarn ist Sexarbeit für Menschen ab 18 Jahren seit 1999 legal, aber lediglich in ausgewiesenen Zonen gestattet. Nach der Schulzeit entschied Frau M. sich ebenfalls dafür, in der Sexarbeit tätig zu sein. Zusammen mit ihrer Schwester kam sie im Alter von 20 Jahren nach Deutschland, da sie davon hörten, dass auch hier Sexarbeit legal sei und sie sich höhere Einnahmen als in Ungarn erhofften. Frau M. berichtete weiter, dass sie derzeit leider keinen Kontakt zu ihrer Schwester habe, da sie sich über die gemeinsame gewerbliche Nutzung einer Wohnung gestritten hätten und sich die Schwester nun in einer anderen Stadt aufhalte.

Frau M. lebte und arbeitete zum Zeitpunkt der Beratung in einer eigenen kleinen 2-Zimmer-Wohnung, die sie mit ihren Einnahmen aus der Sexarbeit finanzieren konnte. Sie inserierte ihre sexuellen Dienste auf einschlägigen Plattformen, wie z. B. www.kaufmich.com, und wurde dort von überwiegend männlichen Kunden kontaktiert. Sie beschrieb ihren Alltag als „immer anders“ und „nicht planbar“, da sie am Vormittag meist noch nicht wisse, „was der Tag bereithält“. An den Wochenenden würde sie aber nicht arbeiten – erzählte sie uns –, obwohl dies wahrscheinlich die Tage seien, an denen sie die größten Einnahmen erzielen könne. Generell würde sie sich in Deutschland sehr wohlfühlen, allerdings würde sie gerne ein bisschen besser Deutsch sprechen können. Zudem fühle sie sich zeitweise ein wenig einsam, da sie neben der Freundin kaum soziale Kontakte in ihrer Stadt habe.

Bereits zu Beginn des Beratungsprozesses war Frau M. uns gegenüber sehr offen. Sie konnte in sehr kurzer Zeit ein Vertrauensverhältnis zu ihrer Beraterin aufbauen, da sie wusste, dass wir eine ihrer Freundinnen ebenfalls im Rahmen unserer Beratung unterstützten. Diese hatte ihr im Vorfeld davon berichtet, dass man sich in Deutschland bei zwei verschiedenen Behörden (Gesundheits- und Ordnungsamt) melden und registrieren lassen müsse, um in der Sexarbeit tätig zu sein. Da sie diese Voraussetzungen nicht kannte und somit nicht erfüllte, erhoffte sie sich Informationen und evtl. eine Begleitung zum Gesundheits- und Ordnungsamt von uns. Im Verlauf des Beratungsprozesses äußerte Frau M. zudem den Wunsch nach einer Anbindung an einen Deutsch- und Yogakurs – auch um weitere soziale Kontakte zu schließen. Zudem wünschte sie sich ein Wieder-Annähern an ihre Schwester.

Praxisfeld

Soziale Arbeit im Feld der Sexarbeit ist – wie die Sexarbeit und die Personen, die dieser Tätigkeit nachgehen – vielfältig und breit gefächert. So berührt die Soziale Arbeit im Bereich der Sexarbeit unterschiedliche Themengebiete und muss sich mit verschiedensten Rahmenbedingungen, Konzepten und Methoden auseinandersetzen. Soziale Arbeit agiert im Kontext der Sexarbeit in einem Spannungsfeld zwischen den heteronormativen Vorstellungen der Mehrheitsgesellschaft von Sex, Geschlecht und Familie sowie der Anerkennung von Bedürfnissen, Bedarfen von Sexarbeiter:innen und deren Erwerbsrealität (vgl. Ott 2018, 207). Dies stellt auch die Fachkräfte der Sozialen Arbeit, die in Beratungsstellen im Feld der Sexarbeit und in der Streetwork aktiv sind, vor einige Herausforderungen und verlangt ein besonderes reflektiertes, fundiertes und differenziertes Vorgehen.

Ethische Zielhorizonte

Der Begriff ‚Sexarbeit' geht aus der sog. Hurenbewegung der 1970er Jahre in den USA hervor und wurde aus dem Englischen ‚sexwork' übersetzt. Mit dem Wording ‚Sexarbeit' fokussierte die Bewegung eine respektvolle Haltung und Entmoralisierung gesellschaftlichen Umgangs mit der Sexarbeit. Das Ziel besteht darin, Sexarbeit als Arbeit im Sinne ihres Beitrags zu einer funktionierenden Gesellschaft anzuerkennen (vgl. von Dücker 2005, 13). Zudem richtet sich das Wording gegen die Problematisierung des Begriffs ‚Prostitution': Prostitution werde oft mit Unfreiwilligkeit, Zwang und Menschenhandel assoziiert und sei vielfach mit Mythen, Wertungen und Stigmatisierungen verknüpft. Vertreter:innen des Begriffs ‚Sexarbeit' distanzieren sich von einer defizitären Orientierung und betonen insbesondere die Agency- und Empowerment-Perspektive (vgl. Le Breton 2011, 33 ff.).

Auch wir orientieren uns in unserer Arbeit an dieser Sichtweise: Grundsätzlich geht es in der professionellen Sozialen Arbeit um die Anerkennung des Individuums als Expert:in seiner:ihrer selbst und um die eigene Entscheidungsfreiheit und Selbstbestimmung der Klient:innen. Folglich definieren wir Sexarbeit nicht als ein soziales Problem einer Gesellschaft, sondern fokussieren immer den individuellen Bedarf von Personen, die in der Sexarbeit tätig sind. Diese Personen gehören einer gesellschaftlich oft stark diskriminierten und stigmatisierten (sog. ‚Hurenstigma') Gruppe an. Dies macht es vielen Sexarbeiter:innen unmöglich, offen mit ihrer Tätigkeit umzugehen, sodass diese teilweise im Verborgenen stattfindet, verschwiegen und tabuisiert wird. Eine Viktimisierung bzw. die Etikettierung als Opfer – wie sie durch den Begriff ‚Prostitution' vermittelt werden könnte – wird von einigen Personen als extrem stigmatisierend und diskriminierend empfunden. Mit dieser Perspektive wird Ihnen die Fähigkeit abgesprochen, selbstbestimmt über ihr Leben, ihren Körper und ihre Erwerbstätigkeit bestimmen zu können.

Im Vordergrund unserer Arbeit stehen also die Entscheidungen, Wünsche und Bedarfe der Klient:innen – auch dann, wenn sie sich nicht mit den persönlichen Vorstellungen und Lebensweisen der Berater:innen decken. Akzeptanz und die Achtung des Selbstbestimmungsrechts stellen für uns die notwendigen Voraussetzungen dafür dar, dass Menschen Vertrauen fassen und Hilfsangebote in Anspruch nehmen. In unserer praktischen Arbeit mit der Zielgruppe sprechen wir deshalb sowohl von ‚Sexarbeit' als auch von ‚Prostitution': Das Wording ist immer abhängig davon, wie sich die Personen selber definieren und identifizieren. Mit der Schaffung und Bereitstellung eines solch inklusiven Angebots soll sichergestellt werden, dass alle Personen – unabhängig davon, ob sie sich der Sexarbeit oder Prostitution zugehörig fühlen – angesprochen werden. Das Ziel unserer Angebote liegt demnach immer in der Selbstermächtigung der Klient:innen und ihrer Entscheidungsfreiheit. Straftaten gegen die sexuelle Selbstbestimmung, Menschenhandel, Zwang und Gewalt sind selbstverständlich in allem Maße abzulehnen.

Problembezug

Wie bereits beschrieben, richtet sich unser Angebot an alle Personen, die in der Sexarbeit tätig sind und einen Bedarf an Unterstützungsleistungen haben; unser Angebot reagiert damit zunächst einmal auf all das, was Klient:innen als ‚Problem' definieren.

In der praktischen Arbeit wird deutlich, dass sich unsere Zielgruppe oftmals in multiplen Notlagen befindet und häufig keinen oder einen erschwerten Zugang zum helfenden System hat. Die Gründe für die Barrieren sind vielfältig und variieren stark: Sie reichen von strukturellen und sprachlichen Hürden über die Unkenntnis der eigenen Rechte und potenzieller Hilfsangebote bis hin zu traumatisierenden Erfahrungen, Misstrauen, Schamgefühlen und diversen Ängsten. Gleichzeitig liegen aber eine Vielzahl unterschiedlicher Bedarfe, Anlässe und Themen bei der Inanspruchnahme unserer Hilfsangebote vor, wie auch im dargestellten Fallverlauf von Frau M. deutlich wird. Zusammenfassend lassen sich folgende Themen und Fragestellungen schlagwortartig auflisten, wobei diese Liste nicht als abgeschlossen zu verstehen ist: Gesundheitsschutz und -prävention, sozioökonomische Schwierigkeiten und finanzielle Notlagen, Wohnungslosigkeit, psychische oder körperliche Erkrankungen, Rechte und Pflichten nach dem ProstSchG, Wunsch nach Ausstieg aus der Sexarbeit, Gewalterlebnisse, Erfahrungen von Diskriminierung und Rassismus, brüchige Beziehungen und Netzwerke, fehlende gesellschaftliche und kulturelle Teilhabe, Sprachbarrieren…

Adressat:innen

Die Adressat:innen im Feld der Sexarbeit sind eine sehr heterogene Gruppe, sie unterscheiden sich in ihren Biografien, Lebenslagen und den Gründen dafür, der Sexarbeit nachzugehen. Aus der Erfahrung heraus sowie aus dem aktuellen Forschungsstand kann festgestellt werden, dass es nicht die Sexarbeit und damit auch nicht den:die Sexarbeiter:in gibt. Hochrechnungen lassen darauf schließen, dass in Deutschland 200.000 Menschen der Sexarbeit nachgehen, nicht alle davon sind nach dem ProstSchG registriert. Sexarbeit ist überwiegend weiblich*, so gehen meist Frauen* der Sexarbeit nach, allerdings lässt sich ein Zuwachs von Sexarbeitern feststellen. Bei der sog. mann-männlichen Sexarbeit bieten Männer* sexuelle Dienstleistungen für Männer an. Die Altersspanne von Sexarbeiter:innen geht von jung bis alt, allerdings stellen wir fest, dass häufig vor allem junge Sexarbeiter:innen einen Unterstützungsbedarf äußern und eine Beratungsstelle aufsuchen. Wie bereits erwähnt, unterscheiden sich die Gründe für eine Tätigkeit in der Sexarbeit: Die wohl am häufigsten genannten sind finanzielle Gründe, so gibt es im Allgemeinen wenig Voraussetzungen, um der Sexarbeit nachzugehen. Sexarbeiter:innen können ohne viele Sprach- oder Landeskenntnisse recht schnell Geld verdienen, oft mehr und einfacher als auf dem ‚regulären' Arbeitsmarkt. Manche Sexarbeiter:innen gehen der Sexarbeit auch aus Gründen der Selbstverwirklichung nach, sie machen sich selbstständig, mieten Wohnungen an, richten ein Studio ein und bieten ganz spezifische Dienstleistungen an. Durch die Selbstständigkeit und die daraus resultierende Unabhängigkeit entsteht der Freiraum, Termine flexibel zu planen, Preise und Dienstleistungen festzulegen und die Kund:innen frei wählen zu können. Auf der anderen Seite gibt es selbstverständlich auch Personen, die der Sexarbeit aus einer finanziellen Notsituation heraus nachgehen, weil sie Schulden haben oder um ihren Substanzkonsum zu finanzieren. So nehmen vor allem die Arbeitsbereiche und -bedingungen erheblichen Einfluss auf den Alltag von Sexarbeiter:innen. Wir unterscheiden beispielsweise zwischen der Indoor-Sexarbeit (in Laufhäusern, Bordellen und Wohnungen) und der Outdoor-Sexarbeit (die Anwerbung an der Straße oder in Kneipen). Jeder Arbeitsbereich bietet unterschiedliche Vorteile und Risiken: Bei der Indoor-Sexarbeit kann sich so organisiert werden, dass bei Gefahr sofort Hilfe geholt werden und gegenseitige Unterstützung durch die anderen Sexarbeiter:innen oder das Personal stattfinden kann. Auf der anderen Seite muss verbindlich Miete gezahlt und die Vorgaben der Prostitutionsstätte eingehalten werden. Die Anwerbung auf der Straße (der sog. Straßenstrich) bietet beispielsweise den Vorteil, dass keine Miete gezahlt werden muss und man zeitlich und örtlich flexibel ist, allerdings bietet diese öffentliche Exponiertheit auch die Gefahr von Übergriffen. Das Internet stellt einen weiteren, immer bedeutsameren Anwerbungsraum dar: Viele Sexarbeiter:innen erstellen mittlerweile Profile auf Sex-Webseiten, von denen uns beispielweise auch Frau M. berichtet hat. Auf den Plattformen können sich Kund:innen ebenfalls mit ihrem angelegten Profil anmelden und im Vorfeld mit den Sexarbeiter:innen mittels Chat in den Austausch kommen. Wir haben die Erfahrung gemacht, dass viele Sexarbeiter:innen in mehreren Arbeitsbereichen tätig sind und hin und her wechseln – je nachdem, was besser zu ihren jeweiligen aktuellen Lebenssituationen passt. Auch lassen sich verschiedene Arbeitsbereiche untereinander kombinieren. Zudem wechseln einige Sexarbeiter:innen häufiger die Städte, in denen sie ihre Dienstleistungen anbieten, sodass im Feld der Sexarbeit eine hohe Fluktuation besteht. Nicht jede:r Sexarbeiter:in geht dieser Arbeit ausschließlich in Vollzeit nach, manche Personen üben nebenbei einen anderen Beruf aus und sehen die Sexarbeit als einen zusätzlichen Nebenverdienst.

Wie auch Frau M. im vorangestellten Fallbeispiel migrieren viele Sexarbeiter:innen nach Deutschland und hoffen auf bessere und/oder sichere Arbeitsbedingungen. Da die Einkommensmöglichkeiten auf dem deutschen Arbeitsmarkt zu Beginn für Migrant*innen oft eher schwierig sind, bietet die Sexarbeit die Möglichkeit einer einkommensstarken Alternative, ohne besondere Sprachkenntnisse, Abschlüsse oder andere Qualifikationen vorweisen zu müssen (vgl. Amesberger 2017, 12). So arbeiten viele Sexarbeiter:innen ein paar Monate in Deutschland und verbringen den Rest des Jahres in ihrer Heimat. Sexarbeiter:innen aus dem Ausland werden in der gesellschaftlichen Wahrnehmung fälschlicherweise oft mit Opfern von Menschenhandel oder Zwangsprostitution in Verbindung gebracht. Wir stellen zwar fest, dass viele unserer Ratsuchenden überwiegend nicht aus Deutschland kommen, können dies allerdings nicht auf Menschenhandel und Zwangsprostitution reduzieren. Migrierte Sexarbeiter:innen verfügen oft über wenig spezifische Landes- und Sprachkenntnisse, sodass sich ihnen einige Hürden auf behördlicher, finanzieller und sozialer Ebene stellen. Dies wird deutlich bei Frau M., die zwar legal in Deutschland arbeiten wollte, allerdings waren ihr die Bedingungen dazu nicht ausreichend bekannt und sie benötigte Unterstützung bei der Umsetzung. Außerdem ist zu beachten, dass einige Sexarbeiter:innen, die nach Deutschland gekommen sind, über weniger familiäre und soziale Netzwerke vor Ort verfügen, auf die sie im Bedarfsfall bei Problemen und Schwierigkeiten zurückgreifen können.

Die Sexarbeit in Deutschland hat sich in den letzten Jahrzehnten stark entwickelt, ausdifferenziert und unterscheidet sich in vielen verschiedenen Punkten, wie Arbeitszeiten, Intensität und Risiken. Es ist daher unabdingbar, diese Vielfältigkeit zu berücksichtigen, wenn man versucht, die Adressat:innen unserer Arbeit zu beschreiben. Deshalb ist hier unser Grundsatz: Es kann auch immer alles ganz anders sein! Jede:r Klient:in, die Anliegen, Lebenssituation, Perspektiven und Schwierigkeiten sind individuell.

Angebote, Träger und Vergütung

Unsere konkreten Angebote richten sich immer nach dem konkreten Bedarf unserer Klient:innen, was auch der Beratungsverlauf von Frau M. zeigt. Oft ergeben sich aus anfänglichen akuten Anfragen auch langfristige Beratungsbeziehungen, da sich Bedarfe ändern, verschieben oder neue Anlässe entstehen können. Das Angebot unserer Anlauf- und Beratungsstelle zielt darauf ab, unsere Klient:innen bei ihrer Selbstermächtigung und bei der Schaffung/Ermöglichung ihrer Lebensperspektiven und -vorstellungen zu unterstützen und ihre physische und psychische Gesundheit zu stärken. Die Stabilisierung und Hilfe zur Selbsthilfe stehen dabei ganz klar im Fokus unserer Arbeit. Ein weiteres wichtiges Anliegen ist die (Re-)Integration der Zielgruppe in die Gesellschaft, da viele Klient:innen von einfacher oder mehrfacher Stigmatisierung und Diskriminierung betroffen sind. Dazu arbeitet der eingetragene Verein als gemeinnütziger Träger mit regionalen und überregionalen Netzwerkpartner:innen (z. B. mit anderen Beratungsstellen, Behörden, Ärzt:innen) zusammen und bietet der Zielgruppe ein bedarfsorientiertes Angebot an. Dazu gehören zum Beispiel die mehrsprachige (deutsch, englisch und französisch) psychosoziale Beratung und die Begleitung der Klient:innen zu verschiedenen Terminen bei Behörden, Ärzt:innen etc. Die Beratung kann in unterschiedlichen Formen bzw. über verschiedene Kanäle stattfinden (z. B. vor Ort in der Beratungsstelle, telefonisch, per Chat- oder Mailberatung). Wenn sich Klient:innen in akuten Krisensituationen befinden, bieten wir ihnen Angebote zur Stabilisierung (z. B. traumapädagogische Maßnahmen, Vermittlung von psychotherapeutischen Hilfen) und die Vermittlung einer geschützten und anonymen Unterbringung (z. B. in einem Frauenhaus) an. Gruppenpädagogische Angebote (z. B. Deutschkurse, Yogagruppen und Resilienzübungen) können ebenfalls zu einem würdevollen und gelingenden Leben beitragen und die Anbindung an soziale Netzwerke erleichtern.

Auch sind wir als Sozialarbeiter:innen in der Streetwork im Prostitutionsmilieu aktiv und suchen unsere Zielgruppe vor allem in Bordellen und Laufhäusern als auch auf dem Straßenstrich direkt auf. Mithilfe der aufsuchenden Sozialen Arbeit möchten wir die in der Sexarbeit tätigen Personen auf unser Angebot aufmerksam machen und ihnen somit den Zugang zum Hilfesystem erleichtern. Teilweise kommt es sogar vor, dass sich Personen erst Monate später mit einem Beratungsanliegen an uns wenden, nachdem wir sie erstmalig in der Streetwork getroffen und kennengelernt haben.

Zu unserer alltäglichen Arbeit gehört neben den konkreten Maßnahmen für die Zielgruppe auch ein großer Teil an Lobby- und Öffentlichkeitsarbeit: Wie bereits erwähnt, erleben viele unserer Klient:innen Ausgrenzung, Diskriminierung und Stigmatisierung aufgrund ihrer Tätigkeit in der Sexarbeit, aber auch aufgrund von Geschlechterrollen, ihrer Herkunft oder ihrer Lebensbiografie. Zur Sensibilisierung der Gesellschaft bieten wir verschiedene Veranstaltungen an, um auf die Belange und Lebenslagen unserer Zielgruppe aufmerksam zu machen. Des Weiteren sind wir vielfach auf Tagungen und bei Workshops vertreten, um Fachkräfte angrenzender Themenbereiche fortzubilden und ihnen Informationen für ratsuchende Personen an die Hand zu geben. Auch nimmt die Vernetzung mit regionalen und überregionalen Netzwerkpartner:innen und die

Teilnahme an Runden Tischen, politischen Gremien, Netzwerktreffen etc. eine große Stellung ein. Die Vernetzung mit anderen Akteur:innen in diesem Feld und die Partizipation an politischen Gremien sind unabdingbar für eine Verbesserung der Lebens- und Arbeitsbedingungen von Sexarbeiter:innen sowie für die Sichtbarmachung ihrer Situation und Belange.

Zur Vergütung der Sozialen Arbeit im Feld der Sexarbeit können wir keine konkreten verlässlichen Angaben machen, da es sich um ein sehr heterogenes Praxisfeld mit vielen unterschiedlichen Trägern handelt. Zudem sind viele Stellen lediglich als Projektstellen ausgeschrieben, sodass diese im Hinblick auf die Vergütung und Befristung abhängig vom jeweiligen Projektträger sind.

Rechtliche Grundlagen

Die Tätigkeit der Sexarbeit wird durch unterschiedliche Gesetzbücher beeinflusst und reguliert, so finden sich gesetzliche Vorgaben im Strafgesetzbuch, im Ordnungswidrigkeitengesetz oder im Infektionsschutzgesetz. Einen bedeutenden Einfluss auf die Sexarbeit haben das Prostitutionsgesetz (ProstG) und das Prostituiertenschutzgesetz (ProstSchG), aus denen ein maßgeblicher rechtlicher Rahmen für die Sexarbeit entspringt. Früher galt Sexarbeit in Deutschland als ‚sittenwidrig' und als eine ‚gemeinschaftsschädliche Tätigkeit'. Zwar unterlag die Sexarbeit der Steuerpflicht, es bestanden allerdings keine rechtsgültigen Ansprüche für Sexarbeiter:innen, d. h. es gab keine Möglichkeit, gegen nicht-zahlende Kund:innen rechtlich vorzugehen. Dies änderte sich mit dem 2002 in Deutschland in Kraft getretene Prostitutionsgesetz (ProstG), welches die Sittenwidrigkeit der Tätigkeit aufhob und es Sexarbeiter:innen nun ermöglichte, rechtliche Ansprüche geltend zu machen. Hierzu gehörte beispielsweise die Möglichkeit, rechtskräftige Verträge abzuschließen oder auch das Gründen einer Prostitutionsstätte. Die Einführung des Gesetzes zielte darauf ab, das Dunkelfeld der Sexarbeit zu regulieren, bessere Arbeitsbedingungen zu schaffen und kriminelle Dynamiken in diesem Bereich einzuschränken. Bei einer Evaluierung des Gesetzes 15 Jahre später wurde jedoch deutlich, dass die Ziele, die mit dem ProstG angestrebt wurden, nicht umgesetzt werden konnten. Im Juli 2017 trat in Deutschland ergänzend zum ProstG das Prostituiertenschutzgesetz (ProstSchG) in Kraft, welches versucht, die sexuelle Selbstbestimmung von Personen, die der Sexarbeit nachgehen, zu stärken. Zudem soll es die Kriminalität aus dem Bereich verdrängen und verstärkt gegen Minderjährigen-Prostitution, Menschenhandel und Zwangsprostitution vorgehen. Der 15-seitige Gesetzestext gliedert sich in acht Abschnitte und 38 Paragrafen und reguliert die Rechte und Pflichten für Sexarbeiter:innen sowie das Prostitutionsgewerbe im Detail. Durch die Anmeldepflicht, die Gesundheitsberatung und die gesetzlich vorgeschriebene

Kondompflicht soll eine Verbesserung der Arbeitsbedingungen für Sexarbeiter:innen geschaffen werden. Für die Anmeldung müssen sich Sexarbeiter:innen in einem ersten Schritt einer gesundheitlichen Beratung unterziehen. Mit dieser Pflicht soll sichergestellt werden, dass alle Sexarbeiter:innen über die grundlegenden Informationen bzgl. ihrer Gesundheit verfügen. Dieses Gespräch muss für Sexarbeiter:innen von 18-21 Jahren alle sechs Monate wiederholt werden, Sexarbeiter:innen über 21 Jahren sollen einmal im Jahr in der Behörde zum Gespräch vorstellig werden. Der zweite Schritt stellt die Registrierung dar: Sexarbeiter:innen geben ihre persönlichen Daten, Angaben zur Staatsangehörigkeit, ihre Adresse und den Ausübungsort der Sexarbeit an. Notwendig hierfür sind der Personalausweis oder andere Ausweisdokumente. In einem dritten Schritt wird erneut ein Beratungsgespräch geführt, in welchem die Rechte und Pflichten der Sexarbeiter:innen im Vordergrund stehen. Sie erhalten Informationen zur aktuellen Rechtslage, Vorschriften und Behörden, Absicherung im Krankheitsfall, zu Beratungsangeboten und -stellen für gesundheitliche und soziale Themen, Hilfe in Notsituationen sowie Informationen zur Steuerpflicht. Das Verfahren ist mit der Ausstellung der Anmeldebescheinigung abgeschlossen. Nun wird auch deutlich, warum es für Frau M. so dringlich gewesen ist, der Registrierung durch die Behörden nachzukommen, denn aus ihr entspringt die Rechtsgrundlage zur legalen Ausübung der Sexarbeit in Deutschland.

Methoden und Verfahren

In unserer alltäglichen praktischen Arbeit mit Sexarbeiter:innen spielt die Streetwork eine herausragende Rolle. Unter ‚Streetwork' sind alle lebensweltnahen und aufsuchenden Angebote für Menschen zu verstehen, die aufgrund verschiedener Barrieren durch das etablierte Versorgungssystem nicht erreicht werden und daher keine Hilfsangebote in Anspruch nehmen (können). In den 1970er Jahren entstanden in Anlehnung an US-amerikanische Angebote die ersten Streetwork-Projekte in Deutschland vor allem in der Sozialen Arbeit mit suchterkrankten Menschen und in der Obdachlosenhilfe (vgl. Diebäcker/Wild 2020, 1 ff.; Steffan/Netzelmann 2015, 103 ff.). Bei der Streetwork gehen wir an die Orte, an denen sich unsere Zielgruppe aufhält: in Bordelle und Laufhäuser, auf den Straßenstrich oder auch in Wohnungsbordelle. Wir suchen die Personen also in ihrer konkreten Lebenswelt (Wohn- und Arbeitsumfeld) auf, da wir aufgrund der bereits beschriebenen Hürden davon ausgehen, dass sie unsere Beratungsstelle nicht von sich aus aufsuchen (können). Für uns stellt die aufsuchende Soziale Arbeit folglich eine wichtige Zugangsmöglichkeit zu unserer Zielgruppe dar, da wir durch sie die Chance erhalten, mit den Sexarbeiter:innen in den Kontakt zu kommen. Unser vorrangiges Ziel ist vor allem der Kontaktaufbau bzw. die

Aufrechterhaltung bereits bestehender Kontakte. Dies setzt natürlich voraus, dass wir regelmäßig die gleichen Orte aufsuchen, unsere Flyer und Visitenkarten verteilen und mit den Sexarbeiter:innen in ein Gespräch kommen. Diese Gespräche sind zunächst meist eher oberflächlich – je häufiger wir aber auf die einzelnen Personen treffen, desto eher kann sich auch ein Vertrauen von Seiten der Sexarbeiter:innen entwickeln. Solche stabilen Beziehungen sind die wichtigste Basis für die Annahme weiterer Unterstützungsangebote (vgl. Diebäcker/Wild 2020, 9).

Eine zweite wichtige und für unsere alltägliche Arbeit zentrale Leitlinie stellt die Empowerment-Perspektive dar, die an den Stärken und Potenzialen der Menschen ansetzt. Das Ziel dieser Perspektive liegt darin, die vorhandenen (teilweise aber verschütteten) Kompetenzen der Klient:innen zu stärken und Ressourcen freizusetzen, mithilfe derer sie ihr Leben selbstbestimmt und eigenständig gestalten und vorhandene Probleme lösen können. Wir wollen unsere Zielgruppe also ermutigen, ihre eigenen Stärken und Fähigkeiten zu entdecken und diese bei der Problemlösung einzusetzen. Der Ursprung der Empowerment-Perspektive liegt in der amerikanischen Bürgerrechts- und Frauenbewegung, wo sie sich aus den Alltagserfahrungen von sozial benachteiligten Menschen in Selbsthilfeinitiativen entwickelte (vgl. Sohns 2007, 74 ff.). In der Erstdiagnostik bestehender und potenzieller Ressourcen nutzen wir in unserer alltäglichen Praxis oft die Ressourcenkarte, wie sie von Birgit Venezia ursprünglich für die Arbeit mit Familien vorgelegt wurde (vgl. Venezia 2000). Das Verfahren dient dazu, die individuellen Ressourcen, Fähigkeiten und Kompetenzen zu erfahren und den Blick der Klient:innen auf ihre bereits vorhandenen Stärken und Ressourcen zu lenken – weg von ihren Problemen, Schwierigkeiten und Defiziten. Mit den Fragen „Was mache ich?", „Was kann ich?", „Was will ich?", „Was bin ich?" und „Was habe ich?" lassen sich in Beratungsgesprächen die eigenen Ressourcen der Klient:innen in fünf verschiedenen Bereichen (Interessen, Kompetenzen, Ziele, Identität und Materielles/Netzwerke) erkunden und sichtbar machen. Ein guter unverfänglicher Einstieg in die Ressourcenerkundung stellt die Frage nach den Interessen („Was mache ich gerne? Wofür interessiere ich mich? Was sind meine Hobbies? Was würde ich gerne machen, wenn ich mehr Zeit hätte?)" dar, da diese i. d. R. schnell und direkt beantwortet werden kann. Außerdem ist es in der Arbeit oft hilfreich, die aufgedeckten Ressourcen nicht nur zu verschriftlichen, sondern auch anhand einer Collage mit Bildern oder Symbolen zu visualisieren.

Auch in der Beratung von Frau M. nutzten wir die Ressourcenkarte zur Erstdiagnostik. Dieses Vorgehen war für sie zunächst etwas befremdlich, was sie auch so kommunizierte. Sie erklärte uns, dass sie sich ja wegen Problemen und konkreten Fragen an uns gewendet habe, nach und nach wurde ihr aber deutlich, dass sie bereits über viele Fähigkeiten und Ressourcen verfügte, um einige ihrer Schwierigkeiten eigeninitiativ in die Hand zu nehmen.

Konzept

Wenn wir unter dem Begriff des Konzepts die Gesamtheit der Planung und Durchführung sowie die Begründung/Erklärung für unser professionelles Handeln verstehen, so wollen wir für die Darstellung eines ‚sinnhaften Zusammenhangs' auf die erforderliche Niederschwelligkeit unserer Angebote eingehen: Wie bereits erwähnt, befinden sich unsere Klient:innen häufig in prekären Lebenssituationen ohne einen Zugang zum helfenden System. Die potenziellen Barrieren und Hürden bei der Inanspruchnahme wurden oben schon beschrieben. Nach Hemma Mayrhofer richten niederschwellige Hilfsangebote niedrige Voraussetzungen und Anforderungen an potenzielle Klient:innen, um einen Zugang zur angebotenen Hilfe zu erhalten und diese in Anspruch nehmen zu können, wohingegen die höherschwellige Soziale Arbeit voraussetzungsvoller gestaltet ist (vgl. Mayrhofer 2012, 147). Niederschwelligkeit fungiert insofern als eine Art Kommunikationsstrategie, die einer Nichtinanspruchnahme von Hilfsangeboten entgegenwirken soll. Im praktischen Berufsalltag stellen wir uns immer wieder die Frage: „Wie treten wir mit der potenziellen Zielgruppe in Kontakt? Wie und wo docken wir an?"

Unser Beratungsangebot zeichnet sich durch eine größtmögliche Freiwilligkeit in der Nutzung und Inanspruchnahme aus, was natürlich auch bedeutet, dass unserer Zielgruppe keinerlei Sanktionen bei der Nichtinanspruchnahme oder bei einem Abbruch der Beratung drohen. Des Weiteren gewährleisten wir eine größtmögliche Ausrichtung unserer Hilfen auf die Belange und Erfordernisse der Zielgruppe, da sie als Expert:innen ihrer eigenen Lebenswelt angesehen werden. Strukturell und administrativ sind keine Bedingungen an die Inanspruchnahme unserer Angebote durch die Zielgruppe geknüpft. Auch räumlich und zeitlich zeichnen sich unsere Angebote durch eine hohe Flexibilität aus, um möglichst viele Personen erreichen zu können: Wir machen beispielsweise über Social Media, über unsere Streetwork oder über andere Beratungsstellen auf unser Angebot aufmerksam. Zudem bieten wir offene Sprechstunden oder zeitlich flexible Termine (z. B. auch am Wochenende oder in den Abendstunden) vor Ort in der Beratungsstelle, bei Klient:innen zu Hause, in der Streetwork, telefonisch oder auch digital an. Mithilfe unserer Telefon-, Chat- und Mailberatung besteht die Möglichkeit, unauffällig und anonym Hilfe in Anspruch zu nehmen. Aufgrund der oft erfahrenen Diskriminierung und Stigmatisierung und den damit potenziell einhergehenden Schamgefühlen kann so ein besonderer Schutz der Privatsphäre für die Zielgruppe sichergestellt werden. Um sprachliche Hürden abzubauen, können vereinbarte Beratungsgespräche immer mit Sprachmittler:innen/Dolmetscher:innen durchgeführt werden.

Im Verlauf der Beratung von Frau M. stellte sich beispielsweise direkt nach ihrer Kontaktaufnahme mit uns als Berater:innen heraus, dass für sie Termine in den Nachmittags- und Abendstunden nicht gut umsetzbar waren, sodass wir diese entweder in die späten Vormittagsstunden oder auf den Samstag legten und diese entweder telefonisch oder in ihrer Wohnung stattfanden.

Relevanz von Forschung

Wie bereits festgestellt, hat sich die Sexarbeit in Deutschland stark entwickelt und ausdifferenziert. Um im Feld aus der Perspektive der Sozialen Arbeit entsprechend reagieren zu können und bedarfsorientierte Angebote zu schaffen, muss sich die Soziale Arbeit auch forschend mit dem Feld der Sexarbeit auseinandersetzen. Wer braucht unsere Unterstützung und warum? Welche Angebote sind zielführend und effektiv? Wie sind die Arbeitsbedingungen und vielfältigen Lebenslagen von Sexarbeiter:innen und welchen Einfluss nehmen sie auf ihre Gesundheit? All das sind Fragen, denen die Sozialarbeitswissenschaft auf den Grund gehen sollte, mit dem Ziel, sich noch näher an den Bedürfnissen von Sexarbeiter:innen und somit an einer gelingenden Praxis zu orientieren. Die Sozialarbeitswissenschaft hat sich das Feld der Sexarbeit als Forschungsfeld nur zögerlich erschlossen, bislang erscheinen die meisten Studien aus angrenzenden Disziplinen, wie beispielsweise der Medizin, der Soziologie oder den Rechtswissenschaften. Generell kann der Forschungsstand im Bereich der Sexarbeit als gering bezeichnet werden; europäische Studien konzentrieren sich überwiegend auf die Sexarbeit als Forschungsgegenstand im Zusammenhang mit gesundheitlichen Themen, wie sexuell übertragbare Infektionskrankheiten, HIV oder Beschaffungsprostitution. Wie auch der Umgang innerhalb der Gesellschaft mit Sexarbeit ist auch die Forschung geprägt von Tabuisierung und Moralisierung. Aspekte wie die Stigmatisierung und die daraus resultierende Lebensrealität von Sexarbeiter:innen in unserer Gesellschaft finden bislang wenig Berücksichtigung. Da die Sexarbeit zudem oft im Verborgenen außerhalb der Blicke der Gesellschaft stattfindet, ist auch der Zugang für Forschende erschwert. In Deutschland nutzt die Forschung im Bereich der Sexarbeit vornehmlich qualitative Methoden mit geringeren Stichproben. Die befragten Personen werden oft über Hilfsorganisationen akquiriert. Somit treten häufig einzelne dramatische Lebensgeschichten in den Vordergrund, die nicht allgemein auf das Feld der Sexarbeit übertragbar sind (vgl. Döring 2018, 46). Der andere Teil der vorliegenden Studien beruht auf den Aussagen von Fachkräften aus Beratungsstellen in Form von Expert:inneninterviews.

Die Sozialarbeitsforschung im Bereich der Sexarbeit hat insgesamt noch einen langen Weg vor sich, um sich ähnlich stark auszudifferenzieren, wie die Sexarbeit selbst. Nur so kann eine Evidenzgrundlage für die Praxis bereitgestellt werden verbunden mit dem Ziel der Entstigmatisierung und Entmoralisierung von Sexarbeiter:innen in der Gesellschaft.

Anforderungsprofil an Mitarbeiter:innen

Um kein anderes Feld ringen sich mehr Mythen, Klischees und Halbwahrheiten als um das Feld der Sexarbeit. Auch Sozialarbeiter:innen sind nicht davor gefeit, diese zu übernehmen und zu reproduzieren. Aus dem Grund soll an dieser Stelle noch einmal der Faden zu den ethischen Zielhorizonten gesponnen werden, welche eingangs beschrieben wurden. Die Betrachtung einer Person als Expert:in seiner:ihrer selbst impliziert ein offenes und wertschätzendes Menschenbild. Nur weil man selbst evtl. nicht der Sexarbeit nachgehen würde und dies für seine eigene Lebensführung ablehnt, ist die Sexarbeit nicht per se als ein Problem zu betrachten. Sexarbeit, Sexualität und Geschlechteridentitäten polarisieren seit jeher. Sexarbeit wird auch in der Sozialen Arbeit kontrovers diskutiert, was umso mehr ein reflektiertes Handeln erfordert. Die sozialarbeiterischen Angebote sollen an den Wünschen und Bedürfnissen der ratsuchenden Person ansetzen und den Klient:innen nicht „übergestülpt“ werden. Natürlich können in diesem Kontext zu Beginn Berührungsängste auftreten. Besonders in der Streetwork im Prostitutionsmilieu können viele Eindrücke gesammelt werden, die sich wenig mit den eigenen vorherigen Erfahrungen oder Vorstellungen decken. So sind eine regelmäßige Reflexion und Überprüfung der eigenen Haltung, welche die Auseinandersetzung mit den eigenen Vorbehalten beinhaltet, erforderlich. Gefördert wird dies durch eine ausgeprägte Methoden- und Theoriekompetenz: Die Auseinandersetzung mit fundierten Theorien und Konzepten der Sozialen Arbeit hilft besonders zu Beginn dabei, den erlebten Arbeitsalltag zu analysieren und zu reflektieren, und wird so zu einem Rahmen für das eigene professionelle Handeln.

Die Vielfältigkeit der Sexarbeit spiegelt sich auch in den Anforderungen an die Sozialarbeiter:innen im Feld wider: Sozialarbeiter:innen müssen sich neben dem direkten Kontakt mit der Zielgruppe auch mit Behörden, Ärzt:innen, Anwält:innen und Netzwerkpartner:innen vernetzen und erlangen sehr spezifisches Wissen zur Unterstützung ihrer Klient:innen in den unterschiedlichsten Themenbereichen. Besonders hervorzuheben ist aus unserer Sicht deshalb die Sozialkompetenz. Sexarbeiter:innen können sich mit potenziell schambehafteten Themen an uns wenden oder haben aufgrund von Diskriminierungserfahrungen ein großes Misstrauen und Vorbehalte, sich anderen Personen gegenüber zu öffnen und konkret nach Hilfsangeboten zu fragen. Dies erfordert auf Seiten der Berater:innen Empathie, Wertschätzung und Offenheit, um die Hürden innerhalb der Beratung abzubauen. Sozialkompetenz, Theorie- und Methodenkompetenz und die Haltung sind somit grundsätzlich als ein zusammenhängendes Gefüge zu verstehen, welches in der Beratungskompetenz mündet und sich wiederum in der fachlichen Beratung ausdrückt. Beziehungsarbeit fungiert an dieser Stelle als entscheidender Türöffner für eine gewinnbringende Beratung und Begleitung. Eine ratsuchende Person, welche Unterstützung bedarf – insbesondere, wenn wenig Sprach- und Ortskenntnisse vorhanden sind –, ist in besonderer Weise auf die Sozialarbeiter:innen angewiesen. Es entsteht ein Machtgefälle zwischen Berater:in und der inanspruchnehmenden Person, was ein besonders macht- und rassismussensibles Vorgehen im Beratungskontext erfordert.

Die Pluralität an Themen, Fragestellungen und Bedarfen der Zielgruppe scheint auf den ersten Blick einen hohen fachspezifischen Wissensanspruch an die:den einzelne:n Sozialarbeiter:in zu stellen. Aufgrund der gemeinsamen Arbeit in einem Team können jedoch viele Themen gemeinsam erarbeitet und besprochen werden. Das Team hat außerdem die Möglichkeit, die Stärken und Interessen seiner Mitglieder zu bündeln. Teamfähigkeit ist somit ein Gewinn für das eigene professionelle Handeln.

Selbstreflexion und Empfehlungen für Interessierte

Bereits zu Beginn unserer Berufstätigkeit wurde uns schnell bewusst, dass einige unserer Vorstellungen nichts mit den tatsächlichen Begebenheiten im Feld der Sexarbeit zu tun haben. Eigene Vorurteile sowie Halbwahrheiten galt es zu überdenken und in Frage zu stellen. Sexarbeiter:innen als ‚Opfer ihrer eigenen Umstände' zu begreifen, lag uns immer ferner. Wir lernten viele Sexarbeiter:innen in unterschiedlichen und durchaus prekären Situationen kennen, einige sind sogar Opfer einer Straftat geworden. Allerdings ist es für uns unabdingbar, unsere Klient:innen nicht als ‚Opfer' zu sehen, da mit dieser Sichtweise Personen als passiv, wehrlos und ausgeliefert wahrgenommen werden. Bei all unseren Klient:innen gab es aber auch immer unterschiedliche Ressourcen und Perspektiven, denen nachgegangen werden konnte, nie war eine Situation ausschließlich ‚aussichtslos'.

Auch wenn nicht jede Unterstützung, jedes Angebot oder jede Intervention aus unserer Perspektive als tadelloser sozialarbeiterischer Erfolg zu verbuchen war, so lernten wir die Notwendigkeit des Empowerments, des Zuhörens, aber auch der Zurückhaltung und Demut – Zurückhaltung und Demut vor allem darin, Menschen und ihre Lebenssituationen zu etikettieren und zu werten, denn selten sind die Wege, welche die ratsuchenden Personen gegangen sind, für uns in ihrer Komplexität ersichtlich.

Im Feld der Sexarbeit gibt es unterschiedliche, vorrangig feministische Diskurse, die stark umstritten sind. Es ist nicht unbedingt leicht, sich durch diese Diskurse zu navigieren, sich zu positionieren und zu engagieren. In solchen Momenten ist es hilfreich, sich an der ratsuchenden Person selbst zu orientieren: „Wie ist ihr Bild von sich selbst? Wie definiert sie sich? Was ist ihr wichtig und was ist ihr Auftrag an uns?" Die Kommunikation mit der betroffenen Person sollte an erster Stelle stehen und wegweisend für die Zusammenarbeit sein. Denn auch auf politischer Ebene, im Hinblick auf Gesetzesentwürfe, Reglementierungen und der Finanzierung von Hilfsangeboten, wird viel über Sexarbeiter:innen, aber wenig mit Sexarbeiter:innen gesprochen. Schlussendlich ist die Frage „Welche Haltung habe ich?" ausschlaggebend für die Entscheidung, in welcher Beratungsstelle mit welcher Ausrichtung man arbeiten möchte.

Wir können die Tätigkeit als Sozialarbeiter:in im Feld der Sexarbeit nur empfehlen, denn sie bietet ohnegleichen die Möglichkeit, das im Studium erworbene Wissen in die Praxis umzusetzen, sich weiterzuentwickeln und die Chance, spannende Menschen und Lebensentwürfe kennenzulernen, die einem sonst wahrscheinlich verwehrt geblieben wären.

Welche Herausforderungen sehen Sie in der Sozialen Arbeit im Kontext von Sexarbeit?

Quellen

Amesberger, Helga (2017): Sexarbeit: Arbeit – Ausbeutung – Gewalt gegen Frauen? Scheinbare Gewissheiten. In: Ethik und Gesellschaft, 1/2017: Sozialethik der Lebensformen. https://doi.org/10.18156/eug-1-2017-art-4.

Le Breton, Maritza (2011): Sexarbeit als transnationale Zone der Prekarität. Migrierende Sexarbeiterinnen im Spannungsfeld von Gewalterfahrungen und Handlungsoptionen. Wiesbaden: VS.

Diebäcker, Marc & Wild, Gabriele (2020): Streetwork und Aufsuchende Soziale Arbeit im öffentlichen Raum. Zur strategischen Einbettung einer professionellen Praxis. In: Diebäcker, Marc/Wild, Gabriele (Hrsg.): Streetwork und Aufsuchende Soziale Arbeit im öffentlichen Raum. Wiesbaden: Springer VS. 1-19.

Döring, Nicola (2018): Das neue Prostituiertenschutzgesetz: Wie ist es aus fachlichen Perspektiven zu beurteilen? Eine Einführung. In: Zeitschrift für Sexualforschung, 31/1, 44-56. https://doi.org/10.1055/s-0044-101518.

Dücker, Elisabeth von (2005): Sexarbeit. Prostitution – Lebenswelten und Mythen; […] anlässlich der Ausstellung „Sexarbeit. Prostitution – Lebenswelten und Mythen" im Museum der Arbeit, Hamburg … Frauenmuseum, Bonn. Bremen: Ed. Temmen.

Mayrhofer, Hemma (2012): Niederschwelligkeit in der Sozialen Arbeit: Funktionen und Formen aus soziologischer Perspektive. Wiesbaden: VS.

Ott, Veronika (2018): Sexarbeit – Sexualität – Arbeit. Soziale Arbeit im Kontext Sexarbeit als Aushandlung an den Grenzen des gesellschaftlich Normalen. In: Soziale Probleme, 29/2, 207-221. Wiesbaden: Springer VS.

Sohns, Armin (2007): Empowerment als Leitlinie Sozialer Arbeit. In: Michel-Schwartze, Brigitta (Hrsg.): Methodenbuch Soziale Arbeit. Basiswissen für die Praxis. 73-99. Wiesbaden: VS.

Steffan, Elfriede/Netzelmann, Tzvetina Arsova (2015): Aufsuchende Soziale Arbeit im Feld gesundheitlicher Angebote für Sexarbeiter_innen. In: Albert, Martin & Wege, Julia (Hrsg.): Soziale Arbeit und Prostitution. Professionelle Handlungsansätze in Theorie und Praxis. 99-110. Wiesbaden: Springer VS.

Venezia, Birgit (2000): Erkundung von Familienressourcen. In: Vogt, Katrin/Venezia, Birgit/Torres Mendes, Cristina & Redlich, Alexander (Hrsg.): Die Erkundung von Kraftquellen im Leben der Menschen, Mat. 26, 36-52. Universität Hamburg: Materialien aus der Arbeitsgruppe Beratung & Training.

Soziale Arbeit in der Asylberatung

Simon Kolbe & Lena Heller

Im ersten Band von „In Trouble"[1] wurde das Handlungsfeld „Soziale Arbeit in der Asylberatung[2]" anhand eines exemplarischen Arbeitstages vorgestellt. In diesem Beitrag werden zunächst das Praxisfeld und die Zielgruppe beschrieben sowie ein Überblick über die zentralen Herausforderungen der Zielgruppe gegeben. Im Anschluss werden ethische Zielhorizonte diskutiert und der Träger des Praxisbeispiels skizziert. Nach der Erläuterung rechtlicher Rahmenbedingungen und konzeptioneller Orientierungen für dieses Handlungsfeld wird ein Blick auf die Problematik eines gezielten methodischen Herangehens sowie eines strukturierten Arbeitsablaufes geworfen. Des Weiteren wird eine knappe Erläuterung zu Vergütungsaspekten, dem Forschungsstand und eine vertiefte Passage auf die Kompetenzanforderungen für Sozialarbeiter*innen angeboten. Den Abschluss bilden eine gesellschaftsorientierte Selbstreflexion der ausgeübten Praxis und Empfehlungen für Studierende der Sozialen Arbeit.

Das Praxisfeld „Asylberatung", die Zielgruppe und ihre Themen

Die Asylberatung, die auch unter den Bezeichnungen Migrationsberatung, Asylsozialberatung, Flüchtlings- und Integrationsberatung bekannt ist, kann man als beratende und begleitende Soziale Arbeit mit und für Menschen mit Migrations- und Fluchterfahrung und deren direkten (Familien, Anwälte, Ehrenamtliche usw.) und indirekten Bezugspersonen/-institutionen (Behörden, Kirchengemeinden, Botschaften, Politiker*innen usw.) bezeichnen. Geflüchtete können unter bestimmten Bedingungen als Zielgruppe Sozialer Arbeit identifiziert werden, da „sie vorübergehend oder dauerhaft aus Gründen, die in ihrer Person oder/und in ihrem sozialen wie kulturellen Umfeld liegen können, nicht in der Lage sind, ihre Bedürfnisse aufgrund eigener Ressourcen und Anstrengungen zu befriedigen" (Staub-Bernasconi 2007, 16).

Voraussetzung der Beratung ist meistens eine lokal definierte Zuständigkeit des Trägers sowie ein laufendes oder positiv oder negativ abgeschlossenes Asylverfahren der zu beratenden Person oder andere persönliche Aspekte, die mit

1 Siehe https://www.beltz.de/fachmedien/sozialpaedagogik_soziale_arbeit/produkte/details/45288-in-trouble-ein-tag-im-leben-von-sozialarbeiterinnen-aus-44-praxisfeldern.html

2 Zu diesem Handlungsfeld erschienen weitere Publikationen, die mitunter als Orientierung für diesen Aufsatz dienen und mehr Literaturangaben beinhalten (v.a. Kolbe/Surzykiewicz 2019; Kolbe 2021b, 2021a).

Fluchtmigration in Verbindung stehen. In der Regel können Personen jeden Alters, Geschlechtes und jeglicher Herkunft an einer Beratung teilnehmen, es sei denn, weitere Träger koexistieren und übernehmen die Beratung von spezifischen Personengruppen (z. B. der Jugendmigrationsdienst).

Die zentralen Herausforderungen der Klient*innen sind, wie die Zielgruppe selbst, sehr unterschiedlich ausgeprägt, aber im Wesentlichen in folgende Dimensionen untergliedert:

1. Aufenthaltsrechtliche Fragestellungen und Inhalte des Asylverfahrens
2. Ausbildungs- und Arbeitsplatzsuche sowie deren Gestattung
3. Bildungszugänge und Ausbildungsmöglichkeiten
4. Gesundheitszustand, Lebensqualität und allgemeines Wohlbefinden
5. Informelle und formelle Rechte, Anforderungen und Pflichten
6. Kinder, Familie und Familienplanung
7. Lebenskrisen und die sozioökonomische Lage
8. Kommunikation mit Behörden, Ämtern und Arbeitgeber*innen

Der Umfang und die Intensität der Beratungsbedürfnisse sind unterschiedlich ausgeprägt. Sie reichen von spontanen und punktuellen Hilfeleistungen bis hin zu mehrjährigen Beratungs- und Begleitungsprozessen (siehe dazu auch Kolbe 2021a).

Ethische Zielhorizonte und der Träger der Asylberatung

Im Blick auf das letzte Jahrzehnt können politische und soziale Umbrüche erkannt werden, die einerseits eine sogenannte Anti-Flüchtlings-Bewegung und andererseits eine sogenannte Willkommensgesellschaft zur Folge hatten. Die steigenden Zahlen von Geflüchteten nach 2014 begründeten viele politische Diskussionen über die Chancen und Herausforderungen der Fluchtmigration sowie deren wirtschaftlichen und sozialen Auswirkungen auf die Gesellschaft und die erforderlichen Anstrengungen, diesem Phänomen zu begegnen Diese gesellschaftlichen Entwicklungen, Herausforderungen und Spannungen spiegeln sich auch in der Praxis der Sozialen Arbeit mit Geflüchteten wider, wobei hier ganz besonders der Charakter von Sozialer Arbeit als Menschenrechtsprofession in den Vordergrund gerät.

Sozialarbeiter*innen beraten und begleiten Geflüchtete, die „aufgrund ihrer körperlichen und/oder seelischen Konstitution (z. B. Behinderung, psychische Störung, Schwangerschaft, hohes Alter) oder/und aufgrund ihrer besonderen sozialen Situation (z. B. obdachlose Frauen) verletzlichere (vulnerable) Personenkreise" (Hornberg et al. 2008, 55) darstellen. Deren Verletzbarkeit erklärt sich durch den Bedarf an Unterstützung zur Bedürfnisbefriedigung und Befähigung zur eigenständigen Lebensführung durch andere Menschen bzw. die Soziale Arbeit (vgl. Staub-Bernasconi 2008). Staub-Bernasconi (1995, 95) formuliert diesbezüglich als übergeordnetes Ziel der Sozialen Arbeit die „Erfüllung menschlicher Bedürfnisse und damit bio-physischer, psychischer und sozialer Werte." Dabei ist anzumerken, dass Geflüchtete zwar eine vulnerable Gruppe darstellen, im Beratungskontext jedoch auch ihre individuellen Ressourcen sowie Handlungsfähigkeiten nicht aus dem Blick geraten dürfen. Zunächst orientiert sich die Beratung an den Bedürfnissen und Ressourcen der Adressat*innen, denn in der Regel sind die auftretenden Herausforderungen nach einiger Zeit von den Betroffenen und ihrem Umfeld mit immer weniger Unterstützungsbedarf verbunden. Ergänzend zu diesen Formulierungen stehen die Leitlinien des Trägers, der hier exemplarisch für das Arbeitsfeld steht, nämlich eine Caritas-Kreisstelle. Diese Leitlinien sind konfessionell-religiös geprägt: „Für Hilfsangebote, die in katholischer Trägerschaft angeboten werden, bildet – neben den Menschenrechten und der deutschen Verfassung – die christliche Nächstenliebe, ausgedrückt in der Katholischen Soziallehre, den Rahmen des professionellen Handelns" (Kleibl et al. 2017, 409). Diese Rahmenbedingungen machen das professionelle Handeln der Sozialarbeiter*innen sehr anspruchsvoll, da sie einerseits politisch-rechtliche Ansprüche erfüllen und sich andererseits an einer christlichen Ethik orientieren sollen (vgl. ebd.). Die persönlichen Einstellungen zu Kirche und Religion sowie partiell ablehnende gesellschaftliche Haltungen gegenüber Geflüchteten und ihren Helfer*innen verstärken diese Problematik zusätzlich.

Rechtliche Grundlagen und Konzept

Die Konzepte im Bereich der Sozialen Arbeit mit Geflüchteten beinhalten mitunter ein Verständnis der rechtlichen Rahmenbedingungen und Begebenheiten rund um das Thema Flucht und Migration. Dazu zählt auch ein Bewusstsein für zusammenhängende soziale und rechtliche Konsequenzen dieser Bedingungen für die Adressat*innen. Das wichtigste internationale Fundament für die Rechte von Geflüchteten bildet das „Abkommen über die Rechtsstellung der Flüchtlinge", welches auch als „Genfer Flüchtlingskonvention" bekannt ist und der Artikel 14 der Allgemeinen Erklärung der Menschenrechte. Ein Flüchtling wird dort als Person beschrieben, die sich aus Angst vor Verfolgung „wegen ihrer Rasse, Religion, Nationalität, Zugehörigkeit zu einer bestimmten sozialen Gruppe oder wegen ihrer politischen Überzeugung außerhalb des Landes befindet, dessen Staatsangehörigkeit sie besitzt, und den Schutz dieses Landes nicht in Anspruch nehmen kann oder wegen dieser Befürchtungen nicht in Anspruch nehmen will […]" (UNHCR 2015, 6). Das individuelle Recht auf Asyl (Art. 16 GG) ist auch Teil des deutschen Grundgesetzes. Bis heute wurde es durch die Verabschiedung bzw. Entwicklung weiterer nationaler und internationaler Gesetze und Regularien sowie europäischer Resolutionen ergänzt. Für in Deutschland lebende Geflüchtete bzw. Asylbewerber*innen sind neben allgemein geltenden Rechten und Pflichten weitere bestimmte Gesetze und Verordnungen relevant (Auswahl):

- Allgemeine Erklärung der Menschenrechte
- Grundgesetz der Bundesrepublik Deutschland
- Asylgesetz und Aufenthaltsgesetz
- Gemeinsames Europäisches Asylsystem
- Dublin III Verordnung – Zuständigkeit der Mitgliedsstaaten und Inhaftierung von Flüchtlingen
- Eurodac Verordnungen – Sammlung von Personendaten und Fingerabdrücken zur Umsetzung von DUBLIN
- Anerkennungsrichtlinie – Zur Definition, wer ein Flüchtling ist
- Asylbewerberleistungsgesetz
- Richtlinie über Aufnahmebedingungen
- Asylpaket I, II und III
- Für UMF/UMA: SGB VIII
- Asylverfahrensrichtlinie
- Ukraine-Aufenthalts-Übergangsverordnung

Eine zentrale Aufgabe stellt die Beratung und Begleitung vor, während und nach dem Asylverfahren und den damit zusammenhängenden Rechten und Regeln dar.[3] Für Sozialarbeiter*innen ist es daher wichtig, den Ablauf des Verfahrens und die damit einhergehenden Abläufe, beteiligten Personen, Behörden und Akteure zu verstehen und zu kennen. Dies beinhaltet auch die Fähigkeit, die Folgen der gerichtlichen und behördlichen Entscheidungen oder Maßnahmen reflektieren und erfassen zu können. Je nach Stand des Asylverfahrens entwickeln sich unterschiedliche Anforderungen, Aufgaben und Problemkonstellationen für die Geflüchteten, ihr Umfeld (Familie, Arbeitgeber, Ehrenamtliche usw.) und die Sozialarbeiter*innen selbst.

Methoden und Beratungsablauf

Wie bereits ersichtlich wurde, sind Geflüchtete unter bestimmten Umständen mit einer Vielfalt an Herausforderungen konfrontiert. Um dieser Komplexität an Hilfebedarfen gerecht zu werden, ist der Gebrauch verschiedener Methoden sinnvoll. Diese sind entsprechend der individuellen Bedürfnisse und Problemlagen der Menschen anzupassen. Im Zentrum der Arbeit mit Geflüchteten steht

3 Weitere Informationen dazu finden Sie in der Quelle Kolbe 2021a.

dabei die Frage, inwiefern sie in der Lage sind, mit diesen spezifischen Herausforderungen umzugehen. Eine klare methodische Zuordnung innerhalb dieses Feldes ist daher nicht möglich. Bisweilen geben die Träger oder das Team bestimmte Techniken und Methoden vor. Jedoch ist es die Entscheidung des Sozialarbeiters bzw. der Sozialarbeiterin, welche Techniken und Methoden er/sie anwendet. Darunter fallen z. B. (stärkenorientiertes) Case Management oder ressourcen- und verhaltensorientierte Ansätze der Beratung Insgesamt gilt es hierbei, methodisch flexibel handeln zu können. Denn je nach Adressat*in, Situation und Anspruch sind gerade in der Gesprächsführung strategische und situative Variationen möglich. Grundlegende Schritte im Prozess der sozialarbeiterischen Beratung sind die gemeinsame Auftragsklärung, die Entwicklung einer Handlungsstrategie, deren Umsetzung sowie Auswertung. Ziel der Arbeit mit Geflüchteten ist dabei stets, ihre größtmögliche Autonomie sicherzustellen (vgl. Soyer 2019, 253). Dabei steht die Beratung von Geflüchteten zu Beginn vor der Herausforderung, wie die Kontaktaufnahme bzw. der Zugang zu den Hilfesuchenden gewährleistet werden soll. Häufig sind Geflüchteten die Beratungsstrukturen in Deutschland nicht bekannt oder es bestehen Vorbehalte gegenüber der Inanspruchnahme von Hilfsangeboten (vgl. ebd.). Die Vielfalt an Akteuren (Bundesamt für Migration und Flüchtlinge, Sozialamt, Ausländerbehörde, Ehrenamtliche etc.), mit denen Geflüchtete gerade während der Anfangszeit in Deutschland konfrontiert sind, trägt weiter zu dieser Unübersichtlichkeit bei. Beratungsangebote sind daher nicht nur bedarfsorientiert, sondern auch niedrigschwellig zu gestalten. Dabei ist es hilfreich, über aufsuchende und langfristig angelegte vertrauensbildende Sozialarbeit den Zugang zu den Menschen zu suchen, über die spezifischen Aufgaben und Ziele der Beratungsarbeit adäquat zu informieren sowie auf die Unabhängigkeit von staatlichen Akteuren hinzuweisen (vgl. Soyer 2019).

Forschung

Die Forschung zu Sozialer Arbeit im Handlungsfeld Fluchtmigration kann bis etwa 2014 als konstant unterrepräsentiertes Forschungsfeld erkannt werden. Obwohl Menschen mit Fluchterfahrungen ein immanenter Teil von Migrationsbewegungen sind und waren, ist in der Vergangenheit in der deutschsprachigen Fachliteratur im sozialpädagogischen Kontext lediglich eine überschaubare Zahl an Forschungsberichten, Publikationen und Handbüchern erschienen. Im Hinblick auf die Entwicklungen globaler Fluchtmigration und die damit zusammenhängenden Asylantragstellungen und Einreisen von Schutzsuchenden nach 2014 nach Deutschland und in die EU sowie damit einhergehenden sozialarbeiterischen Fragestellungen, entstand im Fachgebiet der Sozialen Arbeit eine Vielzahl an Beiträgen (Kolbe/Surzykiewicz 2019; Kolbe 2021a, 2021b). Diese Entwicklung ist einerseits positiv zu bewerten, anderseits macht es die

Vielzahl der Publikationen aus unterschiedlichsten Disziplinen und mit vielfältigen Forschungsansätzen recht schwer, einen Überblick zu erhalten. Dennoch sind gerade mit Blick auf die Mündigkeit und Würde der Menschen eher Ansätze zu präferieren, die partizipativ, intersektionell und menschenrechtsorientiert sind. Geflüchtete selbst sind sehr gut in der Lage, ihre Bedürfnisse zu artikulieren und es gibt ausreichend Vertreter*innen von ihnen, die Forschungs- und Erhebungsbedarf benennen und angehen können. Dazu gehört auch, dass eine wissenschaftliche sowie sozialarbeiterische Offenheit zu Ansätzen des Globalen Südens praktiziert wird.

Anforderungen an Sozialarbeiter*innen

Das Spektrum, die Vielschichtigkeit und das Tempo der Entwicklung und Umsetzung von Maßnahmen, Gesetzen und Verordnungen im Bereich Flucht und Migration schaffen einen Bedarf an ausgeprägter Expertise von Recht und Rechtsprechung der Sozialen Arbeit und darüber hinaus. Diese notwendige Expertise kann aber nur erfolgreich angewendet werden, wenn bei den Sozialarbeiter*innen ein ausgeprägtes Bewusstsein über die Verantwortung vorhanden ist, die sie in der Beratung von Geflüchteten haben. Denn gerade bei Fragen des Asylverfahrens, des Bleiberechtes oder des Familiennachzuges tragen Kolleg*innen immense Verantwortung. So kann eine versäumte Frist, eine nicht-diagnostizierte psychische Erkrankung oder ein anderes nicht-dokumentiertes asylrechtlich relevantes Momentum (u. a. bei Homosexualität, bei Zwangsprostitution, Genitalverstümmelung oder dem Wunsch nach Konversion zum Christentum) zu gravierenden Konsequenzen führen (Abschiebung, Abbruch der Familienzusammenführung usw.). Die Kenntnis und Anwendung notwendiger fachlicher und sozialer Kompetenzen ist dabei von hoher Relevanz, denn in der Praxis werden Sozialarbeiter*innen darüber hinaus mit dem Umstand konfrontiert, dass Geflüchtete vielschichtige psycho-soziale Problemlagen und Bedürfnisse vorweisen. Diese Konstellation benötig thematisch und methodisch ausdifferenzierte, reflektierte und flexible Antworten (s. o.). Die Soziale Arbeit befindet sich diesbezüglich in einem Gebilde von Netzwerken und Beziehungen, welches ein grundlegendes Fachwissen und ein Verständnis der disziplinären Perspektiven aus Bezugswissenschaften wie Soziologie, Psychologie, Medizin, Pädagogik, (internationale) Politik und Recht sowie Religionswissenschaften impliziert.

Neben den erläuterten rechtlichen Fachkompetenzen wurden weitere Beratungskompetenzen und Fertigkeiten zur Konfliktlösung für Sozialarbeiter*innen als wichtig erkannt (AGJ 2016, 4 ff.):

- (Fach-)Wissen über Fluchtmigration
- Kommunikations- und Vermittlungskompetenzen

- Kompetenzen im Umgang mit Vielfalt
- Handlungsstrategien gegen gruppenbezogene Menschenfeindlichkeit
- Gendersensibilität
- Fähigkeiten zum Umgang mit emotionalen Belastungen und Traumatisierungen
- Netzwerk- und Kooperationskompetenzen
- Expertise für Integrationsarbeit und Innovationskompetenzen

Eine übergeordnete Funktion übernehmen in der Praxis jedoch interkulturelle und (inter-)religiöse bzw. spirituelle Fertigkeiten und Fähigkeiten. Das hat zwei Gründe: Zum einen ist in der Sozialen Arbeit mit Geflüchteten Interkulturalität und Diversität der Normalfall und interkulturelle Interaktion bzw. Kommunikation üblich. Zum anderen sind religiöse und spirituelle Bedürfnisse und Belange von hoher Bedeutung für Geflüchtete. Religion und Spiritualität sind häufig sogar eine Ressource für deren Resilienz, Gesundheit und Wohlbefinden sowie für den Umgang mit Krisen und Stress; Interkulturelle Kompetenzen sind ein fester Bestandteil der Sozialen Arbeit mit Geflüchteten. Sie beinhalten ein ausgeprägtes Verständnis für den Kulturbegriff sowie ein bestimmtes kulturelles Bewusstsein und Selbstverständnis. Die Kennzeichen interkultureller Kompetenzen sind Sprachfähigkeiten, Kommunikationskompetenzen, kulturelles Wissen, Handlungs- und Anwendungswissen und ein sicherer Umgang mit kultureller Vielfalt, Weltanschauungen und Konfliktpotenzialen (vgl. Leenen et al. 2014).

(Inter-)religiöse und spirituelle Kompetenzen sind als wichtige Ergänzung bzw. Teil der interkulturellen Fähigkeiten zu benennen und fest mit der Praxis in der Sozialen Arbeit mit Geflüchteten verwoben. Solche spezifischen Kompetenzen befähigen Sozialarbeiter*innen innerhalb der vielfältigen religiösen und spirituellen Bedingungen und Bedürfnisse, die das Wohlbefinden, das Leben und die Weltanschauung von Geflüchteten prägen, zu urteilen und zu navigieren. Zudem ermöglichen sie, religiösen und ethischen Fragestellungen wirksam mit Sensibilität, Toleranz und Engagement zu begegnen. Religiös-spirituelle Kompetenzen der Sozialen Arbeit befähigen dazu, religiöse und spirituelle Bedürfnisse zu erkennen, diesbezügliche Formen und Kontexte der Teilhabe, der Kommunikation und Interaktion, der Bedürfnisbefriedigung, Beratung und der Begleitung zu erfassen und adäquate Hilfeangebote zu realisieren (vgl. Kolbe/Surzykiewicz 2019).

Vergütung

Ebenso wie in vielen anderen Arbeitsfeldern der Sozialen Arbeit richtet sich die Vergütung nach der Beschaffenheit des Trägers (öffentlich vs. privat bzw. gemeinnützig vs. erwerbswirtschaftlich), bei dem man beschäftigt ist. Häufig wird die Asylberatung bzw. Flüchtlings- und Integrationsberatung durch Wohlfahrtsverbände geleistet. Seit dem Jahr 2018 wird die Asylverfahrensberatung zudem auch von Seiten des Bundesamtes für Migration und Flüchtlinge durchgeführt. Für eine Anstellung bei dem genannten Träger gelten die „Richtlinien für die Arbeitsverträge in den Einrichtungen des Deutschen Caritasverbandes" (AVR). Die Bezahlung erfolgt in der Regel nach der Entgeltgruppe S 12. Die Entgeltstufen variieren je nach Dauer des Beschäftigungsverhältnisses. Die Höhe der Vergütung orientiert sich dabei grundsätzlich an den Tarifverträgen des öffentlichen Dienstes. Im Gegensatz zu den kirchlichen Trägern, sind nicht-kirchliche Träger nicht unbedingt an tarifliche Vorgaben gebunden. Dadurch kann sich zwar mehr Spielraum für individuelle Gehaltsverhandlungen ergeben, gleichzeitig birgt dies aber auch das Risiko einer untertariflichen Bezahlung sowie reduzierten zusätzlichen Maßnahmen (Fortbildungsbudget, Supervisionsmöglichkeiten, Literaturbudget, Besinnungstage usw.). Ein Nachteil des Arbeitsfeldes ist sicherlich, dass die Arbeitsverträge häufig befristet sind. Dies ergibt sich aus der Unstetigkeit des Arbeitsfeldes in Folge der Abhängigkeit von politischen und migrationsspezifischen Entwicklungen.

Selbstreflexion und Empfehlungen für Studierende der Sozialen Arbeit

Da die professionelle Beratung von Geflüchteten und ihrem direkten und indirekten Umfeld auch in Konfliktszenarien und riskante psycho-soziale Lagen einwirkt, können Sozialarbeiter*innen soziale Konflikte reduzieren und für ein positives Klima in den Unterkünften von Geflüchteten, aber auch in den aufnehmenden Gemeinden sorgen. Soziale Arbeit strukturiert und organisiert dann gelebte Willkommenskultur und ebnet den Boden für Integrations- und Begegnungsprozesse. Weiter sorgen die Kolleg*innen für die Umsetzung der Menschenrechte und den Zugang zu ordentlichen Asylverfahren. Auch vereinen sie Familienverbände und erarbeiten gemeinsam mit den Geflüchteten Perspektiven und Chancen in unserer Gesellschaft. Als erste und wichtigste hauptamtliche Ansprechpartner*innen bei Einsamkeit, Ängsten, Verzweiflung und Trauer leisten sie unverzichtbare Arbeit. Trotzdem sollte klar sein, dass mit dieser Arbeit immense Belastungsfaktoren einhergehen. Nicht selten ist man das letzte Glied in der Benachrichtigungskette und muss regelmäßig schlechte und lebensbeeinflussende Botschaften vermitteln. Für jeden und jede Kolleg*in gilt es, die eigene Position im politisch volatilen, kulturell-religiös diversen und thematisch heterogenen Arbeitssetting zu finden. Dazu gehört auch der Umgang mit Scheitern und Unsicherheit sowie die Tatsache, dass die Tätigkeit gesellschaftlich nicht sonderlich positiv wahrgenommen wird. Bisweilen wird man von politischen Akteuren oder Behördenvertreter*innen als Gegner*in oder sogar Feind*in wahrgenommen.

Die Soziale Arbeit mit und für Menschen mit Flucht- und Migrationserfahrung findet in Form spontaner und einmaliger Maßnahmen, aber auch mehrjähriger strukturierter Beratungs- und Begleitungsprozesse statt. Die oben genannten Konstellationen entwickeln einen ausgeprägten Umstand von Unsicherheit in diesem Feld der Sozialen Arbeit. Deshalb ist die Reduktion von Unsicherheiten bei allen Beteiligten möglicherweise das essenzielle Element dieses Praxisfeldes. Dabei werden diese Prozesse von charakteristischen Dilemmata der Sozialen Arbeit eingerahmt:

1. Erfolge und somit die Wirksamkeit der Beratungsbemühungen sind (quantitativ) schwer zu bestimmen.
2. Die Beratung und Begleitung birgt lediglich punktuelle Integrationspotenziale und könnte die Autonomie der Adressat*innen reduzieren.
3. Sozialarbeiter*innen befinden sich in einem vielschichtig ausgeprägten Mandatskonflikt.
4. Es bestehen ausgeprägte Risiken der Entwicklung von Abhängigkeitsverhältnissen von Klient*innen zur Sozialen Arbeit (vgl. Erath 2006).

Als positives Beispiel für innovative und praktische sozialarbeiterische Formate ist der Ansatz der „Neuen Menschenrechte“ (NMR) von Prof. em. Dr. Jean Pol Martin (2020) zu empfehlen, der als Begründer des didaktischen Lern-Lehr-Konzeptes „Lernen durch Lehren“ gilt. Der NMR-Ansatz kombiniert verschiedene theoretische Ansätze (u. a. Bedürfnistheorie, Philosophie) und restrukturiert die Allgemeine Erklärung der Menschenrechte auf eine verständliche Ebene. Abgeleitet mit einer ganzheitlichen Legitimation und der Präambel von Glück als Hauptziel, erscheinen die „Neuen Menschenrechte“ in den sechs Bereichen (1) Denken, (2) Gesundheit, (3) Sicherheit, (4) Soziale Teilhabe, (5) Selbstverwirklichung sowie (6) Teilhabe und Sinn. Sie fungieren sowohl als universelle Leitbilder als auch als persönliche und globale Handlungsziele für die Bedürfnisbefriedigung – somit kann NMR auch ein Reflexionsansatz der bedürfnis- und menschenrechtsorientierten Sozialen Arbeit sein (vgl. Kolbe 2020). Die ersten vielversprechenden Feld- und Umsetzungsversuche finden derzeit in den Bereichen der ehrenamtlichen Flüchtlingsarbeit, der Kommunalpolitik und der Praxis, Lehre und Forschung der Sozialen Arbeit statt. Praktiker*innen der Sozialen Arbeit diskutieren und erforschen den NMR-Ansatz in Seminaren, Referaten und Diskussionen. Für Studierende der Sozialen Arbeit ist es empfehlenswert, sich über unterschiedlichste Ansätze in diesem Arbeitsfeld zu informieren und damit ein Gefühl für das zukünftige Handeln zu entwickeln, aber auch zu erkennen, welcher Bereich Ihnen zusagt oder nicht. Ferner sollten Sie im Studium darauf Wert legen, Felderkundungen vorzunehmen und ihre Dozent*innen oder Professor*innen dazu motivieren, konkrete Einblicke durch Fallarbeit oder Austausch mit (ehemaligen) Adressat*innen der Sozialen Arbeit zu erhalten. Gerade im Bereich Fluchtmigration sind individuelle Lebensschicksale eine unbedingte Erfahrung zur Einordnung und Erfassung der eigenen persönlichen Motivation, Kompetenzen und Professionalität.

Welchen Herausforderungen und Konfliktfeldern begegnen Sozialarbeiter*innen im Arbeitsfeld der Asylberatung und welche Kompetenzen sind hilfreich, um diese zu bewältigen?

Quellen

AGJ (2016): Qualifizierung und Qualifikation von Fachkräften mit Blick auf die Begleitung, Unterstützung und Integration von geflüchteten Familien und unbegleiteten minderjährigen Geflüchteten. Positionspapier der Arbeitsgemeinschaft für Kinder- und Jugendhilfe – AGJ. Hg. v. Vorstand der Arbeitsgemeinschaft für Kinder- und Jugendhilfe. Berlin (Stellungnahme und Positionen).

Erath, Peter (2006): Sozialarbeitswissenschaft. Eine Einführung. Stuttgart: Kohlhammer (Sozialpädagogik).

Hornberg, Claudia/Schröttle, Monika/Bohne, Sabine/Khelaifat, Nadia/Pauli, Andrea (2008): Gesundheitliche Folgen von Gewalt unter besonderer Berücksichtigung von häuslicher Gewalt gegen Frauen. Unter Mitarbeit von Kerstin Horch. Hg. v. Robert Koch-Institut (RKI). Berlin (Gesundheitsberichterstattung des Bundes, Heft 42).

Kleibl, Tanja/Kolbe, Simon/Bartosch, Ulrich (2017): Interkonfessionelle Zusammenarbeit als Möglichkeit und als Notwendigkeit. In: Ceylan, Rauf/Kiefer, Michael (Hrsg.): Ökonomisierung und Säkularisierung: Neue Herausforderungen der konfessionellen Wohlfahrtspflege in Deutschland. Wiesbaden: Springer Fachmedien Wiesbaden, 407-427.

Kolbe, Simon (2020): Bedürfnisorientierungen im Kontext Sozialer Arbeit – Hilfsmittel für eine Menschenrechtsprofession? In: Kolbe, Simon/Martin, Jean-Pol/Ruep, Margret (Hrsg.): „Neue Menschenrechte?" Bestandsaufnahme eines bedürfnisorientierten Handlungsansatzes. Herne: Gabriele Schäfer, 87-106.

Kolbe, Simon (2021a): Handlungsempfehlungen für die (sozial-)pädagogische Arbeit mit Geflüchteten: Interkulturelle Aspekte und Begleitung im Asylverfahren. socialnet Materialien. Online verfügbar unter https://www.socialnet.de/materialien/29271.php.

Kolbe, Simon (2021b): Krisenmodus. Das Handlungsfeld Sozialpädagogische Beratung von Geflüchteten. In: Meyer, Nikolaus/Siewert, Andrea (Hrsg.): Handlungsfelder der Sozialen Arbeit. Der berufliche Alltag in Beschreibungen aus der Praxis (UTB Soziale Arbeit), 110-115.

Kolbe, Simon/Surzykiewicz, Janusz (2019): Germany: Social Work with Refugees – some Answers to Multifactorial Challenges. In: Pfaller-Rott, Monika/Kállay, Andrej/Böhler, Doris (Hrsg.): Social Work with Migrants and Refugees. Ostrava (Eris Monographs, 5), 70-91.

Leenen, Wolf R./Groß, Andreas/Grosch, Harald (2014): Interkulturelle Kompetenz in der Sozialen Arbeit. In: Wansing, Gudrun/Westphal, Manuela (Hrsg.): Behinderung und Migration. Inklusion, Diversität, Intersektionalität. Wiesbaden: Springer VS, 105-126.

Martin, Jean-Pol (2020): Neubegründung und Reformulierung der Allgemeinen Erklärung der Menschenrechte. In: Kolbe, Simon/Martin, Jean-Pol/Ruep, Margret (Hrsg.): „Neue Menschenrechte?" Bestandsaufnahme eines bedürfnisorientierten Handlungsansatzes. Herne: Gabriele Schäfer, 109-148.

Soyer, Jürgen (2019): Soziale Arbeit mit Asylsuchenden und Flüchtlingen. In: Maier, Thomas/Morina, Naser/Schick, Matthis/Schnyder, Ulrich (Hrsg.): Trauma – Flucht – Asyl. Ein interdisziplinäres Handbuch für Beratung, Betreuung und Behandlung. 1. Auflage. Bern: Hogrefe, 247-264.

Staub-Bernasconi, Silvia (1995): Systemtheorie, soziale Probleme und soziale Arbeit. Lokal, national, international oder: vom Ende der Bescheidenheit. Bern u. a.: Haupt (Soziale Arbeit, Bd. 13).

Staub-Bernasconi, Silvia (2007): Soziale Arbeit: Dienstleistung oder Menschenrechtsprofession? Zum Selbstverständnis Sozialer Arbeit in Deutschland mit einem Seitenblick auf die internationale Diskussionslandschaft. In: Lob-Hüdepohl, Andreas/Lesch, Walter/Bohmeyer, Axel/

Kurzke-Maasmeier, Stefan (Hrsg.): Ethik Sozialer Arbeit. Ein Handbuch. Paderborn: Schöningh (UTB), 20-54.

Staub-Bernasconi, Silvia (2008): Menschenrechte in ihrer Relevanz für die Soziale Arbeit als Theorie und Praxis. Oder: Was haben Menschenrechte überhaupt in der Sozialen Arbeit zu suchen? Soziale Arbeit und Menschenrechte. In: Widersprüche: Zeitschrift für sozialistische Politik im Bildungs-, Gesundheits- und Sozialbereich (107), 9-32.

UNHCR (2015): Abkommen über die Rechtsstellung der Flüchtlinge vom 28. Juli 1951 (In Kraft getreten am 22. April 1954) Protokoll über die Rechtsstellung der Flüchtlinge vom 31. Januar 1967 (In Kraft getreten am 4. Oktober 1967). 28.07.1951 u. 31.01.1967. Hrsg. v. Der Hohe Flüchtlingskommissar der Vereinten Nationen. Amt des Vertreters in der Bundesrepublik Deutschland. Berlin.

Soziale Arbeit im ambulant betreuten Wohnen für Menschen in besonderen sozialen Schwierigkeiten

Romina Becher

Personen, bei denen besondere Lebensverhältnisse mit sozialen Schwierigkeiten verbunden sind, sind Leistungen zur Überwindung dieser Schwierigkeiten zu erbringen, wenn sie aus eigener Kraft hierzu nicht fähig sind – so werden leistungsberechtigte Personen der Sozialhilfe in §67 SGB XII beschrieben. Dieser Paragraf stellt die gesetzliche Grundlage für meine Tätigkeit als Sozialarbeiterin in der Arbeit mit Menschen in besonderen sozialen Schwierigkeiten dar. Doch was genau bedeutet das eigentlich in der Praxis? Was beinhalten Leistungen zur Überwindung sozialer Schwierigkeiten? Wie kann eine solche Hilfe konkret aussehen? Auf diese und weitere, damit zusammenhängende, Fragen möchte ich in diesem Beitrag genauer eingehen.

Das ambulant betreute Wohnen für Menschen in besonderen sozialen Schwierigkeiten (kurz ABW oder BeWo; Betreutes Wohnen) ist ein Unterstützungsangebot für volljährige Menschen mit dem Ziel, selbstbestimmtes Leben in der eigenen Wohnung zu ermöglichen. Es ist eines der vielen Angebote, welches der Träger, für welchen ich arbeite, bereithält, um Menschen Teilhabe am gesellschaftlichen Leben zu ermöglichen. Es handelt sich bei dem Träger um einen der sechs großen Spitzenverbände der freien Wohlfahrtspflege. Die Angliederung des ambulant betreuten Wohnens an ein breitgefächertes, hausinternes Beratungsangebot (wie zum Beispiel die Suchtberatung, die Trauerbegleitung, die Sozialberatung und die Wohnungsnotfallhilfe) bietet eine ideale Grundlage für eine passgenaue Unterstützung der von mir begleiteten Klient*innen.

Allen Adressat*innen des ambulant betreuten Wohnens ist gemein, dass diese sich in oftmals vielschichtig belasteten Lebenssituationen befinden. Die daraus resultierenden sozialen Schwierigkeiten lassen sich von den Adressat*innen aus eigener Kraft nicht überwinden. Welche zentralen Lebensbereiche dies betrifft, möchte ich im Folgenden kategorisch erläutern:

Der ordnungsgemäße Erhalt des eigenen Wohnraums stellt für viele Klient*innen eine große Herausforderung dar, dessen Bewältigung ohne professionelle Hilfe nicht möglich erscheint. Infolgedessen kommt es zu Vermüllung und Verwahrlosung des Wohnraums und in diesem Kontext häufig auch zu Beschwerden durch Nachbar*innen, zum Beispiel aufgrund von Geruchsbelästigung. Die Erteilung von Abmahnungen, Kündigungen sowie (drohende) Räumungsklagen sind gängige Folgen des als mietwidrig eingestuften Verhaltens der jeweiligen Klient*innen. Auch die regelmäßige Zahlung der Miete sowie der regelmäßig anfallenden Abschläge für Strom und Gas stellt häufig eine schwer zu überwindende Aufgabe für die betreuten Klient*innen dar. Ein angemessener Umgang mit den ihnen zur Verfügung stehenden finanziellen Mitteln stellt viele Klient*innen vor eine große Herausforderung, sodass Rechnungen beim jeweiligen Energieversorger oftmals nicht zuverlässig beglichen werden. Die wiederholte Nichterfüllung der Zahlungsverpflichtung kann mit steigender Höhe des Rückstandes zur Unterbrechung der Versorgung führen. Dies bedeutet, dass der Strom abgestellt wird. Meine Aufgabe besteht darin, den Klienten bzw. die Klientin bei der kritischen Auseinandersetzung mit seiner bzw. ihrer finanziellen Situation sowie der Entwicklung von förderlichen Handlungsalternativen zu unterstützen. Diese Hilfe reicht von einer detaillierten Gegenüberstellung und regelmäßigen Überprüfung der eigenen Einnahmen und Ausgaben über Verhandlungen mit den Gläubiger*innen und Vereinbarungen von Ratenzahlungen bis hin zur Anbindung an eine Schuldnerberatungsstelle.

Die meisten meiner Klient*innen sind langzeitarbeitslos und erhalten existenzsichernde Leistungen nach dem SGB II, das heißt einen Regelsatz zur Sicherung des Lebensunterhaltes. Darüber hinaus werden die Kosten für Unterkunft und Heizung ebenfalls vom Jobcenter übernommen, sofern diese vor dem Hintergrund der jeweiligen lokalen Richtwerte als angemessen eingestuft werden. Das Ziel, einer geregelten Beschäftigung nachzugehen und das Leben somit aus eigenen Mitteln zu finanzieren, kann eines der Ziele, welche mithilfe der Unterstützung erreicht werden sollen, darstellen. Allerdings benötigen viele der Klient*innen ganz grundlegend erst einmal Hilfestellung bei der Entwicklung einer Tagesstruktur, um ihren Alltag sinnhaft gestalten zu können. Bei den meisten der Klient*innen, die ich begleite, sind zudem viele andere problembelastete Lebensbereiche präsent, die einer dringenderen Bearbeitung bedürfen, um die eigene Existenz sichern zu können. Das Ziel, einer Beschäftigung nachzugehen, muss somit häufig vorerst hintenangestellt werden.

Oftmals stellt die Bearbeitung der Post eine große Herausforderung dar. Vielen Klient*innen fällt es schwer, die an sie adressierten Schreiben von Behörden und Ämtern zu verstehen und angemessen zu bearbeiten. Um Sanktionen zu vermeiden wird Hilfe bei der fristegerechten Bearbeitung der individuellen Post benötigt. Darüber hinaus spiegelt sich die bereits erwähnte Schwierigkeit, mit den verfügbaren finanziellen Mitteln angemessen umzugehen, auch in der eingehenden Post wider. Nicht bezahlte Rechnungen führen zu teils erheblichen Überschuldungen. Der Überblick über die ausstehenden Beträge bei den verschiedenen Gläubiger*innen geht verloren. Manche Klient*innen öffnen ihre Post infolgedessen nur noch teilweise oder gar nicht mehr.

Ein weiterer Lebensbereich, in welchem viele meiner Klient*innen Unterstützung benötigen, ist die Gesundheitsfürsorge. Der Großteil der Klient*innen, die ich im Rahmen des ambulant betreuten Wohnens kennenlerne, hat vor der Installation der Hilfeleistung regelmäßige Routineuntersuchungen vernachlässigt. Auch eine anlassbezogene Aufsuche von Fachärzt*innen sowie die Abklärung physischer und psychischer, oftmals über mehrere Jahre hinweg bestehender, Beschwerden wird oftmals lange Zeit vermieden. Die Motivation zur Inanspruchnahme entsprechender Angebote stellt eine meiner Hauptaufgaben in diesem Bereich dar. Häufig bestehen auch Abhängigkeitserkrankungen wie regelmäßiger Alkohol- oder Drogenkonsum. Das hausinterne Suchtberatungsangebot, in welches eine unkomplizierte Weitervermittlung möglich ist, kann hier eine erste Anlaufstelle für die Auseinandersetzung mit der eigenen Abhängigkeit darstellen.

Zu berücksichtigen ist außerdem, dass oftmals kein tragfähiges soziales Netzwerk im Leben der Klient*innen vorhanden ist. Die meisten der Klient*innen leben allein. Manche der Adressat*innen haben Kontakt zu ihren Familienangehörigen, darunter manchmal auch eigene Kinder. Tragfähige, freundschaftliche Beziehungen außerhalb der Kernfamilie sind eher selten.

Zwar gibt es vielerorts eine Vielzahl spezifischer Beratungs- und Unterstützungsangebote, die Menschen Unterstützung bei der Bearbeitung der beschriebenen Problematiken wie zum Beispiel Sucht und Verschuldung bieten können. Die gängigen bestehenden Hilfsangebote sind für die Zielgruppe, auf die sich das Angebot des ambulant betreuten Wohnens bezieht, jedoch in der Regel nur eingeschränkt oder gar nicht nutzbar. Viele Klient*innen verlassen das Haus nur, wenn es nötig ist. Die selbständige Aufsuche eines Angebotes (wie zum Beispiel einer Beratungsstelle ist den meisten Klient*innen somit kaum möglich. Die Unterstützung durch meine Kolleg*innen und mich findet deshalb in der Regel durch regelmäßige Hausbesuche in den Wohnungen der verschiedenen Klient*innen statt. Darüber hinaus besteht immer auch die Möglichkeit eines Treffens in den Büroräumen des Trägers. Für die meisten meiner Klient*innen ist die aufsuchende Betreuung in der eigenen Wohnung jedoch oftmals die einzige Möglichkeit, überhaupt Hilfe in Anspruch nehmen und etwas an der gegenwärtigen Lebenssituation verändern zu können. Ausgehend von regelmäßigen Hausbesuchen begleiten wir im Rahmen des ambulant betreuten Wohnens auch verschiedene Termine außerhalb der eigenen Wohnung, bei welchen die Klient*innen Unterstützung benötigen. Hierzu gehört die Versorgung mit Lebensmitteln ebenso wie Termine bei Behörden und Ämtern sowie der Besuch medizinischer Einrichtungen, sofern die Klient*innen hierzu motiviert werden können. Alle Kontakte mit den Klient*innen müssen mit zeitlichen Angaben von mir in einem elektronischen Dokumentationsprogramm erfasst werden. Dabei werden sowohl erfolgte als auch versuchte Kontakte, wie zum Beispiel erfolglose Anrufe oder vereinbarte, aber nicht wahrgenommene Termine, sowie Kontakte zu Netzwerkpartner*innen, Familienmitgliedern oder anderen Mitgliedern des Systems dokumentiert.

Dabei arbeiten wir im Bezugsbetreuungssystem, das heißt, jeder Klient bzw. jede Klientin hat eine feste Ansprechperson. Das aktuelle Team besteht aus insgesamt sechs Personen. In einem zweiwöchigen Rhythmus treffen wir uns zu gemeinsamen Teamsitzungen, in denen neben organisatorischen und pädagogischen Themen auch konkrete Fallbeispiele besprochen werden. Das Team besteht vorwiegend aus Sozialarbeiter*innen und Sozialpädagog*innen, welche jeweils die Bezugsbetreuung übernehmen. Darüber hinaus sind auch Krankenpfleger*innen sowie Quereinsteiger*innen als Ergänzungskräfte vertreten. Vor allem in betreuungsintensiveren Fällen übernehmen Ergänzungskräfte oftmals Termine wie zum Beispiel die Einkaufsbegleitung und die Anleitung von Haushaltstätigkeiten. Mit manchen Klient*innen habe ich einen festen Termin pro Woche, mit anderen Klient*innen vereinbare ich von Woche zu Woche individuell Termine, je nachdem, was jeweils ansteht. Ist eine Ergänzungskraft in den Fall involviert, findet eine enge Absprache statt.

Über die persönlichen Kontakte hinaus sind meine Kolleg*innen und ich an Werktagen tagsüber telefonisch für die Klient*innen erreichbar. Viele Klient*innen nutzen die Möglichkeit der telefonischen Erreichbarkeit, wenn sie Fragen haben oder sich in einer Krise befinden. Manchmal können Kriseninterventionen auf telefonischem Wege erfolgen, manchmal bedarf es jedoch auch eines persönlichen Gesprächs. In diesem Fall vereinbare ich auch außerplanmäßige Termine mit den Klient*innen.

Meistens besteht nicht nur in einem der aufgeführten Bereiche des alltäglichen Lebens Unterstützungsbedarf. Die Lebenssituationen der Adressat*innen sind in der Regel vielschichtig belastet und die bestehenden Problematiken bedingen sich gegenseitig. Oftmals haben sich die gegenwärtig existenzbedrohenden Umstände über mehrere Jahre hinweg entwickelt, bestimmte Muster des Handelns sind entstanden und haben sich mit der Zeit verfestigt. Zur Feststellung der häufig sehr umfassenden Hilfebedarfe der Klient*innen gibt es ein standardisiertes Hilfeplanverfahren, welches in Zusammenarbeit mit einem großen Kommunalverband, unserem Kostenträger, durchgeführt wird. So findet vor

Beginn der Hilfe ein gemeinsames Hilfeplangespräch zwischen dem bzw. der Hilfesuchenden, einem Vertreter bzw. einer Vertreterin des Kostenträgers und meiner Teamleitung statt. Zentrales Thema dieses Gespräches sind die unterschiedlichen Lebensbereiche, welche ich vorab genauer beschrieben habe. In einem gemeinsamen Gespräch werden Bedarfe herausgestellt, Ziele benannt und eine Anzahl an Fachleistungsstunden (FLS) vorgeschlagen, welche benötigt wird, um an den Zielen arbeiten zu können. Hierbei ist anzumerken, dass nicht nur die gemeinsamen Termine, sondern auch alles andere, was ich für den Klienten bzw. die Klientin erledige, von dem zeitlichen Kontingent abgeht. Darunter fallen so zum Beispiel Telefonate mit Netzwerkpartner*innen, aber auch der Versand von Anschreiben oder E-Mails für die Klient*innen. Letztlich entscheidet der Kostenträger, ob und wie viele FLS bewilligt werden. Es werden in der Regel mindestens eine bis maximal fünf FLS pro Klient/Klientin bewilligt, durchschnittlich sind es meistens zwei bis drei FLS. Bei vorliegender Bewilligung wird von der Teamleitung unter Berücksichtigung der zeitlichen Kapazitäten entschieden, wer die Bezugsbetreuung für den jeweiligen Klienten bzw. die jeweilige Klientin übernimmt. Dann kann die Hilfe starten. Bewilligt wird die Hilfe in der Regel zunächst für die Dauer eines Jahres, daran anschließende Bewilligungszeiträume beziehen sich immer auf ein weiteres halbes Jahr. Vier bis sechs Wochen vor Ablauf der Hilfe muss somit ein neuer Antrag gestellt werden, sofern die Hilfe weiter erforderlich und gewünscht ist. Basierend auf den Lebensbereichen erfolgt eine Reflexion bereits erreichter sowie noch ausstehender Ziele in schriftlicher Form. Ein persönliches Hilfeplangespräch ist dann nicht mehr vorgesehen. Einzelne Rückfragen seitens des Kostenträgers kommen jedoch immer mal wieder vor, bevor eine weitere Bewilligung der Fachleistungsstunden für das nächste halbe Jahr erfolgen kann.

An dieser Stelle ist zu erwähnen, dass die Art der Motivation der Klient*innen stark variiert. Nicht selten erlebe ich Klient*innen als resigniert und wenig ermutigt, sich genauer mit der eigenen Situation auseinanderzusetzen und Verantwortung für diese zu übernehmen. Grundsätzlich beruht die Inanspruchnahme des Angebots des ambulant betreuten Wohnens in der Theorie erstmal auf Freiwilligkeit. Praktisch betrachtet sieht die Situation jedoch ein wenig anders aus. Nicht selten kommt es vor, dass Klient*innen der Installation des ambulant betreuten Wohnens lediglich auf Anraten oder auch Drängen anderer Beteiligter, wie zum Beispiel des Vermieters oder der Vermieterin, zustimmen, da der Verlust der eigenen Wohnung droht. In eher wenigen Fällen melden sich die Klient*innen selbst bei uns und bitten um Hilfe. So habe ich es auch schon erlebt, dass Klient*innen der Hilfe anfangs zugestimmt haben, dann jedoch nur sehr wenig bis gar nicht empfänglich oder erreichbar waren, sodass die Hilfe nur sehr schleppend angelaufen ist. Ich habe jedoch auch schon Klient*innen begleitet, die die Hilfe nach anfänglich großer Skepsis schließlich doch dankbar angenommen haben. Inwiefern und für welche Dauer eine Fortführung der Unterstützungsleistung in solchen Fällen sinnvoll ist, ist im Einzelfall zu entscheiden. Hierzu stehe ich immer in enger Rücksprache mit meiner Teamleitung.

Nicht immer sehen die Klient*innen die gewählten Handlungsstrategien selbst auch als problematisch an, sodass sie zunächst wenig motiviert sind, diese zu hinterfragen. Sofern der Klient bzw. die Klientin über wenig intrinsische Motivation verfügt, besteht ein elementarer Schritt überhaupt erst einmal in der kritischen Auseinandersetzung mit der eigenen Lebenssituation. Im nächsten Schritt muss dann die Frage gestellt werden, wie alternative Handlungsmöglichkeiten aussehen könnten. Grundsätzlich gilt es, die Muster des Handelns, welche zur Bewältigung individueller Herausforderungen genutzt werden, gemeinsam mit dem jeweiligen Klienten bzw. der jeweiligen Klientin genauer zu betrachten. Da diese in der Vergangenheit häufig nicht langfristig zielführend waren, gilt es, diese kritisch zu überprüfen, um gemeinsam nach alternativen Handlungsstrategien zu suchen.

Hierbei versuche ich stets, mich an der klient*innenzentrierten Gesprächsführung nach Carl R. Rogers zu orientieren. Es sind drei Grundhaltungen von elementarer Bedeutung: Das einfühlende Verstehen, die unbedingte Wertschätzung (das bedingungsfreie Akzeptieren) sowie Kongruenz/Echtheit (vgl. Rogers 2012, 22-32). Diese grundlegenden Einstellungen finden sich zum Teil auch in der Methode der gewaltfreien Kommunikation wieder, welche von Marshall B. Rosenberg entwickelt wurde. So beschreibt Rosenberg intensives Zuhören genauso wie Respekt und Empathie als wichtige Bausteine für eine gelingende Kommunikation (vgl. Rosenberg 2013, 30).

Das erste Prinzip der klient*innenzentrierten Gesprächsführung ist das einfühlende Verstehen. Es besteht nach Rogers in dem Versuch, „in die Haut des Klienten zu schlüpfen“ (Rogers 2012, 24). Es fußt auf der konsequenten Konzentration auf die emotionalen Empfindungen des Klienten bzw. der Klientin. Es wird versucht, die Gefühle des Klienten bzw. der Klientin zu verstehen und das Verstandene dem Klienten bzw. der Klientin gegenüber möglichst genau zu benennen. Dies bietet dem Klienten bzw. der Klientin die Möglichkeit, die eigenen Empfindungen mit einer gewissen Distanz zu betrachten, was ihm bzw. ihr wiederum die Chance bietet, die eigenen Einstellung kritisch zu beleuchten und zu hinterfragen (vgl. Weinberger 2013, 41). Der Kern dieser Methode besteht in dem Bestreben, die Worte des Klienten bzw. der Klientin nicht bloß zu wiederholen, sondern die Bedeutung dahinter wahrzunehmen, zumal nicht alle Empfindungen immer in Worte gefasst werden können und sich unter anderem auch durch nicht-verbale Kommunikationsformen wie die Stimme, Mimik oder Gestik äußern. Einfühlendes Verstehen bedeutet, all den verschiedenen Signalen des Klienten bzw. der Klientin achtsam zu begegnen, auf diese Weise nachzuempfinden, was in dem Klienten bzw. der Klientin vorgeht und dieses durch angemessene Sprache, Schweigen oder Körperkontakt zu kommunizieren. Wichtig ist hierbei, die Äußerungen nicht als Feststellung, sondern vielmehr als ein Angebot des Verstehens an den Klienten bzw. die Klientin zu formulieren (vgl. ebd., 42).

Ein weiterer elementarer Bestandteil der klient*innenzentrierten Gesprächsführung ist die unbedingte Wertschätzung. Diese zeigt sich in der vollkommenen Akzeptanz des Klienten bzw. der Klientin, ohne Gedanken, Emotionen oder Verhaltensweisen des Klienten bzw. der Klientin hierbei zu bewerten oder zu beurteilen. Es geht nicht darum, individuelle Äußerungen, Einstellungen oder Verhaltensweisen des Klienten bzw. der Klientin gutzuheißen oder abzulehnen, sondern darum, den jeweiligen Menschen bedingungslos zu akzeptieren (vgl. Rogers 2012, 27). Nach Rosenberg ist es elementar, Beobachtungen mitzuteilen, ohne dabei Bewertungen, Be- oder Verurteilungen vorzunehmen (vgl. Rosenberg 2013, 25).

Als dritten Aspekt führt Rogers in seinem Konzept die Relevanz von Echtheit bzw. Kongruenz an. Diese Grundeinstellung hat gemäß Rogers einen grundlegenden Einfluss auf den Verlauf der Hilfeleistung. Hierbei geht es darum, dass der/die Professionelle er bzw. sie selbst ist, echt ist, und auch dazu steht, anstatt sich hinter einer Maske zu verstecken. Eine solche Kongruenz bedeutet nicht, dass alle Gedanken, die der bzw. die Professionelle hat, geäußert werden sollen oder der Klient bzw. die Klientin über die persönlichen Probleme des bzw. der Professionellen informiert wird. Vielmehr geht es darum, das eigene Erleben und Empfinden nicht zu leugnen, um authentisch gegenüber dem Klienten bzw. der Klientin bleiben zu können (vgl. Rogers 2012, 30 ff.). Rosenberg äußert in diesem Zusammenhang, dass es wichtig ist, dass alle Beteiligten Gelegenheit dazu haben, Gefühle, Bedürfnisse und Bitten zu äußern (vgl. ebd., 25).

Ich erlebe die für mich handlungsleitende Methode der klient*innenzentrierten Gesprächsführung für meine Arbeit im ambulant betreuten Wohnen als sehr gewinnbringend. Sie stellt für mich eine sinnstiftende Orientierungshilfe dar, um mich auf die Lebenswelt meiner Klient*innen einlassen und gemeinsam eine kooperative Arbeitsbeziehung aufzubauen und pflegen zu können. Eine vertrauensvolle Arbeitsbeziehung stellt für mich einen unerlässlichen Bestandteil erfolgreicher Zusammenarbeit dar. Als besonders herausfordernd erlebe ich in diesem Zusammenhang die Tatsache, dass sich die Klient*innen oftmals von Beginn der Hilfe an in existenzbedrohenden Situationen befinden, welche schnelles Handeln erforderlich machen. Die Entwicklung individueller, passgenauer Lösungsmöglichkeiten und Handlungsalternativen nach den drei Grundprinzipien der klient*innenzentrierten Gesprächsführung erfordert viel Zeit, Ruhe und Geduld. Vor allem in existenzbedrohenden Situationen gilt es daher, der Arbeitsbeziehung und den Handlungsalternativen Zeit zum Wachsen zu geben und gleichzeitig einen kühlen Kopf zu bewahren. Als eine der größten Herausforderungen empfinde ich es, auszuhalten, wenn die von mir begleiteten Klient*innen Entscheidungen treffen, welche ihre sozial schwierige Situation in der Konsequenz weiter verschärfen werden. So habe ich eine Klientin zum

Beispiel einmal bis zur Räumungsklage und auch darüber hinaus begleitet. Die Klientin hat die Unterstützung durch das ambulant betreute Wohnen bis zum Tag der Räumung aus der von ihr bewohnten Wohnung nur in geringem Maße bis gar nicht annehmen können. Das Angebot der gemeinsamen Wohnungssuche sowie das Wahrnehmen von Wohnungsbesichtigungen wurden ebenso ausgeschlagen wie der Vorschlag alternativer Wohnformen. Therapeutische Hilfe wurde ebenso konsequent abgelehnt. Erst als die Räumung tatsächlich erfolgt ist, hat die Klientin begonnen, die Situation zu realisieren und sich kurzzeitig auf die Hilfe eingelassen. Dieses Beispiel verdeutlicht die Grenzen meiner Arbeit als Sozialarbeiterin im ambulant betreuten Wohnen für Menschen in sozialen Schwierigkeiten sehr eindringlich.

In Situationen wie solchen hilft mir mein professionelles Selbstverständnis als Sozialarbeiterin. Dieses lässt sich wie folgt beschreiben: Fachkräfte der Sozialen Arbeit sehen sich als Expert*innen in Bezug auf die Vermittlung zwischen dem Individuum in seiner persönlichen Lebenswelt und dem System, welches durch gesellschaftliche Strukturen und Normen gekennzeichnet ist. So nehmen sich die Fachkräfte der Sozialen Arbeit selbst als Expert*innen auf dem Gebiet der Vermittlung von Hilfe mit dem Ziel der Begleitung, Unterstützung und Förderung von Menschen wahr. Hierbei vertrauen die Sozialarbeiter*innen grundlegend darauf, dass die Klient*innen grundsätzlich in der Lage sind, ihr Leben selbst zu gestalten. An den Stellen, an denen hierfür erforderliche Ressourcen für die Klient*innen nicht verfügbar oder zugänglich sind, setzt die Soziale Arbeit mit dem Ziel, Ressourcen erfahrbar und nutzbar zu machen, an (vgl. Deutscher Berufsverband für Soziale Arbeit 2022).

Letztlich kann ich als Sozialarbeiterin, basierend auf meinen theoretischen Fachkenntnissen und praktischen Erfahrungen sowie meinem damit zusammenhängenden, handlungsleitenden Selbstverständnis, immer wieder die helfende Hand ausstrecken. Ob die Klient*innen sie ergreifen, liegt nur bedingt bei mir. An dieser Stelle ist zu erwähnen, dass meine Arbeit deutlich von der Tätigkeit einer gesetzlichen Betreuerin abzugrenzen ist. Die Hilfeleistung wird nicht über einen richterlichen Beschluss angeordnet. Dementsprechend sind die Klient*innen rechtlich betrachtet in der Regel vollkommen geschäfts- und einwilligungsfähig. Die Möglichkeit eines sogenannten Einwilligungsvorbehaltes besteht nur in Ausnahmefällen, wenn zusätzlich zur ambulanten Betreuung eine gesetzliche Betreuung eingerichtet ist. Eine Einschränkung der Geschäftsfähigkeit auf freiwilliger Basis bieten wir ergänzend zu unseren sonstigen Hilfestellungen im Bereich Finanzen an. Wie bereits erwähnt, fällt vielen Klient*innen der Umgang mit den ihnen zur Verfügung stehenden finanziellen Mitteln sehr schwer. Klient*innen, die sich in der Kontoverwaltung befinden, haben dann kein alleiniges Zugriffsrecht mehr auf das eigene Konto. Überweisungen, Abhebungen und andere, den Zahlungsverkehr betreffende Handlungen können so nur noch mit Zustimmung des Bezugsbetreuers bzw. der Bezugsbetreuerin erfolgen. Dies bietet den

Vorteil, dass meine Kolleg*innen und ich mit dem jeweiligen Klienten bzw. der jeweiligen Klientin ins Gespräch gehen können, bevor unüberlegte Zahlungen oder Abhebungen getätigt werden, die im Umkehrschluss zum Beispiel dafür sorgen, dass die Miete nicht mehr bezahlt werden kann. Auch dieses Angebot besteht jedoch grundsätzlich auf freiwilliger Basis und kann auf Wunsch des Klienten bzw. der Klientin jederzeit wieder beendet werden.

Die Vergütung für meine Tätigkeit lässt sich, orientiert an dem AVR-Caritas (Richtlinien für Arbeitsverträge in den Einrichtungen des Deutschen Caritasverbandes), in der Entgeltgruppe S 11b eingruppieren. Neben der Entgeltgruppe sind die sechs Entwicklungsstufen zu berücksichtigen. Der jeweilige Verbleib in den einzelnen Stufen sowie die Stufensteigerungen sind unterschiedlich lang, mit jedem Stufenaufstieg erhöht sich das Gehalt.

Abschließend möchte ich zum Ende meines Beitrages gerne meine persönliche Empfehlung abgeben, die sich vor allem an die Leser*innen richtet, welche sich für das beschriebene Praxisfeld interessieren: Grundsätzlich kann ich sagen, dass das Praxisfeld des ambulant betreuten Wohnens für Menschen in sozialen Schwierigkeiten eine sehr verantwortungsvolle und abwechslungsreiche Tätigkeit bietet. Ausgebildete Sozialarbeiter*innen oder Student*innen der Sozialen Arbeit, die darüber nachdenken, in diesem Praxisfeld tätig zu werden, sollten sich bewusst mit der Tatsache auseinandersetzen, dass ihnen ein hohes Maß an Selbständigkeit abverlangt wird. Dies bietet einerseits die Freiheit, sich den eigenen Arbeitstag weitestgehend selbst zu strukturieren. Anderseits bringt diese Form der Arbeit auch den Umstand mit sich, dass keine tägliche Arbeit im Team in einer Form stattfindet, wie es in manch anderen Arbeitsfeldern der Fall ist. Hier sollte sich jede interessierte Person selbst die Frage stellen, ob dieses Maß an Selbständigkeit für sie das Richtige ist.

Darüber hinaus möchte ich auf das besondere Setting des ambulant betreuten Wohnens hinweisen. Die Arbeit findet hauptsächlich in Form von aufsuchender Arbeit (Hausbesuchen) statt. Dies hat einerseits den Vorteil eines sehr authentischen Kennenlernens der Klient*innen. Dieser vollumfängliche Einblick bringt jedoch auch unvermeidlich eine gewisse Nähe zu der Lebenswelt und Lebenswirklichkeit der Klient*innen mit sich. Ich möchte darauf hinweisen, dass ich oftmals eine der wenigen oder sogar die einzige Person für die Klient*innen bin, zu denen regelmäßiger Kontakt besteht. Die bewusste Auseinandersetzung mit diesen Gegebenheiten sowie das regelmäßige Ausbalancieren von Nähe und Distanz halte ich in diesem Arbeitsfeld daher für besonders elementar.

Anschließend an diese Punkte und abschließend zu diesem Beitrag möchte ich einen weiteren Gesichtspunkt erwähnen: In diesem Kontext lohnt es sich, wie auf der Suche nach der passenden Stelle generell, auch einen Blick auf die strukturellen Rahmenbedingungen des Trägers zu werfen und diese kritisch zu hinterfragen, um herauszufinden, ob das Arbeitsfeld und der Träger zu den eigenen

Vorstellungen passen. Orientierungsfragen können hier zum Beispiel sein: Welche Möglichkeiten des Austauschs sind mir persönlich wichtig? Welche dieser Möglichkeiten gibt es innerhalb des Teams? Gibt es regelmäßige Teamsitzungen? Werden Supervision und kollegiale Fallberatung angeboten?

Dem potenziellen Arbeitgeber mit allen aufkommenden Fragen offen und interessiert zu begegnen, wenn etwas unklar ist, halte ich persönlich für die beste Empfehlung. Auch die Frage nach einer Möglichkeit zur Hospitation lohnt sich meiner Meinung vor allem in einem Arbeitsfeld wie diesem, in dem die Vielfalt der Adressat*innen ganz besonders deutlich wird.

Welche speziellen Herausforderungen ergeben sich mit Blick auf das Verhältnis von Nähe und Distanz im Arbeitsfeld des ambulant betreuten Wohnens für Menschen in besonderen sozialen Schwierigkeiten?

Quellen

Deutscher Berufsverband für Soziale Arbeit (2022): Haltung der Profession. Berlin. Online verfügbar unter: https://www.dbsh.de/profession/haltung-der-profession.html, zuletzt geprüft am 17.01.2022.

Rogers, C. R. (2012): Therapeut und Klient. Grundlagen der Gesprächspsychotherapie. Frankfurt am Main: Fischer.

Rosenberg, M. B. (2013): *Gewaltfreie Kommunikation. Eine Sprache des Lebens.* Paderborn: Junfermann.

Weinberger, S. (2013): Klientenzentrierte Gesprächsführung. Lern- und Praxisanleitung für psychosoziale Berufe. Weinheim, Basel: Beltz Juventa.

Soziale Arbeit in der stationären Wohnungslosenhilfe

Michaela Schnabel

„Guten Tag, kann ich bei Ihnen ein Zimmer bekommen?" – Auf meinem Weg zum Kopierer werde ich vor unserer Zentrale so von einem jungen Mann angesprochen. Ich blicke kurz durch die Glasscheibe zu unserem Mitarbeiter der Zentrale. Dieser nickt mir zu, was so viel bedeutet wie: „Stimmt, er ist wohnungslos und fragt nach Aufnahme". Ich nicke zurück, was nicht nur bedeutet: „Ja, ich kümmere mich darum", sondern auch: „Ich gehe mit diesem Unbekannten in mein Büro. Wenn ich sehr lange nicht mehr auftauche, dann bitte mal nachschauen, ob alles in Ordnung ist", mache mit meinen Blättern in der Hand kehrt und bitte den jungen Mann in mein Büro. Das Kopieren verschiebe ich in diesem Fall auf später. Wohnungslos zu sein ist anstrengend. Man ist müde, oft hungrig oder durstig. Wir haben uns Niedrigschwelligkeit auf die Fahnen geschrieben, als wichtigen Leitfaden für unser Handeln. Deshalb will ich ihn nicht unnötig warten lassen. Meine Kopien kann ich auch später noch machen. Es folgt ein kurzes Informationsgespräch, in dem ich ein paar Daten und Problemlagen von ihm erfahre und in dem ich ihm unsere Einrichtung beschreibe.

Als Sozialwerk sind wir eine gGmbH und freier Träger. Anbindung an die Wohlfahrt haben wir durch unsere Mitgliedschaft bei der Diakonie Deutschland – Evangelisches Werk für Diakonie und Entwicklung e. V. und wir sind Mitglied der Bundesarbeitsgemeinschaft Wohnungslosenhilfe e. V. (BAG W). Als Kooperationspartner der Stadt bieten wir eine vertraglich ausgehandelte „Besondere Wohnform nach §§ 67 SGB XII" für Männer mit besonderen sozialen Schwierigkeiten an (eine vergleichbare Einrichtung nur für Frauen gibt es in unserer Großstadt noch nicht). Ordnungsrechtlich sind Kommunen verpflichtet, bei unfreiwilliger Obdachlosigkeit zur Gefahrenabwehr zumindest eine Notunterkunft zur Verfügung zu stellen. Wir stellen eine übergangsweise Unterkunft zum Wohnen und sozialpädagogische Unterstützung zur Verfügung. Gesetzliche Grundlage sind hierfür §§ 67-69 SGB XII mit den dazugehörigen Durchführungsverordnungen. Hier definiert der Gesetzgeber sowohl, worin soziale Schwierigkeiten bestehen, als auch die unterschiedlichen Zielebenen unserer Arbeit. Diese können nicht nur das erfolgsversprechende Überwinden oder Abwenden von Schwierigkeiten sein, sondern auch die Milderung oder die Verhinderung von Verschlimmerung. Und diese Ziele können vom Klienten nur mithilfe und Unterstützung, nicht aber aus eigener Kraft, erreicht werden.

So berichtet mir dann der junge Mann aus seinem Leben: dysfunktionale Familie (hier lassen sich oft schon Traumatisierungen erahnen), wechselnde stationäre Jugendhilfe (was auf einen sogenannten „Systemsprenger" hinweisen kann), kein Schulabschluss, keine Berufsausbildung, seit dem frühen Jugendalter Missbrauch von Alkohol und illegaler Substanzen, Überschuldung, seit Haftentlassung kein Geld, auch weil er keine Anträge gestellt hat, keine Krankenversicherung, psychische und körperliche Gesundheit angeschlagen und jetzt auch noch wohnungslos. Die multiplen Problemlagen, die z. T. sehr existentiell sind, werden sichtbar.

Klienten, die einem in der Wohnungslosenhilfe begegnen, sind oft skeptisch, enttäuscht und misstrauisch gegenüber dem Hilfesystem geworden. Sie haben schlechte Erfahrungen und ein oft mehrmaliges Scheitern in diversen Einrichtungen des Hilfesystems (Jugendhilfe, Psychiatrie, Ärzte, Suchtmedizin) und der Gesellschaft (Schul- und Berufsausbildung) erfahren. Sie erleben, dass sie stigmatisiert werden – dies überträgt sich übrigens mitunter auch auf uns als Mitarbeitende in der Wohnungslosenhilfe, auch ich habe mich vereinzelt schon stigmatisiert gefühlt (ein naserümpfendes „Ach, da arbeiten Sie…"). Wohnungslose bringen komplexe, miteinander verflochtene und einander bedingende Problemlagen mit. Für uns Mitarbeitende bedeutet dies, unbedingt einen ganzheitlichen Blick auf Klienten zu haben, um dann im Hilfeprozess flexibel, fast mäandernd, auf die verschiedenen Themen einzugehen, die phasenweise unterschiedlich gewichtet werden oder erstmalig sichtbar werden.

Unser neu erarbeiteter Slogan „Raum geben – Hoffnung finden" drückt mehr aus als nur, dass wir einen äußeren Raum und einen sicheren Rückzugsort zur Verfügung stellen. Wir wollen auch in der professionellen Arbeitsbeziehung Raum geben, einen Zeitraum, in dem zugehört wird, Hoffnung und Zuversicht wachsen kann, positive Veränderung möglich gemacht wird. Im neuen Konzept unserer Einrichtung, welches wir mit den Kollegen gemeinsam erarbeitet haben, stellen wir deshalb nicht nur die äußere Form der Hilfegestaltung dar, sondern es war uns wichtig, auch bedeutsame Aspekte der Arbeitshaltung auszuführen. Denn die Arbeitshaltung und damit auch die Beziehungsgestaltung zum Klienten sind von entscheidender Wirkungsgröße für einen gelingenden Hilfeprozess und damit das bedeutsamste Kernstück der erfolgreichen Hilfe und Unterstützung.

Wir haben es mit Klienten zu tun, welche ein vielmaliges Scheitern in psychosozialen, (sucht-)medizinischen oder psychiatrischen Hilfen, oft schon in der Jugendhilfe, erlebt haben. Sie erleben sich von gesellschaftlicher Teilhabe ausgeschlossen. Wir Mitarbeitenden der sozialen Profession ermöglichen ein (professionelles) Beziehungsangebot. Und rechnen gleichzeitig mit gestörter Beziehungsfähigkeit, Misstrauen, Ambivalenzen, Vieldeutigkeit, Manipulation, Unwert-Erleben, Grenzverletzungen, Abwertungen, Machtspielen und dergleichen. Gleichwohl werden Klienten als Experten für ihr eigenes Leben betrachtet, Bedürfnisse nach Autonomie und Selbstbestimmung werden respektiert, Selbstverantwortung wird deutlich gemacht. Es soll ihnen mit einer Haltung der Wertschätzung, Authentizität, Empathie, Akzeptanz und Würdigung begegnet werden. So ist uns eine bewusst niedrigschwellige Arbeitsweise wichtig. Diese zeigt sich beispielsweise an einer unbürokratischen und teilweise auch sofortigen Aufnahme, einem Sich-stören-lassen im Arbeitsalltag, oder einem, von meiner Seite aus, aktiven Kontaktsuchen zum Klienten.

Ressourcenorientierung ist bedeutsam, denn gerade bei Menschen, die eine Vielzahl an Scheiter- und Misserfolgserfahrungen erlebt haben, die oft über ihre Defizite definiert werden und sich auch selbst definieren, ist es wichtig, Stärken herauszuarbeiten und diese zu verdeutlichen. So wird Selbstwirksamkeitserleben gefördert. Transparenz im Handeln macht uns für unser Gegenüber berechenbar und bietet dadurch Sicherheit. Partizipation im Sinne von Selbst- und Mitbestimmung unterstützt es, sich als autonomes, selbstwirksames und selbstbestimmtes Subjekt zu erleben. Sie fördert die Motivation, eigene Ziele zu definieren und an der Erreichung mitzuarbeiten und ist ein Übungsfeld für Teilhabe in einer Gruppe. Traumasensibel zu arbeiten besagt, dass uns bewusst ist, dass viele Klienten traumatisiert sind. Deshalb bemühen uns um Sicherheit, Klarheit und Eindeutigkeit im alltäglichen Handeln. Unsere akzeptierende Haltung zum Suchtmittelgebrauch führt durchaus zu Spannungen und Ambivalenzen im Alltag.

Digitalisierung findet sich als ein neues Thema in unserem Konzept. Die fortschreitende Digitalisierung hat nicht nur Einfluss auf unsere Arbeitsweise und -organisation und erfordert ständiges Dazulernen, sondern sie hat – auf unterschiedlichen Ebenen – auch große Bedeutung für und Auswirkungen auf unsere Klienten. Ein Beispiel: Ohne entsprechende Geräte und Internetzugang ist man mittlerweile von vielem Notwendigen in unserer Gesellschaft ausgeschlossen. Hier Zugänge zu schaffen und Kompetenzen zu vermitteln erweitert unser Arbeitsfeld. Die Inhalte des Konzeptes werden gedeckt durch ein entsprechendes Leitbild. Für das Sozialwerk ist der christliche Glaube die Grundlage für das sozialdiakonische Handeln. Betont wird das Menschenbild, die Würde und der Wert des Gegenübers, also unserer Klienten, auch in all ihren widersprüchlichen Handlungen und ihrer Hilfsbedürftigkeit. Nach der Aufnahme des Klienten beginnt die eigentliche Beratungs- und Unterstützungsarbeit. Hierfür habe ich Fortbildungen als sehr gewinnbringend erlebt. Sie erweitern und vertiefen fortlaufend meine Fachlichkeit. Die schon erlernten Verfahren und ihre Methoden nutze ich zunehmend in meiner Arbeit. Bei mir persönlich waren das im Wesentlichen Systemische Beratung, Case Management und „Motivational Interviewing“/Motivierende Gesprächsführung.

Case Management ist ein strukturiertes Hilfeplanverfahren mit beschriebenen einzelnen Phasen, die ich bewusst gestalte. Es beginnt mit der Fallklärung, geht über ein ganzheitliches Kennenlernen, dem sogenannten Assessment, die Hilfeplanung bis hin zu einer bewusst gestalteten Beendigung der Arbeitsbeziehung. Insbesondere letzteres ist für mich bedeutungsvoll, möchte ich doch den vielen Beziehungsabbrüchen der Vergangenheit eine gelingendere Verabschiedung und Beendigung der Arbeitsbeziehung bewusst entgegensetzen. Case Management ist ein Verfahren, in dem der Klient die Hauptrolle spielt. Er bestimmt, welche Ziele für ihn Priorität hat, er gibt das Tempo vor. Von zentraler Bedeutung ist für mich hierbei, die beteiligten Akteure bewusst mit einzubeziehen. Nur so kann sichergestellt werden, dass alle am gleichen Strang ziehen und informiert sind, über die unterschiedlichen Problemlagen der Klienten, welche über den jeweiligen speziellen Arbeitsauftrag hinaus auch noch von ihm bearbeitet werden. Die Klienten sollen ihre Ziele erfolgreich verfolgen und nicht verwirrt werden, beispielsweise dadurch, dass von den unterschiedlichen Einrichtungen unterschiedliche und damit überfordernde Arbeitsaufträge ausgehen.

Gemeinsame Treffen mit den jeweilig Zuständigen der Einrichtungen und den Klienten werden von mir organisiert. Wir „Professionellen“ haben uns dann einmal kennengelernt und jeweils ein Gesicht vor Augen. Dies vereinfacht die spätere Kommunikation. Und den Klienten wird deutlich, dass sie in einem transparenten Hilfesystem unterstützt werden. So erleben sie, dass viele Menschen an ihrer Seite stehen. Als ihr Unterstützerteam in einem Lebenskampf, der auch sehr von sozialer Isolation und Einsamkeit geprägt ist, welches die Betroffen oft berührt. Transparenz bedeutet auch, dass auffällt, falls sie unterschiedliche Informationen an unterschiedlichen Stellen weitergeben.

Am häufigsten und engsten arbeiten wir mit Mitarbeitenden der Suchthilfe, der Bewährungshilfe, Trägern von Arbeitsmaßnahmen und der gesetzlichen Betreuung zusammen. Sich Zeit zu nehmen für gemeinsame Gespräche, Mails oder Telefonate, um sich gegenseitig zu informieren, ist grundlegend. Selbstverständlich geschieht dies transparent für die Klienten und ist durch entsprechende Schweigepflichtentbindungen abgedeckt. Aber auch innerhalb unserer Einrichtung arbeite ich eng mit einem multiprofessionellen Team zusammen. Da ist die Reinigungskraft, die mir etwas über den besorgniserregenden Zustand des Zimmers weitergeben kann, die Mitarbeitenden der Küche und der Zentrale, die den Bewohnern unserer Einrichtung im praktischen Alltag erleben, ggf. die Arbeitsanleiter und zuständigen pädagogischen Mitarbeiter unserer hauseigenen Arbeitsmaßnahmen, die Hygienefachkraft, die z. B. bei Parasitenbefall tätig werden muss. Seit kurzem ist unsere Einrichtung Träger einer Landesinitiative (NRW „Endlich ein Zuhause"), die sehr erfolgreich Wohnungen vermittelt. In enger Zusammenarbeit mit diesen sowie Kollegen des Ambulant Betreuten Wohnens werden die Schritte zum erfolgreichen Auszug eingeleitet. Und natürlich gibt es die Kollegen mit gleicher Funktion wie ich, die aber unterschiedliche soziale Ausbildungen mitbringen. Wir vertreten uns gegenseitig und bieten uns kollegiale Fallberatungen an.

In den Einzelgesprächen nutze ich situationsorientiert die unterschiedlichen Frageformen aus der systemischen Beratung. Diese Fragestellungen sind für das Gegenüber oft fremd. Hier muss ich aufpassen, dass ich bei einer Sprache bleibe, die der Klient zumindest versteht, bestenfalls auch spricht und nicht in einen „Sozialpädagogen-Jargon" verfalle. Auch Hypothesenbildung ist mir selbstverständlich geworden. Methoden, die Ressourcen, Problemlagen, Planungsschritte oder Ziele visualisieren, helfen auch den Klienten, in einem unübersichtlichen Wust ein Muster und eine klare Linie zu entdecken und damit wieder handlungsfähiger zu werden. Dies kann ein Assessment als Mind Map, Genogrammarbeit, verschiedene Ressourcenkarten, übersichtliches Auflisten von Zielen und Handlungsschritten, die Vier-Felder-Matrix aus dem Motivierenden Interview, das Darstellen des Transtheoretischen Modelles der Stadien der Verhaltensänderung u. a. sein.

Im Hilfeplangespräch ist es mir ein Anliegen, dass die Klienten verstehen, dass wir den Hilfeplan nicht für den Kostenträger machen, sondern mit und für sie. Wir blicken auf einen überschaubaren Zeitraum (6 Monate i. d. R.) in die Zukunft und werden konkret in dem, was die Klienten erreichen wollen. Solch eine zielstrebige, konkrete und kleinschrittige Planung ist für viele ungewohnt. Hier finde ich die vorgegebenen Formulare für die Zielgruppe zu kompliziert, als dass der Hilfeplan als hilfreich erlebt werden könnte. Deshalb habe ich ein einfacheres Schema entworfen und frage nach, ob die Betreffenden sich diesen vereinfachten Zielplan mitnehmen möchten, als Erinnerungshilfe und Motivation, die Schritte zur Erreichung ihrer Ziele zu gehen. Es wird mit den Klienten auch besprochen, abgewogen und ausgehandelt, welche Schritte sie alleine bewältigen können und bei welchen sie welche Form der Unterstützung (Terminvereinbarung, Begleitung zu Terminen, Erklärung des Hilfesystems, ...) wünschen.

Die Motivierende Gesprächsführung (oder Motivational Interviewing) ist ein komplexer Kommunikationsstil, welcher den Fokus auf die Veränderungsabsicht und die damit verbundenen Ambivalenzen legt. Mit einer Grundhaltung von Partnerschaftlichkeit, der Akzeptanz, der Evokation (evozieren bedeutet hervorlocken, hervorrufen) und des Mitgefühls sowie verschiedener Gesprächsmethoden (z. B. aktiv Zuhören, offene Fragen stellen, wertschätzen und würdigen, u. a.) soll in einem Beratungsprozess Veränderung erwirkt werden. Immer partnerschaftlich und kooperativ, immer ressourcenorientiert, zieloffen Ambivalenzen und Widerstände verstehend und reduzierend, zur Veränderung motivierend und stärkend kann hier selbst in Tür- und Angelgesprächen fachlich mit dem Klienten gearbeitet werden. Motivational Interviewing anzuwenden senkt laut einer Studie das Burn-out-Risiko in helfenden Berufen. (Martinez 2021, 158) Beratung läuft über Sprache und Kommunikation. Deshalb achte ich sorgfältig auf meine Wortwahl, denn kleine Formulierungen können einen großen Unterschied machen. Und es wird mir zunehmend wichtig, mir Zeit zum Zuhören zu nehmen. Ich habe mit Menschen zu tun, denen im Leben nicht viel zugehört worden ist, stattdessen ist zu oft über sie bestimmt worden.

Kenntnisse im Sozialrecht helfen im Einzelfall, Ansprüche zu begründen. Regelfälle sind klar und alltäglich, spannend wird es bei individuellen Sondersituationen (Bsp. Arbeiten trotz Sozialhilfe, Kurzzeitpflege verlängern, u. ä.). Schwierigkeiten bereiten uns die Bewohner, die eine Doppeldiagnose mitbringen. Die psychisch krank (i. d. R. Psychose) und suchterkrankt sind. Hier bedingen sich zwei Krankheitsbilder, die ein Zusammenleben auf engem Raum schwer bis unmöglich machen (Nachtruhe, Sicherheit). Auch das Gesundheitssystem tut sich schwer mit dieser Personengruppe. Es gibt so gut wie keine adäquaten Behandlungsmöglichkeiten bei sogenannter Doppeldiagnose oder Komorbidität. Wir als niedrigschwellige Einrichtung sind dieser Personengruppe oft nicht gewachsen und müssen eine Aufnahme ablehnen, können aber mangels Möglichkeiten keine alternativen Einrichtungen empfehlen, die stattdessen angefragt werden könnte. Die gegenwärtige Gesetzgebung lässt hier Erkrankten viel Freiheit, erst bei wirklich akuter Eigen- oder Fremdgefährdung kann zwangsweise in die Psychiatrie eingewiesen werden. Aber gerade unbehandelte Psychosen bei mangelnder Krankheitseinsicht machen das Leben auf engem Raum unzumutbar, auch für Mitbewohner. Im direkten Kontakt wird die Vulnerabilität und damit die Bedürftigkeit der Obdachsuchenden für uns sehr sicht- und spürbar und es ist bedrückend, die Betroffenen dann ohne Alternativangebot ablehnen zu müssen.

Ich arbeite mit Menschen, die oft äußerlich und innerlich unbehaust, schon viele Lebensstationen (Jugendhilfe, eigene Wohnung, Haft, wohnungslos, Therapieeinrichtungen, Wohnungslosenhilfe) hinter sich haben und letztlich – wie jeder Mensch – auf der Suche nach einem Zuhause gerne Wurzeln schlagen möchten. Aber auch wir sind nur eine Übergangseinrichtung. Die Voraussetzungen eine eigene Mietwohnung zu erlangen, sind in Zeiten des Wohnungsmangels hoch. Dies fängt bspw. damit an, dass Erreichbarkeit und Internetzugang vorausgesetzt werden, ebenso eine hochgradige Verlässlichkeit, gepaart mit einer enormen Frustrationstoleranz beim Bewältigen der vielen Absagen und eine hohe Ausdauer, nachhaltig an der Wohnungssuche dranzubleiben. All dies sind für die Menschen, mit denen ich arbeite, hohe Hürden. Hier würde ich es begrüßen, gäbe es politisch die Haltung, Wohnen als Menschenrecht einzustufen und „Housing first"-Projekte (Housing first bedeutet, Wohnraum bedingungslos zur Verfügung zu stellen) flächen- und bedarfsdeckend installiert wären.

Im Arbeitsalltag gelingt es mir kaum bis gar nicht, mich mit neuerer Forschung zu beschäftigen. Fortbildungen nutze ich eher, um konkretes „Handwerkszeug" zu erlernen. Wünschen würde ich mir mehr Untersuchungen zu den Auswirkungen der Digitalisierung auf die Arbeit der Sozialen Profession sowie ihrer Adressaten. Und mehr Forschung und die Folgerungen für die Soziale Arbeit zu den Auswirkungen von Traumatisierungen mit Fokus auf Erwachsene. Noch liegt nach meiner Beobachtung, auch des Fortbildungsangebotes, hier das Augenmerk auf dem Kinder- und Jugendalter.

Meine Tätigkeit wird vergütet nach BAT-KF, Entgeltgruppe SD 12, diese Zahlen sind seit 01.04.2022 noch bis dato (04.06.2023) gültig: Stufe 1 – 3.472,55 € brutto; Stufe 4 – 4651,86 € brutto. Ich habe das Glück, in einer Einrichtung zu arbeiten, in der ich keinen Schichtdienst machen muss, sondern wir „normale" Bürozeiten mit Gleitzeit haben. Ein paar Mal im Jahr muss eine telefonische Rufbereitschaft übernommen werden, bei der man im Notfall in die Einrichtung fahren muss. Die Rufbereitschaft wird nicht monetär vergütet, sondern es werden eine gewisse Anzahl Arbeitsstunden gutgeschrieben.

Die Arbeit mit dieser gesellschaftlichen Randgruppe hat mich aufmerksamer gemacht für entsprechende gesellschaftspolitische Themen und Haltungen. Das Arbeitslosengeld II ist m. E. zu niedrig und führt zu Armut und Ausgrenzung (bekäme ich Alg II, ich wüsste nicht, wie ich z. B. meine Brille oder mein Handy finanzieren sollte). Ich beobachte den seit Jahren defizitärer werdenden sozialen Wohnungsbau. Das verdeutlicht, „meine" Klienten leiden auch an strukturell bedingten, nicht nur individuell verursachten Problemen. Wohnungslosigkeit erlebe ich dadurch als Armutsproblem. Ich erfahre den Wert und die positiven Auswirkungen von Arbeitsmaßnahmen und sehe, wie sehr solche tagesstrukturierende

Maßnahmen Menschen Sinn geben und in vielerlei Hinsicht stabilisieren. Leider sind sie zeitlich befristet. Meine politische Haltung verändert sich und ich bedaure, dass ich im Rahmen meiner Arbeit so wenig Einflussmöglichkeiten habe. Ich erfahre schmerzlich die Grenzen unserer Hilfsmöglichkeiten. Denn für die Personen, die wir ablehnen müssen, weil der Hilfebedarf größer ist als das, was wir leisten können, gibt es oft keine angemessenen Alternativen. Dieser Zustand lässt mich höchst unzufrieden zurück. Auch damit muss ich klarkommen: dass ich nicht jedem helfen kann und ich Menschen „auf die Straße" schicken muss.

Das Hören der ähnlichen und oft heftigen Biografien, daran trage ich schwer. Deshalb achte ich bewusster auf meine Psychohygiene. Dies beginnt mit entlastenden Gesprächen im Kollegenkreis. Und in meiner Freizeit lege ich verstärkt den Fokus auf schöne Dinge (Bewegung, künstlerische Hobbys) und habe mich gegen ehrenamtliche Tätigkeiten, in denen ich auch mit problematischen Themen zu tun hätte, entschieden. Ich arbeite in der Einzelfallberatung. D. h., die meisten Situationen sind Vier-Augen-Gespräche mit dem Klienten. Es liegt in meiner (ethischen) Verantwortung, mein Handeln, meine Kommunikation, mein Beziehungsangebot an den jeweiligen Klienten sorgfältig zu reflektieren.

Ich bin achtsamer geworden in meiner Selbstbeobachtung. Dies bedeutet auch, wahrzunehmen, wenn ich mich anstecken lasse von zum Beispiel Unruhe, Nervosität, aufgebracht sein, um dann bewusst gegenzusteuern, tief durchzuatmen, Ruhe in das Gespräch zu bringen. Oder es zeitnah zu beenden. Ich habe gelernt, überhaupt Lärm zu vermeiden, nicht über den Flur zu rufen beispielsweise. Zur Selbstbeobachtung gehört auch, mich in Beziehungen zu reflektieren: erkenne ich Manipulation? Inwieweit lasse ich mich von Sympathie oder Antipathie leiten in den kleinen Fragen des Alltags, in denen ich Macht habe. Nehme ich meine Macht bewusst wahr? Auch die weiter oben beschriebenen Haltungen sind nichts, was man sich einmal erwirbt und dann sicher besitzt. Sondern es geht darum, jeden Tag neu bewusst zu reflektieren, ob die Augenhöhe, der Respekt gewahrt wird, ob ich dem Gegenüber Entscheidungsfreiheit lasse, ob ich ihm gegenüber geh-lassen bin.

Im Arbeitsalltag die in Fortbildungen erlernten Beratungskompetenzen und Gesprächstechniken beizubehalten und stetig weiter auszubauen, finde ich herausfordernd. Natürlich hat sich mein Wissen im Sozialrecht, im Strafrecht, in der Schuldenbearbeitung erweitert, nicht nur für Regelfälle, sondern auch für die Ausnahmen, die in unserer Arbeit immer wieder auftauchen. Meine Arbeit erlebe ich dann als sinnstiftend, wenn es mir gelingt, kleine Entwicklungsschritte wahrzunehmen und mir vor Augen zu führen, dass die Verhütung von Verschlimmerung schon Ziel genug sein kann.

Welche Voraussetzungen sollte jemand mitbringen, der in diesem Arbeitsfeld arbeiten möchte? Zu Beginn meiner Tätigkeit hatte ich oft den Eindruck, alles, was „interkulturelle Kompetenz" ausmacht, benötige ich hier auch, obwohl die meisten Klienten Deutsche sind. Aber ihre Verhaltensweisen und Denkmuster, Werte und Normen, Handlungsstrategien und Beziehungsmuster unterscheiden sich stark von meinen. Hier gilt es, feinfühlig, akzeptierend und respektvoll die anderen Sicht- und Verhaltensweisen zu erkennen, zuzulassen und anzunehmen, sich also auf die Lebenswelt des Gegenübers einzulassen und sich an ihr zu orientieren. Die Tätigkeit erfordert ein hohes Maß an Flexibilität, denn die Arbeitstage sind nicht durchgeplant, sondern leben von dem, was passiert und welche Klienten was mitbringen. Symptomtoleranz, zum Beispiel im Hinblick auf Hygiene oder Unzuverlässigkeit und den Willen, in die oben beschriebene Arbeitshaltung hineinzuwachsen ist für mich unabdingbar. Es ist ein Arbeitsfeld, in dem Erfolge weder schnell noch gradlinig noch nachhaltig erreicht werden können. Dies mit Geduld, Ausdauer und Frustrationstoleranz aushalten zu lernen und gleichzeitig den Blick immer mehr zu schärfen für kleine Entwicklungen und Fortschritte, das würde ich mir von einem potenziellen Kollegen oder einer Kollegin wünschen.

Warum kann ich Mut machen, sich auf dieses Arbeitsfeld einzulassen? Ich persönlich mag meine Arbeit sehr und erlebe sie als sehr sinnstiftend. Es macht mich glücklich, dass der Brückenschlag zu Menschen, die eine ganz andere Biografie mitbringen, so gut gelingt. Man begegnet hier Menschen in extremen Lebenssituationen, denen durch konkrete Entlastung im Alltag schon viel geholfen ist. Ich erlebe einen großen Gestaltungsfreiraum in der Arbeit, (noch) werden wir wenig kontrolliert und eingegrenzt. Ich kann eigene Ideen einbringen. Wir schaffen eine Basis für Veränderung und Entwicklung. Uns wird Vertrauen geschenkt. Dies mitzuerleben und davon ein Teil zu sein ist mir eine Ehre. Deshalb möchte ich gerne Mut machen, zumindest über ein Praktikum in dieses Arbeitsfeld hineinzuschnuppern. Oder es zu wagen, sich auch auf solche Stellen zu bewerben.

1. Welche Modelle von Gesprächsführung, Beratung und therapeutischer Kommunikation sind Ihnen bekannt?
2. Mit welchen fünf Stichpunkten lässt sich das Besondere an der Motivierenden Gesprächsführung kennzeichnen?
3. Welche Methoden der Visualisierung von Gesprächsinhalten kennen Sie? Im Text angesprochen wurden Assessment als Mind Map, Genogramm, Ressourcenkarte, das Transtheoretische Modell der Veränderung. Welche kennen Sie noch? Und welche könnten Sie spontan anwenden oder was bräuchte es, um vorbereitet zu sein für einen Einsatz?
4. Wenn problematische Lebenslagen auch strukturelle Ursachen haben – inwiefern könnte dies entlastend sein für die Betroffenen? Wie würden Sie dies in der Beratung kommunizieren?

Quellen

Bundesarbeitsgemeinschaft Wohnungslosenhilfe e. V. (2017): Handbuch der Hilfen in Wohnungsnotfällen. Entwicklung lokaler Hilfesysteme und lebenslagenbezogener Hilfeansätze. Berlin Düsseldorf: BAG W-Verlag.

Konter, Astrid (2019): Niedrigschwelligkeit [online]. socialnet Lexikon. Bonn: socialnet, 20.08.2019 (letzter Zugriff: 18.10.2021). Verfügbar unter: https://www.socialnet.de/lexikon/Niedrigschwelligkeit.

Kutscher, Nadia, Ley Thomas u. a. (Hrsg.) (2020): Handbuch Soziale Arbeit und Digitalisierung. Weinheim, Basel: Beltz Juventa.

Martinez, Heidrun (2021): Praxisbuch Motivierende und sinnorientierte Beratung in der Wohnungslosenhilfe. Weinheim, Basel: Beltz Juventa.

XIII. Wissenschaft und Soziale Arbeit – Disziplin und Profession

Soziale Arbeit in der Lehre

Jan V. Wirth

Die Lehre der Sozialen Arbeit ist eine voraussetzungsreiche Tätigkeit, deren Aufgabe es ist, all jenes akademisches, multidisziplinäres Wissen zu vermitteln, das für die professionelle Berufsausübung in ganz verschiedenen Handlungsfeldern der modernen Gesellschaft und ihrer Funktionssysteme benötigt wird. Sie findet vorzugsweise an Hochschulen, Berufsakademien, Universitäten oder Instituten statt, also akademischen Bildungseinrichtungen, die akkreditierte oder zertifizierte Programme, Studiengänge bzw. Module entwickelt haben, die zu bestimmten staatlich anerkannten Abschlüssen führen.

Die Unterweisung durch entsprechend berufserfahrenes und akademisch qualifiziertes Personal sollen die Lernenden in die Lage versetzen, ein Spektrum an einschlägigen Handlungskompetenzen sich anzueignen. Hierbei geht es etwa um die Sozialkompetenz, Selbstkompetenz, Theoriekompetenz und Methodenkompetenz, die insgesamt ein brauchbares Modell für berufliche Handlungskompetenz abgeben.

Bei der Entwicklung von Lernprozessen, Studieninhalten, Prüfungsleistungen und -formen hat sich meiner Einschätzung nach die Anlehnung an Lerntaxonomien wie die von Krathwohl und Bloom (1973) bewährt. Diese bilden verschiedene Lernstufen ab, die vom Erinnern von Wissen über das Verstehen, Organisieren und Nutzen, dem Analysieren und Vergleichen bis hin zum kreativen Weiterentwickeln und Erschaffen von Wissen bzw. Handlungsweisen reichen.

Über mittlerweile beinahe 20 Jahre als Lehrender an mittlerweile 25 Bildungseinrichtungen in Polen, Österreich, Schweiz und Deutschland von der Berufsakademie bis zur Universität als Vertretungsprofessor tätig, ist mir die Lehre als besonderes Praxisfeld ein besonderes Anliegen und sehr vertrautes Arbeitsgebiet. Während des Studiums der Sozialen Arbeit in Berlin kam ich eher durch Zufall im Computerzentrum mit Lehrtätigkeiten in Berührung. Dabei entdeckte ich, wie viel Freude ich in dieser Tätigkeit empfand, übrigens bis heute, und baute systematisch meine Fähigkeiten und Kontakte aus, um an Lehrveranstaltungen zu gelangen, aus. Zuletzt arbeitete ich als Professor an einer privaten Hochschule, überwiegend im Fernstudium. Dabei entwickelte ich zusammen mit vielen Kolleginnen und Kollegen den ersten Masterstudiengang an einer Fernhochschule im Bereich Psychosoziale Beratung in der Sozialen Arbeit.

Hierbei war ich in der besonderen Situation, einen Studiengang zu entwerfen und natürlich auch (dann erfolgreich) akkreditieren zu lassen, der meinen überwiegend systemischen Perspektiven auf Beratung und Soziale Arbeit folgte und diesen Ausdruck gab und zugleich auch diese Inhalte und damit verbundenen Methoden selbst zu lehren.

Als Lehrende sind wir vor einige Herausforderungen gestellt. Soziale Arbeit, wie auch die Bände dieses Buchprojektes zeigen sollen, ist vielfältig und äußerst facettenreich. Wenn wir entlang der Lernziele zu sehr auf ein bestimmtes Handlungsfeld, wie etwa der Jugendberufshilfe oder der Internationalen Sozialen Arbeit, fokussieren, übersehen wir schnell die besonderen Rahmenbedingungen und Haltungen, die in anderen Handlungsfeldern wichtig sind. Wenn wir jedoch zu generalistisch, d. h. einzelne Handlungsfelder übergreifendes und damit auch abstrakteres Wissen herbeiziehen und vermitteln, dämpft das häufig die Neugierde und Motivation von Lernenden, die sich vor allem sehr konkrete Methoden und Verfahren für die unmittelbare Berufsausübung wünschen. Mit diesen unterschiedlichen Erwartungen umzugehen ist eine Frage der Balance. Wir haben eine ganze Reihe von Balancen zu vollführen. Zu nennen ist wie gesagt die Balance zwischen Generalisierung und Spezialisierung, Theorie und Praxis oder Erkennen und Handeln, Anleitung und Begleitung, Individuum und Gruppe, Vereinfachung und Erhöhung von Komplexität sowie Alltagswissen und wissenschaftliches Wissen. Das ist nur eine unvollständige Auswahl.

Die Lehre der Sozialen Arbeit wird im Grunde nicht gelehrt, sie lässt sich nur selbst lernen. Wir können entsprechende Weiterbildungen besuchen wie etwa zur Durchführung von E-Learning oder zur Gestaltung von Lernprozessen. Wir können uns außerdem wissenschaftlich weiterqualifizieren zum promovierten bzw. habilitierten Dozenten etc., was dann die berufliche Laufbahn zum Professor an einer Hochschule bzw. Universität eröffnet. Von besonderer Bedeutung ist jedoch das in der Praxis erworbene Wissen und Können, das in Lehrveranstaltungen auf ansprechende und gut verständliche Weise vermittelt werden kann, sodass von den Studierenden schließlich auch entsprechende erfolgreiche Prüfungsleistungen in diesem Modul etc. abgelegt werden können. Als erfahrene Lehrperson sind mir die typischen Fußangeln und Fallstricke in der Lehre gut bekannt. Es ist wahrscheinlich kein Geheimnis, dass etwa Methoden-Veranstaltungen bei den Studierenden beliebter als Theorieveranstaltungen sind. Ebenso wenig ist es ein Geheimnis, dass direkt aus der Praxis kommende Personen nicht unbedingt ebenso für die Vermittlung des damit verbundenen Wissens geeignet oder qualifiziert sind. Dies gilt natürlich auch für älter und womöglich bequemer gewordene Professoren oder Professorinnen, deren Praxiserfahrungen ein oder zwei Dutzend Jahre zurückliegen. Außerdem spielt natürlich die Form der Lehrveranstaltung und die Einbettung in den Tages- oder Wochenplan eine große Rolle. Gerade in diesen Monaten gebe ich an der Hochschule Düsseldorf Donnerstag abends von 18:00 bis 21:00 Uhr eine Lehrveranstaltung mit dem Titel „Theorien und Konzepte Sozialer Arbeit". Da zunehmend Studierende tagsüber die finanziellen Grundlagen ihres Studiums schaffen, sind sie am Abend entsprechend etwas weniger aufnahmebereit bereit als frühmorgens. All diese Rahmenbedingungen zu kennen und damit verbundenen Erwartungen und Situationen begegnen zu können ist natürlich ein Vorteil.

Bei der Durchführung von Lehrveranstaltungen ist es selbstverständlich hilfreich, neben dem Know-how zur Bedienung und Anwendung der üblichen Geräte wie Laptop, Beamer oder Videokonferenzsoftware etc. über ein grundsätzliches Repertoire von gruppenbezogenen Methoden zu verfügen. Als erstes denke ich beispielsweise an die Themenzentrierte Interaktion von Ruth Cohn, die mir außerordentlich hilfreich war gerade in den ersten Jahren. Später spielte die systemische Didaktik, also die systemische Perspektive auf Lern- und Lehrprozess eine zunehmend wichtige Rolle für mich. Selbstverständlich ist es schön zu sehen, wenn möglichst viele Studierende von den Verfahren und Inhalten angeregt oder begeistert sind. Andersherum ist es wichtig einzusehen, dass nicht immer alle in gleicher Weise erreicht werden können. Manche Studierende haben Probleme in der Umwelt der Lehrveranstaltung, d. h. mit ihrem Alltag oder ihrer Partnerschaft oder Herkunftsfamilie, vielleicht auch finanzielle Sorgen und können sich daher nicht wie gewünscht konzentrieren. Dies gilt es auch zu berücksichtigen und seine Erwartungen entsprechend zu relativieren.

Im Laufe der Jahre hat sich auch meine Lehrkompetenz verändert, ich hoffe doch zum Guten und Besseren. Hatte ich früher in den Lehrveranstaltungen sehr an die Inhalte gedacht und insofern vom Wissen und seiner Vermittlung her die Lehrveranstaltung geplant, baue ich sie mittlerweile anders auf. Ein erfolgreiches und auch wissenschaftlich bewährtes Konzept ist es vielmehr von den Erfahrungen der Lernenden auszugehen und diese von dort abzuholen, bestimmte Ergebnisse, Ereignisse oder Verläufe zu analysieren und dafür die im Curriculum genannten und zur Verfügung stehenden Wissens- und Anwendungszusammenhänge zu nutzen. Hieraus ergibt sich ein sehr nützlicher, informativer und authentischer Lernprozess, der im Sinne eines Kreislaufes mit bestimmten guten oder weniger guten Ergebnissen beginnt, wissenschaftliches Wissen zur Analyse und Reflexion bereitstellt, dieses versucht zu ergänzen, entwickeln und zu erweitern und es möglichst in neuen Situationen und Settings auszuprobieren etc.

Was die Studierenden angeht, habe ich mir im Laufe der Zeit auch bestimmte Typologien angeeignet. Unterschieden werden können immer die Studierenden, die sich zuerst für ein Zertifikat, Urkunde oder Note interessieren und darauf bedacht sind, dass die damit verbundenen Notwendigkeiten seitens der

Hochschule oder des Lehrpersonals gegeben und vermittelt werden. Dann gibt es meiner Meinung nach noch die Gruppe von Studierenden, die darüber hinaus ein aufrichtiges echtes Interesse an neuem Wissen haben und sich entsprechend engagiert, ja leidenschaftlich in die Lehrveranstaltungen einbringen. Eine andere Unterscheidung ist die von jungen und älteren Studierenden, bei denen ich in unterschiedlicher Weise die Bereitschaft und die Fähigkeit zum Reflektieren, Argumentieren und Handeln entdecke. Man kann das für Vorurteile halten, indes komme ich mit diesen Vorurteilen ganz gut zurecht, wenn ich sie als „nicht in Stein gemeißelt“ verwende.

Bei den Hochschulen können wir staatliche, private, neuerdings gemeinnützige Einrichtungen unterscheiden, die sehr verschiedene Studienformen entwickelt haben und anbieten. Vom reinen Direktstudium im Präsenzstudiengang über das sogenannte duale Studium bis hin zum Fernstudium mit E-Learning Anteilen habe ich alle Studienformen miterlebt und bin bis heute in diese involviert. Aufgrund der Verschiedenheit der Hochschulen lassen sich auch sehr unterschiedliche Rahmenbedingungen finden. Mit Blick auf die Handhabung von Macht und Autorität finden wir beispielsweise bei privaten Hochschulen, die wie Unternehmen geführt werden und auch solche sind, teilweise autoritäre Führungskulturen, während wir beispielsweise an den staatlichen Hochschulen elaborierte und differenzierte Selbstverwaltungen finden.

Viele Lehrveranstaltungen werden heutzutage evaluiert (bewertet, ausgewertet), d. h. die Studierenden können entlang mehr oder weniger strukturierter Umfragen dazu beitragen, die Lehrveranstaltung, die Kompetenzen des Lehrpersonals und bestenfalls auch die eigenen Anteile zu reflektieren. Was gut ist, denn meine Erfahrung ist, dass diejenigen Studierenden, die sich stark beteiligen, ihre Fähigkeiten einsetzen können, gesehen und gehört werden, die Lehrveranstaltung auch in besonderer Form positiv bewerten.

Um nun etwa als Professor/in für Soziale Arbeit etc. an einer Hochschule zu arbeiten, müssen die Vorgaben des jeweiligen Landeshochschulgesetzes und die damit verbundenen Einstellungsvoraussetzungen erfüllt werden. Diese sind bundesweit ungefähr gleich, aber keinesfalls identisch. Wichtig ist eine gute bis ausgezeichnete Promotion, Berufserfahrung außerhalb der Hochschule und für einen erfolgreichen Bewerbungsprozess Lehrerfahrung sowie Erfolge bzw. Erfahrung in der Durchführung von Forschungsprojekten bzw. in der Gewinnung von Drittmitteln, das Letztere sind Mittel, die von Ländern, Kommunen oder Stiftungen für Forschungsvorhaben ausgelobt werden.

Je nachdem, ob die Lehrstelle an einer Berufsakademie oder an einer Universität angesiedelt ist, ändern sich auch die Rahmenbedingungen in Sachen Lehrdeputat bzw. Vergütung. Durchschnittlich sind an einer Hochschule in Deutschland 18 Semesterwochenstunden Lehre anzubieten. Dies sind bei Lehrveranstaltungen von einer Dauer von 90 Minuten 9 Lehrveranstaltungen in der Woche (nur in der Vorlesungszeit natürlich). Die anderen Aufgaben entstehen dann in der Mitarbeit an der Hochschule und in kleineren oder größeren Forschungsvorhaben bzw. Publikationen.

Finanziell ist für an der hochschulischen Lehre interessierte Personen sicherlich die attraktivste Stelle die mit einer Verbeamtung einhergehende Universitätsprofessur, vorzugsweise in Bayern oder Baden-Württemberg, denn bei den Gehältern gibt es offenkundig ein geographisches Gefälle. An privaten Hochschulen kann in besonders attraktiven Branchen, verbunden mit entsprechenden Aufträgen aus Forschung und Verbänden inklusive Vorträgen, Referaten und sonstigen Weiterbildungsveranstaltungen, insgesamt ein sicheres sechsstelliges Jahreseinkommen erreicht werden. So gesehen gibt es auch in der Sozialen Arbeit eine nicht unerhebliche Spreizung von Verdienstmöglichkeiten.

Wenn ich auf meine Karriere als Lehrbeauftragter, Dozent, Weiterbildner, Professor an verschiedenen Hochschulen und Studiengangsleitung zurückschaue, stelle ich immer wieder fest, dass mich stets die gleichen Aufgaben faszinieren, und zwar der Transfer zwischen Theorie und Praxis, der Zirkel zwischen Wissen und Handeln und die persönliche Lernbeziehung zwischen Menschen mit sehr unterschiedlichen Lebensverläufen. Selbstverständlich gab es auch gerade in den frühen Jahren Situationen, die ich nicht gut bewerkstelligt habe. Hier lag es meistens an der Unterschätzung der Komplexität eines bestimmten Curriculums bzw. der mangelnden Zeit der Vorbereitung, manchmal auch an der Tagesform bzw. der mangelnden Selbstfürsorge.

Jedenfalls machte diese Tätigkeit bis heute große Freude. Vielleicht sollte dieser Beitrag noch die Frage beantworten, weshalb ich kein erfolgreicher Universitätsprofessor bin, sondern derzeit wieder an der sogenannten Basis, in der Praxis, d.h. im Bezirkssozialdienst eines Jugendamtes tätig bin. Dies lässt sich sehr kurz skizzieren. Es ergab sich, dass ich zuletzt an einer privaten Hochschule über mehrere Jahre im Homeoffice in der Lehre tätig war und dieses Tätigkeitsprofil, verbunden mit dem fehlenden Austausch mit Kolleginnen und Kollegen und natürlich auch mit AdressatInnen der Sozialen Arbeit, mich zunehmend weniger befriedigte, sodass ich in einer durchaus länger währenden Auseinandersetzung mit mir selbst darüber, worin ich eigentlich wirklich Genugtuung verspüre, den Entschluss fasste, einen wesentlichen Teil meiner beruflichen Tätigkeiten wieder in der Praxis anzusiedeln. Diese Entscheidung bereue ich bis heute nicht, da die tägliche Arbeit im Jugendamt tatsächlich wie ein Booster für die Qualitätsentwicklung von meinen Lehrveranstaltungen wirkt. Durch die Arbeit als Sozialarbeiter und als Dozent an verschiedenen Hochschulen kann ich idealerweise das tun, was mir am meisten Freude macht, nämlich die oben genannten Balanceakte immer wieder aufs Neue zu verwirklichen.

Wie sicherlich viele andere musste auch ich lernen, dass die Gesellschaft und die Menschen nicht auf Personen warten bzw. auf diese erpicht sind, die mit erhobenem Zeigefinger bzw. von einer höheren Warte aus predigen, wie Soziale Arbeit am besten zu funktionieren hat. Denn es ist ja so, dass diese Menschen, die Soziale Arbeit beruflich ausüben wollen, genau diese negativen Erfahrungen bereits gemacht haben, nämlich belehrt zu werden, für unwissend oder sogar dumm gehalten zu werden, und deren Ressourcen nicht gesehen und nicht eingesetzt wurden. Am besten funktionieren Lernprozesse, jedenfalls in der Sozialen Arbeit, wenn sie auf Beteiligung achten, Wertschätzung praktizieren, Ressourcen aktivieren, Selbstverantwortung fördern und die Gewinne einer gemeinsamen Zusammenarbeit in den Blick bekommen.

Wer sich in die Lehre begibt, begibt sich demnach auf eine einzigartige Reise, deren Ziel nicht von vornherein feststeht und die auch niemand anders machen kann als diese Person selbst.

Überlegen und diskutieren Sie mit anderen, welche Erfahrungen im Studium gemacht wurden, und sammeln Sie konkrete Ideen, wie die Lehre bzw. das Studium der Sozialen Arbeit verbessert werden könnte?

Quellen

Krathwohl, David R.; Bloom, Benjamin Samuel; Masia, Bertram B. (1973): Taxonomie von Lernzielen im kognitiven Bereich. Weinheim: Beltz.

Soziale Arbeit und Wissenschaft

Tim Middendorf

Soziale Arbeit und Wissenschaft – die professionelle Praxis von wissenschaftlichen Mitarbeiter*innen an einer Hochschule für Soziale Arbeit.

Wie sich im Beitrag des ersten Bandes gezeigt hat, sind die Arbeitstage für wissenschaftlich Mitarbeitende an einer Hochschule für Soziale Arbeit von vielfältigen Herausforderungen und Überraschungen geprägt. Einerseits bietet die Hochschule im Vergleich zu vielen anderen Arbeitsorten zwar einen planbaren Arbeitsalltag, andererseits sind auch in diesem strukturierten Arbeitsumfeld Flexibilität und Professionalität gefragt. Das gilt insbesondere, wenn die Tätigkeit an der Hochschule wie in meinem Stellenkonstrukt an eine wissenschaftliche Qualifizierung geknüpft ist. Da die Ausgestaltungen der Stellen als wissenschaftliche Mitarbeiter*innen insgesamt stark ausdifferenziert sind, rufen wir uns kurz zur besseren Nachvollziehbarkeit des Beitrags die Kernelemente meiner

Arbeitssituation in Erinnerung. An dieser Stelle sei erwähnt, dass sich die Darstellung der Arbeitstätigkeit auf den Zeitpunkt der Verfassung des Beitrags bezieht – denn zum Veröffentlichungsdatum bin ich an anderer Stelle tätig. Folgendes kennzeichnet meine Arbeitssituation:

- Ich bin wissenschaftlicher Mitarbeiter an einer Hochschule für Soziale Arbeit im Rahmen einer Qualifizierungsstelle. Das bedeutet, dass meine Stelle als oft betitelte Durchgangsstelle der wissenschaftlichen Qualifizierung dient. Sie endet nach einer bestimmten Zeit oder mit Abschluss der Qualifizierung. Die rechtlichen Bedingungen sind im Wissenschaftszeitvertragsgesetz geregelt.
- Meine Stelle gliedert sich in drei Arbeitsgebiete: Mit einem Teil meiner Arbeitszeit bin ich in der Lehre tätig. Das heißt, dass ich nach Absprache Seminare und andere Lehrveranstaltungen durchführe. Mit einem anderen Teil bin ich im Praxisreferat der Abteilung beschäftigt. Das bedeutet unter anderem, dass ich die Verknüpfung der beiden Lernorte Hochschule und Praxis im Blick behalte und Praxiskontakte in der Region ausbaue und pflege. Und mit einem weiteren Teil meiner Arbeitszeit bin ich für die eigene wissenschaftliche Qualifizierung – in diesem Fall die Promotion – freigestellt. Diese Zeiten nutze ich selbstorganisiert zum erfolgreichen Voranschreiten im Promotionsprozess.

Auf diese Weise bin ich sowohl in die Hochschulstrukturen eingebunden als auch auf mich allein gestellt – möglicherweise zentrale Elemente der Tätigkeit als wissenschaftlicher Mitarbeiter an einer Hochschule für Soziale Arbeit. Die konkrete professionelle Praxis als Sozialarbeiter wird folgend aus meiner höchst individuellen Perspektive anhand vorgegebener Kategorien beschrieben.

„Das sieht wirklich schön hier aus" – das Praxisfeld

Die Hochschule ist zentral in einer durch Student*innen geprägten Stadt gelegen. Das Gebäude besticht von außen betrachtet durch eine Kombination aus historischer und moderner Architektur, da aufgrund chronischer Raumknappheit an einem historischen Gebäude ein Neubau entstanden ist. Durch die nahezu quadratische Anordnung der Gebäudeteile ist ein Innenhof vorhanden, der verschiedene Fahrradständer, Sitzmöglichkeiten und eine große Rasenfläche bietet. Er dient als Treffpunkt zwischen Seminaren, als Kleingruppenarbeitsort an der frischen Luft oder als künstlerischer oder sportlicher Betätigungsraum. Auch einige Feiern wie das Sommerfest oder Konzerte finden im Innenhof statt.

Die Innenräume der Hochschule divergieren: Es gibt einen großen modernen Hörsaal, in dem ganze Studienkohorten Platz finden, um Vorlesungen und anderen Großveranstaltungen zu folgen. Dazu existieren klassische Seminarräume in unterschiedlichen Größen, die strukturell an Klassenräume in der Schule erinnern. Zwar sind sie technisch weitaus besser ausgestattet, aber teilweise sind vorne am Pult Tafeln oder große Whiteboards zu finden. Zudem existieren kleine Besprechungs- und Supervisionsräume, die gemütlich eingerichtet sind und kaum an Unterrichtsgeschehen erinnern.

Ich habe mein Büro etwas abseits in einem umgestalteten Seminarraum. Das symbolisiert auch meine Position in der Hochschule: Ich habe zwar einen festen Platz, allerdings bin ich – persönlich und als Statusgruppe – dazwischen. Ich gehöre trotz Lehrtätigkeit einerseits nicht zu den hauptamtlich Dozierenden, andererseits trotz Verwaltungstätigkeiten auch nicht zur Verwaltung. Ich bin von vorneherein zeitlich befristet als Teil der Hochschule angestellt und arbeite mit erfolgreicher Qualifizierung zeitgleich an meinem Abschied. Das zeigt sich scheinbar ebenfalls an meiner Bürosituation, in der ich mich allerdings sehr wohl fühle.

„Das Studium als Professionalisierungsort" – der Problembezug

Im und durch das Studium der Sozialen Arbeit werden zukünftige Fachkräfte ausgebildet bzw. anders ausgedrückt: Im Studium erhalten Studierende die Möglichkeit, sich zu professionalisieren und auf eine Tätigkeit als Fachkraft in verschiedenen Handlungsfeldern der Sozialen Arbeit vorzubereiten. Sie entwickeln sich individuell und wachsen zeitgleich in eine Profession hinein (vgl. Middendorf 2021). Das ist mit großen Herausforderungen verbunden, denn Soziale Arbeit ist Arbeit von Menschen, für Menschen und mit Menschen (vgl. von Spiegel 2018, 93).

Für mich ergeben sich daraus nicht auflösbare Spannungsfelder: Denn einerseits begleite ich in der Lehre und im Praxisreferat Studierende in ihrer individuellen Entwicklung und Entfaltung, die höchst individuell verlaufen. Und andererseits bewege ich mich in einem hierarchisch aufgebauten Bildungssystem, das bewertet, benotet und die Erreichung von Lernzielen abfragt. Dadurch reduziere ich individuelle Gestaltungsprozesse, denn Studierende orientieren sich häufig an vorgegeben Maßgaben und Maßstäben, um möglichst gute Noten zu erhalten. Es existiert demnach ein Spannungsfeld zwischen Anpassung und Individualität, mit dem umzugehen ist.

Ein zweites großes Spannungsfeld stellt für mich die Dyade Wissenschaft und Praxis dar. Soziale Arbeit ist eine vergleichsweise junge Profession, die noch immer einem gewissen Grad an Legitimationsdruck ausgesetzt ist. Das stellt einen Grund dar, warum die wissenschaftliche Untermauerung sozialarbeiterischer Praxis schon in der Ausbildung eine große Rolle spielt. Studierende der Sozialen Arbeit werden aktuell intensiv in verschiedenen Bereichen qualitativer und quantitativer Sozialforschung ausgebildet. Sie können sich zu eigener forschender Tätigkeit befähigen – auch durch entsprechende Masterstudiengänge. Und zudem stellt die Befähigung zu sozialarbeiterischem Handeln in höchst unterschiedlichen Praxisfeldern der Sozialen Arbeit einen Schwerpunkt des Studiums der Sozialen Arbeit dar. Beide Pole lassen sich zwar miteinander vereinbaren, aber dazu bedarf es aus meiner Perspektive ermöglichender Reflexionsorte. Die Gestaltung der Reflexionsräume und die Muße zur Reflexion sind für Lernende und Lehrende im straffen Hochschulalltag schwer umzusetzen.

Und schlussendlich müssen wissenschaftlich Mitarbeitende ihren eigenen Professionalisierungsprozess im Hinterkopf behalten. Es sollte gelingen, die Professionalisierungsorte für die Studierenden zu schaffen und dabei die eigene Qualifizierung nicht aus dem Blick zu nehmen – denn diese stellt eine Voraussetzung für die eigene Arbeit dar. Das ist aus eigener Erfahrung schwierig. Denn die Versuchung ist groß, bei hohem Arbeitsaufkommen als erstes die eigene Promotion zu vernachlässigen. Schließlich ist man sich dabei oft nur selbst Rechenschaft schuldig, während die fehlende Ableistung von Hochschulaufgaben sofort viele Menschen betreffen kann.

„Wie möchte ich Hochschulleben gestalten?" – die ethischen Zielhorizonte

Die ethischen Zielhorizonte meiner Arbeit sind nicht leicht zu identifizieren. Selbstverständlich gibt es Leitlinien, Schutzkonzepte und auch Beauftragte für Diversität, Inklusion und Gleichstellung, allerdings kommt innerhalb dieses Rahmens auch immer die im Grundgesetz verankerte Freiheit von Forschung und Lehre hinzu. Daher würde ich es so beschreiben: Es existieren vielfältige und ausgereifte Konzepte, um vielen Studierenden und Mitarbeitenden ein möglichst barrierearmes und diversitätssensibles Lernen und Arbeiten an der Hochschule zu ermöglichen. Jedoch leben die verschiedenen Akteure an der Hochschule das im Alltag unterschiedlich. Wir sind angefragt, unsere eigene Lehr-, Lern- und Arbeitsphilosophie zu gestalten und prozessual reflektiert anzupassen. Das geschieht individualisiert in einem festen Möglichkeitsrahmen.

Ich weiß ehrlich gesagt nicht, an welchen Orten diese Gestaltungsprozesse stattfinden und reflektiert werden. Ich kenne dafür Dienstbesprechungen, Gremiensitzungen, Arbeitskreise und persönliche Gespräche. Es gibt aber zudem noch die Möglichkeit, die eigene Lehr- und Arbeitsphilosophie über die eigene Hochschule hinaus zu reflektieren: beispielsweise im Rahmen von hochschuldidaktischen Fortbildungen und Zertifikatskursen. Das habe ich ausgiebig genutzt und als sehr wertvoll erachtet, um eigene und institutionelle ethische Zielhorizonte zu identifizieren und zu entwickeln.

„Mit wem und für wen überhaupt?“ – die Adressatinnen und Adressaten

Bei den Adressatinnen und Adressaten meiner Arbeit handelt es sich um unterschiedliche Personen und Personengruppen. Zuerst sind an dieser Stelle die Studierenden an der Hochschule zu nennen: Sie haben die Möglichkeit, aus verschiedenen Lehr- und Lernangeboten zu wählen, um sich für die Tätigkeit als Sozialarbeitende in differenten Handlungsfeldern zu qualifizieren. Sie eignen sich Wissen und Können an und entwickeln ihre Persönlichkeit und Reflexionsfähigkeit. Nach ihrer Schullaufbahn und einem obligatorischen Vorpraktikum wechseln sie in einen Bereich der Erwachsenenbildung, der Freiräume bietet und dementsprechend eine höhere Selbstverantwortung für die eigenen Lernprozesse impliziert. Das führt oftmals zu Verunsicherungen – vor allem zu Beginn des Studiums. Jedoch bringen sie häufig Kompetenzen mit, die mich wiederrum verunsichern und zeitgleich begeistern: Kommunikationsfähigkeit, Multitasking, den selbstverständlichen Einsatz verschiedener Medien. Ich bemerke, dass viele Studierende vor allem für technische Herausforderungen schneller Lösungen finden als ich es jemals können werde.

Zudem stehe ich im Praxisreferat verschiedenen Trägervertreterinnen und -vertretern als Ansprechpartner zur Verfügung. In diesem Rahmen geht es oftmals um Kooperationsmöglichkeiten mit der Hochschule, um Praxiseinsätze oder um Fragen rund um den Berufseinstieg. Dabei sind sowohl die Wünsche und Ziele der Kooperationseinrichtungen als auch die der Hochschule zu berücksichtigen, die allerdings nicht immer passgenau übereinstimmen (z. B. Ausgestaltung der Praxisphasen, Abschaffung des Berufsanerkennungsjahres). Allerdings verlaufen die Gespräche in der Regel zielführend und kooperativ, da wir ein gemeinsames großes Ziel verfolgen: die qualifizierte Ausbildung von zukünftigen Fachkräften an den Lernorten Hochschule und Praxis. Und zudem zeichnet sich meine Arbeitspraxis auch durch die Eingebundenheit in das Kollegium aus. Vor allem die Organisation der Praxisphasen erfordert ein hohes Maß an Abstimmungsbedarfen, die wiederrum in die Gesamtorganisation der Hochschule eingebunden werden müssen.

Es ist erkennbar, dass die Arbeit als wissenschaftlicher Mitarbeiter an einer Hochschule in Teilen Netzwerkarbeit bedeutet. Viele verschiedene Menschen sind betroffen und viele unterschiedliche Wünsche gilt es zu berücksichtigen.

„Das macht einen Unterschied“ – der Träger

Es gibt staatliche, kirchliche und private Hochschulen mit dem Studiengang Soziale Arbeit. Sie zeichnen sich durch unterschiedliche Studienkonzepte und Studienbedingungen aus. Ich habe den Eindruck, dass der Markt zunehmend umkämpft ist, obwohl der Studiengang Soziale Arbeit weiterhin stark angefragt wird.

Ich arbeite an einer Hochschule in kirchlicher Trägerschaft. Wir lassen uns durch ein christliches Menschenbild leiten und berücksichtigen ehrenamtliche und kirchliche Arbeit unter anderem bei der Studienplatzvergabe. Das führt zu einer spezifischen Studierendenschaft und zu einem besonderen Campusleben. Ich habe den Eindruck, dass es bei uns schon fast familiär zugeht. Das hat sicherlich mit den vergleichsweise kleinen Kohorten zu tun, aber zudem auch mit den Studierendenpersönlichkeiten. Es finden viele selbstorganisierte Feiern und Aktionen statt, die den Zusammenhalt und das Kennenlernen untereinander fördern. Viele Studierende setzen sich an der Hochschule für Toleranz und Vielfalt ein und beziehen gesellschaftlich Stellung – teilweise auch gegen etablierte Kirchenvertreter. Aus meiner Perspektive ist das ein gutes Zeichen für die zukünftige Soziale Arbeit, die ebenfalls ein politisches Mandat hat und sich an gesellschaftlichen Veränderungsprozessen beteiligen kann.

„Das ist dein gutes Recht" – sozialrechtliche Grundlagen

Über (sozial)rechtliche Grundlagen meiner Arbeit ist mir wenig bekannt. Im Rahmen der Promotion habe ich mich durch Promotionsordnungen, promotionsrelevante Ländervorgaben und kooperative Promotionsmöglichkeiten gekämpft. An der Stelle wurde vor allem deutlich, dass FH-Absolventinnen und Absolventen einen schweren Zugang zu Promotionsverfahren haben.

Die Befristung meiner Anstellung beruht auf dem Wissenschaftszeitvertragsgesetz, dass durch befristete Arbeitsverträge die Qualifizierung des wissenschaftlichen Mittelbaus vorantreiben soll – und zeitgleich zu prekären Arbeitsbedingungen für Promovierende führt.

Und das Hochschulleben ist durch Prüfungsordnungen, die Freiheit von Forschung und Lehre (festgehalten im Grundgesetz) und viele weitere rechtliche Rahmenbedingungen gekennzeichnet (BAföG-Leistungen usw.). Ehrlich gesagt kenne ich nicht alle spezifischen Regelungen – aber wir haben Beauftragte für verschiedene Bereiche, die den Studierenden und Mitarbeitenden beratend zur Seite stehen. Auf diese Weise erhalte ich im Einzelfall die notwendigen Informationen.

„Ein gutes Gespräch ist mehr als eine Methode" – die Kommunikationsmethoden

Wie schon in den Beschreibungen ersichtlich wurde, besteht ein Großteil meiner Arbeit aus Kommunikation: mündlich, schriftlich, digital oder in Präsenz.

Je nach Interaktionssituation kommen verschiedene Kommunikationsmethoden zum Einsatz.

Für mich persönlich sind systemische Gesprächstechniken und -haltungen in der alltäglichen Arbeit an der Promotion und an der Hochschule sehr gewinnbringend (vgl. von Schlippe/Schweitzer 2016). Sie helfen mir dabei, verschiedene Aufträge zu identifizieren, um sie im Nachgang in Handlungsschritte zu gliedern und umzusetzen. Systemische Gesprächsführung funktioniert dabei sowohl digital als auch in Präsenz. Sie liegt mir, da sie Wertschätzung transportiert und verschiedene Perspektiven in den Blick nimmt. Denn nicht immer ist der Weg der Zielerreichung schon zu Beginn eines Gesprächs ersichtlich.

Ein weiteres – eher spezifisches – Kommunikationsinstrument ist die lösungsorientierte Gesprächsführung (vgl. de Shazer 2014). Sie kommt bei handlungsorientierten Anfragen in Beratungssettings zum Einsatz, um eigene Prozesse und Handlungsschritte zu aktivieren. Das ist vor allem in Beratungssituationen mit Studierenden erfolgsversprechend: Gelegentlich tragen Studierende Fragestellungen an mich heran, die sich zwar selbst lösen könnten, bei denen sie allerdings sprichwörtlich den Wald vor lauter Bäumen nicht mehr sehen können. In diesen Fällen kann es hilfreich sein, in Gesprächen hauptsächlich lösungs- und handlungsorientiert vorzugehen und die Lösungsschritte selbst erarbeiten zu lassen. Und ich habe den Eindruck, dass Steve de Shazer diesbezüglich hilfreiche Ansätze liefert.

Aber es ist mir wichtig, noch einen Nachtrag zu liefern. Es ist zwar sinnvoll, verschiedene Methoden im Hinterkopf zu haben und einzusetzen, allerdings plädiere ich darüber hinaus für ein offenes Ohr und ein Beziehungsangebot den kooperierenden Menschen gegenüber. Die Arbeit an der Hochschule zeichnet sich durch eine Arbeit unter Erwachsenen aus, die kollegial und verantwortungsbewusst miteinander umgehen können. Dabei sind perspektiverweiternde Methoden hilfreich, aber sicherlich nicht ausschlaggebend.

„Standardisierte Arbeitsabläufe" – die Verfahren

Es fällt mir schwer, die Verfahren meiner täglichen Berufspraxis darzulegen. Einerseits ist die Arbeit an der Hochschule klar strukturiert, und andererseits zeigt sie sich situativ individualisiert. Den Rahmen der Lehre und ihrer Inhalte bieten die Modulhandbücher und die darin verfassten Lernziele der Studierenden. Für Kooperationen mit Praxispartnerinnen und -partnern gibt es standardisierte Ablaufpläne, die je nach Anliegen Anwendung finden. Und für den Promotionsprozess gibt es ebenfalls Zwischenziele und standardisierte Verfahren. Jedoch – und an der Stelle wird es undurchsichtig – ist in meiner alltäglichen Praxis als wissenschaftlicher Mitarbeiter an der Hochschule viel Individualität gefragt. Die zu bearbeitenden Themen wiederholen sich teilweise, allerdings kommen auch immer wieder ganz neue Herausforderungen auf mich zu. Als ein Beispiel sei an dieser Stelle die Corona-Pandemie inklusive ihrer Auswirkungen auf den Hochschulbetrieb genannt. Es haben sich vollkommen neue Fragestellungen ergeben, für die es weder Verfahren noch Erfahrungshintergründe gab. Das hat – sowohl an der Hochschule als auch im individuellen Promotionsprozess – vieles auf den Kopf gestellt. Daher kann ich nur bedingt von Verfahrensabläufen sprechen, die meinen Arbeitsalltag strukturieren.

„Typisch Hochschule für Soziale Arbeit" – das Konzept

Die grundlegenden Ziele und Herausforderungen einer Hochschule für Soziale Arbeit lassen sich abseits konzeptioneller Feinheiten leicht zusammenfassen. Es geht zentral um die Sicherung einer qualitativ hochwertigen Ausbildung, um eine gute Studierbarkeit und um hohe Forschungsaktivitäten. Um das zu gewährleisten, müssen die Bereiche Forschung und Lehre gut ineinandergreifen. Das kann auf vielfältige Weise geschehen: Einige Hochschulen bieten Präsenzstudiengänge in Voll- oder Teilzeit an, andere setzen auf duale oder Fernstudiengänge. Je nach Bedarf und Lebenssituation der Studierenden und Angestellten gibt es ein vielfältiges Beschäftigungsfeld mit höchst differenten Ansätzen.

Auch die Konzeption der Promotionsförderung von wissenschaftlich Mitarbeitenden variiert. In der Regel werden Promovierende an Hochschulen innerhalb ihrer Anstellung im Promotionsvorhaben unterstützt: durch Freistellung, durch inhaltliche und finanzielle Unterstützung oder durch Netzwerkstrukturen. In diesem Rahmen können somit auch wissenschaftliche Mitarbeiterinnen und Mitarbeiter passgenaue Rahmenbedingungen für den Promotionsprozess wählen.

„Lasst uns auf Entdeckungsreise gehen" – die Forschung

Forschung als eine zentrale Aufgabe von Hochschulen spielt als wissenschaftlicher Mitarbeiter an der Hochschule eine herausgehobene Rolle. Ich bin durch das Konzept meiner Stellenbeschreibung dazu verpflichtet, mich durch eigene Forschungsaktivitäten wissenschaftlich zu qualifizieren. Aus diesem Grund ist eine Affinität zur Forschung eine Grundvoraussetzung für die Anstellung als wissenschaftlicher Mitarbeiter an einer Hochschule für Soziale Arbeit. Viele Kolleginnen und Kollegen ohne Qualifizierungsstelle arbeiten als wissenschaftlich Mitarbeitende zudem in Forschungsprojekten an Hochschulen. Auch in diesem Zusammenhang ist Forschung ein zentraler Bestandteil der alltäglichen Praxis. Forschungsdesigns entwickeln, Datenerhebung und Datenauswertung, qualitative und quantitative Forschung – all das gehört zum Handwerkszeug wissenschaftlich Mitarbeitender.

„Was wird erwartet?“ – das Anforderungsprofil

Es gibt zahlreiche Veröffentlichungen zu Voraussetzungen für die Promotion in unterschiedlichen Disziplinen. Es ist schwer zu sagen, was im Einzelfall zum Erfolg oder Misserfolg des langwierigen und intensiven Promotionsprozesses führt. Aber rein subjektiv vertrete ich dazu eine Hypothese: Es ist sicherlich erforderlich, wissenschaftliche (Methoden-)Kompetenz und wissenschaftliches Wissen mitzubringen – sowohl für die eigene Promotion als auch für die wissenschaftliche Mitarbeit an einer Hochschule für Soziale Arbeit. Aber das ist nicht alles. Denn ein zentraler Baustein für das Voranschreiten in der eigenen Promotion ist das ständige und wiederholte Konfrontieren in ganz unterschiedlichen Settings (Fortbildungen, Kolloquien, Peergruppen usw.). Anders gesagt: Ich hatte im Promotionsprozess mehrfach den Eindruck, einen Durchbruch geschafft zu haben und inhaltlich vorangeschritten zu sein. Ich dachte, ich sei bezogen auf einen Bestandteil der Thematik am Ziel. Bei der Vorstellung in verschiedenen Gruppen wurde dann nahezu immer der Fortschritt hinterfragt, kritisiert und präzisiert. Ich ging erschöpft und niedergeschlagen aus den Besprechungen. Wie bei einem Turm aus Bausteinen hatte ich den Eindruck, dass ich wieder von ganz unten beginnen müsse. Allerdings zeigte sich der Erfolg einige Tage später, da der Turm nicht vollständig eingerissen wurde. Sondern Stück für Stück blieb ein Stein mehr liegen und bildete mit weiteren Steinen ein sattelfestes Fundament. Was ich damit sagen möchte: Die Fähigkeit zur Selbstkonfrontation und zum Aufstehen nach Enttäuschungen bildet für mich eine elementare Voraussetzung für den eigenen Promotionsprozess.

Für die Arbeit an der Hochschule werden Theoriekompetenz, Sozialkompetenz und ebenfalls Selbstkompetenz benötigt. Es geht schließlich um die Passung verschiedener Ideen, Wünsche und möglicherweise konträrer Theoriekonstruktionen. Diskussionen und Aushandlungen sollten nicht erschrecken.

„Finanzierung des Lebensunterhalts“ – die Vergütung

Die Vergütung ist ein wichtiger Aspekt, denn Promotionen als Beschäftigungsbestandteil von wissenschaftlichen Mitarbeiter*innen an Hochschulen ziehen sich über viele Jahre. Und je weniger weitere (Aushilfs-)Tätigkeiten zur Sicherung des Lebensunterhalts notwendig sind, umso fokussierter kann promoviert werden. Und da ist ein Gap in den Stellenausgestaltungen zu finden: Bei den Promotionsstellen handelt es sich in der Regel um Teilzeitstellen. Auf diese Weise soll gewährleistet sein, dass die Menschen noch Zeit für den eigenen Promotionsprozess finden – auf Kosten der eigenen finanziellen Absicherung.

Insgesamt ist die Vergütung aber als angemessen zu bezeichnen. Sie orientiert sich an anderen Stellen mit Masterabschluss und ist häufig in den Tarifvertrag für den öffentlichen Dienst der Länder (TV-L) eingebunden. Das ergibt in Stufe 13 ca. 51.000 € für eine 100 %-Stelle in Erfahrungsstufe 1.

„Mein persönliches Fazit" – die Selbstreflexion

Ich habe mir wiederholt die Frage gestellt, ob ich den Weg als wissenschaftlicher Mitarbeiter an einer Hochschule für Soziale Arbeit inklusive Promotionsprozess im Nachhinein eingeschlagen hätte, denn vieles zeigte sich erst auf dem Weg und war im Vorfeld nicht absehbar. Mittlerweile würde ich die Frage bejahen. Denn rückblickend muss ich feststellen, dass ich einiges falsch eingeschätzt hatte, dass ich auch viele schwierige Situationen zu meistern hatte und auch auf Menschen gestoßen bin, die meine Arbeit und meinen Promotionsprozess kritisiert haben. Aber – und das war mein zentrales Ziel – ich habe sehr viel lernen dürfen und mich stetig weiterentwickelt.

Aber nun demütig zu den schwierigen Phasen meiner Arbeit: Ich war vor der Anstellung an der Hochschule über zwölf Jahre in verschiedenen Handlungsfeldern der Sozialen Arbeit tätig. Ich bin mittlerweile über vierzig Jahre alt und habe einige Krisensituationen in der Sozialen Arbeit selbstständig lösen und klären können. Kurzum: Ich stand mitten im Leben und war es gewohnt, selbstständig zu entscheiden und zu handeln. Dabei bin ich zu Beginn meiner Anstellung an der Hochschule einigen Menschen unangemessen begegnet. Denn die Hochschule lebt vom Diskurs, von der Aushandlung verschiedener Perspektiven und eben nicht nur allein vom pragmatischen und teilweise verkürzten Handeln Einzelner. Vor allem zu Beginn habe ich erfahren, dass nicht ausschließlich schnelle Lösungen gefragt sind, sondern die Stärke möglicherweise gerade in der inhaltlichen Auseinandersetzung liegt. Und zudem bin ich als wissenschaftlicher Mitarbeiter auch gar nicht befugt, in bestimmten Zusammenhängen Entscheidungen zu treffen – denn ich gehöre dem sogenannten Mittelbau an. Das war befremdlich für mich.

Ich empfand es zudem als schwierig, meine Rolle an der Hochschule zu finden. Auf der einen Seite gehöre ich oft dazu, auf der anderen Seite bin ich oft dazwischen. Das berichten andere wissenschaftliche Mitarbeiterinnen und Mitarbeiter ebenfalls: Auch die Hochschulen sind dabei, Plätze für den Mittelbau zu finden und diese Arbeitsbereiche mit Leben zu füllen. Auf diese Weise fühle ich mich zwar zugehörig, aber ebenfalls vor allem im Promotionsprozess als Einzelkämpfer. Nach jahrelanger Arbeit in einem gesetzten Team war das eine große Herausforderung.

Was ich als besonders lohnenswert herausstellen möchte, ist ein Teil der Hochschulkultur: Als Lernender und Qualifizierender hatte ich den Eindruck, dass individuelle Entwicklungs- und Professionalisierungsprozesse gerne unterstützt werden. Es gab die Möglichkeit, an Fortbildungen teilzunehmen, Kostenerstattungen für Reisen zu erhalten und sich nahezu jederzeit zu entwickeln. Das empfand ich als außerordentlich wertschätzend und motivierend, sodass ich verschiedene Fortbildungen ausgiebig in Anspruch genommen habe.

Daher kann ich sagen: Die wissenschaftliche Mitarbeit an Hochschulen für Soziale Arbeit im Rahmen von einer Qualifizierungsstelle ist zwar steinig, hart und schwer, aber lohnenswert und entwicklungsfördernd.

„Und für andere?“ – Empfehlungen für Interessierte im Studium der Sozialen Arbeit

Falls Sie Interesse an einer wissenschaftlichen Qualifizierung haben, dann lohnt sich die Auseinandersetzung mit den örtlichen Gegebenheiten. Welche Konzepte bieten die Hochschulen zur wissenschaftlichen Nachwuchsförderung an? – Welche Hochschulen besitzen ein Promotionsrecht bzw. welche weiteren Möglichkeiten von Promotionen sind gegeben? – Und in welchem Themengebiet möchten Sie sich verorten?

Um im Anschluss den Fragen zu ihrer persönlichen Lebenssituation zu folgen. Ist eine Promotion für Ihre Lebenssituation passend? – Möchten Sie dafür als wissenschaftlich Mitarbeitende an eine Hochschule gehen? – Und haben Sie Lust dazu, sich über viele Jahre einer spezifischen Fragestellung zu widmen? Falls Sie einer Promotion motiviert gegenüberstehen, dann kann ich Ihnen eine wissenschaftliche Mitarbeit an einer Hochschule wärmstens empfehlen. Freuen Sie sich auf eine rasante Berg- und Talfahrt, die viele – unangenehme und positive – Überraschungen für Sie bereithält. Ich wünsche viel Erfolg.

In welche Spannungsfelder ist die Tätigkeit als wissenschaftliche*r Mitarbeiter*in an einer Hochschule für Soziale Arbeit eingewoben?

Quellen

Middendorf, Tim (2021): Professionalisierung im Studium der Sozialen Arbeit. Eine sozialisationstheoretische Perspektive auf Ausbildungssupervision. Weinheim, Basel: Beltz Juventa.

Schlippe, Arist von; Schweitzer, Jochen (2016): Lehrbuch der systemischen Therapie und Beratung I. Das Grundlagenwissen. Bristol: Vandenhoeck & Ruprecht.

Shazer, Steve de (2014): Wege der erfolgreichen Kurztherapie. Stuttgart: Klett-Cotta.

Spiegel, Hiltrud von (2018): Methodisches Handeln in der Sozialen Arbeit. München: Ernst Reinhardt.

Soziale Arbeit in der Forschung

Jan V. Wirth

Professionelle Soziale Arbeit lässt sich heutzutage nicht mehr ohne Forschung denken. Seit den 1970er Jahren hat sich der Prozess der Verwissenschaftlichung Sozialer Arbeit beschleunigt. In Deutschland ist festgeschrieben, dass die Ausübung von Tätigkeiten als Sozialarbeiter bzw. Sozialarbeiterin an die Absolvierung eines akademischen Studiums mit Praxisphasen, die zur staatlichen Anerkennung führen, gebunden ist. Ein solches Studium kann absolviert werden an Berufsakademien, Fachhochschulen, Hochschulen und Universitäten. Diese sind nicht nur Bildungseinrichtungen im Sinne der Belehrung von Laien, sondern auch Forschungseinrichtungen. Nicht nur das wissenschaftliche Personal, ja auch die Studierenden haben sich hiernach mit Forschungstätigkeiten auf freilich unterschiedlichem Niveau zu befassen.

Je nach Kategorie der Einrichtung und den Lehraufgaben, die damit verbunden sind, stehen dafür unterschiedliche zeitliche Budgets zur Verfügung. In Berufsakademien hat beispielsweise das akademische Lehrpersonal in Form von Dozenturen oder Professuren etwa 22-24 Semesterwochenstunden, in Fachhochschulen und Hochschulen 18 und an Universitäten 8-10 Semesterwochenstunden zu lehren. Sämtliche Forschungstätigkeit hat in der Regel neben der Lehre bzw. parallel zu ihr zu erfolgen. Als Professor auf Zeit oder in Festanstellung habe ich an sämtlichen Einrichtungen gearbeitet bzw. bin dort noch nebenberuflich tätig, etwa dazumal an der Berufsakademie Breitenbrunn im Erzgebirge, der Brandenburgischen Technischen Universität in Cottbus und aktuell der Hochschule Luzern in der Schweiz.

Neben der Einrichtungsform – als Berufsakademie, Hochschule oder Universität – spielt auch die Trägerschaft eine entscheidende Rolle, wie Forschungsaufgaben umgesetzt werden können. Die Hochschullandschaft lässt sich in Deutschland in staatlich, christlich oder privat getragene Hochschulen mit jeweils staatlicher Anerkennung unterteilen. Es lässt sich leicht vorstellen, dass damit jeweils unterschiedliche ökonomische Interessen einhergehen. Während eine staatliche Hochschule nicht gewinnorientiert arbeitet, sieht das bei privaten Hochschulen, etwa in Anbindung an entsprechende Investmentgesellschaften, gegensätzlich aus.

Dass bei einer rigiden Gewinnorientierung auch die Möglichkeiten und Ressourcen zu forschen begrenzt sind, liegt auf der Hand. Dementsprechend ist die Zunahme an gewinnorientierten privaten Hochschulen in Deutschland in den letzten 20 Jahren auch entsprechend kritisch zu sehen, insofern unzureichende Forschung dazu führt, dass das verfügbare und weiterzugebende Wissen der

Hochschule veraltet und auf neue soziale Probleme (der Region, von Adressat:innen) oder neue wissenschaftliche Fragestellungen nicht hinreichend innovativ reagiert werden kann.

Die Forschung in der Sozialen Arbeit lässt sich außerdem grundsätzlich in zwei wissenschaftstheoretische Bereiche unterteilen. Einerseits haben wir aus historischen Gründen, aber auch aus Gründen, die den Kern der Sozialen Arbeit, nämlich ihr Werte-Fundament berühren, einen umfangreichen *theoretischen* Forschungsbereich. Vornehmlich hier fühlt sich der Verfasser dieses Beitrags verortet und zugehörig. Andererseits ist Teil einer jeden Wissenschaft auch der empirische Forschungsbereich. Hierbei geht es um die Erfassung und Zusammenführung von erfahrungsbasiertem Wissen über Probleme der Lebensführung bzw. Lebensbewältigung von entsprechenden Adressat:innen oder allgemein über sämtliche Phänomene, die die Gesellschaft, ihre sozialen Sicherungssysteme, deren Organisationen und Wandel betreffen.

Trotz der Heterogenität des wissenschaftlichen Personals, vom prekär angestellten wissenschaftlichen Mitarbeiter bis hin zum Universitätsprofessor auf Lebenszeit, ist das Praxisfeld der Forschung im Vergleich zu anderen Praxisfeldern der Sozialen Arbeit ein exklusives Feld. Das hat seine erste Ursache darin, dass Forschung von unmittelbarem Handlungsdruck, wie er beispielsweise von Adressatinnen mit unmittelbaren und dringenden Lebensproblemen ausgeht, befreit ist. Eine zweite Ursache ist die, dass staatliche Hochschulen ohne den Wettbewerbsdruck des freien Marktes in Selbstverwaltung in entschleunigten Strukturen operieren.

Die Forschung als Praxisfeld hat sicherlich die gleichen oder ähnlichen ethische Zielhorizonte wie andere Praxisfelder der Sozialen Arbeit. Bekanntermaßen sind dies etwa die Menschenrechte, die Rechte, wie sie die Vereinten Nationen erarbeitet und bekräftigt haben, der Berufskodex, wie er in internationalen Konventionen erarbeitet und legitimiert wurde. Darüber hinaus hat die Kenntnis verschiedener wissenschaftstheoretischer Paradigmen wie etwa des Kritischen Rationalismus, der Phänomenologie oder der konstruktivistischen Systemtheorie grundsätzliche ethische Konsequenzen.

Der Kritische Rationalismus sagt mir beispielsweise, dass wir, ob in der Lebensführung oder Forschung, uns stets in einem Netz von Vermutungen bzw. Hypothesen bewegen, die per Definition vorläufig und irrtumsbehaftet sind. Die Phänomenologie hingegen scheint mir zu sagen, dass wir die Welt nicht so erkennen, wie sie ist, sondern wie sie uns erscheint. Im Kontrast dazu gibt es von Seiten der konstruktivistischen Systemtheorie viele Aussagen dazu, wie einzelne oder Gemeinschaften ihre Sicht der Welt auf bewusste oder unbewusste Weise konstruieren. Ein bekanntes Leitmotto des Konstruktivismus lautet beispielsweise, dass „wir die Welt nicht so sehen, wie sie ist, sondern wie wir sind" (Anaïs Nin).

Sicherlich spielt auch eine besondere Form der Leistungsorientierung und der intrinsischen Motivation eine große Rolle, wenn sich Personen in das Praxisfeld der Forschung bewegen. Hierbei werden aufgrund der üblichen Rahmenbedingungen in der Forschung Selbstständigkeit, Verbindlichkeit, Teamorientierung und nicht zuletzt auch Kreativität gefordert. Insofern bringen Forschungskontexte auch entsprechende ethisch besetzte Arbeitskulturen hervor.

Als jemand, der in dem Feld der Forschung und den Diskursen der Sozialen Arbeit als systemischer Theoretiker der Lebensführung und systemischer Methodiker erkannt bzw. identifiziert wird, sind mir insbesondere bestimmte Probleme der Lebensführung und entsprechende Gruppen von Adressaten wichtig. Nachdem ich mich einige Jahre im Bereich der grundsätzlichen soziologischen gesellschaftstheoretischen Forschung bewegt habe, habe ich in den letzten 5 Jahren die systemische Theorie der Lebensführung als Theorie für soziales Arbeiten auf bestimmte Probleme angewendet, etwa auf Wohnungslosigkeit, Einsamkeit und Alter. Für mich selbst wäre es schön, wenn möglichst viele Personen in der Sozialen Arbeit die Breite und die Komplexität der Lebensführung der Gesellschaft anerkennen würden und daraus entsprechende methodische oder habituelle Schlussfolgerungen ziehen. Mit der Theorie der Lebensführung lässt sich nämlich herausfinden, dass wir selten alle Möglichkeiten nutzen, die uns zur Verfügung stehen, und das gilt nicht nur in philosophischer, sondern auch in konkreter sozialtheoretischer oder lebenspraktischer Veränderungsabsicht.

In den letzten Jahren habe ich verschiedene Beiträge, Workshops und Seminare durchgeführt zu ganz unterschiedlichen Themen. Ich erinnere mich beispielsweise an eine Tagung zur Migrationssozialarbeit, an eine Seminarreihe für eine politische Stiftung, zur Steigerung der gesellschaftlichen Teilhabe von islamischen Kulturzentren oder mehrere Seminare zum verbesserten oder professionellen Umgang von Hausmeistern in Flüchtlingsunterkünften im Angesicht von häuslicher Gewalt und Kindeswohlgefährdung. Diese Bandbreite ist einerseits sehr spannend und andererseits auch herausfordernd, insofern damit jeweils bestimmte Einarbeitung verbunden sind.

Als forschende Person an Hochschulen ist man regelmäßig auch an der Entwicklung der Hochschule und dem Beitrag von Forschungsergebnissen interessiert oder wird in diese Aktivitäten hineingezogen. Gerade die Akquisition von Drittmitteln, um Politik finanzierte Forschungsvorhaben umzusetzen ist für die Hochschule wie auch für die Forscher von hohem Interesse. Beispielsweise ließe sich damit auch das Lehrdeputat für eine gewisse Zeit entsprechend ermäßigen.

Bestimmte explizite rechtliche Festlegungen für Forschung sind mir eigentlich nicht bekannt. Im Zuge der Durchführung von Forschungsvorhaben sind allerdings eine Reihe von ethischen oder auch datenschutzrechtlichen Regelungen zu beachten, die ausschließen sollen, dass die Daten oder Personen in irgendeiner Weise gegen ihren oder den Willen der Gesellschaft gebraucht oder missbraucht werden können.

Als jemand, der im Laufe der Zeit eine Reihe von Publikationen wie Bücher oder Studienmaterialien hervorgebracht hat, habe ich insbesondere im Bereich der theoretischen Forschung einige Methoden für mich gefunden, die ich entsprechend anwende. Praktisch muss man sich vorstellen, dass ein solcher Arbeitstag wenig überraschend am Schreibtisch und dem PC beginnt. Damit sind durchaus einige körperliche Beschwerden verbunden. Der menschliche Körper ist eigentlich nicht zum Sitzen gedacht und entsprechend war ich auch wenig überrascht, kürzlich im Spiegel zu lesen, dass Sitzen ungefähr fast genauso kritisch zu betrachten ist wie das Rauchen. Jeder, der mehrere Jahre täglich mehrere Stunden am Stück gesessen hat, wird dies sicherlich bestätigen, verbunden mit dem Gefühl der Erstarrung, Versteifung und Austrocknung des Körpers. Mir geht es so. Das klingt vielleicht etwas zu dramatisch. Natürlich sind wir aufgerufen, uns selbst zu versorgen in unseren jeweiligen Tätigkeitsprofilen. Aber es ist eben die Dauer und die Intensität im Alltag, die zu besonderen, unvorhersehbaren Belastungen führt.

Zurück zum Arbeitsplatz. Am Anfang eines wissenschaftlichen Buchprojektes steht fast immer die rege Beobachtung des wissenschaftlichen Diskurses und der Fachliteratur vor dem Hintergrund der eigenen Forschungsambitionen. Mein Interesse ist seit jeher auf die Professionalisierung der Sozialen Arbeit in verschiedenen Handlungsfeldern gerichtet. Die Spannung zwischen Theorie und Praxis bzw. der rege Austausch zwischen beiden Sphären inspiriert mich in besonderer Weise getreu des Mottos, das Wissen kein Selbstzweck ist, sondern bestenfalls zur Veränderung der Welt nützlich ist.

Zuerst geht es mir also um die Sammlung von Informationen und Wissen, die wiederum zur Identifikation von Lücken oder Leerstellen im Bereich der Theorien und Methoden der Sozialen Arbeit führen. Günstigenfalls kann ich mit einem wissenschaftlichen Buchprojekt eine solche Lücke oder Leerstelle versuchen zu füllen. Beispielsweise wird ja mit diesem ersten und zweiten Sammelband, wie er hier gerade vorliegt bzw. vorgelegt wird, versucht, den subjektiven professionellen Alltag von Fachkräften der Sozialen Arbeit in sehr unterschiedlichen Handlungsfeldern zu beschreiben bzw. den damit verbundenen Gedanken, Gefühlen und Erkenntnissen etc. Ausdruck zu verleihen.

Dazu ist es nötig, eine zentrale Idee zu haben und in eine konzeptuelle Form zu bringen, die etwa einem Verlag oder wie bei einem Sammelband den künftigen Autorinnen und Autoren nahegebracht werden kann und diese überzeugt von einer gewissen Bedeutung und Wichtigkeit des Buchprojektes. Häufig habe ich gerade in den ersten Jahren mit Mindmaps gearbeitet, um komplexen Buchprojekten wie etwa bei meiner Dissertation eine entsprechende Tiefe und Breite der Gliederung mitzugehen. Gerade beim Thema der Lebensführung ist es unabdingbar, einen roten Faden zu behalten, da sonst das Interesse von den einzelnen Feldern und Aspekten von Lebensführung wie von schwarzen Löchern aufgesaugt würde.

Das sichtbarste Produkt eines wissenschaftlichen Buchprojektes ist sicherlich die Textdatei, die dann später abgedruckt wird. Ich arbeite seit vielen Jahren mit einer Kombination des Betriebssystems Microsoft Windows, der Textverarbeitung

Microsoft Word, der Spracherkennungssoftware Dragon Naturally Speaking und dem Literaturverwaltungsprogramm Citavi. Am Anfang von größeren Projekten steht wie gesagt das Mindmapping. Hier gibt es Software, die es möglich macht, die einzelnen Äste und Zweige direkt in Überschriften bei Word zu überführen. Ich mochte das eine Zeit lang sehr, habe es allerdings in den letzten Jahren nicht mehr benötigt, was daran liegt, dass man sich oder eben ich persönlich mich mit den Diskursen in ihren Grundzügen immer besser vertraut gemacht habe.

Bei der Produktion eines wissenschaftlichen Buches, ob als Monographie oder Sammelband, ist es, wie mir scheint, unabdingbar, mit einer Liebe zur Sprache im Allgemeinen als Ausdrucksform für Lebensäußerungen und zur Fachsprache als Grundlage für Professionalisierung an die Umsetzung zu gehen. Es sollte einem also Freude bereiten, mit den modernen Mitteln und Techniken durchaus anspruchsvolle Texte zu erstellen.

Inwieweit diese Texte und Bücher dann tatsächlich Erfolg auf dem Markt von Bildung und Weiterbildung haben, lässt sich schwer im Voraus beurteilen. Es lässt sich jedoch gut beobachten, dass bestimmte Personen und Persönlichkeiten in der Forschung seit vielen Jahren herausragende Ideen und Empfehlungen zum fachlichen Vorgehen publizieren. Diese Bücher sind dann oft in mehrfacher Auflage etc. auf dem Buchmarkt zu finden. Gerne gebe ich zu, dass meinen Publikationen ein solch bedeutender Erfolg noch nicht gegönnt war, aber das kann sich ja noch ergeben, würde ich in optimistischer Weise sagen.

Sicher ist es nicht unbekannt, dass die Vergütung und die Honorare im wissenschaftlichen Bereich sehr unterschiedlich sind. Wenn wir als Forscher in einem durch Drittmittel von Bund oder Ländern finanzierten Vorhaben tätig sind, sind damit erhebliche Honorare verbunden, bis hin zu sechsstelligen Beträgen.

Auf dem Markt für wissenschaftliche bzw. Fachbücher geht es auch zuweilen um viel Geld. Größere Honorare lassen sich aber wie gesagt nur über entsprechende neue Auflagen erzielen. Fairerweise muss gesagt werden, dass die Honorare von wissenschaftlichen Verlagen an Herausgeber oder Autoren recht schmal sind. Das ist durchaus verständlich, da diese Fachbücher durchschnittlich vielleicht eine Auflage zwischen 2000 und 5000 Exemplaren erreichen. Jungen Autor:innen kann es durchaus passieren, dass sie für ihre erste Publikation sogar einen gewissen Betrag an den Verlag zahlen müssen.

Seit einigen Jahren gibt es zusätzlich noch die Möglichkeit, erstellte Beiträge bei der Verwertungsgesellschaft Wort (VG Wort) zu melden. So gelangt man regelmäßig in den Genuss von Ausschüttungen, die von der Verwertungsgesellschaft vorgenommen werden. Für einen Sammelband wie diesen ist in den letzten Jahren ca. ein Betrag von 1000 € an den Herausgeber ausgeschüttet worden. Handelt es sich um zwei Herausgeber, wird die Summe entsprechend durch die Verwertungsgesellschaft aufgeteilt.

Ein zu forschungslastiges Tätigkeitsprofil, d. h. verbunden mit entsprechender sitzender Arbeit am PC zumeist ja allein im Büro etc., kann zu gewissen

Deformierungen der Persönlichkeit beitragen. Das mag etwas drastisch ausgedrückt sein. Für mich persönlich ist jedoch die wissenschaftliche Tätigkeit nicht mehr ganz so wichtig wie in früheren Jahren. Ein großer Vorteil ist sicherlich die Disziplinierung der Gedanken und ihre entsprechend logische Aneinanderreihung, was für den sogenannten Geist oder Verstand ein wunderbares Training sein kann. Es kann jedoch auch so sein, dass wir uns dadurch etwas entfernen von den besonderen Eigentümlichkeiten der Sozialen Arbeit, die für mich immer noch einen hohen Reiz haben. Hierbei geht es mir insbesondere um die Nähe und den menschlichen Kontakt, die wir stets unter gewissen Risiken eingehen und bei entsprechender Vorbereitung und Professionalisierung in kontrollierter Weise in konstruktive Prozesse übergehen lassen können. Seit ich etwa seit ca. zwei Jahren auch sehr oft im Jugendamt der Stadt Krefeld tätig bin, erlebe ich einen beinahe verloren gegangenen Reichtum an Wahrnehmungen, Eindrücken und Erkenntnissen, der mit jeweils und zum Teil ganz unterschiedlichen Formen der Lebensführung und Persönlichkeiten zu tun hat. Damit sind für mich Gefühle der Dankbarkeit verbunden, nicht zu konkreten Personen, sondern zum Lebensverlauf als solchen (was sicherlich für so manche unwissenschaftlich klingen mag).

Personen oder Fachkräften der Sozialen Arbeit, die sich für Forschung, ob in theoretischer oder empirischer Hinsicht interessieren, kann ich empfehlen, frühzeitig die eigenen Stärken und Motivationen zu identifizieren und zu prüfen, ob und inwiefern diese etwa mit der Verfolgung einer wissenschaftlichen Laufbahn abgerufen werden. Schlüsselmomente sind sicherlich die Erstellung einer besonderen wissenschaftlichen Arbeit wie etwa der Bachelorthese oder der Dissertation. Das Alter spielt hierbei eine eher unwesentliche Rolle. Wichtiger sind Offenheit und Neugier und die Bereitschaft, sich im Ungewissen zu bewegen. Die Erlangung eines Doktorgrades insbesondere mit sehr guten oder ausgezeichneten Ergebnissen öffnet in der Tat auch die Türen in die Fakultäten oder Hochschulen bzw. in verantwortungsvolle Positionen in der Sozialwirtschaft.

Wer jedoch lieber Menschen oder Familien in ihrem Gemeinwesen in hoffentlich wertschätzender, lebendiger, konstruktiver und wirkungsvoller Weise dabei hilft, allgemeine oder besonders knifflige Probleme der Lebensführung zu lösen oder zu bewältigen, von denen wir auch betroffen waren oder sein können, dem sei eher nicht das im Vergleich dazu eher dröge Feld der Forschung empfohlen.

Wozu genau würdest Du gerne in der Sozialen Arbeit, etwa in Deiner Bachelorarbeit, forschen und in welcher wissenschaftlichen Weise: a) theoretisch, d. h. eher sehr literaturgestützt, b) empirisch, d. h. mit Umfragen/Interviews und deren Auswertungen, c) eher aktionsorientiert, d. h. an den Effekten von Interventionen interessiert und dabei die „Beforschten“ stets beteiligend?

Quellen

Wirth, Jan V. (2014): Die Lebensführung der Gesellschaft. Grundriss einer allgemeinen Theorie. Heidelberg: Springer Research.
Wirth, Jan V./Kleve, Heiko (2019): Die Ermöglichungsprofession. 69 Leuchtfeuer für systemisches Arbeiten. Heidelberg: Carl-Auer.

Soziale Arbeit in der Supervision

Marlies Hendriks

Supervision ist kein *eigenes* Praxisfeld der Sozialen Arbeit, sondern vielmehr eine Beratungstätigkeit, die dazu dient, die Arbeit von Fachkräften in den verschiedensten Praxisfeldern zu reflektieren. Ich arbeite seit mittlerweile 20 Jahren nebenberuflich als Supervisorin. Wenn ich gefragt werde, worum es in der Supervision geht, lautet meine kürzeste Antwort: „um die Reflexion des beruflichen Handelns". Reflexion bedeutet Widerspiegeln, und tatsächlich verstehe ich Supervision als eine Art Spiegelfunktion: Bevor wir aus dem Haus gehen, halten wir kurz am Spiegel und schauen, ob das, was wir sehen, „soweit okay" ist. In der Supervision nehmen wir eine Auszeit von der direkten Berufstätigkeit und schauen uns die Qualität unserer professionellen Tätigkeit an.

Allen Praxisfeldern in der Sozialen Arbeit gemeinsam ist, dass die Fachkräfte – neben der administrativen Tätigkeit – direkt mit Menschen arbeiten. Egal ob wir sie je nach Praxisfeld z. B. Klient_innen, Patient_innen, Proband_innen, Kund_innen oder Adressat_innen nennen – meist sind dies Menschen, die in irgendeiner Form eine Unterstützung bei ihrer Lebensbewältigung in Anspruch nehmen. Das wichtigste „Handwerkszeug" der Fachkräfte der Sozialen Arbeit ist dabei die eigene Person bzw. Persönlichkeit und die eigene Art und Weise, Beziehungen zu anderen Menschen zu gestalten. In dieser Beziehungsgestaltung geht es vor allem um die *berufliche* Rolle, die eine Person ausfüllt. Natürlich hat die eigene Persönlichkeit dabei einen wichtigen Einfluss, denn jeder Mensch füllt eine bestimmte berufliche Rolle anders aus. Aber anders als in privaten Beziehungen oder familiären Zusammenhängen sind Inhaber_innen von Berufsrollen austauschbar: Stellen werden i. d. R. neu besetzt, wenn jemand geht. Eine Stellenausschreibung ist nicht gebunden an eine bestimmte Person. Und das ist wohl der wichtigste Unterschied zu privaten, persönlichen Rollen von z. B. Mutter, Vater, Geschwister, Freund_in, Partner_in etc. Auch wenn die Persönlichkeit eines Menschen eine Berufsrolle stark prägt, so ist die Berufsrolle doch immer eine Mischung aus persönlichen *und* professionellen Anteilen. Dazu kommt, dass die meisten Menschen im Rahmen einer Organisation arbeiten, und auch diese hat wiederum ihre jeweils ganz eigenen Dynamiken.

All die Faktoren, die auf die Gestaltung einer Berufsrolle Einfluss nehmen, sind im spontanen alltäglichen Handeln in ihrer Komplexität kaum oder oft nur intuitiv einzuordnen. Genau hier kommt die Supervision ins Spiel als eine Art „Auszeit vor dem Spiegel". Bei diesem Innehalten wird die eigene Gestaltung der Berufsrolle in einem besonderen Beratungssetting, jenseits vom direkten Handlungszwang des Alltags, reflektiert. Ziel dieser Reflexion ist es, die Qualität der Arbeit zu überprüfen, zu sichern, ggf. zu optimieren.

Supervisor_innen haben dabei keine Aufsichts- oder Kontrollfunktionen. Zwar kommt der Begriff der Supervision ursprünglich aus den USA, wo Ende des 19. Jahrhunderts freiwillige ehrenamtliche Helferinnen aus dem Bürgertum in der sogenannten Armenhilfe aktiv waren. (vgl. Belardi 2013, 18 ff.) Diese wurden angeleitet und kontrolliert von einigen wenigen hauptamtlich Überwachenden, den „supervisors". Das heutige, zumindest im deutschsprachigen Bereich übliche Verständnis einer neutralen Supervision hat mit dem damaligen Verständnis einer Überwachung jedoch nichts zu tun. Im Gegenteil: Gerade die Tatsache, dass Supervision nicht wie eine Überwachungskamera, sondern wie ein neutraler Spiegel fungiert, macht sie zu einem wichtigen Instrument der Qualitätssicherung.

Wie schon in Band 1 erwähnt, ist die wörtliche Übersetzung des Begriffs Supervision in etwa „Blick von oben". Ich arbeite gerne mit der Metapher des Hubschraubers, aus dem wir von oben auf das berufliche Geschehen hinunterschauen. Aus diesem Blickwinkel erweitert sich der Überblick, relevante und vielleicht übersehene Aspekte werden deutlicher, Beziehungen und Verstrickungen werden aus dem Abstand heraus sichtbarer. Aus dieser Metaperspektive schauen wir, wo die Supervisand_innen gerade stehen oder wohin sie vielleicht unterwegs sind und ob das, was sie tun, hilfreich ist, um zum Ziel zu kommen. Adressat_innen von Supervision sind also potenziell alle Menschen, bei denen die Qualität ihrer Arbeit entscheidend von der Reflexionskompetenz abhängt. Bekannt ist das Beratungsformat allerdings hauptsächlich in den Bereichen Soziale Arbeit, Pädagogik und Therapie.

Diese Form der Qualitätssicherung wird als Einzel-, Team- oder Gruppensupervision angeboten. Wie unterscheiden sich diese Formate? Ich skizziere die verschiedenen Settings und auch jeweils eine meiner „Lieblingsmethoden" kurz, auch wenn die Methoden nicht nur einem Format zugeordnet werden können.

Einzelsupervision richtet sich an einzelne Mitarbeitende aus Organisationen ebenso wie an selbstständig Tätige. Sie begleitet und unterstützt die Personen individuell dabei, Konflikte zu bearbeiten, Entscheidungen vorzubereiten, Übergangsphasen zu gestalten, neue Aufgaben oder Positionen auszufüllen oder den Umgang mit Kontaktpersonen zu verbessern. Nicht zuletzt kann Einzelsupervision dazu dienen, die Balance zwischen persönlicher und beruflicher Sphäre auszutarieren und einem Burnout-Effekt vorzubeugen.

Einzelsupervision wird oft privat finanziert. Manche Einrichtungen bieten ihren Mitarbeitenden aber auch die Kostenübernahme von Einzelsupervision an, zum Beispiel wenn sie im Bereich des Ambulant Betreuten Wohnens meist allein unterwegs sind und die Supervision zur Fallbesprechung oder auch zur Klärung von besonderen Krisensituationen nutzen möchten.

In der Einzelsupervision wird der Kontrakt bei Privatzahlenden nur zwischen Supervisand_in und Supervisor_in geschlossen. Wird eine Einzelsupervision oder ein Leitungscoaching vom Träger bezahlt, so ist hier ein Dreieckskontrakt zwischen Supervisand_in, Supervisor_in und dem Träger zu schließen.

Wenn Einzelsupervision von Menschen mit Leitungsfunktionen in Anspruch genommen wird, ist die Bezeichnung Leitungs*coaching* gebräuchlicher. Führung und Leitung von Teams, Abteilungen und Organisationen sind – auch in der Sozialen Arbeit – zunehmend zu eigenständigen, professionellen Tätigkeiten geworden. Diese werden weniger von dem Wissens- oder Erfahrungsvorsprung im jeweiligen Fachgebiet als vielmehr von Kenntnissen und Kompetenzen der Koordination von Veränderungsprozessen bestimmt. Supervision bzw. Coaching von Führungskräften verfolgt daher das Ziel der Weiterentwicklung nicht nur der eigenen Leistungsfähigkeit und Arbeitszufriedenheit, sondern auch der Effektivität der gesamten Organisation.

Zu meinen Lieblingsmethoden in der Einzelsupervision gehört die Arbeit mit dem Inneren Team (Schulz von Thun 2013). Dabei leite ich Supervisand_innen an, verschiedene eigene innere Anteile mit ihren oft auch widersprüchlichen Kernbotschaften zu Wort kommen zu lassen. Diese visualisiere ich mit Moderationsmaterialien, bis daraus ein Team von „inneren Mitarbeitenden" entsteht. Anschließend erforschen wir deren Teamdynamik: Welche Hierarchien gibt es? Wer arbeitet mit wem zusammen, wer boykottiert wen? Welche Arbeitsteilungen gibt es? etc. Dann besprechen wir in einer Art Leitungscoaching den gewünschten Teamentwicklungsprozess. Dabei können Mitarbeitende z. B. befördert oder entlassen werden, in Rente, Teilzeit, Fortbildung oder Urlaub geschickt werden, oder es können neue Teammitglieder eingestellt werden. Wenn die Rolle der inneren Teamleitung bewusst eingenommen und die Visionen zur Teamentwicklung erstmal in Fluss gekommen sind, entsteht oft eine spielerische Leichtigkeit, die eine nachhaltige Wirkung auf das weitere berufliche Handeln entfalten kann. Dies ist für mich immer wieder schön zu sehen.

Teamsupervision dient zur Sicherung und Optimierung der Qualität der *gemeinsamen* Arbeit aller Teammitglieder. Zwei wesentliche Themenbereiche sind die klientenbezogenen Fallbesprechungen sowie die Reflexion der Teamdynamik (vgl. Obermeyer/Pühl 2015, 138 ff.). Bei Letzterem geht es z. B. um die

Bearbeitung aktueller Probleme in der Kooperation, um das Aushandeln von Vereinbarungen oder um die Bewältigung von Veränderungsprozessen im Team. Konflikte um Ziele und Kompetenzen, Differenzen über Vorgehensweisen und Kommunikationsverläufe, Unklarheiten bei der Rollen- und Aufgabenverteilung u. ä. spielen zudem oft eine Rolle. Auch hier gibt es manchmal die Bezeichnung des Team*coachings*. Und auch hier gibt es keine Trennschärfe zur Teamsupervision, wobei ich persönlich dann von einem Teamcoaching sprechen würde, wenn neben der Supervision auch verstärkt Anteile von Fortbildung wie z. B. Kommunikations- oder Konflikttraining enthalten sind.

Methodisch nutze ich hier häufig Systemaufstellungen (Sparrer 2010) mit Figuren – das können alle möglichen Gegenstände sein: Kaffeetassen oder Mineralwasserflaschen, Kugelschreiber oder Radiergummis, Kissen oder Schreibblöcke… – was immer sich im Raum findet. Wenn ich meinen Moderationskoffer dabeihabe, nutze ich auch Holzfiguren in verschiedenen Größen, Formen und Farben sowie Klötze, Steine, Seile, also Symbole aller Art. Die Person, die ein Anliegen besprechen möchte, sucht sich Gegenstände aus als Repräsentanten für alle relevanten Aspekte des Anliegens. Sie positioniert die ausgewählten Figuren nun ihrer Intuition folgend auf einem sogenannten Systembrett so, wie sie es als stimmig empfindet. Dabei geht es um die innere, subjektive Repräsentanz, nicht um eine äußere, vermeintlich objektive Wirklichkeit. Das aufgestellte Bild ist der Ausgangspunkt für eine von mir angeleitete Reflexion, in die dann auch die anderen Teammitglieder einbezogen werden können. Der Vorteil dieser Arbeit ist, dass durch die spielerische Methode meist Facetten deutlich werden, die bei einer rein verbalen Besprechung vielleicht gar nicht aufgetaucht wären. Oft wird so auch eine Diskussion über ein womöglich unterschiedliches Selbstverständnis der Berufsrollen im Team angeregt.

In vielen Einrichtungen ist die Teilnahme an Teamsupervisionen verpflichtend. Diese Verpflichtung ist – im Sinne der Qualitätssicherung der Einrichtung und der Unterstützungsangebote für Mitarbeitende – einerseits eine Errungenschaft der letzten Jahr(zehnt)e. Andererseits bedeutet die fehlende Wahlmöglichkeit u. U. aber auch eine negative Beeinflussung des Klimas in den Sitzungen, z. B. wenn Teammitglieder massive Vorbehalte aufgrund schlechter Supervisionsvorerfahrungen haben und gegen ihren Willen mit einer deutlich ablehnenden Haltung teilnehmen.

Bei einer Teamsupervision wird üblicherweise ein Dreieckskontrakt geschlossen zwischen dem Team (das die Supervision in Anspruch nimmt), der Trägerorganisation (die die Supervision bezahlt) und der Supervisorin bzw. dem Supervisor. In einem schriftlichen Kontrakt werden die formalen Einzelheiten festgehalten: Wer nimmt an der Supervision teil, wie oft findet sie statt und in welchem Intervall, wie ist die Vergütung, in welcher Form wird die Supervision ausgewertet, welche Ausfallregelungen werden getroffen etc.? Teamsupervision stellt einen geschützten Rahmen dar, d. h. die konkreten Inhalte der Supervision sind von allen Beteiligten vertraulich zu behandeln. Trotzdem muss im Auge behalten werden, dass die Beratung im *beruflichen* Kontext stattfindet und dass das Team Teil einer Gesamtorganisation ist, d.h. dass Themen, die für andere Personen bzw. Einheiten der Organisation relevant sind, auch in einer angemessenen Form transportiert werden. Obligatorisch ist eine Auswertungssitzung ganz am Ende eines Teamsupervisionsprozesses.

Ein weiteres Setting ist die *Gruppensupervision*. Hier bilden mehrere Personen, die *nicht* in einem Team zusammenarbeiten, eine Supervisionsgruppe. Dies können Personen mit gleichen, ähnlichen oder auch unterschiedlichen beruflichen Hintergründen, Aufgabengebieten, Rollen und Funktionen sein, die i.d.R. bei verschiedenen Trägern oder auch selbstständig arbeiten. In der Gruppensupervision geht es um das Einbringen von Praxisfällen und Anliegen aus dem konkreten Berufsalltag aller Gruppenmitglieder, um das Beleuchten verschiedener Sicht- und Deutungsmuster sowie um den Austausch und die gezielte Nutzung kollegialer Erfahrungen. Schwerpunkte sind Themen, Konflikte oder Situationen, von denen sich die Gruppenmitglieder gemeinsam angesprochen fühlen. Die Gruppenmitglieder verpflichten sich zum vertraulichen Behandeln aller eingebrachten Themen.

Gruppensupervision findet häufig in Ausbildungskontexten statt, z.B. in praktikums-begleitenden Seminaren im Studium oder im Kontext von Beratungsweiterbildungen. Gruppensupervision wird allerdings eher selten von Einzelpersonen selbst organisiert, obwohl ein großes Potenzial darin liegt, sich – z.B. als kostengünstigere Alternative zur Einzelsupervision – in einer Gruppe zusammenzuschließen und gemeinsam eine_n Supervisor_in zu suchen. Der Kontrakt wird dann i.d.R. direkt zwischen der/dem Supervisor_in und den einzelnen Gruppenmitgliedern geschlossen. In der Gruppensupervision arbeite ich oft mit der Methode des Reflecting Teams (vgl. von Schlippe/Schweitzer 2012, 335ff.). Die Person, die einen Fall oder ein Anliegen einbringen möchte, hat zunächst den Raum, dies in einer zwar zeitlich begrenzten, aber ansonsten freien Erzählung zu schildern. Dann wenden sich die anderen Gruppenmitglieder einander zu und tauschen ihre Hypothesen, individuellen Eindrücke und vielleicht widersprüchlichen Vermutungen u.ä. aus. Hier kommt der Vorteil zum Tragen, dass die anderen nicht in das System eingebunden oder gar verstrickt sind, sondern von außen kommen und ihre Assoziationen und ihre Blickwinkel freier, unbelasteter und ohne eigene „Aktien im Spiel" einbringen können. Die Weiterarbeit nach dem Reflecting Team hängt dann davon ab, welche Aspekte bei der/dem Falleinbringer_in eine besondere Resonanz hervorgerufen haben.

Bei dieser Beschreibung der Settings stellt sich vielleicht die Frage, inwieweit sich Supervision und *Coaching* voneinander unterscheiden. Die Antwort auf diese Frage fällt sicher unterschiedlich aus: Je nach Selbstverständnis der beratenden Person wird eine mehr oder weniger klare Trennung zwischen den beiden

Ansätzen vorgenommen oder die Bezeichnungen werden gleichgesetzt. Es gibt keine allgemein anerkannte, klar abgegrenzte Trennung zwischen den beiden Beratungsformaten. Supervision und Coaching haben ähnliche Vorgehensweisen und häufig gleichlautende Zielvorgaben: die Sicherung bzw. Optimierung der Arbeitsqualität. Coaching wird bzw. wurde eher dem Wirtschaftsbereich zugeordnet, wo meist stärkere Ziel-, Ergebnis- und Profitorientierungen relevant sind. Supervision als Format ist hier weitgehend unbekannt oder hat das negative Image einer psychotherapeutischen Beratung bei individuellen Problemen, die im Job nicht „an die große Glocke gehängt" werden sollten. Mittlerweile hat sich der Begriff des Coachings auch im sozialen Bereich durchgesetzt, vor allem als *Leitungscoaching*. Führung und Leitung von Teams, Abteilungen und Organisationen sind – gerade auch in der Sozialen Arbeit – zunehmend zu eigenständigen, professionellen Tätigkeiten geworden. Diese werden weniger von dem Wissens- oder Erfahrungsvorsprung im jeweiligen Fachgebiet als vielmehr von Kenntnissen und Kompetenzen der Koordination von Abläufen und im Management von Veränderungsprozessen bestimmt. Coaching richtet sich daher vor allem an Menschen mit Leitungs- und Steuerungsfunktionen in einer Organisation und verfolgt das Ziel der Weiterentwicklung der gesamten Organisation.

Eine sozialrechtliche Grundlage für die Supervision gibt es nicht. Vielmehr dient Supervision als anerkanntes Verfahren der Qualitätssicherung in der Sozialen Arbeit und wird von den meisten Trägern in Form von Teamsupervision mehr oder weniger regelmäßig und verpflichtend angeboten. Der verpflichtende Charakter trägerfinanzierter Teamsupervision birgt jedoch auch Schwierigkeiten. Zu Beginn mache ich immer eine Einstiegsrunde zum „Einchecken", d. h. es geht darum, aus dem Arbeitsalltag herauszutreten und eher in den „Reflexionsmodus" zu gehen. Ich lade dazu ein, kurz etwas zur eigenen Befindlichkeit zu sagen und zu benennen, welche Themen und Anliegen die Teilnehmenden in die Sitzung einbringen möchten. Immer wieder erlebe ich Runden, in denen niemand ein Thema benennt – ich nenne dies das „Kein-Thema-Thema". Und ich vermute, dass dahinter oft Themen stecken, die die Teilnehmenden nicht benennen können oder möchten, z. B. weil Themen zu heikel oder konfliktträchtig sind oder weil sie schon so oft ohne zufriedenstellende Ergebnisse besprochen wurden. Es kann auch sein, dass Teammitglieder befürchten, sich zu blamieren und sich deshalb nicht trauen, etwas anzusprechen. Möglicherweise sehen Einzelne auch eigentlich keinen Anlass für die Supervision und möchten sich nicht darauf einlassen, zumal sie nur aufgrund der „Zwangsverpflichtung" teilnehmen. Hier wird es oft eher zäh und für mich ist es mühsam, einen Reflexionsprozess in Gang zu bringen. Gelingt dies auch nach mehreren Sitzungen und trotz methodischer Vielfalt nicht so richtig, so frage ich mich und auch das Team bzw. die Gruppe, a) ob Supervision überhaupt das geeignete Angebot ist, denn ohne eine intrinsische Motivation (die sich ja auch im Laufe der Zeit entwickeln kann) bleibt die Arbeit oft oberflächlich und unbefriedigend, und b) ob ich die richtige Supervisorin für das Team oder die Gruppe bin, denn natürlich hängt die Offenheit und Reflexionsbereitschaft auch davon ab, ob auf beiden Seiten die Wellenlänge stimmt oder ob es irgendwelche Störfaktoren gibt. An einer solchen Stelle gilt für mich „Störungen haben Vorrang“, und wenn diese nicht beseitigt werden können, so würde ich einen Prozess ggf. auch früher als geplant beenden. Bedingung für eine vorzeitige Beendigung ist allerdings immer ein Abschlussgespräch, auch das ist etwas, was ich vertraglich festlege.

Wie findet man eine/n Supervisor_in? Die Berufsbezeichnung ist nicht geschützt, d.h. theoretisch kann jede/r sich „Supervisor_in“ nennen. Praktisch wird allerdings kaum jemand ohne eine abgeschlossene, von einem anerkannten Dachverband zertifizierte Qualifikation in diesem Bereich längerfristig Fuß fassen. Zwei große, etablierte Dachverbände sind die Deutsche Gesellschaft für Supervision und Coaching (DGSv) und die Deutsche Gesellschaft für Systemische Therapie, Beratung und Familientherapie (DGSF). Beide Verbände bieten zertifizierte Weiterbildungen an und die Mitglieder verpflichten sich, nach ausgewiesenen ethischen Standards zu arbeiten. Um deutlich zu machen, dass sie eine solche Ausbildung absolviert haben und auch Mitglied in (mindestens) einem Dachverband sind, wird meistens die Vereinsmitgliedschaft in Klammern genannt, also Supervisor_in (DGSv) und/oder (DGSF). Über die Internetauftritte der Verbände finden Sie die Kontaktdaten von zertifizierten Supervisor_innen. Darüber und/oder über eine eigene Homepage und/oder eine persönliche Empfehlung kommt meist ein Erstkontakt zustande. I. d. R. folgt dann ein Vorgespräch zum persönlichen Kennenlernen, bevor man ggf. „ins Geschäft kommt“, weitere Vereinbarungen trifft und einen Supervisionsprozess startet.

Für die *Vergütung* von Supervision bzw. Coaching gibt es meines Wissens weder seitens der DGSv noch der DGSF verbindliche Richtlinien. Von der DGSv gibt es zumindest ein über die Homepage öffentlich zugängliches Handout mit Informationen zur Honorargestaltung, das die Bandbreite der Honorare und die Komplexität der Einflussfaktoren etwas verdeutlicht. Dort wird auf zwei Studien hingewiesen, die einen durchschnittlichen Stundensatz von ca. 130 bzw. 165 € incl. Mehrwertsteuer aufweisen. Ich erlebe in Fachkreisen immer wieder, wie individuell unterschiedlich die Honorargestaltung von Supervisionskolleg_innen ist, und nicht selten ist das auch ein Streitpunkt. Einige Supervisor_innen arbeiten komplett freiberuflich in dem Feld, müssen Mehrwertsteuer berechnen und sind auf einen bestimmten Stundensatz angewiesen, um das durchschnittliche Jahreseinkommen auch in Zeiten von Urlaub und Krankheit zu sichern. Andere – wie ich – arbeiten neben ihrem Hauptjob als Kleinunternehmer_in nach § 19 UStG, d.h. sie sind nicht mehrwertsteuerpflichtig – und haben damit im Prinzip einen Wettbewerbsvorteil. Aber auch andere Faktoren spielen bei der Honorargestaltung eine Rolle, z. B. eigene Praxisräume, regelmäßige Teilnahme an Kontrollsupervisionen, Weiterbildungen und Fachkongressen oder Mitgliedschaften in Fachverbänden – all das fließt in die Berechnungen ein, oft ohne dass es für die Abnehmer_innen transparent ist.

Um trotzdem ein paar Zahlen zu nennen: Ich berechne derzeit für Einzelsupervision ein Honorar zwischen 80 und 150 € und für Teamsupervision und Leitungscoaching 120 bis 160 € pro Zeitstunde. Natürlich ist es ein Unterschied, wenn z. B. eine langzeitarbeitslose Sozialpädagogin Einzelsupervision zum Einstieg in einen neunen Halbtagsjob anfragt und diese selbst finanzieren muss oder wenn eine Einrichtungsleiterin anfragt, die das Leitungscoaching über den Träger finanziert bekommt. Auch Teams und ihre Träger haben sehr unterschiedliche Voraussetzungen, Budgets und Vorgaben, und ich bin in den Preisverhandlungen auf meine Einschätzung angewiesen. So kann es vorkommen, dass ich nach einer Verhandlung das Gefühl habe, mich zu teuer oder auch zu billig verkauft zu haben. Aber insgesamt empfinde ich, dass im Bereich der unterbezahlten Sozialen Arbeit Supervision zu den Tätigkeiten gehört, die vergleichsweise angemessen und gut bezahlt werden.

Ich verstehe mich von meiner *ethischen Haltung* und methodischen Prägung her als systemische Supervisorin (vgl. Ebbecke-Nohlen 2013). Ich habe zwar bewusst ein schulübergreifendes Studium der Supervision an einer Uni gewählt, habe dort aber von Anfang an einen systemischen Schwerpunkt gelegt, den ich danach in einer Ausbildung zur systemischen Therapeutin vertieft habe. Im Gegensatz zur Therapie geht es in der Supervision auch, aber nicht nur um den einzelnen Menschen, seine biografische Prägung oder persönliche Entwicklung. Vielmehr geht es um Wechselwirkungen im Kontakt *zwischen* verschiedenen Akteur_innen, um Beziehungen und um gruppendynamische Prozesse. Und nicht zuletzt wird die Struktur der jeweiligen Organisation mit all ihren Eigenheiten und oft auch Widersprüchen in den Blick genommen. All diesen Perspektivebenen gemeinsam ist das systemische Verständnis, dass es sich immer um Konstruktionen von Wirklichkeiten in professionellen Kontexten handelt.

Grundsätzlich arbeite ich auf der Basis eines lösungsfokussierenden Denkens. Dies beinhaltet die wertschätzende Anerkennung von bisherigem Denken und Handeln sowie den Blick auf die Sinnhaftigkeit von Symptomen. Gleichzeitig ist eine Ziel- und Zukunftsorientierung wichtig: Wohin soll die Reise gehen? Welche Wünsche und Visionen gibt es? Zu Beginn eines Beratungsprozesses steht die gemeinsame Auftragsklärung – in der Regel ist das schon „die halbe Miete“ auf dem Weg von Veränderungsprozessen. Während der Blick von Supervisand_innen häufig defizitorientiert ist, lenke ich die Aufmerksamkeit auf Ressourcen – ein Perspektivwechsel, der früher oder später meist ansteckend, zumindest aber einladend wirkt. Dabei fokussiere ich meine Aufmerksamkeit eher auf Wechselwirkungen statt auf Ursachen. Ich arbeite mit Hypothesenbildungen und zirkulären Fragen, also eher „Wer erklärt sich was in welchem Zusammenhang wie und welche Wirkung hat diese Erklärung auf wen?“ statt „Warum macht XY das soundso?“ Damit wird immer die Beobachtungsperspektive einbezogen und es werden Musterbildungen und Unterschiede deutlich, die für die Erreichung von Zielen möglicherweise hinderlich oder auch förderlich sein können.

Im Beratungsprozess geht es mir um die Erweiterung von Wahrnehmungs- und Verständnisebenen – oft auch jenseits der bisherigen Blickwinkel und „gedanklichen Trampelpfade“. Dazu arbeite ich neben der Flipchart mit verschiedenen kreativen Methoden wie z. B. Moderationsmaterialien, Symbolen, Skulpturen, Metaphern, auch mit Elementen aus dem Psychodrama und aus der Theaterpädagogik. So entsteht oft eine Leichtigkeit und gleichzeitig eine Tiefe in der Bearbeitung der Themen und Anliegen. Gerade der Mix verschiedener Methoden kann die Fähigkeit fördern, neue Ideen und Gedankenverknüpfungen zu entwickeln und einen maßgeschneiderten Zugang zu den eigenen Lösungen zu finden.

Wichtig ist mir eine Transparenz meiner methodischen Arbeitsweise auf der Basis einer Haltung von Achtsamkeit und Fehlerfreundlichkeit. Dabei empfinde ich auch den Aspekt der konsequenten Entschleunigung hilfreich. Für Supervisand_innen, die oft aus einem eng getakteten Arbeitsalltag kommen und unter hohem Druck viel erledigen müssen, kann diese Verlangsamung in der Supervision eine gewöhnungsbedürftige Herausforderung darstellen. Gelegentlich begegnet mir hier der Wunsch, schneller „in die Pötte zu kommen“ (man merkt: ich arbeite im Ruhrpott), und ich bemühe mich, abzugleichen, ob die von mir favorisierte Entschleunigung zum Teamrhythmus passt. Meistens kostet es insbesondere bei „schnellen Teams“ einigen Widerstand, bis sie sich darauf einlassen können – hier bin ich allerdings hartnäckig, weil es sich aus meiner Sicht wirklich lohnt, sich die nötige Zeit zu nehmen – gerade, wenn diese knapp ist.

Zur *systemischen Haltung* gehört nicht zuletzt die Allparteilichkeit: Es gilt, die Perspektive aller Menschen oder Anteile eines Systems zu berücksichtigen, ohne etwas auszublenden, auszuschließen, zu be- oder zu verurteilen. Dies erfordert als Grundhaltung den radikalen Respekt vor der Expertise der Supervisand_innen für ihr eigenes Denken und Handeln – für ihre Konstruktion ihrer Wirklichkeit(en). Supervisand_innen sind und bleiben die Expert_innen für ihre Anliegen und Ziele – die Expertise von mir als Supervisorin liegt in der Leitung und methodischen Gestaltung des Prozesses.

Supervision wird – in Abgrenzung zur Fachberatung – oft als „Expertise des Nichtwissens“ bezeichnet. Als Supervisorin gebe ich i. d. R. keine Tipps oder Ratschläge – selbst dann nicht, wenn ich in dem Feld eigene berufliche Erfahrungen habe. Einer meiner Ausbilder im Supervisionsstudium hat mal gesagt, dass er zumindest am Anfang einer supervisorischen Tätigkeit nichts als so hinderlich empfindet wie eine eigene Fach- und Feldkompetenz, weil die Gefahr besteht, dass diese den Blick auf das Nicht-Wissen verstellen kann. Das ist sicher nicht ganz leicht zu verstehen, gerade für Studierende der Sozialen Arbeit, die im Studium oft vollgestopft werden mit spezialisiertem Fachwissen. Nun geht es in der Supervision aber nicht um Unkenntnis – vielmehr ist jede Menge Wissen in verschiedensten Bereichen nötig: Meta-Wissen über die Besonderheiten von Berufsrollen, über verschiedene Team- und Organisationsdynamiken, über die Komplexität von Zusammenhängen und Vernetzungen, über Klientendynamiken und deren Spiegelungen in Organisationen etc. Gerade wegen dieser Komplexität von professioneller Arbeit wäre es ein „Kunstfehler“, sich in der Supervision auf einfaches Fachwissen und vereinfachende Erklärungszusammenhänge zu reduzieren. Vielmehr geht es darum, mit einer nicht-wissenden Haltung als außenstehende Person zu erforschen, wie sich Systeme (das können Einzelpersonen, Teams, Gruppen und Organisationen sein) ihre Wirklichkeiten konstruieren. „Insofern handelt es sich bei dem Nichtwissen nicht um weniger, sondern um mehr Wissen: Wissen, dass Wissensrelativierung miteinschließt. […] Die Chance besteht also darin, dass gerade durch das Verweigern von Wissensangeboten vonseiten des Beraters neues Wissen im Beratungsprozess entwickelt werden kann, welches adäquat für die Klientensituation passend ist.“ (Barthelmess 2016, 25 f.) Hierzu braucht es Offenheit und die trainierte Fähigkeit, das eigene Fachwissen und Ratschlagsimpulse in den Hintergrund zu stellen und sich immer wieder auf das Neuland der subjektiven Deutung des Gegenübers zu begeben. Um die damit verbundene Unsicherheit „auszuhalten“, bedarf es einer Berufserfahrung und auch eines gewissen Standings.

Falls Sie als Studierende der Sozialen Arbeit mit dem Gedanken spielen, später einmal in der Supervision tätig zu werden, würde ich Ihnen als Erstes empfehlen, so viel Praxiserfahrungen wie möglich zu sammeln, sei es in verpflichtenden oder auch zusätzlichen freiwilligen Praktika oder auch in studienbegleitenden Nebentätigkeiten. Nehmen Sie an Supervisionen in den Praxiseinrichtungen teil, wann immer es möglich ist. Schauen Sie, welche Seminarangebote Ihre Hochschule in dem Bereich der Supervision macht. Meist haben Praxisbegleitseminare mehr oder weniger ausgeprägte Supervisionsanteilen, oft finden Sie auch in anderen Modulen Seminare zur Supervision und/oder systemischen Beratung. Wenn Sie sich nach Abschluss des Studiums bewerben, finden Sie in den Stellenannoncen bereits Hinweise darauf, ob Supervision ein regelmäßiger Bestandteil zur Qualitätssicherung der Arbeit ist. Wo immer Sie später im Job die Möglichkeit haben, nutzen Sie diese Chance, um möglichst viele Supervisor_innen und unterschiedliche Settings kennenzulernen. Sie werden merken, ob Sie Spaß daran haben, auf die Metaebene zu gehen und sich selbst und Ihre Arbeit aus verschiedenen Blickwinkeln zu reflektieren. Dazu braucht es Abstraktionsvermögen und die Fähigkeit, loszulassen von einem rein inhaltlich-fachlichen Denken. Vielmehr sollten Sie Interesse haben, sich mit den Besonderheiten von Berufsrollen sowie von Team-, Gruppen- und Organisationsdynamiken auseinanderzusetzen. Sie sollten Lust haben, sich mit immer neuen Menschen und Arbeitsfeldern zu konfrontieren, und Sie sollten Mut haben, sich auf die Expertise des Nicht-Wissens einzulassen. Sie sollten nicht nur Nähe zu Anderen herstellen können, sondern auch zu professioneller Distanz einladen und diese halten können. Nicht zuletzt ist es wichtig, dass Sie – vielleicht nicht immer, aber doch meistens – Spaß an der Arbeit haben und diese als sinnstiftend erleben.

Wenn Sie all das im Laufe Ihrer Berufstätigkeit zumindest ansatzweise entwickeln, dann überlegen Sie vielleicht, irgendwann eine Supervisionsweiterbildung zu machen. Diese kann an einem Institut oder auch als Masterstudiengang an einer Hochschule oder Universität erfolgen. Sinnvoll ist es, ein Institut auszuwählen, das eine von einem Dachverband anerkannte, mehrjährige Weiterbildung anbietet. Die Weiterbildung muss i. d. R. privat finanziert werden, selten bieten Träger eine teilweise Freistellung an oder übernehmen anteilige Kosten. Um einen Platz z. B. in einem DGSv-zertifizierten Weiterbildungsinstitut zu bekommen, sind ein abgeschlossenes Studium und drei Jahre Berufserfahrung nach Studienabschluss erforderlich. Außerdem muss der Nachweis einer längerfristigen (mindestens 300 Unterrichtsstunden umfassenden), abgeschlossenen Weiterbildung im Spannungsfeld Person – Rolle – Organisation – Klientensystem erbracht werden. Und nicht zuletzt muss die eigene Teilnahme an Supervision und/oder Coaching in unterschiedlichen Settings in einem Umfang von mindestens 30 Sitzungen nachgewiesen werden, die von zertifizierten Supervisor_innen geleitet worden sind.

Aus meiner Sicht ist es sinnvoll, eine solche Ausbildung berufsbegleitend zu machen. Nicht nur, weil Sie die Ausbildung ja irgendwie finanzieren müssen, sondern weil Sie dann auch selbst eigene Supervisionsprozesse leiten und auswerten müssen, was im Rahmen einer Lehrsupervision reflektiert wird. Hier ist es manchmal hilfreich, schon an eine Organisation angedockt zu sein und evtl. darüber auch erste Prozesse zu akquirieren. Zum Einstieg ist es meist nicht ganz leicht, „einen Fuß in die Tür zu kriegen", da viele Einrichtungen lieber mit erfahrenen Supervisor_innen arbeiten. Um Supervisor_in zu werden, brauchen Sie also Lebens- und Berufserfahrung, Zeit, Geld, Engagement, manchmal auch einen langen Atem – und vor allem: Lust darauf.

1. Was bedeutet die „Expertise des Nichtwissens" in der Supervision für Soziales Arbeiten generell?
2. In welchen Praxisfeldern könnte das Nichtwissen der ExpertInnen – für ihre AdressatInnen – sich als nachteilig erweisen?

Quellen

Barthelmess, Manuel (2016): Die systemische Haltung. Was systemisches Arbeiten im Kern ausmacht. Göttingen: Vandenhoeck & Ruprecht.

Belardi, Nando (2013): Supervision. Grundlagen, Techniken, Perspektiven. München: C. H. Beck.

Buchinger, Kurt; Klinkhammer, Monika (2007): Beratungskompetenz. Supervision, Coaching, Organisationsberatung. Stuttgart: Kohlhammer.

Ebbecke-Nohlen, Andrea (2013): Einführung in die systemische Supervision. Heidelberg: Carl-Auer Compact.

Obermayer, Klaus; Pühl, Harald (2015): Teamcoaching und Teamsupervision. Praxis der Teamentwicklung in Organisationen. Göttingen: Vandenhoeck & Ruprecht.

Schlippe, Arist von; Schweitzer, Jochen (2012): Lehrbuch der systemischen Beratung und Therapie I. Das Grundlagenwissen. Göttingen: Vandenhoeck & Ruprecht.

Schulz von Thun, Friedemann (2013): Miteinander reden: 3. Das „Innere Team“ und situationsgerechte Kommunikation. Reinbek bei Hamburg: Rowohlt.

Sparrer, Insa (2010): Einführung in Lösungsfokussierung und Systemische Strukturaufstellungen. Heidelberg: Carl-Auer.

Autorinnen und Autoren

Autor, Jana, Jg. 1987, B. A. DaF/DaZ (Deutsch als Zweit- und Fremdsprache) und Interkulturelle Kommunikation (Uni), B. A. Soziale Arbeit Schwerpunkt Jugendarbeit (FH). Erlebnispädagogin und Systemische Beraterin/Coachin/Supervisorin (DGsP). Freie Autorin. Jahrelange Erfahrung in der Kinder- und Jugendhilfe sowie in der Schule. Seit fünf Jahren im beschriebenen Handlungsfeld tätig sowie beim Sozialdienst muslimischer Frauen e. V. im Bereich der Jugend-Präventionsarbeit. Kontakt: jana.autor@gmx.de

Becher, Romina, Jg. 1992, Münster, M. A. Netzwerkmanagement in der Sozialen Arbeit, 14 Monate Berufserfahrung in diesem Handlungsfeld und seit Juli 2022 im ambulant betreuten Wohnen für Menschen mit psychischer Erkrankung. Kontakt: RominaBecher@gmx.de

Böhm, Helene, Dipl.-Sozialpädagogin/Sozialarbeiterin, M. A. Sozialmanagement, Beschäftigung in diesem Handlungsfeld: 2000 bis heute. Kontakt: heleneboehm@msn.com

Drexelius, Ines, Jg. 1986, Bocholt, M. A. Beratung Mediation Coaching (FH Münster), B. A. Soziale Arbeit (HS Niederrhein), Seit 2013 Mitarbeiterin im Sozialdienst der Forensischen Überleitungs- und Nachsorgeambulanz. Kontakt: ines.drexelius@gmx.de

Falke, Tobias, Jg. 1979, M. A. gesundheitsfördernde Soziale Arbeit, seit 2004 in einer Klinik für Kinder- und Jugendpsychiatrie tätig. Kontakt: tobias-falke@gmx.de

Frese, Swetlana, Jg. 1980, Essen, Dipl.-Sozialpädagogin, Kriminologin und Polizeiwissenschaftlerin (M. A.), seit 2005 beim Ambulanten Sozialen Dienst der Justiz in den Fachbereichen Bewährungshilfe und Führungsaufsicht tätig, seit 2014 arbeite ich im Landgerichtsbezirk Essen. Kontakt: swetlana.frese@lg-essen.nrw.de

Gernand, Claudia, Dipl. Ing., Dipl.-Pädagogin, Systemische Familienberaterin und Therapeutin (DGSF), seit 1999 Arbeit in verschiedenen Maßnahmen der Jugendberufshilfe. Kontakt: claudia-gernand@web.de

Gerth, Anna-Sofie, Jg. 1988, Berlin, B. A. Soziale Arbeit und Diakonin, seit April 2016 Hauptamtlich in der niedrigschwelligen Wohnungslosenhilfe. Kontakt: anna.gerth@googlemail.com

Gesing, Alexander, Jg. 1987, Sozialarbeiter und Sozialwissenschaftler, sechs Jahre Erfahrung im Bereich der beschriebenen Arbeit, Ausstiegsarbeit im Bereich Islamismus. Kontakt: gesing@ifak-bochum.de

Graaf, Judith, Jg. 1980, staatlich anerkannte Erzieherin (seit 2000), staatlich anerkannte Heilpädagogin (seit 2007), Psychologische Beraterin (seit 2009), 28 Monate Berufserfahrung im beschriebenen Handlungsfeld, Einrichtungsleitung KiTa 2012-2020, Stellvertretende Leitung KiTa 2008-2012. Kontakt: jgraaf@caritas-ac.de

Halmen Katrin, Jg. 1991, Sozialarbeiterin (B. A.), seit 2014 im Autonomen Frauenhaus tätig. Kontakt: katrin.halmen@gmail.com

Heller, Lena, M. A. Internationale Migration und Interkulturelle Beziehungen, B. A. Soziale Arbeit (FH), zwei Jahre Berufserfahrung im beschriebenen Handlungsfeld. Kontakt: heller.lena@gmx.de

Hendriks, Marlies, Jg. 1963, Bochum, Dipl.-Supervisorin, als solche tätig seit 2004. Kontakt: www.kreative-supervision.de

Heß, Sascha, Hamburg, Jg. 1984, B. A. Soziale Arbeit. Im Handlungsfeld tätig seit 2019, in der klinischen Sozialen Arbeit, im Bereich der Suchthilfe. Kontakt: sascha.hess@posteo.de

Henke, Lea, Jg. 1989, Bochum, M. A. u. M. ed., Erziehungswissenschaft, seit 2015 in unterschiedlichen Felder der Kinder- und Jugendhilfe tätig, Systemische Therapeutin (DGSF) und Kinder- und Jugendlichen Psychotherapeutin i. A.. Kontakt: lea.henke@rub.de

Huber, Alois, Jg. 1966, Schiltern/Österreich, Prof-FH FH St Pölten, Sozialarbeiter, 30 Jahre Berufliche Integration, 7 Jahre Betriebliche Sozialarbeit, 20 Jahre selbstständig als Supervisor, Coach und Trainer, 5 Jahre an der FH St Pölten. Kontakt: alois@aloishuber.com

Hüttinger, Nils, Nürnberg, Jg. 1979, Sozialpädagoge (M. A.), Ergotherapeut, seit 2011 im Arbeitsfeld Streetwork/Mobile Jugendarbeit tätig. Kontakt: huettingerni@yahoo.de

Jilg, Christine, Jg. 1978, Köln, Dipl.-Sozialpädagogin/-Sozialarbeiterin, Klinische Sozialarbeiterin (M. A.), systemische Paartherapeutin, Systemische Beraterin, Systemische Therapeutin (i. A.), Fachwirtin für Organisation und Führung und Erzieherin (Schwerpunkt: Hort- und Heimpädagogik). Kontakt: mondschein16@gmx.de

Kleinschmidt, Dolf, Jg. 1957, Dipl.-Sozialpädagoge, seit 1986 in der stationären Psychiatrie und seit 2005 in der Forensik tätig.

Kelcec, Julia, geb. 1983, Hoppegarten/Brandenburg, Sozialarbeiterin/Sozialpädagogin (B. A.), seit 2018 in der Sozialberatung bei der Polizei Berlin tätig. Kontakt: juke.83@gmx.de

Kleine, Manuela, Dipl.-Pädagogin, Erziehungswissenschaftlerin, personzentrierte Beraterin GwG, seit dreieinhalb Jahren in dem Handlungsfeld tätig. Kontakt: m.kleine82@web.de

Kolbe, Simon Wilhelm, Dr. phil., M. A., Dipl.-Soz.-Päd.(FH), Professur für Soziale Arbeit (zunächst Lehrkraft für besondere Aufgaben), SRH Wilhelm Löhe Hochschule, Fürth. Kontakt: Simon.kolbe@srh.de

Kraus, Mischa, Leitung von ZOOM – Institut für ambulante Hilfen zur Erziehung, Sozialarbeiter B. A. / Sozialpädagoge B. A., Soziale Arbeit M. A., Schwerpunkt Bildung und Integration. Kontakt: mischakraus@web.de

Loth, Anke, Paderborn, Fachwirtin im Gesundheits- und Sozialwesen, Sozialarbeiterin/Sozialpädagogin B. A., seit April 2019 als Projektreferentin tätig. Kontakt: ankeloth@gmx.de

Mertens, Johannes, Jg. 1987, Aachen, M. A. Soziale Arbeit, Systemischer Berater i. A. (DGSF), im Handlungsfeld tätig seit 2018, mittlerweile vermehrt in Teamberatung, Lehrbeauftragter Katholische Hochschule Nordrhein-Westfahlen, Aachen. Kontakt: johannes-m@web.de

Middendorf, Tim, Münster, Prof. Dr. phil., Dipl.-Sozialpädagoge/Sozialarbeiter, M. A. Supervision, Professor für Soziale Arbeit im Kontext prekärer Lebenslagen, FH Bielefeld, freiberuflicher Coach und Supervisor. Kontakt: tim.middendorf@fh-bielefeld.de

Mühlen, Anna, Aachen, Sozialarbeiterin/Sozialpädagogin M. A, seit 2019 Tätigkeit im Feld der Sozialen Arbeit mit Personen in der Sexarbeit und Betroffene von Menschenhandel. Kontakt: anna.muehlen55@gmail.com

Nagl, Manuela, Jg. 1989, Geboren und lebend in Wien, B. A. Bildungswissenschaften an der Uni Wien, M. A. Soziale Arbeit an der FH St. Pölten mit der Zertifizierung zur Case Managerin (DGCC), Berufliche Tätigkeit im Feld der Mobilen Wohnbegleitung seit Nov. 2014. Kontakt: manuela.nagl@chello.at

Nebel, Eckart: B. A. Soziale Arbeit, seit 19 Jahren in der Einzelfall-, Eingliederungs- und Familienhilfe tätig, Lehraufträge an der ASH Berlin. Kontakt: eckart.nebel@as-berlin.eu

Neuß, Brigitte, Jg. 1982, Soziale Arbeit – Schwerpunkt Bildung und Integration M. A., Kindheitspädagogin B. A., Kinder-, Jugend- und Familienberaterin, staatlich anerkannte Erzieherin, zehn Jahre Berufserfahrung im Handlungsfeld Kita. Kontakt: bneuss@caritas-ac.de

Nölp, Romina, Sozialpädagogin (BA), Medienpädagogin (MA), seit einigen Jahren medienpädagogisch tätig. Kontakt: noelp@medienfachberatung.de

Papadopoulos, Georgios, Jg. 1967, Königswinter, M. A. Soziale Arbeit „Psychosoziale Beratung und Therapie", seit 2017 bei der Bundeswehr als Sozialarbeiter im Sozialdienst. Kontakt: georgios.papadopoulos@arcor.de

Plastargias, Jannis, Jg. 1975, Dipl.-Pädagoge und Kulturaktivist, lebt und arbeitet in Frankfurt, Handlungsfeld stadtteilorientierte Sozialarbeit. Kontakt: jannis.plastargias@gmail.com

Pernak, Lisa-Marie, Jg. 1989, Essen, M. A. Psychosoziale Beratung und Recht, einige Jahre Berufserfahrung im Krankenhaus. Kontakt: lisa.pernak@gmx.de

Sellung, Simon, Jg. 1988, Aachen, Sozialarbeiter/Sozialpädagoge B. A., seit 2012 im Allgemeinen Sozialen Dienst des Jugendamts tätig. Kontakt: simon.sellung@gmx.de

Schmitz-Steger, Joana Lin, Aachen, Sozialpädagogin B. A., seit April 2021 in der derzeitigen Beschäftigung. Kontakt: Lin-Schmitz-Steger@web.de

Schnabel, Michaela, Jg. 1964, Witten, Dipl.-Sozialpädagogin, seit 2012 in der Wohnungslosenhilfe tätig bei der CVJM Essen Sozialwerk gGmbH. Kontakt: micha.schnabel@arcor.de

Schophaus, Johanna, Jg. 1986, Heilerziehungspflegerin (seit 2009), Kindheitspädagogin B. A. (seit 2014) – Studiengang Bildung und Erziehung im Kindesalter an der Katholischen Hochschule NRW, Abt. Aachen, Stellvertretende Leitung Kindertageseinrichtung 2017-2022. Kontakt: johannaschophaus@gmail.com

Stuhrmann, Kristina, Heilbronn, B. A. Internationale Soziale Arbeit, seit 2015 Beschäftigung in der Flüchtlingshilfe, seit 2018 nebenberuflich Trainerin in der Jugend- und Erwachsenenbildung, seit 2019 Dozentin an der DIPLOMA

Hochschule, sowie gelegentlich an der Evangelischen Hochschule Ludwigsburg. Kontakt: kristina.stuhrmann@web.de

Torchalla, Carmen, Köln (NRW), psychosoziale Beraterin, Mediatorin und Coach (M. A.), Sozialarbeiterin (B. A.), von 2013 bis 2021 angestellte Sozialpädagogin in einer Praxis für Kinder- und Jugendpsychiatrie mit Sozialpsychiatrievereinbarung in Düsseldorf. Lehrbeauftragte an der Hochschule Düsseldorf, DIPLOMA Hochschule. Kontakt: carmen.torchalla@gmx.de

da Trindade, Daniela, Kaiserslautern, Jg. 1980, seit 2005 in der Sozialen Arbeit tätig, Dipl.-Sozialpädagogin, M. A. Psychosoziale Beratung in der Sozialen Arbeit, Systemische Paar- und Familientherapeutin (SG). Kontakt: d.trindade@villafamilia.de

Vorberg Katharina, Sozialarbeiterin/Sozialpädagogin M. A., seit 2013 haupt- und nebenberufliche Tätigkeit im Feld der Sozialen Arbeit mit Personen in der Sexarbeit, Prostitution und mit Betroffenen von Menschenhandel. Kontakt: frauvorberg@gmail.com

Wicke-Schuldt, Borghild, Dipl.-Pädagogin, Systemische Therapeutin, über 25 Jahre lang Leiterin einer Senioreneinrichtung, Berufserfahrung in der sozialpädagogischen Arbeit mit alten Menschen in der Krankenhaus-Sozialarbeit, der offenen Altenarbeit, im Aufbau eines ambulanten Hilfsdienstes. Kontakt: www.besserleiten.de

Wirth, Jan V., Jg. 1967, Dr. phil. mit Auszeichnung (PH Freiburg i. Br.), Dipl.-Sozialarbeiter/-pädagoge (FH), Systemischer Team- und Praxisberater, freiberuflicher Referent in Theorien und Methoden Sozialer Arbeit, vier Professuren in Deutschland, über 100 Lehraufträge in Deutschland, der Schweiz und Österreich, Jugendamt der Stadt Krefeld. Kontakt: wirth@systemisch-arbeiten.info

Michael Matzner | Andreas Eickhorst (Hrsg.)
Handbuch
Soziale Arbeit
mit Müttern
BELTZ JUVENTA